"大学堂" 开放给所有向往知识、崇尚科学，对宇宙和人生有所追问的人。

"大学堂" 中展开一本本书，阐明各种传统和新兴的学科，导向真理和智慧。既有接引之台阶，又具深化之门径。无论何时，无论何地，请你把它翻开……

Basics of Social Research 3e
Qualitative and Quantitative Approaches

社会研究入门
如何理解我们的日常社会生活
第3版

［美］劳伦斯·纽曼 著　刘佳昕 译
W. Lawrence Neuman

译者序

我于2017年底开始了《社会研究入门：如何理解我们的日常社会生活》的翻译工作。承接这项翻译工作的初衷是希望能够将国际通行的社会研究方法带给更多中文读者，尤其是对社会研究感兴趣并希望进一步系统了解和学习社会科学研究方法的读者。

社会研究源于对生活的好奇心。我们被社会生活所包裹着，身处其中却不应"当局者迷"。对生活中所见、所察、所感的疑问与思考，是驱动社会研究的原始动力。同时，社会生活处于流动变化的状态之中。个体既是社会生活的亲历者，是被观察和研究的对象，也是推动社会生活变化的重要力量。这本由纽曼教授编写的社会研究方法入门教材，将教会你如何用科学、系统的方法满足对生活的好奇心，如何更好地认识甚至改变我们所处的社会。

本书原标题直译为《社会研究基础：定性与定量方法》。从书名可见，作者以定性和定量两大方法论范式为基础，向读者介绍了社会研究的基本方法。其中，第七至第十章主要介绍了定量数据收集及分析方法和策略，第十一至第十三章则主要介绍定性数据收集及分析方法和策略。有些读者或许会依据自身偏好，直接选取其中一种范式进行深入学习和了解，这无可厚非。但若仔细阅读，尤其第一章、第二章、第四章，你将会发现，数据的收集和分析等具体方法和策略，取决于你对社会研究对象、知识获取方法、理论阐明方向等一系列抽象议题的个人观点。换句话说，每一种具体的研究方法其实都隐含着研究者本人的本体论和认识论立场。这也说明，尽管每一种具体的研究手段都有其优势及短板，但研究方法本身却无孰优孰劣之分。作为研究者，你的任务则是在科学理论、个人立场、研究话题的指导下，选取最合适的方法，并尽力弥补方法本身的缺陷。

此外，作者使用了一整章的篇幅来讨论社会研究中的伦理问题，这说明了研究伦理在研究过程中的重要性（见第三章）。读者或许存在这样的误解，认为只有生物医学等领域才需要进行伦理审查。事实上，据我有限的观察，在国外高校或其他研究机构，但凡涉及到"人"作为研究参与者的社会研究项目，都需要获得伦理批准。与此同时，研究者对伦理问题的反思也并非止步于获取伦理批准，而应贯穿整个研究周期。例如，对于研究者及研究对象之间权力关系的反思，可能会为研究设计及数据分析提供新的视角。此外，近些年来，学术不端也成为了学术界丑闻的一大源头。加强科研伦理教育，完善研究伦理审查制度，不仅是社会科学领域的重要任务，更是整个学术界共同的责任。

这本书的翻译工作是令人愉悦的。但在翻译过程也遇到过一些困难，例如一些专业术语在中文教学与研究语境下存在多种译法。有时是因为不同的具体学科或我国不同地区沿用了不同的名称，有时是因为传统译法不利于读者对概念含义的直观理解。为避免引起混淆，我会以"译者注"的形式予以说明。除了研究方法术语之外，如何通过翻译工作反映和准确传达西方思潮的变化，也是一大难题。例如，文中多次出现的 feminism 一词，可译作"女权主义"或"女性主义"。作为译者，我既希望能在保留和准确传达作者原意的基础上，表达自己的立场和态度，又希望本书的中文读者能够更好地理解其在中文语境中的内涵。就此，我与本书编辑进行了多次讨论，并最终决定根据上下文语境对该词的译法进行选择——在第十二章"历史比较研究"中保留了"女权主义"的译法，而在其余章节采用"女性主义"的译法。如读者因术语翻译问题在阅读过程中产生困惑，我在这里向您致歉。

最后，感谢吴琼编辑在前期联络及翻译期间对我个人时间安排的理解，感谢魏亚霖编辑逐字逐句的校对和修改。感谢家人在我求学"间隔年"期间对我进行翻译工作的全力支持。欢迎读者朋友的批评指正。

刘佳昕
2020年10月于英国约克

前 言

我发现,许多学生上第一节社会研究课程时就焦虑不安。有时是因为他们将这门课与数学和统计学联系起来,而后者曾给他们带来了不愉快的体验。有时是因为他们曾经很头疼有实验和抽象概念的自然科学课程。但大部分时候,即便对于社会研究一无所知,他们仍觉得社会研究太难。他们可能想知道自己为什么必须修读这门课程,并且认为这门课程只适合那些准备成为教授或研究专家的好学生。

《社会研究入门》的目的是,以一种不令人害怕的方式,向你介绍社会研究,展示研究者做什么和为什么这样做。这本书同时描述了开展"真正的"研究时的激动和研究的重要性。完成研究所需的具体方法细节,要求专业思考和严谨性。这些方法有助于帮你培养受益一生的基本实用技能。学习社会研究方法对于所有本科生都不难,你只需一些耐心和时间。

首先,你需要克服焦虑,了解社会研究实际上是做什么的。你没准会觉得它很有趣。社会研究方法课程与大部分社会科学课程不同,后者探究各种学科话题,例如不平等、犯罪、种族分裂、性别关系、城市社会等,而社会研究方法课程则适用于所有学科话题。学习一门关于研究的课程是有意义的,它既可以帮助你更系统地思考学科话题,也可以揭示学科知识最初是如何建立起来的。

本书力求通俗易懂,但通俗易懂并不意味着幼稚空洞。事实上,开展真正的研究是一项严肃的活动。研究做得好不好往往会产生深远影响。此外,在开展社会研究时,你会遇到明显的伦理问题。研究结果影响着政策的制定与服务的供给。最后,社会研究能够产生新的知识,它影响着我们整个社会对绝大部分重要议题的认知。正如护士、社会工作者、警察、教师、医生或咨询师的实际日常工作会深深影响人们的生活,社会研究也会如此。

本书有三个目标。首先,它会试图证明社会研究既非常重要,也并不困难,你是能够理解社会研究的。其次,它采用了大量已发表的"真实研究"作为案例,向你展示那些你从教科书或媒体听到或看到的研究发现来自哪里。最后,它将提供进一步学习开展研究的基础。你将了解到开展社会研究需要勤奋、创造力、慎重的判断力。

我们需要明确地否定一个错误想法:社会研究不是简单地按照菜谱上的步骤去做饭,也不是不加思考地套用正确的公式。它是一个创造性的过程,需要研究者拥有正直诚实的品格,做出符合道德的选择。社会研究包含了一些核心价值观,例如,致力于对重要社会问题进行自由和公开的调查。

本书是我20年前开始编写的那本社会研究教材的缩减版，那本教材更加详细、深入。本书是为了向你们提供更加精简、易懂的社会研究入门知识。在过去的30年中，我一直在帮助本科生理解和领会社会研究方法，而本书反映了这30年来学生教会我的东西。

　　从第一次了解并开始教授社会研究方法开始，我就致力于理解定量和定性研究方法的价值。我相信，每种方法都提供了独特与互补的理解社会的视角，它们对于拓展人类认知同等重要和必要。这一版的修订包括更新了来自于近期文献的示例，使表述更加清楚了，更加以学生为中心，而且对材料进行了重新组织整理，使其更加流畅。

目 录

第一章 开展社会研究　1
　　1.1 介绍　2
　　1.2 社会研究的替代选择　3
　　1.3 科学是如何运转的　9
　　1.4 研究过程步骤　12
　　1.5 研究的维度　13

第二章 理论与社会研究　29
　　2.1 什么是社会理论？　30
　　2.2 理论的组成部分　32
　　2.3 理论的方面　37
　　2.4 社会科学的三种主要途径　53
　　2.5 理论与研究的动态结合　57

第三章 社会研究中的伦理　61
　　3.1 什么是科研伦理？　62
　　3.2 为什么要合乎伦理？　62
　　3.3 权力关系　64
　　3.4 涉及研究参与者的伦理问题　64
　　3.5 伦理与科学界　75
　　3.6 伦理和研究赞助方　77
　　3.7 研究的政治　80
　　3.8 价值中立与客观的研究　82

第四章　回顾学术文献与规划研究　85

4.1 介绍　86

4.2 文献综述　86

4.3 利用网络进行社会研究　101

4.4 定性与定量研究的取向　104

4.5 定性研究设计中的问题　109

4.6 定量研究设计中的问题　111

第五章　定性与定量测量　131

5.1 为何测量？　132

5.2 定量和定性测量　133

5.3 测量过程的组成部分　135

5.4 信度与效度　140

5.5 定量测量指导　148

5.6 指数的构建　153

5.7 量表　156

第六章　定性与定量抽样　169

6.1 非概率抽样　171

6.2 概率抽样　176

第七章　调查研究　199

7.1 何时使用调查　200

7.2 调查研究的逻辑　201

7.3 构建问卷　203

7.4 调查类型：优势与劣势　225

7.5 访谈　229

7.6 合乎伦理的调查 236

第八章 实验研究 241

8.1 实验 242

8.2 随机分配 247

8.3 实验设计逻辑 251

8.4 内部和外部效度 261

8.5 实际问题 269

8.6 实验结果：进行比较 270

8.7 关于实验的伦理 271

第九章 非反应研究与二手分析 275

9.1 非反应测量 276

9.2 内容分析 278

9.3 现有统计数据/文献与二手分析 288

9.4 推论与理论验证的问题 299

第十章 定量数据分析 303

10.1 处理数据 304

10.2 单变量数据结果 307

10.3 双变量数据结果 314

10.4 两个以上变量 323

10.5 推论统计 328

第十一章 田野研究与焦点小组研究 335

11.1 介绍田野研究 336

11.2 开展田野调查研究 340

　　　　　　　11.3　田野研究访谈　361

　　　　　　　11.4　田野研究中的伦理困境　366

　　　　　　　11.5　焦点小组研究　367

第十二章　历史比较研究　371

　　　　　　　12.1　历史比较研究适用的研究问题　372

　　　　　　　12.2　历史比较研究的逻辑　374

　　　　　　　12.3　历史比较研究的步骤　380

　　　　　　　12.4　历史背景中的资料和证据　384

　　　　　　　12.5　比较研究　390

　　　　　　　12.6　历史比较研究中的等值　398

　　　　　　　12.7　伦理　402

第十三章　定性数据分析　405

　　　　　　　13.1　数据分析方法对比　406

　　　　　　　13.2　编码与概念的形成　408

　　　　　　　13.3　定性数据的分析策略　415

　　　　　　　13.4　其他方法　420

　　　　　　　13.5　定性数据软件　425

第十四章　撰写研究报告　429

　　　　　　　14.1　研究报告　430

术语表　447

出版后记　468

第一章
开展社会研究

1.1 介绍

1.2 社会研究的替代选择

    权威

    传统

    常识

    媒体的曲解

    个人经验

1.3 科学是如何运转的

    科学

    科学界

    科学的方法和态度

    科学期刊文章

1.4 研究过程步骤

1.5 研究的维度

    研究的用处

    研究的目的

    研究中的时间维度

    数据收集方法和研究设计

1.1 介 绍

我们的身边到处都是社会研究。教育工作者、政府官员、商业经理、公共服务提供者以及卫生保健从业者都频繁使用社会研究的调查结果。许多人利用社会研究来抚养儿童、减少犯罪、改善健康、售卖产品，或者只是来理解生活。日常广播新闻节目、杂志、报纸、网站则会传播研究结果。

研究结果会对我们的生活与公共政策产生影响。例如，我最近阅读了一篇关于"暑假滑坡"（summer slide）的研究，也就是暑假过后儿童阅读及拼写技能的下降。来自低收入家庭的学生技能下降最多，他们会在暑假期间忘掉差不多两个月的在校学习内容。这个研究发现，当许多学校打算通过减少暑期课程来节省开支时，只要简单地让低收入家庭的儿童在春季游园会中接触书籍，并让他们自行挑选最吸引他们的读本，就可以减少暑期的阅读差距。那些获得了12本书并且在3个暑假中阅读了这些书籍的低收入家庭儿童，他们的阅读及拼写技能远远超过了那些未曾在暑假进行阅读的儿童。他们所提高的水平相当于在每个暑假参加暑期学校。[1]

这本书是关于社会研究（social research）的。简单来说，研究是一种找出问题答案的途径。许多领域的教授、专业研究者、实践者、学生，都通过开展研究来解决问题，理解社会生活。你可能早就对社会研究的内容有了一些概念。首先，让我来终结一些可能的误解。当我在课堂上问我的学生们：社会研究包括了什么？他们给出了以下答案：

- 它只基于事实，不存在理论或个人判断。
- 只有拿到博士学位的专家或者大学教授才会阅读或开展社会研究。
- 它意味着去图书馆翻阅大量关于某个话题的杂志文章或书籍。
- 它意味着某人花很多时间在一个群体中观察。
- 它意味着实施对照实验。
- 社会研究是抽出一个样本人群，给他们问卷让他们完成。
- 它是从政府报告中查阅大量统计表格和信息。
- 要开展社会研究，就必须利用电脑来创建统计数据、表格和图表。

前两个回答是错误的，剩下的回答则仅仅描述了社会研究的一部分。把部分与整体搞混是不明智的。

我们开展社会研究是为了了解关于社会的新知识，或是谨慎地记录我们对于社会的猜测、预感、理论、信念，或是为了更好地理解社会是如何运转的。在研究中，我们将理论和想法与事实谨慎、系统地结合起来，这种结合需要创造性。为了做一项研究，我们必须认真地组织、计划，并且挑选合适的方法来解决特定的问题。我们需要以合乎伦理道德的方式来对待研究中涉及的人群。当我们完成了一项研究后，应该与其他人就研究结果进行充分而准确的交流。

在社会研究的过程中，我们通过一系列特定的做法、方法和策略，将原则、观点和想法（例如方法论）相结合，从而生产知识。这个发现的过程是令人愉悦的，但它需要有持之以恒的精神、正直的人品、对含糊之处的接纳、与他人的互动，以及对优质研究感到骄傲。

阅读这本书不会使你成为一位专家学者，但它可以教会你更好地利用研究结果，帮助你理解学术界是如何工作的，帮助你准备进行自己的小型研究。学习此书之后，你将会了解到研究所能实现与不能实现之事，以及为何正确地进行研究尤为重要。

1.2 社会研究的替代选择

除非你特别与众不同，否则你对社会生活的认知很少来自已有的社会研究。更有可能的情况是，你的认知来自社会研究的替代选择。它来自你的父母或他人（如朋友，老师）告诉你的东西。它来自你的个人经历，以及你从书本、杂志上所阅读的内容。你也同样通过观看过的电影和电视节目，获取对社会生活某些方面的理解。你或许还可以利用简单又老式的"常识"。

正如前文所述，社会研究不仅仅是一套方法，它是一个过程。与日常生活中大多数过程相比，它更加结构化、组织化、系统化。从社会研究的替代选择中获取的社会生活的知识，通常是正确的；然而，从研究中获取的知识，则更可能是真实的、错误较少的。基于研究的知识并非完美的，但与从其替代选择中获取的知识相比，它有更少的瑕疵，而且会避免普遍的错误。在考察社会研究之前，让我们先来回顾一下社会研究的若干替代选择。

权 威

父母、老师、专家，还有书本、电视和其他媒介，都向你提供了关于社会生活的知识。当你因为权威之言，或是因为它看上去像是出自权威，而视某件事情为真，你就是在依赖权威作为获取知识的一个基础。依赖权威人士的智慧是一种快速、简单、廉价的学习方式。许多权威人士花费时间和精力来了解某一事物，而你则获益于他们的经验与工作。

尽管如此，依赖权威有其局限之处。首先，这容易对他人的专长有过高的估计。历史上有的是如今看来被误导的专家。例如，过去有些"专家"通过数颅骨上的凸起来测量智力，还有一些"专家"则试图利用放血来治疗疾病。如今看来，他们的错误是显而易见的；然而，我们又怎能确保，今天的专家不会变成未来的傻瓜？其次，权威人士的意见也未必一致，而且并非所有的权威人士都同样可信。若权威人士的意见存在分歧，你应该相信谁？最后，权威人士可能会谈起他们所知甚少的领域。一个对某一领域非常了解的专家，可能会将其权威用在另一不相关的领域之中。同样，因为晕轮效应（稍后讨论），在一个领域中合理的专业知识，可能会蔓延成另一个领域中不靠谱的"权威"。你是否见过电视商业广告中，电影明星利用其名气来劝你购买汽车？

另一个问题则是权威的滥用。有时，组织或者个人试图表现出权威，从而说服其他人赞成某些他们本不会赞成的东西。一个与之相关的情形是，一个有着甚少训练和专业知识的人，被命名为某一名号响亮的"智库"（例如，X研究中心或Y研究所）的"高级研究员"或"助理学者"。有一些智库是正当合法的研究中心，而许多智库则仅仅是富有的特殊利益集团为参与政治游说而创立的幌子。为了让大众传媒接受某个人在某一议题上的权威，智库可以让任何人变成"学者"。而实际上，这个人可能没有任何真正的专业知识。[2] 此外，过度依赖权威人士，对民主社会是危险的。专家有可能进一步增强他们自己的权力和地位。当你接受专家的权威，却不知他们是如何获取知识时，你便失去了评估专家所言的能力和掌控自己未来的能力。

传 统

很多人依赖传统来获取知识。传统是权威的一种特殊形式——它是过去的权威。传统意味着你接受某项事情为真，因为它"一向如此"。例如，我的岳父认为喝一小杯威士忌可以治疗感冒。当我就此询问他时，他说这是当他还是小孩时，从他父亲那里学来的，而这已经传承了好几代了。传统曾经是医疗知识的基础之一。在社会上有这样一个例子：许多人相信，在家里被母亲抚养长大的孩子，比在其他环境下长大的孩子能够更好地适应社会，并且有着更少的私人问题。人们都"知道"这个，但他们是如何知道的呢？大部分人接受这一观点，是因为他们相信（无论正确与否）在过去便是如此，或者事情一向如此。有些传统的社会知识始于朴素的偏见。你可能依赖传统，却对其并不完全清楚，比如相信"铁道那一边的人永远不会有出息"，或是"你绝不能相信那一种人"，抑或"这就是男人（或者女人）的样子"。即便传统知识曾经是正确的，在传承的过程中，它也可能被扭曲，而变得不再真实。人们可能不假思索地坚守传统知识，因为他们单纯地认为，只要某件事情在过去成立或在过去为真，那么它便一直是正确的。

常 识

日常推理或常识向你提供了关于社会的知识。这是依赖于大家所知之事以及"合情合理"之事来获取知识。例如,"在没有死刑的国家,谋杀率更高",因为常识表明,"当人们知道自己会面临死刑的惩罚时,他们就不太可能会杀人",这一说法是"合情合理的"。可惜的是,这和其他许多被广泛相信的常识一样,都不是真的,如"贫困的年轻人比中产阶级的年轻人更有可能出现不良行为",或"大多数天主教徒都不采取节育措施",等等。

常识在日常生活中是有价值的,但它会让逻辑上的谬论混入我们的思考之中。例如,所谓的"赌徒谬论"认为,"如果我在买彩票时一连输了许多次,那么下一次胜算就会更大"。就概率和事实而言,这是错误的。此外,常识中往往包含着一些相互矛盾的观点。人们有时很难注意到这点,因为我们总是在不同的时间运用不同常识,例如"异性相吸"和"物以类聚"。常识可能起源于传统。它很有用,有时也是正确的,但也常常包含着错误、误传、矛盾、偏见。

媒体的曲解

电视节目、电影、报纸、杂志文章,都是信息的重要来源。例如,大多数人与罪犯鲜少接触,却可以通过观看电视节目和电影对犯罪活动有所了解。然而电视对犯罪以及许多其他事情的描绘,并没有真实地反映社会现实。编剧为了写电视节目或者电影剧本,对生活中的形象进行创造或"改编",这扭曲了现实。这或是出于无知,或是因为依赖权威、传统、常识。当他们的主要目标是娱乐大众,而非准确呈现实际情况时,也会扭曲现实。尽管许多报纸记者尽量呈现出世界的真实图像,他们却必须利用有限的信息,依循编辑的指导,快速地写出报道故事。

令人遗憾的是,大众传媒倾向于维持文化的误解和神话。举例来说,媒体报道,接受福利救助的大多是黑人(事实上大多是白人);患有精神疾病的人大多是暴力和危险的(其实只有一小部分人如此);还有,大部分老年人是糊涂的,并且住在养老院中(只有很少数的人如此)。并且,大众传媒的大肆宣传,会让人们相信某一严重的问题确实存在,但它实际上可能并不存在(参见示例1.1)。视觉图片比其他形式的"谎言"更具误导性;具体来说,在电影或电视中呈现的故事或刻板印象,会对人们产生强烈的影响。例如,电视里总是重复播放着居住在市中心、低收入的非裔美国年轻人,使用非法药物的画面。久而久之,大部分人"知道",在美国,相较于其他群体,城市中的黑人群体吸毒的比例更高,即使这种说法并不正确。另一个例子是媒体报道如何塑造大众对"仁人家园"(Habitat for Humanity)组织的认知。媒体对于仁人家园的报道,逐渐将其呈现为"一种政府住房政策失败的补救措施"。在仁人家园创立后近20年间,这种报道体现了那段对福利国家的意识形态批判愈演愈烈，反政府干预的新自由主义论调逐渐增长的政治时期。绝大多数的大众传媒对该组织的报道是带有倾向性的，并且成为了当时政治意识形态辩论的一部分，它们往往难以准确地展示这个组织的理念和其工作（参见 Hackworth，2009）。

示例1.1 路怒症是一种媒体迷思吗？

美国人经常听说路怒症（Road Rage）。《新闻周刊》《时代周刊》以及绝大多数主要城市的新闻报纸也常常以此作为头条进行报道。政府高官就此召开听证会，联邦政府向执法部门和交通部门拨款数百万美元，以减少路怒症的发生。如今，甚至有心理学家专门研究这种病症。

路怒症这个词第一次出现于1988年。到1997年，报刊上每年要刊登4,000余篇关于路怒症的文章。尽管媒体很关注"有侵略性的驾驶"和"开车时的愤怒"，却没有关于路怒症的科学证据。这个名词没有得到明确定义，它可以指任何事，包括从汽车里开枪、打手势、把骑自行车者逼下公路、紧跟前一辆车，甚至是对汽车修理账单发火！在路怒症泛滥之时，车祸事故的数量呈现出下降趋势。

或许媒体报道加剧了对于路怒症的认知。在听说或者读到了路怒症的报道，并且对相关行为贴上了标签之后，人们开始注意到粗鲁的驾驶行为，并进行选择性观察（selective observation）。在路怒症得到恰当的研究之前，我们对它没有准确的认识，但类似行为的数量却可能不会有什么变化。路怒症在全国范围内的流行，可能是受大众传媒的刺激而被广泛接受的一个迷思罢了。（欲了解更多，请参见迈克尔·福门托于1998年8月刊登在《大西洋月刊》的《路怒症与现实》一文。）

游说集团利用媒体来获取公众对其事业的支持。[3]他们组织公关活动来动摇公众对于某一议题或科学成果的看法。这使得公众难以评判研究成果。例如，几乎所有的科学研究都确认了全球变暖这一论点（工业化污染及大量森林被砍伐正在使地球温度变高，这将导致剧烈的气候变化）。对此的科学证据也日益增多，并且越来越具有说服力。然而，媒体却给少数质疑全球变暖的反对者以相同的关注。这使得大众形成了这样的看法，即"没有人对此真正了解"，或是科学家对全球变暖还未能确定。媒体未能明确提及，这些反对者占全体科学家不到2%；媒体也没有提及，那些重污染产业几乎支付了这些反对者全部的研究经费，并且花费数百万美元来宣传他们的研究结果。重污染产业有着自己经济上和公共关系上的目的。他们想要转移批评、拖延环境管制，而不是推动对全球变暖的认知和理解。

媒体经常刊登星座运程，报道超自然力量、超感官知觉、不明飞行物、幽灵。尽管科学研究始终表明这些现象都是伪造的，然而有大约25%~50%的美国公众认为它们是真的。事实上，随着娱乐媒体对这些伪造现象的大肆报道，越来越多的人信以为真。[4]

个人经验

如果我们身上发生了什么事，或是我们目睹或经历了什么，我们往往会认为它是真的。个人经验，或者叫"眼见为实"，是知识的一种强有力的来源。可惜的是，个人经验也可能会误导你，有可能是某种类似于视觉幻象或者海市蜃楼的东西。有些东西看起来是真的，可能是由于判断失误。即时性和直接的身体接触，带来的力量是非常强大的。即便如此，我们仍然会陷入幻境。大部分人宁愿相信他们所见的或亲身经历的，也不愿相信那些经过精心设计得到的研究发现。令人遗憾的是，那些所知甚少的人往往更倾向于认为研究探索无用（参见扩展1.1）。

个人经验中有四种错误，它们彼此互相强化。当然其他领域也会发生这些错误。这四种错误包括：以偏概全、选择性观察、过早妄下结论、晕轮效应。它们通过宣传、欺诈、魔术、刻板印象和某些广告的方式，成为误导民众的基础。

扩展1.1 虚幻的优越感

许多社会心理学研究显示，由于存在认知偏差，我们往往会高估自己对某些事物的了解程度和自己的匹配能力。这种偏差存在于许多方面，包括测试智商或智力、学术测试表现如何，以及自己有没有一些好人品（例如，友好、体贴）。在贾斯汀·克鲁格（Justin Kruger）和戴维·邓宁（David Dunning）1999年发表的著名的研究中，他们发现能力不够的人往往会做出糟糕的决定，达成错误的结论。并且，这些人能力的欠缺又限制了他们发现错误的能力。能力不足的人时常有虚幻的优越感。这是一种错误的认知，他们常常错误地认为，自己拥有远超其实际的能力。与之相比，能力强的人往往会低估自己的能力。简而言之，越是所知甚少的人，越是能力较弱的人，就越会过度自信，认为自己拥有比那些见多识广、能力较强的人更强的能力！这造成了一个自我强化的循环。有着更多知识和技能的人往往会低估自己的知识和能力，因此他们十分努力地提高自我。相比之下，那些所知甚少的、能力不足的人，则会高估自己的知识和能力，因而他们不认为自己需要寻求更多的信息或是提高自身。虚幻的优越感在高度个人主义的文化中（如美国）有着更强的影响力，而在集体主义文化中（如东亚）则影响较弱。对于虚幻的优越感所知甚少的人更倾向不去利用严谨的科学方法来获取知识。他们错误地相信，自己已然知晓许多，因此无须了解研究方法和研究发现。[5]

以偏概全（overgeneralization）是一个常见的问题。它指的是，有一些证据支持你的观点，但你却错误地认为它也可以适用于绝大多数情况。有限度的概括或许是恰当的，在特定情况下，少量证据可以解释多数情形。可当我们概括了那些远超过证据所能支持的范围时，问题就出现了。例如，在过去几年中，我认识了五位盲人。这几位盲人都非常友善。我能否就此认定，所有的盲人都是友善的？我个人恰好结识的这五位盲人又能否代表全体盲人？

第二个错误，**选择性观察**（selective observation），是指当我们特别注意某人或某事时，我们往往想要获得能够证实我们已知信息的证据，而忽视与其矛盾的信息。我们经常关注或观察到一些特定的个案或情形，尤其当它们符合预先的想法时。我们对于能够证实我们想法的特征非常敏感，而会忽视与其相反的特征。例如，我认为高个儿都是唱歌好手。这可能是由于刻板印象，或是我母亲告诉我的，或是其他什么原因。我对高个儿进行观察，不知不觉中，我会特别注意他们唱歌。我会看到合唱队中或顶级的歌唱家中个子高的那些人。我会不自觉地注意到，并且记住那些能够巩固我预先想法的人和情形。心理学家发现人们倾向于"挑出"并扭曲自己的记忆，从而使得这些记忆能够与他们早先的想法更加一致。[6]

第三个错误是**过早妄下结论**（premature closure）。它常与前两种错误一同出现，并且会加强前两种错误。当我们认为自己已知某个问题的答案，不再需要聆听或寻求其他信息，或是提出更多问题时，便会犯下过早妄下结论的错误。令人遗憾的是，我们大多数人都会有点儿懒惰或粗心，我们会在只看到很少的证据或只对事件略做察看时，就认为自己已经解决问题。我们寻求能够证实或拒绝某一想法的证据，当获取了少量证据后，我们便停了下来，草率下定结论。例如，我想了解：在我们镇上，人们支持玛丽·史密斯还是乔恩·范·霍恩作为市长。我询问了20个人，其中16人支持玛丽，2人意见未定，只有2人支持乔恩。于是我便止步于此，认为玛丽会赢。但如果我科学地选出200人，并询问他们的意见，我可能会发现大多数人支持乔恩。

第四个常见的错误是**晕轮效应**（halo effect）。这是指，我们对某个被证实的或有很高声望的来源进行过度概括，使其强有力的声誉或威望影响到了其他领域。例如，我看到了一篇报道，其作者来自某著名高校，比如哈佛大学或剑桥大学。我会推测这个作者是聪明且富有天赋的，这篇报道也是优秀的。而当我看到一篇报道的作者来自某一不知名大学，我就不会这样想。我对这篇报道的观点及预先判断，可能并不是基于其自身的优点。表1.1展示了社会研究的不同替代选择可能会如何解释洗衣议题。

表1.1 社会研究的替代选择

社会研究替代选择的解释	案例议题：在家务活的性别分工中，为什么女性往往承担洗衣任务？
权威	专家说，女性自小就被教育制作、挑选、修补和清洁衣物。这是因为女性关注外在形象及照顾儿童等家庭成员。女性承担洗衣任务有童年准备的基础。
传统	女性洗衣已有几百年的历史了，因此这是长久以来的延续。
常识	男性不如女性那样关心衣物，所以女性常常承担洗衣任务，这合情合理。
媒体的曲解	电视的商业广告中显示女性常常洗衣物，并且她们洗得很开心，所以她们承担洗衣任务是因为觉得洗衣服很有趣。
个人经验	我的母亲以及我所有朋友的母亲都承担洗衣任务。我的女性朋友为她们的男友洗衣服，而不是反过来。女性承担洗衣任务是一件很正常的事情。

1.3 科学是如何运转的

社会研究建立在这些替代选择的某些方面之上，但又有所不同。社会研究依靠科学，它拥有科学的世界观，遵循科学的过程来创造和评估知识。

科 学

当你听到"科学"这个词时，你可能想到的是试管、计算机、火箭飞船、穿着实验室白大褂的人。这些外部标志是科学的一部分，尤其是与有形的物质世界（如植物、化学产品、岩石、星系、电流）打交道的自然科学（如天文学、生物学、化学、地质学、物理学）。而社会科学，例如人类学、心理学、政治学、社会学，则涉及对人的研究——人们的信念、行为、相互影响、制度体系等。在听到"科学"一词时，人们第一时间往往不会想到这些领域。

科学是一种社会机制，是一种生产知识的途径。令人遗憾的是，许多人对这一点所知不多。一份美国国家科学基金会的研究发现，在2010年，能够正确解释科学基本原则的成年人只有1/5~1/3，这一比例在过去20年间几乎没有变化。[7]

所有科学家都使用专门的方法来收集数据，并且用这些数据来支持或否定一些理论。数据资料（data），是通过小心地遵循某些规则或程序而获得的实证证据或信息。社会科学的数据资料既可以是**定量的**（quantitative，以数字形式表达），也可以是**定性的**（qualitative，通过文字、图片、声音、物体来表达）。

实证证据（empirical evidence），指的是我们通过感知——触觉、视觉、听觉、嗅觉、味觉而获得的观测值。这或许听上去很让人疑惑，因为研究者有时无法直接从社会中观测到他们所寻求的答案（如智力、态度、观点、感受、情感、力量、权力等）。为此，社会科学研究者创造了许多专门的方法，间接地测量社会的这些方面。

科学界

科学的蓬勃发展有赖于科学界的运作，它支撑着科学的猜想、态度和技术。**科学界**（scientific community）是一群实践着科学的人，一系列的规范、行为和态度将他们结合到一起。这是一个专业的群体——一群有着共同的伦理准则、信念与价值观、技巧与培训以及职业路径的互相交流的人。在大多数情况下，科学界同时包括自然科学与社会科学。[8]

许多在科学界核心之外的人都在使用科学的研究方法。从科学中发展和改善的研究原则与方法，被各种实践者和技术人员使用着。很多人在使用这些研究方法时（如调查），并没有很懂社会科学研究。但是，任何使用科学方法或结果的人，一旦掌握了科学界的原则和流程，都能够做得更好。

科学界及其成员的边界是不精确的，不存在会员卡或花名册。很多人将某一学科的博士学位视为科学界非正式的"入场券"。博士学位，即"哲学博士学位"（doctorate of philosophy），是一个位于硕士研究生学位之上的高级研究生学位，这个学位使人们能够开展独立的研究。一些研究者并没有取得博士学位，并非所有获得博士学位的人都将研究作为职业。他们进入了不同的职业，或许有着其他不同的职责（如教学、管理、咨询、临床实践、顾问等）。事实上，在取得科学博士学位的人中，有大约一半的人没有将做研究作为其职业选择。

位于科学界核心的人，是那些全职或兼职开展研究的研究者，通常他们也配备有助理。许多研究助理是研究生，有些是本科生。大多数科学家都曾经通过做研究助理来了解科研的真正细节。大学院校雇用了科学界核心的大部分成员。还有一些科学家供职于政府或私人企业中的研究机构，如国家民意研究中心（National Opinion Research Center）和兰德公司（Rand Corporation）。但是，大部分科学家还是就职于十几个发达工业国家的约200所研究院校和机构之中。因此，在地理上，科学界是分散的，但其成员却跨越距离，紧密地合作与交流着。

你或许想了解，科学界有多大？这个问题不好回答。从最广泛的定义来看（包括所有的科学家和科学相关的从业者，如工程师和医师），在发达工业国家，科学界吸收了大约15%的劳动力。了解科学界的一个更好的办法是考察科学界的基本单位：学科（如社会学、生物学、心理学等）。术业有专攻，科学家往往对某一门学科非常熟悉。与其他领域相比，科学界从业人员就很少了。例如，每一年有500人拿到社会学博士学位，16,000人拿到医学博士学位，38,000人拿到法学博士学位。

在全球，社会学这样的学科，可能有大约8,000名活跃的研究者。大部分研究者只完成了三四个本领域的研究，而有一小部分活跃的研究者可能开展过几十个研究。在一些特殊领域或话题中（如对死刑、社会运动、离婚的研究），只有约100名研究者非常活跃，并且承担了该领域大部分的研究。尽管研究结果代表了人类的知识，影响着数以百万计的人们的生活，但只有很小一部分人在真正地生产着最新的科学知识。

科学的方法和态度

你或许想知道，科学的方法与上文中对于科学的讨论有什么关系呢？科学方法不是一个单一的东西，它指的是科学界所使用的理念、规则、技巧和方式。科学方法起源于科学界内部松散的共识。它包含了一种看待世界的方式，这种方式非常看重专业素养、精湛技术、诚信伦理、创造性、严谨标准、勤勉。它同样包含了强烈的专业规范，例如做研究时的诚信与正直，关于如何研究的坦率与开明，关注研究本身的优点而非研究者其人的特征。

科学期刊文章

考虑一下，当一名研究者完成了一项研究时会做什么。他会将此项研究及其结果详细描述写成一篇研究报告或者特定格式的论文。通常，他还会在专业协会的学术会议上做口头报告，寻求评论或建议。接着，研究者会将论文发给若干学术期刊的编辑。每一名编辑都是受敬重的研究者，他们由其他科学家推选出来管理期刊。编辑移除唯一出现作者姓名的扉页，并将文章发给若干评审者。评审者是同一研究领域受敬重的科学家。评审者与文章作者彼此互不相知。这样做强化了评价研究时只依据研究本身的优点这一科学原则。评审者依据研究的清晰度、原创性、优秀研究方法标准，以及对知识的推动进行评价。他们将评价返还给编辑，再由编辑决定是拒绝论文，还是要求作者修改并重新提交论文，抑或是接受论文准备发表。这是一种非常仔细、谨慎的确保控制质量的方法。

绝大多数的活跃研究者定期阅读本领域最受尊重的学术期刊。这些期刊收到的研究报告远比它们能够发表的文章要多上许多。它们只接受10%~15%的投稿论文。即便是排名较低的期刊也常常会拒绝一半的投稿。在若干位有经验的研究者基于研究的优点进行筛选之后，文章的发表代表了科学界对其谨慎的接受，认为它对知识做出了有效的贡献。不同于为书报亭的大众杂志撰文的作者，科学家在学术期刊上发表论文是没有报酬的。事实上，他们可能需要支付一小笔费用，用来支付自己论文被评估的成本。社会科学家很乐意让他们的同行（也即其他科学家和研究者）阅读到自己的研究，因为一篇学术期刊论文可以将研究结果传达给在此领域研究数年的研究者。发表论文可以让研究者获得专业同行的尊敬和关注。评审者在评估阶段审查论文也是没有报酬的。被要求进行评审,承担作为科学界成员的责任,这被他们视为一种荣耀。科学界非常尊重那些在重要学术期刊上发表许多文章的研究者。这些研究者直接贡献于科学界的首要目标——推动新知识的发展。

你可能从未在学术期刊上发表过文章,但你很可能将阅读许多这样的文章。它们是科学研究体系中至关重要的部分。研究者积极主动地阅读期刊中的文章,从而得知新的研究发现,了解其他研究者如何开展研究。最终,这些新知识会在大学教材、新闻报道或公开演讲中得以传播。

1.4 研究过程步骤

社会研究是按照一定的步骤顺序进行的,尽管不同的研究方法在步骤上有所差异。大多数的研究都遵循七大步骤。首先,选择一个话题——一个大致的研究领域或议题,例如家庭虐待、无家可归现象、权力企业精英。话题对于开展一项研究来说太过宽泛。因此,下一项重要步骤就是缩小话题的范围,或聚焦话题中某一个特定的研究问题(例如,"在高度紧张情况下,早婚伴侣对其中一方进行身体虐待的可能性是否大于晚婚伴侣?")。在对话题有所了解并缩小焦点范围之后,我们需要回顾过去关于此话题或问题的研究或文献。在这一阶段,一个对于研究问题或猜想的可能的答案和理论会尤为重要。

在详细说明研究问题并完成文献回顾后,接下来是设计一个关于如何开展这项研究的详细计划。此时,你要决定许多关于研究的具体实际操作(例如,在田野时是采用调查法还是定性的观察法,需要多少研究参与者等)。只有在完成研究设计之后才会收集数据资料或证据(例如,向人们询问问题并记录答案等)。一旦数据资料收集完成,下一步就是检查或分析数据,寻找规律,赋予数据以意义或对其进行解读(例如,"在有家庭虐待的环境中成长并较早结婚的人,相比其他人,有更高比例出现家庭身体虐待")。最后一步,通过撰写一篇包含研究背景、研究方法、研究结果的报告,告知他人。

图1.1中显示的七大步骤是过度简化的。实际上,很少会彻底完成某一个步骤并将其抛之脑后再开始下一步骤。相反,这整个过程是交互的,步骤之间彼此融合。你在后面步骤中的行为可能会促使你重新考虑并轻微调整前一步骤。这个过程并非是严格单向的,在到达终点之前,它可能会来回流动。这七大步骤是针对一项研究计划的,它们是在一个特定话题里的某个单一研究中的流程。

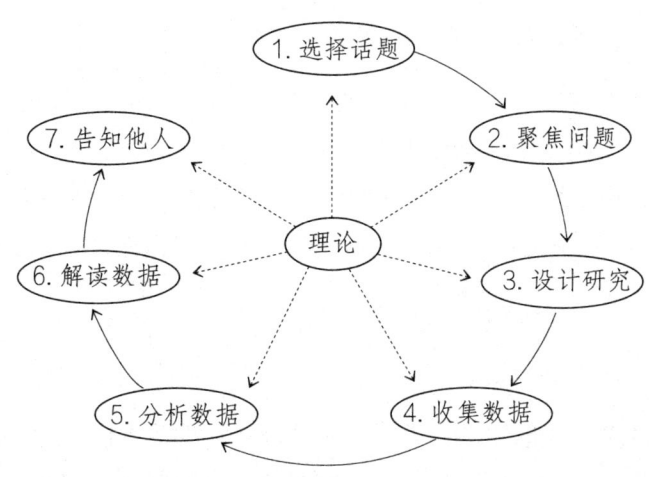

图1.1 研究过程的步骤

不断发展的科学事业建立在早先的研究之上,并为更加宏大的集体创造的知识体系添砖加瓦。一项研究只是宏大的科学整体中的一小部分。一位研究者可能同时承担许多研究项目,一个研究项目也可能会由许多研究者通力合作。同样,一位研究者可能会在一篇或多篇学术文章中报告一项研究,也可能在一本书中报告一项研究。而有时,一篇文章也会报告多项较小的研究。

1.5 研究的维度

蒂姆和莎伦3年前从大学毕业,在一起共进午餐。蒂姆问莎伦:"你在社交数据公司当研究员的工作怎么样?你都做些什么?"莎伦回答道:"我正在做一项考察日托服务质量的应用项目研究,这项研究通过截面调查获得描述性数据,从而进行评估研究。"莎伦的回答涉及了社会研究的四个维度。社会研究有着不同的形态和规模。这些维度可以用来剖析一项研究的特征。

在开始一项研究之前,你必须决定要如何开展这个研究。为了做好这个决定,你需要理解一项研究各个维度的优势与不足。一项研究的各种特征与四个维度相符合。将这些维度表述成问题,则是:

- 你将如何利用研究结果?
- 这项研究的主要目的是什么?
- 你如何把时间整合到此项研究之中?

● 你将使用哪些具体的数据收集方法和研究设计？

这四个维度之间部分重叠，并且有些往往一同出现（例如，研究结果的使用和数据收集方法）。一旦了解了这些维度，你将会发现，有些特别的研究问题与某些特定的研究设计和数据收集方法更加相容，与其他的研究设计或数据收集方法则不那么相容。并且，你会发现阅读和理解他人的研究报告变得更加容易，因为你将能够快速地把这篇研究的四个维度绘制出来。

研究的用处

研究结果有两个主要的用处。第一个用处是在长期范围内推动人们对社会生活根本性质和知识的理解。偏重于此项用处的研究者通常有着客观纯粹的科学或学术导向。第二个用处是将研究结果应用于解决特定的当下问题或者议题。聚焦于此项用处的研究者往往是活动家、管理者、实践者，他们奉行实用主义和干预主义。这两种用处并非严格分开的。通过充分利用这两种用处，研究者协同合作并维持着友好的关系。一个研究者在不同的职业阶段，可能聚焦于不同的研究用处。

基础研究（basic research）。基础社会研究推动对社会世界基本知识的认知。它的研究重点在于发展、考察、支持那些能够解释社会世界如何运转、为何社会关系如此运行以及社会如何变化的理论。基础研究是最新的科学理念和思维方式的来源。那些不是科学家的人时常批评基础研究，问道："它有什么好处？"由于研究结果无法立即应用于社会实践，他们视基础研究为对时间和金钱的浪费。尽管如此，长期来看，基础研究推动了基础知识的发展，而这些基础知识将促进人们对许多研究领域的理解。那些用来理解人类行为或思维的根本原因的工具、方法、理论、理念，大多都来源于基础研究。基础研究诞生了绝大多数真正推动知识发展的重要突破。

基础研究要求对一些广泛的问题进行艰苦的研究，而这些问题可能会改变人们对某个宽泛议题的看法。它可能会影响未来50年、100年的思考和研究。只有当基础知识在长时间中得以积累和发展，那些来源于基础研究的实际应用才会凸显出来。基础研究的实际应用经常出现在不相关的或者意料之外的领域之中。例如，在1984年，英格兰莱斯特大学的遗传学家亚历克·杰弗里斯（Alec Jeffreys）参与了关于基因进化的基础研究。他所开发的一种新技术产生了不相关的意外副作用，使得他发现了一种能够制造现在所谓的人类DNA"指纹"，或者说是个体DNA独特标记的方法。这并不是他的本意。他甚至直言，如果他的目标是DNA指纹，那么他肯定想不出这个技术。这项技术在10年内得到了发展应用。如今，DNA分析已经成为犯罪调查中广泛应用的技术。

应用研究（applied research）。应用社会研究针对特定关切的事情，或是向雇主、社团、代理机构、社会运动、组织，提供解决他们问题的办法。在应用研究中，建立或检验理论，或者将研究结果与更宏大的理论联结起来，是次要的事情。显而易见，最重要的是能够付诸实践的实用结果。因此，应用研究对于发展长期的总体的认知不感兴趣。大多数的应用研究是小规模的，并且能够在短期内（比如下个月或第二年）提供可利用的实用结果。例如，X大学的学生会想要了解，如果他们在下一年倡议聚会不喝酒，那么因为酒驾而被逮捕，或卷入汽车事故的X大学学生是否会减少。在这种情况中，应用研究是最合适的。

那些受雇于商业公司、政府部门、医疗保健机构、社会服务机构、政治组织、媒体组织、娱乐项目、教育机构的人，常常开展应用研究，并将研究结果应用于决策之中。应用研究有助于做出如下决定：某机构是否应该开始一个新项目，以减少客户领取福利的等待时间？警局是否应该采取一种新的响应机制，以减少配偶虐待？政治候选人是否应该强调他对于环境议题的立场，而不是经济议题？一家公司是否应该将某款护肤产品针对成年人进行市场营销，而非青少年？

科学界是基础研究的主要用户，而实践者，如老师、顾问、社会工作者，以及决策者，如经理、机构管理者、政府官员，则是应用研究的主要用户。

在应用研究中，除了开展研究的研究者本人，其他人也经常利用研究结果。应用研究的结果不太可能会通过出版发表进入公众领域，可能只有少数决策者或实践者能够获得这些结果。这说明应用研究发现无法得到广泛传播，也不会被广大的科学界仔细评估。

有些决策者可能不懂明智地利用应用研究发现。有时，管理者或政治家会忽视一项研究中存在的严重方法论问题，或无视研究者提醒的注意事项。他们可能只是想利用研究结果来叫停某个他们不喜欢的项目，或是推动某个他们想要建立的项目。应用研究常常有着即时的影响，牵扯有争议的议题。这可能会产生矛盾。著名研究者威廉·怀特（William Whyte，1984）在对一家俄克拉荷马州工厂和对芝加哥市的饭店做的两项研究中，发现了相互矛盾的结果。在第一项研究中，管理者对击败工会比对了解雇佣关系更感兴趣；在另一个研究中，饭店老板们力求让这个产业看起来很好，并不想让那些关于饭店运营的具体细节公之于众。

应用研究和基础研究倾向于使用不同的研究方法（参见表1.2）。基础研究者强调坚持高标准的方法论，他们想要开展近乎完美的研究。应用研究者则通常会在科学的严谨性和快速实用的结果之间做出更多的妥协。但妥协绝不能成为草率研究的借口，应用研究者只是尽量将研究设定在应用场景的限制之内，在研究和实际需求之间达到平衡。这种平衡需要对研究有深入的了解，也需要对妥协标准可能导致的结果有一定的认知。

表1.2 基础研究与应用研究的比较

基础研究	应用研究
1. 研究本身可以带来内在满足感，并由其他社会学家做出评价。	1. 研究是工作的一部分，由社会学界之外的赞助方进行评价。
2. 在研究问题和研究参与者的选择上有很大程度的自由。	2. 研究问题被"严格限制"在雇主或赞助方的要求之内。
3. 研究是由科学严谨的绝对规范和很高的学术标准来评价的。	3. 学术严谨和标准取决于对结果的利用。研究可以是"粗制滥造的"，也可能是符合高科学标准的。
4. 主要关注的是内在逻辑和研究设计的严谨。	4. 主要关注的是将研究发现推广到赞助方感兴趣的领域中的能力。
5. 驱动目标是对基础的理论知识做出贡献。	5. 驱动目标是获得实际回报或是研究结果得到应用。
6. 成功是指，研究结果刊登在学术期刊上，并对科学圈其他成员产生影响。	6. 成功是指，研究结果被赞助方采纳并用于决策中。

资料来源：基于 Freeman and Rossi（1984：572-573）。

应用研究的类型。应用研究有许多不同的特定类型。这里，我们关注三种主要类型：评估、行动以及社会影响评估。

评估研究（evaluation research study）。评估研究是一种用来弄清某个项目、某种做事的新方法、某个市场活动、某项政策等是否有效果的应用研究。换句话说，它问的是："它有用吗？"评估研究是应用研究中使用最广的种类。[9] 大型科层组织（如企业、学校、医院、政府、大型非营利机构）为了论证它们事业的效果，常常赞助评估研究。评估研究和其他社会研究的方法没什么不同，其区别在于，评估研究的研究范畴及研究目的往往并非由研究者本人决定，研究目的是将研究结果运用于某一实际情形。[10]

评估研究的研究问题可能包括：在提高学习能力上，苏格拉底式的教学方法是否要优于讲座式的教学方法？强制性逮捕的执法项目是否能够减少配偶虐待？弹性工作时间计划是否可以提高员工效率？进行评估研究的研究者对某个项目、某项政策、某种做法的效果进行测量，并常常使用多种研究方法（如调查法和田野法）。如果可行的话，通常优先选择实验法。某项政策或项目的实践者，可能会为了得到他们自己所需要的信息而开展评估研究，也有可能是应外部决策者的要求开展。

评估研究常常会出现伦理和政治上的冲突，因为研究结果可能导致利益冲突。研究成果可以影响谁能够得到或保住工作，可能建立或降低政治声望，也可能会推动一个或多个项目。那些因为研究成果不符合他们个人目标而感到不满的人,可能会试图寻找研究者本人或研究方法的错误。有时,外部决策者可能会对研究有所限制,限制你所能够研究的内容,或是强调他们只对某一特定的研究结果感兴趣。对于一个严肃的、具有批判性思维的研究者来说,这可能会带来伦理困境。

评估研究的局限包括如下几点:研究报告很少经历严格的同行评议过程;数据通常不向外界公开,因此外人很难对此进行检查或研究;研究的关注点通常十分狭隘,因此无法考察某个项目对人们生活产生影响的整个过程。此外,决策者也可能为了满足自己的目的,从而选择性地使用研究结果,或忽视研究结果中与其主张不一致的内容。

行动研究(action research study)。行动研究将知识视为权力的一种表现形态。在行动研究中,创造知识和利用知识进行社会政治改良之间的界限被打破。在诸多种类的行动研究中,以下五个特征是最为常见的:

1. 你主动地让研究参与者参与到研究过程中(例如,研究设计、数据收集)。
2. 你将日常经验和普通人的知识纳入研究中。
3. 你的研究关注剥削、压迫、权力、不平等之类的主题。
4. 你争取通过研究来引起或提高对研究议题的认识。
5. 你直接将研究与某个社会政治活动计划或项目联系起来。

通常情况下,参与社会运动、有政治目标、发起议题的人会开展行动研究。不同政治立场的人都可以开展行动研究。行动研究可能是叛逆性的,想要赋予弱者以权力、反抗压迫和不公、减少不平等。财雄势大的团体或组织也会赞助或者开展行动研究,他们力图维护自己的社会身份、地位、特权。

多数的行动研究者都有着明确的政治观点,他们并非是价值中立的。因为行动研究的首要目标是影响社会政治现状,次要目标才是将研究结果发表成正式的报告、文章或者书本。并且,大多数的行动研究者认为,知识由直接的经验发展而来,尤其来自社会政治行动相关的经验。

例如,女性主义研究多是行动研究。它有着双重使命:通过改变性别关系来推动社会变革、促进知识发展。一位研究性骚扰的女性主义研究者可能会提出政策修改建议,以减少性骚扰的发生。这位研究者也可能会告知潜在的受害者,使得他们可以保护自己,并且维护自己的权益。研究者有时会在听证会上说明他们的研究结果,从而试图修改新的政策或者法律。例如,几位研究家庭暴力的学者(Cherlin et al.,2004)出席了美国参议院作证,他们的研究结果和证词促进了2005年福利改革法案中关于鼓励结婚规定的变更。[11]

社会影响评估研究(social impact assessment research study,SIA)。在社会影响评估

研究中，你要估计由于计划的干预或者有意的改变，可能产生的结果。它可能是政府机构要求的整体环境影响报告中的一部分，用于在不同政策中做出选择。在社会影响评估研究中，你会预测社会环境的某些方面如何变化，并且从受影响人群的视角，提出如何弥补可能的不利结果的建议。社会影响评估研究中的"影响"（impacts），是指这个项目实行与否，对未来结果可能造成的差异。例如，你可以进行一项社会影响评估研究，来估计一家当地医院对地震的反应能力，或是来探究修建一条新的主干道对老年人居住环境的影响，抑或是评估如果更多学生获得免息贷款对于大学录取的影响。

那些开展社会影响评估的研究者常常会考察广泛的社会后果，并且组建跨学科的研究团队。他们测量的结果包括"生活质量"议题（例如，是否可以获取医疗保健服务）、非法毒品和酒精使用、就业机会、学校质量、青少年怀孕率、通勤时间与交通拥堵、公园和娱乐设施的普及、购物选择、实用的文化机构、犯罪率、种族冲突、社会隔离。社会影响评估研究有一个国际专业协会，它推动社会影响评估研究的技巧发展，鼓励政府、企业以及其他组织开展社会影响评估研究。

社会影响评估很少是应人要求做的，但有一些政府会委托研究者开展此类研究。例如，在澳大利亚新南威尔士，除非博彩和赛马部下属的酒精管理委员会批准对夜店或酒店进行社会影响评估，否则一家已注册的夜店或酒店不能擅自增加老虎机。社会影响评估可以让委员会得知增加老虎机数量对当地社区可能产生的影响。评估会列出一个矩阵，包括社会和经济影响、积极的和消极的影响、财政上的和非财政上的影响、定量的和定性的影响。新西兰《2003年博彩法案》要求，当赌博产业扩张时需要进行社会影响评估。在2004年，一项为新西兰奥克兰市议会所做的研究指出，有90%的新西兰成年人参与赌博，有10%的人经常赌博（一周至少一次），有大约1%的人是问题赌徒。尽管根据年龄、收入、种族的不同，这些数字有所变化。社会影响评估研究建议对新的赌场选址进行限制，监控它们的使用，追踪通过各种途径（例如，俱乐部、信托机构等）回到社区的赌博收益。它是一个包含社会影响（如逮捕、离异、家庭暴力）、经济影响（如失业、破产、旅游业扩张）、文化影响（如减少了其他种类休闲活动的时间）的矩阵，列出了对于全体赌博者、问题赌徒、当地社区以及整个地区的影响。[12]

研究目的

假若你询问一个人，他为何开展一项研究，你可能会得到许多不同的回答："我的老板让我做的""这是课堂作业""我很好奇""我室友觉得这会是个好主意"。做研究的原因之多，几乎赶得上研究的数量了。然而，社会研究的目的可以基于研究者想实现什么，分成三类：探索一个新话题，描述一个社会现象，或是解释某件事为何发生。研究可以有着多重目的（例如，既探索又描述），但通常这三种目的中的一个占主导地位（参见扩展1.2）。

扩展 1.2 研究目的

探索性研究

- 熟悉基本事实、场景、关心的事。
- 在头脑中绘制出某个情况的大致图像。
- 形成和关注未来需要研究的问题。
- 产生新的想法、推测和假设。
- 探究开展研究的可行性。
- 开发之后用于测量和定位数据的技巧。

描述性研究

- 提供详细的、非常准确的图像。
- 找到与过去数据相矛盾的信息。
- 创建一系列分类类别或类型。
- 澄清步骤或阶段的顺序。
- 记录因果过程或机制。
- 报道某个情况的背景或情境。

解释性研究

- 检验一个理论的预测结果或原理。
- 详细描述并补充对一个理论的解释。
- 将理论延伸至新的问题或话题。
- 支持或反驳一种解释或预测结果。
- 将问题或话题与普遍原理联系起来。
- 在诸多解释中确定最优解释。

为了探索。或许你曾经为了了解一个新的话题或问题而对它进行过探索。如果这个问题是新出现的，或者此前未曾有人对它有所记录，那么你就是从头开始。在**探索性研究**（exploratory research）中，研究者对一个全新的领域进行考察，从而明确地提出问题，以便在未来的研究中准确解决这个问题。研究者可能需要首先开展探索性研究，以便设计和执行第二阶段更具系统性和延伸性的研究。

探索性研究通常处理"是什么"的问题，比如"这个社会活动实际上是关于什么的"，但它很少给出定论。相较于其他两种研究目的，探索性研究倾向于依靠定性的数据资料，而且较少使用某一个特定理论。如果你进行探索性研究，你可能会感到很沮丧，因为几乎没有指导手册可以遵循，每件事情都可能是重要的。在探索性研究中，并没有规定清楚的步骤，研究问题的方向也可能经常变换。因此，创造力、思维开放、临机应变特别重要，要以调查的立场，探索各种来源的信息。

探索性研究的例子。十多年前非法性服务就利用网络做广告，并愈演愈烈，但鲜有研究调查那些通过网络招揽性交易的男性性工作者。我们对利用网络为性交易做广告所知不多，对男性性工作者如何寻找女性顾客更加所知甚少。李戈尼亚、卡斯尔和戈尼亚（Lee-Gonyea，Castle and Gonyea，2009）的一项研究，通过调查83个为男性性工作者做广告的网页，进行了一项对线上性交易的探索性研究。他们调查了网站为男性性工作者做广告的类型（个人还是中介）、服务的客户、服务的地点、性工作者的信息（例如，外表描述和个人兴趣）、关于如何联系性工作者的信息、服务费用、可使用的支付方式。研究者发现，超过半数的男性性工作者是独立工作的，约17%的人只寻找女性客户，29%的人只寻找男性客户，37%的人寻找男性或女性客户。剩下的网页中（约15%）在客户性别上列出情侣或混合性别。绝大多数网页都提及性服务，大部分（85%）包含了性工作者的照片。略超出一半的网站标注了服务费用，但只有20%的网站标明了支付方式（如现金、信用卡、贝宝支付）。相较男性顾客，女性顾客倾向于模糊的线下性交易地点，这表明男性性工作者以一种微妙的方式暗示女性顾客，这只是简单地安排一场约会。

为了描述。当你对某个社会现象有着基本认识，并准备对其深入描述时，适合进行**描述性研究**（descriptive research）。你希望系统地展现一个状态、活动、社会情境、关系的特定细节。描述性研究关注"如何"和"是谁"的问题："它是如何发生的？""谁牵涉其中？"有许多社会研究都是描述性的。描述性研究者使用许多资料搜集技巧：调查、实地调研、内容分析、历史比较研究。只有实验研究法是较少使用的。学术期刊中的大部分社会研究以及许多用于决策的研究，都是描述性研究。

描述性研究和探索性研究的界限在实践中常常是模糊的。在描述性研究中，你首先要有确定的议题或者问题，然后设计能够准确描述问题的研究。你的研究要对议题进行详细描绘。研究结果可能会表明，持有某个特定观点或有某种特定行为的人占多少比例。

描述性研究的例子。对于宗教多样性的观点有两种：多元主义和排他主义。多元主义者认为所有（或至少有许多）宗教都是合理的，而排他主义者则将某一种有神论体系视为正确，而将其他宗教视为错误。特里尼塔波利（Trinitapoli，2007）对调查数据和定性访谈的二手资料进行了分析（本章稍后讨论），回答了三个描述性研究问题：排他主义宗教信仰在美国青少年中有多普遍？哪些教派因素和社会因素与宗教排他主义有关？青少年如何协调排他主义宗教信仰与当今的多元主义文化？她发现，约有20%的青少年是排他主义者。坚定的排他主义者多见于摩门教（53%）和福音派（33%）。坚信存在唯一真理的青少年在提及其他宗教时，会稍微放宽对真理议题的主张，但他们仍保持着对自己宗教真实性的坚持。除了一些人表达对穆斯林的忧虑，数据没有发现他们有明显的偏执或狭隘。特里尼塔波利认为，虽然青少年不会公开肆无忌惮地表述排他主义宗教信仰，但仍然持有这种观点。在一个多元包容的文化环境下，排他主义者谨慎地表述着他们的信仰，以防被视为是狭隘或有偏见的。

为了解释。当你遇到一个已被识别并且有所描述的问题时，你或许想要了解为何事情是这样的。**解释性研究**（explanatory research）分辨社会行为、信念、状况、事件的来源；它会记录原因，检验理论，给出理由。它建立在探索性研究和描述性研究之上，通常询问"为什么"的问题（如"为什么它会以这样的方式发生？"）。解释性研究通常检验理论，或是评估一个理论是否能够解释新的情形或活动。

解释性研究的例子。许多已有研究发现，生活在城市的人们比生活在农村或小镇的人们更加接纳不同的生活方式、种族、观点。最近，理查德·佛罗里达（Richard Florida，2002，2005）提出了一个理论，他认为由受过高等教育的年轻技术人员构成的"创意阶层"（creative class），被国际性的开放都市环境所吸引。夏普和乔斯林（Sharp and Joslyn，2008）对美国城市的包容度进行了一项解释性研究。他们考察了一些城市是否拥有亚文化，可以支持"新兴的"或非传统的政治。维持这样一种亚文化的关键特征是"创意阶层"的集中程度。这个理论认为，我们可以通过考察一个城市是否有新兴的政治文化，来解释美国不同城市之间对种族包容度的差异。创意阶层理论认为，在其他因素保持不变的情况下，相较于创意阶层成员较少的城市，创意阶层成员集中程度较高的城市可以建立和维持对"新兴政治文化"的包容。研究者在27座城市进行了调查，测量创意阶层成员集中程度以及几项对于社会和种族的态度。基于白人受访者的回答，他们发现："很显然，创意阶层和新兴政治文化城市构成了与众不同的文化语境……在没有种族威胁的情况下，在这种文化语境下居住的白人，比生活在有着传统亚文化城市中的白人，感觉更容易遇见少数族群"（第589页）。简而言之，创意阶层成员集中程度高的城市会支持新的政治文化，而这解释了为什么美国各城市之间白人对种族观点的差异。

研究中的时间维度

不同的研究问题和研究以不同的方式体现着时间。有些研究就像是对单一固定时间点的"快照"（即截面研究），而另一些则像"电影"，让你穿越时空，追随着事件、人群、社会关系（即纵向研究）。定性和定量方法都可以使用截面研究或纵向研究。在这里，我们考察五种在研究中体现时间的方式（参见图1.2）。

截面研究（cross-sectional research）。多数社会研究都是截面的，它们考察某个单一时间点。截面研究的优势在于它是最简单的，并且成本最低。它的劣势在于它无法捕捉社会过程或变化。探索性、描述性和解释性研究都会使用截面研究，前文中这三种研究的例子都使用了截面研究。

纵向研究（longitudinal research）。研究者在考察人群或其他事物在多个时间点的特征时，往往使用纵向研究。它通常比截面研究更为复杂，成本更高，但更强有力，信息量更大。我们来看看纵向研究的三种主要类型：时间序列研究、面板研究、同期群研究。

时间序列研究（time-series study）。时间序列研究是一种研究者在两个及以上不同时期收集相同类型信息的纵向研究。这使得研究者可以观察研究单位的特征是否随时间而改变，并且可以追踪它们的情况。特定的研究个体或许会发生变化，但总体的形态是清晰的。这里举一个时间序列研究的案例：有一项全国性的大规模的新生调查从1966年就开始进行了。到现在，已经有来自1,800余所高校1,100多万学生参与其中。2003年秋季对276,499名学生进行的调查，发现了许多现象和趋势。例如，只有34%的大学新生每周学习六小时及以上。这个比例是这个问题自1987年首次被询问以来（那时的比例是47%）的最低值。然而，酒精摄入量呈现下降趋势。2003年，44.8%的学生表示自己喝啤酒，而在1982年这个数字是73.7%，这说明饮酒比例得到了稳定的下降。2003年的大学新生更加关注政治。在2003年，有33.9%的受访者认为保持对政治的了解是非常重要的，而在2000年只有28.1%的新生持有这样的观点。同样，在2003年，有22.5%的新生表示自己经常讨论政治，这个比例较2002年的19.4%（自1993年低点以来的最高比例）也有所增加。但是上述几年的大学新生对政治的兴趣远远不及1966年的60.3%，也不及1968年，那时有1/3的学生时常讨论政治。家庭的重要性在这些年逐渐提升。有74.8%的学生认为家庭是必不可少的或非常重要的。这个比例相较于1977年问题首次被询问时的58.8%有所增长。然而，宗教参与却呈下降趋势。定期参加宗教活动的学生比例达到了35年来的最低点。此外，无宗教信仰的学生比例，相较于1966年的6.6%，在2003年达到了有史以来最高的17.6%。过去20多年的趋势还有反对死刑的呼声稳定增长。有近1/3的学生支持废除死刑，这是自1980年（33.2%）以来的最高点，但持有保留意见的学生却远高于20世纪70年代（超过60%）。[13]

面板研究（panel study）。面板研究（译者注：又可叫专题小组研究、固定样本研究、追踪研究）是一种研究者在多个时间点对同一群人、小组或组织进行重复观察的强有力的纵向研究。进行面板研究是非常艰巨且成本巨大的。对同一群人进行追踪调查难度很高，因为其中有些人会去世或失去联系。然而，设计精良的面板研究得出的研究结果却是非常宝贵的。即使是短期的面板研究也能够清楚地体现某一特定生活事件的影响。

面板研究的例子。厄斯特勒、约翰逊和莫蒂默（Oesterle, Johnson and Mortimer, 2004）对一项始于1988年的纵向数据进行了追踪调查，以此研究青少年后期和成人初期阶段的志愿活动。受访者为明尼苏达州圣保罗市公立学校的1,000名九年级学生，跨越了从18~19岁（1992年）到26~27岁（2000年）这9年时间。他们发现，早期参与志愿活动对以后是否参与志愿活动有着强烈的影响。同样，和一直在上学的人相比，早早（18~19岁）参与全职工作或抚养孩子的人，以后（26~27岁）参与志愿活动的可能性更低。

同期群研究（cohort study）。同期群研究（译者注：又可叫群组研究、队列研究）和面板研究相似，但它并不是观察同一群人，而是关注在某个特定时期有着相似人生经历的一群人。研究者将有着相似经历的人当作一个整体，关注这一群人或这个同期群的重要特征，而不是特定的个体。常见的同期群包括：所有在同一年出生的人（叫作出生同期群），所有同时被雇用的人，或者所有在同一年毕业的人。不同于面板研究，在同期群研究中，研究者不必找到完全相同的人；事实上，他们只需要找出那些经历了相似的生活事件的人。

同期群研究的例子。为了比较跨种族婚姻和同种族婚姻的稳定性，布拉特和金

（Bratter and King，2008）研究了美国的婚姻同期群（所有在某一特定年份或相邻几年结婚的人）。他们利用2002年全国15岁至44岁样本中的数据，寻找那些结过婚并且登记了第一任配偶种族信息的样本（1,606位男性，4,070位女性），并了解初次婚姻是否已经破裂了。研究者对六个同期群进行了调查（早于1980年结婚的、1980~1984年结婚的、1985~1989年结婚的、1990~1994年结婚的、1995~1999年结婚的、晚于2000年结婚的）。几个同期群的比较显示，跨种族夫妻的离婚率较高。然而，这一结论并不适用于所有跨种族婚姻，也不适用于所有时间点。早于20世纪80年代结婚的跨种族夫妻并没有显示出更高的离婚率。他们发现，相较于白人夫妻，白人妻子和黑人丈夫、白人妻子和亚裔丈夫的确呈现更高的离婚率。但是，非白人妻子和白人丈夫，以及拉丁裔和非拉丁裔的结合，有着接近平均甚至较低的离婚风险。

个案研究（case study）。大部分截面研究和纵向研究调查的是多个人或多个单位事物，甚至会研究全部人口。我们往往会测量许多单位或个案的几个显著特征，然后横跨这些个案和单位分析特征。这样的研究叫作跨个案分析或群体导向研究。与之相对，个案研究收集的是一个或少数几个个案在一段时间内细致、多样、全面的数据资料，通常是定性资料。这种研究叫作个案分析或个案导向研究。不同于观测大量个案的多个特征，在个案研究中，我们只对一个或少数几个个案许多方面的特征进行非常深入的调查。我们谨慎地选择一个或几个能够进行极其深入研究的个案，而不是试图收集所有个案，或从总体中抽取样本个案。不同于纵向研究收集多个单位或个案的数据资料并寻找普遍规律，在个案研究中，我们密切关注一个或少数几个个案，观察它们的许多复杂特征如何随着时间演变，并将个案与特定的历史、文化背景相联系。[14]

个案研究的例子。龙贝格（Rhomberg，2010）对底特律报业工人的一次罢工事件进行了个案研究，开创了新的理论。为了对这次罢工进行研究，他搜集了全面的历史背景和其他背景资料。正如个案研究常做的，龙贝格调查了庞杂的定性资料。他写道（第1855页）：

> 本个案研究的数据资料来源于约100次访谈……我还收集了几百个新闻故事……以及来自其他主流和当地新闻媒体、商业公司、专业媒体的报道。档案资料来源还包括：审判笔录、证物、美国国家劳动关系委员会（National Labor Relations Board）对主要不当劳动行为投诉的结论以及来自其他诉讼的法律记录。最终，我还拿到了组织和个人档案的副本，例如集体谈判协议、内部通讯记录、宣传单、公开信息、由保安部门和当地电视台拍的录像带。

龙贝格对这场罢工进行个案研究的主要贡献在于，他为研究过去30年中劳动关系的变化提供了新的见解，引入了研究类似新类型罢工的新理论。

截面研究：在一个时间点上观察某一群人

2011年2月

时间序列研究：在多个时间点上观察不同的人群

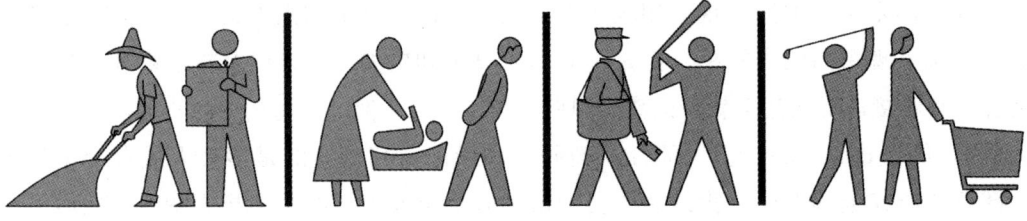

1950年　　　　1970年　　　　1990年　　　　2010年

面板研究：在两个或以上的时间点上观察同一群人

1985年　　　　1995年　　　　2005年

同期群研究：对有着相同经历的人群在两个或以上时间点上进行观察

1962年结婚　　　　1982年　　　　2002年

个案研究：对一小组人在一段时间内密集观察

自2006年至2011年

图1.2　社会研究中的时间维度

数据收集方法和研究设计

社会研究学者使用一种或多种特定的方法来收集定性和定量数据资料。这一节会简要概括主要方法和研究设计,在之后的章节中,你会对它们有更深入的了解。有些数据收集方法更适合解决特定类型的问题或议题。将研究问题与合适的数据收集方法和研究设计相匹配,需要技巧、实践和创造力。根据要搜集定性的还是定量的数据,收集方法和研究设计可以分为两种。大部分的定量研究考察大量个案、人或单位,并且以数字的形式来测量它们的特征。相反,定性研究通常使用定性数据资料,来调查少量个案的多方面特征。理想状态下,我们会在一个研究中结合定性方法和定量方法,取长补短;然而,这在实践中通常难以实现。

定量数据收集方法和研究设计。定量数据收集方法包括实验、调查、内容分析、现有数据。

实验(experiment)。实验研究遵循着源于自然科学研究的逻辑和原则,研究者创造场景并考察它们对于实验参与者的影响。实验研究针对一小群人和一个明确的研究问题,可以在实验室或真实生活中开展。实验对于解释性研究最有效果。在一个典型的实验研究中,研究者会将实验参与者分为两组或多组。研究者对其中一组施加他感兴趣的条件,即"实验处理"(treatment);除此之外,各组人相同对待。之后,研究者精确测量每组人的反应。通过对两组参与者的背景进行控制,并只对其中一组施加实验处理,研究者因此可以推断,两组之间对于实验反应的差别来自实验处理的效果。

调查(survey)。在调查研究中,我们通过书面问卷(一般通过邮寄或当面交给受访者)向人们提问,或通过访谈提问并记录。我们不会去设置一个场景或情况,而仅仅是在短时间内向许多人询问大量的问题。通常来说,我们会将问题的答案总结成百分比、表格、图表。调查方法可以应用于描述性研究或解释性研究。调查研究可以让我们得知大家都在想些什么或者做了些什么。被调查的人通常是一个样本或者是一小群挑选出来的人(例如,150名学生),但结果可以类推到这个小群体所代表的大群体上(例如,5,000名学生)。调查研究广泛使用于许多领域和应用研究中。

内容分析(content analysis)。内容分析是用来分析书面材料或符号材料(如图片、电影、歌词等)中的信息或内容的一种方法。在内容分析中,我们首先识别分析的材料主体(例如,书本、报纸、电影等),接着,我们创建一个系统,来记录这类材料的特定方面。这个系统可能是记录某个特定词语或主题的出现次数。最后,我们把从材料中得到的内容记录下来。通常,内容信息以数字的形式测量,并以表格或图表的形式展示。这个方法使得我们可以在浩如烟海的材料中发现易被忽视的内容特征。我们可以将内容分析应用于探索性研究或解释性研究,但主要还是用于描述性研究。

现有数据(existing statistics)。在现有数据研究中，我们找到过去收集的数据信息，通常是政府报告或事先做过的调查，接着将这些信息以新的方式重新组织起来，从而解决新的研究问题。寻找数据来源可能很费时间，因此我们需要仔细思考所得信息的意义。在一项研究开始时，我们通常不知道是否可以得到感兴趣的数据资料。有的时候，现有的定量数据包含了现存的调查和其他资料，我们需要通过各种统计过程加以重新核查。我们可以将现有数据调查用于探索性研究、描述性研究、解释性研究，但它最常用于描述性研究。二手资料分析(secondary data analysis)是一种利用早先研究中的数据进行的现有数据研究。许多复杂的大型研究，如调查研究，会产生大量数据资料。那些没有参与最初调查研究设计或数据收集的研究者，也可以获得这些数据资料。这些研究者利用各种各样的统计方法来分析数据，发现新的规律或者检验其他理论。

定性资料收集方法和研究设计。定性数据资料收集方法包括田野调查和历史比较研究。

田野调查(field research)。许多田野调查是对一小群人在一段时间内(如几周、几个月、几年)进行调查的个案研究。在一项田野调查中，我们最初有松散形成的想法或话题，然后选择一个用于研究的社会群体或自然环境，接着获取进入的途径，并在这个环境中扮演一个角色，进行细致入微的观察。我们要亲自去结识我们要研究的人。我们通常采用开放式的非正式访谈，并且每天都做详细的笔记。在离开田野点之后，我们重新仔细地阅读这些笔记，为撰写报告做准备。田野调查可以用于探索性研究和描述性研究，但很少用于解释性研究。

历史比较研究(historical-comparative research)。在历史比较研究中，我们会考察过去某个或多个历史时期的社会生活方面，或比较不同文化中的社会生活形式。我们可以只关注一个历史时期，也可以关注多个历史时期；可以比较一种文化，也可以比较很多种文化；还可以将比较历史时期和比较文化混合使用。和田野调查一样，理论的建立或检测要与数据的收集结合起来。最开始都是一个松散的问题，之后在研究过程中不断完善。我们通常会收集到一系列广泛的研究证据，这些证据包括现有数据和文献(例如，小说、官方报告、书籍、报纸、日记、照片、地图等)。此外，我们也可能会进行直接观察和访谈。历史比较研究可以是探索性的、描述性的、解释性的，也可以有着混合的性质。

结　论

本章对社会研究进行了简要介绍。你应该已经知道，社会研究和普通的了解社会的方式是多么地不同，研究开展是如何基于科学和科学界的，以及几种按照不同维度划分(如研究目的、数据资料收集方法等)的研究类型。研究的各个维度之间有着松散的重叠，构成一幅"路线图",帮助你在社会研究的复杂地势中找到自己的路。在下一章中,我们将话题转向社会理论。你在这一章中已对此略有涉及,在下一章中,你将会学习理论和研究方法是如何共同运作的,也会了解几种理论类型。

注 释

1. 参见 Parker-Pope, Tara. "Summer Must-Read for Kids? Any Book," *New York Times*, August 2, 2010。

2. 参见 Rampton and Stauber(2001:247–277 and 305–306)。

3. 参见 Best(2001:15)关于倡导和媒体的观点。

4. 参见 National Science Board(2002:735–739)。

5. 参见 Kruger and Dunning(1999). Also see Brown(2007),DeAngelis(2003),Dunning, Johnson, Ehrlinger and Kruger(2003),以及 Hoorens(1993)。

6. Schacter(2001)对记忆问题提出了一个总结。

7. National Science Board (2002:739); National Science Board(2010, Appendix Table 7.13).

8. 关于科学界的讨论可以从 Cole and Gordon(1995),Crane((1972),Hagstrom(1965),Merton(1973),Mulkay(1991),以及 Ziman(1999)处找到。

9. 关于评估研究的最新发展,可以参见 Patton(2001)和 Weiss(1997)的讨论。

10. Beck(1995)提出了有用的概括。

11. 关于家庭暴力研究的结果,参见 Herring and Ebner(2005)。

12. 关于奥克兰城研究的更多信息,参见 Adams(2004)。

13. 参见网址:www.gseis.ucla.edu/heri/heri.html。

14. Bennett and Elman(2006)将个案研究分为跨个案研究和同个案研究,Mahoney(2008)则分为人口导向的研究和个案导向的研究。参见 George and Bennett(2005)关于个案研究一般方法的观点。

第二章
理论与社会研究

2.1 什么是社会理论？
    责任分析不是理论
2.2 理论的组成部分
    概念
    假设
    关系
2.3 理论的方面
    理论阐明的方向
    理论的范围
    理论的层次
    解释的形式
2.4 社会科学的三种主要途径
    实证法
    诠释法
    批判法
2.5 理论与研究的动态结合

对许多学生来说，上大学是他们第一次远离家乡。即便有些学生以前上的是多种族的高中，但绝大多数学生在进入大学之前，都是和同种族的人一同生活的。住进大学的学生宿舍后，他们可能会被分配一位室友共同居住。那些和同种族室友生活的学生，他们的种族观念也许不会发生变化。但你或许想要了解，那些被分配到不同种族室友的学生，他们的种族观念是否会发生变化呢？社会科学家通过探寻能够说明一个人的种族观念如何变化、为何变化以及在何种情况下会发生变化的理论，来解答这一问题。一项被广泛验证过的社会心理学理论——"接触假说"（contact hypothesis），认为当某人与另一个群体（比如，美国的另一个种族群体）之中的某个人定期地密切接触时，这个人可能会调整对于该群体成员的观点。相比接触之前，他对该群体消极的刻板印象会淡化，积极的态度和感受会增加。变化的程度取决于接触的具体情况，例如，这两个人是否是平等地进行接触，他们之间是合作关系还是竞争关系。接触假说是一种小型的社会理论（也被称为"中层理论"，本章稍后会讨论），是一种在研究中经常使用的理论。

当你听到"理论"（theory）这个词的时候会想到什么呢？对学习社会科学的学生来说，理论是最难理解的术语之一。如果我上课一上来就说"今天我们来看一看某个理论"，我的学生们眼皮都会耷拉下来。许多学生认为，理论与真实生活是不相关的，它仿佛在云端飘浮着。一些学生将理论称为"一堆佶屈聱牙的术语"。

事实上理论不是这样的，它对于扩展认知是必要的，对于研究也至关重要。理论的作用在不同类型的研究中有所区别，但绝大多数社会科学研究都会以某种方式使用理论。简单来说，研究是将理论（像是解释社会如何运行的故事）与数据（仔细观察得到的与理论相关的一些社会方面）结合起来。

2.1 什么是社会理论？

社会理论的目的是解释或者回答为何社会世界有这样的规律、以这样的方式运行、发生这样的事件。解释的方式有许多种（本章稍后讨论）。我们解释人们日常发生的事情，比如，为什么人们对于不同种族的人态度会有所改观？理论并非什么奇异之物。当我们思考世界如何运行，或者是什么使得某事发生（比如，为什么美国离婚率在近几年得以下降，为什么某些街区的学生往往比另一些街区的学生的校内表现更好）时，我们便时常运用理论。我们的日常理论只不过是残缺的、有限的、破碎的社会理论。有些社会理论就像我们平日里会说的那样去解释世界，而另一些则和日常生活里的解释截然不同。将理论阐述与日常的解释区分开的并不是它的形式，而是理论会使用一系列深思熟虑的概念，有着一致的逻辑，并且嵌入一个有着相似阐述的更大的理论框架之中。

社会理论被定义为：一个有着互相联系的抽象概念或想法的系统。这个系统凝结知识，使其系统化。这样，社会理论成了促进了解社会世界的一种简洁方式。理论将一个特定情境的知识（例如，田纳西州纳什维尔市 X 街区的 10 年级学生比 Y 街区的 10 年级学生学习成绩更好），推至成为一个更加普遍的理解和知识（例如，在有着 A、B、C 三种特征街区的学生，比没有 A、B、C 特征街区的学生，在学校表现更好）。

有时会通过考察社会思想史来划分社会理论，这会把过去著名思想家的历史与社会理论结合起来。伟大的古典社会理论家们（例如，涂尔干、弗洛伊德、马克思、滕尼斯、韦伯）创造了许多创新的理念，增进了我们对社会的了解。他们的原创理论为后世思想家奠定了基础。我们仍然向古典社会理论家们学习，因为他们提供了大量创造性的、相互关联的理念。他们的想法大大改变了我们认识社会的方式。我们之所以还在继续谈论他们，是因为能够创造许多原创深刻见解并从根本上推动知识发展的天才，非常罕见。前辈思想家的想法包含了许多关于具体议题的理论，构成了当代理论的重要来源。

许多外行人将理论与突发灵感或随意猜测混为一谈。他们或许会说，"这只是一种理论"，或者询问"你对此有什么理论？"这个术语的日常使用常常会带来困惑。普通的猜测和社会理论在许多方面都截然不同。不同于那些我们可以不假思索便摒弃的不负责猜测，许多专业人士会花很多时间建构和争辩社会理论。他们确保理论的逻辑连贯性，并持续评估理论的关键部分和寻找证据。他们会检查理论是否适用于某些特定的情形。多年以来，他们加强、改善理论中已获得共识的部分，并在此基础上建立新的知识。同时，他们删减或摒弃那些已经无法适应世界整体情况，或证据不足、自相矛盾的部分。

你可能对理论和事实之间的区别已有所耳闻。但生活很少是简单清晰的。一个被许多人接受的"事实"（例如，在一个充满汽油的房间点燃火柴，就会爆炸），可能许多科学家会称为理论（例如，关于如何将一定数量的特定化学品和氧气在一定密度和温度下结合，可以大幅增加爆炸力概率的理论）。事实和理论会混合在一起，是因为理论包含着将经验世界分割为不同部分的概念，这会指向何种类型的证据或数据（即事实）是重要的。事实和理论与其说是对立的，不如说是在一个全面的阐释中互为补充。

因为绝大多数的研究都会涉及某种形式的理论，因而问题不在于是否使用理论，而在于如何在研究中使用理论。熟悉理论可以帮助你阅读研究报告和开展研究。当你对涉及的理论还是一知半解的时候，很难进行一项严格可靠、有逻辑的研究。一旦你了解理论如何用于研究过程，你将会发现阅读别人的研究更加容易，自己也能够设计出更好的研究。

许多人使用日常理论却不自知。例如，报道社会问题的报纸文章或电视节目通常包含一些未明说的社会理论。一篇关于很难取消学校种族隔离计划的新闻报道，就包含着关于种族关系的详尽理论。同样，政治领袖在讨论公共话题时也频繁使用社会理论。当政客声称教育不充足会导致人们贫穷，或者在说传统价值观的沦丧会导致犯罪，都是在表达一种简单的理论。与社会科学家们的理论相比，这些外行人的理论通常缺乏系统性、条理不清、逻辑上不严密。许多日常理论比科学的理论更难检测，也更难用实证证据来评估。理论的一个常见替代品是责任分析，但不要将这二者混淆，我们将在下一节中讨论它。

责任分析不是理论

责任分析（blame analysis）是一种伪造的论述，但有些人将其像理论阐述一样提出来。在责任分析中，人们用归咎责任来替代因果阐述。归咎责任是做出道德、法律、意识形态的要求。它意味着对一个事件或情形（通常是令人不快的）的意图、疏忽、责任。责任分析关注的问题是谁对此负责，而不是诸如"为什么它会发生"或"这个事件为何会这样"等社会理论问题。责任分析假设存在一个罪魁祸首或源头，以便我们将责任归咎到它们身上。责任分析的目的是识别责任方，而不是增进理解。在实践中，责任分析通常豁免或包庇特定的人群或理念，比如受害的一方、与其有共鸣的成员、宗教价值或原则。责任分析的局限性使得它对责任方的认定更加受到限制。责任分析很少是面面俱到的；它难以提供一个完整的描述。因为专注寻找责任方和不能提供全面描述，责任分析通常会阻碍进行完整阐释。

大众传媒、政客以及许多公众评论员时常以责任分析替代理论分析。责任分析会散播误解，因为它将责任和原因混为一谈。它提供的是一个特定的描述（或关于发生了什么事），而不是一个完整的、有逻辑的解释。首先，责任分析通常会展示一个令人不快的事件或情形，例如抢劫银行、同工不同酬、某地的交通堵塞。接着，它会找出一个或多个"可能的嫌疑人"或责任方。之后，它有选择性地呈现证据，关注其中某个责任方，而且往往会包庇其他责任方。不同于理论阐释，责任分析不会探索所有可能的原因，也不会对系统地核查收集来的实证证据。这些证据可能同时支持和反对许多相互矛盾的原因。[1]

2.2 理论的组成部分

概　念

所有的理论都包含了许多概念，概念是理论的基本构成部分。[2] 概念（concept）是以符号或词语表达的理念。在自然科学中，概念是以符号的形式表达的，例如希腊字母（如 α），或者公式（例如，s = d/t；s 代表速度，d 代表距离，t 代表时间）。在社会科学中，概念是以词语的形式表达的。有些人害怕或者担心自然科学中外来的符号和公式；然而，在社会科学中以专业方式使用的普通词语也会造成困扰。概念是以符号的形式表达，还是以词语的形式表达，这并不重要。毕竟，词语也是符号。词语是我们学习语言时所用的符号。

我们以你所熟知的概念来举例：高度。我可以说出或写出"高度"（height）这个词；它的发音和书写是英语的一部分。这个词语里字母的组合象征了或者说代表了我们脑中关于高度的概念。"高度"这个词在汉语、阿拉伯语、法语、德语、西班牙语中的对应词语，都代表了同样的概念。在某种意义上，语言只是人们对于用声音和书写符号来代表脑中想法所达成的共识。生活中有时候，我们会意识到想法和声音或文字之间的联系。因此，你可以将学习概念和理论认为是在学习一种语言。[3]

概念随处可见，你一直在使用它们。高度只是你日常生活中的一个简单概念。想一想，高度是什么意思？你可能觉得使用高度这个概念很容易，但是描述这个概念本身就比较困难。高度代表的是关于物理关系的抽象概念。它是一个物体的特征，是从顶点到底端的距离。每个人、每栋建筑、每棵树、每座山、每本书等，都有高度。我们可以测量或者比较高度。高度有可能为零，也可能随着时间流逝而增加或减少。正如许多词语那样，我们也用很多不同的方式来使用"高度"这个词。它可以用于表达"战役的白热化"（the height of the battle）、"夏天最热的时候"（the height of the summer），以及"时尚之巅"（the height of fashion）。

"高度"这个词是与发音和书写联系在一起的抽象概念。而组成这个词语的发音和书写并没有与生俱来的意义。词语的意思与其发音或书写可以任意组合，但这种组合仍然是非常有用的。词语的发音和书写使得我们可以仅仅通过使用符号，便向另一个人表达抽象的概念。

概念有两个部分：符号（symbol，一种书面形式或一个词语）和定义（definition）。我们通过很多方式来了解定义。我从我的父母那里得知了"高度"这个词语和它的定义。我在学习说话的过程中学到这个词语，这是一个文化社会化的过程。我的父母从来没有按照字典定义教我，我是通过一个渗透的、非语言的、非正式的过程来理解这个词语的。父母向我展示了许多例子；我听到并观察别人使用这个词语；有时我会误用这个词语，但会被纠正过来；后来我能够正确使用它，并理解了它的意思。最终，我掌握了这个词语的概念，并能够在日常生活中和后来的学习、工作场合中成功使用这个概念。

这个例子展示了如何在日常语言中学习和分享概念。假如父母把我与电视及他人隔绝开来，他们告诉我"zodged"这个词语代表高度，那么我将无法与其他人交流。这说明了，如果概念是有意义的，那么人们必须分享这个概念的词语和含义。概念可能始于一个人的脑海中，或者某人发明了一个全新的深奥概念且秘不示人，但概念的用处在于我们能够和其他人共同使用它们。

概念在日常生活中无所不在，但普通人用的概念大都定义模糊不清。普通或者世俗的概念往往是由价值观、错觉或在某种特定文化中生活的人的经验所塑造的。和社会科学中的概念相比，这些概念往往更局限于某种文化，也更不准确。社会科学家有许多发展新概念（如家庭体系、性别角色、社会化、自我价值、沮丧、侵虐移置）的来源：个人经历、创造性的想法、观察。他们也从日常生活中借鉴概念，分析、提炼、重新定义这些概念，然后将这些概念与其他概念联系起来，创建一个更宏大的理论。社会科学概念和世俗概念之间还有另一种关系。许多日常生活中的术语，例如性别歧视、生活方式、同辈群体、城市扩张、社会阶层，最开始都是社会理论的精确专门概念。随着时间流逝，这些概念渗透到了文化之中，出现在日常对话中和大众媒体上。在这一过程中，这些概念的起源被遗失了，它们的含义也不再精确。

我们可以用简单的非语言的过程（例如，指向一个物品或事件、模仿一个行为）来定义简单的具体的概念，如书本和高度。但绝大多数的社会科学概念是更加复杂和抽象的。我们用正式的、字典式的释义来定义它们，那些释义本身也是建立在其他概念之上的。用概念来定义概念，看起来似乎很奇怪，但我们一直以来都是这样做的。通常，我们将来自平常经验的简单的、显而易见的概念组合起来，来创建"更高层次"的或者抽象的概念。例如，我将"高度"定义为从顶端到底端的距离。"顶端""底端""距离"，都是概念。"高度"比"顶端"和"底端"更加抽象。抽象概念指的是世界上我们无法直接体验的方面，但它们却能理清思路，增进理解。

在日常对话中我们使用松散草率的概念也无伤大雅。然而，社会理论要求概念更具逻辑性、有更准确的定义。定义帮助我们将理论和研究联系起来。一项高质量研究，尤其探索性研究，其重要目的就在于改善、澄清、提炼概念。没有说服力的、矛盾的或定义不清的概念，会阻碍系统性思考和科学知识的进步。

概念丛（concept clusters）。我们很少孤立地使用概念。概念来自相互联系的群体，又叫概念丛。日常语言中的概念和社会理论中的概念都是如此。理论中含有一系列相互联系的概念，彼此具有一致性，互相加强。它们共同组成了一个意义的网络。例如，要讨论城市衰败的概念，我需要一套关联的概念（如城市扩张、经济增长、城市化、郊区、中心城市、复兴、公共交通、少数种族）。

一些概念表示许多数值、数量或总数，比如收入总额、温度、人口密度、教育年限、暴力程度。它们是变量概念，或变量（之后的章节会对此讨论）。其他的概念则表示非变量的现象（如科层制、家庭、革命、无家可归、寒冷）。理论中既有变量概念，也有非变量概念。

分类概念（classification concepts）。有些概念是简单的，它们维度单一，变化连续；另一些概念则是复杂的，它们是多维的，或者有着许多子部分。我们可以将复杂的概念拆分成一系列简单的、单维度的概念。例如，鲁施迈耶、史蒂芬斯和史蒂芬斯（Rueschemeyer, Stephens and Stephens, 1992: 43-44）说到民主有三个维度：（1）定期、自由的普遍选举；（2）可以控制政府的、选举出来的立法机构；（3）表达和结社的自由。作者们认为每个维度可以有程度的不同。他们将这些维度组合起来，提出了一系列政体类型。在这三个方面程度都很低的政体是极权主义，三个方面程度都很高的是民主国家，其他程度混合的政体要么是威权主义，要么是自由寡头政体。

分类在某种程度上介于简单概念和理论之间，[4]它有助于将抽象复杂的概念梳理清楚。要创建一个新的分类，我们可以有逻辑地详述一些相对简单的概念的特征，并将它们组合起来。一个著名的分类类型是**理想类型**（ideal type）。理想类型是用来定义问题现象的本质的纯粹抽象模型。它们是告诉我们一个概念核心方面的思维图像。理想类型是更加宽泛、更加抽象的概念，它集合了许多相对狭义和具体的概念。

理想类型并不是理论阐释，因为它不能告诉我们为何事情会发生或如何发生。它们比理论要小，但也很重要。我们利用它们来建立理论。定性研究者时常利用理想类型，考察可观测的现象和理想模型的匹配程度。例如，马克斯·韦伯提出了一个关于"科层制"概念的理想类型。韦伯的理想类型被许多人使用（参见示例2.1）。它将科层制和其他组织形式（例如，社会运动、王国等）区别开来。并且，它阐明了一类人们曾经觉得含糊不清或者难以理解的组织形式的关键特征。现实生活中没有组织可以完美匹配这种理想类型，但这个模型可以帮助我们理解和研究科层制。

示例2.1 马克斯·韦伯关于科层制的理想类型

- 它是一个由一套系统的规则统治的持续的机构。
- 行为由独立客观的规则所支配。
- 存在劳动分工，不同的职位被分配了不同的能力范围。
- 层级的权威关系盛行，即下级职位受到上级职位的控制。
- 行政活动、规则等是以书面形式进行的，并且存档。
- 个人并不拥有他们的职位，所以不能买卖职位。
- 工作人员从组织获取薪水，而不是直接由他们的客户支付报酬，以便确保他们对组织的忠诚。
- 组织的财产与职位所有者的财产各自独立。

来源：基于Chafetz（1978）：72。

范围(scope)。概念因范围的不同而有所区别。有些概念是高度抽象的,有些适中,还有一些则是具体的(即:它们可以通过感官直接体验,如看到或摸到)。越抽象的概念有着越广泛的范围,也就是说,它们可以被用在更宽泛的特定时间点和情形中。更加具体的概念虽然易于识别,但适用情形相对较少。"皮肤色素沉淀""在选举中投出一票""根据出生证上生日得到的年龄"等概念是不太抽象的,它们比"种族群体""民主""成熟"这些概念更加具体。有着很多抽象概念的理论比有着很多具体概念的理论,更加适用于更广泛的社会现象。一个关于理论关系的例子是:规模的增加会造成集权化,而它又反过来造成更高的正式化。"规模""集权化""正式化"都是非常抽象的概念。它们可以指向一个群体、组织、社会的特征。我们可以把这句话翻译过来,它是说,一个组织或者群体变得更加庞大时,它内部的权威和权力关系就会更加集中于少数的精英。这些精英往往更倾向于依赖利用书面政策、规则、法律来控制和组织群体或组织中的其他人。仔细思索概念的范围,会使得理论在与他人沟通时更可信、更简便。

假 设

概念包含了内置的**假设**(assumption)。它们是对那些不易观察或检验的事物本质的陈述。假设是一个必要的出发点。我们定义概念和建立理论,都是基于对人类、社会现实或某个特别现象的本质进行的假设。假设常常被隐藏,或不被提及。加深对概念理解的一个办法就是,搞清楚这个概念建立在什么假设之上。

例如,"书本"这个概念就假设了书写体系、识字的人、纸张的存在。没有这些假设,"书本"也就几乎没有意义。社会科学的概念,如"种族偏见",也是基于若干个假设的。它包括:人与人之间根据种族遗传而有所区别,将特定的动机和特征与某个种族群体的成员联系在一起,或者评价特定动机和特征的好坏。如果种族是无关紧要的,人们就不会根据种族区分人与人,不会将特定的特征和种族群体联系起来,也不会对那些特征做出评价。如果是这样,那么"种族偏见"这个概念对于研究也就没有什么用处了。所有的概念都包含了对社会关系和人类行为的假设。

关 系

理论包含了概念和假设,它也详细说明了概念和假设是如何关联的。理论告诉我们两个概念是否相关;如果相关,又是怎样关联的。除了告诉我们概念之间有联系之外,理论还解释了为何这种关系存在。

我们先来看一种关系:美国白人的经济不景气会造成针对非裔美国人的群众暴动的增加。这里面包含了几个概念:经济不景气、白人和非裔美国人的种族类别、群众暴动。这个理论可能陈述了为什么群众暴动会发生以及在什么情况下会发生或不会发生群众暴动。我们可以通过实证来检验或评估这种关系，这又叫作假设（hypothesis，译者注：前文中的"假设"为assumption，其含义指向隐藏或内置于变量中的前提假设，而hypothesis的含义则偏向于定义变量关系的研究假设猜想）。假设指的是两个或多个变量（会在第三章中详述）之间的关系。在利用数据多次谨慎检验并证实假设后，我们开始将假设视为**命题**（proposition）。命题是理论中被人们笃信的关系，并以此为基础建立新的关系，发展新的假设。

2.3 理论的方面

理论因其丰富的形式和不同的规模，最初会使人感到困惑。简单来说，我们可以通过考察一个理论的四个方面来将其分类：（1）推理的方向，（2）它所解释的社会现实的层次，（3）采用的解释形式，（4）假设和概念所嵌入的广义框架。幸运的是，我们无须考虑理论的方向、层次、解释，以及框架这四个方面的所有组合形式，其中只有少数几个是行得通的。

理论阐明的方向

理论的建立和检验可以始于一个理论或抽象的想法。我们将想法和实证证据有逻辑地联系起来，检验想法是否违背了数据或证据。另一种方法是，我们可以始于特定的实证证据，然后概括，在具体证据上建立抽象的概念。在实践中我们通常比较灵活，也可能会在一项研究中同时使用两种方向（参见图2.1）。

演绎法（deductive）。在理论的演绎法中，我们始于一个理论或概念间的抽象关系，然后进一步考察具体的实证证据。简而言之，我们持有关于这个世界如何运行的观点，并通过确实的数据来检验我们的想法。

演绎法的例子。艾尔斯、霍夫施塔特、施纳肯贝格以及科罗迪（Ayers, Hofstetter, Schnakenberg and Kolody, 2009）利用演绎法来研究移民态度。研究者们希望解释为什么人们会在移民政策上支持不同的立场。有一种理论认为，经济上的成本效益因素会影响人们对移民的看法。这个理论认为，当人们可以看到经济效益时（如新的投资、纳税增加、更多的廉价且高技能劳动者）时，对移民的容忍度和接受度较高；当他们视移民为成本（如更强的就业竞争、更高的税收、更多的犯罪）时，则会反对移民。研究者们将成本效益理论与一个关于移民的意识形态理论进行了对比。意识形态理论认为，种族主义和其他政治和社会想法一样，会影响人们对于移民的看法。它认为，人们会关注移民者的少数群体身份和种族。那些有种族偏见或不喜欢某个族裔或种族群体的人，则会反对某个特定种族的移民，无论是否带来经济收益。因此，艾尔斯等人的研究从这两个抽象的想法开始。基于这些理论，他们设计了研究来收集证据或数据。数据来自对随机挑选的549名加州圣迭戈县盎格鲁居民（译者注：通常指非拉丁裔的美国白人）的电话调查的回答。研究者们对经济因素和原因、种族信仰和态度、与移民政策问题相关的社会背景特征进行了调查。在对数据进行分析之后，艾尔斯及其同事的主要结论是"对于移民态度的主要动机更多的是种族怨恨而非其他考虑"（第593页）。

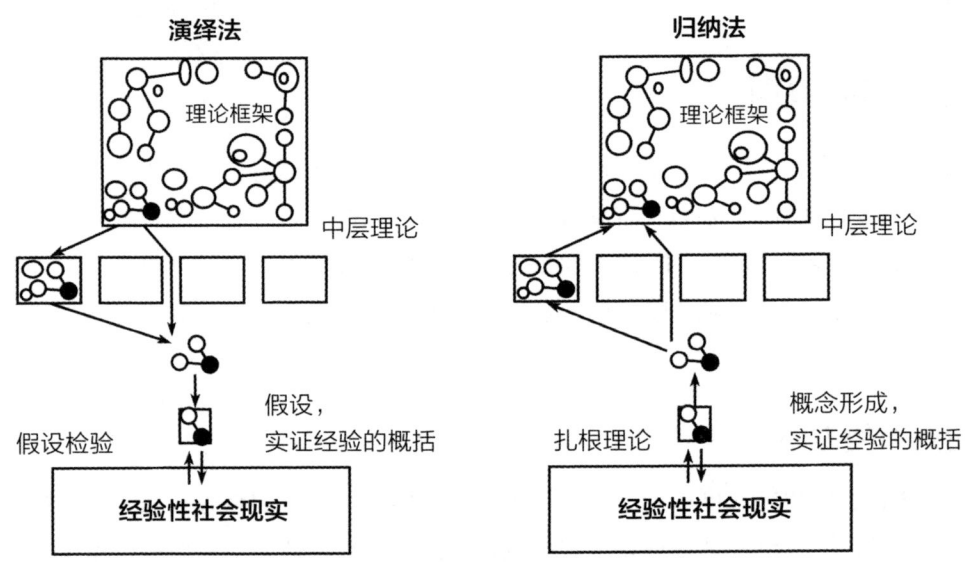

图2.1 演绎推理和归纳推理

归纳法（inductive）。我们也可以始于详细的实证观察，然后进行抽象概括，这就是归纳法。一开始我们可能只有一个话题和少数模糊的概念。当对证据进行观察和检验的时候，我们逐渐发展和提炼出概念，来创建实证经验概括（本章稍后讨论）。之后，我们识别出初步的理论关系。因为我们完全从头开始创建理论，因此这又叫作**扎根理论**（grounded theory）。理论遵循归纳法，在对数据资料详细调查的基础上建立想法和理论概括（参见扩展2.1）。扎根理论来自对于数据的尝试解释、解读以及提取意义。

扩展2.1 什么是扎根理论

扎根理论是一种常见的定性研究方法。它并非定性研究中的唯一方法，也没有被所有定性研究者采用。扎根理论是"一种定性研究方法，它利用一套系统性的流程来建立关于某个现象的归纳性的衍生理论"（Strauss and Corbin，1990：24）。扎根理论的目的是建立忠实于证据的理论。它也是发现新理论的一种方法。在扎根理论中，研究者比较不同的现象以寻求相似处。他将微观层面的事件看作更宏观层面的解释的基础。扎根理论和更实证主义导向的理论有着一些共同点。它寻求可以与准确严谨、可重复、可概括的证据相当的理论。扎根理论方法通过在不同的社会情形下作比较，来进行概括。

定性研究者也会使用扎根理论之外的研究方法。一些定性研究者深入描绘被调查者的世界观。他们通过发掘单一的社会情形，来阐述维持稳定社会互动的微观过程。还有一些研究者的目的是提供对某个事件或环境的非常准确的描述。他们对特定事件或环境进行分析，以获得对社会更大的了解。另一些研究者则会利用已有理论来分析宏观层面历史背景下的特定环境。他们揭示微观事件之中以及微观情形与更大的社会力量之间的联系，以便重新建构理论和影响社会行动。

归纳法的例子。海因和摩尔（Hein and Moore，2009）利用归纳法来研究群体之间的关系。他们使用的归纳法建议对接触假说进行修正。接触假说认为，当来自一个种族群体的成员与来自另一个种族群体的成员之间有频繁的、具有合作性的接触，那么这些种族群体的成员会发展出积极的社会关系。研究者与伊利诺伊州、明尼苏达州以及威斯康星州的28名18~51岁的东南亚难民分别进行了1~3个小时的面对面访谈。他们向这些被访谈者询问了一些关于难民经历和与其他种族群体的接触的半开放式问题，特别是是否和同龄的白人或黑人谈论过祖辈的历史。这些东南亚难民本人或家庭在亚洲时和进入美国后都有过艰难的奋斗。难民们称只有少数白人能够讲述他们祖辈从欧洲移民美国的历史。大部分的黑人对于奴隶境况只有模糊的描述，并且祖辈故事更多是用来表达对白人的愤怒，而不是将这些转变与自己或家人的经历联系起来。通过访谈，海因和摩尔了解到，东南亚难民对那些能够谈论祖辈故事的同龄外族人，感到更加亲近。通过归纳分析，他们建议对接触假说进行修正：讲述跨越种族差异的相似的、重大的生活事件，能够搭建跨种族群体关系，有助于建立对于外族成员的同理心。

理论的范围

有些理论是高度明确的，它们所包含的概念是具体的、范围有限的。与此相对的是许多极其抽象的理论。为了建立、证实和检验理论，我们通常需要将许多不同范围的理论陈述联系到一起，就像一系列不同大小的盒子可以嵌套在一起，或者像俄罗斯套娃那样。确定一个理论的范围可以帮助我们搞清楚理论不同的用法和种类。接下来，我们来看关于理论的范围的三个要点：实证经验概括、中层理论、理论框架。

实证经验概括（empirical generalization）。实证经验概括是最不抽象的理论陈述，它的范围十分狭小。它是关于某个规律的简单陈述，或是对两个或多个具体概念的概括。

一个实证经验概括的例子是，"大学里修读工程学的男性比女性多"，这个陈述总结了一个关于性别和大学专业之间的规律，是易于检验或观察的。这也是一个概括，因为这个规律适用于不同的时间和社会环境。

实证经验概括的例子。对于第一章中青少年宗教信仰的研究做一个概括，即宗教排他主义的青少年是少数，即使有着排他的宗教信仰，他们也很少在公众场合表达出来。对于前一节中用演绎法研究移民的例子做一个实证经验概括，即高度偏见的人会反对那些来自他们所歧视的种族群体的移民。

中层理论（middle-range theory）。中层理论比实证经验概括稍微抽象一些。中层理论关注具体真实的话题领域（如家庭暴力、军事政变、学生志愿活动），包含了多个实证经验概括，并建立理论阐述（详见本章"解释的形式"）。正如默顿（Merton，1967：39）所说，"中层理论主要用于社会学，用来指导实证调查"。

中层理论的例子。在第一章中提到的关于城市和创意阶层的研究就使用了中层理论。它用不同的政治气候来解释城市之间对种族包容程度的差异。这个理论认为，在一个城市中，创意阶层成员的聚集有助于创造一种更加包容的城市政治气候。这个理论比实证经验概括更加抽象，并且聚焦于一个具体的话题：美国城市的种族接纳。

理论框架（theoretical framework）。理论框架（也叫范式或理论体系）比中层理论还要抽象。图2.1展示了理论阐明的演绎法和归纳法。在实证研究中，研究者很少直接使用理论框架。研究者可能会对关于某个话题的某个理论进行部分检验，偶尔也会将不同理论框架的理论进行部分对比。示例2.2说明了这三个抽象层次的范围。

示例2.2 三项研究中的理论层次：卡尔明的"移动的边界"研究、艾尔斯等人的"移民"研究以及海因和摩尔的"种族关系故事"研究

理论框架

卡尔明：结构功能主义认为，工业化和城市化的过程改变了人类社会，使其从传统形式变为现代形式。在现代化的过程中，社会制度和实践也在演变。这种演变包含了满足社会系统的基本需求以及对社会行为的规范，将人们社会化以适应文化价值观念。现代制度（如正式的教育）超过了那些在传统社会中满足需求、维持社会秩序的制度（如宗教）。我们认为这些人的社会需求是挑选伴侣，组建家庭，社会化抚养后代，并从传统社会中的重要习俗（宗教）转向现代社会的中心习俗（正式教育）。

艾尔斯等人：冲突理论认为，建立社会、政治、法律制度可以保护那些拥有统治或特权地位的社会成员。因其富裕的社会经济地位、种族、性别等而拥有权力或特权的人，对制度有着强大的影响；这些制度也往往会保护有权势的人，控制或压迫处于其地位之下的人（即财富和经济社会地位较低的人、少数族裔群体等）。当处于下级地位的人能够挑战统治的等级制度时，对他们的压迫和控制最为强烈。统治阶层社会群体和下层社会群体之间的冲突，可以通过主要制度运行的方式来体现，尤其是那些用来维持秩序和规范社会控制的制度或政策。移民政策对人们进入一个社会进行控制。我们认为，对于那些被种族和经济占优势的人视为潜在威胁的人，移民政策会阻碍他们进入这个社会。

海因和摩尔：互动理论认为，人们之间面对面的接触是人们的理念和行动的基础。我们对其他人和群体形成的认知，基于我们之间象征的和实际的关系以及与其他人的互动。我们的观念和态度一旦形成，就会自我加强，影响着接下来的互动。对外族群体（即我们所不属于的那个群体）的负面观念可以通过社会互动来改变。

中层实质性理论

卡尔明：一个关于通婚规律的理论认为，现代社会的年轻人在当地小环境度过的时间变短，而这些地方往往是他们的家庭、宗教以及社区的影响力较大的地方。相反，年轻人在学校环境度过的时间越来越多。在这种环境下，尤其是在大学中，他们有机会遇见其他未婚人士。在现代社会中，教育已经变成了一种主要的社会化方式。它影响着未来收入、道德信仰和价值观以及休闲兴趣。因此，年轻人在选择婚姻伴侣时，不再基于共同的宗教或地方纽带，而更多基于相似的教育水平。

艾尔斯等人：一个关于群体地位和族群态度的理论认为，群体间对物质回报、权力和地位的竞争可以解释群间的态度。当占支配地位的族裔群体成员对另一个族裔群体持消极的态度，或感到被威胁时，他们会支持阻碍、控制或压迫那个族群的法律和公共政策，阻止后者壮大规模或增加权力。那些处于支配地位却不持消极态度的族裔群体成员则会中立，或者支持那些允许其他族裔群体壮大规模或增加权力的政策。

海因和摩尔：接触假说认为，当一个人与来自外部族群的成员有着频繁密切的人际接触时，他更有可能修正自己对外部族群成员的看法。相比于与外部族群成员密切接触之前，消极的刻板印象会逐渐消失，积极的态度得以发展。当这种接触是对等的且具有合作性时，这种密切的人际接触的影响更加强大。另一个创建积极的人际接触的方式是同龄人分享个人的生活史。

实证经验概括

卡尔明：美国人曾经是与有着相似宗教信仰和联系的人结婚的。这一行为正在被与有着相似教育背景的人结婚取代。

艾尔斯等人：那些对拉丁裔人有偏见的美国非拉丁裔白人，比那些没有偏见的白人，更加支持那些阻止或限制墨西哥移民的政策。

　　海因和摩尔：东南亚难民对外族群体中能够与其交流关于移民美国的私人生活故事的同龄人的态度，比他们对于不能分享故事的外族成员的态度更加积极。

社会学以及其他社会科学有着许多重要的理论框架。[5]这些框架是认识社会世界的方向或大概方式。它们提供了一系列假设、概念、解释的形式。理论框架中的理论涉及很多实质性的领域（例如，关于犯罪的理论、关于家庭的理论等）。因此，关于家庭的理论有结构功能理论、交换理论、冲突理论。在同一个理论框架内的理论，有着相似的假设和主要概念。有些理论框架更偏向于微观现象；另一些则更注重宏观现象（参见下一节"理论的层次"）。扩展2.2展示了社会学中的四种主要理论框架，并且逐一简述了这四种理论框架的关键概念和假设。

理论的层次

我们可以根据社会理论关注的社会现实层次，将它们分为三个宽泛的种类。大部分人考虑的是微观层面的社会现实（即那些每天与之面对面互动和交流的个体）。**微观层面理论**（micro-level theory）涉及的是一小部分的时间、空间或少数的人，其概念也通常并不抽象。

布瑞斯和里士满（Brase and Richmond，2004）用过一个关于医生患者之间互动和认知的微观层面理论。这个理论认为，医生的打扮会影响医患互动。患者会根据医生的穿衣打扮来判断医生的能力，对医生的信任坦率也会受到影响。这个理论还表明，传统的职业的正式打扮相比不正式的打扮，增加了患者对医生权威性的认知，但会降低患者对医生的信任坦率。38名男性受访者和40名女性受访者被要求根据自己感觉对一些同性或异性的"医生"进行评分，这些被认定为"医生"的模特装扮都不同。研究结果发现，在建立医生权威方面，白大褂和正式的打扮明显优于随意的打扮，但对医生的信任坦率程度却未像预期的那样降低。

扩展2.2 社会学中主要的理论框架

结构功能主义

主要概念：系统、均衡、功能障碍、劳动分工。

关键假设：社会是一个由相互依赖的各个部分在均衡或平衡状态下组成的系统。久而久之，社会由简单系统演变为有着高度专业化部分的复杂系统。这些社会中的不同部分满足了社会系统的不同需求或功能。一种对价值或价值体系的基本共识，使得社会团结在一起。

交换理论（也叫理性选择）

主要概念：机会、回报、认可、平衡、声望。

关键假设：人类交往类似于经济交易。人们给予或接收资源（象征性的、社会认可的、物质的），在努力使回报最大化的同时，避免伤害、损失、难堪。交换关系往往是平衡的。若交换关系失衡，那些有声望的人会支配其他人。

符号互动主义

主要概念：自我、参照组、角色扮演、感知。

关键假设：在社会交往中，人们传播并接收符号化的交流。人们产生对彼此和社会环境的感知，并在很大程度上依据这种感知行事。人们对自己及他人的看法，基于人们之间是如何互动的。

冲突理论

主要概念：权力、剥削、挣扎、不平等、疏离。

关键假设：社会是由有着对立利益的群体组成的。冲突是人际关系中无时无刻不存在高压政治和试图获取权力的行为。当权者会通过散播错误观念或在必要时使用暴力，来维持他们的权力。

中观层面理论（meso-level theory）将宏观和微观层面连接起来，处在中间层面。关于组织、社会运动、社区的理论常常是在中观层面的。

罗希诺和达纳赫（Roscigno and Danaher，2001）在一项关于20世纪30年代南方纺织业工人运动的研究中利用了中观层面理论。他们使用了一项关于运动亚文化和政治机遇的理论，来解释美国一个地区的一个行业的数年中，日渐增长的劳工运动力量和罢工活动。他们认为，罢工活动的增加是一个强大的运动亚文化的结果。这种运动亚文化体现了关于不公正的存在，也传达了一种"政治机遇"或一种期望：人们期望，在特定时间的集体行动可以产生积极的结果。他们的研究表明，技术创新（比如，播放关于工作条件和不公待遇的歌曲或讨论的新无线电台的广泛传播）促进了纺织工人之间团结运动的亚文化的发展，也培育了纺织工人之间对于共同利益的自我认同。技术创新和政治环境中的事件（比如，工会组织者以及美国总统的演讲）也为这些工人创造了政治机遇。这些工人认为，集体行动（如罢工）对于实现正义来说是必要的，并且会产生收益，因为其他工人和政府都会支持他们的行动。

宏观层面理论（macro-level theory）关注的是更大的集合体的运作，如社会制度、整体文化体系、整个社会。它使用更多的抽象概念。例如，马奥尼（Mahoney，2003）曾利用宏观层面理论来研究一个关于前西班牙殖民帝国的大陆领地的15个美洲国家的难题。他观察到，这些国家之间从最发达到最不发达的相对排名，自1900年到2000年未曾发生变化；也就是说，在1900年时最落后的国家（玻利维亚）在一个世纪之后仍然最不发达。这种稳定性与这个地区在20世纪以来的巨大变化和发展形成了鲜明的对比。马奥尼指出，那些在17世纪西班牙帝国鼎盛时期最富有、最重要的殖民地，在19世纪末期变成了最落后、最贫穷的国家，而那些边缘化的、停滞封闭的、贫穷的殖民地，则变成了最发达、最富有的国家。马奥尼的数据资料包含了地图、国家经济和人口数据、上百份关于特定国家的历史研究。他总结道，最重要、最繁荣的西班牙殖民地是位于自然资源富饶（以便攫取和运往欧洲）、有大量土著居民（充当强制劳动力）的地方的。在这些殖民地中，地方精英崛起，并创建了严格的族裔分层体系。这一体系集中了经济政治权力，并排斥了社会中的大部分群体。这个体系一直持续到19世纪，直到新的政治事件、贸易模式、经济环境的出现。在1700至1850年，那些思想自由、有着新观念的精英并未取得原有体制的支持。相反，那些在西班牙帝国南美领地边缘的殖民地，受此严格等级体系的阻碍较小。更具创新性和适应力的新的精英崛起，因此造成了地位的"大逆转"。在这个历史中的"转折点"之后，有些国家朝着社会经济的发展迈出了重要的一步。这些国家建立了推动自己进步的政治经济体系和体制。它们"锁定"了一种可以在整个20世纪为它们带来收益不断增长的发展路径。马奥尼的理论涵盖了数个世纪，涉及15个国家，并且讨论的是一个民族的社会经济发展的大型议题。

解释的形式

预测和解释（prediction and explanation）。理论的主要目的是解释。许多人会将预测和解释混为一谈。关于"解释"这个术语，有两层含义或用法。研究者关注理论阐释，这是一种逻辑论证，告诉人们某些事情为何发生。它指的是一般的规则或原则。研究者的理论论证是在概念之间建立联系。第二种解释，普通的解释，是指把某件事说清楚，或是用举例或简明易懂的方法描述某件事情。例如，一个好老师是以普通的方式来"解释"事物。这两种类型的解释有时会混在一起，比如，当一个研究者试图解释（比如用简明易懂的方式描述）他对某件事情的阐述（如理论的逻辑论证）时。

预测（prediction）是关于某事将会发生的陈述。预测比解释来得容易一些，但解释比预测更有逻辑，因为好的解释同样可以预测。一个解释很少预测出许多结果，但是不同的解释可能会预测出同一个结果。尽管预测的力量逊于解释，但许多人还是因预测能够戏剧性地看到未来而深深着迷。

有一个关于赌博的例子可以说明解释和预测之间的差异。如果我走进一家赌场，能够不断地准确预测出下一张牌或赌盘上的点数，那将是耸人听闻的。我或许可能赢得许多钱,直到赌场工作人员发现我一直在赢然后驱逐我。但是,我如何预测比我能够预测这个事实更加有意思。告诉你怎么预测下一张牌的点数,比能够做出预测要精彩多了。

还有一个例子。你知道太阳会在每个早晨"升起"。你可以预测到,在每个早晨的某个时间,无论云朵是否掩盖住它,太阳都会升起。但是,为何会这样呢?一个解释是,巨龟背着太阳,跨过天空。另一个解释是,天神将他的箭点燃,变成我们的太阳,然后他射箭划过天空。如今,几乎没有人还再相信这些古老的解释了。你可能接受的解释,是涉及了关于地球自转、太阳位置、太阳是银河系中的一颗恒星的理论。在这个解释中,太阳只是看起来升起。太阳本身没有升起,它表面上的移动是地球自转的结果。地球既绕轴自转,也沿着轨道绕着距离数百万英里以外的恒星旋转。这三种解释都做出了同样的预测:太阳每天早上都会升起。因此可以看出,一个没有说服力的解释也可以产生准确的预测。优秀的解释取决于健全的理论,并通过实证观察和研究得以确认。

因果解释(causal explanation)。因果解释是一种最常见的解释类型,它关注的是因果关系。我们平时的对话中一直使用因果解释,尽管日常生活中的因果解释往往是草率模糊的。例如,你可能会说,贫困导致犯罪,或者道德沦丧导致离婚率高升。但这并没有解释为什么有这样的因果过程。研究者在讨论因果关系时更加精准。

哲学家们对原因这一概念争论不休。有些人认为,因果性存在于经验世界中,却无法被证实。在客观现实中,因果性"就在那里",研究者只能试图找到支持其存在的证据。另一些人认为,因果性是只存在于人类大脑中的想法,是一种精神构建,而不是真实存在于这个世界的。第二种观点将因果性视为认识世界的一种简便方式。大多数研究者并不进行冗长的哲学辩论,但仍然追寻因果关系。

有两类基本的因果解释。一种常用于只包含少数个案的定性研究,或者解释特定历史事件(例如战争的爆发)的个案研究。这种类型的因果解释是基于逻辑的,并且有赖于识别必要的或充分的原因。必要原因是指必须存在的原因,如果这个原因不存在,那么将不会产生这样的效果(例如氧气是燃烧的必要原因)。充分原因是指足够引发效果的原因,但它不一定每次都能引发效果,并且其他替代因素也可能会引发同样的效果。在一定的条件下(例如足够的氧气、干燥可燃的物质、无强风吹熄火柴),火柴的火星足够引火。但除了火柴之外的其他情况,也可能足够引火(例如高温、高压下的汽油)。

第二种因果解释常见于包含大量个案的定量研究或实验中。这种基于人口的因果性关注的是规律或模式。它解释的是集合体,而非特定的个人或个案。集合体是许多个体、个案或其他单位(例如企业、学校、家庭、俱乐部、城市、国家等)聚集在一起。因此,它无法解释为何约瑟芬决定修读护理学而非工程学;但它可以解释,为什么在某些文化中,女性在大学里更多选择护理学专业,而男性更多选择工程学。这种解释说明了某个事件发生的概率或趋势,而不是说某件事情绝对、总是会发生。在这种因果解释中,单一的结果可能有许多原因，研究者会试图将其中一个因素的影响从若干原因中解析出来。

建立因果性有三个必须的条件：时间顺序、联系、排除其他可能的原因。第四个隐含的条件是一个假设：因果关系讲得通，或者符合更大的假设或理论框架。接下来，我们对这三个条件进行讨论。

时间顺序条件意味着，原因必须发生于结果之前。这个常识性的假设建立了因果性的方向，即从原因朝向结果。你或许会问，原因怎么可能在将要产生的结果之后发生呢？是的，不可能，但时间顺序只是因果性的一个必要条件。时间顺序对于推断因果性来说是必要不充分的。有时人们会犯错误，只根据时间顺序来谈论因果关系。例如，一个职业棒球运动员在比赛前亲吻了他的妻子，在比赛中投出了一局无安打比赛。亲吻妻子发生于无安打比赛之前，但这是否意味着亲吻妻子是投出无安打比赛的原因？并不太可能。另一个例子是，1968年的一天出现了强烈的太阳黑子，第二天，四个不同的城市分别发生了种族暴乱。根据时间顺序并不能够确立太阳黑子和种族暴乱之间的因果联系。毕竟，人类所有早先的历史都发生在一些特定事件之前。时间顺序的条件只是排除了一些可能发生在结果之后的原因。

建立时间顺序也并非总是易事。在截面研究中，时间顺序很难处理。例如，我们发现受教育程度较高的人偏见较少。受到更多的教育是否减少了偏见？抑或高度偏见的人不愿意接受教育，或者他们缺乏好好学习需要的动机、自我约束、智力？还有一个例子。在我的课堂中，成绩较好的学生认为我是一个优秀的老师。这是否是因为取得高分让他们开心，所以他们以评价我为好老师作为回报（也即，高分带来积极评价）？又或者是，我的教学工作十分优秀，所以学生努力学习并且收获颇丰，而这正好在成绩上得以体现（也即，他们的学习使得他们取得高分）？这是一个鸡与蛋的问题。我们可以通过引进其他信息或设计检测时间顺序的研究，从而解决这个问题。

简单的因果关系是单向的，按照从原因到结果的单一方向运行。大部分研究探究的是单向的关系。更复杂的理论则会详述互为结果的因果关系——一种相互的因果关系或同时发生的因果性。例如，努力学习使得学生取得好成绩，但取得好成绩同样可以激励学生继续努力。在理论中常存在交互的或反馈式的关系，但在研究中难以检测。有些研究者将单向关系称之为非递归的，而将交互效果关系称之为可递归的。

在因果性中，我们还需要一种**联系**（association）。如果两个现象以某种规律同时发生，或呈现出同时发生的趋势，那么这两个现象之间是有联系的。人们常常将相关（correlation）与联系（association）搞混。相关有着特定的技术含义，而联系则是一个更加普遍的概念。相关系数（correlation coefficient）是一个统计学上的测量指标，表示的是联系的数量，但也有许多其他的测量指标可以用来衡量联系。图2.2展示了来自低收入街区的38位居民与来自高收入街区的35名居民。你能从中看出种族与收入水平之间的联系吗？

将联系误认为因果性的人，比将时间顺序误认为因果性的人还要多。例如，我读大学时，在周五参加考试的科目成绩较高，而在周一参加考试的科目成绩较低。星期几与考试成绩之间存在了一种联系，但这并不意味着在一个星期中的哪一天考试导致我那门课取得了什么样的成绩。相反，原因是我每个周末都会花20个小时来学习，因此周一的时候非常疲惫。还有另一个例子，在印度，新生儿数量在20世纪60年代后期之前一直增长，到了70年代却有所下降；在美国，本土制造的汽车数量在60年代后期之前也一直增长，而到了70年代也有下降趋势。印度新生儿人数和美国汽车数量之间是有联系的：它们以相同的趋势变化着，同时增加或减少。但这其中并没有因果联系。印度政府制定的计划生育政策导致了新生儿数量减少，而这恰好与美国人更多地购买进口汽车的时间一致。

如果我们找不到联系，那么因果关系就不可能存在。这就是为什么我们会试图寻找相关性以及其他测量联系的指标。但是，我们也可能在不具备因果关系时找到联系。识别联系，可以排除那些不关联的潜在的原因，但却无法凭此确定原因。它是因果性的必要不充分条件。换句话说，我们需要联系来建立因果性，但却不能单单依据联系。

在包含大量个案的因果关系（比如，基于人口的因果关系）中，要展现因果性，不一定需要完美的联系（这种完美指的是每当出现一个变量，就一定会出现另一个变量）。在涉及考试成绩与星期几的例子中，如果我在10场星期五参加的考试中，获得了7个A、2个B、1个C，而我在10场星期一参加的考试中，获得了6个D、2个C、2个B；那么，星期几参加考试与考试成绩之间确实存在着某种联系。但星期几参加考试与考试成绩并非完美地联系在一起。图2.2所展示的种族与收入水平之间的联系也并不是完美的。

排除其他可能的原因意味着我们需要证明某个效果或结果是由于这个原因变量，而非其他因素。这也叫作无虚假关系。虚假关系是指，看起来成立的因果关系，实际上是由其他未被识别的原因造成的。在第四章中会对此做进一步讨论。

尽管我们可以对时间顺序和联系进行观察，我们却无法对排除其他可能原因进行观察。排除其他可能的原因，是一种我们争取实现的理想状态。因为不可能完全有把握排除所有其他可能的原因。我们通过三种方式来尽量排除其他可能的原因：在研究设计中加入对其他可能原因的控制，对控制变量（也即，有可能成为其他原因的变量）进行测量，以及利用逻辑和对个案的深入了解，来确认和排除其他可能的原因（参见扩展2.3）。

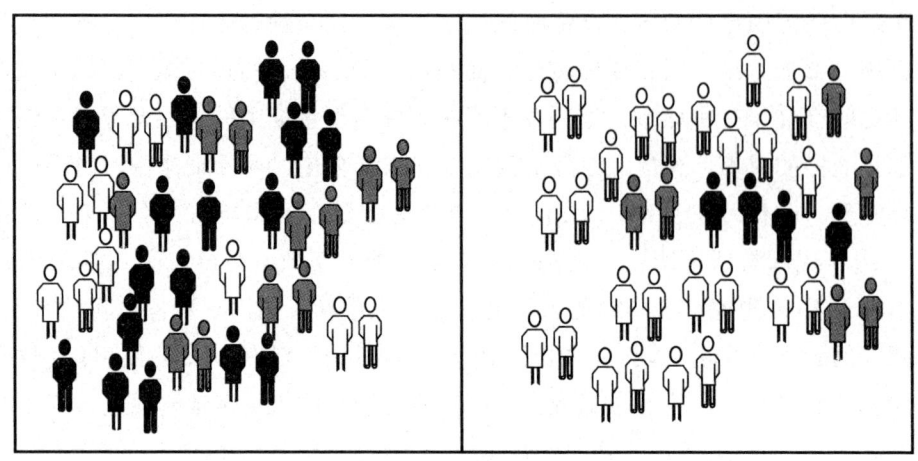

图2.2 收入和种族之间的联系

因果解释通常是线性的，或是将原因和结果以直线的方式叙述出来：A 导致了 B，B 导致了 C，C 导致了 D。你在本章中所阅读到的绝大多数研究都用到了因果解释。在前文中所提到的布瑞斯和里士满（2004）关于医生－病患互动关系的研究就使用了因果解释。这个解释说道，医生的打扮会导致病患产生特定的认知。艾尔斯等人（2009）关于移民态度的研究也用到了因果解释。他们的解释是，一个人的种族观念会导致他对于移民政策问题采取特定的立场。在关于南美发展的研究中，马奥尼（2003）同样用到了因果解释。他解释道，自然资源和大量土著人口的结合造成了严格的族裔等级制度和权力集中于当地精英。有着严格等级制度和权力集中的国家，阻碍了变革，或者说，造成了之后几百年缺乏发展。

扩展2.3 因果解释中排除其他可能原因的三种方法

1. 设计控制。在实验研究中，通过对情境和物质条件的控制，来实现对潜在的其他可能原因的控制。将主要原因与其他潜在原因的影响隔离开，从而检验该主要原因对于我们所感兴趣的结果产生的影响。

2. 控制变量。在有着大量个案的定量研究中，如调查或利用现有数据进行研究，会对所有主要的其他可能的原因进行识别和测量。既要收集主要原因和结果的数据，也要收集这些其他可能原因的数据。这些潜在的其他可能原因就是控制变量。在数据分析中，既要评估主要原因对关注的结果变量所产生的影响，也要评估其他可能原因对变量的影响。

3. 逻辑控制。在有着少数个案的定性田野调查或历史比较研究中，可以利用对特定个案的高度熟悉和详细资料来逻辑性地考虑和评估其他可能的原因。追踪因果过程中的每一步骤，对因果机制或是导致该结果的因素组成的特定组合进行说明。

一个好的因果解释，既识别因果关系，也详细说明因果机制。简单的因果解释是这样的：X 造成了 Y，或 Y 的发生是由于 X；这里的 X 和 Y 都是概念（例如，早婚与离婚）。有时我们也会以预测的形式来说明因果性：如果 X 发生，那么 Y 也会随之发生。我们通过许多方式来陈述因果性：例如，X 导致了 Y、X 产生了 Y、X 影响了 Y、X 与 Y 有关、X 越大 Y 越高。

有一个简单的因果理论：每增加一个失业的人，受到虐待的儿童就会增加一个。我们想要解释的结果是受到虐待的儿童数量的增加。我们通过失业人数的增加来对此作出解释（也即，我们通过确定受虐儿童数量增加的原因来对它做出解释）。一个复杂的解释还会详述背后的因果机制。这个理论会说明，当人们失去工作时，就感觉失去了自我价值。一旦人们失去了自我价值，他们就容易变得沮丧、难过、生气。沮丧的人通常会直接对他们最亲近的人（如朋友、配偶、孩子等）表达愤怒。当他们不明白怒火的源头，或是无法将怒火转向真正的原因（如雇主、政府政策、"经济力量"）时，这种行为愈加变本加厉。这种愤怒常常表现为对那些难以保护自己或无力反击的人（如体质较弱的人、儿童）的身体攻击。

关于失业和儿童虐待的例子说明了原因链和因果机制。我们可以对这条原因链条中的不同部分进行检测。我们或许会检测，失业率和儿童虐待是否同时发生；或者，沮丧的人是否会对身边亲近的人变得暴力。典型的研究策略是将一个宏大的理论拆分为若干不同的部分，并通过数据来检验不同的关系。

变量之间的关系可能是正相关的，也可能是负相关的。当我们不加说明时，隐含的是正相关。正向关系指的是，原因变量的值越高，结果变量的值也会越高。例如，一个人受到的教育越多，那么他的预期寿命就会越长。负向关系指的是，原因变量的值越高，结果变量的值越低。例如，一对夫妻参加宗教仪式的频率越高，他们离异的可能性就越低。在图表中，加号（+）表达了正向关系，负号（-）表达了负向关系。

结构性解释（structural explanation）。因果解释就像一串连起来的小球，撞击其中一个小球就会弹到另一个。结构性解释则不同，它更像是一个有着辐条的车轮或一张蜘蛛网，每一股都组成了整体的一部分。要做结构性解释，我们会使用隐喻和类推的手法，从而使得关系讲得通。理论中的概念和关系形成了一个互相加强的系统。在结构性解释中，我们会详细说明阶段顺序，或者确定那些组成一个相互关联的整体所必需的部分和关联。接下来，我们来看一下使用结构性解释的三种理论：网络理论、序列理论、功能理论。

网络理论。网络理论是通过描述一个相互联系的人、组织或其他团体（比如人际关系网络）的系统，来解释一个情境或结果。这个理论可以根据某个情境或结果在网络中所处的位置，识别出它们是否会发生。网络理论常描述网络的形状和密度，讨论各个位置在网络中的中心性，检验它们之间直接或间接的联系。这个理论可能也会概述网络如何产生，随着时间流逝又如何变化（关于网络理论的个案可参见示例2.3）。

序列理论。序列理论通过描述一系列随着时间而发生的步骤来解释事物。这个理论会识别过程中的每个步骤、步骤的顺序、步骤随时间发展的方向和流向，也经常会指出步骤的持续时间。这个理论还会描述其他备选步骤是否会发生，以及如果遗漏或延误了某个步骤会发生什么。[6]

序列理论的例子。第一章中讨论的厄斯特勒、约翰逊和莫蒂默（2004）关于志愿活动的面板研究就使用了序列理论。作者使用了"生命历程"的视角，在这个视角中，一件事情在一个人的某个生命阶段中发生，与在另一个生命阶段发生，对这个人的影响是不同的。早期的事件一般会影响后期的事件。作者指出，向成人阶段的过渡期，是一个人了解新的社会角色和成年期待的重要阶段。他们发现在后期（26、27岁）参加志愿活动的数量和种类，很大程度上受到这个人早期（18、19岁）志愿活动的数量和种类的影响。在年轻时参与志愿活动的人，在后期也倾向于参与志愿活动。而那些在早期没有参与志愿活动，或参加全职工作或抚养子女的人，在后期参与志愿活动的可能性较低。因此，后期事件产生于相互联系的过程，在这个过程中早先的阶段为之后阶段发生的事件确立了路线或方向。

功能理论。功能理论通过将情境或事件定位于更加宏大的、持续的、平衡的社会系统之中，通常使用生物学隐喻，来对其进行解释。解释通常意味着识别体制、社会关系、或活动在更广泛的系统中的功能，或者讨论它为了维持这个系统所满足的需求。[7]功能性解释这样写道："L的发生是因为它满足了系统M的需求。"功能理论假定系统处于均衡状态，并且随着时间推移是可以持续的。一项关于社会变化的功能理论认为，随着时间流逝，社会系统会通过许多发展阶段，变得更加有差异性，更加复杂。它会演变出专业化的劳动分工，发展出更强的个人主义。这种发展会极大地提高系统整体的效率。专业化和个人主义带来了暂时的分裂。传统被削弱，新的社会关系出现。这个系统创造出了新的方法来满足或实现它的需求。

功能理论的例子。卡尔明（1991）通过利用一项功能理论，即世俗化理论，对美国人选择婚姻伴侣方式的变迁进行了解释。世俗化理论认为，持续进行的工业化和城市化塑造了社会的发展。在现代化的过程中，人们行事时更少依赖传统方法。宗教信仰、当地社区纽带以及家庭对年轻子女的控制被弱化。人们不再像从前一样生活在同质化的小地方。年轻人变得更加独立，在择偶问题上不再依赖从前很重要的父母与宗教组织。

示例2.3 网络理论的例子

许多研究通过考察社会网络与描绘网络结构来解释社会生活。恩特威斯尔、福斯特、兰福思和金田（Entwisle, Faust, Rindfuss and Kaneda, 2007）研究过泰国某地区的村落网络。他们发现每个村庄连接人们的亲属关系或其他社会纽带的网络都不一样："一些村庄的网络稀少，另一些村庄网络密集；一些村庄网络疏离，另一些则相反。这种变化性是重要的。"（第1524页）网络会影响与周边村落的关系、村子里的经济活动、人们是否离开村子等。网络结构塑造了活动的流程以及村子内部合作的程度。为了说明这些发现，研究者们提供了一个有着六户家庭的图表。实线表示彼此之间是兄弟姐妹的关系，虚线表示帮忙收稻的人。在图中，住户a、b、d、e一起劳作。在住户a与住户d、住户b和住户e之间并没有直接的家族联系，他们的合作是因为通过住户d在网络中产生了间接的联系。网络的一个关键影响体现在社会凝聚力上。正如作者所说："成员之间有着更多纽带的网络，比成员之间纽带较少的网络，一般来说有着更强的凝聚力……一个网络的凝聚力越强，信息通过社会纽带传播至所有成员的可能性越高，从而实现该网络成员彼此之间的合作。"（第1508页）换句话说，网络影响着村庄里的活动的方式。更重要的是，比起松散的网络，内部联系较多、总体密集的网络，社会凝聚性更强。这种凝聚力意味着人们会分享信息，会合作，会比网络稀少的村庄中的成员更快完成任务，更少遇到困难。

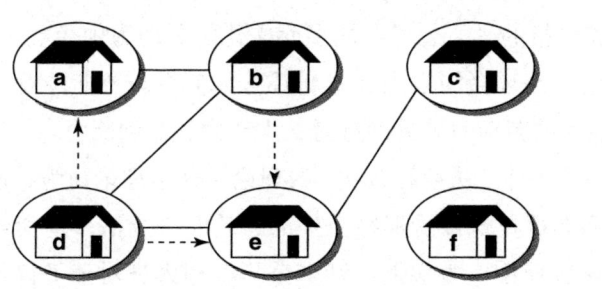

实线：兄弟姐妹
虚线：帮助收稻的人

来源：Networks and Contexts: Variation in the Structure of Social Ties, by Barbara Entwisle, Katherine Faust, Ronald Rindfuss, and Toshiko Kaneda. *American Journal of Sociology*. Volume 112 Issue 5 (March 2007):1495–1533. (page 1505)。

社会有着基本的需要来以某种方式，让人们选择配偶、找到有着相同基本价值观的伴侣。在现代社会中，人们远离家乡的小地方，把更多的时间花费在学校中。在学校环境下，尤其是在大学，人们可以遇到其他单身的人。教育是当代社会一个主要的社会化动因，它越来越影响人们的未来收入、道德信仰和价值观、休闲方式。这就解释了为什么在美国存在这样的趋势：人们越来越少地与来自同一宗教的人结婚，而更多地选择了有同样教育水平的人作为伴侣。在传统社会中，家庭和宗教组织起到了社会化的功能，它们使人们适应道德价值，将人们与有着相似价值观的潜在结婚对象相连接。在现代社会系统中，教育机构履行了这个功能。

诠释性解释（interpretive explanation）。诠释性解释的目的是促进理解，有时是为了建立共鸣。在诠释性理论中，我们通过将一个事件或做法放置于特定的社会背景下，来试图发现它的意义。我们想要理解，或在思想上领会社会世界是如何运行的，并且获得对一些事情的感知，或以别人的视角来看待这个世界。由于每个人主观的世界观塑造了这个人行事的方式，所以我们试图弄清楚他人的推理和对事物的看法。这个过程类似于解读文本或文献。意义来源于文化符号体系的语境。

埃德尔曼、富勒、玛拉－德里塔（Edelman，Fuller and Mara-Drita，2001）利用诠释性解释来研究20世纪90年代的公司如何采取政策来应对关于多样性的议题——也即，平权行动和机会均等。他们调查了经理对于多样性问题的说法（也就是他们的辞令）。这些辞令包括那些职业经理、商学院教授，以及来自专业工作室、会议、专业杂志和电子论坛的咨询顾问发表的对于多样性的声明。埃德尔曼等人发现，经理们会将法律观念、条款、概念，转化为能够适应他们组织环境的概念和条款。职业经理对模糊的法律规定和条款的转化，是基于他们关于种族歧视的想法，他们也是通过加入自己的观点、价值观、知识和兴趣，来结束不公平。他们产生的想法和程序与最初的法律规定略有出入。管理辞令会将那些用以结束族裔或性别歧视的特定行动的法律理念，转化成一个公司高效管理的"新观念"。这种"新观念"指的是，公司会从多元文化的劳动力中受益。简单来说，多样性对公司赚钱是有好处的。经理会加强围绕着新观念如何提高企业经营的研究和讨论，新观念认为具有社会异质性的劳动力更具创造力、生产力和盈利能力。

研究者从数据中建立了一个关于"法律行政化"的理论。这个理论认为，职业经理在企业环境中运作法律条文，而非简单地接受那些由外部的政府－立法环境所创造的理念和规定，然后将其直接强加于企业中。事实上，许多公司工作人员对于平权行动的法律观念和要求抱有敌意，认为它们与企业环境不相容。经理将那些不相容的法律理念，转化或翻译为企业和管理层可接受的形式。接着，他们利用这些经过转化的观点，使企业向着与法律规定相一致的方向发展。

埃德尔曼等人的解释是诠释性的：他们通过观察经理如何主观地构建一种观察、理解、讨论多样性的方式，来解释这样一个结果（指企业会欣然接受那些有利于多样性的项目和辞令）。企业为何会欣然接受多样性的主要答案，在于描述经理如何以及为何建构和使用诠释。

2.4 社会科学的三种主要途径

本章前面讨论了理论中规模较小的部分（即理念或概念）。接着探讨了中层理论和更广泛的社会理论，并对主要的理论框架进行了介绍。现在，我们来关注理论与研究之间更具广泛性、抽象性的一层联系——社会科学的基本途径。这些途径涉及了元方法论（meta-methodological）议题（指那些超越了方法论讨论范畴，或者是"超大型"的方法论议题）。这些途径还牵扯到在哲学领域对科学意义的思索。我们不能忽视这些问题，因为它会影响着我们如何开展社会研究，但在这里我们对此只是简单提及一下。

大约在50年以前，至今仍著名的科学哲学家托马斯·库恩（Thomas Kuhn）曾经表示，一个特定领域的科学随着时间进步，是基于研究者有着共同的核心假设和研究方法或范式。范式（paradigm）是一整套假设、开展优秀研究的模范，以及收集和分析数据的方法的综合体。它将概念、理论框架和研究方法组织起来。

库恩观察到，范式可以将一个科学领域团结在一起很长时间，一般来说可达数十年甚至更久。几乎没有研究者会质疑范式或在其之外进行工作。绝大部分研究者在范式的边界之内工作，并将重心放在边界范围之内积累新的知识。只有在很少的情况下，该领域内的智力困难增加，意料之外的议题出现，超出原有研究方法的棘手问题频发。科学领域内的一些成员慢慢对领域的核心假设和方法开始改观。他们一同转向新的范式。一旦新的范式完全建立起来并得到广泛应用，知识积累的过程将在新的范式边界中重新开始。

库恩的阐释描述了大部分的科学在大多数情况下是如何运作的。然而，少数的一些知识领域会存在多重范式，或相互矛盾的范式共存。一些社会科学领域便是如此。多重范式共存困扰着一些社会科学家，他们认为其阻碍知识进步。他们将多重范式视为社会科学"不够成熟"的标志，并希望所有社会科学家都接受单一范式。

另一些社会科学家则接受了多重范式共存。他们意识到，多重范式会使人感到困惑，并且使得社会科学家之间的交流更为复杂。尽管如此，他们认为每个范式都提供了宝贵的知识和见解。如果我们排除一个范式，那么就会限制我们对社会的认识。这些社会科学家争辩道：没有人可以确切地说出哪个范式是"最好的"，甚至无法说明单一范式的必要性。他们坚持认为，人类社会生活的多面复杂性以及我们对社会认识的历史阶段，要求我们保留多重范式。我们不该封锁能够为研究和了解社会生活提供有用方法的范式。因此，他们认为应该保留途径的多样性。

在这节中，我们会看到社会科学的三种范式或途径。每种途径都有着超过150年的历史，并且被许多受敬重的社会科学家们广为接受。这三种途径在追随者的人数上、新研究的数量上以及所解决的问题上，是不完全相等的。通常来说，相信其中某一个途径的社会科学家会反对那些使用其他途径的人，认为其他途径不如自己的途径有价值或不够"科学"。尽管每个途径的追随者都使用多种研究方法、理论、理论框架，采用某种途径的研究者都倾向于依赖一些特定的研究方法、理论和理论框架。实证主义、诠释法、批判法这三种途径，每个都会自己内部分工、分流、延伸，这里我们只关注这三条途径的核心假设和概念。

实证法

实证主义是社会科学中最被广泛实践的一种途径，在北美尤甚。实证主义（positivism）认为社会科学研究与自然科学研究在本质上是一样的，它假定社会现实是由客观事实组成的。那些价值中立的研究者可以对客观事实准确地测量和使用数据，从而检验因果理论。一些大规模的科层制机构、公司和许多大众都倾向实证主义方法，因为它会以数字的形式来强调客观数量或"硬事实"。用这种方式，实证法既模拟了自然科学，又避免了模棱两可和政治道德上的争议。

实证法强调可复制性的原则，即便在现实中只有少数研究会被复制。**可复制性**（replication）规定的是对知识的核实，我们对一项研究进行重复，在第二次、第三次以及接下来的重复研究中，应该得到完全一致或相似的研究发现。实证主义者将可复制性视为正确有效的知识的终极测试，因为面对同一个客观事实，不同的观察者也应该得到同样的结果。如果我们谨慎地说明概念，准确地测量事实，并且按照清楚的标准来进行客观的科学研究，那么我们应该得到同样的结果。但许多独立的研究者都得出相似的研究结果，我们就逐渐相信自己已经准确理解了社会现实运行的方式。这样一来，科学知识便得到了发展。在以下五种情况下，可复制性将无法实现（也即，我们重复一项研究，但无法得到相同的结果）。

1. 原始研究是少见的侥幸，或是基于对世界错误的认知。

2. 未能意识到原始研究中存在的重要条件的意义。

3. 原始研究或其重复研究是粗心草率的——它可能缺乏谨慎、准确的测量和分析。

4. 原始研究或其重复研究是不适当的——未能按照流程或方法的最高标准执行研究，或并不是完全价值中立和客观。

5. 重复研究是少见的侥幸。

从长远来看，许多研究有着很长的时间跨度，因此第一种和第五种原因（即偶然性）将不复存在。剩下的原因则都是由于研究质量低下，或未能充分、详尽地说明细节和条件（我们可以通过更加谨慎详细的研究来改善它）。因此，科学过程作为一个整体是自我修正的，随着时间推进而改善或进步。

实证法是演绎的、以法为依据的（nomothetic）。以法为依据意味着用法则或类似于法则的原则来解释。实证主义者既使用归纳探究，也使用演绎探究，但更偏向于后者。这意味着我们在理论中要提出一般的因果性法则或原则，然后利用演绎的逻辑来详细说明在特定的社会情形下，这种法则或原则会如何运行。我们在特定环境中使用非常精准的测量方法来实证地检验所预测的结果。这样一来，一般性的法则或原则就可以包括许多特定情形。例如，一条一般性原则认为，当两个不平等的社会群体为稀有资源产生竞争时，群内情绪与对其他群体的敌意都会加剧，而竞争的两个群体往往会爆发冲突。这个原则适用于运动队、国家、种族群体、家庭以及其他社会群体。我们同样可以推断，在种族不平等程度较高的城市，当工作机会稀少且经济竞争增加时，每个族群对于其他族群都会表达出更大的敌意，群体间的冲突（例如，暴乱、游行、暴力攻击）将会增加。随着时间推进，我们可能会基于许多实践检验，对这个一般性原则进行细微的调整；随着那些能够支持这个一般性原则的实证证据不断积累，我们也愈发相信它。

绝大多数的实证主义研究是定量的。实证主义者将实验法视为理想的研究方法，但也会利用其他定量方法，例如调查或利用已有数据。实证主义研究者倡导价值中立的科学，寻求精准的定量测量，用数据检验因果理论，并且深信研究可复制的重要性。

诠释法

诠释法也是科学的，然而，它对于"科学"的理解与实证主义有些差异。实证主义者认为社会科学与自然科学之间并无本质区别，诠释主义的研究者则认为人类社会生活与自然现象有着质性的区别。不同于直接从自然科学中借鉴科学原则，诠释主义认为我们必须发展出一种基于人类独特性的特殊科学类型。只有当我们有了专门为人类而设计的科学，我们才能理解社会生活中独特的和重要的事物，理解有意识的人类交往。

诠释主义研究者认同社会的建构主义观点。建构主义观点认为，社会生活不是建立于客观物质的现实之上，而是建立在人们脑海中（指的是我们对于社会现实的想法、信念、认知）。换句话说，相比基于物质世界中的客观实在，我们基于自己所认为的真实事物而做出的社会交往与回应，只多不少。这意味着，为了研究和理解人类社会生活，我们必须研究人们如何建构主观社会现实。

在成长、互动以及日常生活中，我们在对社会现实进行建构。我们不断地产生和创造我们认为有意义或重要的想法、关系、符号以及角色（例如，亲密的情感联系、宗教或道德观念、对爱国价值观的信念、族裔或性别差距、艺术表现形式）。我们既直接地与客观物质现实产生关联（例如，"我骑摩托车从一个地方到另一个地方"），也透过社会建构的信念和认知来与社会现实产生关联（例如，"我与其他人或许会将我的摩托车看作一种地位象征，一个文化客体，一类艺术风格的表达"）。这意味着那些实证主义者看作是客观事实的东西，比如摩托车，在诠释主义者眼中可能是更为复杂的社会生活的表层。社会回应或意义会根据我是驾驶了一辆全新的梅赛德斯－奔驰E550（价值92,000美元），还是驾驶了一辆锈迹斑斑的1985年的本田思域（价值2,000美元）而有所变化。这种差别所涉及的不仅仅是两辆车的尺寸、崭新程度、价格，还包括了社会创造的意象和分类（如奢华、声望、挥霍，以及与之对应的节俭、贫困）。诠释主义研究者怀疑实证主义者试图进行的对客观现实精准量化的测量。这是因为社会现实是流动的，充斥着变化的认知。我们持续地构建、检验、强化或改变着我们的信念、假设、认知。这些东西嵌于社会仪式、传统和习俗之中，并且变成了现在的习惯、做法和程序。为了理解社会建构出的现实和社会过程的流动的本质，诠释主义研究者更偏爱定性的数据资料。此外，相比于因果解释，他们更喜欢诠释性解释（见本章上一节的讨论）。

不同于演绎的－以法为依据的（deductive-nomothetic）方法，诠释主义研究者偏好归纳推理和具体个别的方法。具体个别（idiographic）指的是特定描述，它强调对于特定社会环境、过程、关系的类型进行非常具体和细节的描绘与刻画。这种具体的描绘将促进深入理解。

不同于将可复制性作为对知识的终极检验，诠释性研究者强调的是共情理解。理解（verstehen）指的是想要深入了解被研究者的世界观，准确描绘这个人看待世界、感受世界以及行为的方式。换句话说，推动知识发展的最好的方法是真正理解被研究者的内心世界、主观看法、个人观点，而不是复制事实规律。我们需要换位思考，去理解人们的观点、感受以及行为。

批判法

批判法与诠释法有一些相似的特征，但批判法对于社会现实的理解，融合了客观、唯物的观点与建构主义的观点。批判法强调将知识付诸实践。批判法假定社会现实有着多层本质。社会现实的表层（也即我们容易观察到的层面）充满了错觉、迷思、被曲解的想法。人们常常会被误导，受到外界信息的操纵，持有错误的观点。在社会现实的表层之下是较深层的、不易被人们观察到的"真实的"客观现实。社会研究的重要任务就是剥去表层的错觉和谎言，看穿社会现实的表面，达到更深的层面。虽然我们也不应该忽视外部表层，因为它深深地影响着大部分的人类活动，但其并未呈现出完整的社会生活。"深层的结构"或潜在的社会关系和条件，例如，权利不平等和机会不均等，影响着社会和社会制度的运行。

批判法认为社会研究无法做到真正的价值中立。人们经常利用知识，包括社会科学知识，来实现其特定的政治或道德目的。它将开展社会研究与促进特定的政治道德立场联系起来。批判法认为"价值中立"掩盖了对特定目的的推动。如果没有意识到潜在的权力关系和不平等，那么研究的中立原则或许会误导我们。当我们进行社会科学研究时，我们面临着一个选择：是去帮助那些社会上有权有势的人，还是促进社会正义的进步、赋予弱者以权力。

批判法偏好行动研究。在批判法中，**实践**（praxis）是检验解释优劣的终极标准。它将理论和具体的行动融合在一起；理论告诉我们在特定的现实世界中要采取哪些行动来推动社会变革，而我们也可以利用参与社会变革的经验来修订理论。这三种途径都认为抽象理论和实证证据之间有相互关系，但批判法在此基础上更进一步。它试图通过让人们利用社会理论来改变世界，并从使用理论的尝试中获得新知，以此来消弭抽象理论和实证经验之间的鸿沟。

2.5 理论与研究的动态结合

理论和研究是相互关联的。只有那些幼稚的、欠缺经验的研究者才会错误地认为理论和研究不相关，或在研究中我们仅仅收集数据资料。不涉及理论的研究就是在浪费时间收集无用的数据，陷入模糊不清的想法、错误的逻辑和不准确的概念之中。没有理论，很难集中于一个简明扼要的研究问题，也很难形成对研究目的清晰的解释。没有理论，当我们设计和执行研究时便会茫然。

理论规划了我们看待和理解一个话题的方式。它向我们提供概念和基本假设，指引我们关注重要问题，并提供方法以理解数据。理论使得我们可以将单个研究与其他研究者贡献的知识的广阔基础联系起来。有一个关于理论的类比，即理论帮助我们看到整个森林而非一棵树。理论促进了我们对于互相关联和数据更广泛意义的了解（参见表2.1）。

在几乎所有研究中，理论都占有一席之地，其重要性却各不相同。理论在应用描述性研究中的重要性就不如其在基础性解释性研究中。在应用描述性研究中，理论的作用可能是间接的，概念往往更加具体，目标通常不是创造一般性知识。尽管如此，在应用描述性研究中，研究者会利用理论来完善概念，评估理论中的假设（assumptions），并且间接地检验假设（hypotheses）。

理论并非一成不变，它是暂时的、可被修正的。理论通过两种方式发展为对社会组成和运行的准确而全面的解释。理论可以借由理论家清楚而有逻辑的思考得以发展，但理论家们的这种努力也有其局限性。理论取得重要进步的方式是与研究结果产生相互作用。

表2.1　社会理论的主要方面和类型

方面	类型
方向	归纳的或演绎的
层次	微观、中观或宏观
解释	因果性的、诠释性的、结构性的
抽象概念	实证概括、中层、框架、范式

科学界根据实证结果来扩展或修改理论。在演绎法中，理论指导研究设计与对结果的诠释。我们根据结果来反驳、延伸或修正理论。当我们用实证研究来检验理论时，我们就会确信理论的一部分是对的。当一些精心执行的研究有着与理论预期相左的结果时，我们会修正或否定理论的一些命题。理论的核心观点和中心原则相对来说较难检验也鲜少被否定。随着时间流逝，当与理论不一致的证据越来越多，且无法在逻辑上调和时，我们可能决定放弃或改变这个理论，这是个缓慢的过程。

归纳法遵循的步骤与上述略有不同。归纳推理始于少数假设和丰富的定向概念。当我们在收集和分析数据资料时，理论自下而上发展形成。理论在特定的领域，慢慢地、一个概念接一个概念地出现。这个过程就像漫长的怀孕过程。随着时间流逝，概念和实证概括得以出现并成熟。很快，关系也变得可见，于是我们将不同研究中的知识交织在一起形成更加抽象的理论。

结 论

在本章中，我们了解了社会理论——它的组成部分、目的和类型。理论和研究之间的对立是虚假的。理论对于开展好的研究的价值和必要性应当显而易见。如果不用理论，那么我们将很难产生好的研究，并且常常陷入困境。同样，那些不将理论与研究联系起来、理论脱离实际的理论家，也会陷入无人能懂的猜测和臆想之中。

注 释

1. 详见 Felson（1991）、Felson and Felson（1993）、Logan（1991）关于责任分析的讨论。
2. 关于概念的讨论可以详见 Chafetz（1978：45–61）、Hage（1972：9–85）、Kaplan（1964：34–80）、Mullins（1971：7–18）、Reynolds（1971）、Stinchcombe（1968，1973）。
3. Turner（1980）对社会学解释和推理是如何可以被概念化为翻译的进行过讨论。
4. 分类可见 Chafetz（1978：63–73）和 Hage（1972）的讨论。
5. 关于其他可选择的理论框架和社会理论的介绍可见 Craib（1984）、Phillips（1985：44–59）、Skidmore（1979）。
6. 顺序理论可能但未必一定是因果性的。详细说明因果性必要充分条件的因果理论有时会与顺序理论有所交叉，参见 Mahoney（2008）。
7. 参见 Chafetz（1978：22–25）关于功能解释的介绍。

第三章
社会研究中的伦理

3.1 什么是科研伦理?

3.2 为什么要合乎伦理?
  学术不端
  违背伦理但合乎法律

3.3 权力关系

3.4 涉及研究参与者的伦理问题
  保护研究参与者的起因
  人身伤害、精神虐待以及法律上的危险
  对参与者的其他伤害
  欺骗
  知情同意
  特殊群体和新的不平等
  隐私、匿名和保密
  对研究参与者的强制保护

3.5 伦理与科学界

3.6 伦理和研究赞助方
  举报
  得出特定的研究结果
  禁止发表研究发现
  隐瞒真正的赞助方

3.7 研究的政治

3.8 价值中立与客观的研究

3.1 什么是科研伦理？

在生活中，伦理指导着我们的行为和决定。伦理告诉我们什么是合乎道德的、正确的、恰当的，而什么则不是。伦理帮助我们分辨正误与善恶。许多行业（例如会计、律师、医生、记者、警察）与组织（例如大学、医院、非营利组织、政府机构、报纸、企业）都有用来指导行为和决策的伦理标准。

在社会研究中，伦理能够指引我们处理正常研究中会遇到的忧虑、困境和冲突。伦理并非像它们一开始显现出来的那么简单，因为几乎没有绝对的伦理真理，而只有宽泛的原则。当我们在应用这些原则时，我们必须加入自己的判断。在实践中，当解决一些特定问题时，有些原则又会与其他原则产生冲突。

社会研究者应当有着清晰的道德和职业责任，使得他们的行为始终合乎伦理，即便研究参与者或社会上的其他人对伦理并不了解或在意。社会研究者通常需要平衡两种价值：对知识的追求、研究参与者及社会上其他人的权利。我们也必须平衡潜在的利益（例如增进对社会生活的理解、改善决策、帮助实验参与者）与潜在的成本（例如尊严、自尊、隐私或民主自由的丧失）。

完成专业的社会研究所需要的不只是了解合适的研究方法和设计（如抽样），它同样需要知晓伦理原则，并审慎地运用它们。这并非易事。研究者们面对的是道德、法律和政治哲学家们争论了几个世纪的议题。在一项研究开始之前，很难真正地理解到研究者将会面临的伦理困境，但等到研究进行的过程中再去思考这些，却常常为时已晚。这意味着在设计研究时，我们必须提前准备和考虑伦理问题。此外，通过培养对于伦理问题的敏感性，我们会对进行研究会产生的潜在伦理问题更加警觉。同样，伦理意识能够帮助我们更好地理解整体研究过程。

伦理开始于并结束于个体社会研究者。研究者个人强烈的道德规范是对违背伦理行为的最好的抵制。在研究开始之前、进行之中以及结束之后，研究者都有机会并且应该扪心自问，反思研究行为是否合乎伦理。实际上，合乎伦理的研究取决于研究者个人的正义品性。

3.2 为什么要合乎伦理？

考虑到绝大多数社会研究者都由衷地考虑他人，你或许想问，为什么有研究者会做出在伦理上不负责任的事呢？绝大多数的违反伦理的行为是由于缺乏伦理意识，或是面临压力被迫在伦理上走捷径。研究者面临着各种各样的压力，例如职业发展、发表新的研究成果、推动知识进步、得到声望、亲友的钦佩、保住工作等。完成一项合乎伦理的研究需要花费更长的时间、更多的金钱，操作更加复杂，更难发现清晰准确的结果。此外，研究过程中有许多违反伦理的机会，研究者们被抓到的概率较小，书面的伦理标准模糊不清、原则松散。

科学界严格要求研究行为合乎伦理。合乎伦理的研究者也并不会因此得到什么奖励或赞扬。而一旦被抓到，那些违反伦理的研究者将会面临来自公众的蔑视、职业生涯的断送，甚至可能受到法律制裁。对伦理行为的最好准备就是内化对于伦理问题的敏感性，采用严肃的职业身份规范自己，并且与其他研究者定期交流。

学术不端

科学界、研究组织以及赞助研究的机构，都反对一种叫作学术不端的违反伦理行为；它包括研究造假和剽窃。**学术不端**（scientific misconduct）指的是研究者在研究数据或收集数据的方法上弄虚作假，或者剽窃他人的成果。它也包括严重不合理地违背那些普遍接受的关于开展和汇报研究的科学惯例。**研究造假**（research fraud）指的是研究者炮制假数据，虚构那些他并没有真正得到的数据，或者未能完全汇报他开展研究的方法。尽管相对稀少，但这也是对学术伦理的严重违背。研究造假最出名的案例是关于英国教育心理学之父西里尔·伯特爵士（Sir Cyril Burt）的。伯特作为一名受尊敬的研究者逝于1971年，他因为研究孪生子而得出智力具有遗传基础的结论而闻名于世。在1976年，人们发现他在数据和合作作者的名字上弄虚作假。遗憾的是，科学界被此误导了近三十年。2010年，在被指控存在学术造假之后，一位研究道德起源的哈佛大学研究员辞职。**剽窃**（plagiarism）指的是研究者"偷窃"别人的想法或文章，或者在没有引用来源的情况下使用它们。剽窃还指盗用别的研究者、助手、或学生的工作，并将其假装成自己的工作。这些行为是对伦理标准的严重违背。[1]

违背伦理但合乎法律

一些行为可以是违背伦理但合乎法律的（也即，没有违反任何法律）。有一个剽窃的例子可以说明合法行为与合乎伦理的行为之间的差别。美国社会学协会（American Sociological Association）记述，一本出版于1988年由东新墨西哥大学的一位系主任编写的没有加脚注的书籍，与塔夫茨大学一位社会学教授1978年的博士毕业论文有着大量重合。抄袭毕业论文并不违法；它并没有违反版权法，因为美国政府没有制定毕业论文的版权。然而，根据职业行为标准来看，这很明显是违背伦理的行为。[2]（关于合法和道德的行为的关系，请参见表3.1。）

表3.1 社会研究中合法与道德行为的分类

合法的	合乎伦理的	
	是	否
是	道德且合法的	合法但不道德的
否	违法但道德的	不道德且违法的

3.3 权力关系

职业研究者和研究参与者或被雇用的助手在权力和信任关系上是不对等的。实验者、调查主管、研究调查员的权力比参与者或助手的权力要大；反过来，后者相信前者的判断和权威。研究者的文凭、训练、专业角色以及在社会上获得的科学威望，使得权力和专业权威具有合理性。有些伦理问题牵涉到对于权力和信任的滥用。用于开展社会研究和赢得他人信任的权威，离不开指导、保护、监督被研究群体利益的坚定道德责任感。

研究者可以寻求许多参考资源来获得伦理指导：职业同僚、伦理顾问委员会、大学或机构内的制度审查理事会、职业协会的伦理原则（本章稍后讨论）、关于研究伦理的书籍。科学界坚定地支持合乎伦理的行为，即便最终是由研究者个人在特定情形下决定什么才是合乎伦理的。

3.4 涉及研究参与者的伦理问题

你是否参与过研究调查？如果参与过，你是怎样被对待的？在所有伦理问题中，人们更多关注的是研究对于研究参与者可能造成的负面影响。合乎伦理的行为要求我们在推动知识进步和不打扰他人的生活之间达成平衡。任何一个极端都会带来问题。如果研究参与者享有不被打扰的绝对权利，实证研究将不可能实现。而给予研究者调查询问的绝对权利，则会使得参与者的基本人权毫无价值。这个道德问题变成了：在什么情况下，我们能有正当理由，可以让被研究者冒身体受伤害或受伤的风险，可以给他们带来极大的窘迫或不便，可以侵犯他们的隐私，或可以恐吓他们？

伦理法则和规范明确禁止了一些行为：绝不可以对研究参与者造成不必要的或不可挽回的伤害；在可能的情况下，优先确保自愿同意；绝不进行不必要的羞辱、贬低或公布以研究为目的而收集到的对某个特定参与者有害的个人信息。换句话说，永远对研究参与者怀有尊敬之心。这些是研究伦理的最低标准，并且服从于其他解读（例如，在特定的情形下,"不必要的"意味着什么)。

保护研究参与者的起因

对于如何对待研究参与者的忧虑,出现在以研究之名而严重侵害参与者基本人权的恶行被揭露之后。最臭名昭著的侵害案例出现在20世纪40年代,纳粹德国对犹太人和其他人开展的"医学实验"以及日本为了测试生化武器而开展的相似"医学实验"。在这些实验中,参与者被实施了恐怖的折磨。例如,人们被放置于冰冷的水中,然后观察需要多长时间死亡;故意让人挨饿致死;故意让人们感染可怕的疾病;孩童们的四肢被切下,并移植到别人身上。[3]

对人权的侵犯结束于"二战"之后。对一项著名的违反伦理的研究——塔斯基吉梅毒研究,也叫"坏血"研究,美国总统承认了这是一个错误行为,并于1997年向受害的参与者正式道歉。美国公共卫生署曾赞助了一项研究,在这项研究中,亚拉巴马州贫困的、未受教育的男性非裔美国人经受着未经治疗的梅毒的痛苦,并因此丧命;而研究者们在研究这种病毒恶化后导致的多种身体残疾。直到20世纪70年代,一份报纸才披露了这个丑闻并引起轩然大波。这项不道德的研究始于1929年,那时青霉素还未用于治疗梅毒;但等青霉素已经被用于治疗梅毒时,这项实验还在继续。尽管研究者对待研究参与者的方法违背伦理,但在40年中他们一直能够发表研究结果。这项研究终于1972年,正式的道歉却迟到了25年。[4]

遗憾的是,坏血丑闻并不是独一无二的。在冷战时期,美国政府出于其军事和政治目的,时不时地在伦理研究原则上妥协让步。1995年,一些报告揭示美国政府曾在20世纪40年代时授权向不知情的人们注射放射性物质。在20世纪50年代,政府警告伊士曼·柯达和其他胶片制造商小心原子试验产生的放射性尘埃,以防胶片产生雾翳,但政府却没有对周围居民提出关于健康危害的警告。在20世纪60年代,美国军队向并无提防之心的军人提供LSD(一种致幻剂),给他们造成了严重的创伤。如今,研究者们广泛地认识到这些都是对两种根本伦理原则的侵害:避免人身伤害和获得知情同意。[5]

人身伤害、精神虐待以及法律上的危险

社会研究者可能会给研究参与者带来这几种伤害:身体上的,精神上的,法律上的,还有职业、声誉以及收入上的损害。有些特定形式的伤害更有可能会出现在一些研究类型中(例如,在实验研究与田野调查中就不同)。研究者应该清楚所有形式的潜在伤害,并随时采取特定的行动来确保最小化对参与者带来的风险。

人身伤害(physical harm)。即便是在对参与者生活影响较大的生物学研究中,[6]人身伤害也是罕见的。一条明确的伦理原则是,研究者绝不能给参与者造成人身伤害。我们

必须在研究开始之前对风险进行预计，包括基本安全问题（例如，安全的建筑、家具、设备）。如果研究涉及较大的焦虑，那么我们应该筛掉那些有着高风险的实验对象（例如有着心脏问题的、有精神崩溃或癫痫病史的等）。我们应该预计对研究参与者或助理可能产生伤害或人身攻击的来源。防止参与者因为参与研究而受伤，并且当无法确保参与者不会受到人身伤害时立即终止研究，这是研究者的道德和法律责任（参见示例3.1中的津巴多实验）。

精神虐待、压力以及丧失自尊（psychological abuse, stress, or loss of self-esteem）。社会研究中的人身伤害是罕见的，但我们却可能将人们置于高压、窘迫、焦虑、不愉快的情形下。社会研究者想要了解人们在现实生活中高焦虑情境下的反应，所以他们可能会将人们置于心理不适或高压力的真实情境下。引起不适是否合乎伦理？人们对著名的米尔格拉姆服从研究的伦理性仍旧争论不休（参见示例3.1）。有些人认为采取的预防措施和获得的知识，要比研究参与者经历的压力和潜在的人身伤害更加重要。另一些人则认为这种极端压力和可能造成永久伤害的风险太过强大。由于现在对于伦理问题的高度敏感，这种类似的实验在如今是不可能开展的。

社会研究者能够造成高度焦虑或不适。他们会向研究者出示可怕的照片；假装告诉男性参与者他们有着很强的女性特质；假装告诉学生他们没有通过考试；创造一个有着高度恐惧的场景（例如，烟雾弥漫进一个房门紧锁的地方）；让参与者伤害他人；将参与者置于一个背负巨大社会压力去否认自己信仰的环境中；让参与者撒谎、欺骗、偷盗。[7] 那些研究助人行为的研究者经常将参与者置于紧急状况下，以观察他们是否会施以援手。例如，皮里亚文等人（Piliavin, Rodin and Piliavin, 1969）的研究，他们安排某人假装在地铁中昏倒，来研究人们的助人行为。在现场实验中，那些乘坐地铁的人对实验并不知情，也不是自愿参与其中的。

只有那些非常有经验的研究者，才被允许考虑进行可能会给研究参与者带来巨大焦虑或恐惧的研究，并且他们必须采取全部必要的预防措施以保护研究参与者。他们需要采取的预防措施有以下几项：

- 在规划研究时，咨询那些有过类似研究经验的人以及精神健康专家。
- 剔除高危人群（例如有着情绪问题或心脏问题的人）。
- 在研究开始前获取书面知情同意（稍后讨论）。
- 对研究情况密切监察，当出现危险时，安排紧急干预或终止研究。
- 在研究结束后立即向人们进行询问（也即，对研究中的欺骗行为和研究的实际目的做出解释）。

研究者绝不应该造成不必要的压力（也即，超过研究所需来引发结果的最小压力值），也不该造成对研究目的没有明确、合理作用的压力。明白"最小值"意味着需要有着丰富的经验。应当从较小的压力开始，哪怕可能对研究没有明显的效果，也比造成过大压力要好。在可能对研究者带来较大风险时，最好与其他研究者合作。因为有了许多对伦理高度敏感的研究者的参与，可以减少在伦理问题上判断失误的可能性。

给研究参与者带来巨大压力和焦虑的研究的另一个危险之处在于，研究者可能会发展出对他人无情的或善于操纵的态度。有研究者曾经在开展了对参与者造成精神伤害的研究之后表达出内疚和后悔。那些将参与者置于焦虑情境下的研究也会给遵循伦理的研究者带来不适。

示例3.1 三个存在伦理争议的例子

斯坦利·米尔格拉姆的服从研究（Milgram，1963，1965，1974）通过检验服从权威的社会压力强度，试图探究纳粹统治之下，大屠杀的惨剧是怎样发生的。在签署"知情同意书"之后，研究参与者在事先操纵的情况下被随机分配为"老师"的角色，而实验助手被分配为"学生"的角色。老师对学生记忆单词列表进行考核，如果学生犯错误，则会增加电击水平。学生待在隔壁屋子里，因此老师可以听到学生的声音，却无法看到他们。电击装置上清楚地标注着一级级增高的电压。当学生犯错时，老师打开开关，他也会发出叫声，好像真的在经受电击的痛苦。现场的研究者告诉老师"你必须继续"等话语。米尔格拉姆报告道："据观察，研究对象出现了出汗、发抖、结巴、咬嘴唇、抱怨、将指甲戳进肉里等行为。这些都是个人特征而非对于本实验的异常反应。"将电击水平调到接近危险水平的研究参与者比例远远高出预期。由于使用了欺骗手段，并让研究参与者体验了极端的情绪压力，这个研究的伦理问题由此出现。

在劳德·汉弗莱斯（Laud Humphreys，1975）的"茶室"交易研究（一份关于男同性恋在公共厕所中相遇的研究）中，大约100名男性的性行为被假装充当"守望者"（偷窥者和警戒员）的汉弗莱斯观察到。他跟踪研究参与者至他们的车前，偷偷记录下他们的车牌号。姓名和地址也被假装是市场调研员的汉弗莱斯从警察记录里获得。一年之后，在伪装之下的汉弗莱斯利用一个关于健康调查的虚假故事在这些参与者的家中采访了他们。汉弗莱斯小心地将他们的名字放在保险箱中，识别参与者名字的信息也被烧毁。他大大推动了对于经常光顾"茶室"的同性恋者的了解，转变了之前对于这些人的错误观念。但这个研究仍然存在争议：从未获得研究参与者的同意；使用了欺骗的手段；他们的姓名可能会被用来敲诈，导致结束婚姻或发起刑事诉讼。

在津巴多的监狱实验中（Zimbardo，1972，1973；Zimbardo et al.，1973，1974），男性学生被分为两组进行角色扮演：守卫和囚犯。在实验开始前，志愿学生参与了性格测试，只有那些有着"正常"水平的学生可以参与研究。志愿者们参与时间为两周，囚犯被告知他们会被监禁，有些公民权利会被暂停，但是人身伤害是不被允许的。在斯坦福大学地下室的一个模拟监狱里，囚犯们被去个性化（身着统一的制服，以编号称呼），守卫则被军事化（身穿制服，佩带棍，戴反光墨镜）。守卫被告知需要维持合理的秩序水平，并且8小时轮一次岗；而囚犯是被24小时监禁。出乎意料的是，志愿者太过于沉浸在自己的角色之中。囚犯变得被动、没有条理，而守卫变得有进攻性、武断，失去人性。6天之后，津巴多因为伦理问题叫停了这项研究。永久的精神伤害甚至人身伤害的风险实在太大。

法律上的危险（legal harm）。作为研究者，保护研究参与者免于增加被逮捕的风险，是我们的责任。如果因为参与一项研究而增加了被逮捕的风险，那么没有人会信任研究者，未来也不会有人愿意参与研究。潜在的法律伤害也是对汉弗莱斯1975年茶室交易研究的一大批判（参见示例3.1）。

如果当我们在搜集研究数据时发现了违法行为，那么就会引起一个相关的伦理问题。我们必须在二者的重要性之间进行衡量：是保护研究者－研究对象之间的关系、未来研究的效益，还是防止对无辜人群的造成潜在严重伤害。我们要为自己的决定承担后果。例如，在范梅南（Van Maanen，1982：114-115）关于警察的田野调查中，他报告看到了警察殴打人们，并且见证了非法行为和不合规范的流程，但是他说，"在这些令人烦恼的事件发生之时和发生之后，我遵循了警察的习惯：我守口如瓶"。在对一所精神病院开展田野调查时，泰勒（Taylor，1987）发现工作人员虐待病患。他面临着两种选择：中止研究，呼吁立即进行调查；或者闭嘴不谈，在接下来几个月中继续研究，发表结果，然后再呼吁停止虐待。在权衡利弊之后，他选择了第二种，并且现在成了精神病院病患权利的活动家。

在一些研究中，观察到非法行为或许是研究的重点。如果我们秘密地观察记录非法行为，并向执法机构提供这些信息，那么我们是在违背关于研究参与者的伦理标准，也对未来的社会研究有所损害。但是，如果我们没有报告非法行为，我们就是在间接地许可犯罪行为。我们有可能会作为从犯而被起诉。我们需要了解自己的职业角色。与执法机构的合作会引起一个问题：我们是在追求知识的过程中保护研究参与者的专业社会科学家，还是为了"抓住"罪犯秘密进行信息搜集的自由职业者？

对参与者的其他伤害

研究参与者可能面临着其他类型的伤害。例如，在调查采访中，当人们被要求回忆不快的或创伤性的事件时，就可能会造成焦虑或不适。遵循伦理的研究者必须对任何对参与者的伤害都保持敏感，考虑预防措施，衡量潜在的伤害和效益。

另一种伤害是对研究参与者的职业生涯、声誉、收入造成的消极影响。例如，一项对雇员进行的调查显示主管的表现欠佳，结果主管因此丢掉工作。或者，一项关于街上流浪汉的研究显示，许多流浪汉会进行小偷小摸以获取食物；结果市政府对小偷小摸行为严加管制，流浪汉再也没有食物可以果腹。遵循伦理的研究者会考虑研究参与者可能面临的后果，避免因为某人仅仅因为参与了研究而受到伤害。我们必须对每个例子进行评估，衡量潜在的伤害与效益，并对自己的决定负责。

欺 骗

是否曾经有人为了让你做某事，而向你说过半真半假的话或者谎话？你对此感觉如何？社会研究者遵循自愿同意的伦理原则：绝不强迫任何人参与研究；除非出于研究目的的合理需要，不向任何人说谎。那些参与社会研究的人必须清楚明白地同意参加。当我们使用欺骗手段、伪装研究，或者采用秘密的研究方法时，人们不参加研究的权利便成了重要的议题。

在田野调查或实验研究中，我们有时会欺骗参与者。我们可能会为了正当合理的方法论原因，稍稍歪曲自己的行为或真实的研究目的。例如，如果参与者知晓了真实的目的，他们可能会调整自己的行为，使得研究者难以了解他们真实的行为。另一种情况是，如果我们告诉了参与者全部的真相，那么就不可能进入研究场所。如若无须欺骗即可实现相同的效果，那么欺骗绝对不是首选。

实验研究者通常向参与者有所隐瞒，以防参与者知晓待检验的假设，减少"反应效应"（参见第八章）。当研究者能够证明欺骗行为有着清楚具体的方法论目的时，欺骗行为或许是可接受的。但即便如此，我们也要尽量使欺骗程度降到最低。采用欺骗手段的研究者应该始终获得知情同意，不能对风险进行虚伪的陈述，并且始终在研究结束后向参与者解释实际情况。你或许想问，我们如何能够既使用欺骗的手段，又能事先获得知情同意？我们可以描述研究的基本流程，只隐瞒一些关于待检验的假设的特定信息。

有时田野调查者会利用隐蔽观察（covert observation）来获取进入田野调查地点的渠道。在对邪教团体、小型极端政治派别、非法或越轨行为、在较大公共场所的行为进行研究时，宣布或公开我们真实的研究目的，研究便不可能进行下去。如果隐蔽调查不是必要的，那么不要使用它。如果我们不能确定隐蔽的进入渠道是否必要，那么逐渐公开研究目的的策略也许是最好的办法。当有疑问时，宁愿犯错暴露真实的身份和目的。隐蔽调查仍然是充满争议的，很多研究者认为，所有的隐蔽调查都是违背伦理的。即使是那些认可在特定场合隐蔽调查是合乎伦理的人，也表示只有在公开调查不可能实现的情况下才可以用隐蔽调查。只要有可能，我们就应该在随后立即向参与者告知实验观察，并让他们有机会表达忧虑。

欺骗和隐蔽调查可能会增加不信任和怀疑，减少大众对社会研究的尊重。在田野调查中的虚假陈述类似于秘密特工或政府告密人。利用欺骗手段会产生长期的消极影响。它会增加被研究群体之间的不信任，从长远来看，也会使得社会研究更加困难。

知情同意

社会研究中的一条根本伦理原则是：绝不强迫任何人参与研究；参与必须始终是自愿的。仅仅有许可是不够的，人们需要了解他们被要求参与的是什么，这样才能做出知情决策。通过阅读和签署**知情同意**（informed consent）——一份由参与者签署的协议，表明他们愿意参与研究，并对涉及的一些研究程序有所了解——参与者可以了解到他们的权利以及他们将会被卷入哪些事情之中。

扩展3.1 知情同意

知情同意声明包括以下内容：

1. 对于研究目的和流程的简单描述，包括预期的研究时长。
2. 关于与参与研究相关的任何风险与不适的声明。
3. 保证匿名性和记录的保密性。
4. 告知研究者的身份，并且从何处可以获取关于参与者权利或关于研究问题的信息。
5. 声明参与研究完全是出于自愿的，并且随时可以中止研究，无须接受处罚。
6. 声明其他可能使用的研究步骤。
7. 声明可向研究参与者提供的好处或补偿，涉及的研究参与者人数。
8. 向研究参与者提供关于研究发现的总结。

不同国家的政府在对知情同意的规定上有差别。美国联邦政府并没有要求所有以人作为研究对象的研究都要做到知情同意。尽管如此，我们还是应该获取书面的知情同意，除非有好的理由（例如，隐蔽的田野调查、使用已有二手数据等），并且需要获得机构审查委员会的许可（稍后讨论）。

知情同意声明提供了详尽的信息（参见扩展3.1）。在知情同意中，对流程类型、涉及问题、数据用途作出一般性陈述就足够了。研究表明，那些收到了完整知情同意的研究参与者与那些未能收到的参与者，对于研究的反应并无二致。即使有，那么就是那些拒绝签署此类声明的人，更有可能在研究中根据问题猜测或给出"无反应"的回答。

强迫人们参与研究是违背伦理的，这包括向他们提供一些不参与研究就无法获得的特定好处。例如，指挥官下令让军人参加研究，教授以通过考试为条件要求学生作为研究参与者，雇主以维持雇佣关系为条件让雇员参与调查。这些都是不符合伦理的。即便是除了研究者本人之外的其他人（例如雇主）强迫人们（例如雇员）参与研究，也是不符合伦理的。

对研究者身份的完整公开，可以保护研究参与者免于欺诈性研究，也可以保护正当合理的研究者。知情同意降低了骗子们打着研究者的幌子来欺骗或伤害人们的可能性。它还减少了某些人利用虚假的研究者身份，推销产品或出于不道德的目的获取人们个人信息等事件的发生。

从法律上来说，签署知情同意对于大部分调查、田野研究、现有数据研究来说，都不是必需的，但对于实验研究来说通常是强制的。在利用现有数据进行研究或在进行文献研究时，是不可能获取知情同意的。一般的规则是，对研究参与者造成的潜在风险越大，就越有必要从他们那里获取书面知情同意声明。总结来说，需要获取知情同意的理由往往是充分合理的，不获取知情同意的理由却少之又少。

特殊群体和新的不平等

有些研究人群或群体不能得到真正的自愿知情同意。**特殊群体**（special populations）指的是那些缺乏给出有效知情同意的必要认知能力的人，或者那些处于弱势地位、无法拒绝参与研究的人。学生、监狱囚犯、雇员、军事人员、流浪者、福利接受者、儿童、发育障碍者，他们可能无法完全自主做出决定，或者他们做出参与研究的决定仅仅是因为他们将此视为获取想要的东西的一种途径——例如，高分、提前假释、晋升或者附加服务。将"能力不全"的人（例如儿童、智力障碍者等）卷入研究之中是违背伦理的，除非研究满足以下两个最低条件：(1)获得法定监护人的书面许可，并且(2)我们遵循所有标准的伦理规范来保护参与者免受伤害。例如，我们想要对高中学生进行调查，以了解他们的性行为和毒品或酒精使用情况。如果调查是在校园内进行，那么校方工作人员必须给出官方许可。但凡研究参与者涉及法定未成年人（通常小于18周岁），必须要有家长的书面许可，最好也能够向每位学生寻求许可。

对参与研究采用强迫手段是一个棘手的问题，它取决于研究的特定情形。例如，一个已定罪的罪犯面临着两个选择，要么被监禁，要么参与实验性质的改造项目。罪犯或许不相信这个项目的好处，但我们会相信这个项目于罪犯有益。这就是强迫的一个例子。

作为研究者，我们必须诚实地判断，对于罪犯和社会的好处是否比从伦理上禁止强迫更加重要。这是具有风险的。历史表明，许多研究者认为他是为了弱势群体（例如，囚犯，学生，同性恋者）的好处，但最后"好处"实际上是由研究者或社会中有权势的组织得到的；而对于研究参与者，伤害大于好处。

你或许上过一些社会研究课程，老师要求你作为研究参与者而参与一项研究项目。这是一种特殊的强迫案例，这通常是合乎伦理的。老师们有三个理由支持要求学生参与研究：（1）从其他地方寻找研究参与者是困难且费用高昂的；（2）以学生为参与者的研究，所推动的知识发展也会在未来造福于学生和社会；（3）通过直接参与体验实际研究，学生们可以学到更多关于研究的知识。以上三种理由，只有第三个可以解释这种有限强迫行为的合理性。这种有限强迫行为只有在满足以下三个条件时才是可接受的：它与某种明确的教育目标相关，学生们可以在参与研究和其他活动之间做出选择，满足其他所有研究伦理原则。

避免创造新的不平等（avoid creating new inequalities）。伤害的另一种类型是，因为参与研究，有些人无法获得某种服务或福利。例如，我们找到了一种治疗某种严重疾病的新方法，比如获得性免疫缺陷综合征（即艾滋病）。为了检测这种新疗法的效果，有一半人被随机分配接受该治疗方法，而另一半人则不会接受治疗。这个研究设计能够明确地表明新疗法是否奏效，但那些没有接受治疗的病人却有可能病逝。当然，在不确定新疗法的效果之前，那些接受治疗的人也可能会病逝。拒绝给予随机分配的研究群体潜在的救命的治疗，这是否是合乎伦理的？如果一个对新疗法效果的明确可靠的测试，要求其中一组研究群体不能接受治疗呢？

我们可以通过三种方法来减少在研究参与者之间创造新的不平等。首先，那些未能接受"新型的、改良的"治疗的人，继续接受先前受认可的最好的治疗方法。换句话说，他们获得了在新方法被测试之前最好的治疗，而不是不能够接受所有治疗。这就保证了没有人在绝对意义上受到损害，即使在相对意义上他们可能落后。其次，我们可以使用交叉设计（crossover design），这指的是那些在实验的第一阶段无法接受治疗的人，可以在实验的第二阶段作为接受治疗的群体，另一组也是如此。最后，我们不间断地对结果进行监控。如果在研究的早期阶段就发现这种治疗十分有效，我们也应该向控制组提供这种治疗方案。在与医疗或可能的人身伤害相关的高风险实验中，研究者也可以使用动物或其他的人类替代物。

隐私、匿名和保密

假如在你不知情的情况下，关于你个人生活的隐私信息被公众知晓，你是什么感觉？由于社会研究者有时为了研究社会行为，对人们的隐私有所侵犯，我们必须采取一些预防措施来保障研究参与者的个人隐私。

隐私（privacy）。当调查研究者通过调查人们的信仰、背景、行为来揭示私密的私人详细资料时，就会对一个人的隐私有所侵犯。实验研究者有时会利用双面镜或隐秘麦克风来"暗中监察"研究参与者。即便人们知道自己在被研究，他们对于实验者究竟在观察什么并不知情。田野调查者可能会观察私人方面的行为，或者窃听谈话。

在田野调查中，人们的隐私可能会在未被事先提醒的情况下被侵犯。当汉弗莱斯（1975）在公共厕所里，为同性性行为充当"守望者"时，他在研究参与者毫不知情的情况下观察到了非常私密的行为。当皮里亚文等人（1969）为了研究人们的助人行为，而让人在地铁中突然晕倒时，那些在地铁车厢中的人的隐私权也被侵犯了。科学家们一向会在公共场所（例如候车室、街上、教室等）对人们进行研究，但有些"公共"场所却比另一些更加私密（比如，用潜望镜观察那些认为自己是独自一人在公共厕所隔间的人）。

窃听谈话以及在类似于私人场合的地方观察人们，都会引起伦理上的问题。为了合乎伦理，我们只有在最小的必要限度下，出于合理的研究目的，才能对人们的隐私有所侵犯。此外，我们还需要采取措施，来避免研究参与者的信息被披露给公众。

匿名（anonymity）。在收集到研究参与者的信息之后，我们通过不向外界披露参与者的身份，来保护他们的隐私。有两种形式来使得我们将个人身份与他的回应分离开来：匿名和保密。匿名指的是人们保持匿名或者不署名。例如，田野调查者描述了一个特定个体的社会形象，但给予这个人一个虚构的名字和地址，并且改变一些特征。研究参与者的身份得以保护，这个人保持了匿名性。调查研究者和实验研究者则会尽快去除参与者的姓名和地址信息，并且在提到参与者时只用代码，以此来保护参与者的匿名性。如果我们采用邮件调查，并且持有能够找出哪些人未能回应问卷的编号，那么在研究的这一阶段，我们就没有保护研究参与者的匿名性。在面板研究中，我们在长时间内对相同的参与者进行追踪，因此我们无法在这项研究之中维护参与者的匿名性。同样，在历史研究或文献研究中，我们会使用特定的名字。如果原始信息来自公共资料，那么我们可以这样做；如果资料是并非向公众公开的，我们就必须获得文献所有者对我们使用特定名字的书面许可。

保护研究参与者的匿名性是困难的。在一项关于一个虚构小镇的研究中，即《大众社会中的小镇》里的"春谷"（Vidich and Bensman，1968），小镇和小镇中的人很容易就被识别出来。小镇居民对此非常生气，并举行游行以嘲讽研究者。人们经常能够从社区研究中识别出被研究的小镇。然而，如果我们用虚构的信息来保护被研究者的身份，那么我们所研究的内容和我们所报告的内容之间会存在差别；而这种差别就会引起一个问题，哪些是我们真正发现的，而哪些又是虚构编造的？我们可能会在小样本中不知不觉地违背了研究匿名性的承诺。例如，你开展了一项由100名大学生参与的调查研究，你在问卷中询问了许多问题，包括年龄、性别、宗教、家乡等信息。这个样本中包含了一位出生于加拿大安大略省斯特拉特福镇的22岁的男性犹太人。有了这些信息，即使他的姓名没有直接记录在问卷上，你也可以找到这个人，以及他是如何回答非常私人的问题的。

保密（confidentiality）。即便我们无法保护匿名，我们总是应该为研究参与者保守秘密。匿名意味着保护特定个体的身份不被知晓。保密则包含了关于参与者姓名的信息，但我们对此保密，或不让公众知晓。我们在公布数据时会避免将特定个体与其回答关联起来，并且采用聚合的形式来公布数据（例如百分比、统计均值等）。

尽管匿名性和保密性通常是伴随发生的，但我们可以保证匿名性却不提供保密性，或者反过来。没有保密性的匿名性指的是，除了姓名之外，特定个体的所有具体信息都被公之于众。没有匿名性的保密性指的是，研究者个人可以将特定个体与其回答联系在一起，但公众却无法获得这些具体信息。

研究者通过使用精心设计的流程来保护研究参与者的身份不被公众知晓：获取匿名回答，让第三方托管人来保管代码列表的钥匙，或者采用随机回答的方法。过去违背研究伦理带来的伤害表明这些手段或许是必要的。例如，迪内和克兰德尔（Diener and Crandall，1978：70）报告称，在20世纪50年代，美国国务院和美国联邦调查局索要著名的金赛性学研究的参与者录音，而金赛性学研究所拒绝服从政府的这一要求。研究所威胁道，他们宁愿销毁所有录音，也不会将其公布。最终，政府机构做出了让步。社会研究者的道德责任和伦理原则要求他们宁愿摧毁录音，也不能将其给予政府工作人员。

保密性有时能够保护研究参与者免受法律或人身伤害。在一项关于俄亥俄州农村非法毒品使用者的研究中，特尤斯等人（Draus, Siegal, Carlson, Falck and Wang, 2005）非常小心地保护了研究参与者。他们在大型多功能建筑中进行采访，避免留下涉及非法使用毒品的书面材料，不提及毒品交易者的姓名和地址，不与那些与执法部门有关的戒毒服务发生联系。他们提到，"我们有意避免与当地警察、检察机关、保释官联系"，并且"当地执法部门对研究项目的监视是一个需要关注的问题"（第169页）。在另一些情况下，其他原则的重要性可能要优于保护研究参与者的保密性。例如，在研究精神病院的患者时，研究者发现一位患者准备杀害护理人员。研究者必须权衡保密性的好处与对护理人员潜在的伤害。

社会研究者可能会为了合乎伦理而付出高昂的个人代价。尽管里克·斯盖尔斯教授（Rik Scarce）从未被指控或证实违反法律，并且严格遵守了美国社会学协会的伦理原则，但他曾为保护研究数据资料的保密性而拒绝在大陪审团面前作证，然后因蔑视法庭在斯波坎市获16周监禁。斯盖尔斯教授一直以来研究的是激进的动物解放组织，并在这个话题上已出版一本著作。他访谈过一位研究参与者，这位参与者被警察怀疑领导组织成员闯入动物设施并造成了15万美元的损失。两位法官拒绝认可社会研究数据资料的保密性以及来自社会科学界的建议，因此他们以未上交研究数据资料为由，将斯盖尔斯教授送进监狱。[8]

在研究"受制约的"群体（例如学生、囚犯、雇员、病患、军人）时，会出现关于匿名性和保密性的特殊问题。把关人（gatekeepers），或者那些身处权威之人，可能会限制研究者接近研究对象，除非他们获得了研究参与者的信息。[9]例如，一位研究者对高中学生使用毒品和性行为进行研究。只有满足以下两个条件，学校才同意合作：（1）学生需要获得家长的允许才能够参与研究，（2）校方工作人员获得所有使用毒品和性行为频繁的学生名单，以便通过咨询服务帮助他们，并告知他们的家长。合乎伦理的研究者会拒绝继续进行研究，而不是答应第二项条件。即便工作人员声称他们会优先考虑研究参与者的利益，参与者的隐私也会被侵犯，他们可能会因信息被披露而受到法律上的伤害。如果校方工作人员真的想要帮助学生，不将研究者视为他们的间谍，那么他们应该发展自己的外展服务。

对研究参与者的强制保护

许多国家政府出台了法律法规来保护研究参与者和他们的权利。在美国，卫生及公共服务部颁布的规章制度中就包括保护参与者免遭研究风险的条例。尽管这只是一个联邦机构，但绝大多数的研究者及其他政府机构都会参考它作为指导。《国家研究法案》（The National Research Act，1974）建立了"保护生物医学和行为研究中的人类对象国家委员会"，这极大地扩展了相关的规定，并要求绝大多数社会研究都要获取知情同意。确保伦理标准的责任则落在了研究机构和高校身上。美国卫生及公共服务部在1981年颁布了一些相关规定，至今有效。联邦法规遵循了生物医学的模本，保护研究对象远离人身伤害。其他规定则要求在所有的研究机构、大学、高校中建立机构审查委员会（institutional review boards，IRBs），以审查所有涉及人类作为研究参与者的研究。机构审查委员会是一个由研究者组成的委员会，委员会成员监管、监察、审查研究流程对研究参与者的影响，并通过在研究计划首次被提出的初期阶段审查研究流程来应用伦理指导。有些形式的研究可以免于机构审查委员会的审查，如教育测试、正常的教育实践、绝大多数非敏感的调查、绝大多数对公共行为的观察、不能识别个体参与者的现有数据研究。

3.5 伦理与科学界

医生、律师、家庭咨询师、社会工作者以及其他职业，都有着道德规范（code of ethics）、同行审查委员会或许可条例。这些道德规范使得职业标准得以形成，并能够指导实践中遇到的问题。社会研究者不会因为酬金而提供服务，他们接受的伦理训练是有限的，他们中获得从业执照的人也并不多见。他们在研究中考虑伦理问题，是因为这是道德和社会责任，也是为了防止社会研究被指控是迟钝麻木和伤害人们。专业的社会科学协会有着道德规范来辨别恰当和不恰当的行为。它们代表了专家们在伦理问题上的共识。所有的研究者不可能在全部伦理问题上都能取得一致，伦理原则是可以被解释的，但研究者们作为科学界的成员，应该坚守伦理标准。

研究伦理准则可以追溯到《纽伦堡法典》（The Nuremberg Code），这是"二战"后同盟国在纽伦堡军事法庭上对纳粹战争罪行的审判所采用的法典。这份法典是对残忍的集中营实验的回应，它概述了伦理原则和人类研究参与者的权利。这些原则包括：

- 遵循自愿同意的原则
- 避免非必要的人身和精神伤害
- 避免任何可能有致命或致残伤害风险的实验
- 当继续实验可能会造成伤害、残疾或死亡时，终止实验
- 确保研究是由高度合格的研究者，使用最高水平的技能和关怀开展的
- 确保研究结果应为社会造福，并不能够通过其他途径获得

《纽伦堡法典》涉及的是如何对待人类研究参与者，聚焦于医学实验，但它逐渐演变成为社会研究伦理准则的基础。类似的关于人权的准则，例如1948年由联合国颁布的《世界人权宣言》以及1964年的《赫尔辛基宣言》，同样对于社会研究者产生了影响。扩展3.2列出了社会研究伦理的一些基本原则。

专业的社会科学协会有审查伦理准则和发现可能的违背伦理行为的委员会，但没有正式监管伦理准则的能力。对于不太严重的违背伦理行为，其惩罚通常是一封批评信。如果没有违反法律，最严重的惩罚便是负面曝光。曝光可能会带来失业，被拒绝在学术期刊上发表研究结果，以及无法获得研究经费——换句话说，面临着由专业研究者组成的学术界的驱逐。

扩展3.2 社会研究伦理的基本原则

- 伦理责任在于研究者个人。
- 禁止为了个人利益压榨研究参与者或学生。
- 高度建议或要求获得某种形式的知情同意。
- 尊重对于隐私、保密性、匿名性的一切保障。

- 禁止强迫或羞辱研究参与者。
- 如非必要，禁止欺骗参与者。如采取欺骗手段，必须在之后让其了解情况。
- 对研究话题采取适用的研究方法。
- 检测并移除对于研究参与者的不良结果。
- 对研究或结果的发表所带来的后果进行预期。
- 表明研究赞助者的身份。
- 在做比较性研究时，与东道国合作。
- 在公布研究结果时，也公布研究设计的细节。
- 在对研究结果进行解读时，需要与数据资料保持一致。
- 采用高标准的研究方法，力求准确性。
- 禁止开展秘密研究。

伦理准则不仅仅是规范研究者的思考并为研究者提供指导；它们同样可以帮助高校和其他研究机构保护合乎伦理的研究免被滥用。例如，1994年，一名研究者在对24名成员进行访谈并观察之后记录道，密尔沃基市公共辩护人办公室的工作人员工作量严重超标，无法有效地为穷人提供法律辩护。得知这一研究发现后，办公室的高级官员与高校取得联系，要求知道是哪位工作人员与研究者进行了访谈，言语之间露出了报复的意图。校方管理人员保护了研究者，引用了广泛被认可的用以保护人类研究参与者的伦理准则，拒绝透露信息。[10]

3.6 伦理和研究赞助方

举 报

你的工作或许是为了某个赞助方进行研究——雇主、政府机构、与他人签订合同开展研究的私人企业。当赞助方负担研究费用时，会出现一些特殊的伦理问题，尤其是在应用研究中。研究者可能会被要求在伦理标准或研究的专业性上有所妥协，以此作为接受合同或维持雇佣关系的一个条件。研究者需要界定伦理界限，一旦超过这条界限，研究者就将拒绝赞助方的要求。当遇到来自赞助方的不合理要求时，研究者有三个基本的选择：对组织或更大的团体忠诚、离开这个环境或发出反对的声音。[11] 这些选择使得研究者分别表现为：向赞助方屈服、放弃、成为举报者。研究者必须做出自己的选择，但上策往往是，在建立赞助关系的早期，就考虑伦理问题，并坦白地表露自己的担心。

举报（whistle-blowing）指的是当研究者发现有违背伦理的行为，在向上级报告并穷尽个人渠道来试图解决后，仍无法阻止该行为时，向外界寻求帮助，并告知外部受众、机构或媒体的行为。举报的研究者必须确信伦理被严重违背，并且违背伦理获得了组织的赞同。这是有风险的。外界不一定对这个问题感兴趣，他们也未必能够提供帮助。局外人通常有着自己的偏好（让一个组织看起来很糟糕、大肆渲染某个问题等），而不是停止违背伦理的行为。监察者或主管通常会不再信任甚至还会惩罚那个曝光问题、行为不忠的人。在最好的情况下，可能需要很长时间才能解决问题，并且会造成很大的情绪压力。为了做出道德的选择，举报者应该做好有所牺牲的准备——丢掉工作或无法获得晋升、薪酬降低、被违背意愿地调任、被工作时的朋友遗弃甚至付出法律代价。做出符合伦理道德的事情，不一定能够制止违背伦理的行为，也不一定能够保护诚实的研究者免受报复。

受到资助的应用社会研究者需要严肃地考虑他们的职业角色。他们可能想要与雇主保持一定的独立性，并且坚定自己作为敬业的专家们组成的学术界一员的身份。许多人通过参与专业组织（例如，评价研究协会），与赞助组织以外的研究者保持一定的联系，以及紧跟最优秀的研究实践，来防御赞助方的压力。那些孤立无援、在专业上无法得到安全感的研究者，在赞助环境中往往最难坚守伦理原则。无论是何种情况，"如果我不这样做，也会有别人这样做"的论调都不能为违背伦理的行为开脱。

得出特定的研究结果

如果在你开展研究之前，赞助方就直接或间接地告诉你，你应该得出什么样的结果，那么你该如何应对？当被告知，得出特定的研究结果是获得研究赞助的先决条件时，遵守伦理原则的研究者应该拒绝参与研究。合理的研究不应该被限制得出什么样的研究结果。

一个被迫得出特定研究结果的例子是在教育测试领域。旨在衡量美国学龄儿童成绩的标准化测试因此受到了批评。例如，大约90%的美国学区的儿童在这些测试上得分"超过平均水平"。这就是乌比冈湖效应（Lake Wobegon Effect）。乌比冈湖是一个虚构的小镇，根据美国电台主持人加里森·凯勒（Garrison Keillor）的描述，在乌比冈湖，"小孩都超过平均水平"。得到这个结果的主要原因是研究者将当前学生的得分与许多年前的学生得分做比较。许多老师、校长、教育主管、学校董事会纷纷施压，以求得到这个结果，以便让他们向家长和选民报告，称自己的学校校区"超过平均水平"。[12]

对如何开展研究的限制（limits on how to conduct studies）。赞助方通过限定研究者可以研究的内容或者采用的研究方法，从而限制研究，在伦理上是否可以被接受？赞助方可以在采用的研究方法上合理地设置一些条件（例如，调查还是实验），并且限制研究费用。然而，我们必须遵循普遍受认可的研究方法。我们需要评估在给定经费的条件下所能完成怎样的研究。在合同研究中，企业或政府组织要求对某一特定项目进行研究，受到限制是一个常见的问题。常常需要在质量和成本之间做出妥协。此外，一旦开始研究，研究者可能需要重新设计研究项目，或者研究费用可能高于预算。合同程序使得中途变更非常困难。研究者可能会发现，迫于合同，他不得不采用不够理想的研究程序或方法。这个困境就变成：是完成合同并开展低质量的研究，还是无法履行合同、失去赞助和未来的工作？

当我们无法坚守通常被认可的研究标准时，我们应当放弃继续进行研究。如果赞助方要求有偏差的样本或具有引导性的调查问题时，合乎伦理的回应应该是拒绝合作。如果一项合理的研究证明赞助方喜爱的想法或项目非常糟糕时，通常的结果是终止雇佣关系，或者面临违背专业研究标准的压力。从长远来看，对合理可靠的研究实践的违背，将会对赞助方、研究者、科学界以及整个社会产生危害。我们必须决定，我们是始终向赞助方提供他们想要的结果的"雇工"（即使这些结果在伦理上是错误的），还是专业人士。作为专业人士，我们有义务为了崇高的道德原则而教导、指引甚至反对赞助方。

我们或许会问，如果赞助方对利用研究结果或对事实真相不感兴趣，那么他们为何想要开展社会研究？答案就是，有些赞助方对于事实不感兴趣，并且对科学过程不够尊重。他们只将社会研究看作一种"掩护"，用于合理化他们计划开展的决定或行为。他们在利用研究来替自己的行为辩护或者转移批评，他们滥用了研究者的专业地位，损害了科学的诚实性。他们"利用"社会研究者的声望来骗取信任。当这种情况发生时，一个有道德的遵循伦理的研究者应当曝光并终止滥用。

禁止发表研究发现

当你开展了一项研究，但研究发现会让赞助方丢脸，因此赞助方不希望公布研究结果时，会怎么样？这也是应用研究中常见的情况。例如，一位社会学家为州政府彩票委员会研究了州政府赞助的赌博行为产生的影响。在她完成研究报告并发布研究结果之前，委员会要求她移除描述赌博的许多负面社会影响的部分，并且删掉她关于提供社会服务来帮助预计增多的赌博上瘾者的建议。研究者身处困境，面临着两个矛盾的价值观念：是按照赞助方的要求行事，还是向公众揭露真相，承受后果？[13]

政府机构可能会禁止研究者发表那些与官方政策相矛盾，或是会让高层官员难堪的科学信息。政府机构有时会对那些向公众公布信息的社会科学研究者进行报复。在2004年，许多著名科学家、诺贝尔奖得主、知名医学专家、前联邦机构主管、高校主席和校长签署了一项声明，表达对于乔治·布什政府滥用科学的担忧。这项声明的主要控诉包括：禁止发表研究结果；让许多意识形态上的支持者，而非公正的科学家，进入科学咨询委员会。其他指控包括：限制公布关于汽车安全研究方面的数据、关于药物的负面数据、关于污染的研究。这些研究涉及到那些支持布什政府竞选活动的主要行业。此外，受到批评的行为还包括：删除了一则政府简报，这则简报引用的研究发现堕胎和乳腺癌之间没有关系；删除了使用避孕套在避孕方面存在积极作用的研究结果；隐瞒了关于干细胞研究的积极方面的信息；要求研究者修改他们关于北极石油开采的危险、对濒危物种的影响的研究结果，以便符合当局的政治议程。[14]

对于受资助的研究，我们可以在研究开始之前就公布研究结果的条件进行协商，并且就此签署协议。没有得到这项保证就开展研究可能是不明智的，尽管有着较少伦理顾虑的研究者或许会这样做。另一种选择是，我们承担赞助方的批判和敌意，不理会他们的反对，公布研究结果。大多数研究者偏好第一种选择，因为第二种方案可能会吓跑未来的赞助方。

社会研究者有时会对研究进行自我审查，或者延迟公布研究结果。这是为了保护信息提供者，维持进入研究场所的渠道，保住工作，或者保护自身和家人的人身安全。[15]这种审查制度不是由外部力量强行施加的。这是由与研究密切相关、并且知晓研究的潜在影响的人完成的。研究者承担着研究的根本责任。通常，他们可以利用许多不同的资源，但也会面临很多的竞争压力。

隐瞒真正的赞助方

隐瞒赞助方的真实身份是否合乎伦理？例如，一个堕胎诊所赞助了一项关于宗教团体中反对堕胎的成员的研究，但是让研究者不要告诉研究参与者是谁赞助了这项研究。研究者必须权衡利弊做出选择：是遵循最好向研究参与者揭示赞助方真实身份的伦理规则，还是既满足赞助方的保密要求，又不减少研究参与者的合作。通常，遵循伦理的研究者会告知研究参与者赞助方的身份，除非他们有强有力的方法论理由不去这样做。在报告或发表研究结果时，伦理要求是非常清晰的：我们必须公开资助此项研究的赞助方。

3.7 研究的政治

伦理在很大程度上解决的是研究开展过程中的道德问题和专业标准，这是在研究者掌控之中的。政治方面的问题也同样影响着社会研究，但多数不在研究者可控范围之内。研究的政治指的是，那些有组织的宣传团体、社会和政府中有权势的利益集团以及想要限制或控制社会研究方向的政治家们所开展的行为。历史上，社会研究受到的政治影响包括：

阻止研究者开展研究，削减或改变研究经费，骚扰研究者个人，对公布研究发现进行审查，或者利用社会研究作为政府开展秘密军事行动或情报活动的幌子。例如，美国国会议员抨击了一些由独立科学家小组建议的研究项目，并取消了研究经费，因为国会不喜欢那些研究话题。政治任命的官员将研究经费转移给那些与其政治观点一致的研究，而停止支持对与其政治观点可能产生冲突的研究。大型企业会因研究者向公众提供专家证词、揭露该公司过去生产的劣质产品，而威胁研究者要提出法律诉讼。直到十余年前，还有些社会研究者表面看上去独立，实际开展着美国政府的秘密情报活动。[16]

在政治或经济上对社会研究进行影响和控制，多数是为了限制知识创造或制约对那些有争议的话题进行自主的科学调查。例如，根据2011年一份报纸的报道，由美国政府支持开展的有关枪支暴力、伤害、使用等议题的研究，迫于美国步枪协会和枪支游说者的政治压力，几乎被全部消除。这份报道说道："……如今用于研究枪支影响的费用只到20世纪90年代中期同类研究经费的一小部分，因此在这个领域辛勤工作的科学家数量也锐减到只有少数几个。"（Luo，2011）主要的研究中心，如疾病防控中心和国家司法研究所，也迫于政治压力而避免资助这样的研究。研究者们说，"通常来说，避免这类话题是比较简单的做法"，大多数研究者也确实停止开展关于这些话题的研究。当能够充实公共政策的科学事实知识被限制时，意识形态和政治力量就会在公共讨论中有着更加强大的影响。

尝试去进行控制，看上去是由于担心一旦研究者有调查的自由，他们将会发现有害的事情。这表明了自由的科学调查与开放的公众辩论、民主、言论自由的基本政治理念是相关的。

对研究的限制或控制有以下三个主要的原因。

1. 人们要捍卫或推动那些起源于意识形态、政治或宗教信仰的立场和知识，担心社会研究获得的知识会与他们的信仰相矛盾。

2. 利益集团想要保护或推动他们政治经济上的立场或特权，担心社会研究可能会证明他们的行为有害于公众或社会的某些部门。

3. 人们不尊重科学追求真理和知识的理念，对科学研究冷嘲热讽（也即，只将其视为推动私人利益发展的幌子；参见扩展3.3）。

扩展3.3 什么是公共社会学？

迈克尔·布洛维（Michael Burawoy，2004，2005）区分了社会研究的四种理想类型：政策、专业的、批判的、公共的。公共社会学（public sociology，或者更宽泛的，社会科学）的目的是通过在辩论中使用社会理论和研究，充实公众在道德和政治议题上的辩论。公共社会学通常与以行动为导向的研究有所重叠。布洛维认为，社会研究在社会中的位置主要在于一个人如何回答两个问题：知识是为了谁（knowledge for whom）？以及知识是为了什么（knowledge for what）？第一个问题关注的是研究问题的来源以及如何运用研究结果。第二个问题考察的是研究目标的来源。研究是由外界赞助方或机构交代下来的，还是来自对广泛的社会政治道德议题的讨论？公共社会科学试图在研究者和公众之间建立对话或辩论。与此相反，政策社会研究聚焦于找出方法，解决赞助方或委托人指定的特定问题。两者都依赖于专业社会科学的理论、知识、收集和分析数据的方法。在第二章中讨论过的批判社会科学，则强调阐明和质疑基本的境况。

专业和批判社会科学的主要受众是科学界的成员，然而公共研究和政策研究的主要受众是那些非专业人士和实践者。批判社会科学和公共社会科学都追求在社会研究中注入道德和价值观层面的内容，他们希望引起人们对于道德政治的价值观的讨论。专业社会科学和政策社会科学则较少关注对于道德或价值观问题的讨论，并且可能会避免这些讨论。相反，它们的关注点在于有效地推动知识发展和提供解决特定问题的实际方法。公共社会科学和政策社会科学都属于应用研究，并且与科学界有着一定的联系。

3.8 价值中立与客观的研究

你一定听说过"价值中立"研究以及在研究中保持"客观"的重要性。它并不像看上去的那么简单。原因如下：首先，价值中立（value-free）和客观（objective）这两个术语有着许多不同的含义；其次，在这个问题上，社会科学的不同途径（实证的、诠释的、批判的）有着不同的观点；最后，即便是那些认同社会研究应该保持价值中立和客观的研究者，也不认为应该完全摒弃任何价值观。

价值中立这个术语有两种基本用法：研究不受任何预先的假设、理论立场或价值观的影响，或是研究不受研究者个人的偏见或信仰的影响。同样，客观可以意味着只关注外在可见之物，它也可以意味着遵循明确的公认的研究程序，而不是毫无条理的、私人的研究程序。

第二章中介绍的社会科学的三种途径，对价值中立和客观研究的重要性也持有不同的观点。实证主义非常看重这样的研究。诠释主义则非常怀疑其可能性，因为观念和信仰遍及人们活动的方方面面，这其中就包括研究。不同于消除价值观和主观维度，诠释主义有着相对主义的立场——没有一种价值观是优于其他价值观的。批判主义同样质疑价值中立研究，并通常将它视为隐瞒利益和价值观的借口。

价值中立意味着摆脱除了科学之外的任何价值观，客观意味着遵循既定的规则或程序，而不去考虑这些规则和程序是如何被创建的。换句话说，批判法认为所有研究都包含着一定的价值观，因此那些宣称自己价值中立的人实际上是在隐瞒自己的价值观。那些遵循诠释法和批判法并且排斥价值中立研究的人，也并不接受松散的、毫无条理的研究。他们排斥的是那些遵循某个研究者心血来潮的念头，或者有着预先决定的结论并自然而然地支持某个特定价值立场的研究。他们认为研究者应该清楚明确地阐述自己的价值立场，认真反思开展研究的原因和使用的研究程序，并且就研究是如何开展的进行坦诚清楚的沟通。这样一来，其他研究者就可以了解研究者的价值观在研究中起到的作用，并且自行判断他的价值观是否对研究发现产生了不公正的影响。

即便是那些非常支持实证主义、倡导价值中立和客观研究的研究者，也允许有限的个人道德价值观的存在。在确定研究主题和决定如何传播研究发现时，研究者的个人道德立场可能会产生影响。保持价值中立和客观，指的仅仅是研究的开展。这意味着，我们可以对那些我们认为重要的议题进行研究，并且在完成研究之后，除了在科学界中公布结果，我们也可以与特定的利益集团分享成果。

结 论

在第一章中，我们看到了科学对于社会的独特贡献以及社会研究是如何作为理解社会的知识来源的。社会研究的视角和研究方法可以成为理解世界的强有力的工具。然而，与这种力量伴随而来的是责任——对自己的责任、对赞助方的责任、对科学界的责任、对整个社会的责任。这些责任可能会彼此矛盾。最终，你必须亲自下定决心，以合乎伦理的方式开展研究，坚持和保卫你所采用的社会科学途径的原则，并且要求他人在开展研究时也遵循伦理要求。社会研究所产生的知识的真实性以及知识是利用或滥用，取决于像你一样的研究者个人，反思自身行为和社会研究之于社会的作用。在下一章中，我们将对定性研究与定量研究的基本设计方法和议题进行探究。

注 释

1. 关于研究造假的讨论，参见 Broad and Wade（1982）、Diener and Crandall（1978）、Weinstein（1979）。Hearnshaw（1979）和 Wade（1976）对西里尔·伯特的例子进行了讨论，Wade（2010）对2010年的哈佛大学研究造假进行了讨论。Kusserow（1989）对学术不端的概念进行了讨论。

2. 关于这个案例的细节，可以参考 Blum（1989）和 D'Antonio（1989）。此外，参见 Goldner（1998）在学术不端方面关于合法与科学观点的讨论。Gibelman（2001）对学术不端的许多例子以及学术不端概念的变化进行了讨论。

3. 关于纳粹实验，参见 Lifton（1986）；Williams and Wallace（1989）对日本实验进行了讨论。Harris（2002）认为，日本人的实验要恐怖得多，但美国政府并没有像起诉德国那样对日本提起诉讼，因为美国军方希望发展自己的细菌战计划。

4. 参见 Jones（1981）和 Mitchell（1997）关于"坏血"的讨论。

5. Diener and Crandall（1978: 128）对这些例子进行了讨论。

6. 关于对研究参与者人身伤害的讨论可以参见 Kelman（1982）、Reynolds（1979，1982）、Warwick（1982）。

7. 参见 Diener and Crandall（1978: 21–22）、Kidder and Judd（1986:481–484）。

8. 参见 Monaghan（1993a, 1993b, 1993c）。

9. Broadhead and Rist（1976）对于守门人有所讨论。

10. 参见"UW Protects Dissertation Sources"，*Capital Times* (Madison, Wisconsin), December 19, 1994, p. 4。

11. 参见 Hirschman（1970）对于忠诚、退出或发声的讨论。

12. 参见 Edward Fiske, "The Misleading Concept of 'Average' on Reading Test Changes, More Students Fall Below It", *New York Times*（July 12, 1989）。也可见于 Koretz（1988）、Weiss and Gruber（1987）。

13. 参见"State Sought, Got Author's Changes of Lottery Report", *Capital Times*（Madison, Wisconsin），July 28, 1989, p. 21。

14. Andrew Revkin, "Bush Aide Edited Climate Reports," *New York Times* (June 8, 2005). "White House Calls Editing Climate Files Part of Usual Review", *New York Times* (June 9, 2005). Union of Concerned Scientists, "Politics Trumps Science at U.S. Fish and Wildlife Service" (February 9, 2005). "Specific Examples of the Abuse of Science", www.ucsusa.org/global_environment/rsi/page.cfm?pageID=1398, downloaded August 3, 2005. "Summary of National Oceanic & Atmospheric Administration Fisheries Service Scientist Survey" by Union of Concerned Scientists (June 2005). E. Shogren, "Researchers Accuse Bush of Manipulating Science", *Los Angeles Times* (July 9, 2004). Jeffrey McCracker, "Government Bans Release of Auto-Safety Data", *Detroit Free Press* (August 19, 2004). Gardiner Harris, "Lawmaker Says FDA Held Back Drug Data", *New York Times* (September 10, 2004). James Glanz, "Scientists Say Administration Distorts Facts", *New York Times* (February 19, 2004). Dylan O. Krider, "The Politicization of Science in the Bush Administration", *Skeptic Vol.* 11, No. 2 (2004) at www.Skeptic.com. C. Orstein, "Politics Trumps Science in Condom Fact Sheet", *New York Times* (December 27, 2002). "Scientist Says Officials Ignored Advice on Water Levels", *Washington Post* (October 29, 2002).

15. 参见 Adler and Adler（1993）。

16. 参见 Neuman，W. Lawrence（2011）*Social Research methods: Qualitative and Quantitative Approaches.* Needham Heights MA：Allyn & Bacon 第16章中对社会研究中的政治问题的讨论。

第四章
回顾学术文献与规划研究

4.1 介绍

4.2 文献综述

　　去哪里寻找研究文献

　　如何进行系统性文献回顾

　　做笔记

　　撰写综述

　　好的文献综述是什么样的

4.3 利用互联网进行社会研究

4.4 定性与定量研究取向

　　线性与非线性途径

　　预先安排的和新出现的研究问题

4.5 定性研究设计中的问题

　　个案和情境的语言

　　扎根理论

　　情境至关重要

　　个案与步骤

　　诠释

4.6 定量研究设计中的问题

　　变量和假设的语言

　　因果理论与假设

　　解释的不同方面

　　从研究问题到假设

4.1 介绍

至此,你已阅读了研究的原则和类型,认识到了理论与研究是如何彼此补充的,并且理解了如何实施合乎伦理的研究。接下来,我们来具体考察如何设计一项研究。回想第一章中,由一个大致的话题开始,将话题缩小至一个特定的研究问题,然后设计出专门的研究来解决这个研究问题。在定性研究中,这个模式可能会稍有变化,因为在研究过程中可能会出现新的问题。

用于研究的话题可以有很多来源:以前的研究、个人的经历、与亲友的讨论,或者是你在电视上或者电影中看到的东西、从书籍和报纸杂志上读到的东西。通常,话题来自那些能够引起你强烈好奇心、让你十分投入或有着强烈的感情的东西,也可能来自那些你认为是错误并且想要改变的东西。几乎所有社会研究的话题都涉及那些以聚合的方式产生作用的规律,你可以依据实际经验来测量和观察它们。这排除了那些关于特定情况的话题(例如,你的男朋友或女朋友昨天为什么甩掉了你,你好朋友的妹妹为什么讨厌她学校的老师),也排除了那些关于个别个案的话题(比如,你自己的家庭),或者那些无法观察甚至无法间接观察的话题(例如,独角兽、有着超自然能力的幽灵等)。这或许会排除掉一些有趣的话题,但还留下了数以万计的话题供你研究。

在探究一个话题或问题时,以下三件事情可以帮助你了解最有效的研究类型。

1. 阅读其他人关于这个话题所开展过的研究。

2. 理解在研究设计时,定性取向和定量取向中的问题。

3. 理解如何使用各种研究方法以及它们的优缺点。

在本章中,你将了解这三点中的前两点,第三点将会在接下来的章节中进行讨论。

4.2 文献综述

阅读"文献"或关于某个话题的已发表研究,有五个重要作用。

1. 文献可以帮助你将宽泛的话题缩小。它展示了他人如何开展他们的研究,向你提供了如何将话题聚焦于研究问题的模板。它同样向你展示了其他人所使用的研究设计类型,如何测量变量以及分析数据。

2. 文献可以让你了解到这个话题的"知识的状态"。从别人的研究中,你可以了解到"我们现在知道些什么"。你将会知道关于这个话题的关键看法、术语、议题。你可以考虑重复、检验或延伸别人已经发现的东西。

3. 文献可以刺激创造力和好奇心。在你阅读大量文献时，你可能会遇到一些新的、意料之外的研究发现和有趣的信息。

4. 即便你从未开展或发表过自己的研究，阅读已发表的研究可以给你提供例子，让你知道最终的研究报告是什么样子：主要部分、形式、写作风格。你将会培养出对研究报告做出评估的能力，并且能够分辨报告是否足够有说服力。

5. 最后的原因更加实际。就像你聚精会神地阅读高质量的文章时，你的写作能力会得以提高；阅读好的研究，可以让你更好地理解开展研究的要素。

当你在寻找和阅读某个话题的学术文献时，你希望自己是有条不紊的。此外，提前规划并准备书面的文献综述，是明智的做法。综述有许多类型，通常来说，**文献综述**（literature review）是对某个话题近期所开展研究的关键发现与研究方法的精心总结。在综述总结中，需要仔细记录资料来源。

要准备一篇文献综述，首先需要查找相关的研究。接下来，详尽阅读文献，找出每篇研究的主要发现、中心议题及研究方法。你需要认真仔细地记录所阅读的内容。当这些材料在你脑中仍然鲜活并且面前还有笔记时，你应当开始将所了解到的内容组织起来。围绕着一个特定研究问题，将这些研究以构建情境的方式记录下来。

文献综述是基于这样一个假设的，它认为知识是可以积累的，我们可以从他人的工作中学习，并且在他们的工作基础上不断发展。科学研究是许多研究者的集体努力。作为一个共同体，科学家与他人分享研究成果，共同追求知识。有些研究可能会特别重要，一些研究者个人也可能会很有名，但某个具体的研究都只是宏大的知识创造过程中的一小部分而已。如今的研究是建立在先前研究之上的。

综述在广度和深度上会有所差别。不同的综述在实现四个目标方面有不同的偏重点（参见扩展4.1）。要完成一篇在某个广泛问题上的全面专业的总结综述可能需要超过一年的时间，而完成一篇在某个特定领域高度集中的综述，可能只需要几个星期。要开始一篇综述，需要决定话题、探究的深度、综述的种类。

扩展4.1 文献综述的目标

1. 用以说明对于知识主体的熟悉程度，建立可信度。综述是用来告诉读者，研究者了解关于某一领域的知识和重要议题。一篇优秀的综述可以提高读者对于研究者专业技能、能力以及背景的信心。

2. 用以展示过去研究的路径以及现在的研究是怎样和它产生联系的。综述概括了某一问题研究的方向，展示了知识的发展。一篇优秀的综述可以将研究项目置于研究情境之中，并且通过将其与知识主体相联系，说明它的相关性。

3. 用以整合和总结在某个领域已知的内容。综述将不同的研究结果集中和综合在一起。一篇优秀的综述会指出，先前的研究在哪里达成了一致，哪里存在分歧，还有哪些重要的问题尚未得到解决。它会收集到某一个时间点为止人们所知晓的内容，并指出未来研究的方向。

4. 用以向他人学习，并且激发新的想法。综述会说明别人已经发现了什么，这样一来研究者便可以获益于他人的成果。一篇优秀的综述会识别研究的死胡同，并且为重复研究提出假设。它可以揭示值得效仿的程序、技巧和研究设计，以便研究者更好地聚焦于研究假设和获得新的想法。

去哪里寻找研究文献

研究报告会以多种书面形式呈现：期刊、书籍、论文、政府文件、政策报告。研究者也会在专业协会的会议上展示研究论文。大多数情况下，你可以在高校图书馆里找到研究报告。这部分是关于如何获取报告的简单"路线图"。

期刊（periodicals）。社会研究成果会出现在新闻报纸、大众杂志、电视或电台广播、互联网新闻摘要之中。然而，这些并不是可以用来做文献综述的完整的研究报告。它们是由新闻记者为普通观众所编写的经过筛选和浓缩的摘要，缺少对研究进行严肃评估所需要的关键细节。教科书和百科全书也可以向某个话题刚入门的读者提供浓缩的总结，它们同样缺少充分评估一项研究所需要的关键细节内容。

在准备你的第一篇文献综述时，很容易会对不同类型的期刊感到困惑。如果有一定的技巧，你可以分辨出下面四种类型的期刊。

1. 面向普通大众的畅销报纸和杂志。

2. 面向受过教育的公众的通俗社会科学杂志。

3. 知识分子辩论和表达看法的观点杂志。

4. 研究者展示其研究发现的学术期刊。

经过同行评审的实证研究结果只会完整地刊登在最后一类期刊中。畅销出版物（例如《麦克林》《时代周刊》《新闻周刊》《经济学人》《国家》《美国观察者》《大西洋月刊》）在报刊亭出售。它们是为了向大众提供新闻、观点及娱乐消遣。研究者可能也会把它们当作了解当前事件的来源，但它们不会刊登你准备文献综述需要的研究报告。通俗社会科学杂志和专业出版物（例如《社会》《情境》《今日心理学》）可能会经过同行评审。它们向感兴趣的、受过教育的大众提供关键发现的简化版本，而不是原始的研究发现。它们在文献综述中至多可以起到补充其他来源的作用。严肃的观点杂志（例如《美国前景》

《评论》《异议》《公共利益》）可以在一些主要城市的大书店中找到。重要的学者们可能会围绕他们进行实证研究的话题（如福利改革、监狱扩张、选民投票率）为观点杂志撰写文章。观点杂志与刊登研究发现的学术期刊在目的、外观，以及范围上都有所不同。观点杂志是知识分子对当下议题进行辩论的公共平台，而不是社会研究者向科学界展示研究发现的地方。

学术期刊（scholarly journals）。学术期刊（例如《美国社会学评论》《社会问题》《舆论季刊》《犯罪学》《社会科学季刊》）是文献综述的首选期刊类型。这种期刊刊登的都是经过同行评审的研究报告。你很难在高校图书馆之外的地方看到它们。回顾第一章，绝大多数的研究发现是研究者通过学术期刊传播的。

有些学术期刊是专门化的。他们刊登的可能不是研究报告，而只是对新书进行评论或评估的书评（如《当代社会学》）。还有一些学术期刊可能只刊登文献综述文章（如《社会学年鉴》《心理学年鉴》《人类学年鉴》），研究者们为他人提供"对某个领域的现状"的文章。如果一篇关于某个具体话题的文章被发表，那么文献综述出版物是大有裨益的。许多学术期刊的文章类型是混杂——有文献综述、书评、研究报告、理论文章。

没有一个简单的方法或"认证标志"能够将学术期刊和其他期刊区分开，或立即将研究报告与其他类型的文章区分开。一开始你需要向有经验的研究者或专业的图书管理员请教。区分不同的期刊类型是一项需要掌握的重要技能。学会区分期刊类型的一个好方法是阅读大量的学术期刊文章。

学术期刊的数量根据研究领域的不同也有所差别。在心理学领域有超过400种期刊，而社会学有大约250种期刊。政治科学和传播学的期刊数量少于社会学期刊，人类学－考古学和社会工作领域的期刊数量在100种左右。城市研究和女性研究大约有50种期刊，犯罪学期刊数量大约有十几种。每份期刊每年刊登的文章从十几篇到上百篇不等。

你可以通过互联网来查看大部分（并不是所有）学术期刊。有些网络服务商在网上提供完整准确的学术期刊文章副本。例如，西文过刊全文库（Journal Storage，JSTOR）提供准确的副本，但学术期刊数量较少，并且只提供往年期刊。其他网络服务商，例如史蒂芬斯数据库（EBSCO HOST）、SAGE Premier、WILSON WEB，则提供一些学术期刊最新文章的完整文本。新型的只在网上发行的学术期刊，也叫作电子期刊，会向人们介绍经过同行评审的研究，这些期刊的数量很少（例如《社会学研究在线》《社会心理学当代研究》《世界体系研究杂志》）。或许最终网络格式会替代印刷版本。然而，目前来看，98%的学术期刊是印刷格式的，其中3/4的文章可以在网上找到全文。只有购买了专门的网络订阅服务的图书馆才可以阅读文章。

当你找到了刊载研究报告的学术期刊时，你需要确保有文章介绍研究结果。学术期刊通常也有其他类型的文章。识别定量研究是比较容易的，因为这些文章通常包含方法或数据部分、表格、统计学公式以及带有数字的表格。定性研究文章较难识别，很多学生会将定性研究文章与理论文章、文献综述文章、概念讨论文章、政策建议、书评、法律案件分析混淆。区分这些类型的文章需要熟练掌握不同种类的研究和阅读大量的文章。

高校图书馆有专门的区域陈列学术期刊和杂志，有时候会将它们与书籍混在一起。你可以通过查看图书馆示意图或询问图书管理员来找到这些区域。最新的期刊看起来像是薄的平装书或厚的杂志，通常放在"最新期刊"部分。大部分图书馆会将同一卷所有期刊装订在一起，并将它们放置于永久馆藏中。

在图书馆中，不同领域的学术期刊与通俗杂志放在一起。它们都属于图书管理员口中的"期刊"。因此，你会在天文学、化学、数学、文学、哲学、社会学、心理学、社会工作、教育等学术期刊的附近，看到通俗杂志（例如《时代周刊》《道路与轨道》《大都会》《大西洋月刊》）。"纯粹的"学术领域通常比"应用的"或实践的领域，如市场营销和社会工作，有着更多的学术期刊。你可以在图书馆目录系统中找到期刊列表。

学术期刊可能一年才出版一次，也可能每周都会出版。大部分期刊每年出版四次到六次。例如，《社会学季刊》每年出版四次。为了帮助人们找寻文章，图书管理员和学者们创建了一种追踪学术期刊及文章的系统。期刊的每一期都有日期、卷号、期号。这些信息有助于人们查找文章。这类信息，再加上关于作者、文章标题、页数等详细信息，就是对一篇文章的**引用**（citation）。我们在参考文献中会用到这些信息。当一份期刊初次出版时，它从第一卷第一期开始，第一篇文章则从第一页开始。此后，期刊的编号依次增加。绝大多数期刊的引用信息遵循着相似的系统，但也有一些例外，需要特别关注。对于大部分期刊来说，一卷就是一年。举个例子，如果你看到一份期刊是第52卷，那么这份期刊很有可能已经存在了52年。大部分期刊，但并不是所有期刊，都在1月开始发行出版。

多数期刊以卷号标记页数，而不是期号。某一卷的第一期通常从第一页开始，随后整卷页数依次增加。例如，第52卷第4期的第1页，页数标记可能是第547页。大部分期刊都有关于各卷的索引和各期的目录表。每期的内容少则有一到两篇文章，多则能达到50篇文章。大部分期刊每期有8~18篇文章。文章的长度为5~50页不等。每篇文章通常都有**摘要**（abstract）。摘要是位于文章第一页的简短总结，在有些期刊中，同一期文章的摘要会集中在每期的开头部分。

许多图书馆不保存旧期刊的实体纸质副本。为了节省空间和金钱，它们只保存微缩胶卷版本。在许多学术领域中有上百种学术期刊，每种期刊每年要花费50~2,500美元。只有大型图书馆会订阅全部期刊。你可能需要通过馆际互助服务向别处的图书馆借阅某本期刊或某篇文章的影印版。在馆际互助服务中，图书馆之间会互相借阅书籍或其他材料。图书馆很少会允许人们将最新几期学术期刊借出图书馆之外。你应该做好计划在馆内使用这些期刊。

当你找到期刊区域时，顺着走廊漫步并快速浏览书架上的内容。你会看到刊登许多研究报告的刊物。每种学术期刊的标题都像普通图书馆书籍一样，包含了一个索书号。图书馆一般会按照标题的字母顺序来摆放它们。由于期刊有时会更换标题，如果图书馆按照期刊的原标题来排放，就可能会引起混乱。

引用格式（citation formats）。对一篇文章的引用是找到它的关键。假设你想要阅读第一章中夏普和乔斯林关于美国城市种族容忍的研究，这篇文章的引用是：Elaine B. Sharp and Mark R. Joslyn, "Culture, Segregation, and Tolerance in Urban American," *Social Science Quarterly*, 2008, Vol. 89, No.3, pp. 573-591。它告诉你的是，这篇文章发表于2008年出版的《社会科学季刊》杂志。对此文的引用虽然没有提供月份，但它给出了第89卷，第3期以及第573-591页这些信息。

引用研究文献有许多方法。对文献的文内引用格式就有许多种。在文章内部引用时，通常在括号中插入作者的姓氏和研究发表的年份。完整的引用出现在单独的参考文献、引用文献或者参考资料部分。期刊文章的完整引用格式有许多种，书籍和其他类型的著作也有单独的引用格式。在引用文章时，可以向导师、期刊或其他手册核实引用格式要求。几乎所有的格式都包括了以下信息：作者姓名、文章标题、期刊名称、卷号和页码。除了这些基本要素之外，不同的引用格式之间有着很大的差异。有些格式包含了作者的名字，其他的则只需要名字的首字母即可。有些格式包含全部作者，而另一些只标注第一作者。有些格式包含了出版物期号和月份的信息，其他格式则不做要求（参见图4.1）。

引用格式有时会很复杂。在社会科学领域的两种主要引用工具是《芝加哥手册》（*Chicago Manual of Style*），它对于参考文献和引用格式的说明有将近80页；另一个是《美国心理学会出版手册》（*American Psychological Association Publication Manual*），它对此的说明有60页左右。在社会学领域，人们普遍遵循只有2页纸说明的《美国社会学评论》（*American Sociological Review*）格式。

书籍（books）。书籍可以传递信息，引发思考，还可以取乐。书籍的种类众多：画册书籍、教科书、短篇小说集、通俗虚构小说、非虚构作品、宗教书籍、儿童书籍等。我们这里关注的是登载原始研究报告或研究文章合集的书籍。图书馆将这些书与其他类型的书籍摆放在一起。你可以在图书馆目录系统中找到它们的引用信息（例如标题、作者、出版商）。

美国最早的社会学期刊《美国社会学期刊》，刊登了一篇由彼特·贝尔曼（Peter Bearman）和汉娜·布克纳（Hannah Bückner）开展的关于童贞宣誓的研究。这篇研究刊登于该刊2001年一月刊（第4期）中的第859~913页，该刊从3月开始计数期号。

这篇文章刊登在该刊第106卷，或者说是该刊第106年出版的。以下展示了引用这篇文章的几种方法。其中，"美国社会学评论"（American Sociological Review，ASR）和"美国心理学会"（Ameirican Psychological Association，APA）是两种非常常见的引用格式。

美国社会学评论引用格式（ASR Style）

Bearman, Peter and Hannah Bückner. 2001. "Promising the Future: Virginity Pledges and First Intercourse." *American Journal of Sociology* 106:859-912.

美国心理学会引用格式 (APA Style)

Bearman, P., and Bückner, H. (2001). Promising the Future: Virginity Pledges and First Intercourse. *American Journal of Sociology* 106:859-912.

其他格式

Bearman, P., and H. Bückner. "Promising the Future: Virginity Pledges and First Intercourse," *American Journal of Sociology* 106 (2001), 859-912.

Bearman, Peter and Hannah Bückner, 2001.
"Promising the Future: Virginity Pledges and First Intercourse." *Am. J. of Sociol*. 106:859-912.

Bearman, P., and Bückner, H. (2001). Promising the Future: Virginity Pledges and First Intercourse. 106 (January) :859-912.

Bearman, Peter and Hannah Bückner, 2001.
"Promising the Future: Virginity Pledges and First Intercourse." *American Journal of Sociology* 106(4):859-912.

Bearman, P., and H. Bückner. (2001). "Promising the Future: Virginity Pledges and First Intercourse," *American Journal of Sociology* 106, 859-912.

Peter Bearman and Hannah Bückner, "Promising the Future: Virginity Pledges and First Intercourse," *American Journal of Sociology* 106, no. 4 (2001): 859-912.

图4.1 期刊文章的不同引用格式

将刊登社会科学研究的书籍与其他书籍进行区分是困难的。你更有可能在大学或高校的图书馆中找到这些书籍。有些出版社，例如大学出版社，会专门出版这些书籍。尽管如此，还是没有什么简单的方法可以还没读就找出社会科学研究书籍。

有些类型的社会研究比其他类型更有可能以书籍形式出版。例如，相比经济学家或心理学家，人类学家或历史学家更有可能把研究报告写到一本书的长度。不过，也有些人类学或历史学研究是文章形式，有些经济学家和心理学家的研究则以书籍形式出版。在教育学、社会工作、社会学、政治学中，一些漫长复杂的研究既可能以2~3篇文章的形式出现，也可能以书籍的形式出现。涉及临床医学的或民族志的详细描述以及复杂的理论或哲学讨论时，这些研究通常会以书籍的形式发表。最后，如果一个作者想要同时与学术同行和受过良好教育的普通民众交流，可能会选择写一本融合学术风格与通俗非虚构作品风格的书。

从书籍中找到原创研究是困难的。它们并未被罗列出来。有三种类型的书籍会有文章或研究报告的合集。第一种是具有教学目的的书籍。这类书籍叫作读本（readers），其中包含了原创研究报告。通常，关于某个话题的学术期刊文章会被集中、编辑，以便那些非专业人士更容易阅读和理解。

第二种书是给学者看的研究合集。它汇集了期刊文章，或者刊登了某个话题的原创研究或理论文章。有时也会收录期刊文章。第三种书籍则包含了关于某个特定话题的原创研究报告。目录罗列了研究报告的标题和作者。图书馆会将这些书籍与其他类型的书籍摆放在一起，有些图书馆的目录系统中也包括它们。

对书籍的引用短于对文章的引用。它们包含了关于作者姓名、书本标题、出版年份和地点、出版社等信息。

学位论文（dissertation）。每个要获得博士学位的研究生都需要完成原创研究，并以一篇学位论文汇报研究。授予博士学位的高校的图书馆会收录这些毕业论文。大约有一半的毕业论文最终会以书本或文章的形式出版。毕业论文是重要的信息来源。有些学生在读硕士期间也会开展原创研究，并且撰写硕士毕业论文，但硕士论文很少真正涉及严肃的研究。相较于未发表的博士毕业论文，硕士论文更加难以寻找。有一些专门的索引罗列了在有资质的大学就读的学生完成的毕业论文。例如，国际学位论文摘要（Dissertation Abstract International）列出了毕业论文的作者、标题、就读高校。这个索引是按照话题分类的，它包含了每篇论文的摘要。你可以通过馆际互助服务从授予学位的大学借阅到绝大多数的毕业论文。

政府文件（government documents）。美国联邦政府，其他国家级、州级、省级政府，联合国以及其他像世界银行这样的国际机构，都会赞助研究并发表研究报告。许多大学和高校图书馆存有这些文件，通常存放在专门的"政府文件"区域。在图书馆目录系统中很难找到这些报告。你必须使用专门的索引，有时在图书管理员的帮助下，才能找到它们。大多数大学和高校图书馆只存有一部分的政府文件和报告。

政策报告和研讨会论文（policy reports and presented papers）。研究机构、智库以及政

策中心（例如，布鲁金斯学会、贫困研究所、兰德公司等）会赞助研究并出版研究报告。如果想对研究进行彻底调查，那么你可以查阅这些资料。它们通常不易寻找并且难以获得。少数大型图书馆会购买这些报告，并将它们与书籍放置在一起。有时你需要直接与研究所或研究中心联系，以获取报告的列表。

每年，各个学术领域（如社会学、政治科学、心理学）的专业协会都举办年会。上千名研究者共聚一堂，对自己最近的研究作口头学术报告，并进行讨论。这些口头报告通常也会以书面形式发给与会人员。那些未能参与会议的人也可以看到一份列出报告论文题目、作者、作者所在单位的列表。这些论文会以索引或者摘要服务项目罗列出来。你可以直接与作者取得联系并请求获得论文副本。大约一半的论文将会以学术期刊文章的形式发表出来。

如何进行系统性文献回顾

明确并提炼话题（define and refine a topic）。对文献的回顾最好始于一个明确的、聚焦的话题和一个搜索方案。优秀的文献综述话题应该像研究问题一样聚焦。例如，"离婚"或者"犯罪"就太过笼统。更适合综述的话题应该是"有继子女的家庭的稳定性"或"经济不平等与犯罪率的跨国际研究"。对于一项研究的背景综述，综述话题会比特定的研究问题略为宽泛。在完成对文献的回顾之前，你可能还无法确定具体的研究问题。文献综述可以让你聚焦并集中到特定的研究问题上。

设计搜寻方案（design a search）。在选好综述话题之后，你可以制定一个搜寻策略。你需要确定综述的类型、范围、涵盖的材料类型。在制订计划时，尝试确定以下搜寻的范围：你能够花多长时间在搜寻文献上？你将追溯到多久之前的文献？你能查看多少研究报告？你将要访问多少图书馆？

保持有系统、有条理是非常重要的。你需要确定如何记录每一篇参考文献的引用信息以及如何记录笔记（例如，在笔记本上、在索引卡上、在电脑文档上）。许多有经验的研究者会制定时间表，因为必然会多次访问图书馆或在线资源。除了对已寻找到的文档做笔记的文档之外，你可以再创建一个文件夹或计算机文档，来存放可能有用的资料或记录关于新资料的想法。

寻找研究报告（locate research report）。对研究报告的寻找取决于报告的类型或被搜寻研究的"渠道"。你应该使用多种搜寻策略来抵消单一搜寻方法的局限性。

学术期刊中的文章。正如前文所讨论的，社会研究者将绝大部分研究的结果发表在学术期刊上，因此学术期刊应该是你搜寻文章时的主要来源。期刊数量有几十种之多，大部分可以追溯到几十年前，每一份期刊都刊登了许多文章。搜寻学术期刊文章的任务可能是非常艰巨的。但好在有专门的出版物和线上服务使得这项任务易于处理。

你或许已经使用过一些综合出版物的索引，例如《期刊文献读者指南》(Reader's Guide to Periodical Literature)。许多学术领域都有学术文献的"摘要"或"索引"（例如《心理学摘要》《社会科学索引》《社会学摘要》《老年学摘要》）。在与教育相关的话题上，教育资源信息中心 (Educational Resources Information Center，ERIC) 系统十分有用。其中有百余种相关出版物。你通常可以在图书馆的参考资料部分找到它们。许多摘要或索引服务，以及教育资源信息中心系统，都可以在网上使用，这加速了搜寻过程。

摘要或索引定期出版（每月1次或每年6次，等等）。你可以通过作者的姓名或研究的主题来查找文章。摘要或索引所涉及的期刊通常会在前页列出。索引一般只列出引用信息，例如《社会科学索引》(Social Sciences Index)，摘要则会列出引用和文章摘要的副本。摘要不会提供研究发现和研究项目的完整细节。研究者利用摘要来筛选文章的相关性，然后再搜寻更相关的文章。摘要也包括在专业会议上展示的文章。

线上文献搜索的工作原理与利用索引或摘要搜索文章的原理相同。你可以通过作者、文章标题、主题或关键词来搜索文章。关键词 (keyword) 是关于某个话题的重要术语。在大部分搜索中，你会使用6~8个关键词，并且需要考虑若干同义词。线上搜索方法各有区别，大部分只寻找标题或摘要中的关键词。如果你选择的关键词过少或范围过小，那么你可能会错过许多相关文章。如果你选择的关键词过多或术语过于宽泛，那么你将会得到大量不相关的文章。了解合适的关键词范围与数量的最好办法就是不断尝试和犯错。

这样听起来，你所需要做的只是找到图书馆参考引用区域的索引，或者在网上搜索话题即可。然而，你需要做的远比这复杂。为了囊括多年的研究，你可能需要浏览许多期的摘要或索引。并且，索引中的或网络上的主题分类是比较宽泛的。你所感兴趣的问题可能属于许多主题范围。你必须要一一检查。例如，关于高中学生非法使用毒品的话题，以下主题分类都可能会包含相关的研究：毒品上瘾、毒品滥用、药物滥用、毒品法律、非法药物、高中、青少年异常行为、违法行为以及中学。你所找到的许多文章可能与你的文献综述关联甚微。此外，在文章的正式发表和出现在索引或摘要上之间可能存在3~12个月的时间滞后。除非你在大的研究型图书馆，否则很难从普通图书馆或网络服务获取许多有用的文章。你可能不得不使用馆际互借服务。

若干年前，我开展了一项关于高校学生如何定义性骚扰的研究 (Neuman，1992)；我在搜寻文献时使用了以下关键词：性骚扰、性侵犯、骚扰、性别平等、性别平等以及性别歧视。我随后发现，有一些重要的研究在标题中并不存在这些关键词。我又尝试了"高校学生"和"强奸"这两个关键词，但找到了大量不相关的研究，我当然不会浏览这些研究。

有许多线上搜索服务可供使用。所有的计算机搜索方法都遵循着相似的逻辑，但每一种方法都有其独特的操作方式。在我的研究中，我查找了过去7年间发表的资料，利用了5个学术期刊线上数据库：《社会科学索引》《科罗拉多地区研究图书馆》(Colorado Area Research Library, CARL)、《社会科学文摘》(Sociofile)、《社会科学引文索引》(Social Science Citation Index)以及《心理学文摘》(PsychLit)。

同一篇文章可能会出现在许多不同期刊文章数据库中，但每一个线上数据库都会包含一些其他数据库中没有的文章。此外，你可能会想要查看这些文章的参考书目。通过研究相关文章的参考书目，我发现了许多非常优秀的资源，我之前在线上数据库搜索时并没有找到这些资源。

基于关键词或主题分类进行搜索，你可能需要大致浏览文章的标题或摘要。在我的研究中，我快速浏览或略读了超过200篇文章的标题或摘要。在这些文章里面，我挑选了80篇进行细读。在这80篇文章中，我发现49篇文章很有价值，它们被列入了我发表的研究的参考书目之中。

学术书籍(scholarly books)。寻找特定话题的学术书籍是困难的。图书馆目录系统的主题分类通常是不完整的，或者太过宽泛，用处不大。而且，它们只列举了特定的图书馆系统的书籍，而你可能需要使用馆际互借服务搜寻其他图书馆的书籍。图书馆以主题为基础，按照索书号整理书籍。主题分类可能无法反映出你感兴趣的主题，也可能无法反映书本所讨论的所有主题。当你了解你所在的图书馆系统后，你会发现，在同一个话题下，大部分书籍的索书号有着相同的组成部分。此外，图书管理员可以帮助你从其他图书馆找到书籍。例如，美国国会图书馆国家联盟目录(Library of Congress National Union Catalog)罗列了美国国会图书馆的所有书籍。图书管理员拥有其他图书馆资源的使用权，或者你可以利用网络。没有必然成功的方法可以让你找到相关的书籍。你应该使用多种搜索方法，包括查找刊登书评的期刊和文章的参考书目。

记笔记

当收集到了相关研究文献后，面对数量庞大的信息，你可能很容易感到不知所措。一个老办法是在索引卡上记录笔记。之后，在你寻找笔记之间的联系或者制定报告或论文的大纲时，你可以移动卡片对它们进行分类或将它们叠放成一摞，等等。这个方法至今仍然有用。不过，如今人们使用更多的是文字处理软件，以及收集复印版或打印版的文章。

在进行的过程中，你应当为你的笔记卡片或电脑文档创建两种文件：一个是源文件(source file)，另一个是内容文件(content file)。将每份原始资料的所有参考信息记录在源文件中，即便你认为其中有的用不到或者之后会删除。要包括完整的引用参考信息，例如页数、第二作者的姓名，否则之后你可能会后悔。删除你不需要的资料远远比之后再试图寻找引用信息要简单，因为你会忘记一些细节。

我建议将源文件分为两部分：已有文件（have file）和潜在文件（potential file）。"已有文件"放置那些你已经找到并且做了笔记的资料。"潜在文件"放置线索或那些你尚未获取或阅读的新资料。当你发现新的资料时，你可以随时将它加入潜在文件。到了文献综述撰写的尾声，潜在文件会消失，而已有文件则会成为你的参考书目。

你的笔记卡片或电脑文档应放入内容文件。这个文件包含大量你感兴趣的资料信息，包括主要研究结果、详细的研究方法、概念定义以及有趣的引文。如果你直接从资料中引用或记录一些具体的信息，记得要记录引文页码。通过将作者、日期等关键资料信息记录在每一个内容文件中，将这些文件关联起来。

记录什么。你会发现，在相同类型和尺寸的纸张或卡片上记录所有笔记，要比将笔记记录在不同的纸张或卡片上来的容易。你必须明确要记录文章、书籍或其他资料的什么信息。宁愿多记一些信息，也不要记得太少。通常要记录被检验的假设、如何测量重要概念、主要发现、研究的基本设计、使用的群体或样本以及对未来研究的想法（参见扩展4.2）。通过检查研究报告的参考书目来搜寻资料也是明智的做法。

扩展4.2 如何阅读期刊文章

1. 带着明确的目的或目标阅读文章。你是为了获取基本知识，还是为了将其应用于一个具体的问题？

2. 在阅读全文前先行浏览。从文章标题、摘要、总结、结论和小标题中，你能发现什么？这篇研究的话题、主要发现、研究方法、主要结论是什么？

3. 考虑你的取向。你对这个话题、方法、出版来源等方面有什么偏见，以至于可能让你在阅读时戴上了有色眼镜？

4. 整理外部知识。你对这个话题和研究方法已经有了哪些了解？出版物来源有多么可信？

5. 在阅读文章时进行评估。文章有什么错误？研究发现是否符合数据？这篇文章是否符合所采取的研究方法的前提假设？

6. 将信息总结为包括话题、研究方法、发现的摘要。评估研究发现的事实准确性，引述文章的问题。

来源：基于Katzer, Cook and Crouch（1991：199–207）。

复印所有相关的文章可以节省记录笔记的时间。它也可以确保你拥有完整的研究报告，并且可以在复印件上做笔记。然而，这种做法有其局限性。首先，对于大量的文献搜索来说，复印文章很昂贵。其次，要意识到并且遵循著作版权法律。美国版权法允许出于个人研究目的复印文章。再次，记得记录或复印整篇文章，包括所有的引用信息。第四，整理全部文章可能会是烦琐耗时的，尤其当你需要使用一篇文章的不同部分时。最后，除非你仔细地做了突出标记或做了很好的笔记，否则复印文章可能不会帮你节省时间，之后你还是需要再次阅读整篇文章。

整理笔记。在获取大量参考文献和笔记之后，你需要对笔记进行整理。一种方法是浏览笔记，将一些研究或特定的发现聚合在一起，并且创建思维导图来说明这些文章如何拼凑在一起。你可能需要尝试许多整理方案才能最终确定。整理笔记是一项熟能生巧的技能。你或许会将有着相同主题的笔记放在一起，或者绘制表格比较不同的研究报告是如何讨论同一个问题的，关注它们的异同点。

在整理笔记的过程中，你会发现有些参考引用和笔记并不适合。你应该放弃这些不相关的资料。同样，你也有可能会发现需要深入探究的研究缺口或半相关的领域。这通常需要你再度造访图书馆。

笔记有许多种整理方案。最好的整理方案取决于文献综述的目的。大部分研究者的综述都围绕着某个领域的具体问题或重大共识性发现。

撰写综述

文献综述需要规划和良好清楚的写作，这就需要不断改写。许多人会将这一步与整理笔记融合在一起。撰写一篇优秀作品的规则（例如，清晰的组织结构、有导言和结论、各部分之间的衔接等）同样适用于撰写文献综述。在写作过程中，应当时刻谨记自己的目的，进行清晰且高效地交流。

为了写出一篇优秀的综述，你需要批判性地阅读文章和其他文献。记住，持怀疑态度是科学的常态。这意味着你不该仅仅因为研究已经发表，就接受它的观点。质疑并评估你所阅读的研究。我们首先要克服的障碍是，认为某篇文章出现在学术期刊上，就一定是完美的。

要做到批判地阅读研究报告，你需要花费时间来习得一系列技巧。尽管在文章发表的过程中有着同行评审的程序，并且拒稿率很高，但仍然无法避免失误或草率的逻辑。仔细查看文章的导言和标题与文章的其余部分是否一致。有时，标题、摘要和引言会具有一定误导性。它们可能未能完整地阐述研究项目的方法和结果。一篇好的文章应该逻辑紧密，每个部分都彼此恰合。论点的各个部分应有强有力的逻辑连结。站不住脚的文章在逻辑上存在漏洞，或者疏漏了一些过渡步骤。同样，并不是所有文章都总是能够解释清楚自己的理论或研究方法。做好多读几遍文章的准备（关于记录笔记，参见图4.2）。

好的文献综述是什么样的

那些写出优秀综述的作者,能够通过文章的组织结构传达综述的目的。错误的撰写综述方法是把一系列研究报告的结果进行总结罗列。这将无法达到与读者沟通的目的,读起来更像是一沓捆在一起的笔记。或许是进行文献综述的人马虎了事,跳过了整理笔记这一重要步骤。撰写综述的正确方法是将相同的发现或论点整理到一起。一个被广泛接受的方法是首先针对最重要的观点,将这些表述有逻辑地关联在一起,然后指出研究间的差异或缺点(参见示例4.1)。

对参考文献的完整引用(源文件)

> Goffman, Alice. 2009. "On the Run: Wanted Men in a Philadelphia Ghetto." *American Sociological Review* Vol. 74, No. 3, 339-375.

笔记卡片(内容文件)

> 戈夫曼(Goffman, 2009)
>
> **话题:** 大规模监禁、城镇黑人居民区、监视、年轻黑人男性、监控、民族志、福柯理论
>
> 美国有着世界上最高的监禁率。许多研究显示,20世纪70年代之后的美国进入了一个大规模监禁的时代。监禁对美国非裔男性产生了巨大的影响。大部分的(60%)30岁以下、没有高中学历的黑人男性都被监禁过;拥有高中学历的黑人男性中,有30%被监禁过。与此同时,警察的集中程度急剧增加。这篇在费城低收入黑人居民区开展的民族志田野研究,考察了触犯法律的年轻黑人男性(被逮捕、监禁、获得假释),他们的日常生活是如何被限制的。
>
> **理论、研究问题、假设**
>
> 研究问题围绕着低收入黑人男性的日常生活。作者考察了米歇尔·福柯的理论是否有助于解释这一状况。福柯认为,现代社会的权力和控制,相较对惩罚的直接恐惧,更多的是基于对持续性监视,以及对内化控制与自我约束的需求。作者探索了这一理论是否可以完全解释,有着犯罪记录的贫困黑人们的日常生活。
>
> **方法**
>
> 作者用了数年时间与费城某个特定的贫困黑人社区的人们建立了亲密的联系。尽管她是一名白人,并且受过良好的教育,但她与许多居民成了朋友,并且被一个当地

家庭当作妹妹一样对待。她在2002~2003年对这个社区的一个区域进行了密集观察，密切地追踪了几个年轻黑人男性的生活。她还与当地警察、缓刑监督官和一名法官进行了访谈，并在密集观察结束之后的四年中对该居民区进行了追踪调查。

发现

作者发现，监视是不完善、不公平的。她认为福柯的理论不足以解释贫民区年轻男性的生活。年轻男性很容易获得较短的假释，或者犯下其他违法行为而遭受逮捕。持续的逮捕和再次被监禁风险极大地影响了他们的生活，制造了一种恐惧的氛围。年轻男性们认为，稳定的、常规的活动，如工作、就医、与家人朋友维持联系，都会增加他们被抓住或者被逮捕的风险。作者在描述国家权力如何行使到这些人身上时提供了一个理论上的类比。她说道，这些年轻男性更像是"半合法"的人，他们符合被惩罚的标准，并且必须一直逃避惩罚。她将他们类比为无证移民或逃跑的奴隶，类比为那些随时都会被轻易抓住并面临处罚的人。

图4.2 文章笔记的例子

示例4.1 好综述与坏综述的例子

坏综述的例子

性骚扰有许多后果。亚当斯等人（Adams，Kottke and Padgitt，1983）发现，有些女学生说，因为存在被骚扰的风险，她们会避免修读某些老师的课程或与他们一起工作。他们还发现男学生与女学生反应不同。他们的研究调查了1,000名男性和女性研究生与本科生。班森和汤姆森（Benson and Thomson，1982）在《社会问题》的研究中罗列了许多由性骚扰带来的问题。德泽赤和韦纳（Dziech and Weiner，1990）在他们的优秀著作《好色的教授》（*The Lecherous Professor*）中，列举了受害者遭受到的一系列困难。

研究者在这一话题上有着不同的研究方法。汉特和麦克莱兰（Hunter and McClelland，1991）研究了一个小型文理学院的本科生们。他们的研究样本量为300名学生，这些学生收到了一些根据受害者的反应和场景有所不同的小卡片。雅席克和弗雷兹（Jaschik and Fretz，1991）在一所中东部大学中向90名女学生放映了助教进行性骚扰的典型案例的录像带。在它被贴上性骚扰的标签之前，几乎没有学生将这些行为称为性骚扰。当被问到这是否是性骚扰时，98%的学生表示是的。韦贝尔-布尔丁和罗西（Weber-Burdin and Rossi，1992）在马萨诸塞大学重复了这一研究。他们让59名学生对40种假设情形进行评分。雷利、卡朋特、杜尔以及巴特利特（Reilley，Carpenter，Dull and Bartlett，1982）对加州大学圣芭芭拉分校的250名女性本科生和150名男性本科生进行了调查。他们还有一个包括52名教职员工的样本。两份样本都完成了一份问卷调查。在这份问卷调查中，他们被要求对不同性骚扰场景的小卡片进行排序。波波维奇等人（Popovich et al., 1986）创建了一个性骚扰的九级量表。他们以15~25人为一组，对一所中等规模的大学中209名本科学生进行了研究。他们发现学生们之间存在异议和感到困惑。

好综述的例子

性骚扰的受害者经受着一系列的后果，从低自尊和丧失自信，到退出社会交往，改变职业目标，以及抑郁（Adams, Kottke and Padgitt, 1983; Benson and Thomson, 1982; Dziech and Weiner, 1990）。例如，亚当斯等人（1983）发现，13%的女性学生说，由于担心性骚扰的风险，她们避免修读某些特定老师的课程或与他们一起工作。

对校园性骚扰的研究有不同的方式。除了调查研究之外，许多研究者还用了小卡片或场景展示的实验法（Hunter and McClelland, 1991; Jaschik and Fretz, 1991; Popovich et al., 1987; Reilley, Carpenter, Dull and Barlett, 1982; Rossi and Anderson, 1982; Valentine-French and Radtke, 1989; Weber-Burdin and Rossi, 1982）。受害者的言语回应和场景因素会影响观察者是否将该行为视为骚扰。人们会不确定是否将性骚扰的标签贴在不适当的行为上。比如，雅席克和弗雷兹（1991）的研究发现，在观看了助教进行性骚扰的典型案例的录像带之后，只有3%的女性学生一开始就将其视为性骚扰。相反，学生们将它叫作"性别歧视的""粗鲁的""不专业的"，或"侮辱性的"。当被问到这是否是性骚扰时，有98%的学生表示是的。罗斯科等人（Roscoe, 1987）报道了相似的贴标签困难。

4.3 利用网络进行社会研究

网络（参见扩展4.3）革命性地改变了社会科学研究者的工作方式。就在10年前，网络还甚少使用；如今，绝大多数社会研究者常常使用网络来帮助他们回顾文献、与其他研究者交流、搜寻其他信息资料。网络继续以爆炸般的速度扩张和改变着。

扩展4.3 网络

网络并不是在一个地方的单一的事物。相反，网络是一个全世界计算机相互关联的系统或网。它变化极快。我无法描述网络上的所有事，但许多内容宏大的书试图这样做。并且，即使我努力去描述，这些内容也会在6个月之内过时。网络以一种强有力的方式不断改变着人们沟通和分享信息的方式。

网络提供了廉价（通常是免费）的、遍及世界的、快速沟通方式。这种沟通方式适用于拥有计算机的人们之间，也适用于计算机使用者了解、获取一些组织（例如，高校、政府机构、企业）计算机内存储的信息。尽管网络有着一定的硬件和软件要求，但它却有能力传输文字材料的电子版本、整本书、照片、音乐、视频及其他信息。

要想接入互联网，我们需要有一台连入网络的电脑及账号。大多数高校的主机电脑、许多企业或者政府的电脑都接入了互联网。有调制解调器的个人可以从网络服务提供商那里购买服务，后者可以提供电话线、特殊数字用户线路、有线电视线的上网途径。除了一台微型计算机之外，人们只需对如何使用电脑稍做了解即可。

网络对于社会研究来说有好处也有弊端，但它并不像有些人起初认为的那样会是解决一切问题的灵丹妙药。它为搜寻信息提供了全新的、重要的方式，但它仍然只是一个工具。网络可以迅速获取一些特定的信息。最好将其视为传统图书馆搜索的补充方法，而不是替代方法。使用网络进行社会研究既有"好的方面"，也有"坏的方面"。

好的方面

第一，网络简便、迅速、廉价。人们可以在许多地方广泛地使用网络。接近免费的资源让人们几乎可以从任何地方找到原始资料——在地方公共图书馆、家里、实验室或教室，或者在任何一个计算机连入互联网系统的地方。此外，互联网不会关门；它一周7天、每天24小时都在运行。只要有很少的培训，大部分人都可以快速进行搜索，并从计算机屏幕上获取到大量信息，而这些信息在几年前还需要他们去到大型图书馆进行搜索才可以获取。通过电子手段搜索大量信息要比手动搜索更加快捷和方便，并且网络极大地扩展了原始资料的数量和种类。越来越多的信息（例如《美国统计摘要》）可以从网络上获取。此外，一旦寻找到了信息，研究者通常可以将它们电子储存或在本地站点打印出来。

第二，网络有"链接"，可以提供寻找和关联许多其他信息资源的额外途径。许多网站、主页、网络资源页面都有"超文本链接"，只要通过点击链接（通常是一个按钮或高亮突出的字词）就获得相关站点的信息。这提供了获得交叉引用资料的"即时"途径。链接使得将一份资料嵌入与其相关的资料网络之中变得容易。

第三，网络加速了全球信息流，并且拥有"民主化"效应。它提供了信息（例如文本、新闻、数据、录像、图片）进行快速地远距离和跨国界传播的方式。我们不再会为了得到一篇报告或向国外出版社寄送文章而等待数周数月，如今的信息可以在瞬间得以传播。对于材料的上传者及其内容，也几乎没有限制。那些曾经难以发布或传播材料的人，如今可以轻而易举地完成这些事情。

第四，网络提供了种类繁多的信息资源，有些是以更具创新活力、更加有趣的形式出现的。网页可以比直截了当、白纸黑字的传统学术期刊更加有趣。网页以鲜艳的色彩、图表、动图、音频（例如音乐与声音）、图片、视频剪辑的形式传播信息。作者和其他信息创建者可以在展示信息时更加发挥创意。

坏的方面

第一，对于网络上的内容没有质量控制。不同于标准的学术刊物，在网络上发文不存在同行评审的步骤，或者说压根不存在评审。几乎所有人都可以在网页上发布任何内容。这些内容可能会是质量低下的、无凭无据的、高度偏见的、完全捏造的、明显欺诈的。在网络上有许多真正的"垃圾"。当发现这些材料时，你需要做的就是将有效信息和"垃圾"信息分开。你应该小心地对待网页内容，它既有可能包含了"疯子"的胡言乱语，也有可能包含了重要的信息。另一个不太严重的问题是，网页上"炫目"的鲜艳色彩、音乐、动图可能会让一个网络新手感到分心。这种"炫目"可能会比严肃的内容本身更加吸引你。不要误以为炫目的信息就是高质量的。互联网更加适合注意力短暂的内容，而不是需要缓慢地、深思熟虑地、仔细地阅读或学习的内容。

第二，社会科学领域的许多优秀资料和一些最重要的资源材料（研究学习和数据资料），无法从网络上获取（例如《社会科学文摘》、"综合社会调查"数据资料、近期的期刊文章）。许多信息只可以从昂贵的特别订阅服务中获取。和大家想的不一样，互联网并没有将所有信息资料免费公开。免费的信息通常是有限的，完整的信息只向那些花钱购买的人公开。实际上，因为有些图书馆把钱花在购买用于上网的计算机，而减少了购买书籍和文件纸质副本的资金，所以网络在总体上可能减少了一些用户能够获得的资源。

第三，在网络上寻找资料可能是十分困难和耗时长久的。找到特定的资料并不容易。并且，不同的"搜索引擎"可能会产生迥异的结果。应用多种搜索引擎（例如雅虎、必应、谷歌），因为它们的运行方式并不相同。大部分搜索引擎只是简单地在简短的网页描述中查找特定的词语。这种描述可能无法揭示资料的完整内容，因为标题无法提供整本书或者整篇文章的内容。此外，搜索引擎通常会呈现出上万条资料，数量庞大，难以调查。而位于最上方的资料可能是因为它们最近才被添加，或者因为在它们简短的描述中存在很多个版本的搜索词语。"最好的"或最相关的资料可能会出现在第150条，被浩如烟海的资料淹没。并且，我们必须经常费力地读完许多广告，才能找到真正的信息。在搜索引擎结果中也会存在政治、经济、社会的偏误。例如，在搜索引擎上做广告的企业可能会更容易出现。

第四，网络资料可能是"不稳定的"，难以记录。当人们在网络上开展研究并且在网页中找到了信息之后，注意到资料所在的特定"地址"（通常以http://开头）是非常重要的。这个地址指向的是在某处的一台计算机中的一个电子文件。如果这个文件的位置发生变化，那么两个月后它的地址可能就不同了。不同于一篇期刊文章可以储藏在上百个图书馆中的书架上或微缩胶片上，并且在几十年间供所有人阅读，网页则可能会很快消失。这意味着，很难去检查某个人的网络引用内容、核实文件中的引述，或者阅读原始材料以获取想法。此外，复制、修改、曲解网页内容，然后复制源文件的副本，都变得容易起来。例如，某个人可以改动一篇文章或一张图片，然后创建一个新的网站来传播虚假信息。这带来了版权保护和源文件可靠性的问题。

网络上最好的网站，也就是那些有着真实有用信息的网站，往往源自高校、研究所、或政府机构。就研究目的而言，这些网站比来源或地址不明的个人主页、商业组织或政治社会议题的游说团体赞助的网站，要更加可信。除了会改变位置和消失之外，许多网页或来源的信息不完整，使得难以引用。更好的资料来源可以提供更加完整的作者、日期、地点等信息。

当你准备对学术文献进行回顾，并且更加具体地关注某一个话题时，你也应该思考如何设计一项研究。研究设计的具体细节取决于研究主要采用定量－演绎－实证的方法，还是定性－归纳－诠释／批判的方法。这两种方法有许多共通之处，并且相互补充；但在研究设计中也存在许多"分岔路"，需要依据采取的研究方法做出决定。

4.4 定性与定量研究的取向

定性与定量研究有所区别，但同样相互补充。在社会研究的这两种途径中，你都需要系统地收集和分析实证数据，也都需要仔细地研究数据资料中的规律，以理解和解释社会生活。数据资料的本质也许是不同的。**软数据**（soft data）是以定性研究中常见的观感、文字、句子、图片、符号等形式存在的。软数据对研究策略和数据收集方式的要求与**硬数据**（hard data）有所不同，后者是以定量研究中的数字形式存在的。社会研究的不同方法是建立在对于社会生活的不同假设之上的，它们也可能会有不同的目标。由于这些差异，使用某些研究工具可能会是不合适或不相关的。如果你试图用定量研究的标准来评价定性研究，你可能会感到失望，反之亦然。你最好能够理解每一种方法的优势所在。

想要理解这两种方法的优势，最好要明白它们截然不同的取向。定性研究者往往依赖诠释性的或者批判性的社会科学，遵循的是非线性的研究路径，嘴上常念叨"个案与情境"。他们强调对出现在社会生活自然流动中的个案进行细致的研究。他们通常会基于特定的社会－历史情境，设法呈现真实解读。而多数定量研究者则依赖实证主义的社会科学，遵循的是线性的研究路径，嘴上常挂着"变量和研究假设"，并且强调对变量的精确测量，以及对与一般因果性解释相关的假设进行检验。

只使用一种方法的研究者有时可能会无法与使用其他方法的研究者进行很好的沟通，但每一种方法的语言和取向都是可以被互相理解的。要了解全部两种方法，明白彼此如何互相补充，这需要时间和努力。

线性和非线性的路径

在开展一项研究时，你会"遵循一条路径"。路径是对连续事件的隐喻：首先做什么，接下来做什么，最后要做什么。这条路径可能是老生常谈的，许多先行者已经插上了清晰的指示牌；又或许，它可能是一条探索未知领域的全新路径，只有极少数的人曾经踏足于此，也没有标志指示方向。

大体上，定量研究比定性研究更可能地遵循线性路径。**线性研究路径**（linear research path）遵循的是固定的顺序步骤；它就像楼梯，指引了一个清晰的方向。这是一种思考和看待问题的方式——直接的、狭窄的、笔直的路径，这是在西欧和北美文化中常见的。

定性研究中的路径更倾向于非线性的、循环的。不同于沿着一条直线前进，**非线性研究路径**（non-linear research path）则是通过连续的步骤。在前进之前，它可能会后退或者向旁边移动。它更像是螺旋式缓慢上升，而非直接前进。在每一个循环或重复中，你会收集到全新的数据资料，获得新的看法。

熟悉直接的、线性的研究方法的人，可能会对这种不太直接的循环路径感到不耐烦。从严格的线性观点来看，扩散循环路径是低效的、草率。然而，它在整合全部复杂情况和捕捉意义的微妙色彩时十分高效。非线性路径将不同的信息聚集在一起，并且可以进行视角的转化。使用非线性路径绝不能成为低质量研究的托词。非线性路径有着自己的学科特点和对研究的严格要求，它也从其他人文学科中借用方法（例如，隐喻、类比、主题、主旨、反讽等）。它是以建构意义为导向的。循环路径非常适合用于诸如翻译语言之类的任务，在这些任务中，语义的细小差别、微妙的内涵意义、语境上的区别都是十分重要的。

预先安排的和新出现的研究问题

当你开始项目研究，路径的第一步就是选择话题。这一步是没有准则可循的。无论你是一位经验丰富的研究者，还是一个新手，最好的指导就是：研究你所感兴趣的内容。

每个研究者都始于一个话题，但话题只是一个出发点。你必须将它细化到一个明确具体的研究问题。法尔博（Firebaugh，2008）认为，社会研究的第一准则是，你必须做好被研究发现吓一跳的准备。他这句话的意思是，研究事业的内在本质是研究结果的不确定性。换句话说，无论你在研究开始之前是怎么想的，当你完成这项研究、考察完实证证据之后，结果可能会与开始时的想法有所不同。他提供了一份选择研究问题的指导。首先，他认为这个问题必须是"可研究的"；其次，它必须是有趣的。一个可研究的问题既不应当太过具体（"为什么我的兄弟鲍勃在过去的12个月里一直没有找到工作？"），也不该太过宽泛（"为什么会有犯罪？"）。

根据你的研究是定性的还是定量的，你会以不同的方式将一个话题转换为一个明确具体的研究问题。在定性研究中，你可能会从一个半明确的、宽泛的研究问题开始。你可能会将聚焦具体的问题与决定研究设计的细节相结合。这个过程从收集资料阶段就开始了。定性研究方法是高度灵活的。它鼓励人们在整个研究过程中，逐渐聚焦到某个话题上。在研究的早期计划阶段，你可以稍微缩小话题。缩小话题或转变关注重点一般发生在你开始收集和思考资料之后。

相反，在定量研究中，将话题缩小至一个具体明确的问题作为一个独立的步骤，发生在最终确定研究设计之前。聚焦研究问题是形成一个可被检验的假设（稍后讨论）的过程之一，这个研究问题则会在收集数据之前引导你进行研究设计。

尽管定性研究较晚聚焦问题，但在许多方面定性研究方法都更加困难，因为你在只有一个大致话题和相关概念时就要开始收集资料了。在收集资料和初步分析资料时，聚焦和精炼问题也继续进行。你必须在研究过程中调整和改善研究问题，因为未能沉浸在资料中之前，你对最重要的议题或问题其实是所知甚少的。这就要求你在主动地反思和发展对数据的初步解读时，要聚焦问题。你在研究初期必须对意料之外的数据资料保持开放的心态，不断地重新评估你的关注点。你必须做好改变研究方向、遵循新线索的准备。

定性研究中典型的研究问题有：某个特定的状况或社会情境是如何产生的？这种状况或情境是如何随着时间的流逝依旧维持的？某个状况或情境变化、发展、运转的过程是怎样的？还有一种类型的问题是用来试图确认现有的信念或猜想。最后一种问题是试图发现新的想法。

在对定量研究进行研究设计之前，你关注的是在一个宽泛话题下的具体研究问题。例如，你的个人经验或许使你想到"工会"这个话题。"工会"是一个话题，而非研究问题或疑问。在许多大型图书馆里，你会发现由社会学家、历史学家、经济学家、管理官员、政治科学家等撰写的关于工会的上百本图书和上千篇文章。这些书籍和文章关注这个话题的不同方面，采取了不同的视角。在开始研究设计阶段之前，你必须缩小并聚焦话题。举一个研究问题的例子，"'二战'后，通过阻碍非裔美国人获取技术性工作，美国工会在多大程度上加剧了种族不平等？"在对一个话题展开研究之前，你需要自问类似的问题：这个话题中最有意思的是什么？对于那些你所知不多的话题，首先需要通过阅读来了解背景知识。研究问题指向的是少数几个变量之间的关系。因此需要识别出这些变量，并且详细说明它们之间的关系。

一个研究问题包含一种或少数几种因果性关系。扩展4.4列举了几种将话题聚焦至一个研究问题的方法。例如，"什么导致了离婚"就不是一个好的研究问题，更适合的问题是"结婚时的年龄是否与离婚相关"，第二个问题显示了两个具体变量：结婚时的年龄以及婚姻是否以离婚告终。

另一个聚焦研究问题的方法是详细说明**论域**（universe）。论域是研究覆盖的所有部分或你的研究发现可以推广的部分。所有的研究问题、假设以及研究课题本身都适用于某群或某类人、组织或其他单位。例如，你的研究问题是关于一项出勤制度对高中学生的学习产生的影响。在这个例子中，论域就是所有的高中学生。

扩展4.4 将话题缩小成为研究问题的几个技巧

1. 检查文献。已发表的文章是给研究问题提供想法的优秀来源。它们通常处于一个合适的具体水平，并会在提出以下方面的研究问题建议：

a. 完全重复先前的研究项目或进行轻微地变动。
b. 探索在先前研究中出现的出乎意料的发现。
c. 遵循作者在文章末尾给出的关于未来研究的建议。
d. 将某个已有的解释或理论延伸至新话题或新场景中。
e. 对研究发现提出质疑或试图反驳一种关系。
f. 详述干预过程，思考连接关系。

2. 与他人谈论想法。

a. 询问那些对该话题有所想法和了解的人。
b. 寻找那些在这个话题上与你持不同意见的人，并与他们讨论可能的研究问题。

3. 应用于特定的情境。

a. 将话题集中到一个特定的历史时期或时间阶段。
b. 将话题具体到一个特定的社会或地理单位。
c. 考虑哪些小群体或哪类人群会牵涉其中，并且他们之间是否存在差异。

4. 定义研究的目标或期望结果。

a. 研究问题是用于探索性研究、解释性研究，还是描述性研究？
b. 涉及的是应用研究还是基础研究？

当你将话题提炼为一个研究问题并且设计研究项目时，你还需要考虑实际限制。设计一项完美的研究项目是件有趣的学术实践，但如果你希望实施它，那么研究设计就会受到实际限制的影响。

一些主要的限制包括：时间、成本、获得资源的途径、获取当局的许可、伦理担忧、专业知识。如果你只有5周、每周10个小时的时间来开展研究项目，但这个研究问题需要5年时间才能解决，那么你必须对研究问题进行修改，使其更加具体。估算研究需要花费的时间是困难的。研究问题、使用的研究方法、收集到的数据资料类型等都与其相关。经验丰富的研究者非常擅长估算时间。

成本是另一项限制。随着时间发展，即使在限制范围之内，有的问题也会有许多独出心裁的方式来解答，还有些问题却因其高昂的成本而难以解答。例如，全体体育爱好者对其队伍的吉祥物态度如何。回答这个问题需要投入大量的时间和金钱。而将这个问题缩小为"两所不同高校的学生如何看待他们的吉祥物"，则会更加易于处理。

另一个常见的限制是获得资源的途径。资源包括：他人的专业知识、特殊的设备、相关信息。例如，我们几乎无法解答关于"不同国家的盗窃率和家庭收入"的研究问题。关于盗窃和收入的信息在许多国家是很难收集或获取的。其他研究问题则需要当局的许可（例如查看医疗记录）或涉嫌违背伦理原则（例如，给一个人造成严重的身体伤害以观察这个人的反应）。研究者的专业知识和背景也同样是个限制。为了回答有些问题，你可能会需要使用你没有掌握的数据收集技巧、统计方法、外语知识或其他特殊技能。除非你可以获得必

表4.1 定量研究与定性研究

定量研究	定性研究
1. 对研究者一开始提出的假设进行检验。	1. 一旦研究者沉浸在数据之中，便会捕捉和发现意义。
2. 概念是以不同变量的形式表达的。	2. 概念是以主题、主旨、一般化、分类的形式表达的。
3. 量度是在数据收集之前就被系统性地创建的，并且是标准化的。	3. 量度是专门创建的，并且通常针对特定的个体场景或研究者。
4. 数据资料是以数字的形式被精确测量的。	4. 数据资料是以文件、观察或文字记录中的文字或图片形式存在的。
5. 理论主要是因果关系的，并且通常是演绎的。	5. 理论可以是有因果关系的，也可以是非因果关系的，并且通常是归纳的。
6. 流程是标准的，默认可以重复。	6. 研究流程是特别的，很少对定性研究进行重复。
7. 分析是通过统计学、表格或图表进行的，并且会讨论它们所呈现的内容是如何与假设产生联系的。	7. 分析是通过对证据进行提取主题或一般化的方法实现的，并且会整理数据资料以呈现出一致连贯的图像。

要的培训，或者付钱让别人帮你完成，否则深究这个研究问题可能是不实际的。

总之，定性研究和定量研究有许多共同点，但二者皆有其独特的设计问题，如采取线性还是非线性的研究途径（参见表4.1）。每种研究方法有自己的"语言"和设计议题。我们接下来会对每种研究方法的语言和设计上的议题进行讨论。

4.5 定性研究设计中的问题

个案和情境的语言

在定性研究中，我们往往使用的是个案和情境语言，并且在它们的社会背景中考察社会过程和个案。在定性研究中，我们的重点是诠释（也即，人们如何在特定的环境中创造社会理解和意义）。我们试图从多个视角来理解社会生活，并且试图解释人们是如何构建身份的。为此，我们很少会利用变量、检验假设或将社会生活转化为数字。

在定性的社会科学研究中，我们认为社会生活在本质上是质性的。定性数据资料并非不准确或有缺陷的，这些资料是高度有意义的。不同于将社会生活转化为变量或数字，我们会从被研究者那里借鉴观点，并将这些观点置于特定的自然情境之中。我们考察主旨、主题、区别、观点，而非考察变量。并且，我们采取归纳的**扎根理论**（grounded theory）。

有些人不理解定性研究，将其视为无法触摸的或无形的，或者认为这些资料太过模糊或难以表述，以至于无法从中了解到任何东西。这种看法未必是对的。定性资料是实证的。定性资料记录的是真实的事件。它们是人们"所说"（通过话语、手势、语气）的话语的记录，是对人们特定行为的观察，是对书面材料的研究，或者是对视觉影像的考察。这些都是世界的具体方面。例如，定性研究者可能会对人们或者社会事件进行细致的拍照、录像。这些实证证据和定量研究者们用来测量态度、社会压力、智力等的证据一样真实确凿。

扎根理论

我们经常在收集定性研究数据资料时形成理论。这种偏归纳的方法是从数据资料之中，或者以数据资料为基础建立理论。此外，概念化和操作化（下一章讨论）是与数据资料的收集和初步分析同时发生的。这使得定性研究更加灵活，并且让数据资料和理论可以相互影响。在定性研究中，你要对意料之外的事情保持开放的心态，必要时改变研究项目的方向或重点，也可能会在项目进行到中间时放弃最初的研究问题。

在定性研究中，一种创建理论的常见方法是做比较，例如对一个事件（比如，当警察面对超速驾驶的人时）进行观察。你会立即想到一些问题，并且寻找相似点和不同点。你或许会问，警察是否总是在拦下汽车之前就用无线电发送车牌号？在用无线电对汽车定位之后，警察是否有时会让司机走出车来，而其他时候则是随意地走向汽车并与车上的司机交谈？当数据资料的收集和理论的建立互相穿插时，理论问题会对未来的观察产生启示。因此，新的数据资料会被收集，用来回答对于先前数据资料思考而产生的理论问题。

情境至关重要

在定性研究中，当我们试图理解人们的想法和行为时，我们会强调社会背景。这是因为社会行为或叙述的意义在很大程度上取决于它发生的情境。如果一个事件、社会行为、问题的答案或一场对话，脱离了它的社会情境或忽视它的情境，你将会严重地扭曲社会意义和重要性。

关注情境意味着你会仔细注意发生在研究焦点之前以及研究焦点周围的事情。在不同的文化或历史时期中，同样的事件或行为可能有着不同的含义。例如，不同于忽视情境而考虑不同时期或不同文化中的选票，你可能会问，投票在这个情境中有什么含义？谁投票了，而谁没有投票？哪些候选人或者议题是突出的？投票过程是怎样发生的？你可能会因其发生的社会情境的不同，而有区别地对待同样的行为（例如，给总统候选人投票）。你试图将社会生活的一部分置于更大的整体之中。否则，这部分的含义就会丢失。例如，如果你不了解棒球，你就不知道棒球手套是什么。这个比赛的整体给予每个部分——局、击球、曲线球、安打——以意义；脱离了整体，各部分的意义也几乎不复存在。

个案和步骤

在定量研究中，个案通常等同于一个分析单位，或者是变量被测量的单位（稍后讨论）。在定量研究中，我们一般会对大量个案的假设变量进行测量。例如，在一项对450人进行调查的定量研究中，每个人都是一个个案或变量被测量的单位。在定性研究中，我们往往利用"以个案为导向的方法，它将个案，而非变量，放在中心位置。"（Ragin，1992：5）。我们会对一个或少量几个个案的许多方面进行考察。我们将意外事件列入"混乱"的自然背景之中（也即，许多特定因素和事件在同一个时间和地点一起出现）。这通常使解释或诠释变得复杂。解释的形式可能会是展开的情节，或者是对特定人和事的叙述故事。关于个案的丰富细节和对其敏锐的洞察，取代了在定量研究中对大量个案的精确数值的复杂统计分析。

时间的变迁是定性研究中不可或缺的部分。在开展定性研究时，我们对事件的顺序进行观察，非常密切地关注着什么先发生，什么其次发生，什么接着发生，等等。因为我们是对同一个个案或一小群个案进行长时间的观察，所以我们可以观察到事件的演变、冲突的出现、社会关系的发展。在历史研究中，时间变迁可能会长达数年甚至数十年。

在田野调查中，时间变迁稍短一些。然而，不管是哪种，我们都会记录在不同的时间点发生了什么，并且意识到事件何时发生通常是重要的。

诠 释

诠释意味着将意义或连贯的含义赋予某件事情。在定量研究和定性研究中，你都会对数据资料进行诠释，只是方式不同。在定量研究中，你通过重新排列、检查和讨论数字来赋予意义。这通常意味着你需要使用图表和统计数字来解释数据中的规律是如何与研究问题相关的。在定性研究中，你需要重新排列、检查和讨论文字的或可视的数据资料来赋予意义。这样做是为了传递真实的声音，保持对研究对象的原创理解的真实性。你通过从"丰富"、复杂、充满社会意义的数据资料中萃取含义，用来替代那些图表、统计值、数字。这就要求你诠释、"翻译"，或者使收集到的原始数据资料变得易于理解。定性的诠释过程分为三个阶段或层次。

一级诠释（first-order interpretation）。这里指的是研究对象的观点。这一步的目的是充分了解他们是如何看待世界、如何定义他们所处的情境和意义的。一级诠释包含了内在动机、个人理性、被研究者的观点。

二级诠释（second-order interpretation）。这里指的是研究者自己的观点。当你在发现或记录一级诠释时，你总是和被研究者有着一步之遥。尽管如此，你还是试图近距离观察研究对象，并理解他们的内心想法，哪怕你总是"作为局外人向内看"。你的观点通常会给在特定情境下的数据资料带来一致性或广泛的含义。

三级诠释（third-order interpretation）。这里指的是研究者在对特定人群或事件的细致理解，与抽象概念、一般化、用来分析数据资料的理论之间建立的联系。它指的是如何与研究环境之外的人进行沟通。你会与一个更广泛的受众群体分享你获得的理解和诠释。在某种意义上，你将自己从研究中获取的个人理解，翻译给那些可能离被研究的人、情形或事件很远的局外人。

4.6 定量研究设计中的问题

变量和假设的语言

变化与变量（variation and variables）。变量是定量研究中的核心概念。简单来说，变量指的是一个会变化的概念。在定量研究中，你总是谈论着变量和变量之间的关系。在第二章中，你了解了两种类型的概念：那些指向固定现象的概念（例如官僚机构的理想类型）和那些随着数量、强度或总额而有所变化的概念（例如教育的总量）。第二种类型的概念和关于这些概念的量度就是变量。

变量有两种或两种以上的取值。当你在生活中寻找变量时，你会发现它无处不在。性别是一个变量，它有两种取值：男性或女性。婚姻状况是一个变量，它的取值可以是单身、已婚、离异或寡居。犯罪类型也是一个变量，它的取值可以是抢劫、入室偷盗、盗窃、谋杀等。家庭收入也是一个变量，它的取值可以从零到上百万美元。一个人对于堕胎的态度也是一个变量，它可以从强烈支持合法堕胎到十分坚定地反对堕胎。

变量的取值或种类就是它的属性（attributes）。人们很容易会把变量与它的属性混淆。变量与属性相关，但它们有着不同的目的。这种困扰来源于，只要定义稍稍改变，变量的属性本身就可以是一个独立的变量。区别在于是概念本身可变还是概念所属的条件可变。例如，"男性"不是一个变量；它描述的是一个性别种类，是"性别"这个变量的一个属性。但是，与之相关的一个概念，"男性气概的程度"，则是一个变量。它描述的是在一种文化当中，与男性气概这个概念有关的态度、信念和行为的强度。"已婚"不是一个变量，它是"婚姻状况"这个变量的一个属性。相关的概念，如"婚姻时长"或"对婚姻承诺的深度"则是变量。同样，"抢劫"不是一个变量；它是"犯罪类型"这个变量的一个属性，但"抢劫的次数""抢劫率""被抢劫的物品价值"都是变量，因为它们会有不同的取值。

正如你在第二章中了解到的，概念是理论的基石；它们使人们得以系统思考社会。清晰的概念和谨慎的定义对理论来说是必要的。做定量研究，你需要将几乎所有与研究兴趣相关的概念重新定义为变量。正如变量和属性的例子所阐述的那样，定义的轻微变化可以将非变量转化为变量。

变量的类型。变量可以根据在一个因果关系中的位置分为三种基本的类型。如果你想要关注因果关系，那么最好是从某个结果开始，再寻找它的原因。作为某个变量的效果、结果、成果的变量叫作因变量（dependent variable）。它之所以这样叫，是因为它会因为原因的不同而变化。原因变量或识别作用于其他事物的力量或条件的变量，叫作自变量（independent variable）。它之所以这样叫，是因为它独立于其他先前的原因。

识别一个变量是自变量还是因变量，有时是困难的。这里有两个问题可以帮助你识别自变量。第一，它在时间上是先于其他变量还是晚于其他变量？自变量一般先于其他类型的变量。第二，如果有许多变量同时发生，那么是否有一个变量会对另一个变量产生影响？自变量会影响其他变量。

你会发现，绝大多数研究话题是描述或讨论因变量的。这是因为因变量是你希望去解释的变量。例如，你调查得克萨斯州达拉斯市犯罪率上升的原因；那么因变量是犯罪率，它取决于其他变量，或者受其他变量的影响（也即，达拉斯市各种各样的社会力量、因素、环境)。

最基本的因果关系只需要一个自变量和一个因变量。第三种变量类型是中介变量(intervening variable),它存在于更为复杂的因果关系之中。它适时地出现在因变量与自变量之间。中介变量的作用是显示因果关系中主要变量之间的联系或机制。知识的发展不仅有赖于记录原因和结果之间的关系,还有需要阐明因果关系发生的机制。从某种意义上来说,相对于自变量,中介变量就像是因变量;而相对于因变量,中介变量就像是自变量。

例如,法国社会学家涂尔干提出了一个关于自杀的理论,这个理论说明婚姻状况和自杀率之间存在因果关系。涂尔干发现的证据显示,和单身人士相比,已婚人士自杀的概率较低。他相信,已婚人士的社会融入(也即,对群组或家庭的社会依附感和归属感)程度较高。他认为有一种自杀类型的主要原因之一是人们的社会融入太弱。因此,我们将他的理论以三种变量关系的方式重新叙述一遍:一个人的婚姻状况(自变量)会带来社会融入(中介变量),而这则会影响到一个人自杀的概率(因变量)。对因果链的详细说明,可以使理论中的关联更为清晰。它同样有助于我们检验复杂的解释。[1]

只有最简单的理论才会只有一个自变量和一个因变量,而复杂的理论可能包含数十个变量,其中包括许多个自变量、中介变量和因变量。例如,一个关于犯罪行为(因变量)的理论可能包含四个自变量:个人的经济困难、能够轻易实施犯罪的机会、属于不对犯罪行为持强烈反对意见的异常社会亚群体、认为犯罪活动遭到惩罚的概率低。多原因的解释通常会对其中影响力最强的自变量进行详细说明。因此,可能会有解释认为,尽管这四个解释都是促成犯罪的部分原因,但从属于某个异常亚群体比经济困难更能解释犯罪行为。

复杂的理论解释可能会将一连串多个中介变量连接到一起。举个例子,家庭破裂会导致孩子的低自尊,从而导致抑郁,进而导致学习成绩低,接着导致找到好工作的希望渺茫,最后导致成年后收入较低。变量链条是这样流动的:家庭破裂(自变量),童年时代的低自尊(中介变量),抑郁(中介变量),学习成绩(中介变量),工作前景(中介变量),成年收入(因变量)。

关于同一个话题的不同理论可能会有不同的自变量,或对变量的重要程度有着不同的预测。此外,不同的理论可能会在自变量和因变量上达成共识,却在中介变量或因果机制方面存在分歧。例如,两个理论都认为家庭破裂导致成年后收入较低,但其原因不相同。一个理论认为,家庭破裂会怂恿孩子加入同龄的异常群体。在这样的群体中,孩子们缺乏对工作规范和节俭的社会化过程。另一个理论则强调家庭破裂对童年抑郁和学术表现欠佳的影响。孩子的抑郁和同龄群体直接影响了他们的工作表现。

在一项研究中,你通常只能够对复杂因果链中的一小部分进行检验。例如,你的研究或许考察4个变量。你可以从有着20个变量的宏大复杂的理论中提取出这4个变量。将你的特定研究与更广泛的理论清楚明确地联系起来，可以强化并阐明你的研究及其对知识的贡献。这尤其适用于解释性的基础研究，这类研究为绝大多数定量研究提供了范例。

因果理论和假设

假设和因果性（hypothesis and causality）。假设是一个待检验的命题，或是认为两个变量之间存在因果关系的不确定的陈述。在某些方面，假设是你基于已有信息而对世界如何运行作出的价值中立的猜测。因果性假设有五个特点（参见扩展4.5）。前两个特点说明了构成假设的最低要素。第三个特点是对假设的重述。例如你可以将"参加宗教服务可以降低离婚的概率"这个假设重述为一个预测：那些经常参加宗教服务的夫妻比那些很少参加宗教服务的夫妻有着更低的离婚率。你可以用实证证据来检验这个预测。第四个特征说的是，你应该将假设和研究问题、理论有逻辑地联系在一起。检验假设的目的是回答某个研究问题，或是为了用实证证据证明某个理论。最后一个特点要求你用实证数据来检验假设。科学假设必须是可检验的。这意味着那些在逻辑上必然为真的或无法通过实证证据来回答的问题（例如，什么是"好的生活"？是否存在上帝？），都不是科学的假设。

> **扩展4.5 因果性假设的五个特点**
>
> 1. 有至少两个变量。
> 2. 表述了变量之间因果性的或原因 – 结果的关系。
> 3. 可以用预测或对未来结果的期望的形式表达。
> 4. 与研究问题和理论有逻辑地联系在一起。
> 5. 可被检验的；也就是说，能够用实证证据来检验，可以被证明是正确的还是错误的。

检验和提炼假设。知识不会因为对一个假设进行一次检验就能够得以发展。事实上，如果你只关注对一个假设进行检验的研究，那么你对研究程序的理解可能失真。知识的发展基于长久以来科学界中的许多研究者对大量假设的检验和再检验。知识是通过在许多被检验的假设中移动和筛选而缓慢发展起来的。每个假设都是对因变量的一种解释。假如数据或证据多次无法支撑某些假设，那么它们就会被剔除在考虑之外。那些获得支撑的假设则有机会被接受。理论家和研究者们不断地提出新的假设来挑战那些已被接受和支撑的假设。表4.3展示了随着时间流逝，假设的变化过程。

科学家往往是极具怀疑精神的一群人。仅凭一项研究中的实证支持是不足以让他们接受这个假设的。对研究进行重复的原则是，结果一致的重复检验和证据支撑。重复研究对一个假设获得广泛认可来说十分必要。除了重复检验之外，另一个增强假设可信度的方法是检验该理论中相关的因果链。科学知识的发展，来自这三个方面的组合：对假设的重复性实证检验、支持这个假设的证据比支持其他解释的证据更具说服力、在一个更宽泛的解释中对该假设与相关假设之间的联系进行检验。

表4.3 假设检验的过程是如何随着时间流逝而运行的

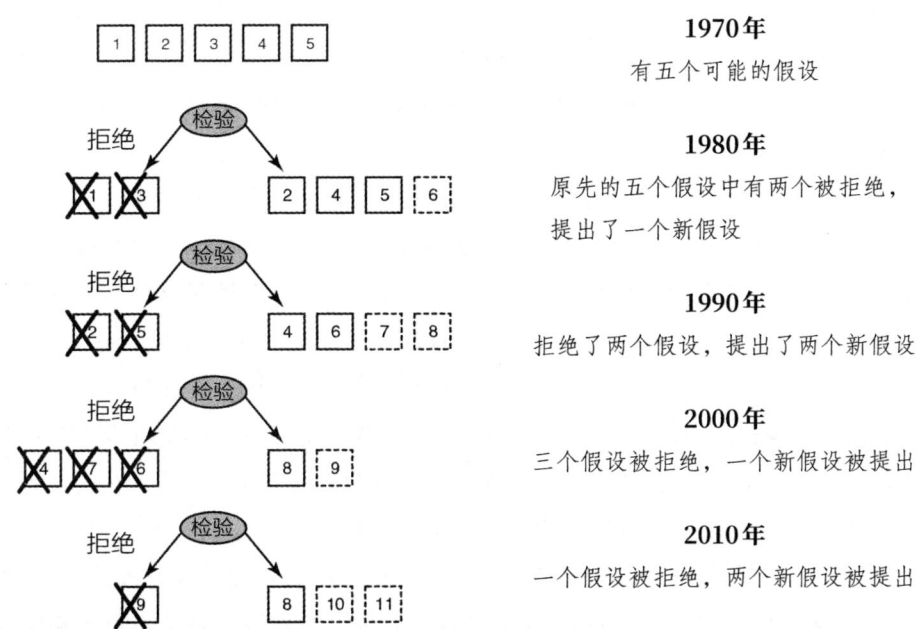

假设的类型。你可以将假设看作理论因果链上的链环。假设有许多种形式，既可以检验变量之间关系的方向，又可以检验这种关系的强度。当一个假设"战胜"了其他竞争者，或者提供了另一种因果关系的解释，那么它就间接地支撑了一个解释。假设检验中一个奇怪的地方是，支撑假设的证据与否定假设的证据看起来是不一样的。科学界非常看重反面证据。

在科学界对假设进行评估时反面证据至关重要，这一理念来自证明假设不成立的逻辑。[2]这个逻辑与科学哲学家卡尔·波普尔（Karl Popper）的著作有关。他提出了证伪的观点，并且由此提出了零假设（本节稍后讨论）的概念。证伪的核心观点是我们永远无法证实一个假设；然而，我们可以证明它是虚假的。如果我们有支持证据，我们最多能说这个假设存在一定可能性，或者这个假设目前仍然适用。反面证据在建立知识方面更为重要，因为它"损坏"或"弄脏"了这个假设。

证伪理念背后的推论是这样的：假设是一种预测。负面的和驳斥的证据说明假设的预测是错误的。而正面的或确定的证据对假设的重要性较弱。这是因为其他假设或许也能做出同样的预测。如果我们发现了一个预测的确定证据，它只能告诉我们，这个假设有可能是正确的，但它并不一定能够排除其他所有的解释。

举一个简单的例子。你撑着伞站在街角，宣称你的伞可以防止大象从天空坠落时砸到你。你认为是伞提供了保护作用。你的假设是，有了伞，大象就不会砸到你。这可以被重新叙述为一个预测——只要站在一把撑开的伞下，你就不会被掉落的大象砸到。你也有证据来支持这一点：在你撑伞时，从来没有任何一只大象砸到过你的头。每一天，你都会积累更多的"证据"来支撑你的解释。然而，这样的支持证据是没有说服力的；它也符合其他可能的解释——例如，大象不会从天而降。这两种解释都预测了同样的事情：你不会被大象砸到。而负面证据——大象落下，砸到了你和你的伞——则会完全破坏这个假设。

你可以通过两种方式来检验假设：直接检验和零假设。许多定量研究者，尤其是实验研究者，会基于驳斥假设的逻辑，以**零假设**（null hypothesis）的字眼来构建假设。他们会去寻找那些能够让他们接受或拒绝零假设的证据。大部分人将假设看作是一种对关系进行预测的方式。而零假设却反其道行之，它预测的是变量之间不存在关系。

举个例子。萨拉认为那些住在学校宿舍的学生成绩要比那些住在校外、乘车上下学的学生成绩高。她的零假设是，住宿与成绩无关。她构建了一个与零假设对应的**备择假设**（alternative hypothesis，也叫作实验性假设）。备择假设认为关系是存在的。那么萨拉的备择假设则是，住在校园里对学生的成绩有正面影响。

你可能会觉得零假设方法是一种落后的假设检验方式。零假设的想法是基于假定你想要找到证据来证明变量之间存在关系。零假设的方法对寻找这种关系有着更为苛刻的要求。如果你使用这种方法，那么你只需要直接检验零假设。如果证据支持零假设（也即，证据使你接受零假设），那么你可以下结论说假定的关系并不存在。接受零假设就自然而然地意味着备择假设是错误的。在另一方面，如果你的证据是拒绝零假设的，那么备择假设有可能是正确的。你并没有证明备择假设是正确的；相反，通过检验零假设，你使得备择假设存在为真的可能性。除了获取备择假设的确实证据，你还加入了零假设的方法，这将会帮助你增加备择假设的可信度。

零假设的方法说明科学界是极其谨慎的，因为除非经过许多检验，有了大量证据证明某个因果关系为真，否则科学界都会认定它是假的（也即，是不存在的）。科学界是非常小心的，他们很少会绝对肯定地说一件事，或者认为它已经得到完整的实证证明；科学界不排除其他可能性，谨慎对待证据。这种逻辑类似于英美"无罪推定"的法律观念。我们假定或当零假设为真，直到合理的怀疑显示并非如此。零假设方法一般应用于特定的统计检验之中（例如 t 检验或 F 检验）。因此，假如统计检验告诉你零假设错误的概率是99%，你可以说对零假设存在合理的怀疑。这等同于说统计检验使你"在0.01的显著水平上拒绝零假设"（第十章中将会对统计显著性进行讨论）。

解释的不同方面

澄清分析的单位和层次。一开始我们很容易对分析的单位和层次概念感到困惑。尽管如此，它们对于清楚地思考并规划研究的细节来说是非常必要的。所有的研究都有分析的单位和层次。然而，当你阅读研究报告时，作者只会偶尔对这两个特征进行明确标注。你研究的分析单位和层次取决于你的话题和研究问题。

社会现实有许多层次。这些层次从微观层面（例如，小群体或个体之间的互动）到宏观层面（例如，文明的出现与毁灭、社会的结构性方面）连续变化。**分析层次**（level of analysis）指的是在理论诠释中社会现实的层次。分析层次可以是人们的数量、空间的大小、活动的范围、时间的长度等的组合。例如，一个极端微观层面的例子是研究在一间小屋子里的两个人在一分钟时间内的互动。一个极端宏观层面的例子是研究四大洲上百万人在长达五个世纪中的关系。绝大多数时候研究是在这两个极端层面中间运行的。

分析层面确定了你使用的假定、概念和理论的类型范围。例如，我想研究大学生约会这个话题。我可能会采用微观层次的分析，并且提出一个有着微观层次概念的解释，例如人际接触、相互的友谊、共同的兴趣。我认为学生们更有可能与那些在课堂上有过个人接触、有共同朋友、有着共同兴趣的人约会。这个话题和关注点契合微观层次的解释，因为这个话题、概念、关注重点都是在个人面对面交往的层面上的。另一个话题的例子是不平等如何影响社会中的暴力行为的形式。因为这个话题所在的社会现实的层次，我选择了一个更加宏观的解释。我使用的概念也是更为宏观的。我考察了社会中不平等的程度（例如，财富、资产、收入和其他资源的分配）和社会暴力的规律（例如，对其他群体的攻击、犯罪和性侵犯的水平、宗族间或家庭间冲突）。这个话题和研究问题需要宏观层面的概念和理论。

分析单位（unit of analysis）指的是当你在测量概念和变量时使用的单位类型。社会科学中常见的单位有个体、群体（例如家庭、朋友圈）、社区（例如镇子、邻里）、组织（例如企业公司、医院、大学）、社会种类（例如社会阶层、性别、种族）、社会制度（例如宗教、教育系统、家族）、社会（例如一个民族或部落）。

有无数社会科学研究是以为个体为分析单位的；然而，这绝不意味着个体是社会研究的唯一单位。不同的理论强调不同的分析单位，不同的研究方法则与一些特定的分析单位有关。例如，个体通常是调查和实验研究的分析单位。

举个例子，你开展一项调查，要求150名学生对他们最喜欢的足球运动员进行排序。

个体就是这个研究中的分析单位。因为你将会对每个学生的回答进行测量。然而，如果你想比较在过去三年中，某100所高校在足球项目中花费了多少钱，那么你的分析单位就是组织（在这里是高校）。因为你会记录并比较每一所高校的花费。在第一项研究中，你测量并解释的是个体的活动（也即，他们怎么为足球运动员排序）。在第二项研究中，你测量并解释的是组织的活动（也即，在足球项目中分配的钱）。

你还可以采用个人、群体、组织、社会种类、制度、社会之外的分析单位。例如，你想了解三位市长候选人的演讲是否包含了特定的主题。你利用内容分析方法，测量每位候选人的演讲主题。在这个研究中，你的分析单位是演讲。这是因为你将调查和比较每一场演讲包含的主题。你同样可以采用地理分析单位。或许你想了解青少年人口比例较高城市的故意破坏他人财产行为发生率，是否高于青少年人口比例比较低的城市。在这个研究中，你的分析单位是城市，因为你测量和比较的是城市的特征：每座城市中青少年在总人口中的占比、每座城市发生的故意破坏他人财产的行为。

分析单位告诉你需要获取哪些数据资料以及你需要测量数据资料中的什么。分析单位也与理论阐述中的分析层次有着松散的对应关系。因此，社会心理学或微观层面的分析与以个体为单位的研究最相符；而宏观层面的分析则适合以社会分类或制度为单位的研究。微观层面的理论和解释大致上指向的是个体的特征或个体之间的互动。宏观层面的理论指向的则是在社会上产生作用的社会力量或社会主要部分之间的关系。

想清楚你的分析层次和分析单位，这对研究设计来说至关重要。了解它们可以帮助你避免逻辑上的错误。例如，你想了解北部的高校是否在足球项目上比南部的高校花费更多。这表明你需要收集关于高校的信息、它们的花费、位置。你的分析单位——组织，在这个例子中是高校——来自你的研究问题，并指导着你从每一所高校收集数据。

有时，对于相似的话题或研究问题，你可以在许多不同的分析单位或分析层次中进行选择。例如，你想了解父权社会和暴力行为这个话题。你可以采用社会作为分析单位，并且以"父权社会是否更加暴力"作为研究问题。对这个研究问题，你将收集关于社会的信息，并且将每一个社会按照父权程度和暴力水平加以区分。而另一方面，在同样的话题下，你可以提出不同的研究问题："家庭内部的父权程度是否与针对配偶的暴力有关？"对这个研究问题，你的分析单位是群体或家庭，更适合较为微观的分析层次。你可能会收集关于家庭的数据，测量家庭内部的父权程度和配偶之间发生的暴力行为。针对同一个话题，你可以采用不同的分析单位和层次，因为父权这个变量既可以描述整个社会，也可以描述一个家庭内部的社会关系。同样，暴力既可以是社会的一个特征，也可以是配偶之间互动行为的一个方面。

区群谬误（ecological fallacy）。区群谬误是一种由于错误匹配分析单位而产生的错误类型。它指的是现有实证证据的单位，不匹配想要做出的一般性陈述的单位。它指代的是超过证据所能证明范畴的、不准确的推理或概括。当你的数据有着高层次或聚合的分析单位，你却做出关于低层次或分解的分析单位的陈述时，就会犯下区群谬误的错误。因为在某一个分析单位上发生的东西不一定也发生在另一个分析单位上。因此，当你收集的是高层次或聚合的单位（例如，商业公司、整个国家）的数据，却做出关于低层次或分解的单位（例如，个体行为）的陈述，你很有可能犯了区群谬误的错误。要避免这种错误，你需要保证解释中的分析单位与收集到的数据的分析单位完全匹配或非常接近（参见示例4.2）。

示例4.2 区群谬误

研究者们批评涂尔干的著名研究《自杀论》犯了区群谬误的错误，因为他将群组数据当作个人层面的数据来使用。在这项研究中，涂尔干比较了19世纪西欧新教区域和天主教区域的自杀率，并将所观察到的差异归结为这两个宗教的人们信仰和实践之间的差异。他说道，新教徒自杀率高于天主教徒是因为他们更加个人主义，社会融入程度较低。涂尔干和早期的研究者只有分区域的数据。因为人们往往会和有着相同信仰的人住在一起，所以涂尔干将群组层次的数据（也即区域）用于个人层面。

后来的研究者（van Poppel and Day，1996）利用个人数据重新检测了涂尔干研究中那些地区在19世纪的自杀率。他们比较了死亡记录，并且寻找死亡的正式原因和地区。他们的结果与涂尔干的结果不同。显然，那时的地方官员对不同宗教的人有着不同的死亡记录。他们将天主教徒的死亡原因记录为"不确定"的频率远高于新教徒，因为在天主教中，自杀在道德上是被禁止的。涂尔干的宏大理论可能是正确的，但他用来检验的证据却不具有说服力，因为他利用在群体层面上的聚合数据来试图解释个人的行为。

例子：汤姆小镇和琼斯小镇各自有着约45,000人口。汤姆小镇的高收入人群比例较高，超过一半的家庭收入超过了200,000美元。这个镇上的摩托车登记数量也比其他同等大小的镇子的摩托车数量要多，共有4,000辆摩托车。而在琼斯小镇有很多穷人，这个镇子一半的人口生活在贫困线之下。和同样大小的镇子相比，在琼斯小镇登记的摩托车数量也相对较低，只有100辆摩托车。在查看了关于两个小镇的这些数据之后，你可能会仅仅凭借以上信息就错误地认为，富人更有可能拥有摩托车。换句话说，你根据证据做出的陈述是，你发现家庭收入和摩托车拥有情况之间存在关系。这是错误的，因为你不知道在汤姆小镇或琼斯小镇的哪些家庭拥有摩托车。你只知道这两个变量——平均收入和摩托车数量——在两个镇子中的整体情况。观察的变量分析单位是作为整体的镇子。也许汤姆小镇中所有低收入和中等收入家庭都加入了摩托车俱乐部，他们是汤姆小镇中拥有摩托车的人，而没有任何一个高收入家庭加入了摩托车俱乐部或拥有摩托车。也或许在琼斯小镇，所有100辆摩托车都由低收入家庭拥有，而不是中等收入或高收入家庭。如果你想要了解摩托车拥有情况与家庭收入之间的关系，你必须收集以家庭为分析单位的数据，而不是以镇子整体作为分析单位。

简化论（reductionism）。另一个关于错误匹配证据和不准确推理的错误类型是简化论。它也叫作不对等谬误（fallacy of nonequivalence）。这个错误指的是仅仅采用特定的个体证据来解释宏观层次事件。当你观察的是较低的或分解的分析单位，却做出了关于较高的或聚合的分析单位的陈述时，你就犯了简化论的错误。这很像区群谬误中的匹配错误。如果你有关于个体如何行动的数据，却做出了关于宏观层次单位的变化情况的陈述时，你可能犯下了简化论的错误。我们之所以会犯这个错误，是因为人们更容易获取具体的个人的数据资料。此外，宏观层次单位的运行更加抽象朦胧。正如区群谬误一样，可以通过确保理论的分析单位与实际获得数据的分析单位一致来避免此类错误。

如果你未能准确地思考分析单位，并且无法将数据与理论匹配，那么你很容易就会犯下区群谬误或简化论的错误。这两种错误都是由于未能找到适合研究问题的数据，或是对已有数据过度概括。

示例4.3 简化论错误

假设你拿起一本书，看到了如下内容：

"美国的种族关系在20世纪60年代的民权运动时期发生了剧烈变化。随着全国法律和法庭裁决的变化，大多数白人的态度也变得更加具有包容性。那些曾经在立法上、行政上排斥有色人种的机会——在住房、工作、教育、投票权等领域——也向所有种族敞开了大门。从1955年'布朗诉教育局案'的裁决，到1964年的《民权法案》，再到1966年至1968年的'向贫困宣战'计划，一个新的、激动人心的愿景横扫全国。这是美国人权运动第一人马丁·路德·金的视野、奉献和行动所带来的结果。"

这里提到：因变量=美国10年至13年里种族关系的重大变化；自变量=马丁·路德·金的视野和行动。

如果你对民权运动时期有一定的了解，那么你就会发现问题。整个人权运动和成功被归功于一个个体。诚然，一些人物会起到作用，他们影响、帮助并指导一项运动，但运动本身不见了。社会政治运动这个概念作为一种因果力量，被简化到了它的主要领导人身上。这种特别的社会现象本身——也即运动——被掩盖了。我们无法看到成百上千的美国人为推动一个共同的目标而产生的行动（游行、法庭案件、演讲、祈祷会、静坐抗议、暴动、请愿、挨打等），因此无法对其做出回应。这项运动的意识形态、群众动员、政治、组织、策略都是缺失的。那些可能影响了运动的相关宏观层次的历史时间和时代潮流（例如反越战游行、肯尼迪之死导致的情绪变化、黑人分离主义政治、非裔美国人的北迁）也同样被忽视。

这个错误并不只见于历史解释。许多人会只考虑个体行动，存有个人主义偏见，有时这也叫作方法论上的个人主义。这在有着强烈个人主义色彩的美国文化中尤为常见。这个错误在于它忽视了超越个人之上的分析单位或力量。简单化的错误拉低了解释的分析层次。人们还可以继续将分析单位从个体的人，降低至一个人的生物进程、在微观层面上影响神经系统的活动，甚至到比原子还小的层次。

大部分人生活的社会世界是关注此时、此地、此刻场景、与一小群人的互动。因此，他们对日常生活现实的感知使得他们将社会潮流或事件看作个人的行动或心理过程。他们通常会对更加抽象的、宏观层次的存在视而不见——例如社会力量、社会进程、组织、制度、运动或结构。所有的社会行动都不能被看作是个人的运动，这是社会学的一个核心观点。在涂尔干的经典著作《自杀论》中，他与方法论上的个人主义作斗争，并且说明了更加宏观的、未被识别的社会力量可以解释非常个人化、私密的行动。

你可以对你经验研究的分析单位之外的分析单位做出假设。因此，对于个体的研究是基于个体按照一定的社会制度行动的假设。许多微观层次的单位聚合在一起就成了宏观层次的单位。问题在于，人们容易误用微观层次单位的原因或行为来解释宏观层次单位的行动，例如用个人的行为来解释社会制度。一定要记住，在某一个层次单位发生的事情不一定适用于另一个层次的分析单位。社会学这门学科是建立在一个概念之上的，也即，社会现实作为一个特殊层次，是存在于个体之上的。要对这个层次做出解释，你的数据和理论就不能仅仅是关于个体的。你不能将那些发生在宏观层次单位的原因、力量、结构、进程简化至个人的动因和行为。

例子：第一次世界大战为什么爆发？你可能听说过，这是由于1914年一个塞尔维亚人开枪击中了奥匈帝国的一位皇子。这就是简化论的一个例子。的确，这场暗杀是一个因素，但你不能将一场两国之间的宏观政治事件（即战争）简化至一个人的特定行动。为什么不能呢？好好想一想，为什么不能将原因降低至个人层面。你也可以说，这场战争之所以发生是因为在那一天刺客的闹钟响了，将他叫醒，因此导致了第一次世界大战！作为宏观层次事件的第一次世界大战，要更为复杂。这是由于许多社会、战争、经济力量在那一时段汇集到了一起。特定个人的行动确实有影响，但与这些宏观力量相比实在微小。个体确实对事件产生影响。最终，个体借由更大规模的社会力量和组织影响到了其他人，并一同推动国家的行动，但单独凭借个体是无法作为原因的。因此，即使没有那场暗杀，在那个时间点也会爆发重大战争。暗杀只是众多潜在的导火索之一；它的影响之所以成为可能，是因为先前已经发生的状况和之后许许多多其他人的行动。

虚假关系（spuriousness）。两个变量之间的关系是虚假的，就是说这种关系不是真的，或者是一种幻想。当研究者认为他们发现了虚假关系时会十分兴奋，因为他们可以说明表面上看上去存在的东西其实在现实生活中并不存在；这就像魔术一样！任何两个变量之间的联系都可能是虚假的，因此，当你发现两个变量相关时需要格外谨慎。经过进一步研究，显而易见的联系可能无法构成一段真正的因果关系的基础。它可能只是表面的假象，而社会现实要复杂得多。

当两个变量看上去相关，但实际不相关时，我们就说它们之间存在虚假关系。存在第三个"看不见"的因素，而它才是真正的原因。这个"看不见"的第三个因素或其他因素既是自变量的原因，也是因变量的原因。这就为观测到的联系提供了明显却错误的解释。就因果性而言，这个看不见的因素是更具说服力的解释。

现在，你明白了要对联系或关联特别谨慎，但是你怎么知道一段关系是否是虚假的？你如何才能知道那个神秘的"看不见"的第三个因素是什么？你需要利用统计技巧（本书稍后讨论）来检验一段关系是否是虚假的。为此，你需要有一个关于可能的第三个因素的理论或至少有一个合理的猜测。

事实上，虚假关系建立在你早已采用的常识逻辑之上。例如，你早就知道空调使用与冰激凌消费之间存在关系，如果你测量每天开启的空调数量和售出的冰激凌数量，你会发现一个很强的相关关系：开启的空调越多，当天出售的冰激凌脆皮筒就越多。然而，你知道的，吃冰激凌并不会导致人们开启空调。相反，有第三个因素对两个变量都产生了影响：大热天。你可以通过测量每日气温、冰激凌消费量以及空调的使用，利用统计学来验证这个说法。在社会研究中，相反的理论可以在许多话题中（例如犯罪、战争或儿童虐待的原因）帮助识别哪一个第三因素可能与之有关。

例子1。有些人认为，非法服用毒品会导致自杀、辍学、暴力行为。那些支持"问题在于毒品"这个立场的人会指出吸毒与自杀、辍学、卷入暴力行为等事件之间存在正相关。他们认为终止使用毒品将会极大地减少自杀、辍学、暴力事件。另一些人则认为，许多人之所以会使用毒品，是因为他们存在情绪问题或所在社区较为混乱（例如高失业率、不稳定的家庭、高犯罪率、极少的社区服务、缺乏公民性）。那些有着情绪问题或住在混乱社区的人，自杀、辍学、卷入暴力行为的可能性更高。这说明减少情绪问题和社区混乱问题，将会显著降低非法使用毒品、辍学、自杀以及暴力行为。仅仅减少对毒品的使用，而忽略了根本原因，那么对这些行为所能产生的作用将会非常有限。"问题在于毒品"的论点可能就是虚假的，因为存在于使用毒品和问题之间的最初关系是有误导性的。情绪问题和社区混乱才是真正的、通常被人们所忽视的原因变量。

例子2。在美国和加拿大,我们在"被归为有色人种的学生"与"学生有着较低的学术测试成绩(与白种人相比)"之间观察到了实证联系。存在于种族分类与测试成绩之间的关系是一种错觉,因为导致种族分类和测试成绩的真正原因被忽略了(参见图4.4)。在这里,真正的原因直接对自变量(种族分类)产生影响,而间接地通过干预过程对因变量(测试成绩)产生影响。

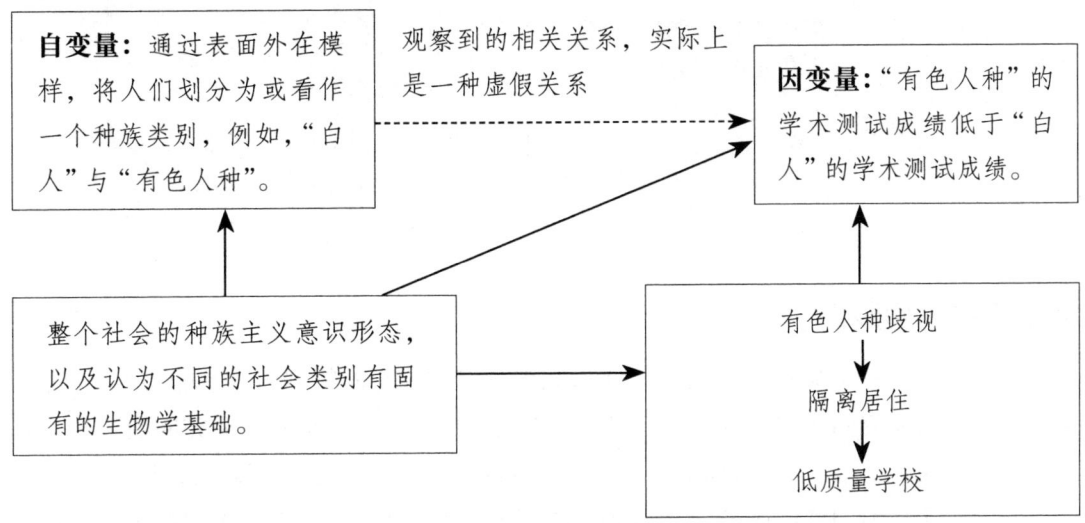

图4.4 属于"有色人种"与取得较低的学术测试成绩之间的虚假关系

真正的原因是一套观点体系,它将人们分为不同的种族群体,并十分看重表面外在模样,例如肤色、人们口中的"种族"。这种观点体系也构建了偏见和歧视行为的基础。在这种状况下,人们将不同的人划归为不同种族,并因此差异对待。他们也面临着不同的工作机会和住宿选择。那些因为是某个种族而被歧视的人们,在工作机会或住宿选择上有着诸多受限之处。多数群体和组织将被歧视者隔离开来,或者将被歧视者聚集在不受欢迎的区域。这就导致低收入、高失业率、较差的住房等问题集中在城市中某些特定区域或街区的现象。街区位置还与教育不公平相结合。教育质量最差的学校往往地处那些住房条件最差、收入低、失业率高的区域。测试成绩与学校质量之间有着很强的关联,也与是否来自低收入家庭相关。这说明那些来自收入低、居住条件差、学校质量低的区域的学生,有着较低的测试成绩。

我们现在从因果解释中要避免的错误,转向假设涉及的其他议题。表4.2回顾了一些主要的错误。

表4.2 总结：解释中存在的错误

错误类型	简短定义	例子
区群谬误	实证观察层次高于所陈述的因果关系层次。	纽约犯罪率高。琼恩住在纽约。因此，她很有可能偷了我的手表。
简化论	实证观察层次低于所陈述的因果关系层次。	因为史蒂夫丢掉了工作，并且他没有买一辆新车，所以这个国家进入了长期的经济衰退阶段。
虚假关系	未被注意到的第三个变量是自变量和因变量的真正原因。	头发长度与电视节目相关。短发的人更喜欢看足球，长发的人更喜欢看言情剧。（未被注意到的因素：性别）

从研究问题到假设

将一个宽泛的话题缩小成为一个在研究中可以被检验的特定假设并非易事。然而，从一个成熟的研究问题到形成假设，只是一个简短的飞跃。一个好的研究问题包含了关于假设的建议。此外，你可以将假设看作对研究问题的试探性回答（参见示例4.4）。

想想这个研究问题的例子："结婚时的年龄是否与离婚相关？"这个问题包含了两个变量："结婚时的年龄"和"离婚"。要从这个问题中形成可被检验的假设，你首先可能要问自己，"哪一个变量是自变量？"在这里，自变量是"结婚时的年龄"，因为在逻辑上结婚是发生于离婚之前的。你接着可能会问，"这段关系是什么方向？"这个假设可能是"结婚时的年龄越小，婚姻以离异告终的可能性越大。"在这里，这个假设提供了该研究问题的一个答案，它也做出了一种预测。注意，你也可以对研究问题进行修订，让它更好地聚焦到"那些结婚较早的夫妻是否更容易离婚"这个问题上来。

你可以对一个研究问题提出若干假设。另一个关于这个研究问题的假设可以是，"结婚时伴侣之间的年龄差距越小，婚姻以离异告终的可能性就越低"。在这里，你对"结婚时的年龄"这个变量有着不同的规定。年龄没有被理解为人们结婚时的实际年龄，而是婚姻伴侣之间的年龄差距。正如你所看到的，将研究问题转化为假设，需要增加更多的具体说明。它也可能促使你用更加聚焦和准确的方式思考研究问题的不同方面。

假设可以规定，这种关系只在某些条件下成立，而在其他条件下不成立。例如，有个假设是这样的："结婚时双方年龄越小，婚姻以离异告终的可能性就越大，除非这场婚姻是在紧密团结的、有着早婚习俗的传统宗教社区成员之间的。"在这里，特定的条件——紧密团结的传统宗教社区的成员——详细说明了两个变量之间的关系。这种详细的阐述告诉你，原本的关系可能只在某些条件下成立，而在另一些条件下不成立。它可能也揭示了对原始假设的一个未被陈述的假定，即婚姻伴侣都不属于紧密团结的宗教社区成员。

示例4.4 好的研究问题和坏的研究问题

坏的研究问题

无法在实证中被检验，非科学的问题

堕胎应该合法吗？

存在死刑是否正确？

宽泛的话题，并不是研究问题

酒精和毒品滥用的治疗。

性行为与老年。

罗列变量，而不是问题

死刑与种族歧视。

城市衰败与帮派。

太模糊、计划太宏大

警察会影响违法行为吗？

怎样做才能防止儿童虐待？

还需要更加具体

虐待儿童事件的发生率是否提高？

贫困如何影响儿童？

那些在贫困中成长的儿童经历了哪些他人不会经历的问题？

好的研究问题

探索性问题

在过去10年间，威斯康星州的儿童虐待实际发生率是否有所变化？

描述性问题

对儿童的虐待、暴力或性行为是否更常见于离异家庭，而较少见于从未离婚的完整家庭？

那些成长于贫困家庭的儿童是否比非贫困儿童更有可能会在医疗、学习、社会情感适应等方面存在困难？

诠释性问题

因为经历离婚而造成的情绪不稳定，是否会增加离异家长对子女进行人身虐待的概率？

缺乏预防治疗的资金是否是贫困家庭子女更加容易患重病的主要原因？

形成研究问题和假设并非总是按照固定的步骤进行的。你可以先形成一个试探性的研究问题，接着形成可能的假设，然后利用这个假设，以一种交互的、有创造性的方式来重新更准确地陈述研究问题。

你可能想知道，在从话题演变为可被检验的假设的过程中，理论是在哪个阶段融入的？回顾第二章中内容，理论有许多种形式。你可以利用一般理论议题作为话题来源。理论可以提供概念，而你可以将概念转化为变量，以及帮助你将变量连接起来形成研究问题的推理和机制。假设既可以回答研究问题，也可以是从理论中衍生的未经检验的陈述。你可以将假设以一种抽象的、概念化的方式表达出来，也可以用一种具体的、可测量的方式表达。具体研究的例子可以说明研究过程的各个部分。参见表4.3中的三个定量研究案例和表4.4中的两个定性研究案例。

表4.3 定量研究的例子

研究引用（采用ASA引用格式）	Mueller-Johnson, Katrin U. and Mandeep K. Dhami. 2010. "Effects of Offenders' Age and Health on Sentencing Decisions." *Journal of Social Psychology* 150:77-97.（罪犯的年龄和健康对于判决的影响）	Unnever, James D. and Francis T. Cullen. 2007. "The Racial Divide in Support for the Death Penalty: Does White Racism Matter?" *Social Forces* 85:1281-1301.（死刑支持者的种族分歧：白人种族主义与此有关吗）	Lauzen, Martha M. and David M. Dozier. 2005. "Maintaining the Double Standard: Portrayals of Age and Gender in Popular Films." *Sex Roles* 52:437-446.（保持双重标准：在通俗影片中对年龄和性别的刻画）
研究方法	实验	调查	内容分析
话题	判决建议是基于被告的年龄和健康的	美国成年黑人和白人对于死刑的支持	美国大众媒体中对年龄和性别的刻板印象
研究问题	如果模拟陪审团面前的是一名被宣判有罪的男性（猥亵幼女），那么在陪审团的判决建议中是否会存在基于被告的年龄和健康状况的宽大效应？	支持死刑的白人中，有多少是因为种族歧视？非种族主义白人和非裔美国人对死刑的支持是否相似？	当代电影是否呈现出一种双重标准，即，随着年龄增长，男性会获得更高的地位和领导工作，而女性则无法提高地位和领导工作？
被检验的主要假设	对于健康状况差或年事已高的被告，陪审团会建议较轻的量刑。	白人对死刑很大一部分的支持是由于他们对更容易受到惩罚的黑人持有消极态度。	正如从前的美国通俗电影和其他通俗大众媒体，双重标准仍然存在。

(续表)

主要自变量	被告的年龄和健康状况,以及所犯罪行的严重程度	种族、一系列测量白人种族主义的问题、政治取向	电影主要角色的年龄和性别
主要因变量	建议服刑时长	对死刑的支持及支持强度	人物是否担当了领导角色、职业地位较高、有目标感
分析单位	个体	个体成人	电影
该研究中具体分析单位	40名大学生参与者,16名男性和24名女性,平均年龄为24.5岁	作为2000年美国国家选举调查的一部分,从美国48个州随机选取采访了1,555名美国成年人	2002年美国票房最高的前100部电影
论域	全体陪审团	美国所有成年白人和黑人	所有的电影

表4.4 定性研究的例子

研究引用(采用ASA引用格式)	Goffman, Alice. 2009. "On the Run: Wanted Men in a Philadelphia Ghetto". *American Sociological Review* 74:339-357.(在逃:费城贫民窟里的通缉犯)	Kane, Danielle and Jung Mee Park. 2009. "The Puzzle of Korean Christianity: Geopolitical Networks and Religious Conversion in Early 20th Century East Asia". *American Journal of Sociology* 115:365-405.(韩国基督教的谜题:20世纪初东亚的地缘政治网络和宗教改教)
研究方法	田野调查	历史比较研究
话题	黑人贫民窟里的年轻人	韩国基督教信仰
研究问题	大规模监禁和警察执法如何影响居住在城镇黑人贫困区的年轻男性的日常活动?	为什么基督教信仰在韩国得以扩散,而未能在有着相似东亚文化和宗教传统的日本或中国扩散?
扎根理论	在大规模监禁时代中,国家对贫困黑人男性的权力和控制并非福柯理论认为的大规模监视。相反,这是一种持续性的担心被逮捕的半合法的状态或情形。这种对于因轻微违法而被逮捕并施以重罚的持续性恐惧使得他们改变了自己的日常活动和社会关系。	民族主义宗教仪式在日本、中国和韩国有着不同的形式。中国和日本的民族主义宗教仪式将爱国主义与反基督教相联系,因为基督教是与不平等条约联系在一起的。在韩国,日本殖民主义使得爱国主义强化了皈依基督教信仰。

(续表)

社会过程	先前被囚禁过的年轻黑人男性很容易再次出现轻微违法的行为。他们必须避免稳定的日常生活活动,例如工作、就医、参加子女的学校活动或维持与亲友的关系,因为这样的活动会增加他们在警察面前出现的次数,使他们更接近警察,而这也意味着增加被逮捕和严重监禁的概率。	宗教改教在微观层面上是通过社会网络发生的。与民族主义的抵抗外部势力支配相联系的宏观层面的政治认同,会减缓/抵消或加速/强化在改教社会网络中的过程。
社会情境或田野现场	21世纪初期的费城低收入黑人街区	19世纪和20世纪的中国、韩国、日本

结 论

通过阅读本章,你了解了如何打好做研究的基础。你知道了定量研究方法与定性研究方法在指引你做好研究准备时的差异。不论是选择哪一种研究方法,你都需要将话题缩小到一个更具体的、聚焦的研究问题上。然而,具体如何将话题缩小,或许会根据你是选定量研究方法还是定性研究方法而有所差异。研究所采取的方法也会使你遵循略微不同的研究流程顺序和时机。你所采取的方法或许取决于你的话题、目的、研究结果的意图以及你所接受的社会科学导向。

如果采用定量研究方法,你将会遵循一条线性的路径,趋向准确的、数字化的数据资料。你可能会采用精确的、标准化的研究流程。你会将研究的绝大部分特征转化为变量和假设的语言。你将要在收集数据之前遵循一系列离散步骤的演绎顺序:将话题缩小至一个更加聚焦的问题,将朦胧的理论概念转化为更加准确的变量,并且提出一个或多个可供检验的假设。在实际操作中,你可能会来回反复。然而,总体过程却是沿着单一线性的方向进行的。你要格外注意,不要在提出假设和作出因果性解释时犯逻辑错误,这在定量研究中尤为重要。

如果采用定性研究方法,你将会遵循一条非线性的路径。你会与自然环境或特定的文化历史背景的具体细节亲密接触。因为几乎没有标准化的流程或详尽的步骤,你可能需要为一个场景或研究设计当场的方法。你会用个案和情境的语言来描述你的研究。在寻找真实性的过程中,你的研究可能需要对特殊个案或过程开展具体的调查。你不需要在单独的数据收集阶段之前规划和设计研究;相反,你可以在整个数据收集的早期持续提炼研究设计。因为遵循的是归纳的定性方法,所以你会缓慢地向一个具体关注点前进,这个关注点是在对数据资料的持续研究中出现的。在对数据资料的不断反思中,可能就会出现扎根理论。

　　定量研究与定性研究之间的区别通常会被人们过度夸张，并且会被看作呈现严格的二元对立。遵循其中一种研究方法的人，往往会根据他们自己研究方法的假定和标准来评判另一种研究方法。因此，定量研究者可能会问，你用的是什么变量，检验的是什么假设？而这些问题对于定性研究来说或许不那么相关。而将人类关系、想法、感受转化成冷冰冰的数字时，定量研究者可能会止步不前。

　　在理想状态下，你会成为一个精通而审慎的社会研究者，能够就两种研究方法自身来理解并领会它们。你将能够识别每种方法的优势和局限性。要记住，社会科学的根本目标是促进对社会更深的理解和更好的解释，而这些来自理解每种社会研究方法所提供的信息。

注　释

1. 关于"证明假设不成立的逻辑"的讨论，参见 Singleton，Straits，Straits and McAllister(1988：456-460)。
2. 参见 Bailey(1987：43) 对此的讨论。

第五章
定性与定量测量

5.1 **为何测量?**

5.2 **定量和定性测量**

5.3 **测量过程的组成部分**

    定量研究的概念化和操作化

    定性研究的概念化与操作化

5.4 **信度与效度**

    定量研究中的信度与效度

    定性研究中的信度与效度

    信度与效度的关系

    "可信"和"有效"的其他用途

5.5 **定量测量指导**

    测量层次

    专门化的测量:量表和指数

5.6 **指数的构建**

    目的

    加权

    缺失值

    比率和标准化

5.7 **量表**

    目的

    量表的逻辑

    常见的量表

5.1 为何测量？

或许你听说过测量智力的斯坦福－比奈测验，测量种族隔离的差别指数（Index of Dissimilarity），测量一个人贫困与否的贫困线，测量犯罪数量的《统一犯罪报告》（Uniform Crime Reports）。社会研究者需要测量概念和变量，以便对假设进行检验、对解释进行评估、为理论提供实证支持或研究一项应用议题。本章将探索我们如何出于研究的目的而对社会的方方面面——例如智力、隔离、贫困、犯罪、自尊、政治权力、疏离或种族偏见——进行测量。

相较于定性研究，定量研究更加关注测量。在定量研究中，测量是研究程序中的一个特别步骤。它发生在数据收集之前，并且有着独特的术语。有许多专门的定量测量方法。定量测量遵循演绎法。它始于一个抽象的概念，接着构建实证量度，以精确并准确的数字形式将概念表达出来。

定性研究中的测量方法则有着很大差异。我们用数字以外的其他方法来捕捉和表达概念。通常我们采用归纳法。在定性研究中，我们可以将测量社会生活的特征，作为同时建构新概念或理论的一个更宏观过程中的一部分。测量不再是一个单独的步骤，而是与收集数据和建构理论相结合。

我们不仅仅是为了推动知识发展而进行研究，我们将变量概念化和操作化（本章稍后讨论）的方式会显著地影响社会议题。例如，心理学家会讨论智力的意义和测量方式。大多数被用于学校、工作申请、陈述种族优越性或遗传优越性的智力测试，仅仅对分析推理能力（即一个人的抽象思维能力和逻辑推理能力）进行测量。然而，许多人认为，除了分析能力之外，还有其他类型的智力。有人认为存在实践智力和创造性智力。另一些人则提出了更多的类型，如社会－人际关系、情感、身体－动觉、音乐或空间等方面的智力。如果智力的类型是丰富的，人们却狭隘地局限于一种类型，那么它将会限制学校如何定义和推动学习的发展，阻碍整个社会如何评估、促进和认可人们的贡献，而且妨碍社会如何看待多样的人类能力。

同样，政策制定者和研究人员也在讨论如何将贫困概念化和操作化。我们如何衡量贫困，将会决定一些人是否能从众多的社会项目中获得援助（例如补贴住房、食物援助、医疗保健、儿童保育等）。例如，有些人说，只有当人们负担不起必需的食物时，才算是贫困的。另一些人则认为，当人们的年收入低于平均收入（或中位数）的一半时就是贫困的。还有人说，当人们的收入水平低于一个"最低生活工资"时就是贫困的，这个"最低生活工资"是基于对满足最低社区健康安全标准和体面的卫生、住房、服装、饮食、交通等做出的判断。如何测量一个变量——也即贫困——会极大地影响数以百万计的人们的日常生活状态。

在日常生活中，我们会使用许多量度。例如，今天早上醒来后，我跳到一个浴室秤上，看看我的减肥计划如何。我瞥了一眼温度计，看看是否要穿外套。接着，我钻进汽车，检查了汽油表，确定我能开到学校。当我开车的时候，我看了车速表，确保我不会收到超速罚单。到早上8点，我已经测量了重量、温度、汽油的体积、速度——这都是关于物质世界的量度。我们在日常生活中使用的这种精确、完善的量度是自然科学的基础。

我们也会在日常生活中对非物质的世界进行测量，但通常不那么精确。当我们说某家餐厅很棒、巴勃罗很聪明、凯伦的生活态度很消极、约翰逊是个很有偏见的人或昨晚的电影里有很多暴力镜头时，我们就是在测量。然而，"很有偏见"或"很多暴力镜头"之类的日常判断是不精确的、模糊的量度。

测量也扩展了我们的感官。天文学家或生物学家使用望远镜或显微镜来拓宽视力。与仅仅依靠我们的感官相比，科学的测量更加灵敏，较少会因观测者的不同而产生变化，得到的信息也更加准确。正如你所意识到的那样，温度计测出的温度比触摸的更精确。同样，与举起一个5岁女孩并说她是"重"还是"轻"相比，一个好的浴室秤能让你更明确、更一致、更精准地了解她的体重。社会度量提供了关于社会现实的精确信息。

除了扩展人的感官，测量还可以帮助我们观察那些肉眼无法看到的东西。它让我们观察到那些理论曾经预测到但以前看不见的和未知的东西。例如，你不能用你的自然感官去看到或感觉到磁力。磁力是关于物质世界的理论。我们可以间接地观察它的影响；例如，金属微粒在磁铁附近的移动。磁铁可以让你"看见"或测量磁场。自然科学家已经发明了数千种方法来"观察"非常微小的东西（如分子或昆虫的器官）或非常巨大的东西（如巨大的地质陆地或行星），这些都是通过普通的感官无法观察到的。此外，研究人员还在不断地创造新的量度。

有些我们想要测量的东西是很容易看到的（例如年龄、性别、肤色等），但还有许多东西是无法直接观察的（例如态度、意识形态、离婚率、越轨行为、性别角色等）。就像自然科学家必须创造出间接的方法来测量那些"看不见的"物体和力量一样，社会研究人员也会为社会中难以观测的方面设计量度。

5.2 定量和定性测量

所有的社会研究人员都利用周密系统的方法来收集高质量的数据。然而，根据数据类型和研究设计的不同，定性和定量研究有着不同的测量过程。它们的测量方法在四个方面有所不同（参见表5.1）。

表5.1 定量社会研究与定性社会研究中的测量

测量流程领域	定量研究中的测量	定性研究中的测量
测量设计的时机	在收集数据之前	在收集数据的过程中
最终数据形式	数字	许多不同的格式
构想与数据之间的联系	循序的	交互的
流程方向	很大程度上是演绎的	很大程度上是归纳的

时机

在定量研究中，我们思考变量，并在收集或分析数据之前的一个单独的规划阶段将其转化为具体行动。定性研究的测量是在数据收集是过程中进行的。

数据的形式

在定量研究中，我们发展出能够产生定量数据（即数据以数字形式表示）的方法。我们从抽象的概念到具体的数据收集方法，再到精确的数字信息。数字信息是抽象概念的一种实证表达。相比之下，定性研究的数据是以书面或口头语言、行动、声音、符号、实物或视觉图像（例如地图、照片、视频等）的形式出现的。在定性研究中，我们不会将所有的数据资料转换成一种单一的、通用的媒介，即数字；相反，我们会形成许多不间断的测量过程，这些过程产生的数据资料有着不同的形状、规模和形式。

联系

在所有的研究中，数据都是想法或概念的经验性表述，而测量过程则会将数据与概念联系起来。在定量研究中，我们遵循一个清晰的顺序：对概念进行思考和反思，接着收集数据，然后采用预先计划的测量方法在概念和数据之间架起桥梁。在定性研究中，我们也会在数据收集之前对概念进行反复思考，但不同的是，我们在收集和研究数据时还会继续反思、提炼和形成新的概念。在这个交互过程中，我们同时检查和评估数据，重新考虑和调整概念。因此，根据我们遇到的数据和不断调整的概念，测量过程就被"随手"创造出来了。

方向

在定量研究中，我们主要遵循演绎的路径。我们从抽象的想法开始，发展出测量这些想法的方法，然后以实证数据结束。对于定性研究，我们主要遵循归纳的路径。我们通常始于实证数据，依据数据形成抽象的想法，并将想法与数据结合起来，最终以想法和数据交互的混合而告终。

5.3 测量过程的组成部分

当你测量一个概念时，你是将概念或构想[1]与一种量度（也即，一种方法、程序或过程）联系起来。测量步骤可以使你捕捉或观察实证数据（例如调查结果、个人陈述）中的抽象概念（如偏见）。虽然定量研究有顺序和结构，但测量过程并不是严苛和僵化的。在形成测量步骤时，你会对构想进行反思和细化，因为建立概念测量方法的过程中会对概念进行澄清。同样，在利用测量步骤来收集数据时，你可能会调整测量方法以更好地匹配或捕捉特定数据的细节。尽管在定性研究中，概念的形成是具有灵活性的、遵循归纳的路径，但在开始收集数据之前，你还是需要依赖概念。

在定性研究和定量研究中，你都会利用以下两种过程来测量关于社会运行方式的观点或构想：概念化和操作化。概念化是指，你选取一个构想，通过为它创造一个概念性的或理论的定义来对它进行提炼。**概念性定义**（conceptual definition）是一种抽象的、理论的定义。它指向的是其他概念或构想。你无法为某个概念创造一个精确的概念性定义。你必须谨慎思考，仔细观察，咨询他人，阅读别人的观点，并且尝试其他可能的定义。

举个例子。你如何形成"偏见"这个构想的概念性定义？当你开始形成概念性定义时，你可以依赖多种原始资料——个人经验、深度思考、与他人的交谈以及现有的学术文献。你可以反思你对于偏见的理解，询问别人如何思考它，或者去图书馆查找许多定义。在你收集定义时，偏见的核心概念会变得清晰。然而，你还会看到许多定义，并且需要整理它们。绝大部分的定义会将偏见陈述为一种对待其他群体的态度，还会涉及预先判断，或者在得到特定信息之前就做出判断。

当你思考这个概念时，你可能会注意到，所有关于偏见的概念都会将它视为一种态度，通常指的是对待其他群体成员的态度。偏见有许多种形式，但大部分是对于不同族裔群体成员的负面观点。偏见也可以是关于其他类型的群体的（例如，信仰某些宗教的人、有着某种身高的人、从某个特定地区来的人）。它总是关乎某个人不属于的集体或群体。许多概念都有多重方面或类型。你也许会考虑，是否可以有许多不同的偏见类型——种族偏见、宗教偏见、年龄偏见、性别偏见、民族偏见等。

你在上一章中读过了关于分析单位的内容。你需要考虑什么样的分析单位最适合你对概念的定义。至此，你知道了偏见是一种态度。个体可以持有并表达态度，但群体（例如家庭、俱乐部、教会、公司、媒体机构）也可以。你需要决定，你对于偏见的定义是只包含个体的态度，还是也包括群体、组织以及机构的态度呢？你是否可以说，这所学校或这份报纸是有偏见的？你同样需要在十分相近的概念之间做出区分。例如，偏见与一些其他概念，比如歧视、刻板印象、种族主义，有何异同？

概念化（conceptualization）是仔细透彻地思考一个概念的含义的过程。在这个阶段，你已经判定偏见意味着个人对其他族裔群体的僵化的负面态度。偏见可以，但并不总会，导致不平等地对待他人（即歧视）等行为。它一般呈现为一个人对其他群体成员的刻板印象。因此，你最初的观点，"偏见是一种负面的感受"，变成了一个被准确定义的概念。

即便有了完整的概念化，你还是需要更加详细具体。例如，如果偏见是对外族或外裔群体的负面态度，你必须说清楚这里的族裔群体是什么意思。你不能假定每个人对族裔类别的划分都是相同的。同样，有些人可能还会有正向的预先判断。如果是这样，那么它是否算作是正面偏见？这里的重点是，概念化要求你非常清楚详尽地说明你的意思，以便他人理解。

操作化（operationalization）是将概念性定义与你所做的一系列特定的事情（也即测量方法或步骤）联系起来。它是概念的**操作化定义**（operational definition，也即就特定行为操作而言的定义）。操作化定义可以是一份调查问卷、一种在田野地点中观察事件的方法、一种在大众媒体中测量符号内容的方式，或者是任何在概念化定义中反映、记录或表示抽象概念的过程。

通常，测量一个概念有许多方法。有些很好，有些很差；有些更加实际，另一些则难以操作。关键是要使测量匹配特定的概念化定义。你必须在实际限制的范围之内完成测量（例如时间限制、金钱限制、有限的研究参与者等）。你的测量也会受限于你所了解或学习的研究方法。你可以从头开始开发出一种新的测量方法，你也可以借鉴其他研究者早已使用过的测量方法（参见扩展5.1）。

扩展5.1 想出测量方法的五个建议

1. 熟记概念性定义。任何测量的根本原则是与研究中所涉及的构想的特定概念性定义相符。

2. 保持开放的心态。不要被一种或一类测量困住。要有创造性，并且不断寻找更好的测量方法。

3. 借鉴他人。只要给出了合理引用，不要担心借鉴别的研究者有什么不妥。从他人的研究中，你可以得到关于测量或对测量进行修改的好主意。

4. 对困难有所预期。在试图测量感兴趣的变量时，你常常会遇到逻辑上的或实践中的问题。有的时候通过预先考虑和计划是可以对困难有所预期并尽量避免的。

5. 不要忘记你的分析单位。你的测量应该符合研究中的分析单位，并且可以让你将结果概括到感兴趣的论域。

操作化将抽象概念表述与具体实证测量联系起来。理论世界充满抽象的概念、假设、关系、定义、因果性。而实证测量则描述了在具体环境下，特定的人群如何谈话或行动，或者哪些具体的事情已经发生。测量步骤或测量方法是一套具体的行动，它在可观测的现实中表明抽象概念。

定量研究的概念化和操作化

正如前文所述，定量研究方法是按照径直的顺序进行的：首先是概念化，接着是操作化，之后是在收集数据时应用概念性定义或用它来测量。有许多严谨的方法可以将抽象概念与测量步骤联系起来，产生精确的定量数据。

图5.1阐述了对两个变量的测量过程。这两个变量无论是在抽象理论层次，还是在可检验的实证假设层次上都是互相关联的。这里考虑三个层次：概念的、操作的、实证的。在最抽象的层次，你检验的是这两个抽象概念的因果性关系。这是你的**概念性假设**（conceptual hypothesis）。在操作性定义的层次，你检验的是**实证假设**（empirical hypothesis），从而了解特定的量度或指标是否存在联系。在这个层次上，你会用到诸如相关性、统计、问卷之类的东西。第三个层次是具体的、实证的世界，真实的人们在这个世界中生存呼吸，或欢笑或哭泣，或相争或相爱。

如果你将一个操作化概念或变量的测量（例如问卷）与一个抽象的构想（例如种族偏见）有逻辑的联系起来，你就可以将发生在真实具体的社会世界的事情与抽象层次的理论连接起来。

测量的过程将三个层次联系起来：抽象理论、特定的测量或指标、具体的关于人类活动的社会现实。如果你选择遵循演绎的路径，你会从抽象走向具体。首先，你将一个变量概念化，并且赋予它一个清晰的概念性定义。接着，你将这个变量操作化，形成这个变量的操作化定义。最后，你将这个操作化定义应用到实证现实或具体社会中，并且对实证假设进行检验。通过对变量进行测量，你谨慎地在抽象概念与实证现实之间建立了联系。这使得你能够将实证假设的结果与概念性假设联系起来，而后者则是解释世界运行方式的抽象理论的组成部分。如此一来，测量就将抽象理论与实证数据联系起来了。

一个假设至少有两个变量。你必须将概念化和操作化的过程运用到每个变量上。在之前的例子中，偏见并不是一个假设。它只是一个变量。它可以是由其他因素造成的因变量，也可以是造成其他结果的自变量。这取决于你的理论阐释。

我们用第一章中关于美国城市包容度的解释性定量研究的例子来说明测量过程。研究者在因果假设中使用了两个主要的变量。他们的自变量是支持"新的"或"非传统的"政治的亚文化。在一座城市中，那些有着特定态度的人们和一大批"创新阶层"的出现维持了这样的亚文化。他们的因变量是种族包容。这个概念性假设认为，城市随着亚文化而有所不同，有些亚文化支持"新的"或"非传统"的政治。根据他们的假设，在这些城市中，亚文化也鼓励种族包容。研究者依赖的是他人关于创新阶层的理论以及城市中某些特定亚文化

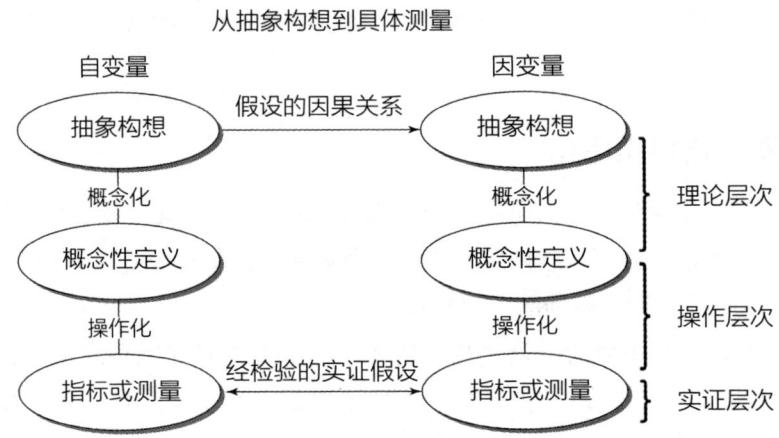

图5.1 概念化和操作化

支持"新的"非传统的政治生活这一理论。创新阶层包含一些特定的职业——建筑设计方面的科学家和专业人士，或者娱乐业工作者。夏普和乔斯林还提到了维持这种亚文化的其他特征，包括很重要的：

> 创新指数，它是由前文所述的"创新阶层"行业中的劳动力占比程度、区域创新性（通过人均专利发明来测量）、高科技产业在区域经济产出的份额、同性恋群体在人口总数中的比例构成的。（2008：574）

我们会在本章稍后部分介绍指数。另一些维持非传统政治的亚文化的特征还包括有大量以下特征的人存在：宗教信仰并不是特别虔诚的人、自我认同为政治自由主义的人、有着大学或本科学历的人、年轻至中年岁数的人。

研究者关注了美国的27座城市。他们将支持性的亚文化操作化，通过一套综合指标：平均教育水平、人口平均年龄、根据意识形态量表（本章稍后讨论量表）自评为自由主义者的居民百分比、那些认为宗教并非他们生活核心的人群占比以及上文中提到的"创新指数"。因此，研究者通过人口普查数据和对27座城市居民进行的调查数据，将亚文化操作化。他们通过在调查中询问27座城市的白人，他们能在多大程度上接受家庭成员与黑人结婚，以此来将因变量操作化。

夏普和乔斯林通过检验城市中支持非传统政治的亚文化排名——尤其是创新指数，与这座城市中表明种族包容的白人居民占比之间的统计学关系，以此检验他们的假设。他们发现，存在"新政治"亚文化的城市，种族包容度最高。

定性研究的概念化与操作化

概念化。定性研究中的概念化过程与定量研究中的概念化过程有所不同。不同于定量研究在研究过程的早期就将抽象概念提炼为理论性定义，在定性研究中，你是在数据资料的收集和分析的过程中改善早期的"工作思路"。在努力"理解"或组织数据资料与初步想法的过程中，你会形成清晰的理论性定义。

在你收集和分析定性研究数据资料时，你会发展出新的概念，为这些概念形成定义，并且考虑概念之间的关系。最终，你会将概念彼此联系起来，从而创建理论性关系。这些关系可能是因果性的，也可能不是。除了利用已有的概念之外，你还可以在调查定量数据资料（也即，田野笔记、照片和地图、历史文档等）时构建新的概念。通常，这涉及针对数据资料提出理论问题（例如，这是否是阶层冲突的一个例子？事件的顺序是怎样的，顺序是否可能不同？为什么它会发生在这里，而不是其他地方？）。

在定性研究中，你通过对构想形成清晰详尽的定义来进行概念化。你的概念性定义来源于初步形成的"工作思路"，这个"工作思路"也用于收集和反思数据时。定义有些抽象，并且与其他概念有关，但它们都通常会与特定的数据资料相关。你或许会利用研究对象的语言或具体行动来举例说明某些概念。在定性研究中，数据资料塑造了概念化的过程。

操作化。定性研究中的操作化也与定量研究中的操作化相异，并且前者常发生于概念化之前。不同于将提炼过的概念性定义转化为测量行为，你会通过描述对数据资料的特定观察和想法是如何促使你的工作思路变成概念性定义和理论性概念的，以此进行操作化。简言之，定性研究中的操作化更多是一种事后描述，而非事前预先计划的方法。数据资料的收集发生在操作化的过程中，甚至在完整的操作化之前，这与定量研究的过程几乎是相反的。

正如定量研究的操作化不会遵循一套严格的演绎过程一样，定性研究的过程也是相互作用的。你会经常从其他研究中获取想法，并且可能会不仅局限于特定研究环境中的数据。定性研究的操作化是对你如何收集和反思数据进行的描述。在定性研究中，想法和实证证据是互相依赖的。

在第一章中龙贝格（2010）关于底特律报纸罢工的定性研究，说明了定性研究的操作化是如何出现的。该定性研究描述了20世纪下半叶最严重的五年半的罢工。该研究的中心概念是"信号节点"。

龙贝格是在他开展研究的过程中提出这个概念的。他将这个概念与其他理论想法联系起来，包括与其密切相关的一个概念——"紧要节点"。紧要节点指的是历史事件在到达一个时间点，可能会走向两条未来方向或路径中的某一条的时候。如果走向了其中一条路径，那么它将会"锁定"一系列政治力量和规律，这些力量和规律将会推动一连串的未来事件、活动和制度，朝着某个方向发展，而非另一个未被选择的方向。他认为，"信号节点显示出一条路径获取（或保留）优势的时刻"（第1855页）。紧要节点是十字路口，此后，历史事件会朝着一个特定的方向发展。而信号节点则是在紧要节点时，主要"选手"或行动者充分理解其中利害关系的时刻。正是在这个时候，关键行动者意识到他们正处于历史的紧要节点，将会带来不同的未来路径。他们同样明白，一系列的社会政治力量已经到达了临界点，此后它将会引导事件的方向。

龙贝格通过向读者提供对特定历史事件的非常具体的解释来操作化信号节点这个概念。他讨论了20世纪的管理与工会化的劳动关系，并且概述了劳工关系的几种体系或规律。他注意到，在20世纪80年代，出现了一种新的、有着不同质性特征的罢工和劳动关系。底特律报业罢工的特征与早已发现的那些特征不同。和几十年前任何劳资纠纷相比，它的规模更大，更加暴力和激进，也更加广泛。这是由于报纸行业的具体特征、底特律城市的劳动关系以及所涉及的报纸公司所决定的。这个工会非常有组织性，也有许多支持者。报纸经营曾经是这个国家最大的产业链之一，因此对工会咄咄逼人，拒绝工会的所有要求，并且在雇用私人安保力量方面花费逾4,000万美元。最后，报纸经营者胜出。经营者的胜出"给全国范围内的劳动关系设立了新标准，并且预示了后来的大规模停工"（第1863页）。

龙贝格（2010）向读者提供了详细数据（例如，采访、访谈整理稿和书面材料）以及关于他如何给予数据以特定的含义和重要性的描述。这场罢工是一个信号节点，因为工会作出了高度不寻常且强烈的回应，威胁要改变过去十年早已扎根全国的劳动关系的主要特征。这些特征遍布法律规定、罢工活动、劳动者—管理者关系、经济趋势、政治力量之中。底特律罢工将新议题带给大家，而且是一种针对20世纪80年代模式的"竞争路径"。因此，底特律罢工代表两种可能的劳动关系路径发生碰撞。在碰撞中，涉及的主要当事人（也即，报业工会和经营管理层）以及许多其他人（也即，全国商业团体和工会同盟）意识到这个"信号"，也即，情况已经发展到了历史转折点了。他们认为，随后的劳动者-管理层关系要么会随着20世纪80年代的模式继续下去，要么将会偏离，遵循一条全新的路径。

在向读者展示了信号节点的想法如何解释底特律罢工事件之后，龙贝格接着讨论了这个想法如何应用到其他情境之中。他首先在底特律罢工研究中将信号节点操作化（也即，将数据与概念联系起来）。接着，他展示了这个抽象概念是如何具有普遍适用性，以至于可以应用到许多其他的历史转折点上的。

5.4 信度与效度

信度与效度是所有测量的核心议题。二者都关心你如何将具体测量与抽象概念联系起来。由于社会理论的概念模糊分散，难以直接观察，因此信度和效度尤为重要。完全的信度与效度几乎不可能实现。然而，它们依然是所有研究者追寻的理想状态。

每个社会研究者都希望测量是可信的、有效的，因为这有利于建立具有真实性、可信性、可靠性的研究发现。这两个术语都有着多重含义。在这里，它们都指向与测量相关的理想状态。

信度（reliability）指的是可靠性或一致性。它意味着，在同样或相似的条件下，会产生稳定重复的相同结果。可信测量的反面是产生不稳定或不一致结果的测量。

效度（validity）指的是真实性。它指的是将构想或概念性定义与特定的量度匹配起来。它告诉我们关于社会现实的想法在多大程度上"符合"真实的实证的社会现实。缺乏效度意味着在你用来对社会世界进行描述、理论化或分析的构想，不符合真实社会世界中发生的事情。简言之，效度强调的问题是，你在研究中所测量的社会现实，有多符合你用来解释和理解它的概念？

定量研究者与定性研究者都希望形成可信的、有效的测量，尽管在这一基本观点上达成了一致，但不同的研究者对信度和效度的理解还是不一样的。

定量研究中的信度与效度

信度。正如前文所述，信度意味着可靠性。在定量研究中，信度意味着数值测度不会因为测量步骤特征或测量手段的不同而发生变化。例如，我站在浴室秤上测量体重，跳下来，再站上去，如此重复多遍。如果我的体重秤每次都显示出相同的体重——当然，假设我期间没有进食、饮水、更换衣物等——那么它就是可信的。不可信的体重秤则会每一次都显示出不同的体重，即使我的"真实"体重并没有发生变化。另一个例子是我的车速表。如果我以较低匀速在水平面上行驶，而我的车速表指针却在两端之间来回跳动，那么我的车速表就不是一个能够反映车开得多快的可信的指示器。

如何提高信度。在研究中很少能够获得完美的信度。你可以通过四种方式来提高测量的信度：（1）对构想进行明确的概念化；（2）使用精确的测量层次；（3）利用多种指标；（4）利用先导试验。

对所有构想进行明确的概念化。当你测量一个单一的构想，或者测量构想的某一个子维度时，信度就会增加。这意味着形成不模糊的、清楚明确的理论定义。你需要对构想进行详细说明，以便剔除其他邻近这个构想的"噪声"（也即分散或干扰信息）。每种量度应该指示有且仅有一个的概念。否则，你将无法确定哪一个概念被"指示"了。例如，纯化合物的指标比混杂了其他物质的混合物的指标要更加可信，因为后者无法将其他物质带来的"噪声"分离出来。

提高测量层次。我们稍后讨论测量层次。那些有着更高或更精准的测量层次的指标，可信程度更高，因为不够精确的量度不能提供很多细节信息。如果你测量的是更加具体的信息，那么你就不太可能会获取到除了感兴趣的构想之外的信息。这里的基本原则是：尽量在最准确的水平上进行测量。然而，在较高水平上进行测量往往更加困难。例如，如果我对偏见的测量可以是"高"或"低"两类，或是从"极低"到"极高"10种分类，那么分为10种精细类别的测量就是更好的。

对一个变量使用多种指标。第三种提高信度的方式是使用多种指标，因为对同一个概念使用两种（或两种以上）指标要好过只使用一种指标。图5.2说明了假设检验中多种指标的使用。一个自变量概念的三种指标被合并成为一个总体量度 A，而关于因变量的两个指标被合并成为一个单一量度 B。

例如，我为族裔偏见这个变量制定了三个指标。我的第一个指标是在调查中提出的一个关于态度的问题。我向受访者询问他们对不同人种或民族群体的想法和感受。对于第二个指标，我对来自不同族群的受访者之间为期三天的互动进行观察。我寻找那些在与本族裔群体成员或其他族裔群体成员产生互动的神态，究竟是（1）避免眼神接触，看起来紧张，听起来冷酷且有距离感，还是（2）有眼神接触，看起来轻松，听起来温暖且友好。最后，我构建一个实验。我让研究参与者阅读关于30位求职者的成绩单、简历和面试报告，他们申请的5份工作分别是青年志愿者协调员、业务经理、清洁工、服装店员、广告客户经理。求职者都有许多资质技能，但我秘密地改变了他们的族裔信息，以观察研究参与者是否会依据求职者的族裔来决定谁是最好的候选人。

多重指标可以让你从一个概念性定义的广泛内容中进行测量。你可以测量这个构想的不同方面，每个方面有单独的指标。除此之外，单一的指标（例如，问卷中的一个问题）可能是有缺陷的，但是许多种不同的量度犯同样的（系统性）错误的概率则会降低。多重指标测量往往比单一指标测量要更加稳定。

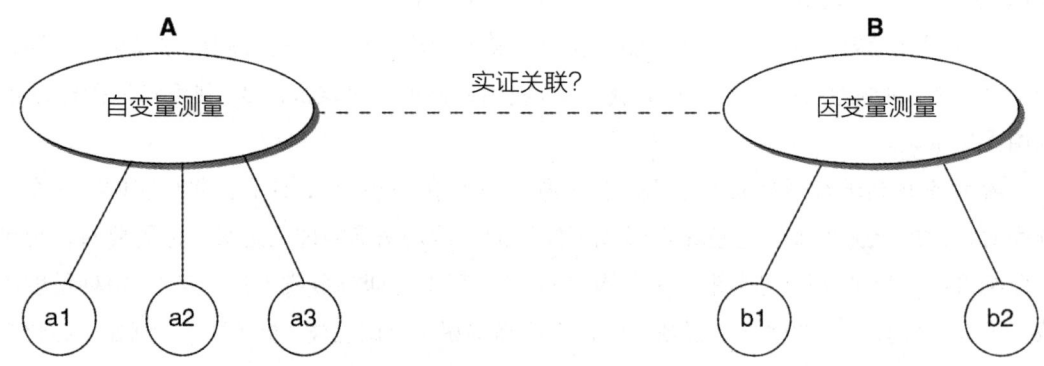

图5.2 利用多重指标的测量

利用预先调查、先导研究，并且重复。你可以通过预先调查或对某个测量先进行试点，从而提高信度。在假设检验时，制定一个或多个草拟的或初步的测量版本，并在将这些测量最终应用前先行尝试它们。这需要花费更多的时间和精力。

先导试验的原则可以延伸至重复其他研究者使用过的测量。例如，通过查询文献，我从以往研究中发现了对偏见的测量，我希望用以往优秀的测量作为基础，并对其合理引用。此外，我可能还会希望能够增加一些新的指标，并且与过去的指标做比较。

效度。效度是一个被过度使用的术语。有时，它意味着"真实的"或"正确的"。效度大体可以分为好几类。这里，我们主要考虑测量的效度。测量的效度也有许多类型。非测量类型的效度稍后讨论。

当你说一个指标是有效的，你是指对于特定目的和定义而言，它是有效的。同一个指标，可能对于一个目的（也即，特定分析单位和领域的研究问题）来说是有效的，但对其他目的而言却不那么有效。例如，这里所讨论的偏见测量，对于教师的偏见或许有效，但对于警察的偏见便是无效的。

测量效度的核心是，概念性定义和操作化定义彼此之间的符合程度：二者符合程度越高，测量的效度越高。效度比信度更难实现。虽然我们无法对效度拥有绝对信心，但有些测量要比另一些测量更加有效。我们无法实现绝对效度的原因在于，构想是抽象的想法，而指标则是关于具体的观察。这是你对世界的思维图景与你在特定时空所做的具体事件之间的差距。效度是动态过程的一部分，效度随着不断积累证据而增加。没有效度，一切测量都将变得毫无意义。

三种类型的测量效度

表面效度（face validity）。表面效度是最容易实现也最基础的一种效度。它指的是科学界对此做出评价，认为指标确实对构想进行了测量。它回答的问题是，从表面来看，绝大多数的人是否相信测量方法符合概念性定义？这是共识法。例如，没有人接受用"2+2等于几"这样的问题来测量大学生的数学能力。从表面看来，这并不是对大学水平数学能力的有效测量。回顾第一章中所介绍到的，在科学界，研究的方方面面是需要经受其他科学家的检查审视的。测量效度的不同类型可以参见表5.2。

表5.2 小结：测量效度的不同类型

效度（真实的测量）
表面效度——他人的判断
内容效度——表达了完整意义
校标效度——与外界来源一致
同时效度——与已有测量一致
预测效度——与未来行为一致

内容效度（content validity）。内容效度是表面效度的一种特殊形式。它解决的问题是，定义的全部内容是否都在这个测量中体现？概念性定义包含想法，它是装有想法和概念的"空间"。测量应该将所有想法或概念空间中的所有区域都表示出来。内容效度涉及三个步骤：首先，对构想定义的全部内容进行完整说明；接着，从定义的所有区域中抽样；最后，形成一个能够涉及定义所有部分的指标。

内容效度的一个例子是我对于女性主义的定义，我认为它是一个人恪守的一系列信念，其要在艺术、对知识的追求、家庭、工作、政治和权力关系等领域上，在男性与女性之间创造出充分平等的地位。我提出了一种对女性主义的测量，其中包括两个问题：（1）男女之间是否应该同工同酬？（2）男性与女性是否应该分担家务？我的测量内容效度较低，因为这两个问题只涉及了工作报酬与家务，而忽视了其他领域（对知识的追求、政治、权力关系以及工作和家庭的其他方面）。要想测量具有效度，我必须要么扩展测量的方面，要么缩小概念的定义。

校标效度（criterion validity）。校标效度利用一些标准或标校来准确地表示一个概念。要确认一个指标的效度，需要通过与该概念的其他被广为接纳的量度相对比。这种效度有两个子类型：同时效度与预测效度。

同时效度（concurrent validity）。一项指标必须与已有的被认定有效的指标（也即，具有表面效度）有关，才具有同时效度。例如，你开发了一种新的测量智力的测试。要想说明它具有同时效度，它需要与已有的智商测试（假定这里对智商的定义相同）高度相关。这就意味着，绝大多数在已有智商测试中得分较高的人，在新的测试中也应该得高分，反之亦然。这两种测量可能不会完全相关，但如果它们测量的是相似或相同的概念，那么从逻辑上来看，它们应该会得出相似的结果。

预测效度（predictive validity）。通过对与概念在逻辑上相关的未来事件，进行预测的校标效度叫作预测效度。你不能将预测效度用于所有测量。量度与被预测的行为必须有所区分，但表示同一概念。不要将预测性的测量效度与假设检验中的预测混淆。在假设检验中，是用一个变量来预测另一个变量在将来的情况。例如，学业能力倾向测验（Scholastic Aptitude Test，SAT）是许多美国高中生参与的测试，它对学业能力倾向——学生在高校的表现能力——进行测量。如果学业能力倾向测试有较高的预测效度，那么那些在测试中获得高分的学生，在之后的大学学习中也应该会有较好的表现。如果那些在测试中得分较高的学生与得分中等或偏低的学生在大学中的表现类似，那么学业能力倾向测试就有着较低的预测效度。

另一种测试预测效度的方法是，选取一群有着特定特征的人，并且对他们在这个概念上的得分（非常高或非常低）进行预测。例如，我要对政治保守主义进行测量。我预测，那些保守团体（例如，约翰·伯奇协会、保守主义核心会议、美国革命女儿会、道德多数派）

会取得较高的得分，而那些自由团体（例如，民主社会主义党、美国生活方式、美国民主行动）得分偏低。我通过这些群体来"验证"我的测量——我将它应用于这些群体成员上来做先导试验。之后，它可以被用于测量公众的政治保守主义。

定性研究中的信度与效度

绝大多数的定性研究人员认同信度与效度的原则，但是由于它们与定量研究密切相关，所以在定性研究中很少用到这两个术语。此外，定性研究人员在实践中对信度与效度的应用也与定量研究人员不同。

信度。正如前文所述，信度意味着可靠性或一致性。定性研究者会利用各种各样的方法（例如，访谈、参与、照片、文档研究等）来连贯地记录他们的观察。他们希望在长时间的观察中保持方法的一致（而不是摇摆不定或不稳定）。但因为定性研究者的研究对象通常是随着时间变化的社会过程，因此这成了一个难题。除此之外，在定性研究中，研究者们尤为重视，自己与被研究者或被研究的事件之间的变化或发展的互动关系的价值。

定性研究者认为，研究主题与研究者之间的关系应该是变化发展的过程。研究者与数据资料之间的关系是一种发展中的关系，就像自然成熟的生命体（例如，一棵植物）。绝大多数定性研究者排斥对信度的定量理解，他们认为这是一种冰冷的、固定的机械工具，被反复注入或应用于一些静态的、没有生命的资料之中。

定性研究者使用的数据资料范围广泛，测量方式也多种多样。他们认为，不同的研究者，或者同一研究者使用不同的量度，都会得到不同的结果。这是因为定性研究者将数据资料的收集看作是一个互动的过程，在这个过程中，特定的研究人员在不断变化的环境中进行研究，而研究背景和环境要求研究者使用一种不可重复的独特的测量组合。这种多样化的测量以及与研究者产生的交互十分有益，因为它们可以阐明研究主题的不同方面。许多定性研究者质疑定量研究者追求标准的、固定的测量。他们担心这种测量会忽视多样化的研究方法的好处，忽略真实社会中多样性的关键方面。

效度。效度意味着真实性。它指的是连接构想与数据之间的桥梁。相比于效度，定性研究者对本真性更感兴趣。本真性意味着从置身其中的人的视角，对社会生活做出公平、诚实、平衡的解释。定性研究者较少关注将抽象概念与实证数据资料之间进行匹配，而更加关注提供符合被研究对象生活经历的真实社会生活写照。大部分定性研究者会把重点放在如何获得局内人的观点，如何详细描述被研究者的感受和对事件的理解上。

定性研究人员制定出了一些对定量研究效度的替代指标，这些替代指标强调对局内人观点的传达。历史研究者采用内部和外部批评（将在第十二章中进行讨论）来确定证据是否为真，或者他们是否认为证据为真。定性研究者遵循了效度的核心原则——真实性（也即，避免虚假或歪曲的解释）。他们试图使他们对社会世界的理解、观点和陈述，尽可能地符合社会中实际发生的事情。

信度与效度的关系

效度的实现需要信度，信度比效度更好实现。尽管信度对于构建一个有效的概念测量来说是必要的，但有信度并不能保证测量一定是有效的。信度并不是效度的充分条件。一个测量可以重复产生相同的结果（也即，它是有信度的），但却可能没有对目标概念进行测量（也即，没有效度）。

举一个可信但无效的测量例子。我站在一个体重秤上，通过体重秤来读取我的体重。我反复上下体重秤，体重秤上的数字都相同。接着，我站上了另一个体重秤——一个"正式"的、可以测出我的真实体重的秤。据第二个体重秤显示，我的体重是之前的两倍重。第一个体重秤产生的是可信的（也即，可靠的）结果，但却没有对我的体重进行有效的测量。

用图表或许可以帮助你理解信度与效度之间的关系。图5.3通过靶子的类比，举例说明了信度与效度的关系。靶心代表测量与概念定义之间的完美匹配。

靶心 = 完美的测量

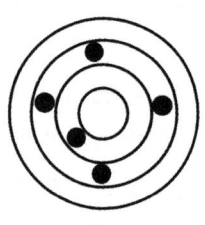
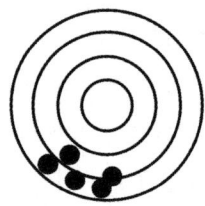
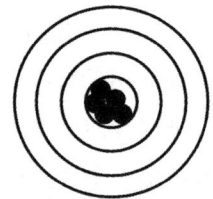

低信度低效度　　高信度低效度　　高信度高效度

图5.3　信度与效度关系的图示

来源：Babbie, E. R. 1986. *The Practice of Social Research*, Fourth Edition. Belmont, CA: Wadsworth Publishing Company。

信度与效度通常是互补的概念，但它们有时也会互相冲突。有时，随着效度的增加，信度变得更难实现，反之亦然。当你的概念比较模糊、抽象、很难观察时，就会出现这样的情况。当你测量一些特定的、具体的、可观测的事物时，信度极易实现。当对高度抽象的概念应用特定具体的程序来观察和捕捉它的真实含义时，就会出现问题。例如，社会科学中"疏远"这个概念，非常抽象、主观，很难直接观察。它表示的是一个人内在的失落感，这种失落感会扩散到生活的许多方面（例如社会关系、自我感知、对自然的态度）。它意味着感受到一种内在的失落，被从人群和人群活动中分离开来，或是无法与他人接触或联系。如果你在一份问卷中利用六个关于"疏远"的具体明确的问题来测量这个概念，这个测量也许是可信的。但是，我们会问，回答六个具体问题真的可以刻画"疏远"这个具有弥漫性的主观概念的本质吗？

"可信"和"有效"的其他用途

许多词语都有多重定义，信度和效度也不例外。如果我们不对信度与效度的其他用法加以区分，就会造成困扰。

信度。我们在日常语言中也会用到信度。一个可信的人是靠得住的、稳定的、负责任的。你可以依赖并信任一辆可信的汽车。可信意味着一个人在不同时间和条件下，有着相似的、可预测的行为方式。我们也可以这样评价汽车，它总是正常启动，运行良好。除了测量信度外，你可能还会听到研究者说一项研究或研究结果是可信的。研究或结果的信度意味着其他研究者可以复制这项研究的方法或得到同样的结果。

内部效度（internal validity）。内部效度指的是在研究项目的内部设计方面不存在问题。这个术语多用于讨论实验研究，关心的是尽管研究者努力制订计划来控制，但还是可能会出现的错误或其他解释。内部效度高意味着此类错误较少。而内部效度低则意味着这样的错误可能出现（关于内部效度详见第八章）。

外部效度（external validity）。外部效度也是实验研究中的一个术语。它是指研究发现可以从一个特定环境或一小群人，概括至一个更大范围的环境或人群之中的能力。它针对的问题是，如果某些事情发生在实验室或某种特定的研究参与者（例如高校学生）中，那么我们是否可以将结果概括到"真实"（非实验的）世界或普通群众（非学生）呢？外部效度高，意味着我们可以将结果概括至许多情形和人群。外部效度低，意味着结果只能适用于特定的一小群人或特殊情况（关于外部效度详见第八章）。

统计效度（statistical validity）。统计效度指的是研究者使用了正确的统计程序，并且满足了统计程序的假设条件。不同的统计检验或统计程序适用不同的情形。所有的统计程序都建立在一些假设之上，这些假设与牵涉其中的数字的数学性质有关。如果违背了统计程序的假设，那么得到的结果可能是无效的或荒谬的。例如，如果要计算平均值（均值将会在第十章中讨论），就不能使用定类测量层次的信息（本章稍后讨论）。假设我想要对一群学生的种族进行测量，我为每个种族群体设定一个数字：白人=1，非裔美国人=2，亚裔=3，其他种族=4。如果我说这群学生的"平均"种族是1.9（几乎是非裔美国人吗），是不是十分荒谬？这就是对统计程序的误用，即使计算正确，结果也是无效的。专业统计学家对统计假设可被违反或歪曲到什么程度（专业术语是"稳健性"）十分感兴趣。

5.5 定量测量指导

至此，你已对测量的原则有所了解，包括信度与效度。定量研究者制定了一些特别的测量步骤，以帮助他们建立可信且有效的操作化定义。本章这一部分将简单介绍这些概念和其中的一些量度。

测量层次

测量层次（levels of measurement）是一个抽象的概念，但它十分重要，并被广泛地使用。它主要讲的是，测量概念的基本方法多种多样。有些层次较高，更加精细，信息更加具体；另一些层次较低，不太精准，信息也不够具体。测量层次部分取决于如何对构想进行概念化——也即，关于这个构想是否具有某些特性的假设。测量层次也会将构想定义内部的基本假设，与如何具体地测量构想联系起来。对变量概念化的方式会限制测量层次，反过来，测量层次也会影响你如何测量变量以及你能够使用什么样的统计分析。

连续变量和离散变量（continuous and discrete variables）。我们可以首先将变量分为两种基本类型：连续变量和离散变量。定量研究这两种类型都用，但主要使用连续变量。如果定性研究也使用变量，那绝大多数都会是离散的。

连续变量包括在一个范围内变化的无数的值或属性。它的值可以被划分为许多小的增量；从数学理论上来说，这些增量的数量是无限的。连续变量的例子包括温度、年龄、收入、犯罪率、受教育的程度。

离散变量包括相对固定的一系列单独的值或变量属性。不同于平滑连续的值，离散变量包含的是不同的类别。离散变量的例子包括性别（男性或女性）、宗教（新教、天主教、犹太教、伊斯兰教、无神论者）、婚姻状况（单身、已婚、离异、鳏寡）。变量是连续的还是离散的，会影响到它的测量层次。

四种测量层次

精度和层次：测量层次的概念详述了连续变量与离散变量之间的区别。它还为之后的统计分析组织了变量类型。测量的四种层次对测量的精准水平进行了分类。

对构想进行概念化的方式会限制概念测量的精准程度。例如，我们可以将上文中的一些连续变量重新概念化为离散变量。比如，温度通常是连续变量（如度数），但也可以用离散的方式来测量它（例如冷或热）。同样，年龄通常是连续变量（例如，一个人的年龄以年、月、天、小时、分钟记），但我们有时会将它看作一些离散的分类（如婴儿时期、童年时期、青年时期、中年时期、老年时期）。

尽管通常来说，你可以将连续变量重新概念化为离散变量，却不能将离散变量变为连续变量。例如，性别、宗教、婚姻状况，都不能被重新概念化为连续变量。然而，你可以将相近的构想概念化为连续变量（例如女性气质、宗教信仰的虔诚程度、对婚姻关系的承诺等）。

以上讨论给出了一个在更高测量层次上进行概念化和变量测量的实际理由。你总是可以从更高层次的测量降低为更低层次的测量，但反过来却不行。换句话说，我们可以先对概念进行非常精准地测量，收集非常具体的信息，然后选择忽略一些精度。但当测量不那么精准、信息不那么具体时，我们却无法在之后让它变得更加精确。

在四个层次上进行区分。根据测量精准程度从低到高，四个测量层次分别为，定类测量、定序测量、定距测量以及定比测量。每一个测量层次提供了不同类型的信息（参见表5.3）。

- 定类量度（nominal measures）是离散的，它只能指出类别之间具有差异（例如，宗教：新教、天主教、犹太教、伊斯兰教；种族遗传：非洲人、亚洲人、高加索人、拉丁裔人等）。

- 定序量度（ordinal measures）也是离散的。他们不仅指出类别之间的差异，还指出类别之间是有顺序的或可排序的（例如，字母等级——A、B、C、D、E，对观点的测量——强烈同意、同意、反对、强烈反对）。

- 定距量度（interval measures）是连续的。它不仅可以实现定类和定序测量的功能，还可以说明类别之间的距离（例如，华氏温度或摄氏温度中的5度、45度、90度，智商测试得分中的95分、110分、125分）。在定距测量中，零点是假定的，它的作用只是为了标记。

- 定比量度（ratio measures）同样是连续的。它可以实现以上三种层次量度的功能，此外，它还拥有真正的零点。真正的零点使得我们可以用比例或比例等式的方式来陈述关系（例如，现金收入——10美元、100美元、500美元，受到正式教育的年限——1年、10年、13年）。

表5.3 四种测量层次的特征

层次	不同类别	有排序的	测量类别之间存在距离	真实的零
定类	有			
定序	有	有		
定距	有	有	有	
定比	有	有	有	有

在大多数实际情况中，定距测量层次与定比测量层次之间的差别非常细微。在定距量度中使用的假定零点经常让人们感到困惑，他们会将其与"真正"的零点混淆。零点看起来都是一样的，但却有着不同的含义。假定零点是在连续数字中的一个"占位"符号，它没有真正的零的含义（也即，什么都没有或正负数之间的分界线）。温度测量中会出现假定零点。例如，从30华氏度上升到60华氏度，尽管数字翻倍了，但它并不代表着温度也真的翻了一倍。这是因为这里的零度并不代表没有任何热量。你将摄氏温度中的0度与华氏温度中相对应的32度进行对比，就会发现这里的零点是假定的。重量为零表示没有重量；钱财为零意味着没有钱。它们都是真实的零，而不是假定的零。数学运算要求真实的零。

你总是可以将定比层次的量度转化为定距层次、定序层次或定类层次的量度。你也可以将定距层次的量度转化为定序或定类层次的量度，但反之则行不通。

在使用定序层次的量度时，一般会使用至少五种有序分类类别，并且进行大量观察。这是因为在将连续概念简化为几个有序类别时，随着类别种类和观察数量的增加，产生的失真会减小。

在社会科学中很少使用到定比层次的测量。在大多数情况下，它与定距测量难以区分。唯一的区别就是定比测量有"真正"的零点。除了上文所说的温度例子之外，另一个常见的假定、非真实的零点是测量人们的态度时，将对态度的陈述对应数字（例如，-1=反对，0=没有意见，+1=同意）。真正的零点存在于类似收入、年龄或受教育年限这样的变量中。对四种测量层次的举例可参见表5.4。

专门化的测量：量表和指数

许多年来，社会研究人员为测量社会变量，创造出了数以千计的不同种类的量表和指数。例如，他们开发出许多量表和指数来测量科层组织的规范化程度、职业声望、人们对于一段婚姻的调整、组织互动的强度、社区中社会活动水平、一个国家性骚扰法律对女性主义价值观的反映程度、一个国家的社会经济发展水平。这本书无暇讨论这上千种量表和指数。但我们会聚焦于量表和指数构建的原则，探索为数不多的主要类型。

记住两件事。第一，社会科学建立在这样一个假设之上：我们几乎可以测量每一个社会现象，虽然在准确性上有高有低。有些概念可以被直接测量，并且会产生准确的数值（例如家庭收入）。另一些概念则需要利用代替物才能间接测量，并且产生的结果可能不够精确（例如犯罪倾向）。换句话说，关于社会的概念存在直接或间接的实证表现。第二，你可以从其他研究者的测量中获益良多。很幸运，我们可以从上千名研究者的工作中吸取经验。我们并非每次都要从头开始。你可以利用以往的量表或指数，也可以根据自己的研究目的对它们进行修改。

指数和量表（indexes and scales）。你可能会觉得指数和量表这两个名词有些令人困惑：

它们通常是可以交换使用的。一名研究者的量表可能是另一名研究者的指数。二者都可以产生定序或定距层次的量度。你还可以将量表和指数的构建方法在同一个量度中结合起来。与简单的量度相比，量表和指数能够提供给你更多关于变量的信息。它们也使得对测量质量进行评估成为可能。量表和指数增加了信度和效度。它们也有助于数据精简——对收集到的数据进行浓缩和简化（参见扩展5.2）。

互斥与穷尽的属性（mutually exclusive and exhaustive attributes）。在对量表和指数进行讨论之前，对良好的测量具备的特征进行回顾是很重要的。所有量度，包括定类层次的量度，它们的属性都应该是互斥并且穷尽的。

表5.4　测量层次的例子

变量（测量层次）	变量如何被测量
宗教（定类）	不同的宗教教派（犹太教、天主教、路德宗、浸礼会）并非排序的，只是存在差别（除非有一种信仰被概念化为离天堂更近）。
出席活动（定序）	"出席宗教服务活动的频率如何？（1）从不，（2）少于一年一次，（3）一年多次，（4）一个月一次，（5）一周两到三次，或者（6）一周多次？"如果询问受访者具体参与宗教服务活动的次数，那么也有可能对这个变量在定比层次上进行测量。
智商测试分数（定距）	大部分的智商测试分数是以100分为平均分、中位数，或正常水平的分数。更高的或更低的分数意味着与均值存在差距。那些得分115的人智商较高于参与测试的人的平均水平，而那些得分为90的人则较低于平均水平。低于65分或高于140分都是很少见的。
年龄（定比）	年龄是以年岁测量的。这里有真实的零点（出生时）。注意，40岁的人比20岁的人多活了一倍的时长。

扩展5.2　量表和指数：是否不同？

社会研究者并没有采用一致的命名法来区分量表和指数。

量表是研究者用来获取变量概念的强度、方向、水平或效能的量度。它将回应或观察值整理入一个连续统内。量表可以采用单一指标或多重指标。大部分量表都处于定序层次的测量。

指数也是一种量度，在其中，研究者把同一个概念的多个不同指标，通过添加或合并使它们成为一个单一的分数。这个合成的分数通常是多个指标的总和。它用于内容效度和聚合效度。指数测量通常是定距或定比层次的。

研究者有时会将量表和指数的特征结合到同一个量度之中。这在研究者的许多指标都是量表（也即，测量的是强度或方向）时尤为常见。之后，研究者会将这些指标结合在一起，产生一个单一的分数，指数也就出现了。

互斥（mutually exclusive）指的是一个个体或个案符合的变量分类有且只有一个。例如，你要测量的变量是宗教信仰——包括的属性有基督教、非基督教、犹太教。这样的量度没有互斥，因为犹太教既是非基督教，又是犹太教。一个犹太教徒既可以符合非基督教的类别，也适用于犹太教的类别。还有一个例子是对城市进行测量。所分的类别是，港口城市、州首府以及州际高速公路出口。这个测量也是非互斥的。一座城市可能符合以上三种（既是港口，也是首府，还位于州际高速公路出口），或者只符合其中一种，甚至一种都不符合。

穷尽（exhaustive）的属性意味着所有个案都符合变量分类中的一种。在测量宗教时，只包含天主教、新教、犹太教的量度是非穷尽的。那些信仰佛教、伊斯兰教、印度教、不可知论的人就不符合上述任何分类。量度的属性要确保覆盖每一种可能的情况。例如，天主教、犹太教、其他，这样的分类既是互斥的，也是穷尽的。

单维度性（unidimensionality）。除了做到互斥和穷尽之外，量表和指数还需要是单维度的。单维度性指的是一个量表或指数中的所有条项都彼此相符，或者测量的是同一个概念。单维度性是在对内容效度和同时效度讨论时被提出来的。它讲的是：当你将若干特定的信息组合成为一个单一分数或量度时，应当确保所有部分互相协调，并且测量的是同一件事。有一个叫作克朗巴哈系数（Cronbach's alpha）的统计值可以用来评估单维度性。这个系数的范围是 0 到 1.0，最大值 1.0 代表的是完美的指数，系数在 0.7 及以上才算是好的量度。

你可能会认为，使用量表或指数来将同一个概念的不同部分组合成为一个单一的量度，这或许与单维度性的标准是矛盾的。你或许想知道，一个概念是如何可以有着不同的部分，但这些部分都是同一件事或单维度性的呢？这只是表面上的矛盾，因为我们可以在不同的抽象水平上对概念进行理论性定义。概括的、高层次的、更加抽象的概念可以包含若干子部分；每一个子部分都处于较低的抽象水平，并且组成了高度抽象概念的整体内容。

例如，我将"女性主义意识形态"这个概念定义为关于性别的概括的意识形态。女性主义意识形态是个高度抽象综合的概念。它包括了对社会、经济、政治、家庭、性别关系的特定信念和态度。这个意识形态的五大信念领域组成了这个单一的概括概念。这五个部分互相强化，共同组成了一个关于女性尊严、力量和权力的信念体系。

如果女性主义意识形态是单维度的，那么它就意味着存在一个统一的信念体系，包括从强烈反对女性主义到非常支持女性主义。这个量度包含了多个指标，每个指标对应这个概念的子部分，我们可以对这个量度的效度进行检验。如果在实证检验中，一个信念领域（例如性别关系）与其他领域始终存在差异，那么我们就会质疑它的单维度性。

另一个容易带来困惑的原因是，在某种情况下，你可以使用特定的量度作为单维度概念的指标，而在另一些情况下，这个量度可以被用来代表另一个概念的子部分。这是因为你所采用的概念有着不同的抽象水平。

例如，一个人对于薪酬问题上的性别平等的态度，就要比女性主义意识形态（关于整个社会性别关系的信念）更加具体。对于薪酬平等的态度，本身既可以是一个单维度的概念，也可以是关于性别关系的意识形态，这个更加概括、抽象的单维度概念的一个子部分。

5.6 指数的构建

目 的

你经常听到指数这个词。例如，美国报纸会报道联邦调查局的犯罪指数、消费者物价指数（Consumer Price Index，CPI）。联邦调查局的犯罪指数是对七项所谓的指数犯罪（杀人罪、严重伤害罪、暴力强奸罪、抢劫罪、入室盗窃罪、盗窃50美元及以上、汽车偷盗）的警方报告的汇总。它始于1930年的《统一犯罪报告》。消费者物价指数是对通货膨胀的量度，它是通过加总一揽子物品和服务（例如，食物、房租、水电费等）所需花费，并将其与去年购买同样的物品与服务所需要的花费进行对比得到的。美国劳工统计局自1919年开始使用消费者物价指数；工资上涨、工会合同、社会保障缴费等都基于消费者物价指数。指数是将许多条目结合成为一个单一的数字得分。一个概念的不同组成部分或子部分都可以被分别测量，然后组合成为一个量度。

指数有多种类型。例如，如果你参加一场有25个问题的测试，你答对的题目数量就是一种指数。这是一种复合的量度，其中每一个问题测量了一小部分的知识，所有回答正确或错误的问题汇总起来，产生了一个单一的量度。

指数可以测量最宜居的地方（根据失业率、通勤时间、犯罪率、娱乐机会、天气等）、犯罪程度（根据具体的不同类型的犯罪的发生率）、一个人的精神健康状况（根据这个人对生活不同方面的评价）等。

证明指数并非那么复杂的办法就是使用一套指数。用"是"或"否"来回答以下七个关于职业特征的问题。你的回答要基于以下四份职业：长途货车司机、医生、会计、电话接线员。每个问题回答"是"记为1分，回答"否"则记为0分。

1. 它的薪水高吗？
2. 这份工作有保障吗，可以免于失业或裁员吗？
3. 这份工作是否集趣味与挑战于一体？
4. 工作条件（例如，工作时长、安全性、通勤时间）好吗？
5. 是否有职业发展和晋升的机会？
6. 这份工作是否具有声望或被他人尊重？
7. 是否允许自我指导，或者是否拥有做决定的自由？

根据上述四份职业分别回答这七个问题并计算分数。哪一份职业分数最高，哪一份职业分数最低？这七个问题是我对于好职业的操作化定义。每个问题代表了理论定义的一个子部分。不同的理论定义会对应不同的问题，问题的数量也可能会不止七个。

创建指数非常容易，但必须注意，指数中的每个条目都必须具有表面效度。你要排除任何不具有表面效度的条目。并且，概念的每个部分都至少需要一个指标来测量。当然，测量概念的组成部分时最好用多重指标。

加权

是否对条目进行加权是指数构建中的重要议题。除非说明，否则一般假定指数是没有加权的。同样，除非有良好的理论依据进行加权，否则各个条目权重相同。未加权的指数给每一个条目分配了同样的权重。它不用进行调整，只要将所有条目加起来即可，相当于每个条目都乘以1（或者当条目是负面时，乘以 -1）。

在加权过的指数中，你赋予某些条目的重要程度或权重超过了其他一些条目。权重的大小可能来自理论假设、理论定义或诸如因素分析之类的统计方法。加权会改变概念的理论定义。

对指数进行加权会产生不同的分数，但在大部分情况下，加权的和未加权的指数会产生相似的结果。通常我们最关心的是变量之间的关系。在绝大多数情况下，加权的和未加权的指数会给出相似的变量关系的结果。

缺失值

在构建指数时，存在缺失值是一个严重的问题。当数据缺失时，效度和信度就会受到影响。有一些方法可以尝试解决存在缺失值的问题，但很遗憾，没有一个方法可以彻底解决它。

例如，构建一个关于50个国家在1985年社会发展的指数。这个指数包含4项条目：预期寿命、拥有室内自来水家庭的比例、受过教育的人口比例，以及每100人中拥有电话的人的数量。我利用联合国统计数据作为我的信息来源。比利时的分数是68+87+97+28；土耳其的分数是55+36+49+3；对于芬兰，我没有找到受教育的信息，我试图在其他资料来源中寻找，但也没能找到。因此，我决定将芬兰从研究中舍弃。

比率和标准化

你听说过犯罪率、人口增长率以及失业率。有些指数和单一指标量度是比率。比率是将一个条目的值标准化以便做比较。通常需要将指数中的值标准化之后才可以将它们结合起来。

标准化（standardization）指的是选择一个基数，并将原始的测量数据除以这个基数。例如，在同一年，A城市有10场谋杀，B城市有30场谋杀。为了比较这两座城市的谋杀案，你需要根据城市人口总量，将两座城市的谋杀案原始数量标准化。如果这两座城市人口数量一样，那么B城市更加危险。但如果B城市人口数非常庞大，那么它可能更安全。例如，如果A城市有10万人，而B城市有60万人，那么在A城市每10万人的谋杀率为10，而在B城市则是5。

标准化使得在同样的基础上对不同单位进行比较变得可能。标准化的程序也叫作常态化（norming），消除相关但不同的特征带来的影响，以便看见重要差异。例如，有两个班级的学生，艺术班学生中有12个人抽烟，生物班学生中有22个人抽烟。研究者可以通过将抽烟人数除以班级人数来标准化，从而对两个班级学生的抽烟率进行比较。艺术班有32名学生，生物班有143名学生。利用百分比是一种标准化方式。当使用百分比时，你的标准化基数是100。利用百分比，很明显艺术班的抽烟率（37.5%）是生物班抽烟率（15.4%）的两倍之多。

标准化中的重要问题是选择基数（参见示例5.1）。在给出的示例中，我是怎么知道要使用城市规模或班级规模来作为比较基础的呢？选择并非总是显而易见的；它取决于概念的理论定义。

不同的基数会给出不同的比率。例如，失业率可以定义为劳动力中的未就业者。总体的失业率是：

失业率 = 未就业人数 / 劳动力总人数

我们可以将总人口分为若干子群，从而获得子群体人口的比率，例如白人男性、非裔美国女性、18~28岁的非裔美国男性、拥有大学文凭的人。这些子群体的比率可能与理论定义或研究问题更相关。例如，研究者认为失业率影响的是整个家庭，因此比较的基础应该是家庭，而非个体。那么，失业率的计算则是：

新的失业率 = 至少有一个人失业的家庭的数量 / 全部家庭的数量

不同的概念化意味着不同的基数和标准化方式。当将若干条目结合成为一个指数时，最好用相同的基数对条目进行标准化。

示例5.1 标准化和汽车死亡

华盛顿州死于汽车事故的人要多于怀俄明州。这是否意味着怀俄明州的司机更加安全谨慎？在2008年，华盛顿州有521人死于汽车事故，怀俄明州有159人死于汽车事故。你或许认为，在华盛顿州，死于汽车事故的概率更大（521/159 = 3.3）。但是，生活在华盛顿州的人数远比生活在怀俄明州的人数多，所以这可能就是为什么华盛顿州的汽车事故要更多的原因。你或许会根据州人口数将死亡人数标准化。但人口数是否是一个正确的基数？或许司机数量是一个更好的标准化基数，而非人口总数。如果其中一个州的人数更多，但绝大部分人口年龄都低于法定驾驶年龄，或者大部分人生活在城市区域，公共交通便利，因此无须驾车，那么使用人口总数作为基数就不是最好的选择。幸运的是，还有更好的基数：一个州的驾驶里程总数。美国国家公路交通安全管理局会测量每个州的驾驶里程总数。如果你的标准化是通过将汽车死亡人数除以驾驶里程总数，那么华盛顿州的汽车死亡率是0.9，而怀俄明州的汽车死亡率是1.7。尽管汽车死亡数量是怀俄明州的三倍之多，华盛顿州还是更加安全。事实上，怀俄明州是最危险的几个州之一（汽车死亡率仅低于阿肯色州、路易斯安那州、密西西比州、蒙大拿州、南卡罗来纳州和西弗吉尼亚州），而华盛顿州则是最安全的几个州之一（汽车死亡率仅高于康涅狄格州、缅因州、明尼苏达州、新泽西州和罗得岛州）。

来源：2011 *U.S. Statistical Abstract of the United States*, Table 1103。

5.7 量表

目的

做量表就如同构建指数一样，是创建一个定序、定距或定比的变量的量度，并通过数字形式的分数来呈现。当研究者想要测量个体对某件事有何感受或思考时，往往会使用量表。有些人也将其称为感觉的硬度或效能。

使用量表有两个目的。第一，量表有助于概念化和操作化。量表可以展示出一系列指标和单一的概念之间的匹配程度。例如，你认为存在一个单一的意识形态维度，可以解释人们对于特定政策（例如，住房、教育、外交）的评价。量表可以帮助你确定单一的概念——例如，"保守主义/自由主义意识形态"——是否可以解释人们对某些特定政策采取的立场。第二，量表可以产生定量量度，你可以利用有着不同变量的量表检验假设。我们主要关注第二个目的，因为它将量表看作是测量变量的方法。

量表的逻辑

正如前文所述，量表是基于测量变量的强度、硬度或效能的概念之上的。图尺度评价法（graphic rating scales）是量表的一种基本形式。人们在一条从一端到另一端的连线上取一点，以此来表明自己的评级。这种量表简单易用，且方便构建。它传达了一个连续的想法，通过分配数字来帮助人们思考数量。量表的一个内在假设是：有着相同主观感受的人，会在图示量表的相同位置做出标记。

图5.4是一个"体温计"量表的例子，它展示了人们对社会中不同群体（例如，全国妇女组织、三K党、工会、内科医生等）的看法。从1964年开始，政治学家们在全国大选研究中利用这种类型的量表来测量人们对于候选人、社会群体以及社会议题的态度。

常见的量表

李克特量表（Likert scale）。你可能已经使用过李克特量表。调查研究广泛使用李克特量表，它十分常见。李克特量表是由伦西斯·李克特（Rensis Likert）于20世纪30年代创建的，它可以对人们态度进行定序测量。李克特量表通常会询问人们是否同意或反对某个陈述。我们也可以对李克特量表进行修改；可以询问人们是否认可或不认可某件事，或者是否认为某件事"总是一直正确的"。示例5.2展示了李克特量表的几个例子。

李克特量表最少需要两个类别，例如"同意"与"反对"。仅仅使用两个类别会使得测量比较粗糙，它强制人们只能在两个类别之中做选择。通常最好采用4~8个类别。你可以在数据收集之后再对类别进行合并或分解，但如果数据是在类别较为粗糙的情况下收集的，那么之后就无法变得更加精确了。

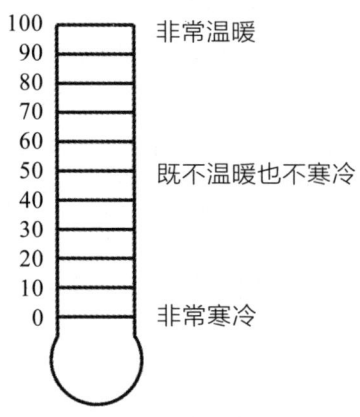

图5.4 "体温计"图尺度评价法

示例5.2 李克特量表的例子

罗森伯格自尊量表

总的来说，我倾向于认为自己是个失败的人：

1. 几乎总是这样认为。
2. 常常这样认为。
3. 有时这样认为。
4. 很少这样认为。
5. 从不这样认为。

学生教学评估量表

总体来说，我认为这门课的教学质量：

优秀	良好	一般	还行	差劲

对漱口水的市场研究评级量表

品牌	完全不喜欢	有些不喜欢	有一点不喜欢	有一点喜欢	有些喜欢	完全喜欢
X	—	—	—	—	—	—
Y	—	—	—	—	—	—

工作小组督导量表

我的督导：

	从不	很少	偶尔	经常	总是
让成员知道自己被期待做什么	1	2	3	4	5
友好，平易近人	1	2	3	4	5
平等对待所有成员	1	2	3	4	5

你可以在量表中增加诸如"非常强烈同意""强烈同意""有些同意"之类的类别。类别数量最好不要超过八九种。多于八九种的类别会让人们感到困惑，可能会失去意义。选项应该是平衡的（例如"强烈同意""同意"，要对应"强烈反对""反对"）。

研究者热议是否要在有方向性的类别（例如"反对""同意"）之外，再提供一个中立的类别（例如"我不清楚""我不确定""没有意见"）。存在中立的类别，那么类别数量就是奇数。

你可以将测量同一个概念的若干李克特量表问题合并成为一个综合指数。例如在科伦等人（2007）研究白人对死刑的支持时使用的吉姆·克劳白人种族主义指数，它就是与反对黑人态度（参见示例5.3）联系起来的。作为大型调查的一部分，他们询问了关于组群不平等的四个问题。每个问题都是一个从"强烈反对"到"强烈同意"的七个类别的李克特量表。他们将四个问题的答案加起来，创造了一个得分范围为4～28分的指数。他们用相反的措辞方式来陈述第四个问题。这样做的原因是避免反应定势的问题。反应定势（response set），也叫作反应形式或反应偏见，指的是在回答大量问题时，有些人会由于懒惰或心理倾向而做出相同的回答（通常是回答"同意"）。例如，如果在问题中回答"强烈同意"表明高自尊，那么我们就不知道总是回答"强烈同意"的回答者是真的高自尊，或者只是倾向对问题回答同意。回答者可能出于习惯或倾向而做出"强烈同意"的回答。研究者会用相反的措辞方式，这样一来，那些总是同意的人就会存在不一致的回答或相矛盾的观点。

研究者通常将多个李克特态度量表指标结合成为一个指数。量表和指数有着能够提高信度和效度的特性。使用复合指标的指数可以提高信度。使用能够测量一个概念或观点多个方面的复合指标可以提高内容效度。最后，指数分数可以对一个人的观点做出更加精准的定量测量。例如，你可以用数字10～40来测量每个人的观点，而不是"强烈同意""同意""反对""强烈反对"四个类别。

除了李克特量表之外，也可以使用前文例子中的分数：-2，-1，+1，+2。这种量表的好处在于，0意味着中立或模棱两可的答案，而负号后的数字越高，表明越反对这个观点。

示例5.3 指数和量表

在研究白人的种族偏见是否影响了他们对于死刑的态度时,科伦等人(2007)创建了两种关于白人种族主义的量度,其中一个是传统的,或者叫吉姆·克劳种族主义。他们构建了一个指数来概括以下三个量表问题的答案。

1. 从1分到7分,你会给黑人打多少分?(1分意味着勤劳,7分意味着懒惰,4分意味着黑人既不勤劳也不懒惰。)

2. 从1分到7分,你会给黑人打多少分?(1分意味着聪明,7分意味着无知,4分意味着黑人既不聪明也不无知。)

3. 从1分到7分,你会给黑人打多少分?(1分意味着值得信赖,7分意味着不可靠,4分意味着黑人既不值得信赖也并非不可靠。)

指数 = 第一个问题的答案 + 第二个问题的答案 + 第三个问题的答案。因此,每个人的指数分数都在3分到21分之间。

回答类别的赋分是随意的。记住,零的使用并没有使得指数或量表变成定比层次的测量。李克特量表测量是定序层次的,因为回答仅仅说明了排序。除了1到4或者-2到2,数字100、70、50、5也是可以的。同样,不要因为赋予了数字分值,就认为定序种类之间的距离是定距的。尽管数字体系有着良好的数学属性,但是使用这些数字仅仅是为了方便起见。这些测量的本质是定序的。

李克特量表的简单易用是它的最大优点。当结合若干项时,可以使用更加综合的多重指标测量。李克特量表得到局限性体现在两个地方:对多个量表项目的不同组合会带来相同的分数或结果,而且存在反应定势的潜在危险。

博格达斯社会距离量表(Bogardus social distance scale)。博格达斯社会距离量表测量的是不同种族或其他群体之间分离的社会距离。它是用来测量一个群体感受到与其他群体或"外群人"之间的距离。

这个量表的逻辑很简单。人们对一系列有序陈述做出回应;那些最具威胁性或社会距离最远的在一端,而那些最不具威胁性或社会亲密的在另一端。这个量表的逻辑是假设,一个人拒绝与他人联系,或者对那些具有社会距离的项目感到不舒服,那么他将会拒绝与之有着更近社会距离的项目(参见示例5.4)。

示例5.4 对原始博格达斯社会距离量表研究的重复

在1993年,克莱格和山本(1998)重复了埃默里·博格达斯于1925年第一次使用社会距离量表的研究。原始研究有110名来自太平洋沿岸地区的研究参与者。参与者包括107名非犹太裔的欧洲血统的白人美国人、1名犹太白人、1名中国人和1名日本人（其中70%为女性）。在山本等人1993年的重复研究中，他们从科罗拉多州都市区域的富裕学区挑选了135名中学教师，包括119名非犹太白人、7名犹太白人、6名非裔美国人、1名印裔美国人、1名亚洲人和1名族裔不确定的人（其中65%为女性）。他们的研究与1925年的原始研究有三个细微的不同。首先，原始的博格达斯研究向受访者提供了39个群体的列表，而在重复研究中有36个群体。其中有24个群体既出现在原始研究中，也出现在重复研究中。三个目标群体被重新命名了：1925年的黑人，1993年变成了非裔美国人；1925年的叙利亚人，1993年变成了阿拉伯人；1925年的德国犹太人1993年变成了俄罗斯犹太人。第二，前后两项研究都包含了七个类别，但在措辞上稍有区别（见下文）。第三，两项研究都有七个印在最上面的从左至右的类别（叫作锚点）。在博格达斯的原始研究中，它是这样说的"根据我的第一感觉反应，我会愿意让这个种族中的成员（是作为一个类别，既不是我所知道的最好的那个人，也不是最差的那个人）做出以下一项或多项事情，我会在愿意的选项旁边做出标记（x）。"在1993年的重复研究中，它是这样说的："社会距离指的是个体希望与他人交往的程度。这个量表测量的是一种特殊的社会距离形式，也叫作个人－群体距离。你将会看到一系列群体的名单。每个群体都有一系列在问卷开头标签解释过的方框。在你认为希望与之建立关系程度的方框上做出'x'的标记。请根据你的第一反应作答。"重复研究的主要发现是，尽管平均社会距离在68年间有着大幅度下降，但25个群体的排名几乎没有变化（参见下文）。

指示

1925年的原始研究	**1993年的重复研究**
我会同意这个种族成员：	我希望与这个种族成员建立联系的程度：
1. 通过婚姻建立亲密的家属关系	1. 与这个群体的人结婚
2. 进入我的小团体，成为我的密友	2. 作为最好的朋友
3. 住在我的街道，成为我的邻居	3. 成为隔壁邻居
4. 在我的职业和我的国家就业	4. 在同一间办公室工作
5. 成为我们国家的国民	5. 只是泛泛之交
6. 只是作为游客进入我的国家	6. 游览我国的游客
7. 拒绝进入我的国家	7. 不许进入我的国家

结果

群体	1925年原始研究 平均得分	排名	1993年重复研究 平均得分	排名
英国人	1.27	1	1.17	2
苏格兰人	1.69	2	1.22	6
爱尔兰人	1.93	3	1.14	1
法国人	2.04	4	1.20	4
荷兰人	2.12	5	1.25	9
瑞典人	2.44	6	1.21	5
丹麦人	2.48	7	1.23	7
挪威人	2.67	8	1.25	8
德国人	2.89	9	1.27	10
西班牙人	3.28	10	1.29	11
意大利人	3.98	11	1.19	3
印度人	4.35	12	1.95	23
波兰人	4.57	13	1.30	12
俄罗斯人	4.57	14	1.33	13
美国原住民	4.65	15	1.44	16
犹太人	4.83*	16	1.42	15
希腊人	4.89	17	1.38	14
阿拉伯人	5.00*	18	2.21	24
墨西哥人	5.02	19	1.56	18
美国黑人	5.10*	20	1.55	17
中国人	5.28	21	1.68	20
日本人	5.30	22	1.62	19
韩国人	5.55	23	1.72	21
土耳其人	5.80	24	1.77	22
总平均值	3.82		1.43	

*群体名称有轻微变化。

研究者有多种方法来使用社会距离量表。例如，研究者给人们一系列陈述：来自 X 群体的人进入你的国家、在你生活的镇上、在你就业的地方工作、住在你的隔壁、成为你的好朋友、与你的姐妹结婚。人们被询问是否对所陈述的内容感到舒服或是否可以接受这样的联系。也可以询问人们是否对这样的关系感到不舒服。受访者可以被要求回答所有问题，也可以一直回答到他们所不能接受的关系为止。在陈述的数量上并没有要求；一般来说会有5~9个陈述。社会距离的量度既可以作为自变量，也可以作为因变量。

你可以用博格达斯量表来测量某个群体的人们如何感受与另一群体的社会距离。除了可以研究族裔群体之外，它还可以用来研究医生－病患之间的距离。例如，戈登、费尔德曼、坦蒂洛和珀龙（2004）发现高校学生与不同的残障人士之间的社会距离也不同。

超过95%的学生愿意与有着关节炎、癌症、糖尿病或心脏病的人成为朋友，不到70%的人愿意与有着精神疾病的人成为朋友。社会距离量表可以方便地研究受访者与某个社会群体的亲密程度。但它也有两个潜在的局限性。第一，研究者需要根据特定的外部群体和社会背景来调整分类。第二，对研究者来说，比较一个受访者对几个不同群体的感觉是不容易的，除非被调查者在同一时间完成了对所有外部群体成员的社会距离量表。当然，受访者如何填写量表也并不一定与受访者在特定社会情境下的真实行为完全一致。

语义差异法（semantic differential）。语义差异法可以间接测量一个人对于一个概念、物品或其他人的感受。这个方法是通过利用形容词来测量对某件事的主观感受。这是因为人们通过口头和书面语言中的形容词来表明评价。由于绝大多数形容词都有反义词（例如，明亮－黑暗、坚硬－柔软、慢－快），这个方法是利用反义形容词来构建评级测量或量表。语义差异法可以捕捉到与任何被评价的东西有关的内涵，并且间接地测量它。

语义差异法的用途很多。在市场调研中，它可以告诉我们顾客对某个产品有何感受，政治顾问利用它来发现选民对于某个候选人或议题有什么看法，心理咨询师利用它来确定来访者如何看待自己（参见示例5.5）。

要使用语义差异法，你要向研究参与者展示一系列成对的反义词，并在它们之间设置7~11个连续的点。参与者在两个形容词之间的连续点上做出选择，表达他们的感受。形容词可以是非常多样的，你要将它们混合起来（例如，带有正面色彩的词不要总是放在最左边或最右边）。根据对英语中的形容词的多样性进行的研究，形容词的意义大多分为三种主要类型：评价（好－坏）、效能（强－弱）、积极性（主动－被动）。在这三种类型的意义中，评价类型的形容词通常是最多的。对结果的分析是比较困难的，你需要使用统计程序来分析研究参与者对某个概念的感受。

语义差异法的结果可以体现一个人对不同概念的感受，或者对同一个概念，不同的人有什么看法。例如，在政治分析中可能会发现，年轻的选民认为候选人是传统的、软弱的、缓慢的、介于好与坏之间的。年长的选民更倾向于将候选人看作是强壮的、迅速的、好的、介于传统和现代之间的。

古特曼量表（Guttman scaling）。古特曼量表，或者叫作累积量表，与之前那些在数据收集之后再进行评估的量表或指数有所不同。这意味着，你必须在设计研究阶段就要应用古特曼量表方法。

示例5.5 语义差异法的例子

作为她本科毕业论文的一部分，达伊娜·霍克斯（Daina Hawkes）通过语义差异法研究了人们对有文身的女性的态度（Hawkes，Senn and Thorn，2004）。研究者让来自一所中等规模的加拿大高校的268名学生填写了语义差异量表，这个语义差异量表是关于一个有文身的22岁高校女学生的若干不同情景。研究者设置了五个情景，在不同的情景中，文身的大小（小和大）以及是否可见等信息有所不同，还有一个场景对文身细节只字不提。此外，研究者还改变了情景的其他特征：例如是否存在体重问题，是否在酒店、服装店或杂货店做兼职工作，是否有男朋友，成绩中等还是不及格。他们的语义差异量表使用了22对形容词。他们也要求研究参与者完成其他两个量表：女性主义和妇女运动量表、新性别歧视量表（neosexism scale）。语义差异量表的形容词用来显示三个因素：评价、积极性、效能（强/弱）。基于统计分析，有三对形容词被舍弃。使用的十九对形容词如下所示。根据研究结果，作者发现对于带有可见文身的女性，人们有更多的负面感受。

好的	—	—	—	—	—	—	坏的 *
美丽的	—	—	—	—	—	—	丑陋的
干净的	—	—	—	—	—	—	肮脏的
善良的	—	—	—	—	—	—	残忍的 *
富有的	—	—	—	—	—	—	贫困的 *
诚实的	—	—	—	—	—	—	说谎的 *
令人感到愉悦的	—	—	—	—	—	—	令人感到不悦的 *
成功的	—	—	—	—	—	—	失败的
声誉好的	—	—	—	—	—	—	声誉差的
安全的	—	—	—	—	—	—	危险的
温柔的	—	—	—	—	—	—	暴力的 *
女性化的	—	—	—	—	—	—	男性化的
虚弱的	—	—	—	—	—	—	有力的 *
消极的	—	—	—	—	—	—	积极的 *
谨慎的	—	—	—	—	—	—	鲁莽的 *
轻柔的	—	—	—	—	—	—	坚硬的
软弱的	—	—	—	—	—	—	坚强的
温和的	—	—	—	—	—	—	强烈的
精美的	—	—	—	—	—	—	粗糙的 *

* 表示这一项顺序会反过来表达。

古特曼量表始于对一系列指标或项目的测量。它们可以是问卷项目、投票或可观测的特征。古特曼量表可以测量许多不同的现象（例如，犯罪或毒品使用的模式、社会或组织的特征、投票或政治参与、精神疾病）。这些指标通常是用"是/否"或"有/没有"的方式来测量。你可以采用3~20个指标。要根据指标之间的逻辑关系来挑选指标。然后，你将挑选的指标代入古特曼量表之中，观察这些项目是否形成了对应关系（古特曼量表的使用可以参见示例5.6）。

当对一系列项目进行测量时，你接着要考虑所有可能的反应组合。例如，你测量了这三项：这个儿童是否知道她的年龄、她的电话号码、三位当地选出的政府官员。这个小女孩可能知道她的年龄，但不知道其他问题的答案，或者可能只知道年龄和电话，但说不出政府官员，甚至有可能三个问题都不知道。事实上，三项内容就有八种可能的组合，从一无所知到知晓所有问题的答案。可以用数学方法来计算组合的数量（例如，2的三次方），但你可以通过对这三个问题回答"是"或"否"来罗列出所有八种可能。

示例5.6 古特曼量表的例子

克罗泽特（Crozat，1998）研究了公众对不同类型的政治抗议的反应。他研究了英国、德国、意大利、荷兰以及美国在1974年与1990年关于公众对不同类型抗议接受程度的调查数据。他发现，公众的接受程度形成了一个古特曼量表。那些可以接受更加强烈的抗议形式（如罢工和静坐）的人，几乎总是可以接受更加温和的形式（如请愿或示威游行），但是并不是所有能够接受温和形式抗议的人，都能够接受更加强烈的抗议形式。除了发现古特曼量表的用处之外，克罗泽特还发现，不同国家的人对抗议的看法是相似的，并且随着时间流逝，古特曼量表的可量表性（scalability）日益提升。因此，在两个历史时期，人们对于抗议活动的接受程度的特征都是古特曼式"可量表化的"，但是1990年的调查比1974年的更符合古特曼特征。

抗议类型

	请愿	示威游行	抵制运动	罢工	静坐
古特曼特征	N	N	N	N	N
	Y	N	N	N	N
	Y	Y	N	N	N
	Y	Y	Y	N	N
	Y	Y	Y	Y	N
	Y	Y	Y	Y	Y
其他特征（仅举例）	N	Y	N	Y	N
	Y	N	Y	N	Y
	Y	N	Y	N	N
	N	Y	Y	N	Y
	Y	N	N	Y	Y

古特曼量表中项目之间的逻辑关系是分层级的。大多数人或个案拥有或同意较低层级的项目。那些拥有较高层级项目的人数较少，他们往往也会拥有较低层级的项目；但反之却不成立。换句话说，较高层级项目是建立在较低层级项目之上的。较低层次项目

是较高层级项目存在的必要条件。

量表图分析（scalogram analysis）是对于古特曼量表的一种应用，可以让你检验各项之间是否存在分层关系。例如，一个儿童知道她的年龄比知道她家的电话号码要更加容易，知道她家的电话号码比知道政府领导的名字要更加容易。如果存在分层级的特征，那么这些项目就是可量表化的，或者说是可以形成古特曼量表的。

你可以将回应特征分成两组：可量表化的和有错误的（或不可量表化的）。在儿童知识的例子中，可量表化的特征会是：不知道任何问题的答案、只知道年龄、只知道年龄和电话号码、知道所有问题的答案。其他答案的组合（例如，知道政治领导的名字，却不知道自己的年龄）虽然有可能出现，但却是不可量表化的。如果在各项之间存在分层关系，那么绝大多数答案会呈现可量表化的特征。

你可以通过统计值来确定项目可以被量表化的强度或程度，这个统计值测量的是：基于分层特征，回答是否可被复制。大部分是在 0~100% 之间变化。0 分意味着回答特征是随机的，或者不存在分层特征；100% 则意味着所有的回答都是符合分层特征或都是可被量测的。你也可以使用其他统计值来测量可量表性。

结 论

在本章中，你了解了定量研究与定性研究中的测量原则与步骤。在这两种类型的研究中，你要进行概念化——或者是将想法提炼并澄清成为概念性定义。在这两种类型的研究中，你还需要进行操作化——或者是制订一套方法或步骤，来将概念性定义与实证现实联系起来。然而，你可能会用不同方式来使用这些步骤，这取决于你是开展定量研究还是定性研究。在定量研究中，你遵循的是一条更加演绎的路径；而在定性研究中，遵循的是一条更加归纳的路径。但无论如何，目标是一致的：在抽象概念与实证数据资料之间建立清晰的联系。

你同样了解了信度与效度的原则。信度指的是测量的可靠性或一致性；效度指的是它的真实性，或概念与数据的匹配程度。根据你是开展定量研究还是定性研究，你或许也会采用不同的信度和效度的原则。然而，不论如何，你都希望用连贯一致的方法来进行测量，并且在用于理解社会的抽象概念与实证现实中真实发生的事情之间建立紧密的联系。此外，你还了解了在创建指数和量表时如何运用测量的原则，并且了解研究者使用的主要量表。

除了信度与效度的核心概念之外，好的测量还需要为概念构建明确的定义，使用多重指标，以及在适当的时候加权并标准化。这些原则适用于所有领域的研究（例如家庭、犯罪学、不平等、种族关系等），也适用于多种研究方法（例如实验法、调查法等）。

你或许开始意识到,要做好研究的每个阶段。在任何一个阶段犯下重大错误或粗心大意,即使在研究项目的其他阶段都做到了完美无瑕,还是可能会给研究结果带来无法挽回的损失。

注 释

1. "概念"(concept)、"构想"(construct)和"想法"(idea)或多或少是可以互相替换的,但它们之间也存在一些差别。"想法"可以指任何的精神图像、信念计划、印象,它指的是模糊的影响、观点或想法。"概念"是一种想法,一个大致的见解,或者关于某个物体的可概括的想法。"构想"则是被系统性组建在一起的,有序的想法、事实、印象。在本章中多用"构想"一词,因为它强调了将模糊的概念变成系统的有组织的想法。

第六章
定性与定量抽样

6.1 非概率抽样
  便利抽样
  配额抽样
  立意或判断抽样
  滚雪球抽样
  反常个案抽样
  序贯抽样

6.2 概率抽样
  总体、元素、抽样框
  为什么要随机?
  概率样本的类型
  隐藏人口
  样本应该多大?
  举一反三

在抽样时，你会选取一些个案进行深度研究，接着利用从这些个案中所了解的内容来理解更多的个案。绝大多数（但并非所有）社会研究课题都会使用抽样法。根据研究的不同，抽样的方法可能有所不同。大部分关于抽样的书籍都强调其在定量研究中的用途，并包含了应用数学和定量实例。在定量研究中，抽样的主要目标是创建具有代表性的样本（即经过挑选的一些个案或单位的集合）；这些样本能够再现一个更大的个案集合（即总体）的某些重要特征。

在抽样之后，需要对样本数据进行深入检查；如果抽样正确，那么就可以将准确性推广至整个总体。在定量研究中，想获得具有代表性的样本，就需要使用非常精准的抽样程序。这些程序建立在数学的概率论基础之上，因此它们也叫概率抽样。

在绝大多数定量研究中，你要了解总体中有多少个案可以归入不同的种类。例如，你或许会问，在芝加哥的所有中学生里，每种不同类别的人有多少（例如，高收入家庭、单亲家庭、非法毒品使用者、因违法行为被逮捕的或有音乐天赋的）。定量研究中概率样本的优点在于它的效率。概率样本所能实现的准确性，节省了大量的时间和成本。一个正确的概率样本可能只需要花费收集全部总体信息所需成本和时间的1‰，但却能产生本质上相同的结果。举个例子，假如你想了解1,800万被确诊为糖尿病的美国人。通过一个设计精良的1,800人的概率样本，你可以将所了解的信息概括到这1,800万人身上。通过对1,800人进行研究从而理解1,800万人的特征，这比研究全体1,800万人要高效多了。

概率样本可以是高度准确的。对于数量较大的总体，通过精良设计、认真执行获得的一个样本，其准确程度不亚于对总体中的每一个个案进行研究。这可能会使许多人感到困惑。美国人口普查试图获得大约3亿美国人的全部数据。而一个认真执行得到的概率样本，尽管只有3,000人，却有着非常小且已知的错误率。除非做出了巨大努力、花费大量时间和金钱，否则试图找到3亿美国人中的每一个人，也会存在系统性错误。顺便一提，科学界多年来都不推荐美国的人口普查，他们更加推荐高质量的随机样本，但政治考虑压倒了科学思考。

定性研究有着不同的抽样方法和目的。事实上，在定性研究中使用"抽样"一词可能会造成困扰，因为这个术语与定量研究紧密相关。在定性研究中，你很少会抽取一小部分个案，使它们能够在数学上精准地再现总体的特征，从而对总体中的不同类别做出判断。相反，在定性研究中，人们往往只对少数个案进行研究，从而识别一些相关的类别。

在定量抽样中，你要选取个案单位，并将这些个案或单位看作社会某些方面或特征的载体。个案或单位样本可以"代替"更大的个案或单位总体。相比之下，定性抽样则是对社会世界不同方面或特征进行抽样。样本的方面或特征强调并阐明了复杂社会生活的关键维度或过程。通过挑选一些个案，你给出了对社会世界关系或议题的清晰思维和见解。定性抽样的目标是加深对于更加宏大的过程、关系或社会场景的理解。样本可以提供宝贵的信息或方面，这些不同方面突出、提高、丰富了社会的关键特征或情境。

在定量研究中，你通过抽样来打开崭新的理论视野，揭示人们或社会环境的独特方面，加深对于复杂情境、事件或关系的理解。然而，我们不应该过度强调定量与定性之间的区别。在有些情况下，一个主要是定量的研究也会采用定性抽样的策略，反之亦然。尽管如此，绝大多数定量研究使用概率或近似概率抽样，而绝大多数定性研究使用非概率方法和非代表性策略。

6.1 非概率抽样

不同于概率抽样，定性研究人员采用的是非概率或**非随机样本**（nonrandom samples）。它指的是，人们很少事先决定样本规模，并且对取样的更大群体或总体人群所知有限。不像基于数学理论采用预先计划方法的定量研究人员，在定性研究中，你逐步挑选个案，根据特定的个案内容来决定是否选择它。表6.1展示了不同的非概率抽样方法。

表6.1 非概率样本的类型

样本类型	原则
便利	可以以任何方式获取任意个案，只要方便即可。
配额	利用偶然的方法，在预先设定的类别下获取预先设定的数量的个案，以反映出总体的多样性。
立意	用多种方式，获取所有符合某个特定要求的个案。
滚雪球	通过一个或少数几个个案介绍的方式获取个案，然后从这些个案再获得介绍，然后重复下去。
反常个案	获取与主流规律显著不同的个案（是一种特殊的立意抽样）。
序贯	持续获取个案，直到个案无法带来新信息或新特征（通常与其他抽样方法一同使用）。

便利抽样

在**便利抽样**（convenience sampling，也叫偶然抽样、可用抽样或随意抽样）中，挑选个案的主要标准是他们容易联系、方便接触或是现成的。只有在少数解释性初步研究以及一些不以获取具有代表性样本为目的的定性研究中，这样的样本才可能是合理的。遗憾的是，便利抽样的样本通常都非常不具代表性。如果想要获得能够代表总体的准确样本，那么便利抽样就不是一个好选择。当你随意挑选方便的个案时，你很有可能会得到一个严重无法真实反映总体的样本。尽管这种样本廉价方便，但可能存在的系统性错误会让它甚至不如不抽样。电视节目的街头访问就是便利抽样的一个例子。电视主持人带着摄像机和话筒到街上采访一些可供采访的路人。那些在一天中某个时候路过电视演播厅的人并没有真正地代表所有人（例如家务劳动者、农村地区的人等）。此外，电视主持人通常会选择那些看起来"正常"的人，避免那些没有吸引力的、贫穷的、高龄的、口齿不清的路人。另一个便利抽样的例子是报纸，它让读者从中剪下一个问卷，填写并寄出。并非所有阅读报纸的人都对这个话题感兴趣，也并非所有读者都愿意花时间剪下和填写问卷并将它寄出。或许有些人愿意这样做，并且甚至可能看起来人数众多（例如5,000人），但这个样本无法用来对总体进行准确概括。这种便利样本或许具有娱乐价值，但它会歪曲事实，无法代表总体。

配额抽样

在许多情况下，设计良好的**配额抽样**（quota sample）是一种用来产生具有类似代表性样本的可接受的非概率替代方法。在配额抽样中，你首先在总体中确定你的样本要包含的相关的种类，从而能够反映总体的多样性（例如，男性与女性；30岁以下，30~60岁，60岁以上；等等）。接着，你要决定每个种类包含多少个案——这就是你的"配额"。因此，在开始时，你要准备一些个案以符合这些不同的种类（参见图6.1）。

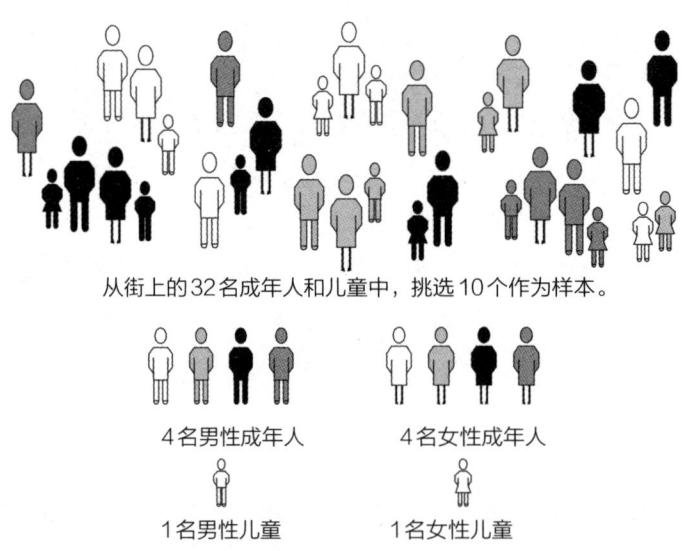

图6.1 定额抽样

配额抽样是一种进步，因为它确保样本存在一定程度的多样性。在便利抽样中，被采访的人可能都是同一年龄、性别或种族。但是一旦你确定了类别和每个配额类别中的个案数量，你就可以使用便利抽样了。例如，你对前五个你所遇到的30岁以下的男性进行采访，即使这五个人都刚从某个政治候选人的竞选大本营走出来。在这一类别内部使用便利抽样可能会存在失实，但你不能阻止人们挑选那些"表现友好"或希望被采访的人进行访谈。

在抽样的历史中有这样一个例子，可以说明配额抽样的局限性。乔治·盖洛普（George Gallup）美国民意研究中心利用配额抽样成功预测了1936年、1940年和1944年的美国总统大选结果。但在1948年，盖洛普的预测却是错误的。预测错误有若干原因（例如，很多选民举棋不定、访谈结束得过早），但主要原因是配额分类没有准确地代表所有地理区域和所有真正投票的人群。

立意或判断抽样

立意抽样（purposive sampling）在某些情况下是一种重要的抽样方法。它通常用于探索性研究或田野研究之中。这种抽样利用专家的判断或已有知识来挑选个案。但如果你的目的是获取具有代表性的样本，或者想要挑选"平均水平的"或"典型"的个案，那么这种抽样方式就不适当。在立意抽样中，样本很少能够代表整个总体。

立意抽样最适用于以下三种情形。

1. 利用立意抽样来选取信息量特别大的个案。例如，你想对杂志进行内容分析，从而寻找文化主题。你挑选了一本特定的女性流行杂志，因为它引领流行趋势。

2. 利用立意抽样来挑选那些难以联系到的、特殊的群体成员。例如，你想对妓女进行研究。你不可能把所有妓女罗列出来，并从名单中随机取样。相反，你通过主观信息（例如，妓女招揽客人的地点、与妓女存在联系的社会群体）和专家（例如，取缔卖淫点的警察、其他妓女等）来找到妓女的样本构成研究对象。你可以使用不同的方法来寻找个案，因为你的目标是找到尽可能多的个案。

3. 你希望寻找特别类型的个案，从而进行深入调查。在这种情况下，研究的目的就不是将研究发现推广到更大的群体，而是获得对某一特定类型群体的深入理解。例如，加姆森（Gamson，1992）在一项关于研究劳动阶级群众如何思考政治的焦点小组座谈中采用了立意抽样的方法（第十一章将会讨论焦点小组）。加姆森需要共计188名劳动阶级群众来参与37个焦点小组。他寻找的研究参与者都未完成大学学业，但在年龄、种族、宗教、政治兴趣、职业类型上具有多样性。通过前往节庆活动、野餐、集市、跳蚤市场、在公告信息栏中张贴告示，他从波士顿地区的35个街区中招募受访者。除了向受访者解释他的研究之外,加姆森还向受访者支付酬金,从而吸引那些一般不会参与到研究之中的人群。

滚雪球抽样

滚雪球抽样(snowball sampling,也叫人际网、链条引荐或声誉抽样)是一种从人际网中识别和抽取样本的方法。它使用了滚雪球的比喻手法:刚开始时雪球很小,但当它在雪地上滚动时,粘连上其他的雪,雪球就变得越来越大。滚雪球抽样是一个多阶段的方法。你从一个或少数几个人或个案开始,然后根据初始个案的关系扩展个案。

滚雪球抽样的一个重要用途是抽取人际网。我们通常会对人们或组织之间互相关联的网络感兴趣。这个网络可以是世界各地的一群科学家调查同一个问题、中等规模城市中的精英们、有组织的犯罪家庭的成员们、大银行或大企业的董事们、高校中存在性关系的人。滚雪球抽样最重要的特征是,每个人或单位之间与其他人或其他单位存在直接或间接的联系。这并不意味着每个人都与人际网中的每一个人直接相识、互动或受到他们的影响。相反,它指的是,如果看作一个整体的话,人们通过直接或间接的联系,处在一个相互关联的网络之中。

我们可以通过画社会关系图(sociogram)——由圆圈和连线组成的图表——来表现这种网络。例如,萨利和蒂姆并不直接相识,但他们有一个共同的好朋友苏珊,因此他们有着间接的联系。他们三人都是同一个朋友关系网络的一部分。每个圆圈代表一个人或个案,而之间的连线代表他们的友情或其他联系(参见图6.2)。

你也可以将滚雪球抽样与立意抽样相结合。基桑(Kissane,2003)在一个对费城低收入女性进行的描述性田野调查研究中结合使用了滚雪球抽样与立意抽样。美国向低收入群体提供救助服务的政策在1996年有所改变,增加了非公共部门的救助提供(例如,食物银行、家庭暴力庇护点、毒品康复服务、衣物分发中心),而减少了政府或公共部门的救助提供。通常,在政策发生变化之前,很少有研究会事先讨论它的结果。没有人知道,那些被影响到的低收入群体使用非公共机构提供的救助服务,是否会像使用公共机构提供的救助那样多。新政一年之后,基桑研究了低收入女性是否有可能同样使用非公共机构提供的救助服务。她关注的是费城的肯辛顿地区。在那里,贫困率很高(超过30%),白人占主导(85%)。

首先,基桑通过电话簿、互联网、参考文献、在这片区域的每条街道漫步,最终找到50个非公共社会服务提供商。她注意到以往研究发现这片区域的低收入女性不信任外人和知识分子。在她的滚雪球抽样法中,她首先向服务提供商询问该区域少数几个低收入女性的名字。接着,她让这些人将自己介绍给和她们境况相同的人,并再让这些人将她介绍给其他低收入女性。她找到了20位年龄在21~50岁的低收入女性,她们中的绝

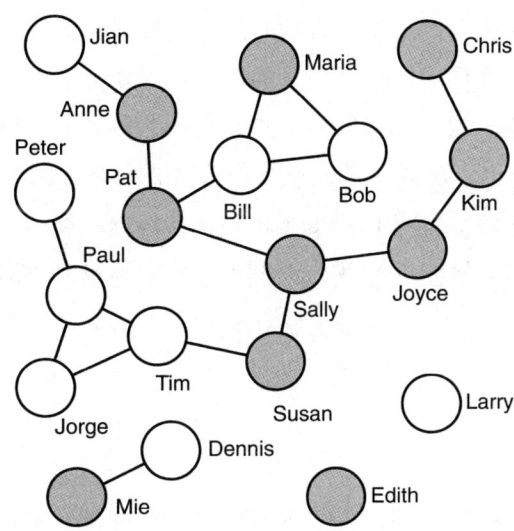

图6.2 朋友关系的社会关系图

大多数接受过公共救助。她对这些女性关于非公共机构的了解和体验开展了深入的开放式访谈。她了解到,相较于公共服务来说,这些女性获得非公共服务的可能性更小。相比于公共机构,她们对于非公共机构的了解也更少。非公共机构带来了更多的社会污名,造成了更大的管理困难,它们位于更差的地点,并且由于时间限制,也更难预约到。

反常个案抽样

当你需要不同于主流模式或主流特征的个案时,你可以使用**反常个案抽样**(deviant case sampling,也叫极端个案抽样)。和立意抽样一样,有许多方法可以用来寻找那些有着特定特征的个案。反常个案抽样与立意抽样的不同点在于,在反常个案抽样中,你的目的是寻找到一些不寻常的、不同的或特别的个案,这些个案并不具有整体的代表性。挑选反常个案是因为它们是不寻常的,你希望通过思考这些普遍模式之外的个案或事件主流之外的个案,从而对社会生活有着更多理解。

例如,你对研究高中辍学很感兴趣。比如,先前研究表明,绝大部分高中辍学的学生来自低收入单亲家庭,这些家庭一般搬过家,并且是少数族裔。他们的父母与亲戚往往也是高中辍学生。此外,这些辍学生在辍学之前也更有可能参与过违法行为。如果采用反常个案抽样,你会寻找那些非少数族裔的、没有违法活动记录的、双亲关系稳定的、来自受过良好教育且没有搬过家的中高收入家庭的辍学者。

序贯抽样

序贯抽样(sequential sampling)与立意抽样相似,它们只有一点不同。在立意抽样中，你尽可能寻找更多相关的个案，直到时间、金钱或精力用尽为止。你想要获取所有可能的个案。而在序贯抽样中，你会一直抽样，直到新信息的数量足够或满足了个案的多样性。用经济学术语来说，你要收集信息，直到边际效用（也即每增加一个个案的增量效益）显著下降时为止。这就要求你不断评估所有个案。例如，你计划并寻找到60名年龄在75岁以上、寡居超过10年的遗孀来进行深度访谈。那么，再多寻找20名在生活经历、社会背景、世界观上与前60位稍有不同的遗孀，或许是没有必要的；当然，这主要取决于你的研究目的。

6.2 概率抽样

在概率抽样中有一些特定的词汇或者术语。在讨论概率抽样之前，我们先来回顾一下这些语言。

总体、元素、抽样框

你从较大的案例或元素库中抽取一个样本。**抽样元素**（sampling element）是分析单位或总体中的个案。它可以是一个人、一个小组、一个组织、一份书面文件或象征性讯息，甚至是一个被测量的社会行为（例如逮捕、离婚、亲吻）。这个大库就是总体，总体在抽样中扮演了重要的角色。有时也会用论域（universe）这个术语来代替总体。要定义总体，你需要对抽样单位、地理位置、总体的时间边界进行详细说明。思考示例6.1中的总体例子。所有样本都包含了抽样元素（例如人、营业场所、住院治疗、商业广告等）以及地理和时间边界。

在抽样开始时，你只有一个关于总体的想法（例如，城市中所有人），之后你会对总体做出更加精确的定义。**目标总体**（target population）这个术语指的就是你想要研究的个案所在的特定大库。

> **示例6.1 总体示例**
>
> 1. 在2009年12月2日，生活在新加坡的16岁及以上的、未被囚禁于监狱、精神病院或其他类似机构的所有人。
> 2. 2010年7月加拿大安大略省仍在运营的、雇用超过100名员工的所有营业场所。
> 3. 1988年8月1日至1993年7月31日期间，新泽西州所有公立和私立医院的住院治疗。
> 4. 美国东部标准时间2011年11月1日至25日期间，每天早上7点至晚上11点，在

美国三大主流广播电视网络上投放的所有商业广告。

5. 澳大利亚自1960年1月1日至今所有接受过医学位的当前执业医师。

6. 2009年，所有住在加拿大不列颠哥伦比亚省温哥华市和华盛顿州西雅图市且对海洛因上瘾的男性非裔美国人。

样本大小相对于目标总体大小的比例就叫作**抽样比**（sampling ratio）。例如，总体为50,000人，从中抽取150人，那么抽样比就是150/50,000 = 0.003，或者0.3%。如果总体容量为500，而你从中抽取100，那么抽样比就是100/500 = 0.20，或者20%。

总体是一个抽象的概念。你或许会问，如果给定了时间和人数，那么总体怎么会是抽象的概念呢？除了一些特定的小型总体之外，我们永远无法真正地冻结一个总体，从而对它进行测量。例如，在一个城市的某个给定瞬间，有人即将离世，有人正在登机或着陆，有人正在驾车穿越城市边界。你必须决定哪些人是被算入在内的。你是否要将特定时刻碰巧在外度假的市民计算在内？你是否要将成年人、孩童、监狱或医院中的人算入在内？一个总体的概念总是抽象的，即使是"2011年3月1日12:01，在密苏里州堪萨斯城的所有18岁及以上的人口"。

因为除了一些小型特定总体之外（例如，一个教室中所有的学生），总体都是比较抽象的概念，因此你需要对总体做出估算。作为一个抽象概念，总体需要一个可操作定义。这个过程近似于对测量概念进行操作化。

对总体进行操作化，需要一份罗列了总体中几乎所有抽样元素的具体列表。这个列表就是**抽样框**（sampling frame）。你可以在多种不同的抽样框中进行选择：电话号码簿、缴税记录、驾驶证记录等。列出总体中的元素听起来似乎简单，却很难真正全部做到。

良好的抽样框对良好的抽样至关重要。抽样框若与概念定义的总体不匹配，就很有可能造成错误。一个变量的理论定义与操作化定义之间的不匹配会造成测量无效，因此抽样框与总体之间的不匹配会造成抽样无效。你可以最小化这种不匹配。例如，你想对美国某个地区的所有人抽样，于是你决定找到一个列出所有拥有驾驶证的人的列表。但有些人并没有驾驶证，而那些有驾驶证的人的列表，即使及时更新，也会很快过时。接着，你试图使用收入税记录，但并不是每个人都交税：有些人会偷税漏税，有些人没有收入因而未被存档，有些人已经逝世或尚未开始交税，还有些人自上一轮交税之后才进入或已搬离这个地方。你利用电话号码簿，但它们也并非更好：有些人没有被列入电话号码簿，有些人则拥有未被列入的电话号码，还有一些人最近搬迁了。除了少数几个例外（例如在一所高校注册的所有学生），抽样框几乎总是不完全准确的。一个抽样框可能包含一些目标总体之外的人（例如，电话号码簿里列出的那些已经搬走的人的电话号码），或者忽略了一些目标总体之内的人（例如，那些没有座机电话的人）。

一个总体的任何特性（例如，城市居民中吸烟人数的比例、21岁以上女性的平均身高、相信不明飞行物的人数比例）叫作总体**参数**（parameter），它是总体的真实特性。参数是在测量了总体中所有元素之后得出的。对于大型总体（例如整个国家），我们永远不可能绝对准确地知道它的参数，因此研究者必须根据样本对其进行估计。他们利用样本中的信息——**统计值**（statistic），来估计总体参数（参见图6.3）。

抽样历史中一个著名的案例可以用来说明这个方法的局限性。美国著名杂志《文学摘要》在1920年、1924年、1928年、1932年的美国总统大选之前向人们寄送明信片。该杂志从汽车登记记录和电话号码簿上——抽样框——获得了样本的姓名。人们会在明信片上标明自己将会投票的阵营，并将明信片寄回杂志社。杂志社预测对了全部四次大选的结果，并因此广为人知。到了1936年，他们将样本量扩大到1,000万。杂志社预测，阿尔夫·兰登的票数要远高于富兰克林·D. 罗斯福。但事实证明他们错了：富兰克林·D. 罗斯福以绝对优势获取胜利。

预测错误的原因有许多，但最重要的原因在于抽样错误。尽管这一次样本量更大，但是抽样框并没有准确代表目标总体（也即所有选民）。它排除了那些没有电话或汽车的选民，而在20世纪30年代的经济大萧条中的1936年，这些人占据了相当大的比例。这个抽样框排除了65%的总体以及一部分倾向于给罗斯福投票的总体（收入较低者）。杂志社在之前的选举中预测正确，是因为收入较高者与收入较低者在投票问题上并不存在显著差别；并且，在经济大萧条之前的早期几次选举中，许多低收入群体也负担得起电话和汽车。

从《文学摘要》杂志社的失误中，你可以吸取两个重要教训。第一，抽样框至关重要。第二，样本大小的重要性不及样本是否准确代表总体。一个具有代表性的样本做出的预测，哪怕样本容量只有2,500，也比容量为100万或1,000万的不具代表性的样本做出的预测更加准确。

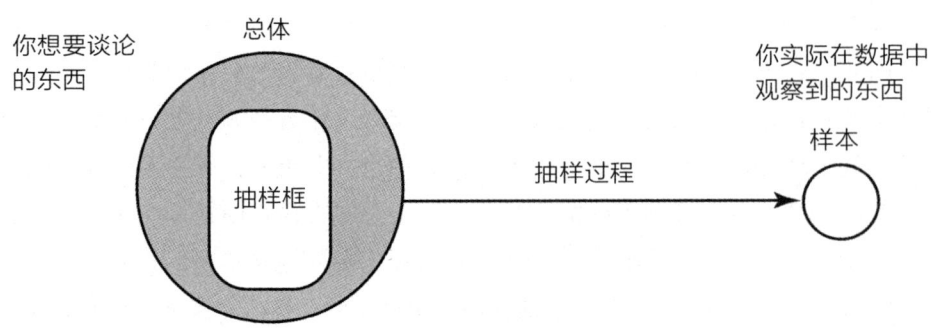

图6.3 抽样逻辑模型

为什么要随机?

在应用数学中,概率论是基于随机过程的。"随机"这个词有若干含义。在日常生活中,它可以指不可预测的、不寻常的、不可预期的、偶然的。在数学中,随机有着特殊的含义:无规律的选择过程。在数学上的随机过程中,每个元素被选中的概率相等。在真正的随机过程中,我们可以运用数学来对每个结果出现的概率进行精确计算。

构造基于随机过程的概率样本,比构造非随机样本需要更多的时间和精力。你必须要识别出特定的抽样元素(例如某个人)来放入样本中。例如,如果进行电话调查,那么你需要拨打四五次电话,联系到特定被抽中的人,才能得到准确的随机样本。

尽管随机抽样需要更多的时间和精力,但它更有可能产生出一个可以真实代表总体的样本。此外,只有做到随机抽样,才可以在统计学上计算样本与总体之间的关系——也即,抽样误差(sampling error)的大小。抽样误差的非统计学定义是,由随机过程导致的样本结果与总体参数之间的误差。

随机抽样是建立在应用数学的基础之上的。这一章我们主要关注抽样的基本原理、好的样本与坏的样本之间的区别、如何抽取一个样本,以及社会研究中抽样的基本原则。这并非说随机抽样是不重要的,只是我们首先需要掌握基本知识。如果想从事定量研究工作,你应该要去了解更多统计学背景知识,由于字数限制,此处不做详细讨论。

概率样本的类型

简单随机(simple random)。简单随机样本是随机样本中最好理解的一种类型,也是构建其他随机样本模型的基础。在简单随机抽样中,你制定一个准确的抽样框,根据数学上的随机程序,从抽样框中选取元素,然后找到被选中组成样本的每一个元素。

在给抽样框的所有元素进行编号之后,你可以使用一个随机数列表来决定选择哪些元素。你需要的随机数的数量应该等同于样本中应该包含的元素数量。例如,样本容量如果是100,那么你就需要100个随机数。你可以通过能够产生随机数列表的计算机程序获取,也可以从随机数表获取。随机数表是用数学随机的方法获得的数字表格,它常见于绝大多数统计和研究方法书籍之中,能够给出通过纯随机过程获取的数字。

当你从抽样框中选取了一个元素之后,你或许想要问:我是应该把这个已选中的元素放回抽样框,还是应该将它单独放起来。答案通常是,不要将它放回抽样框。无限制随机抽样是有替换的随机抽样——也即,在抽取了一个元素之后将它放回,这样它就可以被再次抽中。在没有替换的简单随机抽样中,每当抽取出一个元素进入样本,就将它从抽样框中拿出来。

我们可以用一个基本例子来说明简单随机抽样的逻辑——从罐子里抽取弹珠。我有个巨大的罐子，里面有 5,000 个弹珠，有红的也有白的。这 5,000 个弹珠就是我的总体。我想估算的参数是，总体中红色弹珠所占的百分比。我随机选取了 100 个弹球（我闭上眼，摇动罐子，从中挑出一个弹珠，然后重复这个流程 99 次）。现在，我有了一个弹珠的随机样本。我通过计算样本中红色弹珠的数量来估计总体中红球的占比。这比数 5,000 个弹珠中红球的数量简单多了。我的样本中有 52 个白色弹珠和 48 个红色弹珠。

这是否意味着，总体参数是红球占比 48% 呢？或许并非如此。由于随机因素，我的这个特定样本可能是错误的。我可以将这 100 个弹珠倒入罐中，混合到一起，再抽取 100 个弹珠作为第二个样本。第二次，我的样本中有 49 个白球和 51 个红球。现在我遇到了一个问题，到底哪个是对的呢？如果从同一个总体中抽取的样本产生不一样的结果，那么随机抽样是否可行呢？我不断重复这个流程，直到我已经抽取出了 130 套样本，每个样本中都有 100 个弹珠（结果参见示例 6.2）。大部分人或许会将这个罐子清空，计算全部 5,000 个弹珠中白球的数量，但我想要知道我重复抽样会发生什么。我的 130 个不同样本呈现出一个清晰的规律：最常见的红白球比是 50/50。比例接近 50 比 50 的样本比其他样本出现得更加频繁。总体参数看起来是 50% 的白球和 50% 的红球。

数学证明和实证检验可以证明示例 6.2 中的规律总是存在。这些随机样本的集合就是抽样分布（sampling distribution）。这是一个不同样本的分布，它可以告诉我们许多独立随机样本产生出不同抽样结果的频率。如果样本容量是 1,000 而非 100，如果有 10 种颜色的弹珠而非只有 2 种，如果总体中的弹珠数量不是 5,000 而是 100 个或 1,000 万个，如果总体是人、汽车、高校，而非弹珠，那么这种规律就可以显现出来。事实上，从总体中抽取的独立样本数量越多，规律就会变得更加清晰。

抽样分布的规律说明，在许多独立样本中，真实的总体参数（也即，白球与红球各占 50%）比其他结果更加常见。有些样本偏离了总体参数，但这些样本更少出现。如果像示例 6.2 那样绘制更多不同的样本，抽样分布就会看起来像是正态曲线或钟形曲线。这样的曲线理论意义重大，并且贯穿统计学。

数学中的中心极限定理（central limit theorem）告诉我们，在抽样分布中，当不同随机样本的数量接近于无穷大时，样本规律和总体参数更加可预测。当不同随机样本的数量足够大时，抽样分布呈现正态曲线；不同随机样本的数量越多，曲线的中点就越接近总体参数。

或许由于时间、精力有限，你只有一套样本。你并不孤单，因为很少有研究者会重复抽取多套样本。尽管你只抽取了一套随机样本，中心极限定理也可以让你根据这一个样本来推测总体参数。这个定理是针对许多套样本的，但它可以让你计算出某个特定样本偏离总体参数的概率。

随机抽样并不能够保证每个随机样本都完美地代表总体。相反，它意味着绝大多数的样本在大多数情况下都近似于总体参数，并且你可以计算出某个特定样本不准确的概率。但你可以利用从样本中得到的信息和中心极限定理来估算一个特定样本不准确或不具代表性的可能性（也即，抽样误差的大小）。我们可以通过将样本信息与中心极限定理结合起来，得到置信区间（confidence interval），以此估计抽样误差。

置信区间是一个相对简单但却十分有用的概念。在电视或报纸民意调查中，你可能常会听到误差幅度为正负2%。这就是一种置信区间。置信区间是围绕特定估计点的一个范围，用来估计总体参数。我们之所以使用范围，是因为随机过程无法使我们预测到一个准确的点。但是，它可以让我们在较高置信水平上（例如95%的置信水平）相信真实的总体参数是在某个特定范围之内的。

计算抽样误差或置信区间超出了本书讨论的内容，但它们都基于抽样分布的概念。例如，我不会说，"根据一个随机样本可知，罐子里有不多不少2,500个红球"。然而，我却可以说，"我有95%的把握确信总体参数在2,450到2,550之间"。我可以将样本的特征（例如样本容量、样本方差）与中心极限定理结合起来，从而对总体参数进行较为准确的预测。

系统抽样（systematic sampling）。系统抽样是一种在随机选择上走捷径的简单随机抽样。同样，系统抽样的第一步也是对抽样框中的每个抽样元素进行编号。不同的是，在系统抽样中不使用随机数表，而是通过计算获得抽样区间（sampling interval）。这个区间便成了你的准随机选择方法（quasi-random selection method）。抽样区间（也即1/k，这里的k是某个数字）可以告诉你，在抽取元素时如何跳过抽样框中的一些元素来选取样本。在使用抽样区间时，不必总是从头开始，而是随机选择起始点，接着采用区间方法。将所有编号元素看作是循环的，一直取样直到回到随机起始点。

例如，我想从900个人中抽取300个人作为样本。在随机选择了一个起始点后，我从这900个人的每三个人中挑选一个，也即挑选出了300个人作为样本。我的抽样区间是3。抽样区间很好计算。我只需要样本容量和总体容量（或者用抽样框容量来估计总体容量）。你可以认为抽样区间是抽样比的倒数。从900个人中抽取300个人，抽样比是300/900=0.333=33.3%。抽样区间则是900/300=3。

在大多数情况下，用简单随机样本和用系统样本会得到几乎相同的结果。但当样本中的元素是按照一定的循环或规律排列时，就不能用系统样本替代简单随机样本。例如，抽样框中的元素是按照已婚夫妻的顺序排列的，男性在前，女性在后（参见表6.2）。当存在这种排列规律时，利用系统抽样很可能会产生不具代表性的样本。假如你的抽样区间是偶数，那么利用系统抽样得到的样本将会全部是男性或全部是女性。

示例6.2 抽样分布的例子

红	白	样本数量
42	58	1
43	57	1
45	55	2
46	54	4
47	53	8
48	52	12
49	51	21
50	50	31
51	49	20
52	48	13
53	47	9
54	46	5
55	45	2
57	43	1
	总计	130

从一个装有5,000个弹珠的罐子中随机抽取红球与白球，每次抽100个，重复抽取130次，获得了130套独立的样本。

样本数量

```
31                                    *
30                                    *
29                                    *
28                                    *
27                                    *
26                                    *
25                                    *
24                                    *
23                                    *
22                                *   *
21                                *   *   *
20                                *   *   *
19                                *   *   *
18                                *   *   *
17                                *   *   *
16                                *   *   *
15                                *   *   *
14                                *   *   *
13                            *   *   *   *
12                            *   *   *   *
11                            *   *   *   *
10                            *   *   *   *
 9                        *   *   *   *   *   *
 8                    *   *   *   *   *   *   *
 7                    *   *   *   *   *   *   *
 6                    *   *   *   *   *   *   *
 5                    *   *   *   *   *   *   *   *
 4                *   *   *   *   *   *   *   *   *
 3                    *   *   *   *   *   *   *   *
 2            *   *   *   *   *   *   *   *   *   *
 1    *   *   *   *   *   *   *   *   *   *   *   *       *
     42  43  44  45  46  47  48  49  50  51  52  53  54  55  56  57
```

一个样本中红球的数量

表6.2 在循环数据中进行系统抽样的问题

个案			
1	丈夫	7	丈夫
2[a]	妻子	8	妻子
3	丈夫	9	丈夫
4	妻子	10[a]	妻子
5	丈夫	11	丈夫
6[a]	妻子	12	妻子

随机起始点 =2；抽样区间 =4。
[a] 表示被抽中。

表6.3举例说明了简单随机抽样和系统抽样。可以看到，从简单随机样本和系统样本中抽取的人是不同的。例如，H. Adams 在两个样本中都有出现，但 C. Droullard 只出现在简单随机样本中。这是因为任何两个随机样本完全相同的情况实属罕见。

抽样框包含20名男性和20名女性（性别标记在名字后面）。简单随机样本中包含了3名男性和7名女性，而系统样本中包含了5名男性和5名女性。

1. 将抽样框中的每个个案按照顺序编号。这40个名字是按照字母顺序排列的，将它们从1到40编号。

2. 决定样本容量。我们将会抽取两个25%的样本（样本容量为10）。

3. 对于简单随机抽样：找到一个随机数表（参见随机数表节选）。在使用随机数表之前，计算所需的最大位数（例如，40个人需要两位数，100到999人需要三位数，1,000到9,999人需要四位数）。从随机数表中的任意位置开始（我们将从左上角开始）选取一些位数（我们将选取最后两位数）。将能够对应抽样框中个案的随机数标注出来。忽略过大的数字（超过40）。如果数字出现不止一次（例如这里的10和21出现了两次），第二次就忽略它。不断选取，直到满足样本容量的要求（在本例中是10个）。

4. 对于系统抽样：从任意一个地方开始。最方便的办法是在随机数表中随便指出一个数字，然后选取抽样框中与之最接近的编号。在这个例子中，我们选取了18。从这个随机数字对应的元素开始，数4个元素（也即抽样区间），得到第一个名字。做出标记，继续数4个元素，得到第二个名字，以此类推，数到列表的最后一个元素。在数抽样区间时，将列表的最后一个元素看作是与第一个元素相连的（像一个圆环那样）。一直数，直到接近起始点，或者当抽样框可以被抽样区间整除时，终点和起点重合。

表6.3 如何抽取简单随机样本和系统样本

序号	姓名（性别）	简单随机	系统	序号	姓名（性别）	简单随机	系统
01	Abrams, J. (M)			21	Hjelmhaug, N. (M)	Yes*	
02	Adams, H. (F)	Yes	Yes (6)	22	Huang, J. (F)	Yes	Yes (1)
03	Anderson, H. (M)			23	Ivono, V. (F)		
04	Arminond, L. (M)			24	Jaquees, J. (M)		
05	Boorstein, A. (M)			25	Johnson, A. (F)		
06	Breitsprecher, P. (M)	Yes	Yes (7)	26	Kennedy, M. (F)		Yes (2)
07	Brown, D. (F)			27	Koschoreck, L. (F)		
08	Cattelino, J. (F)			28	Koykkar, J. (M)		
09	Cidoni, S. (M)			29	Kozlowski, C. (F)	Yes	
10	Davis, L. (F)	Yes*	Yes (8)	30	Laurent, J. (M)		Yes (3)
11	Droullard, C. (M)	Yes		31	Lee, R. (F)		
12	Durette, R. (F)			32	Ling, C. (M)		
13	Elsnau, K. (F)	Yes		33	McKinnon, K. (F)		
14	Falconer, T. (M)		Yes (9)	34	Min, H. (F)	Yes	Yes (4)
15	Fuerstenberg, J. (M)			35	Moini, A. (F)		
16	Fulton, P. (F)			36	Navarre, H. (M)		
17	Gnewuch, S. (F)			37	O'Sullivan, C. (M)		
18	Green, C. (M)		START, Yes (10)	38	Oh, J. (M)		Yes (5)
19	Goodwanda, T. (F)	Yes		39	Olson, J. (M)		
20	Harris, B. (M)			40	Ortiz y Garcia, L. (F)		

随机数表节选（用于简单随机抽样）

15010	18590	00102	42210	94174	22099
90122	38221	21529	00013	04734	60457
67256	13887	94119	11077	01061	27779
13761	23390	12947	21280	44506	36457
81994	66611	16597	44457	07621	51949
79180	25992	46178	23992	62108	43232
07984	47169	88094	82752	15318	11921

人名后括号内字母表示性别，M表示男，F表示女。
* 在选择随机数时出现两次。

这是否说明系统抽样更加准确？并非如此。为了检测，我们利用不同的随机数再进行一次简单随机抽样；这一次，我们用随机数的前两位数字（例如，11921中的11，43232中的43）。我们再用不同的随机起始点重新进行一次系统抽样。上一次的随机起始点是18，这次我们随机选择11作为起始点。你发现了什么？样本中的男性数量和女性数量分别是多少？

分层抽样（stratified sampling）。在分层抽样中，你首先根据补充信息将总体分为若干亚群体（层级）。在分层之后，从每个亚群体中抽取随机样本。在每个层级，你都可以用简单随机或系统抽样来抽取随机样本。在分层抽样中，由研究者控制每个层级的相对规模，而非由随机过程决定规模。这就保证了样本中不同层级的代表性或所占的比例。当然，我们并非总是可以获取到关于层级的必要补充信息。

一般来说，分层抽样获取的样本比简单随机抽样获取的样本更具代表性。我们可以用一个简单的例子来说明它。假设一个总体中有51%的男性和49%的女性，这个总体的性别比参数就是51比49。在分层抽样中，你抽取两个随机样本，其中一个从所有女性中抽取，另一个从所有男性中抽取（例如，1,000人的样本中，从所有男性名单中抽取510人，从所有女性名单中抽取490人）。最终，你的样本性别比是51比49。如果使用简单随机抽样，你将从男女混合的名单中随机抽样。随机样本的性别比很可能会偏离真实的性别比。因此，分层抽样对总体的代表性更高，抽样误差更小。

分层抽样的主要适用情形是，当我们感兴趣的层级在总体中占比很小，而随机过程可能恰好错过这一层级时。例如，你要从20,000名高校学生中抽取200名学生作为样本。你从学校教务处得知，这20,000名学生中有2%（400人）是孩子不到5岁的单亲妈妈。或许你正是对这个话题感兴趣，因此样本中包含这一群体就十分重要。若样本具有代表性，那么将会只有4位（200的2%）这样的学生，你可能会在一次简单随机抽样中恰好漏掉这些人。而在分层抽样中，你可以从学校登记部门获取这400名学生的名单，并从中随机抽取4人。这保证了样本在分层方面对总体具有代表性（参见示例6.3）。

在特殊情况下，你可能希望样本中某个层级的比例与它在总体中的比例不同。例如，总体中只有0.5%的阿留申人，但你想要对阿留申人做特别调查。在抽样时，你可以抽取更高比例的阿留申人，使他们在样本中占到10%。除非做出了特别调整，否则你不能直接将这种不成比例的分层抽样样本推广到总体。

有时，你希望样本中某个层级或亚群体的比例与它在总体中的比例不同。例如，戴维斯和史密斯（Davis and Smith，1992）报告，1987年的美国综合社会调查（将会在本书稍后章节中介绍）中非裔美国人的占比过高。对美国人口进行随机抽样可以得到191名黑人。戴维斯和史密斯单独开展了一项抽样，将样本中非裔美国人的数量增至544人。191名黑人受访者在随机样本中所占的比例是13%，基本等同于美国人口中黑人的比例。而544名黑人则不成比例地占据了样本的30%。若研究者想要用这个样本推断美国总体人口，就需要缩减样本中的非裔美国人数量。当你需要聚焦与某个问题高度相关的亚群体时，非比例抽样十分有用。在这种情况下，当你对非裔美国人做出归纳概括时，有着544名非裔美国人的非比例样本就优于只有191名非裔美国人的随机样本。非裔美国人数量更多的样本更有可能反映出这一亚群体内部的多样性。

示例6.3 举例说明分层抽样

职位	总体		简单随机样本	分层样本	与总体相比的误差
	N	Percent	n	n	
管理人员	15	2.88	1	3	−2
主治医生	25	4.81	2	5	−3
实习医生	25	4.81	6	5	+1
注册护士	100	19.23	22	19	+3
护士助理	100	19.23	21	19	+2
医疗技术人员	75	14.42	9	14	+5
勤杂员	50	9.62	8	10	−2
办公文员	75	14.42	5	14	+1
维修人员	30	5.77	3	6	−3
清洁人员	25	4.81	3	5	−2
总计	520	100.00	100	100	

随机从15名管理人员中抽取3名，从25名主治医生中抽取5名，等等。
注意：一般来说，A代表总体中的数量，n代表样本中的数量。
在简单随机样本中，护士、护士助理、医疗技术人员等占比过多，但管理人员、主治医生、维修人员和清洁人员的比例过低。在分层抽样中，每种职位的代表数量更加准确。

整群抽样（cluster sampling）。整群抽样针对解决两个问题：一个是总体分散，缺乏有效的抽样框；另一个是与抽样元素取得联系的成本过高。例如，我们没有北美所有汽车机械师的名单。即使你能够获取一个准确的抽样框，与分布在全北美各地的被抽样的机械师取得联系也需要很高的成本。与其使用单一抽样框，你不如使用具有多重阶段和群集的抽样设计。

群集（cluster）是包含最终抽样元素的单位，但其本身也可以暂时被视为一个抽样元素。整群抽样是这样运作的：首先，你对群集进行抽样，每个群集都包含一些抽样元素；接着，你从被抽中的群集之内抽取第二个样本。换句话说，你随机抽取群集，再随机从被抽中的群集中抽取样本元素。这种方法在实际操作中有着很大优势。当无法获取包含所有抽样元素的抽样框时，你可以创建一个关于群集的好的抽样框。当你有了一个群集的样本之后，再在每个群集内部创建抽样元素的抽样框，这样更加易于操作。整群抽样的第二个优势是，在对地理上较为分散的总体进行抽样时，每个群集里的元素彼此之间距离较近。这可以节省我们寻找和联系每个元素所需的时间和资源。

在整群抽样的不同阶段，你可以抽取若干样本。在三阶段抽样中，第一阶段是对较大群集的随机抽样；第二阶段是对每个较大群集中的较小群集进行的随机抽样；第三阶段是在每个较小群集中，对元素进行抽样。例如，你想要获得一个梅普尔斯维尔市居民的样本。首先，你随机抽取城市街区，然后随机在抽中的街区中抽取家户，之后再在抽中的家户中抽取个体居民（参见示例6.4）。尽管我们很难获得梅普尔斯维尔所有居民的准确名单，但我们可以获得这个城市所有街区的准确名单。在随机选取了一些街区后，你可以通过清点被选中街区中的家户来创建每个街区的抽样框。之后，你可以利用家户列表来随机抽取一些家户。最终，你从每个被选中的家户中挑选特定的个体居民。

整群抽样的成本通常低于简单随机抽样，它的准确性却不如简单随机抽样。整群抽样的每个阶段都可能带来抽样误差。这意味着与单一阶段的随机抽样相比，多阶段的整群抽样有着更高的抽样误差。

如果要使用整群抽样，你必须确定群集的数量以及每个群集内部元素的数量。例如，在用两阶段整群抽样方法来抽取240名梅普尔斯维尔市居民时，你既可以随机抽取120个群集，并从每个群集中抽取2人，也可以随机抽取2个群集，并从每个群集中抽取120人。哪种更好呢？一般来说，群集越多越好。这是因为群集内的元素（生活在同一街区内的人）往往彼此相似（生活在同一街区的人们比生活在不同街区的人更加相似）。如果你选择的群集数量较少，那么你可能会抽取到许多相似的元素，使得样本难以代表全部总体。例如，梅普尔斯维尔有800个城市街区。你可能会恰好随机选取到2个富人区，然后从这2个街区中各自抽取120人。你也可以随机抽取120个街区，从每个街区中随机选2人。与后者相比，前者获得的240人样本对总体的代表性更弱。

当你需要从广泛的地理区域中选取样本时，你必须四处奔波联络每个个体受访者，那么整群抽样就可以显著地减少旅途成本。通常，我们需要在准确性与成本之间做出权衡。

例如，艾伦、里卡多、芭芭拉三人都准备拜访并当面访谈1,500名能够代表北美所有高校学生的样本学生。艾伦获取了全体学生的准确抽样框，并采用了简单随机抽样的方法。他前往1,000个不同的地点，在每个地点与一两名学生进行访谈。里卡多则是从13,000所高校名单中随机选取了3所高校，接着前往这3所高校，从每所高校中选取了500名学生。芭芭拉随机抽取了300所高校，接着她前往这300所高校，从每所高校中选取5名学生。如果前往每个地点的平均花费为250美元，那么艾伦的路费是25万美元，里卡多的路费是750美元，芭芭拉的路费是7.5万美元。艾伦的样本虽然高度精确，但芭芭拉用其1/3成本得到的样本也只是稍逊一些。里卡多的样本花费最少，但却完全不具有代表性。

概率比例规模抽样（probability proportionate to size）。整群抽样有两种方法。上述方法是成比例或未加权的整群抽样。由于每个群集的规模大小（或每个阶段的元素数量）相

示例 6.4 举例说明整群抽样

目标： 从梅普尔斯维尔市居民中抽取一个240人的随机样本。

第1步： 梅普尔斯维尔有55个行政区。从中随机抽取6个行政区。

1 2 3* 4 5 6 7 8 9 10 11 12 13 14 15* 16 17 18 19 20 21 22 23 24 25 26 27* 28 29 30 31* 32 33 34 35 36 37 38 39 40* 41 42 43 44 45 46 47 48 49 50 51 52 53 54* 55

* 代表被随机选中

第2步： 将被选中的行政区划分为不同的街区。每个行政区包含20个街区。从每个被选中的行政区中挑选出4个街区。

以第三行政区为例（该行政区在第1步时已被选中）：

1 2 3 4* 5 6 7 8 9 10* 11 12 13* 14 15 16 17* 18 19 20

* 代表被随机选中

第3步： 将街区分为不同的家户。随机选取家户。

以第三行政区中的第四街区为例（该街区在第2步时被选中）：

第四街区有着独栋房、两户联排房、每栋四户的公寓。它以橡树街、河滨路、南大街和绿景道为界。这个街区一共有45户人家。随机从这45户人家中抽取10家。

1	橡树街1号	16	"	31*	"
2	橡树街3号	17*	河滨路154号	32*	"
3*	橡树街5号	18	河滨路156号	33	"
4	"	19*	河滨路158号	34	绿景道156号
5	"	20*	"	35*	"
6	"	21	南大街13号	36	"
7	橡树街7号	22	"	37	"
8	"	23	南大街11号	38	"
9*	河滨路150号	24	南大街9号	39	绿景道158号
10*	"	25	南大街7号	40	"
11	"	26	南大街5号	41	"
12	"	27	南大街3号	42	"
13	河滨路152号	28	南大街1号	43	绿景道160号
14	"	29*	"	44	"
15	"	30	绿景道152号	45	"

* 代表被随机选中

第4步： 从每个家户中选取一个受访者。

整群抽样总结：

在每个家户中随机选取1人。
在每个街区中随机选取10户。
在每个行政区中随机选取4个街区。
在这个城市中随机选取6个行政区。
1×10×4×6=240人的样本。

等，所以它是成比例的。而在抽样中，更常见的情况则是群集规模大小不一。此时，你必须在抽样的不同阶段调整概率或抽样比（参见示例6.5）。

上文以艾伦、里卡多、芭芭拉为例的整群抽样说明了未加权整群抽样的问题。芭芭拉从3,000所高校的名单中随机抽取了300所高校，但她犯了一个错误——并不是每所高校都有着相同数量的学生。按照她的方法，每所高校被赋予了相同的被抽中机会——300/3000或10%。但由于每所高校学生数量不一，因此，最终并不是每个学生都被赋予了相同的被抽中机会。芭芭拉将所有高校罗列出来，并从这个列表中抽取高校。拥有40,000名学生的高校与拥有400名学生的高校，被选中的机会是相同的。但当她选中的是规模较大的学校时，那所高校中的每个学生被选中的概率就是40,000分之5（5/40,000 = 0.0125%），而规模较小的高校中，每个学生被选中的概率是400分之5（5/400 = 1.25%）。后者入选的概率是前者的100倍。规模较大的高校学生被选中的总概率是0.00125%（10% × 0.0125%），而规模较小的高校学生被选中的总概率是0.125%（10% × 1.25%）。芭芭拉违背了随机抽样的原则——每个元素被选入样本的概率相等。

如果芭芭拉正确使用了概率比例规模抽样（PPS抽样），那么最终每个抽样元素或每个学生被抽中的概率将会是相同的。她可以在抽样的第一阶段通过调整高校被抽中的概率来实现。她需要赋予学生人数规模较大的高校以更大的被选概率，而赋予学生人数规模较小的高校以较小的被选概率。她需要根据每所高校学生数量占总体学生数量的比例来调整选择高校的概率。这样，有着40,000名学生的高校被选中的概率，应当是有着400名学生的高校被选中概率的100倍。

示例6.5 抽样举例

对于样本的不同部分或不同的样本类型，抽样有许多术语。研究人员如何使用这些术语，可以参见一个1980年的复杂的例子：社会学领域中最著名的美国全国性调查——美国综合社会调查。

这个调查的总体是美国全体成年居民（18岁及以上），它的全集是全体美国人。目标人群包含了全体使用英文、有家可居的成年人，并排除了那些居住在机构环境（如高校宿舍、疗养院、部队营房）中的人。根据研究人员的估算，97.3%的成年居民有家可居，97%的居民英文水平足够参与访谈。

研究人员使用的是复杂多阶段概率抽样样本，它既是一个整群抽样样本，也是分层抽样样本。首先，他们创建了一个包含美国所有郡县、自治市、标准大都市统计区（根据美国人口调查局对大型城市和周边区域的制定划分办法）的全国抽样框。在这个层次上，每个抽样元素包含大约4,000户人家。他们将这些元素分层。这些元素按照美国人口调查局的规定被分为四个主要地理区域，并被分为大都市区域和非大都市区域。接着，研究人员根据每个郡县或标准大都市统计区内的房屋单元数量，使用概率比例规模抽样法从每个层级中随机抽样。在这一阶段，研究人员获得了84个郡县或标准大都市统计区。

在第二个阶段，研究人员规定，每个城市郡县或标准大都市统计区中的街区、人口普查区、农村是数量等同的。每个抽样元素（例如，城市街区）至少有50套房屋。为了获取某些郡县房屋的准确数量，研究人员亲自去现场计数。研究人员在每个郡县或标准大都市统计区中利用PPS抽样法抽取至少6个街区，最终获取了562个街区。

在第三个阶段，研究者将家户作为抽样元素。他们从街区的地址簿中随机选取家户。在选取了地址后，会有一名访谈人员与这户人家取得联系，并从中选取一名符合要求的受访者。对符合要求的受访者，访谈人员会查询选择表，并选取一种类型的受访者（例如，第二年长的受访者）来进行访谈。访谈人员一共联系了1,934人，其中75.9%的人完成了访谈，样本规模为1,468。我们可以通过用1,468除以家户中所有成年人的数量——1.5亿，计算抽样比。研究者还将样本特征与人口普查结果进行了对比，以检查样本的代表性（参见Davis and Smith，1992：31-44）。

随机拨号法（random-digit dialing）。随机数字拨号法是一种用于电话调查的抽样方式。它区别于传统的用于电话访谈的抽样方式，因为它不使用已出版的列表或电话号码簿作为抽样框。

如果你的抽样框是电话号码簿，你将会遗漏这三种人：没有电话或只有移动电话的人、最近搬迁的人、号码未被列入的人。那些没有电话的人（例如贫困的人、未接受教育的人、过往旅客）在任何电话调查中都会被遗漏，但在发达工业国家，拥有电话的人占比高达95%。随着拥有电话的人群比例增加，那些电话号码未被计入列表的人也在增加。有好几种人的电话号码都未被列入号码簿：那些想要躲避讨债公司的人，那些非常富有的人，以及那些需要隐私、不希望被骚扰电话、推销员以及恶作剧电话所打扰的人。在有些城市地区，电话号码未被列入号码簿的人群占比高达50%。此外，人们常常改变居住地，因此，在每年甚至更长时间才出版一次的号码簿中，包含了许多已经搬离的人，遗漏了许多近期搬来的人。如果使用随机数字拨号，你会随机选取电话号码，因此可以避免使用电话号码簿的弊端。抽样的总体是电话号码，而不是有着电话的人。随机数字拨号并不困难，但需要时间，并且可能会让拨号的人感到沮丧受挫。

示例6.6 整群抽样的例子

学者研究了来自相同或不同种族群体的青少年情侣之间的感情（Vaquera and Kao，2005）。他们的数据来自一项全国青少年健康追踪调查，该调查由美国80所中学中随机选取的12所中的七年级学生回答完成。这些学校共有超过90,000名学生。在对学校进行抽样之后，总共抽取了大约200名学生进行访谈。因此，第一个层级是学校，再从被选中的学校中抽取学生。由于每所学校规模并不相等，学生数量从100到3,000不等，因此作者做出了调整，采用了概率比例规模抽样法（PPS）。他们发现，53%的受访者在过去18月中与某个异性建立了关系。与亚裔和拉丁裔（70%）相比，白人和黑人更有可能与同种族的人建立关系（90%）。作者还发现，相同种族或不同种族的情侣在表达亲密关系上并无二致，但与同种族情侣相比，跨种族情侣会更少在公众场合表达爱意。

接下来我们介绍随机数字拨号在美国是如何运行的。电话号码由三部分组成：三位数的区号、三位数的交换台号码或总局码，以及一组四位数。例如，威斯康星州麦迪逊市的区号是608，在这个区号下有许多交换台（例如221、993、767、455），但并非所有999个三位数（从001到999）都是可用的。同样，在一个交换台内，并不是所有9,999个四位数（从0001到9999）都已被使用。有些数字是为将来发展而保留的，有些是无法接通的，有些是由于人们搬迁而暂时取消的。因此，有效的美国电话号码包含一个有效的区号、一个有效的交换台号码以及在交换台内的一个四位数号码。

在随机数字拨号中，你需要识别出有效的区号和交换台，接着随机选取四位数字。这里有一个问题，在一个交换台内，你可以选取任意数字。这意味着有些被选中的数字可能是暂停服务的、无法接通的、投币式公用电话、公司电话，只有部分号码是你需要的——在使用中的住宅或私人电话号码。除非你拨出号码，否则你不可能知道某个号码是否还在使用。这意味着你需要花费大量时间拨打无法接通的号码、公司的号码等。

记住，随机数字拨号中的抽样元素是电话号码，而非人或家户。一些家庭或个人可能会共用一个电话号码，每个人也有可能拥有各自的号码，甚至拥有多个号码。这意味着当你联系到某个人后，还需要第二阶段的抽样，即家庭内部的抽样，才能够选取到访谈对象。

示例6.5给出了一个例子，展示了在特定的现实环境中人们是如何同时使用许多抽样术语和概念的。

隐藏人口

不同于对普罗大众或那些可见的、可接近的人进行抽样，对**隐藏人口**（hidden

populations，即那些从事隐秘活动的人）的抽样一直是对越轨行为或被污名化的行为进行研究时的重要议题。它阐述了对抽样原则的创造性运用，需要将定性和定量研究风格混合在一起，通常使用非概率方法。隐藏人口的例子有非法药物使用者、性工作者、同性恋者、HIV病毒感染者或艾滋病患者、无家可归的流浪者等。

有两项研究采用了受访者驱动的抽样方法来研究俄亥俄州非法药物使用者这一隐藏人口。受访者驱动抽样（respondent driven sampling，RDS）是滚雪球抽样的一种变体，它适合隐藏人口的成员可能彼此之间保持着联系的情况。起初，需要识别一位符合要求的个案或参与者，这个人又被称为"种子"。研究人员给这个人推荐优惠券，让他散布给那些参与了同样活动的符合要求的人。每成功推荐一个人，"种子"都会相应地获得一笔钱。这个过程会重复几轮，直到达到饱和点。

研究者利用受访者驱动抽样法在俄亥俄州三个农村地区招募了249名非法药物使用者，以研究药物滥用和健康医疗需求（Wang，2006）。样本要求研究参与者必须年满18岁，没有处于药物滥用治疗阶段，并且在过去几个月使用过可卡因或甲基苯丙胺。在找到符合要求的参与者后，研究者向他支付了50美元。参与者可以通过介绍其他符合要求的同伴参与研究来获得额外的10美元。在滚雪球过程中，每个后来的研究参与者同样会被要求推荐他人。研究者找到了19人作为起始受访者。只有略超过一半的人（19人中的11个人）推荐了符合研究要求并且确实参与的同伴。研究者用了大约18个月，找到了249名参与者。他们将研究样本与使用非法药物的总体估计特征相对比，发现最初确定的参与者的种族构成（白人）导致了该种族占比过高。否则，这种方法也许能够获得一份隐藏人口的合理样本。

在另一个与之相似的研究中，德劳斯和他的助理在俄亥俄州四个农村地区开展了一项关于非法药物使用的田野调查（Draus，2005）。他们使用了受访者驱动抽样法。在德劳斯等人的研究中，每个参与访谈的非法药物使用者，参与前两个小时的访谈可以获得50美元，并且假如他们还参与之后的1小时追踪访谈，则可以额外获得35美元。在2小时的初始访谈结束后，受访者可以获得三张推荐优惠券，并且每当他们推荐一名符合要求的受访者完成2小时初始访谈后，还可以再获得10美元。所有受访者获得的推荐优惠券不超过三张。有时，这种方法招募不到新的受访者，但有时被推荐的受访者又不止三人。有一次，一个年轻人在当地文身店听到了这项研究后，于是在2003年7月联系了研究办公室。他（受访者157号）是一个粉状可卡因使用者，在对他进行访谈时，他说他还认识许多其他非法药物使用者。一个月后，他介绍了两个新的参与者（受访者161号和146号）。受访者161号没有推荐新的参与者，但受访者146号推荐了四个新的参与者，其中两个（受访者154号和148号）还推荐了其他人。154号推荐了四个人，146号推荐了一个人，而那个人（受访者158号）又推荐了四个人。这个发生在不同地理位置的抽样过程一共获得了249名在2002年7月至2004年2月期间使用过可卡因或甲基苯丙胺的人。

现在你了解了主要的几种概率抽样类型（参见表6.4）以及一些相应的补充方法（例如，PPS、家户内部抽样、RDD、RDS）。此外，你还见识了如何在特定情形下将非概率抽样与概率抽样相结合，例如在对隐藏人口进行抽样时。接下来，我们将会讨论如何确定概率样本的样本容量。

样本应该多大？

学生们和第一次接触社会研究的人经常会问："我的样本需要多大？"最好的回答是："看情况。"它取决于你计划使用的数据分析类型，取决于样本需要多精确才能满足研究目的，还取决于总体特征。正如你所见，仅有大规模的样本并不能保证样本具有代表性。没有经过随机抽样的大样本或抽样框较差的大样本，其代表性要逊于在好的抽样框下随机抽样获得的小样本。对于定性研究而言的好样本，其规模可能会非常小。

我们可以通过两种方法来回答关于样本容量的问题。第一种方法是做出对于总体的假设，并使用关于随机抽样过程的统计方程式。这种计算样本容量的方法涉及到的统计学知识超出了本书所讨论的范畴。你必须对可接受的置信水平（或错误数量）以及总体的变异度作出假设。第二种方法，也是更加常用的方法，是按经验估计（rule of thumb），选择一个按照惯例的或通常可被接受的数量。绝大多数研究人员会选择按经验估计，因为他们很少能够掌握统计法所需要的那些信息，并且使用经验估计获得的样本容量与使用统计法获得的样本非常接近。按经验估计并不是随意的，而是基于过去符合统计法要求的样本的经验之上。

一个关于样本容量的原则是，总体越小，抽样比就要越大，这样才能有一个准确的样本（也即，大概率会产生与总体相同结果的样本）。较大的总体只需要一个较小的抽样比，就可以产生一样好的样本。这是因为当总体规模增加时，样本容量对于准确度的回报会缩小。

对于较小的总体（少于1,000），你需要有一个较大的抽样比（约为30%）。比如，样本容量至少为300才能符合较高的准确程度要求。对于中等较大的总体（10,000），较小的抽样比（约为10%，也即样本容量约为1,000）便可获得同样准确的样本。对于大规模总体（超过15万），可以有更小的抽样比（1%），样本容量为1,500就可以达到同样的准确程度。从超大总体（超过1,000万）中抽样时，要达到相同的准确程度，只需要非常小的抽样比（0.025%），样本容量只需要有2,500即可。当抽样比非常小时，总体容量便不再重要：不管总体容量为2亿还是1,000万，样本容量为2,500即可达到相似的准确程度。这些都是近似容量，会受到实际限制（例如成本）的制约。

一个原则是，对小样本来说，小幅增加样本容量可以大幅增加样本的准确性；对于

表6.4 概率抽样类型

样本类型	方法
简单随机	创建一个包含所有个案的抽样框，然后利用纯粹的随机过程（例如随机数表或电脑程序）来选取个案。
分层	创建一个包含不同类别的抽样框，从每个类别中抽取随机样本，然后将若干样本合并。
系统	创建一个抽样框，计算抽样区间1/k，随机选取起始点，然后从每k个元素中选取一个。
整群	创建一个包含较大群集单位的抽样框，对这些群集单位进行随机抽样；在每个选中的群集单位内部创建包含个案的抽样框，随机抽取个案，以此类推。

大样本来说，小幅增加样本容量几乎不起作用。样本容量增加相同的数量，小样本提高的准确性要远高于大样本提高的准确性。

最佳样本容量的决定取决于三件事：（1）所要求的准确程度；（2）总体的变化性或多样性程度；以及（3）在数据分析时，需要同时检验的不同变量的数量。当其他条件相同时，如果需要更高的准确程度，或者总体异质性程度更高，或者数据分析时检验的变量数量较多时，那么就需要更大的样本。当我们可以接受较低的准确程度，或者总体是同质的，或者每次只需要考虑个别变量时，较小的样本就足够了。

对亚群体数据的分析也影响着样本容量的决定。如果你想要对总体中的亚群体进行分析，你就需要一个较大的样本。例如，我想要分析30岁到40岁男性的四个变量。如果这个样本是普通大众，那么只会有一小部分（例如10%）的样本个案是这个年龄段的男性。根据经验估计，每个分析的亚群体要有大约50个个案。因此，如果我希望分析的群体只占总体的10%，那么在样本中，我就应该有至少10×50，也即500个个案，以便进行亚群体分析。

举一反三

抽样的一个原因是，你可以从样本中举一反三，推断总体。事实上，作为统计数据分析中的一项分支，**推论统计**（inferential statistics）关注的就是进行准确推论。当你进行研究时，可以通过样本中的单位直接观察到变量的量度。样本可以替代或代表总体。你感兴趣的并不是样本本身，相反，你希望通过样本来推断总体。因此，你具体获取的内容（样本）与真正感兴趣的内容（总体）之间是存在差距的（参见图6.4）。

在上一章中，你知道了如何用抽象构想和具体指标之间的差距来陈述测量的逻辑。具体的、可观测的数据测量，可以看作抽象构想的近似值。利用这个近似值，你可以估计真正感兴趣的内容（也即，构想和因果律）。正如概念化和操作化弥补了测量与构想的差距，抽样框、抽样过程、推论的使用，弥补了样本与总体的差距。

你可以通过直接观察概念的测量和样本中的实证关系，将抽样逻辑和测量逻辑结合起来（参见图6.4）。你可以根据从样本中实际观察到的内容来推测或概括总体中抽象的因果律或概念构想。

效度和抽样误差的功能相似。这可以通过抽样逻辑和测量逻辑之间的类比来说明——可以比作你在实证数据中观察到的内容，与你所讨论的偏抽象的内容之间的关系。在测量中，你需要有效的概念指标——能够准确代表抽象概念的具体指标。在抽样中，你需要抽样误差小的样本——能够准确代表看不见的抽象总体的具体个案的集合。有效的量度与它所代表的构想相差甚微。抽样误差小的样本所得到的估计也与总体参数大同小异。

所有研究人员都在努力减少抽样误差。对于抽样误差的计算在此不表，但它取决于两个因素：样本容量和样本的多样性程度。当其他条件相同时，样本容量越大，抽样误差越小。同样，样本的同质性越高（或者说多样性越低），抽样误差越小。

抽样误差也与置信区间相关。两个除了容量不同之外，其余完全相同的样本，容量较大的那个样本不仅有着更小的抽样误差，也有着更狭窄的置信区间。同样，两个除了多样性程度之外，其余完全相同的样本，同质性程度越高的样本不仅有着更小的抽样误差，也有着更狭窄的置信区间。狭窄的置信区间意味着，在给定的置信水平上，我们可以得到更加准确的总体参数估计。例如，你要估计平均家庭年收入。你获取了两个样本。样本1在80%的置信水平上得到的总体估计值为36,000美元，置信区间是33,000美元到39,000美元。在95%的置信水平上得到的置信区间则是21,000美元到45,000美元。而一个抽样误差较小的样本（由于样本容量大或样本同质性程度较高），在95%的置信水平上得到的置信区间可能是35,000美元到37,000美元。

结 论

在本章中，你学习了关于抽样的知识。抽样在社会研究中被广泛地使用。你了解了不基于随机过程的抽样类型，其中只有部分类型是可接受的，并且它们的使用取决于特殊情形。通常来说，定量研究人员更偏好概率抽样，因为它可以产生能够代表总体的样本，可以让研究人员利用强有力的统计学方法。除了简单随机抽样之外，你还学习了系

一个抽样逻辑模型

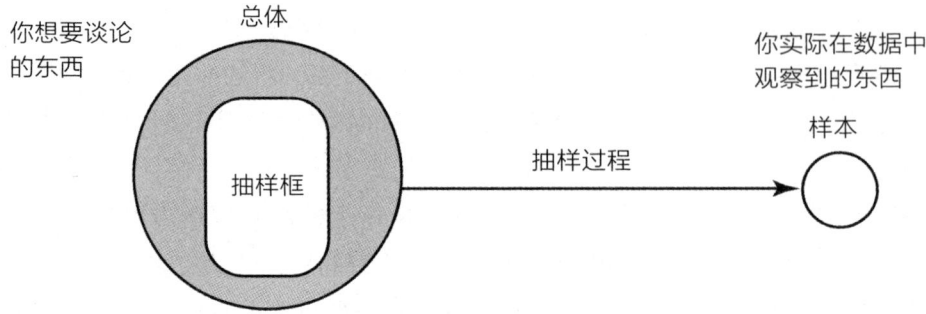

一个测量逻辑模型

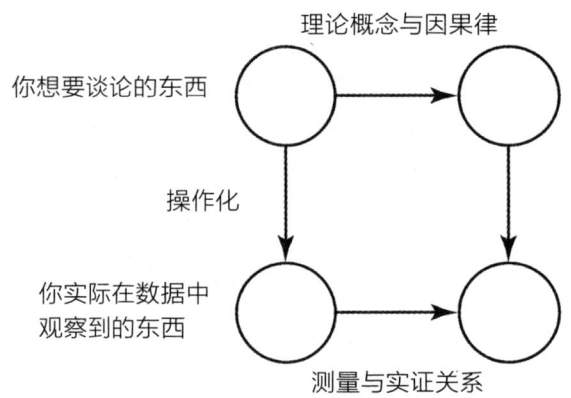

一个结合抽样逻辑和测量逻辑的模型

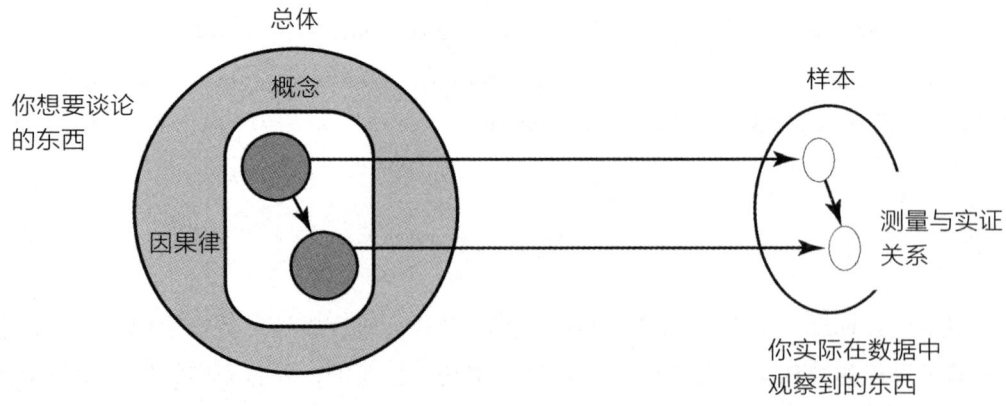

图6.4 抽样逻辑和测量逻辑的模型

统抽样、分层抽样、整群抽样。尽管这本书并没有涵盖随机抽样所涉及的统计学理论，但通过对抽样误差、中心极限定理、样本容量的讨论，我们可以了解到随机抽样产生的样本更加准确。

在进入下一章之前，让我重述一遍社会研究的根本原则：切勿将研究过程的步骤分割开来，相反，要学会理解各个步骤之间相互连接的关系。研究设计、测量、抽样、具体的研究方法，都是互相依赖的。遗憾的是，受到在教科书中呈现信息的限制，我们不得不逐一将各个步骤分割开来。在实际操作中，研究人员在研究设计和给变量创建量度时，就会考虑数据收集工作。同样，抽样的议题也会影响研究设计、变量测量以及数据收集策略。你将会在接下来的章节中看到，好的社会研究有赖于同时在不同的研究步骤（研究设计、概念化、测量、抽样、数据的收集与处理）中控制质量。研究人员在任何步骤犯下重大错误，都会导致整个研究项目毫无用处。

第七章
调查研究

7.1 何时使用调查
7.2 调查研究的逻辑
  什么是调查？
  开展调查的步骤
7.3 构建问卷
  编写好问题的原则
  帮助受访者回忆
  问题类型和回答类别
  开放式问题与封闭式问题
  措辞问题
  问卷设计问题
7.4 调查类型：优势与劣势
  邮件问卷与自填式问卷
  网络调查
  电话访谈
  面对面访谈
7.5 访谈
  访谈人员的角色
  访谈的步骤
  访谈人员培训
  访谈人员偏差
  计算机辅助电话访谈
7.6 合乎伦理的调查

有人递给你一沓纸，里面全是问题。第一页纸上写着："我希望了解您对于纽曼编写的研究方法教材的看法。你认为这本教材是：（1）内容安排合理，（2）内容安排较为合理，还是（3）内容安排不合理？"你可能对此并不惊讶。这是一种调查，到我们成年之后，大部分人都习惯了各种各样的调查。

调查是社会科学中最为广泛使用的数据收集方法。事实上，它甚至可能太过于受到人们欢迎，以至于当人们被问到："对于这个问题，获取好数据的最合适的方法是什么？"许多人都会回答："做个调查。"公众对调查方法广泛熟悉，调查开展轻而易举，这可能会变成一个缺点。尽管调查被人们广泛使用和接受，但稍有不慎，调查就可能会产生具有误导性的结果。调查可以给我们提供准确、可靠、有效的数据，但做到这些需要认真的努力和思考。调查用途广泛，形式多样——电话访谈、网络民意调查、纸质调查问卷等。调查的任何形式都依赖专业的社会研究调查原则。在本章中，你将会学习调查研究，并了解它的局限性。

7.1 何时使用调查

调查研究是在实证主义的社会科学方法中发展起来的（在第二章中讨论过实证主义）。调查研究遵循了实证主义的原则，建立在"社会现实是由稳定、客观的事实组成的"这一假设之上。并且，我们可以准确地对社会现实进行测量，将其转化成为定量数据，并利用数据的统计值来检验社会现实中的因果关系。

要开展一项调查，你需要向许多人（受访者）询问他们的信念、观点、特征、过去的或现在的行为。当你的研究问题与受访者自述的信念或行为相关时，调查就是一种合适的研究方法。如果你可以通过让人们回答问题来测量变量，那么调查就是一个好的选择。通常，为了更有效率，我们会在一个调查中同时询问多个问题。你可以在一项调查中测量多个变量（通常有着多重指标），检验多个假设。

你可以在调查中询问社会生活的以下不同方面（这些分类偶有重合）。

  1. 行为。您多久刷一次牙？您是否在上次城市选举中投了票？您上一次走访近亲是什么时候？

  2. 态度/信念/观点。您认为市长从事的是一种什么样的工作？您是否认为有人在背后说您坏话？我们国家当今面临的最大问题是什么？

  3. 特征。您是已婚、单身、离异、分居，还是寡居？您是否属于某个党派？您的年龄多大？

  4. 期望。你是否计划在未来12个月购入一辆新的汽车？您认为您的孩子将会接受什么程度的学校教育？您认为本镇人口将会增长、缩减，还是保持原有规模？

5. 自我分类。您认为自己是自由派、温和派，还是保守派？您会将自己的家庭归入哪个社会阶层？您认为自己在宗教信仰上是高度虔诚的，还是不太虔诚的？

6. 知识。在上一次选举中，谁当选了市长？本市中多少比例的居民是非白人？在美国私自拥有卡尔·马克思的《共产党宣言》是否合法？

当使用调查直接询问关于社会事件或行动的解释——那些以"为什么"开头的问题时，要十分小心。直接向人们询问并不一定能够得到真实的原因。受访者并不总是了解造成某种观点或行为的因果因素。然而，当你想要了解一个受访者的主观认识，或者想了解他所采用的非正式的理论时，那些以"为什么"开头的问题就是合适的。了解人们的想法是有用的，但不要将一个受访者的非正式理论与社会科学建立因果理论的任务混淆，后者是建立在科学文献的广泛知识基础之上的。

调查方法的一个重要局限在于，它所获取的数据只是一个人或一个组织的说法。一个人的说法可能与他真实的想法有所出入。佩杰和奎里安（Pager and Quillian，2005）的研究阐明了这个问题，他们通过电话调查，询问了密尔沃基地区的一些企业关于雇用不同种族的前罪犯的意愿，然后将之与实际的审查结果相对比。在审查时，两组有着特定特征、受过训练的年轻男性申请了350份工作。企业同意雇用其中34%的白人和14%的黑人申请者。申请者们的工作经验与证书是完全相同的，并且没有犯罪记录。还是这些企业，在面对有着相同工作经验、证书、非法药物使用的犯罪记录的申请者时，他们同意雇用其中17%的白人申请者和5%的黑人申请者。几个月之后，研究者对这些企业进行了电话访谈。佩杰和奎里安发现，有更多的企业表达出雇用前罪犯的意愿（67%）。在电话调查中，前罪犯的种族也不影响企业的雇佣意愿。并且，一些特定类型的企业声称更愿意雇佣前罪犯，但在审查中，所有类型的企业表现相同。作者认为，"调查回答与这些企业所展现出来的真实行为之间并没有什么关系"（第367页）。

7.2 调查研究的逻辑

什么是调查？

在开展调查研究时，调查的问题就是对变量的测量。所有受访者都对同样的问题做出回答。你可以利用这些回答来对若干假设进行检验，并通过询问关于过去行为、经历、特征的问题来推断时间顺序。例如，受访者的受教育年限或种族，是先于其当前态度而发生或存在的。你可以利用统计方法来对变量之间的联系进行测量。回顾证明因果性的条件，可以得到时间顺序和联系。在设计调查时，我们还需要考虑其他可能的解释，并测量那些可能代表着其他解释的变量（也即，控制变量）。之后，你可以利用统计学来检验它们的结果，排除其他可能的解释。调查研究通常被认为是相关的（correlational）。这是因为在调查研究中，只有对变量的控制，而无对实验的控制——只有控制变量，而无实验控制（experimental controls）。控制变量是对实验控制的一种替代，后者是指的是在确定变量的时间顺序时，对物质环境和事件进行控制，以排除其他可能的假设，从而建立因果关系在调查研究中，你依据逻辑确定变量的时间顺序，检查变量之间的联系或相关性。但是想要排除其他可能的假设，你需要使用控制变量，检验它们之间的统计学关系。

开展调查的步骤

开展调查研究，需要遵循演绎法。这意味着从理论的或应用的研究问题开始，以实证测量和数据分析结束。当你确定调查是合适的研究方法时，需要遵循图7.1概括的步骤。

在第一阶段，你逐步发展出来一个工具——一份调查问卷或访谈安排（interview schedule），以便用来测量变量。在问卷中，受访者自行阅读题目并标记出答案。在访谈计划中，访谈人员向受访者念出问题，并记录受访者的回答。为了便于讨论，我将只使用"问卷"这一术语。

要开展调查，你首先要将所有变量进行概念化和操作化，使其成为调查问题。你会不断编写和修改题目，使问题更加准确、完整。此外，你还必须根据研究问题、受访者、调查类型（调查类型稍后讨论）来组织问卷问题。

在准备问卷时，要提前思考如何记录和组织

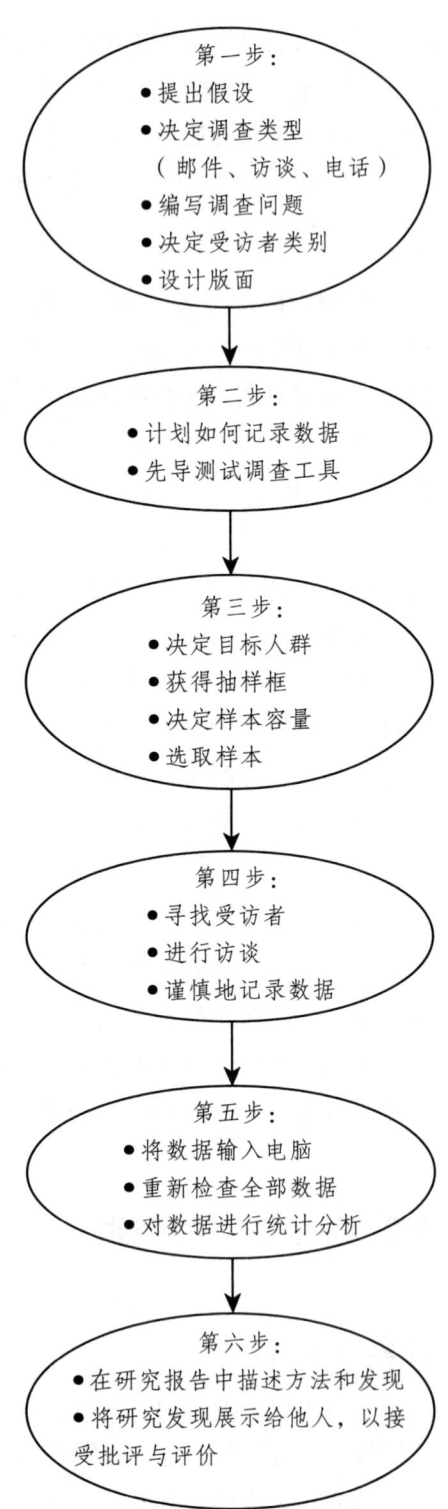

图7.1 调查研究过程的步骤

数据以便进行数据分析。你应该在一小群与最终调查受访者相似的人身上对问卷问题进行先导测试。如果你招募其他人作为访谈人员，那么你必须就问卷对他们进行培训。在先导测试中，你需要询问受访者问卷问题是否表述清楚，并且探索他们的解释，以便了解自己在题目中的意图是否清晰。在这个阶段，你要抽取一个样本。

在计划阶段完成之后，你就可以准备收集数据了。这个阶段一般要比计划阶段短。你通过电话、邮件或网络找到被抽中的受访者本人。你向受访者提供关于完成问卷或访谈的信息和指导。接下来就是提问环节。这个阶段是简单的"刺激－回应"或"问题－回答"模式。你必须立即准确记录答案或回应。当所有受访者完成问卷之后，你要感谢他们，然后整理数据，为统计分析做准备。

调查研究既可以是简单、低成本的，也可以是复杂、昂贵的。一项由10个题目组成、60名受访者在现场或线上回答的调查，是简单、低成本的。一项中等规模的调查（例如，由25个题目组成并通过电话联系500名受访者作答）则需要协调各方人员和不同步骤。一个大型的全国性样本（500个题目，2,000名面对面受访者）则会花费几百万美元，并需要由大型专业机构开展。在任何情况下，调查研究管理都需要卓越的组织能力和准确的记录。你必须记录每个题目、每位受访者的回答以及每份问卷；当你采用访谈法时，还需要记录每位访谈人员。

在任何调查中，你都应当赋予每位被抽中的受访者一个身份号码，这个号码也会出现在问卷当中。之后，你可以根据被抽样的受访者名单核查每份已完成的问卷。接着，你要回顾每份个人问卷，存储原始问卷，并将问卷上的数据转换成电子形式，以进行统计分析。细致的记录和标签十分有用。否则，你也许会因为马虎浪费大量的时间、精力，丢失许多有用的数据。

7.3 构建问卷

编写好问题的原则

调查题目是对变量的测量，有些变量由若干题目共同测量。不要孤立地思考每个题目，而是要将所有题目联系起来考量。一份好的问卷是一个互相协调的整体。你要将一份问卷中的题目编织在一起，这样才能顺畅连贯。除了调查题目，调查问卷还需要有介绍性的陈述和指导部分，使其更加友好、清楚，减少潜在错误。

编写有效调查题目的三大原则是：保持清楚，保持简单，并且站在受访者的视角。好的调查题目可以提供有效、可信的变量测量，也可以让受访者感觉到，他们理解了这些问题并做出了有意义的回答。那些不符合受访者视角的或让受访者感到困惑的题目，就不是对变量的良好测量，因此也就无法产生有效、可信的数据。如果受访者有较大的异质性，或者他们的生活环境与你不同，那么在编写题目时就需要更加谨慎。

在编写调查问题时会遇到一个进退两难的境地。一方面，每位受访者都应该读到或听到完全相同的题目。这保证了所有受访者回答的是同样的题目，那么你就可以将所有受访者的数据合并起来。另一方面，如果受访者有着不同的背景或参考框架，那么对所有人来说，完全相同的题目就可能不是同样清晰、相关或有意义的。简言之，对人们来说，相同的题目措辞并不等于相同的含义。但是，如果你根据每位受访者调整问题的措辞，那么你就不能将所有人的数据汇集到一起，再轻易地进行对比了。如果不同的受访者回答的是不同的问题，那么你就搞不清究竟是由于不同的问题措辞，还是由于受访者之间的差异导致了受访者们回答的不同。

编写问题更像是一门艺术而非一门科学。它需要技巧、练习、耐心以及创造性。你可以通过阅读下文编写调查题目时要避免的12件事情，来一窥题目编写的原则。这个列表并没有列出所有可能的错误，只列出了一些常见问题：

一、避免行话、俚语、缩写。行话或专业术语有多种形式。比如，水管工谈论"蛇形弯管"（snakes），律师谈论"坦率诚实"（uberrima fides）的合同，心理学家谈论"恋母情结"（Oedipus complex）。俚语是存在于某个亚文化中的行话。例如，无家可归的人谈论"雪鸟"（译者注：snowbird，即每年搬往温暖地方过冬的人），滑雪者们所说的"热狗"（译者注：hotdog，即用滑板表演特技）。我们也要避免缩写。NATO 一般代表"北大西洋公约组织"（North Atlantic Treaty Organization），但它对于另一些受访者来说，也可能代表其他的含义 [比如全国汽车旅游组织（National Auto Tourist Organization）、阿拉斯加本地贸易轨道（Native Alaskan Trade Orbit）、北非茶叶办公室（North African Tea Office）]。除非是对某一特定群体做调查，否则应该避免使用俚语或行话。尽量使用被抽样的受访者会用的词汇或语法。对于大众来说，使用电视或报纸上的语言即可（大约为美国八年级的阅读词汇量）。

二、避免歧义、模棱两可、含糊不清。歧义和含糊不清困扰着大多数编写题目的人。我们很容易会在未考虑受访者的情况下做出隐含的假设，而这常常带来一些问题。例如，"你有多少收入？"指的可能是周收入、月收入或年收入，也可能是家庭收入或个人收入，还可以指税前收入或税后收入，或者是当年收入或去年收入，又或者是薪资收入或全部收入。这种模棱两可，会使得不同受访者对这一问题的理解和回答不一致。如果你想了解的其实是去年家庭税前年收入，你应该问得明确清楚。[1]

歧义的另一个原因是使用了不明确的词语或回答类别。例如，对"你是否经常慢跑？是 __ 否 __"这一问题的回答取决于"经常"的含义。有些受访者或许会将"经常"定义为"每天"，另一些人则可能会视为"每周一次"。为了减少受访者的困惑，获取更多信息，你应该具体些——询问他多久慢跑一次："大约每天一次""一周几次""一周一次"等（关于如何改进问题，可参见示例7.1）。

示例7.1 改善表述不清的问题

这里有三个调查题目，它们是由经验丰富的专业研究人员编写的。经过先导测试，得知15%的受访者要求对题目进行澄清或给出了不充分的答案（也即，"不知道"）。因此，他们对原始题目的措辞进行了修正。正如你所见到的，题目的措辞是一门艺术，它可以通过练习、耐心、先导测试来改善。

原始题目	存在的问题	修改后的题目
您是否定期锻炼或参加体育活动？	什么算作"锻炼"？	您是否定期运动、有体育爱好、参加体育活动或锻炼，比如说散步？
您平均每周几天食用黄油？	人造黄油是否算作黄油？	下一个题目是针对黄油的——不包括人造黄油。您每周几天食用黄油？
【关于鸡蛋的后续题目】您典型的一天中会食用几餐鸡蛋？	一餐吃多少鸡蛋？什么是"典型的一天"？	当您食用鸡蛋时，您一般每天食用多少鸡蛋？

	对题目的回答		要求澄清题目的比例	
	原始题目	修改后的题目	原始题目	修改后的题目
关于锻炼的题目（回答"是的"的百分比）	48%	60%	5%	0%
关于黄油的题目（回答"从不吃"的百分比）	33%	55%	18%	13%
关于鸡蛋的题目（回答"一个"的百分比）	80%	33%	33%	0%

来源：改编自Fowler（1992）。

避免题目歧义的一般规则是，你首先必须认真地思考你想要测量的是什么，接着要考虑受访者的情况。例如，如果想要向受访者询问他们的就业情况，那么你是想要了解关于他们首份工作的情况，还是想要了解所有工作的情况？是只想了解全职工作的情况，还是既包括全职工作，也包括兼职工作？是想了解有工资的工作，还是需要了解没有工资的或志愿工作？

三、避免带有感情色彩的语言。词语既有隐含的内涵意义，也有明确的指示意义。有着强烈感情色彩的词语，会对受访者如何听到并回答调查问题产生影响。你应该使用中立的语言。避免使用带有情绪"包袱"的词语，因为受访者可能会对充满感情色彩的词语作出反应，而非问题本身。例如，"有的政策打算支付赎金，给那些威胁要窃取爱好和平者们的自由的恐怖分子，你对此有什么看法？"这个问题就充满了情绪词（"自由""窃取""和平"）。

四、避免威望偏差。社会中的头衔或职位（例如主席、专家等）自带威望或地位。与居于高位者相关的问题，会对受访者如何理解和回答调查问题产生影响。在询问问题时，要避免将问题陈述与有威望的人或群体联系起来，因为受访者可能会根据他们对于这个有声望的人或群体的感受来回答问题，而不是针对问题本身做出反应。例如，你问道，"大多数医生认为，吸烟会让吸烟者身边的非吸烟者得上肺病。你是否认为二手烟会对健康造成危害"，这样，那些想要与医生意见一致的人，将二手烟视为健康危害的可能性更高。同样，如果你问"你是否支持美国参谋长联席会议最近在索马里采取的行动"，那些未曾听说过索马里的人，或者对美方行动所知甚少的人，会根据他们对于美国参谋长联席会议的感受来回答该问题。

五、避免有双重意义的问题（double-barreled question）。每个问题应当与有且只有一个话题相关。有双重意义的问题包含了两个或多个结合在一起的问题。它会使得受访者的回答模棱两可。例如，你询问"这家公司是否有养老金和牙科保险福利"，那些有牙科保险福利，但却没有养老金的公司的员工受访者既可以回答"是"，也可以回答"否"。这种回答就是含义不清。如果你想同时询问两件事（例如，一家公司既有养老金福利，又有牙科保险），那么你最好单独询问两个问题，每个问题只与一个话题相关。你可以之后再来研究两个问题的答案，以此确定受访者工作的公司是否既有养老金又有牙科保险，还是两者皆无，又或是只有其中一种。

六、不要将观点与现实混淆。这与上文对"为什么"问题的警告类似。不要将受访者认为的东西与你作为研究者所要测量的东西混淆。受访者或许会认为两个变量之间存在关联。但是，这种观点并不是对变量关系的实证测量。例如，你想要了解，学生是否会对在课堂上讲笑话的老师评价更高。两个变量分别是"老师讲笑话"和"学生对老师做出评价"。错误的方法是询问学生："如果老师在课堂上讲很多笑话，你是否会对老师做出较高评价？"这个问题测量的是"学生是否认为他们会根据老师讲笑话而评价老师"，它并没有测量实际存在的关系。正确的方法是单独询问两个问题："你如何评价这位老师？""这位老师在课堂上讲了多少笑话？"以此决定两者之间是否存在关联。人们对于变量之间关系的观点与实际存在的关系有所不同。人们可能知晓某种关系并准确地对其作出评估，也可能对某个关系抱有错误的认知。

七、避免具有引导性的问题。尽量让受访者感觉所有的答案都是合理的。不要让他们知晓你所期待的或想要的答案。具有引导性的问题（或具有既定观点的问题）指的是，那些通过措辞引导受访者选择某个答案而非其他答案的问题。引导性问题种类较多，例如，"你不抽烟的，对吧"，这种问题会引导受访者回答"不抽烟"。你可以将具有引导性的问题陈述为一个可以引出肯定或否定答案的问题。例如，"市长应该花费更多的税款来保持街道的良好状态吗"，这样的问题会引导受访者给出"不赞成"的答案。而"市长应该解决我们城市坑坑洼洼、危险的街道问题吗"，这样的问题则会引导受访者给出赞成的答案。

八、避免询问超过受访者能力范围的问题。询问鲜有受访者了解的问题只会让受访者感到不悦，产生低质量的回答。受访者未必总是能够记起过去的细节，他们也并不一定知道许多具体的真实信息。例如，向一个成年人询问"当你6岁时，你对你的兄弟有什么感觉"，这可能是毫无意义的。让受访者在他们并不知晓的东西之中做出选择（例如，外交事务中的技术问题或某个组织的内部政策），你或许可以得到一个答案，但这个答案并不可信，并且没有任何意义。当许多受访者都可能不了解某个问题时，应采用全过滤问题形式（稍后讨论）。

调查问题的措辞需要符合受访者的思路。例如，鲜少有受访者可以回答"你去年购买了多少加仑的汽油"这个问题。但受访者或许可以回答他们在正常的一周内会购买多少加仑汽油的问题。你可以将这个问题的答案乘以52来估计他们的年购买量。[2]

九、避免虚假前提。不要以受访者可能不同意的前提来开始一个问题，并向他们询问对此的选择。不赞成该问题前提的受访者会感到不悦，他们也不知道该怎么回答这个问题。例如，"邮局每天营业的时间实在太长了。你希望邮局每天晚开门4个小时，还是早关门4个小时"，这样的问题让那些不同意问题前提或不同意两个选项的受访者无从选起。更好的问题应当是先明确地让受访者假设一个前提为真，然后询问他们的偏好。例如，"假设邮局必须减少其运营时间，哪种措施对你更方便，是每天晚开门4个小时还是早关门4个小时？"对假设场景做出回答并不十分可信，但明确的问题可以减少受访者的不悦。

十、避免询问远期打算。如果你询问人们，在遥远的未来他们可能会做什么，那么你很有可能是在浪费时间。调查问题并不能够预测与一个人当前状态相差很远的行为，或遥远未来的行为。例如，"假设在未来三年之内，这条路上新开了一家杂货铺。你是否会去那家杂货铺购物？"最好是询问人们当前或近期的态度和行为。受访者回答的与其当前或近期经历相关的特定具体的问题，要比他们在与当前经验不同的假设情境下回答的问题可信得多。

十一、避免双重否定。日常语言中的双重否定在语法上是错误且令人感到困惑的。

例如,"我不是没有工作(I ain't got no job)",按照逻辑,这句话指的是受访者确实有工作,但在这个语境下,第二重否定是用来强调的(译者注:此用法与中文有所差异,在中文表达中,双重否定一般表示肯定,但也应该尽量避免在问卷设计中使用)。这种显而易见的错误是罕见的,但更为微妙的双重否定形式也令人困惑。当受访者被询问同意或不同意某个陈述时,就会出现双重否定的问题。例如,对"学生不应该被要求参加综合测试才能毕业"这个陈述持有否定态度的受访者,实际上从逻辑上讲就是双重否定,因为他们"不同意"做某事。

十二、避免重合的或不平衡的回答类别。应当使回答类别或选项互斥、穷尽并且平衡。互斥意味着回答类别不会重合。数字范围重合的回答类别(例如,5~10,10~20,20~30)很容易修正(例如,5~9,10~19,20~29)。模糊不清的语言选项则是另一种类型的重合回答类别(例如,"您是否对您的工作满意,或者您是否对工作有不满意的地方?")穷尽指的是每个受访者都有得选,可以选出某个答案。例如,向受访者询问:"您是在工作中还是失业中?"这种问题就会排除那些既没有在工作,也不会将自己视为失业的受访者(例如全职家庭主妇或主夫、在度假的人、学生、残疾人、退休人员等)。

保持回答类别的平衡。不平衡的回答选择类似于:"市长的工作做得如何:是出色、卓越、非常好还是满意?"另一种不平衡的问题种类是遗漏信息——例如,"在以下五位市长候选人中,您支持哪位?是尤金·奥斯维戈,还是其他人中的某个?"研究人员可以通过提供两级相反词来保持回答的平衡。我们可以看到,"诚实"与"不诚实"是两个含义和内涵相反的词语。让受访者评价市长是"高度诚实、有些诚实,还是不是特别诚实",与让他们评价市长的"不诚实程度"是不一样的。除非有特殊原因,否则最好向受访者在两个相反极端都提供连续相等的词。[3]例如,"你认为市长:非常诚实、有些诚实、既不诚实也没有不诚实、有些不诚实,还是非常不诚实?"(参见表7.1)

帮助受访者回忆

通常你会让受访者回忆过去的事件或行为,例如,在过去3周看了多长时间的电视,或者你上一次看医生是什么时候?受访者在填写调查问卷时通常会在每个问题上停留5秒钟,而对事件进行准确回忆则需要更多的时间和精力。同样,人们准确回忆过去事件的能力也随着时间而下降。在对住院治疗和犯罪受害的研究中发现,即便大部分受访者可以回忆起最近几周内发生的重要事件,一年之后,一半受访者都无法准确回忆起这些事件了。许多因素影响着记忆:话题、与之同时或相继发生的事件、该事件对某个人的重要性、情境条件(问题措辞和访谈风格),以及受访者达成内在一致的需要。

受访者的回忆具有复杂性,但这并不代表你不能询问关于过去事件的问题,相反,你需要定制问题,并谨慎地解读结果。有个技巧是,向受访者提供特别指导,并给他们额外的思考时间。你或许也可以向受访者提供帮助，例如提供固定的时间框架或位置参考。不要问"上一个冬天，您参加某项运动的频率是多少"，而是问"我想了解您上个冬天参加了多少体育活动。我们一个月一个月地来回顾。先来想想12月，您是否在12月购票参加过现场体育赛事活动？现在，回顾1月，您是否在1月参加过任何体育赛事？"

问题类型和回答类别

具有威胁性的问题（threatening questions）。有时，你或许想要询问一些敏感的问题，回答这些问题可能会让受访者感到不太舒服，或者可能会危害到他们的自我表现。它们包括关于性行为、毒品或酒精的使用、精神健康、对儿童或亲密伴侣的虐待、异常行为的问题。受访者可能根本不愿意回答这些问题，或者不愿意完整、真实地回答这些问题。如果你想要询问这些问题，那么就需要格外小心，并且在解读结果时也需要格外谨慎（参见表7.2）。[4]

具有威胁性的问题是关于自我表现和自我保护的宏观议题中的一部分。受访者通常希望尽量将自己表现成令人喜爱的形象。他们或许对给出真实的答案感到羞愧、尴尬或担心。如果诚实地面对自己的行为，他们或许会在情感上感到痛苦，更别提向他人承认自己的行为。他们可能会少报或自我审查地报告那些自己希望隐瞒的，或自认为违反了社会规范的行为或态度。一项研究（Tourangeau，Groves and Redline，2010）认为，那些感觉到被威胁的人参加调查的可能性更低，即便参加了，他们准确回答问题的可能性也更低。人们也会多报告正面行为或被普遍接受的观点（稍后会讨论社会期望偏差）。

当人们有疾病或残疾（例如癌症、精神疾病、性病）时，或参与非法或异常行为（例如偷税漏税、吸毒、饮酒、参与不常见的性行为）时，或暴露财政状况（例如收入、储蓄、负债）时，人们往往会低报或少报（参见表7.3）。

表 7.1 调查问题编写的陷阱总结

要避免的事情	不好的	可能的改进
1. 行话、俚语、缩写	您昨晚是否淹没在酿造之物中，至醉方休？	昨晚，您喝了多少啤酒？
2. 含糊不清	您是否经常在外面吃饭？	在正常的一周中，您会在饭店、餐馆或其他餐饮店吃几顿饭？
3. 带有感情色彩的语言 4. 威望偏差	"德高望重的格雷斯委员会（Grace Commission）的文件显示，由于采购不当、管理不善、簿记粗心、合同管理不当、人员滥用以及其他浪费行为，我们高达3,500亿美元的税收正在被完全浪费。削减政治拨款和消除政府浪费，对您来说是头等大事吗？"*	美国国会采取措施减少政府浪费，对您来说有多重要？ 非常重要 有些重要 既不是重要的也并非不重要 有些不重要 完全不重要
5. 双重意义问题	您对提高社会保障福利和增加军费开支是赞成还是反对？	您赞成还是反对提高社会保障福利？您赞成还是反对增加军费开支？
6. 将观点当成现实	您是否认为受教育程度越高的人越少吸烟？	您的受教育水平如何？您是否吸烟？
7. 引导性的问题	您在上一次市长选举时，是否履行了责任，投出一票？	在上个月的市长选举中，您是否投了票？
8. 超过受访者能力范围的问题	两年前，您每周看多少个小时的电视？	在过去的两周中，您认为您一般一天看多少个小时的电视？
9. 虚假前提	您是什么时候不再殴打您的女友/男友的？	您是否曾经掌掴、拳击或击打过您的女友/男友？
10. 远期打算	当您大学毕业、找到工作并定居之后，您是否会在股市投资一大笔钱？	在接下来两个月中，您是否计划在股市投资？
11. 双重否定	您是否不同意那些不愿意建设一个新的城市游泳池的人？	人们提议建立一个新的城市游泳池，您对这个提议是赞成还是反对？
12. 不平衡的回答	您觉得我们酒店服务是出众、优秀、优越，还是良好？	请您对我们酒店的服务做出评价：出众、很好、尚可、不好。

*这个问题实际上是从1998年5月美国共和党国会委员会寄给我的邮件问卷中摘取的。它也属于双重意义问题。

表7.2 具有威胁性的题目和敏感议题

话题	感到非常不适的比例	话题	感到非常不适的比例
自慰	56	喝啤酒、红酒或其他酒精饮料	10
性交	42		
使用大麻或印度大麻	42	幸福感	4
使用兴奋剂或镇静剂	31	教育	3
醉酒	29	职业	3
爱抚与接吻	20	社会活动	2
收入	12	一般休闲	2
与朋友赌博	10	体育运动	1

来源：改编自 Bradburn and Sudman（1980：68）。

表7.3 在调查中被过多报告（+）和被过少报告（-）的行为

	失真或错误回答的比例		
	面对面	电话	自填式
威胁性低的/常规的			
登记选举	+15	+17	+12
在大选中投票	+39	+31	+36
拥有图书馆卡	+19	+21	+18
威胁性高的			
破产	-32	-29	-32
醉驾	-47	-46	-54

来源：改编自 Bradburn and Sudman（1980：8）。

一些调查方法可以使威胁性问题的答案真实性更高。有些方法涉及问题本身的内容和措辞。你只有在进行了暖场之后才能询问可能具有威胁性的问题，在此之前，访谈人员需要与受访者建立和谐的信任关系，受访者需要被告知访谈人员想要了解诚实的答案。你可以通过提供让受访者感到自在、便于给出真实回答的环境，将具有威胁性的问题用一种"改进的方式"表达出来。例如，以下是一个改进过的询问异性恋男性们的问题："在以往的调查中，许多男性曾报告说，在他们生活中的某个时间点，他们与其他男性有过某种形式的性经历。这可能发生在青春期之前、之中，或者成年之后。您是否在人生的某个时间点上,与其他男性发生过性行为?"这个问题的标准形式本应该是:"您是否与其他男性发生过性行为?"那些对于披露他们参与同性性行为感到尴尬或不适的男性,更有可能回答这个改进版本的问题。另一个方法是将稍具威胁性的回答,嵌置于一系列更加严重的或具有威胁性的回答之中。这样,这个稍具威胁性的回答看起来就没那么异常或离经叛道了。例如,你想要了解受访者是否曾在商店偷窃过。如果你一开始就问这个问题,那么他们可能会犹豫是否承认它;但如果这个问题是在四五个其他关于诸如持械抢劫或入室盗窃之类的犯罪行为的问题之后,那么他们可能会诚实地回答关于商店偷窃的问题。因为在与其他更加严重的犯罪行为相比的上下文环境中,这件事看起来不那么严重,因而其威胁性也较小。

社会期望问题(socially desirable questions)。社会期望偏差发生在当受访者为了让他们的报告符合社会规范而扭曲答案时。人们往往会过度报告自己有教养的行为(例如阅读、参加高雅文化活动)、向慈善机构捐款、拥有良好的婚姻、关爱子女等行为。例如,在调查中宣称自己向当地慈善机构捐款的人中,有1/3实际上并没有捐过款。正是因为社会规范认为,人们应该在选举中投票,许多并未投票的人也会宣称自己投了票。在美国,那些投票压力最大的人(也即,那些受教育程度高的、有政治党派的、非常虔诚的人,往往会被某个力劝他们投票的组织联系到)最有可能谎称自己投了票,而实际上却并未投票。

与处理具有威胁性的问题相似,你可以通过改变措辞来减少社会期望偏差,使遵从或违背社会规范看起来没有那么令人厌恶,并对广泛的行为展示出可接受的态度。你还可以提供多重回答种类,给受访者提供可以"保留颜面"的选项。

知识问题(knowledge question)。研究表明,绝大多数民众无法准确回答基本的地理问题、认出主要的国家领导人或识别重要的政治文件(例如《独立宣言》)。有时,你或许想要了解受访者是否了解某个话题或议题。然而,知识问题可能也是具有威胁性的,因为受访者不希望自己显得很无知。此外,在关于观点的调查中首先询问事实信息,可以获得更加准确的图像,因为人们提供的观点可能是基于自己不准确的事实知识之上的。例如,总体税收可能已经降低了,但当询问人们时,人们会有着税收还在增长的错误认知。这种情况就出现在2010年。调查数据显示95%的美国人接受了联邦政府的税收削减,但有24%的人认为他们的纳税有所增加,而53%的人认为他们缴纳的税款和以前一样多,只有12%的人表示纳税有所削减。许多人会根据纳税有所增加的信念表达政治观点,但这个观点是基于错误信息之上的。[5] 当然,人们的行为也会基于自己并不准确的观念,但调查问题有助于揭示这个答案,也即,那些指引人们行为的观念是基于准确的知识还是错误的知识。

受访者并非总是能够准确地回答简单的知识问题,例如,询问一家有几口人。在有些家户中，某些边缘人物——比如离开一周的男友、因为怀孕与家人吵架而离家出走的成年女儿、因为钱财争执而离开的叔伯——可能不会被受访者算入家户人口之内，但这些人可能没有其他长期居住地，而认为自己居住于此。[6]这种不准确性并非因为无知，而是因为对情形有着不同观念。比如，你询问45岁的约翰家中有多少人，他回答说有4个人（约翰、他的妻子萨拉、儿子杰森以及女儿艾米丽）。接着你询问艾米丽，她说朱丽叶也住在这里，因此家里住了5个人。你找到朱丽叶（20岁），并向她询问。她会说她大部分时间是与约翰、萨拉、杰森、艾米丽住在家里的，但她经常与父母起冲突，然后会暂时搬去和其他几个男性或女性朋友住。在她的观点中，家里住着5个人。

对问题进行先导测试以检查问题难度是否适宜，是一个好主意。如果99%的受访者都无法回答这个问题，那么你几乎无法获得有用的信息。此外，你可以考虑重新改写知识问题，以便让受访者在表示自己不知道答案时更加舒服——例如，"如果有的话，那么您对此事听说过多少？"

跳过或相倚问题（skip or contingency questions）。你可以避免向不相关的受访者询问某些问题。但是，也有些问题只适用于特定的受访者。相倚问题是包含两部分（或多部分）的问题。第一部分问题的答案，决定了受访者接下来要回答两个问题中哪一个。相倚问题可以挑选出那些与第二个问题相关的受访者。有时，它们也被称为筛选问题或跳过问题。基于第一个问题的答案，受访者或访谈人员会转向另一个问题或跳过一些问题（参见示例7.2）。相倚问题是一种非常有价值的问题类型，在实际操作中，人们甚至可能没有完全发挥出相倚问题的作用。

开放式问题与封闭式问题

对于调查研究中的开放式问题和封闭式问题的优点、缺点，人们已经持续讨论了数年。**开放式问题**（又叫非结构化问题或自由应答问题）是受访者可以给出任何答案的问题（例如，"你最喜爱的电视节目是什么？"）。

示例7.2 相倚问题示例

1. 您是否完成了一份实习，以作为主修课程的一部分？
   【 】是的——（去往问题2）
   【 】不是——（去往问题a）
   a. 您打算毕业后，立即去做什么？
      （1）继续深造（例如，法学院、研究生院）
      （2）服役

（3）就业（去往下一个问题）
　　　（4）其他（请说明，例如旅行、抚养孩子）
　　b. 您在毕业前是否在这家公司工作过？
　　　（1）没有
　　　（2）有
现在，回答问题2。

封闭式问题（又叫结构化问题或固定应答问题）询问的是固定问题，给受访者若干固定的应答选项供其挑选（例如，"您认为总统的工作做得非常好、好、一般，还是很差？"）。

两种问题形式都各有优缺点（参见扩展7.1）。重要的不是哪种形式更好，而是在什么情况下，哪种形式更加适合。选择开放式问题还是封闭式问题，要基于研究的目的和实际限制。使用开放式问题，需要访谈人员逐字逐句地记下答案，需要花费大量时间对受访者提供的详细回答解码和编码，因此通常是不太实际的。

许多大型调查都使用封闭式问题，因为无论是对受访者还是对研究人员来说，回答封闭式问题更快、更便捷。但由于个人的观点和感受被迫划分为若干固定答案类别，我们也会丢失一些重要的信息。如果你需要了解受访者是如何思考的，要发现对他真正重要的事情，或是想要了解一个有许多可能答案的问题（例如年龄），开放式问题可能更加适合。而在测量具有威胁性的或敏感的话题（例如性行为、饮酒）时，使用封闭式问题可能更加准确。

你可以通过在一个问卷中将开放式问题和封闭式问题混合起来，以减少某一种问题形式的弊端。将两者混合起来还可以改变访谈节奏，帮助访谈人员建立信任。将间歇性的探索询问与封闭式问题相结合（也即，访谈人员提出后续问题，本章稍后讨论），可以揭示受访者的推理方式。

访谈人员不时地探索询问受访者的想法，有助于检查受访者是否理解了研究者的意图。然而，使用探索询问不能替代编写明确的问题或为受访者创建理解框架。在探索询问时，如不小心，就有可能会在受访者没有观点或不了解信息时，塑造受访者的答案，或将答案强加于受访者。然而，在面对一些复杂问题时，受访者可能无法明确地理解基本术语，或是在表达观点上存在困难。这时，访谈人员在灵活的或对话式的访谈中采用探索询问，有助于提高问题的准确性。例如，"在过去的一周中，您是否为了钱财做过任何工作？"受访者可能会稍有犹豫，然后回答"是的"。接着访谈人员探索询问："您是否能够告诉我，你具体做了什么工作？"访谈人员回答："上周二和周三，我花了几个小时帮助我的朋友约翰搬家。他给了我40美元，但除此之外我没有再做其他工作。"如果你的意图只是想要了解正规就业，那么探索询问显示受访者存在误解。你也可以使用部分开放式问题（也即，有一套固定选项，除此之外还有一个开放式选项"其他"），它可以让受访者提供未被纳入的答案。在研究的早期阶段或探索阶段，开放式问题格外重要。对于大型调查，你可以在先导测试时使用开放式问题，然后根据受访者给出的答案，设计封闭式问题的答案。

在编写封闭式问题时，你必须做出许多决定。需要设置多少应答选项？问题是否应该有中间或中立的选项？如何设置应答的顺序？要使用什么类型的应答选项？如何测量应答的方向？回答这些问题并非易事。例如，两个应答选项太少，但是五个以上的应答选项又难以奏效。你要测量有意义的差别，而不是瓦解这些差别。

扩展7.1 封闭式问题和开放式问题

封闭式问题的优点

可以让受访者更方便、更快捷地作答。
便于比较不同受访者的答案。
便于对答案进行编码和统计分析。
应答选项可以向受访者阐明问题的意义。
受访者回答敏感话题的可能性更大。
更少出现与问题不相关的或令人困惑的答案。
表达不清的或受教育水平较低的受访者不会处于劣势。
便于重复。

开放式问题的优点

可以有无数种可能的答案。
受访者可以详细回答问题，并且可以修正和澄清他们的回答。
可以发现预料之外的结果。
可以让受访者充分地回答复杂的问题。
可以让受访者发挥创造性、表达自我，可以获取丰富的细节。
揭示了受访者的逻辑、思考过程、参考框架。

封闭式问题的弊端

可能暗示了受访者原本没有的观点。
没有观点或不了解某事的受访者可能会随意作答。
受访者可能会因他们想要给出的答案未被列入选项之中而感到沮丧。

如果应答选项过多（如20个），会令人感到困惑。

可能会忽视受访者对问题的误读。

受访者的回答之间的区别可能会变得模糊。

可能会存在笔误或选错。

强迫受访者对复杂问题给出简单化的答案。

强迫人们做出现实生活中不会做出的选择。

开放式问题的弊端

不同的受访者给出的答案详略程度不一。

回答可能无关，或被太多无用的细节淹没。

很难进行比较或统计分析。

难以对回答进行编码。

表达能力强的、受教育水平高的受访者存在优势。

问题可能太过宽泛，导致受访者迷失方向。

访谈人员难以逐字逐句记录回答。

需要受访者付出大量的时间、思考和努力。

受访者可能会被问题威胁到。

回答开放式问题会占据大量问卷空间。

更加具体的回答可以产生更多的信息，但是太过具体也会造成困扰。例如，如果你将"你对你的牙医满意吗？"（回答"是"或"否"）这个问题改写成，"你对你的牙医有多满意：非常满意、有些满意、有些不满意、完全不满意"，你会获得更多的信息，也给予了受访者更多的选择。

无态度和中间立场（nonattitudes and the middle positions）。调查研究人员为是否应当包含中立的、中间的、无态度的选项（例如"不确定""不知道""没意见"）而争论不休。[7]在这一问题上，人们会犯两种错误：选择了中立选项，而受访者实际上持有非中立观点；或者，受访者没有看法，却被迫选择了某个立场。

许多人担心受访者会为了避免做选择，而选择无态度的答案。然而，通常在调查中最好还是提供一个无态度的选项。许多人会对虚构的议题、物体、事件表达观点。通过提供无态度（中间的、没有看法的）选项，你可以识别那些持有中间立场或没有看法的人。

有三种态度问题可以帮助你处理无态度：标准形式问题、准过滤问题、全过滤问题（参见示例7.3）。在标准形式问题（standard-format question）中，你不需要提供"不知道"这一选项，受访者必须主动说出它。在准过滤问题（quasi-filter question）中，你向受访者提供一个"不知道"的选项。全过滤问题（full-filter question）是一种特殊形式的相倚问题。你首先询问受访者他们是否对此有看法，接着询问那些有看法的人，他们的看法是什么。

示例7.3 标准形式、准过滤、全过滤问题

标准形式

这里有一个关于其他国家的问题。您同意还是不同意以下表述？"俄罗斯领导人基本上是在试图与美国交好的。"

准过滤

这里有一个关于其他国家的表述："俄罗斯领导人基本上是在试图与美国交好的。"您对这个说法是同意、不同意，还是没有看法？

全过滤

这里有一个关于其他国家的表述。并不是每个人都对此有看法。如果你对此没有看法，请告诉我们。陈述如下："俄罗斯领导人基本上是在试图与美国交好的。"您是否对此有看法？如果有，您是同意还是不同意？

三种不同问题形式的结果举例

	标准形式（%）	准过滤（%）	全过滤（%）
同意	48.2	27.7	22.9
不同意	38.2	29.5	20.9
没有看法	13.6*	42.8	56.3

* 主动说出的。

来源：改编自Schuman and Presser（1981：116-125）。标准形式问题取自1978年秋天；准过滤问题和全过滤问题取自1977年2月。

即使不设置"没有看法"这一选项，许多受访者还是会回答问题，哪怕他们实际上并没有看法。当提供了"不知道"的选项时，这些人会选择"不知道"；或者如果问起来，他们会说没有看法。这种受访者被称为"漂浮者"——他们会从给出答案变为"没有看法"。这类受访者的回答会受到细微的措辞变化的影响，因此你需要通过使用准过滤或全过滤问题将他们筛除出去。过滤问题不会消除所有不存在的议题的答案，但是它们可以减少问题。

同意/不同意、排序或评级?（agree/disagree, rankings, or ratings?）如果你想要测量价值和态度，你或许想了解提供的应答类型。[8]调查问卷是应该给出陈述，然后询问受访者同意还是不同意这个陈述；还是应该向受访者提供具体的选项？调查问卷是应该包含一系列项目，然后让受访者对它们进行评级；还是应该给受访者一系列项目，强制受访者排列项目的顺序（例如，从最喜欢的到最不喜欢的）？

现有研究建议，你应该向受访者提供明确的选项。例如，不要询问"男性更加适合……您是否同意这一表述"，而应该询问，"您认为男性更适合，还是女性更适合，或者男性和女性同样适合"。受教育程度较低的受访者更有可能会同意问卷中的表述，而强制做选择的选项则能鼓励思考，避免反应定势（response set）偏差——有些受访者即使没有真正做出决定，也会在回答时倾向于同意。

如果问题的措辞给了受访者选择某个选项，而不选择另一些选项的理由，那么你就会带来偏差。例如，你向受访者询问他们支持或反对一项节能法案。如果你问的是"您是支持这项法案，还是会因为它难以执行而反对它"，而不是简单地询问"您是支持还是反对这项法案"，得到结果将会不同。

通常来说，最好让受访者通过排序选择，而不是让他们在想象中的连续体上进行评级。这是因为受访者会将多个项目并列评级，而如果被要求排序，受访者则会按照层级选择项目。[9]

例如，你想了解列举的七项公共议题中最重要的一项。受访者也许会将犯罪、环境、税收、失业选为重要议题，而将移民、交通、财政赤字选为不重要的议题。然而，如果你让受访者对这些项目进行排序，他们会说，最重要的议题是失业，接下来是环境、犯罪、税收、交通、移民、财政赤字。通过让受访者对议题进行排序，你可以获取更多信息。

措辞问题

在调查中，你面临着两个措辞问题。首先，正如上文讨论过的，利用简单的词汇和语法来最大限度地减少受访者的困惑。许多受访者会对词语的含义或内涵感到困惑。例如，受访者被询问，他们是否认为电视新闻是"不偏不倚的"（impartial）。许多受访者都会忽视"不偏不倚"这个词，而那些出身中产阶级、受过良好教育的研究者假设人人都知道这个词。只有少于一半的受访者能够如预期的那样正确地解读这个词的含义。超过1/4的受访者会忽视这个词或不知道它的含义。其他人则会理解偏差，1/10的受访者对它的理解完全与原义相反。

第二个问题是特定的词语或措辞会对受访者产生影响。这是一个更加棘手的问题，因为你无法总是预先知道某个词语或措辞是否会对受访者产生影响。已经有很多人讨论过"禁止"（forbid）和"不允许"（not allow）之间的区别。两个词语都有一样的含义，但是更多人会选择"不允许"做某事，而不是"禁止"做某事。一般来说，受教育程度较低的受访者更容易被细微的措辞差异所影响。有时，有些词语有着强烈的隐含意义，或者会触发情绪反应。例如，史密斯（Smith，1987）发现在美国的调查回答中，对社会支出的支持度，会根据其目的是"帮助穷人"还是"福利"，而存在很大的差别（两倍的支持度差距）。在20世纪七八十年代，由美国政客和大众媒体带来的敌对言论导致"福利"这个词语的隐含意义发生改变，带来了强烈的负面反应（懒惰的人，昂贵的、浪费的项目等）。史密斯建议避免使用这个词语，因为它变得带有感情色彩了。

总之，在编写研究问题时，你需要提高警惕。受访者可能不会按照预期的那样解读问题或特定词语的含义，从而给调查带来偏差。有些**措辞效应**（wording effects，例如"禁止"与"不允许"之间的差别）已经存在数十年之久，但还有一些措辞的影响则会随时出现。[10]

问卷设计问题

调查问卷的长度。调查问卷需要多长？访谈需要持续多久？长问卷或访谈的好处在于它们更具成本效益。一旦你完成抽样并已与受访者取得联系，额外问题的成本就会非常小。没有绝对合适的长度。问卷或访谈的长度要取决于调查的形式（有待讨论）以及受访者的特征。5分钟的电话访谈未必存在问题，但也有可能会被延长到20分钟。少数研究人员也会超过30分钟。邮件问卷的长度更加多变。对普通大众，适合使用短问卷（3~4页）。有些研究人员也曾成功地向普通大众发出长达10页（大约有100项内容）的调查问卷，但随着问卷长度增加，回答率显著下降。对于受过良好教育的受访者以及突出议题，你或许可以使用15页的问卷。长达1小时的面对面访谈并不罕见。在某些特殊情境下，研究人员也开展过长达3小时的面对面访谈。

问题顺序或次序。你面临着三个问题次序的议题：整体问卷的组织、问题的顺序效应以及语境效应。

问卷的组织。一般而言，你要对问题进行排序，以最大程度上减少受访者的不适和困惑。一份问卷有开场问题、中间问题、结束问题。在对调查进行介绍解释之后，最好有一些和善的、有趣的、回答起来较为简单的开场问题。这有助于让受访者对问卷感到舒适。一开始，避免询问一些无聊的背景问题或具有威胁性的问题。将问题按照共同的主题组织起来。不同主题的问题混合会造成困扰。通过将同一主题的问题放在一起来使受访者确认方向，并在引入每个部分之前作出简短的介绍（例如，"接下来我想向您询问关于住房的一些问题"）。确保问题话题的变化顺畅、有逻辑，组织好话题，用以辅助受访者的记忆和舒适程度。不要用非常具有威胁性的问题结尾，永远用"感谢您"作为结尾。

顺序效应（order effect）。你提出问题的顺序可能会影响到受访者的答案。对于那些不具有强烈观点的受访者、受教育程度较低的受访者、那些年龄较大或记忆不清的受访者，"顺序效应"会更加强烈。[11]例如，如果关于"是否支持未婚女性堕胎"的问题是在一个关于"当婴儿有着严重缺陷时，是否可以接受堕胎"的问题之后，那么就会有更多的人支持未婚女性堕胎；而当只列出第一个问题时，或这个问题出现在"婴儿有严重缺陷"之前时，支持未婚女性堕胎的人数或许不会增加。示例7.4是一个关于顺序效应的经典案例。

受访者对每个调查项的感知可能并不是单独孤立的。他们对调查问题的回答是基于一系列问题以问题的提出顺序。前一个问题可以从两个方面影响后面的问题：内容（即问题的本质议题）以及受访者的回答。

受访者通常会依据刚刚回答过的问题来解读下一个问题。例如，你向一个学生受访者询问"您是否支持加大对高校教育的投入"，如果这个问题是在关于学生或其家庭的缴费问题之后询问的，例如"您认为美国高校学生支付的平均学费是多少"，那么受访者可能会将"投入"解读为学生的缴费。如果你在问这个问题之前，询问的是非学生的教育支持，例如"您认为公立大学运营的百分之多少是由政府拨款或资助的"，那么受访者很有可能将这个问题解读为增加政府资助。

对前一个问题的回答也会影响受访者对之后问题的解读。这是因为，在对前一个问题进行回答之后，受访者会将其看作一个议题的其中一部分，因此会假设下一个问题不会与这个问题有所重合。例如，你向一位已婚受访者询问，"您伴侣的健康状况如何"；接下来，你继续询问，"您家人的健康状况如何"，大部分受访者会假定第二个问题问的是除了伴侣之外的家庭成员（例如子女、父母或其他亲人），因为他们已经回答过有关伴侣的问题了。现在，想象你还是询问这两个问题，但顺序相反。那么受访者就会假定"您家人的健康状况如何"这个问题包含了伴侣。[12]

示例7.4 问题的顺序效应

问题1

您是否认为美国应该允许其他国家的新闻记者进入美国，并向他们国家的报纸发送他们看到的新闻？

问题2

您是否认为其他国家，例如俄罗斯，应该允许美国新闻记者进入，并向美国报纸发送他们看到的新闻？

	回答"应该"的比例	
首先听到	对第一个问题（其他国家记者）表示赞同	对第二个问题（美国记者）表示赞同
第一个问题	54%	75%
第二个问题	64%	82%

由于回答第一个问题造成的语境影响了受访者对第二个问题的回答。
来源：改编自 Schuman and Presser（1981：29）。

语境效应（context effect）。除了前一个问题或答案之外，受访者也会被上下文或前后若干问题所影响。从实际操作上来看，对于同一话题，你可以采用漏斗形顺序提问——在询问具体问题之前，询问更多一般性问题（例如，先询问总体健康状况，再询问某个具体的疾病）。

萨丹曼、布拉德伯恩、施瓦茨（Sudman, Bradburn and Schwarz, 1996：90-91）通过三种方式向受访者询问他们对政治的关注，来说明语境效应。当他们单独询问这个问题时，21%受访者表示他们"偶尔"或"很少"关注政治。当研究人员先行询问受访者，其所在的选区议员最近做了些什么；再问受访者对政治的关注程度时，表示很少关注政治的人数增加了将近一倍，达到了39%。显然，关于选区议员的知识问题让许多受访者感到自己对政治所知不多。但当这两个问题中间穿插了一个关于议员在本地区所做的"公共关系工作"数量的问题时，只有29%的受访者表示他们不关注政治。这是因为，这个问题使得受访者为其无法回答第一个问题找到了借口——他们可以将自己的无知怪罪到选区代表身上。由此可见，语境非常重要。

整个话题可以创造一个语境。假如你想询问三个话题：儿童照护、未来教育、就业。这三个话题的顺序可能会影响之后的话题。或许关于儿童照护的问题会影响受访者如何作答关于未来教育的问题。或许在回答完关于儿童照护的问题之后，受访者开始思考管理儿童照护的种种困难。由于受访者脑中还想着儿童照护的困难，因此当你接下来再询问关于未来教育的问题时，受访者对教育的期望可能会比首先询问未来教育得到的答案要低。

如果你想了解是否存在语境效应，你可以将受访者的数量一分为二，随机选择一半的受访者回答某个顺序的问题，而让另一半受访者回答另一种顺序的问题。然后通过对比结果，你可以检验问题的顺序是否重要。如果问题的顺序效应确实存在，那么哪种顺序可以告诉你受访者的真实想法？你无法准确获知这个答案。

许多年前，我的学生进行了一项电话调查，这个调查关乎两个话题：犯罪和对一项新的反酒驾法案的态度。随机选取的一半受访者首先听到了关于反酒驾法案的问题，而另一半人首先听到的是关于犯罪的问题。我对结果进行了研究，以检查是否存在语境效应——由话题顺序导致的差异。我发现，与那些首先被询问关于犯罪问题的受访者相比，首先被问到关于反酒驾法案问题的受访者对犯罪表达出了较少的担心，他们同样更加支持反酒驾法案。第一个话题制造了一个语境，受访者在这个语境中回答第二个话题的问题。在受访者先被询问关于犯罪的一般问题，再被询问关于暴力犯罪的问题之后，酒驾看起来似乎就不是那么重要的议题了。相反，在被询问了关于酒驾的问题、并将酒驾视为一种犯罪之后，受访者对一般性犯罪的担心也就降低了。

语境效应提醒我们，要始终牢记受访者的观点，并且不断追求表述清楚的、意义明确的调查问题。调查问题的意义越模棱两可，语境效应就越强，受访者会根据语境来解读调查问题。先前的话题、上一个问题或受访者刚刚听到的问题，都可能会带来语境效应。

格式与版面（format and layout）。你需要决定两个关于格式或版面的问题：问卷的整体版面以及问题和回答的格式。

问卷版面。无论是访谈人员的调查问卷还是受访者的调查问卷，版面都很重要。调查问卷要明确、整洁易于理解。专业问卷看上去就有着高质量的图表、问题之间的合理间隔、好的排版，这些可以提高准确性和完成度，并且有助于问卷的连贯性。

给每个问题编号，并且在问卷上设置识别信息（例如组织名称）。不要将问题挤在一起，或者看起来令人困惑。在印刷上节省开支可能会从根本上让你花费更多，因为较低的应答率或访谈人员与受访者的困惑可能会造成较低的效度。为了管理方便，应当在访谈中为每份访谈制作一份封面或表皮。在封面上，记录访谈的时间和日期、访谈人员的姓名、受访者的身份编号、访谈人员的评论和观察。访谈人员的问卷中还应包含访谈指导，并用不同于问题的格式印刷。这样做有助于访谈人员区分问题与访谈指导。

版面对于自填式问卷、邮件问卷、线上问卷格外重要。因为没有友善的访谈人员可以与受访者互动。因此，问卷需要看起来具有说服性，能够激发受访者的积极性。在邮件调查中，应当在信笺抬头写一封礼貌、专业的说明信。它应该说明研究人员的身份，提供如有疑问可联系的电话号码。细节很重要。如果受访者收到了一个棕色的大信封，上面有大量的邮寄地址，或者问卷大小与回复信封不符，那么受访者将会拒绝填写这些问卷。记住，永远以"感谢您的参与"作为结尾。在线上调查中，最好不要胡乱填满屏幕，而是在每一页设置一到几个问题，并清晰地标明"继续"或"下一页"的按钮。在网络调查中，用图像来指示问卷完成进度，例如时钟、图表或数字指标（例如，第5个问题，共计15个问题；或者，已完成30%）。此外，还可以在结束时提供一个开放式的评论框，并表达对受访者的感谢。总体规则是，你希望给受访者留下好印象，让他们觉得自己的参与对你来说十分重要。

问题的设计也非常重要。有一项对高校学生进行的调查，询问学生每天学习多少个小时。有些学生看到的是从 0.5 小时到超过 2.5 小时的五个选项，而另一些学生看到的则是从少于 2.5 小时到超过 4.5 小时的五个选项。在第一组学生中，77% 的学生说自己每天学习少于 2.5 小时；而在第二组学生中，只有 31% 的学生每天学习少于 2.5 小时。在对邮件问卷和电话访谈进行对比中，在听到第一组选项时，有 58% 的学生表示自己每天学习少于 2.5 个小时，但听到第二组选项的学生比例没有变化。这不仅仅是回答类别上的差别，因为当询问学生每天看电视的时长时，另一组回答类别没有出现不同。这说明了什么呢？那些没有明确答案的受访者会依赖问卷的回答类别进行作答。而更具匿名形式的问题也往往可以得到更加诚实的答案。[13]

问题格式。调查人员需要决定问题和回答的格式。受访者是圈出答案、在方框内打钩、涂点，还是在空行处画"×"？一个基本原则是清楚的获取受访者的回答。通常最清楚的方法是在方框或括号内打钩，或者在数字上画圈。此外，将回答选项列在同一页面下方，而不要跨页，以便于受访者看到（参见示例 7.5）。正如前文提到的，可以在相倚问题中利用箭头和说明。视觉辅助也十分有用。例如，像温度计一样的图片可以帮助受访者表达自己对于某个人的感觉。矩阵型问题（或网格问题）可以利用同样的回答类别简洁地展示一系列问题。通过采用相同的回答类别，它可以节省空间，更便于让受访者或访谈人员记录回答。

无回应。你是否也曾拒绝参与调查或在调查问卷中留下大量空白？无法从被抽样的受访者处获取有效的回答会削弱调查。人们每天都被要求填写关于慈善机构、营销公司、政治候选人等的问卷。让人们将自己的时间和注意力用在调查上，有时会很恼人。慈善机构和营销公司往往会有较低的回复率，而政府组织则会有较高的合作率。无回应对于调查研究来说可能是一个主要问题，因为如果有很大比例的被抽样受访者不予以回应，研究人员便很难推广研究结果，尤其是当那些不回应的受访者与做出回应的受访者存在差异时，问题更加严重。

示例 7.5 问题格式示例

水平和竖直选项示例

您认为离婚是太过容易、太过困难还是差不多？
- 太过容易   ● 太过困难   ● 差不多

您认为离婚是太过容易、太过困难还是差不多？
- 太过容易
- 太过困难
- 差不多

矩阵问题格式示例

	强烈同意	同意	不同意	强烈不同意	不知道
老师说话速度太快	■	■	■	■	■
我在这门课上学到了很多	■	■	■	■	■
测试十分简单	■	■	■	■	■
老师在课上讲了太多笑话	■	■	■	■	■
老师教学有条理	■	■	■	■	■

回答类别选项示例

优秀，良好，一般，不好
赞成 / 不赞成
支持 / 反对
强烈同意，同意，有些同意，有些不同意，不同意，强烈不同意
太多，太少，刚好
更好，更差，一样
频繁，经常，很少，从不
总是，大部分时候，有时候，很少，从不
更有可能，更不可能，没有区别
很感兴趣，感兴趣，不感兴趣

在许多国家的过去30年中，公众对于调查研究的合作呈现下降趋势，其中，荷兰的拒绝率最高，美国的拒绝率也高达30%。[14]不仅顽固强硬的拒绝者人数增加，而且总体上参与调查的人数也在下降，因为人们觉得调查太多了。另外一些拒绝的原因还包括对于犯罪和陌生人的担忧、更加忙乱的生活方式、隐私的缺失、对权威或政府越来越不信任。在兜售商品或说服人们时滥用调查、问卷设计拙劣、对调查进行缺乏充分的解释，也使得人们对正当调查的拒绝率上升。

你可以借助对受访者进行仔细筛查、更好地定义抽样框、派遣使用多种语言的访谈人员，来提高回应率。如果受访者事先收到关于访谈的一封信，并且提出可以重新预约访谈时间，那么拒绝率就会下降。其他获取回应的方式还包括提供小额奖励（如小礼品），调整访谈人员的行为和表述（眼神交流、表达真诚、解释抽样或调查、强调访谈的重要性、说明保密承诺等）。在访谈中，可以通过换访谈人员（如不同的人口学特征、年龄、种族、性别、民族）、换访谈方式（如电话访谈或面对面访谈）或让家户中的其他成员作为受访者来提高回应率。

无回应或拒绝参加调查，往往会发生在访谈人员最初联系受访者时。在面对面访谈

或电话访谈中,克服犹豫或抗拒并让受访者感到安心,是十分重要的。在邮件调查或网络调查中,许多研究人员会采用小额奖励(例如,一张一美元钞票、一张礼品卡或一笔向慈善机构的捐助)。目前看来,预先支付的奖励可以提高受访者的合作,并且不会给调查的构成或未来的参与带来负面影响。大量文献探讨了如何通过细节提高邮件调查的回应率(例如,采用邮费戳还是预付邮费,采用彩纸,等等;参见扩展7.2)。

扩展7.2 提高邮件问卷回应的十种方法

1. 将问卷寄给具体的人,而不是寄给"户主",并用普通邮件寄送。
2. 在信笺抬头认真地写上一封说明信,标明日期。在说明信中,请求受访者的配合,保证保密性,解释调查的目的,给出研究人员的姓名和电话号码。
3. 总是包含一个已支付邮费的、写好地址的回信信封。
4. 问卷版面要整洁、吸引人,页数长度合理。
5. 问卷应经过专业印刷,易于阅读,有着清楚的说明。
6. 向那些没有回应的受访者发送两份后续提醒邮件。第一封大约在寄出问卷之后一周,第二封在寄出第一封提醒邮件之后一周。再次礼貌地寻求合作,并询问是否需要再次寄送问卷。
7. 不要在主要节假日期间寄送问卷。
8. 不要将问题写在最后一页。留出空白空间,让受访者留下他们的总体评价。
9. 人们对由当地合法机构(例如政府机构、高校、大型企业等)支持的调查回应得更好。
10. 如有可能,包含小额货币奖励(1美元)。

赫伯利和鲍姆加特纳(Heberlein and Baumgartner, 1978, 1981)发现了71项能够影响邮件问卷回应率的因素。然而,那些用于在纸质调查中提高回应率的策略却未必能够直接运用到网络调查中。[15]一般来说,邮件调查的回应率高于网络调查。与其他受访者相比,受过高等教育的年轻受访者更偏爱网络调查而非邮件调查,而网络调查中的后续提醒却不如邮件调查那么有效(参见 Shih and Fan, 2008)。

7.4 调查类型:优势与劣势

邮件问卷与自填式问卷

优势。你可以将问卷直接递给或寄送至受访者,他们通过阅读问卷说明和问题,记录答案。这种调查费用低廉，便于单个研究人员开展。利用邮件，你可以用很低的成本将问卷寄送至广泛的地理区域。受访者可以在其方便时完成问卷，并在必要时自行检查回答。邮件问卷还是匿名的，可以避免访谈人员偏差。如果调查的目标群体是受过教育的、对调查话题或调查组织极有兴趣的人，那么可能会得到充足的回应率。

劣势。由于许多人不会完成并寄回问卷，邮件问卷存在的最大问题是较低的回应率。大多数问卷会在两周内被寄回，但其他问卷可能会在两个月之内陆续到来。你可以通过向无回应者寄送几封提醒信来提高回应率，但这也增加了数据收集的时间和成本。并且，你无法掌控邮件问卷被完成时的环境。你不知道问卷被完成时，受访者是正在一场饮酒派对上被十几个大声说笑的人围绕着，还是认真完成的。并且，不会有访谈人员在场澄清问题，或者当受访者给出不完整答案时探索询问更多的信息。有可能完成问卷的并不是被抽样选中的受访者（例如受访者的配偶、新的住户等）。此外，不同的受访者可能会在不同的时间完成问卷，也可能会按照不同的顺序回答问题。不完整的问卷也是一个严重的问题。

邮件问卷形式限制了你可以采用的问题种类。那些需要视觉辅助（例如，"看一看这幅图片，告诉我你看到了什么"）的开放式问题、许多相倚问题、复杂问题，都无法很好地运用于邮件问卷中。同样，邮件问卷不适用于不识字的或几乎不识字的人，也不适用于那些无法阅读主流语言（例如英语）的人。寄送给不识字的受访者的问卷可能不会被寄回，即使被寄回了，受访者也可能会因对问题产生误解，使得答案毫无意义（参见表7.4）。

网络调查

在21世纪，对互联网和电子邮件的使用遍及全球。在1994年，只有3%的美国人有电子邮件，而到了2010年，超过75%的加拿大人、德国人、日本人、韩国人、英国人、美国人可以连接上网（数据来自 internetworldstats.com/top20.htm，下载于2011年2月15日）。

优势。基于网络的调查或电子邮件调查价格低廉而快速。在网络调查中，可以有灵活的设计，可以使用视觉图像，甚至在有些网络形式中可以使用音频或视频。尽管网络调查有着更高的灵活度，纸质调查问卷中的问题编写基本原则仍然适用。

劣势。网络调查有三方面担忧：覆盖范围、隐私与查证、设计问题。第一个担忧涉及抽样和不平等的网络使用。尽管网络的覆盖范围广，但那些年长的、受教育程度较低的、收入较低的和居住地偏远的人，往往缺乏良好的互联网接入渠道。此外，许多人有多个电子邮件地址。这就对使用电子邮件地址进行抽样有所限制。自我选择是网络调查的另一个潜在问题。例如，市场营销部门可能会在调查新车购买者时产生非常不准确的结果。或许根据模型，一半的新车购买者年龄在55岁以上，但在一项网络调查中，75%的受访者年龄在32岁以下，只有8%的人超过了55岁。不但年龄会扭曲结果，并且55岁以上受访者的比例过低，可能无法完全代表所有超过55岁的潜在新车购买者（例如，他们可能有着更高的收入或受教育程度更高）。

表7.4 调查类别与其特点

特点	邮件问卷	网络调查	电话访谈	面对面访谈
管理方面的问题				
成本	低	最低	适中	昂贵
速度	最慢	最快	快	慢到适中
长度（题目数量）	适中	适中	短	最长
回应率	最低	适中	适中	最高
研究是否可以控制				
是否可以使用探索询问	不可以	不可以	可以	可以
特定的受访者	不可以	不可以	可以	可以
问题顺序	不可以	可以	可以	可以
只有一个受访者	不可以	不可以	可以	可以
可见观察	不可以	不可以	不可以	可以
是否可以使用不同类别的问题				
视觉辅助	有限的	可以	不可以	可以
开放式问题	有限的	有限的	有限的	可以
相倚问题	有限的	可以	可以	可以
复杂问题	有限的	可以	有限的	可以
敏感问题	有些可以	可以	有限的	有限的
偏差来源				
社会期望	一部分	一部分	一部分	大部分
访谈人员偏差	没有	没有	一部分	大部分
受访者的阅读技能	有	有	没有	没有

第二个担忧与保护受访者隐私和保密性有关。如果条件允许，数据应该被加密，并且只能使用安全网站。最好将受访者不重要的身份识别信息或相关信息移除。并且最好对受访者进行验证，确保只有被抽样选中的受访者参与调查且只参与一次。可以利用系统，给每个受访者一个单独的获取问卷的密码。

第三个担忧是问卷设计的复杂性。最佳的设计永远是明确、简单的。检查验证网络软件和硬件组合的兼容性也是一个明智之举。网络调查设计仍在改善之中，但最好能够每页一个问题，并且保证一次性可以在屏幕上看到连续的整个问题。简单的方框打钩或下拉选项往往是最好的。诸如时钟或图表式的进度指示也十分有用。你需要保证屏幕上的视觉呈现是连续的、易读的。为所有电脑操作（例如利用下拉选项）提供清楚的说明，并在任何需要说明的地方设置简单的"单击此处"说明。此外，让受访者可以轻易地回到上一个问题或去往下一个问题。在使用专用服务器时，要提前测试以避免出现技术故障。如果网络调查用户众多，那么有必要使用专用服务器，并获取充足的宽带以应对需求。[16]

电话访谈

优势。电话访谈是一种广受欢迎的调查方法，因为可以通过电话联系到几乎所有人。这个过程十分简单：一名访谈人员给一名受访者打电话（通常在家），询问一些问题，并记录答案。你可以通过列表、电话号码簿或随机数字拨号来抽取受访者，并且可以快速与远方的受访者取得联系。一名访谈人员可以在几天之内对全国1,500名受访者进行访谈，有些受访者可能会回拨电话，获得可接受的回应率（例如80%）。尽管这种方法比邮件问卷更加昂贵，却更加灵活。它具有面对面访谈的绝大部分优点，却只用花费一半的成本。访谈人员可以控制问题的顺序，并且可以进行探索询问。选中特定的受访者，然后可能由他独自回答所有问题。你可以获知受访者在何时回答问题，并且可以有效地利用相倚问题，尤其可以充分利用计算机辅助电话访问（computer-assisted telephone interviewing，本章稍后讨论）。

劣势。电话访谈的缺点包括更高的成本和有限的访谈长度。此外，无法联系到那些没有电话的受访者。使用访谈人员会减少匿名性，并带来潜在的访谈人员偏差。难以使用开放式问题和那些需要视觉辅助的问题。访谈人员可能只会注意到严重的干扰（例如背景噪声）和受访者的讲话语气（例如愤怒或轻率）或犹豫。

电话科技的变化也影响着电话调查研究。自20世纪80年代中期以来，来电显示日益流行。截至2006年，超过一半的美国家庭拥有来电显示。在来电显示使用者与非来电显示使用者之间，几乎没有调查参与意愿上的区别。研究表明，那些有着来电显示的受访者更有可能会接通公认的、合法的调查机构的电话，而不太可能会接通未知号码或外地号码。如果调查机构名声响亮，那么来电显示可能会是一个优点。

越来越多的人使用手机而非座机。也可以对手机号码进行抽样，但与座机相比，它往往会更加困难、昂贵，并且有着更低的调查参与率。此外，手机用户的人口学特征也与座机用户不同，相比中等收入人群或老年人，低收入者和年轻人对手机的依赖程度更高。对于有些话题来说，座机与手机调查的差别并不重要，但对于另一些调查话题则非常重要。[17]

面对面访谈

优势。面对面访谈有着最高的回应率，允许使用的调查问卷最长。访谈人员也可以观察周围环境，利用非言语的沟通和视觉辅助。受过良好培训的访谈人员可以询问所有类型的问题，包括询问复杂的问题和使用延伸性的探索询问。

劣势。面对面访谈最大的劣势在于其高昂的成本。访谈所需的培训、出行、督导、人员成本很高。在面对面访谈中，访谈人员偏差是最严重的。访谈人员的外表、语气、问题的措辞等，都会对受访者产生影响。此外，面对面访谈中，对访谈人员的督导也较少，而在电话访谈中，督导可以通过聆听监控访谈。[18]

7.5 访谈

访谈人员的角色

访谈是用来收集信息的，它可以用在许多场景之中。调查研究访谈是一种特殊的访谈。大多数访谈的目的是从另一个人那里获取准确的信息。[19]

调查访谈是社会关系的一种特殊形式。如同其他社会关系一样，访谈涉及社会角色、规范、期望。访谈是两个陌生人之间的短期的、次级的社会交往，这种社会交往带着明确目的，也即一个人从另一个人那里获取特定的信息。社会角色，指的是访谈人员与被访谈人员或受访者的角色。信息是在一段结构性的对话中获取的，在这段对话中，访谈人员问出预先安排的问题，并记录回答，受访者则对这些问题进行作答。它在许多方面与日常普通对话不同（参见表7.5）。

访谈人员面临的一个重要问题是，受访者通常并不了解自己作为调查受访者的角色。因此，受访者会代入其他角色，而这将会影响他们的回答。有些人将访谈视为亲密对话或心理咨询；有些人则会把它看作填写表格的官僚主义行为；有些人把访谈看作对政策选择的全民公投；有些人会把它当成是一种测试情景；有的人觉得这是某种欺骗形式，访谈人员在试图戏弄或欺骗受访者。即便是在设计精良的专业调查中，后续研究发现只有大约一半的受访者准确理解了研究人员提出的问题。受访者会重新解读这些问题，从而使其更符合他们自己的特征、个人处境，或者更易回答。[20]

访谈人员的角色非常困难。通常，访谈人员需要解释调查研究的本质，或阐述访谈中的社会角色。访谈人员必须获得合作、赢取信任，但与此同时还必须保持客观中立。访谈人员为了获取那些未必能够直接使受访者受益的信息，会占用受访者的时间，侵犯他们的个人隐私。访谈人员要努力降低受访者的尴尬、担心、对访谈人员的怀疑，这样受访者在透露信息时才会感到舒服。好的访谈人员会持续观察这段社会交往的节奏和方向，以及记录受访者回答的内容与行为。

调查访谈人员不能带有任何评判，也不能透露自己的个人观点，无论是通过言语还是非言语（例如，表现出震惊）。假如受访者询问访谈人员的观点，访谈人员可以礼貌地转移话题，并暗示这类问题是不合适的。例如，如果受访者询问："你怎么看？"访谈人员可以回答："是这样的，我们是对您的想法感兴趣；我怎么看并不重要。"同样，如果受访者给出了一个令人震惊的答案（例如，"我因为殴打我年幼的女儿，还用烟头烫她，所以被逮捕了三次"），受访者也不要表现出震惊、惊讶或轻视，而是要用实事求是的态度来看待这个答案。访谈人员要让受访者感觉到，他们可以给出真实的答案。

你可能会问：如果访谈人员必须客观中立，那么为什么不用机器人或者机器呢？机器访谈从未成功过，因为它不像访谈人员那样可以产生人类的温情、信任感和亲密感。访谈人员可以帮助明确情形，确保受访者获得他们想知晓的信息，了解访谈的期望，给出相关的严肃的回答，并激励进行合作。

访谈人员所做的要多于受访者。在面对面访谈中，访谈人员只花费了35%的时间用于访谈。40%的时间用于寻找正确的受访者，15%的时间花在了出行上，还有10%的时间投入研究调查材料、处理行政事宜和记录细节。[21]

访谈的步骤

调查研究访谈有若干步骤。首先是介绍和进入。访谈人员进门，展示授权，重新确认并确保获得受访者的配合。他要做好准备遇到类似于"你怎么找到了我""做这个有什么好处""我对此一无所知，它到底是干什么的"的反应。访谈人员可以做出解释，为什么选择了这个特定受访者进行访谈，而不是其他人。

访谈的主要部分包括询问问题和记录答案。访谈人员准确使用问卷上的措辞——不能增加或删减词语，也不能修改表述。他按照顺序向受访者询问所有适用的问题，除非特别规定了方向，否则既不能回到上一个问题，也不能跳过问题。访谈人员应当以一种舒服的节奏进行，并给出非指令性的反馈，以保持受访者的兴趣。

除了询问问题之外，访谈人员还需要准确记录回答。对于封闭式问题来说，这十分简单，只需要受访者在正确的方框内做出标记即可。而对于开放式问题，访谈人员的工

表7.5 日常对话与结构式调查访谈的区别

日常对话	调查访谈
1. 参与者双方提出的问题和做出的回答相对平衡	1. 大部分时候是访谈人员询问，受访者作答
2. 可以坦率地交流感受和观点	2. 只有受访者透露自己的感受和观点
3. 存在评判和试图说服别人接受其他观点的行为	3. 访谈人员不会做出批判，不会试图改变受访者的观点
4. 可能会透露内心最深处的感受，以获取同情或情绪的安慰和释放	4. 访谈人员试图获取某个问题的直接回答
5. 常见礼节性的回答（例如，"嗯嗯"、摇头、"你今天如何？""我很好"）	5. 访谈人员避免做出会影响受访者的礼节性回答，寻求真实回答而非礼节性的回应
6. 参与者交换信息，纠正他们所知道的事实错误	6. 几乎所有的信息都是由受访者提供的。访谈人员不会纠正受访者的事实错误
7. 话题起起落落，每个人都可以谈起新的话题。谈话焦点会改变方向或跑题	7. 访谈人员控制话题、方向、节奏。他保持受访者"在正轨上"，遏制不相关的跑题
8. 情绪语气可以从幽默变为快乐、爱慕、悲伤、愤怒等	8. 访谈人员试图全程保持温暖但却严肃客观的语气
9. 人们可以逃避或忽视问题，给出轻率或无意义的回答	9. 受访者不应该逃避问题，应该给出诚实的、深思熟虑的答案

来源：改编自 Gorden（1980：19-25）和 Sudman and Bradburn（1983：5-10）。

作就更加困难了。他需要认真聆听，用易于辨认的笔迹，一字不差地记录答案，不能对语法或俚语有所改动。更重要的是，访谈人员绝对不能概述或改述。这将会导致信息缺失或回答扭曲。例如，受访者说，"我真的很担心我女儿的心脏问题。她才10岁，就已经不能爬楼梯了。我不知道等她长大了以后能干什么。心脏手术对她来说风险太大，花费太高。她不得不学着去接受它"，如果访谈人员写道，"担心女儿的健康"，那么将会遗漏大量信息。

　　访谈人员知道如何以及何时使用**探索询问**（probe）。探索询问是一种中立的请求，它要求受访者澄清模糊的回答、完成不完整的回答或获取相关的回应。访谈人员应当识别不相关或不准确的回应，并在必要时使用探索询问。[22]

　　探索询问有许多种类型。停顿三到五秒通常是有效的。非言语的交流（例如倾斜头、挑眉毛、眼神接触）同样有效。访谈人员可以重复一遍问题，或者重复受访者的回答并停顿。他还可以询问一个中立的问题，例如"还有什么其他原因吗""你能多谈谈这个吗""你指的是什么""你能向我多解释一下吗"（参见示例7.6）。

最后一步是离开。它指的是访谈人员对受访者表示感谢并离开。接着，他会去一个安静私密的地方编辑问卷，记录其他细节，例如日期、时间、访谈地点；对受访者和访谈情况的简短描述；受访者的态度（例如严肃、愤怒、高兴）；还有其他任何不寻常的情况（例如，在问到第27个问题时，受访者的电话响了，受访者通话4分钟，之后访谈继续）。他还要记录下访谈过程中的所有干扰（例如，"未成年的儿子进入房间，在另一端坐下，打开电视，调高声音"）；访谈人员还要记录个人的感受以及任何怀疑的事情（例如，"当询问到关于他的婚姻问题时，受访者变得紧张不安"）。

访谈人员培训

对于简单的小型研究，你可以亲自进行访谈。而大型调查则需要雇用许多访谈人员。几乎没有人了解访谈人员的工作之艰难。一个专业的定性访谈需要认真挑选访谈人员，并进行广泛的培训。正如任何雇用情况一样，充足的待遇和良好的督导对员工持续的高质量表现十分重要。遗憾的是，专业访谈并不总是能够有较好的待遇，也不能提供稳定的工作机会。在过去，大部分访谈人员是从愿意接受不定期兼职工作的中年女性中招募的。

好的访谈人员是令人愉悦的、诚实的、准确的、成熟的、负责的、适度聪明的、稳定的、有动力的。他们的外表不具有威胁性，见识过许多不同种类的人，遇事镇静自若又机智圆滑。研究人员会考虑访谈人员的外表、年龄、种族、性别、语言，甚至他们的声音。

专业访谈人员通常要接受一周的培训课程。这些课程包括参与讲座和阅读，观摩专业的访谈者，在办公室和田野中模拟访谈并对其进行记录和批评，进行许多访谈练习，以及角色扮演。访谈人员要了解调查研究和访谈人员的角色。他们要熟悉问卷和问题目的，但不要对问题的答案有所期待。

示例7.6 探索询问与记录封闭式问题的完整回答示例

访谈人员提问：您的职业是什么？

受访者回答：我在通用汽车工作。

探索询问：您在通用汽车的工作是什么？您在那里的工作是什么类型的？

访谈人员提问：您失业多久了？

受访者回答：很久了。

探索询问：您是否能具体告诉我，您当前的失业状况是从什么时候开始的？

访谈人员提问：您觉得我们国家明年会比较好、比较差，或其他？

受访者回答：可能好，可能坏，看情况，谁知道呢？

探索询问：那您希望预期明年会怎样？

记录封闭式问题的完整回答

访谈人员询问：从1到7，您对死刑有什么看法？1是强烈支持死刑，7是强烈反对死刑。

（支持）1＿ 2＿ 3＿ 4＿ 5＿ 6＿ 7＿（反对）

受访者回答：大概是4吧。我认为所有的杀人犯、强奸犯、暴力犯罪者都应该去死，但是我不支持对偷车之类的轻微犯罪判处死刑。

认真挑选并培训访谈人员的重要性，在美国2004年的总统大选中得以印证。出口民调（exit polls）是在投票站外，对于投完票的人们进行的快速、简短的调查。在2004年选举日的当天，出口民调显示候选人约翰·克里遥遥领先，但在对投票结果进行最终统计之后，他输给了他的对手，乔治·W.布什。造成这一错误的一个主要原因是，该研究机构向6个主要新闻机构支付了1,000万美元用于进行出口民调，但它们雇用了许多年轻的、缺乏经验的访谈人员，并且只向他们提供了最少限度的培训。年轻的选民倾向于支持克里，年长的选民则倾向于支持布什。访谈人员在向年长的选民寻求合作时遇到了一定的困难，因此更喜欢将问卷发放给与他们年龄相仿的人。结果，出口民调的参与者无法真实反映所有选民的构成，民调结果显示出来的对克里的支持高于所有选民的实际支持率。[23]

尽管访谈人员独自工作，但在绝大多数有着很多访谈人员的大型研究中，还会有访谈人员督导。督导应当对这个区域较为熟悉，可以帮助解决问题，监督访谈人员，确保工作及时完成。在电话访谈中，督导的工作包括帮助打电话，核实访谈人员到达和离开的时间，并对访谈电话进行监控。在面对面访谈中，督导要核实访谈是否真实发生。这就要求向被抽样的受访者回拨电话或寄送确认明信片。他们也可以核实回应率，检查不完整的问卷，以了解访谈人员是否获得了配合。督导还可以对一小群子样本进行重新访谈，分析结果或观察访谈，以了解访谈人员是否准确询问了问题并记录答案。

访谈人员偏差

需要禁止访谈人员的一些特定行为，从而减少偏差。这不仅仅要求访谈人员只字不改地询问每个问题。在理想状态中，一个特定访谈人员的行为应当不会对受访者的回答产生任何影响，如果更换访谈人员，受访者的回答也不会有变化。访谈人员的期望会带来显著的偏差。那些预期在访谈中存在困难的访谈人员会遇到困难，而那些预期获得某些特定答案的访谈人员也更有可能会获得那些答案（参见示例7.7）。合适的访谈人员行为和准确的提问或许是困难的，它所引起的问题却是相当重要的。

访谈发生的社会环境会影响结果，这里的社会环境包括其他人的在场。例如，学生的回答会根据他们是在家中还是在学校里而有所不同。一般而言，你不希望其他人在场，因为他们会影响受访者的回答。但这也并非总是会有影响，尤其当在场者是小孩子时。[24]

访谈人员的外表特征，包括年龄、种族、性别，都可能会对访谈和受访者的回答产生影响。尤其当问题与种族或性别有关时。例如，美国非裔和拉丁裔受访者会根据访谈人员的种族或民族外表，而对有关种族或民族的议题表达不同的政策立场。甚至在电话访谈中，当受访者对访谈人员的种族或民族有蛛丝马迹的猜测时，这种偏差也会出现。一般而言，同族裔群体的访谈人员得到的回答更加准确。[25]性别也会影响访谈，不论是在询问诸如"性行为"这样显而易见的议题时，还是在询问对与性别相关的集体活动或性别平等的支持时。[26]要对访谈人员和受访者的种族、性别加以关注。

计算机辅助电话访谈

计算机技术的进步和价格的降低，使得专业调查研究组织得以安装计算机辅助电话访谈系统。[27]在计算机辅助电话访谈中，访谈人员坐在电脑前拨打电话。访谈人员头戴耳麦和话筒，从屏幕中阅读特定问题。访谈人员聆听并通过键盘输入回答。一旦他输入了回答，电脑屏幕上就会显示出下一个问题。

计算机辅助电话访谈加快了访谈的速度，减少了访谈人员的失误。它也减少了将信息输入电脑的这个步骤，加快了数据处理。当然，使用计算机辅助电话访谈方法，需要对计算机设备进行一定的投入，了解一些电脑知识。计算机辅助电话访谈系统对相倚问题更加有用，因为它可以展示出适合特定受访者的问题；访谈人员不需要翻页寻找下一个问题。此外，计算机可以在访谈人员输入回答之后立即检查回答。例如，如果访谈人员输入了一个不可能的或明显错误的回答（例如，用"南"而不是"男"来代表男性），计算机就会要求重新输入答案。在计算机和网络调查方面的创新，也有助于收集关于敏感议题的数据（参见扩展7.3）。

许多公司为个人电脑开发了软件程序，用于创建调查问卷和分析调查数据。它们可以指导编写问题、记录回答、分析数据、生成报告。这些程序或许可以加速完成调查研究中的体力活（例如输入问卷、组织布局、记录回答），却无法取代人们对调查方法的理解和对其局限性的认知。研究人员还是必须对变量进行明确清楚的概念化，准备措辞良好的问题，设计问题和回答的顺序与形式，并对问卷进行先导测试。

示例 7.7 访谈人员的特征会对回答产生影响

访谈人员期望效应的示例

由具有以下特征的女性访谈人员询问	女性受访者表示丈夫购买大部分家具
丈夫购买大部分家具	89%
丈夫不购买大部分家具	15%

族裔外表效应的示例

访谈人员	对以下问题回答"是"的比例	
	"您是否认为政府机关中的犹太人过多？"	"您是否认为犹太人拥有太多权力？"
看起来像犹太人，名字听起来像犹太人	11.7%	5.8%
只是看起来像犹太人	15.4%	15.6%
非犹太人的长相	21.2%	24.3%
非犹太人的长相，名字听起来也不像犹太人	19.5%	21.4%

注意：受访者的种族刻板印象会影响他们在访谈中的回应。

来源：改编自 Hyman（1975：115，163）。

扩展 7.3 计算机辅助调查和敏感话题

提问的形式会影响受访者如何回答有关敏感话题。那些能够最大程度上给予受访者匿名性的形式（例如自填式问卷或网络调查），要比需要与另一个人进行交流的形式（例如面对面访谈或电话访谈），更有可能获得诚实的回答。在一系列基于计算机的技术创新中，其中一个叫作计算机辅助自填式访谈（computer-assisted self-administered interviews，CASAI）。它可以提高受访者在回答敏感话题时的舒适感和信任感。在计算机辅助自填式访谈中，受访者是由电脑屏幕中看到的或耳机中听到的问题"访谈"。受访者通过移动电脑鼠标或键盘输入信息来回答问题。即便研究人员与受访者共处一室，受访者与人的接触也处于半隔离状态，所以可以自在地回答敏感问题。

在调查研究中，最重要的还是要与受访者有着明确清楚的交流，获得可信的回答。在将问卷投入调查使用之前，让别人检查一下也是明智之举。一项近期的研究（Olson，2010）发现，让有经验的调查研究人员检查问卷，有助于发现潜在疏漏，改进最终调查。

7.6 合乎伦理的调查

　　调查研究中主要的伦理问题是对隐私的侵犯。你可能会因向受访者询问亲密行为或个人信仰而侵犯到他的隐私。人们有隐私权。受访者可以决定何时、向谁透露自己的个人信息。当在一个互相尊重和信任的舒适环境中询问时，受访者有可能会提供这些信息。当受访者认为你有着合理的研究目标、需要严肃认真的回答时，受访者提供信息的可能性最大。同样，当受访者相信自己的回答会被保密时，他们也愿意提供这些信息。作为社会研究人员，你应该尊重所有受访者，尽量减少他们的焦虑或不适。你也要负责数据的保密性。

　　第二个问题涉及受访者的自愿参与。受访者可以随时同意或拒绝回答问题。他们应当对正式或非正式地参与研究给出知情同意。你的研究有赖于受访者的自愿合作，因此研究人员需要用一种敏感的方式提出精心准备的问题，并对保密性保持高度敏感。

　　第三个伦理问题是对调查和伪调查的利用。由于调查的普及，有些人利用调查来误导他人。伪调查指的是有些人对从受访者处了解信息毫无兴趣，却利用调查的形式来说服别人做某件事。江湖骗子将开展调查作为幌子侵犯隐私、进入他人家门，或假借调查的名义售卖东西。在一次竞选活动中，我亲身经历了一种被称为"抑制民意调查"的伪调查。当时，一个身份不明的调查机构向潜在选民打电话，询问选民是否支持一个指定的候选人。如果选民支持这个候选人，访谈人员接下来会询问受访者，如果他知道了这名候选人有某个令人厌恶的特征（例如，曾因酒驾被捕、非法使用过毒品、提高了入狱服刑的罪犯们的工资等），是否还会支持这名候选人。访谈的目的并非测量候选人的支持度；相反，它是为了识别某个候选人的支持者，并试图抑制人们对这位候选人的投票。尽管这样的民意调查是非法的，但却没有人因为使用了这种竞选策略而被起诉。

　　另一个伦理议题是人们滥用调查结果或采用设计低劣或有不正当目的的调查。为什么会发生这种事情呢？人们可能会从调查中寻求其无法提供的答案，而无法理解调查的局限性。那些设计和准备调查的人，可能缺乏开展正当调查所需的足够的训练。遗憾的是，政策决策有时会基于一些不谨慎的或设计低劣的调查。这往往会造成浪费或人民的苦难。这就是为什么由正当的调查人员，依据严谨的方法，开展社会调查是十分重要的。

　　媒体对调查的报道要多于对其他类型社会研究的报道，但对调查结果的粗心报道会导致对其的滥用。[28] 研究人员应该包含调查的细节信息（参见扩展7.4），以减少对调查研究的误用，增加对缺乏此类信息的调查的质疑。调查研究人员会督促媒体包含这些信息，但它们却鲜少被包含在内。在大众媒体关于调查的报道中，88%以上没有透露开展调查的研究者的姓名，只有18%的报道提供了调查的细节。[29] 然而，对美国媒体报道的民意调查或其他调查，当前尚无质量控制标准或规范。

　　自20世纪90年代后期以来，专业研究人员在获取充分的样本、对访谈人员的培训和督导、进行令人满意的问卷设计、结果公开以及对调查组织诚信的控制等方面，所做的尝试都失败了。[30]遗憾的是，媒体既会报道存有偏见和误导性的调查结果，也会报道严谨专业的调查结果，并不对其加以区分。因而，公众对调查的困惑和不信任也不足为奇了。

扩展7.4 报道调查研究时需要包含的十项内容

1. 采用的抽样框（例如，电话号码簿）。
2. 调查开展的日期。
3. 样本代表的总体（例如美国成年人、澳大利亚大学生、新加坡家庭主妇）。
4. 用于信息采集的样本容量。
5. 抽样方法（例如随机抽样）。
6. 问题的确切措辞。
7. 调查方法（例如面对面访谈、电话访谈）。
8. 调查赞助方组织（谁为调查埋单，谁开展了调查）。
9. 回应率或实际完成问卷人数占联系人数的比例。
10. 任何遗漏信息，或在报道某个特定问题答案时，回答"不知道"的情况。

结 论

在本章中，你学习了调查研究。你也对编写优秀调查问题的原则有所了解。在编写调查问题时，有许多要避免或要包含的内容。你还学习了四种调查研究的优势和劣势，这四种调查研究分别是：邮件调查、网络调查、电话访谈、面对面访谈。你认识到了访谈，尤其是面对面访谈的艰难。本章虽聚焦于调查研究，但你也可以在其他类型的定量研究（例如实验）中采用问卷。调查，有时因其常用随机抽样方法而被称为抽样调查，是一种独特的方法。它是向许多人询问同样的问题并研究其答案的一个过程。

尽管你会最大限度地减少误差，但调查数据中可能还是会包含误差。调查误差会彼此混合。例如，误差可能来自抽样框、无回应、提问的措辞或顺序、访谈人员偏差。不要因为存在误差，你就不采用调查方法。相反，要会学会在设计调查研究和推广调查结果时格外谨慎。

注 释

1. Sudman and Bradburn（1983：39）认为，即便是简单的题目（例如，"您通常购买哪个牌子的软饮料？"）也可能会造成问题。那些对某个传统碳酸苏打水品牌非常忠实的受访者，可以轻易地回答这个问题。而其他受访者则必须解决如下问题才能回答这个问题：（1）题目涉及的是哪个时间段——过去一个月，过去一年，还是过去十年？（2）什么情形可以被算入在内——在家里，在饭店中，还是在体育赛事上？（3）为自己买的，还是为其他家庭成员买的？（4）什么是"软饮料"？柠檬水、冰茶、矿泉水或果汁算不算软饮？（5）通常指的是在所有软饮料购买量中超过51%的品牌，还是我更经常购买的品牌？受访者很少会停下来让访谈人员澄清问题，他们会对研究者的意图做出猜想。

2. 参见 Dykema and Schaeffer（2000）以及 Sudman et al.（1996：197-226）。

3. 参见 Ostrom and Gannon（1996）。

4. 关于具有威胁性的问题，请参见 Bradburn（1983）、Bradburn and Sudman（1980），以及 Sudman and Bradburn（1983）。Backstrom and Hursh-Cesar（1981：219）、Warwick and Lininger（1975：150-151）也对此提供了有用的建议。

5. 参见 CBS News, cbsnews.com/8301-503544_162-6201911-503544.html, downloaded February 14, 2011。也可参见 Cooper, Michael. "From Obama, the Tax Cut Nobody Heard Of", *New York Times*, October 18, 2010。

6. 参见 Martin（1999）和 Tourangeau et al.（1997）。

7. 关于对回应类别中"不知道""没有观点"和中间立场的讨论，可以参见 Backstrom and Hursh-Cesar（1981：148-149）、Bishop（1987）、Bradburn and Sudman（1988：154）、Brody（1986）、Converse and Presser（1986：35-37）、Duncan and Stenbeck（1988），以及 Sudman and Bradburn（1983：140-141）。

8. 同意/不同意与具体选项的辩论可以参见 Bradburn and Sudman（1988：149-151）、Converse and Presser（1986：38-39），以及 Schuman and Presser（1981：179-223）。

9. 对排序和评级的问题的讨论可以参见 Alwin and Krosnick（1985）、Krosnick and Alwin（1988）。对排序和评级问题形式的讨论，也可参见 Backstrom and Hursh-Cesar（1981：132-134）以及 Sudman and Bradburn（1983：156-165）。

10. 参见 Foddy（1993）和 Presser（1990）。

11. Krosnick（1992）和 Narayan and Krosnick（1996）的研究表明教育可以减少回答顺序（首位或最新）效应，而 Knauper（1999）发现年龄与回答顺序效应强烈相关。

12. 这个案例取自 Strack（1992）。

13. 对此的讨论可参见 Couper et al.（1998）、de Heer（1999）、Keeter et al.（2000）、Sudman and Bradburn（1983：11）、Tourangeau and Ye（2009），以及 "Surveys Proliferate, but Answers Dwindle", *New York Times*, October 5, 1990, p. 1。Smith（1995）和 Sudman（1976：114-116）也讨论过拒绝率的问题。

14. 更多细节可参见 Dillman（2000：32-39）。

15. Bailey（1987：153-168）、Church（1993）、Dillman（1978，1983）、Fox, Crask and Kim（1988）、Goyder（1982）、Heberlein and Baumgartner（1978，1981）、Hubbard and Little（1988）、Jones（1979）、

Porter and Whitcomb（2009），以及 Willimack，Schuman，Pennell and Lepkowski（1995）讨论过提高调查中的回信率。

16. 对网络调查设计的概述可参见 Couper（2008）。关于网络调查中的社会期望，可参见 Kreuter，Presser and Tourangeau（2008）。

17. 关于手机与调查研究，可参见 Blumberg and Luke（2007）、Keeter（2006）、Keeter，Kennedy，Clark，Tompson and Mokrzycki（2007）、Link、Battaglia、Ftankel、Osborn and Mokdad（2007），以及 Tucker、Brick and Meekins（2007）。关于来电显示，可参见 Callegaro，McCutcheon and Ludwig（2010）。

18. 不同调查类型之间的比较，可以参见 Backstrom and Hursh-Cesar（1981：16-23）、Bradburn and Sudman（1988：94-110）、Dillman（1978：39-78）、Fowler（1984：61-73）以及 Fery（1983：27-55）。

19. 关于更多调查研究访谈的讨论，可以参见 Brenner，Brown and Canter（1985）、Cannell and Kahn（1968）、Converse and Schuman（1974）、Dijkstra and van der Zouwen（1982）、Foddy（1993）、Gorden（1980）、Hyman（1975）、Moser and Kalton（1972：270-302）。

20. 参见 Turner and Martin（1984：262-269,282）。

21. 取自 Moser and Kalton（1972：273）。

22. 探索询问的用处可参见 Backstrom and Hursh-Cesar（1981：266-273）、Gorden（1980：368-390），以及 Hyman（1975：236-241）的讨论。

23. 来自 Steinberg, Jacques."Study Cites Human Failings in Election Day Poll System"，*New York Times*，January 20, 2005。

24. 参见 Bradburn and Sudman（1980）、Pollner and Adams（1997），以及 Zane and Matsoukas（1979）。

25. 对访谈人员的民族或种族的讨论可参见 Anderson，Silver and Abramson（1988）、Bradburn（1983）、Cotter，Cohen and Coulter（1982）、Davis（1997）、Finkel，Guterbock and Borg（1991）、Gorden（1980：168-172）、Reese，Danielson，Shoemaker，Chang and Hsu（1986）、Schaffer（1980）、Schuman and Converse（1971），以及 Weeks and Moore（1981）。

26. 参见 Catania et al.（1996）和 Kane and MacAulay（1993）。

27. 关于对计算机辅助电话访谈的讨论，可参见 Bailey（1987：201-202）、Bradburn and Sudman（1988：100-101）、Frey（1983：24-25，143-149）、Groves and Kahn（1979：226）、Groves and Mathiowetz（1984），以及 Karweit and Meyers（1983）。

28. 关于媒体对调查结果的报道，可参见 Channels（1993）和 MacKeun（1984）。

29. 参见 Singer（1988）。

30. 取自 Turner and Martin（1984：62）。

第八章

实验研究

8.1 实验
    适合的方法？
    实验的简史
    实验与理论

8.2 随机分配
    匹配法与随机分配

8.3 实验设计逻辑
    实验的语言
    设计类型
    设计的符号表示

8.4 内部和外部效度
    内部效度的逻辑
    对内部效度的威胁
    外部效度
    田野实验

8.5 实际问题
    计划与试点测试
    对参与者的指示
    实验后的访谈

8.6 实验结果：进行比较

8.7 关于实验的伦理

实验研究是建立在实证法的原则之上的。[1] 自然科学家（例如化学家或生物学家）和相关应用领域（例如，农业、工程、药学）的研究人员会开展实验研究。在教育学、犯罪学、新闻学、市场营销学、护理学、政治科学、心理学、社会工作以及社会学等领域，也会开展用于研究社会议题和理论的实验。实验可以向我们提供有力的证据，以证明某一个或两个变量是如何对一个因变量产生影响的。

根据常识，实验指的是在某种情况下改变一件事情，然后将得到的某个结果与没有改变时得到的结果进行对比。举个例子，我想要启动汽车。但出人意料的是，我无法启动它。我通过清理电池连接来进行"实验"，因为我有一个简单的假设：是电池连接导致了这个问题。接着，我试着再次启动汽车。我改变了一件事（清理电池连接），并将这个结果（汽车是否被启动）与之前的情况（汽车未能启动）进行对比。实验始于一个关于原因的假设。我的假设是，电池连接中逐渐积累的杂质阻挡了电流，导致汽车无法启动；因此，当我清理了这些杂质之后，就可以启动汽车了。这种常识性的实验是简单的，但它说明了实验的三个关键步骤：(1) 从一个因果假设开始，(2) 改变与原因密切相关的情况的一个特定方面，(3) 对比结果。与其他社会研究方法相比，实验研究可以提供最有力的因果关系检验，因为它符合因果性的三个条件（也即，自变量发生在因变量之前的时间顺序、存在联系、排除了其他可能原因）。

8.1 实 验

适合的方法？

决定什么研究方法最适合某个特定的研究问题是很难的。在研究方法和研究问题之间，不存在现成的、固定的匹配关系。你必须依据信息做出判断。培养这种判断技能的办法就是，了解各种研究方法的优势与缺陷，阅读大量已发表研究中的方法论部分，协助经验丰富的社会研究人员，通过开展研究获取实践经验。

与其他社会研究方法相比，实验法有着一定的优势与局限性，这些优势与局限有助于理解在什么情况下实验是最合适的研究方法。实验通常是人造的，是对复杂社会世界有目的性的简化。你可能会认为"人造的"意味着负面的东西，但是韦伯斯特和赛尔（Webster and Sel）却认为：

> 实验的最大好处在于它们是人造的。也即，实验可以使得研究人员设计并创造某种情形，并在这种情形下进行观察，而不是仅仅只能观察事实上发生的情形。（2007：11）

"人造的"意味着实验者有意识地控制研究状况。你可以通过包含理论上相关的变量，并移除那些对假设不具有因果重要性的变量来控制研究。从这个意义上来说，"人造"意味着你可以明确焦点，创造出比自然世界更容易看到和测量的精确效果。你要包含自变量和因变量，但要排除不相关变量或**混淆变量**（confounding variables，也即，那些不属于假设检验的一部分的变量）。用一个类比来说，就像是化学家无法在自然世界中找到纯钠。而在控制实验环境中，化学家可以将纯钠与其他纯化学物质精准地混合在一起，以研究它们的反应。这种有控制的、无菌的实验室就是人造的，纯钠也是人为制造的，化学家用来与纯钠发生反应的纯化学物质也是人造的，但化学家可以得到那些在真实社会中有用的新知识和混合物。

社会科学实验的逻辑非常强大，但在使用中会受到实践与伦理的限制。在实验中，你可以操纵世界的某些方面，从而研究其结果；然而，你不能为了科学操纵人类生活的所有方面。你要受限于你所能够操纵的特定条件，并且需要符合对人类开展研究的伦理标准。因此，你不能通过开展实验来直接回答一些问题，例如，那些完成了大学教育的人，是否比没有上过大学的人年收入增长更快？那些与弟弟妹妹一同长大的小孩，是否具有比独生子女更高的领导力？那些隶属于更多组织的人，是否更经常在选举中投票？你不能安排一些人上学，并阻止另一些人上学，来观察日后谁的收入更高。你不能诱导夫妇生育多个子女或一个子女，来研究儿童的领导力发展。你不能强迫人们加入或退出组织，来观察他们是否投票。尽管不能操控每个你感兴趣的情形或变量，但你可以创造性地模拟类似的干预或条件。

一般而言，实验通常最适合的是范围或规模较小的问题。人们通常可以在较短的时间内和有限的资源下集结并开展多个实验，并对重要的假设进行检验。例如，你可以在不到一个月内，用很低的成本重复尼文（Niven）的研究（参见示例8.1）。

实验通常适合微观层面的（例如个体心理或小群体现象）而非宏观层面的理论问题。这就是为什么社会心理学家和政治心理学家会开展实验研究。实验无法轻易地解决涉及宏观层面条件的问题，这些宏观层面的问题往往存在于整个社会或历时多年。

在实验中，你分离并瞄准一个或少数几个原因变量。尽管实验具有论证因果效果的优势，但当你想要同时考虑十几个变量时，实验就不会起效了。实验法不适用于那些需要同时考察许多变量影响的问题，也不适用于评价各种复杂环境或众多社会群体的情况。

实验重点突出对假设的检验，每个实验在特定的环境下考虑一两个变量。通过收集、比较、合成大量的不同的实验研究结果，知识得以缓慢发展。实验方法中的知识构建策略，与其他社会研究方法（例如调查研究或田野研究）中的策略不同；在后者中，你可以在一项研究中同时检验不同社会背景下的15～20个变量。

惯例也会影响哪些研究问题与实验法最匹配。大量研究文献利用实验法研究了许多话题。这有利于这些话题得以快速、流畅地传播，并有助于研究人员在对实验进行细微修改后进行重复研究。尽管实验法存在一定的优势，但这也会成为一个缺点。那些专攻这些话题的研究人员会期望其他所有人采用实验法，并按照实验的标准来评价新的研究。他们接受和吸收非实验研究得到的新知识时，速度较慢。

示例8.1 新闻报道和死刑观点

> 尼文（2002）注意到，在近几十年中，美国人对死刑有着压倒性的支持（在民意调查中占据了75%到80%）。然而，如果人们要在支持对谋杀犯判处死刑或无假释无期徒刑（life imprisonment without parole，LIWP）二者中选择一个，那么支持死刑的人数会减少将近一半。尼文发现，在关于死刑观点的媒体报道中，超过九成报道了公众对死刑压倒性的支持；但极少数会报道，如果有其他可选惩罚，对于同样的罪行，人们更愿意支持无假释无期徒刑。尼文假设，如果人们接触的媒体报道告诉他们，公众对于无假释无期徒刑的支持度很高，那么人们对死刑的支持或许会发生变化。为了验证他的假设，他前往迈阿密国际机场候机区待了两周，并为他的研究招募了564名研究参与者。他随机安排人们阅读三篇报纸文章，这些文章就是他的自变量。一篇文章讲述了对死刑压倒性的支持，另一篇文章公开支持无假释无期徒刑，第三篇文章与死刑无关，讲的是机场扩建计划。他告诉研究对象，这个研究是与报纸文章写作风格相关的。为了掩盖实验的真实目的，参与者被要求完成一份关于文章清楚程度和组织结构的问卷。他还设置了一个关于政治信仰的部分，用以了解不同政治信仰的人是否对文章反应相同。在这个部分，他包含了三个问题作为他的因变量：支持或反对对谋杀犯判处死刑、更支持死刑还是更支持无假释无期徒刑、对将来会有更多的还是更少的州采用死刑的估计。他的结果说明，阅读了死刑压倒性支持文章的参与者与阅读了机场扩建计划的控制组之间，在死刑的观点上没有区别。在这两组中，超过80%的参与者支持死刑，只有略多于一半的参与者更支持无假释无期徒刑，并且大部分参与者认为将来有更多的州会采用死刑。而那些阅读了无假释无期徒刑报道的人，对死刑的支持率较低（62%），相较于死刑，他们更加支持无假释无期徒刑（57%比43%），并且预测将来有更少的州会采用死刑。因此，尼文的发现支持了他的假设——媒体只报道公众对死刑的支持，会使人们保持对死刑的支持，而不去考虑无假释无期徒刑。

你也可以在研究中将实验法与非实验法相结合。例如，你要研究人们对轮椅使用者的态度。你可以对1,000个人进行调查，询问他们关于轮椅使用者的看法。你可以开展田野研究，自己坐在轮椅上，研究观察在现实生活场景中人们对你的反应。你还可以设计一个实验，在这个实验中，你与他人产生互动。其中一半的时间你坐在轮椅上，而另一半时间则不使用轮椅,站在或走在街上,你可以记录这两种情况下人们的反应。为了检验理论,获得更加完整的理解,你可以将来自于不同研究类型的结果结合起来(参见示例8.2)。

示例8.2 利用实验法和调查法来检验与运用认同理论

特兰斯(Transue,2007)在一项研究中将实验的逻辑和调查研究方法结合起来,通过将抽象的社会科学理论应用于现实公共政策议题,对其进行检验。他的研究成果证明,美国人对种族差异的微妙强调,往往会加剧在公共问题上的种族分歧。

根据社会认同理论,我们会自动地将人们分类为内群体(我们属于的群体)和外群体(我们不属于的群体)。这些群体构成了社会边界和与他人的社会距离或亲密感的基础。我们还会有多重身份认同。自我分类理论是社会认同理论的分支之一,它认为我们将其他人分为内群体或外群体成员,是基于我们哪一个身份更加活跃。社会边界和社会距离感取决于最突出的内群体。我们感到与内群体成员的距离更近,而与突出外群体成员的距离更远。激发(priming)是一种过程,在这个过程中,一些事情的发生激活了一个特定的身份。这个身份一旦被激活,就往往会对接下来的行为或思考产生更大的影响。一旦人们被提醒想起某个身份(也即,这个身份被激发),那么它就会成为人们思考自我时最重要的因素,从而影响着人们的行为。

在以往大部分关于社会认同理论的研究中,研究人员利用小规模的由学生组成的便利样本进行实验室实验(laboratory experiments),从而测试暂时的、人为创造的身份对设计好的议题产生的影响。特兰斯(2007)则寻求更高的外部效度。为此,他的研究采用了电话调查,在1998年夏天,他通过随机数字拨号,随机选取了明尼阿波利斯城区的405名白人美国公民。特兰斯主要考虑了两种实际身份:种族和国家。他基于以往研究,认为具有种族偏见的白人在被激发或被提醒了自己的种族之后,在投票时更有可能用种族主义的方式思考问题。他所检验的现实政策议题是关于支持为公立学校纳税。

关于研究中的自变量,也即社会认同,特兰斯向随机分配的调查受访者子群体询问两个问题中的一个:"您觉得您与您所属的民族或种族群体有多亲近?"或"您觉得您与其他美国人有多亲近?"这个问题激发了受访者关于自己身份的意识。在调查中,他接着向这些受访者询问关于为学校缴税的问题,"为了改善公立学校的教育"或"为了提高少数群体的机遇"。这是主要的因变量。特兰斯假设,那些被激发了种族身份的白人,相比那些被激发了美国人身份的白人,更有可能拒绝为了提高少数群体的机遇而缴税。他还认为,那些被激发了美国人身份的白人,相比那些被激发了种族身份的白人,会更加支持为了改善公立学校而缴税。

特兰斯发现，被激发了种族身份的白人在被询问关于帮助少数群体时，支持为公立学校纳税的人数最少。绝大多数支持来自那些被激发了美国人身份的白人。特兰斯还将那些与自己族裔群体身份认同最密切的人与身份认同最微弱的人就行了对比。他的研究结果与社会认同理论一致，那些有着最强的种族身份认同的白人，对为提高少数群体机遇而纳税的抵制最强烈。在这项研究中，被激发的种族自我认同增加了一个人种族内群体的显著性，提高了与种族类别相关的社会边界。一个人在种族内群体中较强的认同，会增加他与种族外群体成员的社会距离，也降低为他们提供帮助的想法。

实验的简史

社会科学从心理学开始，借鉴了自然科学的实验方法。直到20世纪，心理学家才开始完全接纳实验。[2] 德国心理学家和生理学家威廉·M. 冯特（Wilhelm M. Wundt，1832~1920）将实验法引入心理学中。在19世纪末20世纪初，德国是研究生教育的中心。20世纪初期，美国和其他地方的高校开始建立心理学实验室来开展实验研究。实验法取代了一种更具有哲学性、内省性、整合性的方法，后者更接近于解释性的社会科学方法。例如，著名的哲学和心理学家威廉·詹姆士（William James，1842~1910）并不认同实验法。随着时间流逝，实验法逐渐扎根于社会科学领域。实验法由于为研究社会生活提供了客观的、无偏见的、科学的方法而吸引着人们。[3]

实验与理论

有些社会科学实验是以实证为基础的，另一些则是以理论为导向的。[4] 两种实验开展的实际步骤相差无几，但两者的目的大相径庭。绝大多数实验是以实证为基础的。

在开展以实证为基础的实验时，你的首要目标是，查明一个自变量是否对特定的因变量产生显著影响。你需要通过在被控制的环境中，实证地展示这种影响，来记录并描述这个影响（也即，它的规模、方向、形式）。之后，你会将它推广到"现实生活"情境（参见本章稍后对"外部效用"的讨论）。例如，所罗门·阿希（Solomon Asch）的著名实验通过让八名学生看三条线，证明了从众心理对群体压力的影响。当阿希证明了从众心理的力量之后，他将从众效应从他那个八名学生看三条线的特定研究，推广到了在现实生活任务中的不同规模的群体和不同类型的人群。示例8.1中，尼文关于阅读报道死刑观点的新闻研究，证明了新闻报道的影响。

在理论导向的实验中，你通过演绎的方式，将一个关于世界如何运行的抽象模型（也即，你的理论），转化为有着具体测量的研究设计。你的实验是理论模型的一个复制品。在对理论导向的实验进行归纳时，你是将实验结果归纳为一个关于世界如何运行的理论。通过这种方法，你可以验证理论，了解实证证据是否支持这个理论。你希望了解，理论的预测是否与实证发现接近。因此，你不太关心实验是否是"人造的"或对自然界来说是不实际的。你关心的是这个结果是否符合理论。正如韦伯斯特和赛尔（Webster and Sell，2007：21）争辩的那样："实验结果本身并不是很有趣，除非它们与理论相关。"

你将利用统计学来检验结果是否符合理论。如果理论预测的结果非常不可能发生（也即，概率很低），但在你的实验中却频繁发生，那么你对这个理论的信任就会增强。举个简单的例子。有个朋友相信自己可以区分6种品牌的无糖可乐（健怡可口可乐、零度可乐、轻怡百事可乐、百事可乐极度、皇冠健怡可乐、Tab 可口可乐）。你让他在5天中饮用24杯可乐，每个品牌4杯，顺序打乱。你用有颜色的杯子盛装可乐，因此他无法通过颜色进行辨认。如果他24次每次都辨认正确，那么你确信他可以区分这6种可乐。在对理论进行验证时，就像你的朋友100%正确一样，你对于理论的信心也会增强。但这十分少见。如果你的朋友90%都是正确的，你可能会认为他的评估是不错的，但并不是完美的。如果他只有30%的次数是对的，那么他可能只是稍强于偶然的猜测。你对他的信任就会降低。在理论检验中，一个理论解释的可信度，取决于与理论预测相符的结果是否远远超出仅凭偶然因素的预期，以及它是否能经受多次反复的检验。

在示例8.2特兰斯的研究中，他重复了对自我分类理论的检验，而这个理论已经经过了大量实验验证。他将激发效应运用于激发人们的自我分类，让人们选择一个内群体身份，然后再提供可以支持这个理论的证据。他的研究将调查方法与现实政策议题结合了起来。本章稍后关于接触假说的研究（参见示例8.6），也是一个以理论为导向的实验，只不过它是运用于现实生活情境中的。

8.2 随机分配

在日常生活中，你总是会做比较。这双鞋比那双鞋更好看吗？这门课比那门课更有趣吗？这家餐厅的性价比是不是比另一家餐厅更高？当在进行比较时，你或许会想起老一套的说法："拿苹果与苹果比较，不要拿苹果和橘子比较。"这句话并不是在谈论水果，它谈论的是如何进行比较。这意味着有效的比较取决于被对比的事物是否在本质上是相似的。你会拿一门大学课程与另一门大学课程做比较，而不会拿大学课程与在游乐园中的时光相比较。

在实验中，你可以用以下三种方式进行比较。[5]

1. 参与者内部（within-participants）。你可以对同一个参与者在不同时间点（例如，参与培训课程之前与之后）进行比较。对参与者进行比较是有用的，但与了解一个人如何变化相比，你更感兴趣的是处理（treatment）或自变量，是否对一般意义上的人们产生影响。

2. 群组内部（within-groups）。你可以在两个或多个时间点，对同一群组内的参与者进行比较（例如，比较一个15人小组在参与培训课程之前与之后）。你也可以对同一组人进行一系列处理（例如，按照顺序参与三个培训项目），以观察每个处理（培训项目）是否产生效果（技能或知识水平的提高）。

3. 群组之间（between-groups）。你可以对两组参与者进行比较，其中一组接受处理，另一组不接受处理（例如，一个参与了培训课程的15人小组，与另一个未参与培训课程的15人小组进行对比）。你可以随机分配参与者，形成两个相似的群组，从而在群组之间进行比较。

随机分配（random assignment）是一种将个案（例如研究参与者、组织）分配至不同组别以便进行比较的方法。它将一群参与者分为两个或多个小组，以便研究者更加确信各组之间没有系统性差异。这是一种纯粹机械的方法，分配是自动进行的。你不能根据你的或参与者的个人偏好、特点（例如，你认为他们表现得很友好、有人想与自己的朋友在一组、把来得晚的人分配到一组）进行分配。

要在群组之间进行比较，那么群组之间就不能在某些变量上存在差异，否则这些变量可能代表了其他可能的因果关系解释。例如，你要对两个群组进行对比，以考察完成防火培训课程对应对火灾能力的因果效应。这两个群组要在除了参加培训与否以外的所有方面相似。如果除参加培训以外，两组完全相同，那么你可以通过比较结果来了解培训课程的效果。如果这两个群组有所不同（例如，一组包含经验丰富的消防员，或者一组的参与者更年轻、身体更好），那么你就无法确定所观察到的差异究竟是由什么因素造成的。

随机分配中的"随机"是就统计或数学意义而言的，与日常生活中的"随机"含义不同。在日常生活中，"随机"可能意味着意料之外的、随意的、偶然的。而在概率论中，"随机"指的是每个个案被选中机会相等的过程。在随机选择中，你可以通过数学计算特定个案出现在某个群组的概率。例如，对50个人采用随机过程（比如扔硬币）进行分配，分为两组（显示硬币正面的为一组，显示硬币背面的为一组）。用这种方法，所有参与者出现在某个组的机会都是相同的。

数学随机过程的好处在于，在经过许多独立随机事件之中，会发生高度可预测的事件。这个过程完全是随机的，你无法预测在某个时间点会出现某种结果；但经过多次情形之后，就可能会出现非常准确的预测。

随机分配是无偏差的，因为你对于验证假设的期望或研究参与者的个人利益，是不会参与到选择过程之中的。无偏差并不意味着在每个特定的随机分配选择中，群组都是完全相同的。它近似于：你可以通过数学计算确定选择一个个案的概率，并且从长期来看，在经过多次独立选择之后，群体之间没有差别。

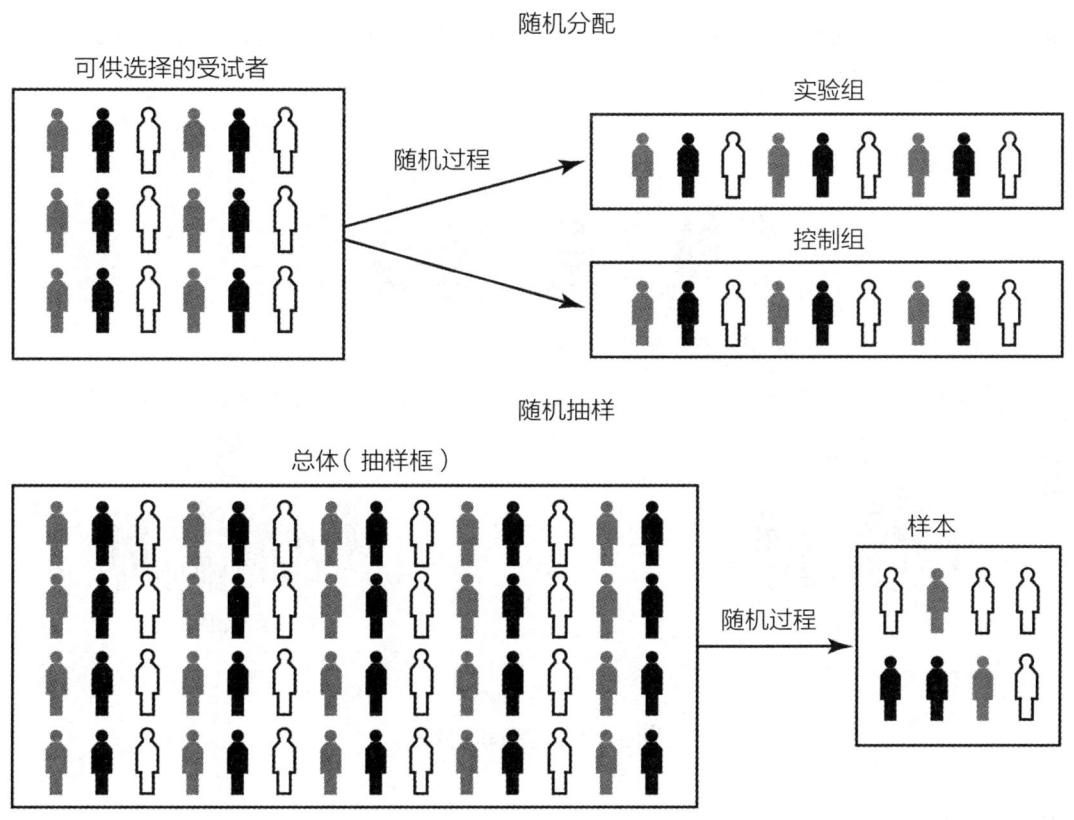

注：阴影代表了不同肤色。

图 8.1 随机分配和随机抽样

在第六章中学到的随机抽样，以及这里的随机分配，都采用了挑选个案的随机性原则。随机抽样需要利用随机过程，从较大的个案集合中选取一个较小的个案子集。随机分配则需要利用随机过程，将个案的集合划分为两个或多个群组（参见图 8.1）。你可以既采用随机抽样、又采用随机分配。例如，你首先通过随机抽样获取了一小部分个案（例如，从 20,000 人中抽取了 150 人），接着，你利用随机分配，将这一小部分个案分为三个同等规模的群组（例如，将 150 人分为三组，每组 50 人）。

在实际操作中，随机分配比较简单。首先从一组个案（比如个人、小组、公司、或其他分析单位）开始，接着利用随机过程将他们分为 2 个或多个群组。随机过程可以是计数、扔硬币、或掷骰子。如果你希望将 32 个人随机分为两个 16 人的小组，你可以让每个人在一张标准大小的纸条上写下自己的名字，然后将所有纸条放进帽子里，闭着眼将这些纸条打乱，继续闭着眼睛从帽子中抽取 16 张纸条，代表第一组，再抽取 16 张纸条，代表第二组。

这两组人存在差异是很少见的情形。而一个更加极端的不常见情况是，或许所有有着某一特征的个案全部被抽到了一个组。例如，32个人中有16名男性和16名女性，结果所有男性都在一组，所有女性都在另一组。尽管从概率上来讲存在这样的可能性，但它还是极其少见的（关于随机选择，参见图8.2）。

第1步：首先从一组个案开始。

第2步：想出一个纯机械的随机方法（例如，扔硬币）。

第3步：将抛出硬币"正面"的受试者分配到一组，　　　抛出"反面"的受试者到另一组。

控制组　　　　　　　　　　　　　　　　　实验组

注：阴影代表不同肤色。

图8.2　如何随机分配

匹配法与随机分配

　　你或许会问，如果随机分配的目的是产生两个（或多个）相同的群组，那么将两个群组中个案的特征匹配起来不是会更容易吗？有些研究者会匹配个案的特定特征，例如年龄和性别。匹配法是一个可供替代的选择，人们却较少使用，因为它存在一定的问题：哪些特征是与匹配相关的，以及你能找到准确的配对吗？个体之间千差万别，你无法知晓什么特征是相关的。

　　例如，你想要比较两个由16名学生组成的小组。第一组是8名男性，所以在第二组中我们也需要8名男性。第一组中有2名男性是独生子，其中一名的父母在他12岁时就已离婚，而另一名则来自一个完整的家庭；一个是又瘦又高的犹太人，另一个是又矮又胖的天主教徒。为了匹配，我们是否必须找到一个来自离异家庭的高个犹太独生子，以及一个来自完整家庭的矮个天主教独生子？那个又高又瘦的犹太独生子22岁，主修医学预科；那个又矮又胖的天主教徒独生子20岁，主修会计。我们是否也需要找到两个与他们年龄相仿、专业相同、有着同样的家庭背景和宗教信仰的男性作为匹配？准确的匹配是一项不可能完成的任务。而在长期大量的分配中，随机分配可以产生没有实质差别的群组。

8.3 实验设计逻辑

实验的语言

在实验研究中，研究参与者被称为受试者（subject），尽管近些年来，人们更常称之为研究参与者（research participant）。

实验的组成部分。实验由七个部分组成。并非所有实验都包含这些部分，有些实验不仅有这七个部分，还有其他组成部分。

1. 处理或自变量。
2. 因变量。
3. 前测。
4. 后测。
5. 实验组。
6. 控制组。
7. 随机分配。

在大多数实验中，你会创造一个情境，或者参与一个正在进行的情境，然后稍加修改。这就是"处理"（或者是刺激、操纵）。这个术语来自医学行为，医生向病人施以"处理"治疗疾病。在治疗病人时，医生通过干预或做某些事情，来改变病人的身体或心理状况。

处理可以是自变量，也可能是若干自变量的组合。在尼文的研究中（示例8.1），处理是：参与者在机场候机区，收到并阅读了三则新闻故事中的哪一则。在特兰斯的研究中（示例8.2），处理是：参与者在电话调查中，听到了两个关于身份问题中的哪一个。

有时，实验人员会竭尽全力创造处理。实验人员会创造不同的虚假记录，阅读不同的新闻报道，听到不同的调查问题，向群组展示不同的视频录像（参见示例8.4）。另一些则更加复杂，例如，用精心设计的设备、舞台上的物理环境或精心设计的社交环境，将参与者置于某种情境中。第三章中著名的米尔格拉姆和津巴多实验就是如此。你希望处理能够产生影响，引起特定的反应、感受或行为（参见本章稍后关于实验现实性的部分）。

实验研究中的因变量（dependent variable）或结果，指的是参与者的身体状况、社会行为、态度、感受或信念观点，在接受处理之后发生的变化。你可以通过测验指标、观察、访谈、生理反应（例如心跳、流汗的手掌），来测量因变量。

在实验中，你可能会不止一次地测量因变量。前测（pretest）指的是在引入处理之前对因变量的测量。后测（posttest）指的是在实验情境下引入处理之后对因变量的测量。

当你为了比较而将参与者划分为两个或多个群组时，只有一组会接受处理。实验组

（experimental group）是受到处理、或者存在处理的那一组。没有受到处理的那一组就是控制组（control group）。当自变量有多个值时，你可以设置多个实验组。

开展实验的步骤。正如基本的研究步骤一样，你需要选定话题，将话题缩小成为一个可测试的研究问题，再用变量建立一个假设。规划一个具体的实验设计（稍后讨论），是一个至关重要的早期步骤。在规划时，你必须知道要建立多少个小组，如何以及何时创造处理条件，如何测量因变量和测量因变量的次数，以及参与者从始至终会经历什么。最好能够先对实验进行先导测试（也即，进行实验"演习"）。这有助于使你在开展真正的实验之前，能够发现潜在的问题和缺陷。

当你找到志愿参与者，并将他们随机分配到不同小组之后，你的实验就开始了。你需要给研究参与者精准的、预先计划好的说明。接着，你可以在进行测试之前对因变量进行测量。然后，你让一个小组暴露在处理之下（或者暴露在较高水平的处理之下）。最后，在进行测试之后，你要再对因变量进行测量。最好在参与者离开之前对其进行访谈，了解他们的观点并回答疑问。记录对因变量的测量，并检验每个小组的结果，以了解数据是否支持你的猜想。

实验中的控制。实验研究的关键是控制。[6]为了将处理的影响分离出来，你需要控制实验情况的各个方面。通过控制混淆变量，你可以消除那些可能会影响你建立因果关系的其他替代性解释。

为了控制实验环境，实验人员有时会欺骗参与者（参见本章稍后对符合伦理的实验的讨论）。欺骗指的是，你通过语言或书面说明、别人的行为、或环境的某个方面，来刻意误导研究参与者。它可能包括利用实验助手（confederate）——那些装作研究参与者或过路人，但实际上是与研究人员共事、用来刻意误导真正参与者的人。米尔格拉姆的实验就利用了实验助手。

欺骗只能用来轻微地改变参与者的所见、所闻、所信之事。它通常意味着要创作一个故事来掩人耳目。掩人耳目的故事（cover story）是对研究目的的一种错误解释，你告诉参与者这些信息是为了误导他们，不让他们了解真正的研究目的。掩人耳目的故事有助于满足人们的好奇心，但同时又可以减少需求特征（demand characteristics，本章稍后讨论）。许多研究会采用掩人耳目的故事（参见示例8.1、示例8.4、示例8.6）。

设计类型

你将实验的组成部分（例如前测、控制组等）组合到一起，来制订出一份实验设计。有些实验设计缺少前测，有些实验设计没有控制组，而另一些则有着多个实验组。那些被广泛使用的标准实验设计有着专有名称。学习标准实验设计的原因有二：首先，当你阅读研究报告时，有些作者可能只会给出所使用的某种标准设计的名称，而不会对其进行描述；

其次，标准设计举例说明了结合设计的各个组成部分的一般方法。你可以在自己的实验中使用这些设计，也可以创建新的变体。

你可以通过简单的示例了解不同的实验设计。假设你想了解，如果服务人员首先介绍自己的名字，之后再在上餐后8~10分钟时返回询问"一切还满意吗"，那么他们是否会收到更多的小费。因变量是服务人员收到的小费。你的研究在一个镇子里的两家饭店进行，它们有着相同的顾客类型和平均小费数量。

经典实验设计（classical experimental design）。所有的实验设计都是经典实验设计的变体，它包括随机分配、一次前测和一次后测、一个实验组和一个控制组。

示例。你对40名新雇用的员工进行相同的2小时培训，并要求他们不要介绍自己的名字，也不要在就餐时返回询问顾客是否满意。接着你将他们随机分配为两个分别有20人的小组，并将他们分别送至两家饭店工作。你在他们工作1个月后，记录每个参与者收到的小费数目（前测分数）。接着，你"重新培训"饭店1的20名参与者。你告诉他们，从今以后，要向顾客介绍自己的名字，并在上餐后8~10分钟时返回，向顾客询问"一切还满意吗"（处理）。饭店2的20名参与者（控制组）仍然不介绍名字，也不在就餐时返回询问顾客是否满意。在第2个月后，记录两组参与者收到的小费数目（后测分数）。

前实验设计（preexperimental designs）。有些设计缺少随机分配，这是一种折中方案或捷径。你可以在无法使用经典研究设计时，采用前实验设计。但根据前实验设计得到的因果推论不如经典研究设计得到的因果推论清楚。

单次研究设计（one-shot case-study design），也叫作单组后测研究设计（one-group posttest-only design）。单次研究设计只有一个小组、一次处理、一次后测。由于只有一个小组，因此没有随机分配。

示例。你对40名新雇用的员工进行相同的2小时培训，并要求他们在服务时，首先介绍自己的名字，之后再在上餐后8~10分钟时返回询问"一切还满意吗"（处理）。参与者开始工作，1个月后，你记录所有参与者收到的小费数目（后测分数）。

单组前测-后测设计（one-group pretest-posttest design）。这种研究设计包含了一个小组、一次前测、一次处理、一次后测，没有控制组和随机分配。

示例。你对40名新雇用的员工进行相同的2小时培训，并要求他们不要介绍自己的名字，也不要在就餐时返回询问顾客是否满意。在所有人工作1个月后，记录每个参与者收到的小费数目（前测分数）。接着，你"重新培训"所有40名参与者。你告诉他们，从今以后，要向顾客介绍自己的名字，并在上餐后8~10分钟时返回，向顾客询问"一切还满意吗"（处理）。在第2个月后，记录所有参与者收到的小费数目（后测分数）。

这是对单组后测研究设计的改进，因为你在处理前后均对因变量进行了测量。然而，由于缺乏控制组，你不知道在前测和后测之间，是否存在除了处理之外的其他原因导致了这个结果。

静态组比较（static group comparison）。静态组比较也叫后测非等组设计（posttest-only nonequivalent group design），它有两个小组、一次后测、一次处理，没有随机分配和前测。缺点在于，两个小组后测结果的任何差别，都有可能是由于先于处理存在的组别差异导致的。

示例。你对40名新雇用的员工进行相同的2小时培训，并要求他们不要介绍自己的名字，也不要在就餐时返回询问顾客是否满意。他们可以选择在两家饭店中的任何一家工作，只要每家饭店都有20名员工。所有人开始工作1个月后，你"重新培训"饭店1的20名参与者。你告诉他们，从今以后，要向顾客介绍自己的名字，并在上餐后8~10分钟时返回，向顾客询问"一切还满意吗"（处理）。饭店2的20名参与者（控制组）仍然不向顾客介绍自己的名字，也不在就餐时返回询问顾客是否满意。在第2个月后，记录两组参与者收到的小费数目（后测分数）。

准实验和特殊设计（quasi-experimental and special designs）。这种设计和经典实验设计一样，在识别因果关系上要比前实验设计更加明确。在经典实验设计难以实现或不合适的情况下，准实验设计有助于检验因果关系。这些设计之所以是"准"实验，是因为它们是经典实验设计的"较弱"变体：有些使用了随机选择，却没有进行前测；有些使用了超过两个小组；有些通过对一组进行跨时间多次观察来取代控制组。总体来说，与经典实验设计对比，在这些设计中，对因变量的控制较弱（参见表8.1）。

两组后测设计（two-group posttest-only design）。这种准实验设计与静态组比较设计几乎相同，除了一点：在两组后测设计中，会采用随机分配的方法。除了前测以外，它拥有经典实验设计的全部组成部分。随机分配降低了两组在处理之前就存在差异的可能性，但由于没有进行前测，你无法确定在处理之前两组的因变量是否相等。

林德和斯特罗梅茨（Rind and Strohmetz，1999）运用了随机分配的两组后测研究设计，对餐馆小费进行了研究。在他们的研究中，参与者是新泽西的一家高档餐馆的81个餐饮聚会，处理是女性服务员是否在顾客账单背面写下餐馆即将推出的特价活动，因变量是收到的小费数目。实验人员给一位有着两年经验的服务员一副随机洗过的卡片。其中一半卡片上无信息，而另一半卡片上则写着关于特价活动的信息。在这位服务员将账单送至顾客之前，她随机从口袋中抽出一张卡片。如果卡片上有信息，她就会把即将推出的特价活动写在顾客账单的背面。如果卡片上没有信息，那么她就什么都不写。实验人员记录了小费的数目以及餐桌人数。他们指导这位服务人员相同地对待所有顾客。他们发现，那些收到关于即将推出的特价活动的顾客会给出更高的小费。

间断时间序列（interrupted time series）。在间断时间序列设计中，随着时间推进，对一组因变量进行多次前测和后测。

表8.1 经典实验设计的比较

设计类型	随机分配	前测	后测	控制组	实验组
经典实验	有	有	有	有	有
单次研究	无	无	有	无	有
单组前测−后测	无	有	有	无	有
静态组比较	无	无	有	有	有
两组后测	有	无	有	有	有
时间序列设计	无	有	有	无	有

等效时间序列（equivalent time series）。等效时间序列设计与单组间断时间序列设计相似。它在时间上延续，却有着多次处理。类似于间断时间序列设计，你在处理前后多次测量因变量。关于酒类销售和自杀率的研究（参见示例8.3），举例说明了等效时间序列。

拉丁方阵设计（latin square design）。有时，人们想要了解若干不同顺序的自变量是如何影响因变量的，拉丁方阵设计应运而生。例如，地理老师要教会学生三个单元的课程：看地图、用指南针、利用经纬度体系。这三个单元的课程教学可以使用任何顺序。但老师想知道哪种顺序最有利于学生的学习。在一个班，学生首先学习看地图，接着学习使用指南针，最后学习经纬度。在另一个班，学生首先学习使用指南针，接着学习看地图，最后学习经纬度。在第三个班，老师先教学生关于经纬度的知识，再教学生使用指南针，最后教学生看地图。在完成每个单元教学后，老师对学生进行测试，在学期结束后，学生还要参加一场综合测试。学生是被随机分配到不同班级的，因此老师可以知道教学顺序是否能够提高学生的学习水平。

示例8.3 间断时间序列、酒类销售以及自杀率

政府面临着来自经济利益的巨大的压力，要求修改法律，以从酒类销售中获取日益增加的利润。在20世纪，公共垄断控制着加拿大西部大部分地区酒类的销售和分销。私有化的支持者认为，私有化有众多经济利益，包括出售前国有零售店和酒类销售执照。另一些人则指出了私有化对消费和健康的影响。关于酒精饮品销售私有化的研究指出，私有化极大地促进了酒精的供应和消费。

阿尔伯塔省的酒类销售私有化经历了三个阶段：1985年私有红酒商店的开张，1989~1990年期间私有啤酒商店的开张以及农村地区旅馆销售烈酒与红酒，以及最终在1994年实现了所有酒类商店的私有化。酒类商店的数量迅速增加，在整个国家其他地区消费低迷的情况下，烈酒销量反而急剧上升。阿尔伯塔省的私有化还与犯罪率升

高相关,例如非法闯入销售烈酒的商店,对未成年购买酒精饮品的执法力度减弱。阿尔伯塔省还有着全加拿大最高的酒驾死亡率。大量研究还指出了自杀率与酒类消费之间的关联。

赛尔科曼和曼恩(Zalcman and Mann, 2007)利用三阶段间断时间序列设计,研究了1976~1999年间,阿尔伯塔省酒类销售私有化对自杀率的影响。他们研究了在每个私有化阶段之后,自杀率是否发生了变化。他们还将阿尔伯塔省的自杀率水平,与同一年份安大略省的自杀率水平进行对比,后者的酒类销售仍由政府垄断。

研究人员发现,1985年红酒零售商的私有化,使得阿尔伯塔男性自杀率增加了51%,女性自杀率增加了35%。在1989~1990年烈酒和红酒的私有化之后,男性和女性的自杀率分别上升了17%和52%。1994年的私有化事件显著地提高了男性自杀死亡率,增加了约19%,但对女性自杀率没有影响。一部分自杀率的增加是短期喷发式的,但长期自杀率同样增加了。通过长期追踪自杀率的变化,并与"控制组"——安大略省的自杀率——进行对比,作者证明了酒类销售私有化提高了自杀率。

所罗门四组设计(Solomon four-group design)。你或许会认为,进行前测会影响处理或因变量。前测有时会使参与者对处理有所感知,或者提高他们在后测中的表现(参见即将讨论的测验效应)。理查德·L.所罗门(Richard L. Solomon)提出了所罗门四组设计,用来研究前测的影响。它将经典实验设计和两组后测设计结合起来,并将参与者随机分配到四个小组。例如,一位心理健康工作人员想要了解,一项新的训练方法是否可以提高来访者的应对技巧。工作人员通过一项20分钟的压力事件反应测试,测量来访者的应对技巧。然而,通过参与测试,来访者可能会学到应对技巧。因此,工作人员采用了所罗门四组设计。他首先随机将来访者分为四组。对两组进行前测;之后,其中一组接受新的训练方法,另一组接受旧的培训方法。另外两组不进行前测;之后,其中一组接受新的训练方法,另一组接受旧的培训方法。最后,他对四组进行同样的后测,并比较后侧的结果。如果两个处理组(接受了新方法的小组)结果相似,两个控制组(接受了旧方法的小组)结果相似,那么他就可以知道进行前测不会产生影响。如果进行了前测的两组(一个处理组和一个控制组),与没有进行前测的两组有所不同,那么他就可以下结论,认为前测本身会对因变量产生影响。

因子设计(factorial design)。有时,你或许想知道两个或多个自变量的同时影响。因子设计可以将两个或多个自变量结合起来。你可以查看变量(有时也叫因素)类别的每种组合。当每个变量都包含了不同类别时,组合的数量会急剧增加。在这种设计类型中,处理不是某一个自变量,而是多个变量类别的组合。因子设计有一种速记法:"二乘三因子设计",可以写作"2×3",它指的是有两个处理,其中一个处理有两种类别,另一个处理有三种类别。"2×3×3设计"指的是，有三个自变量，其中一个自变量有两种类别，而另外两个自变量各有三种类别。在测量和研究世界的复杂性方面，因子设计要优于其他设计。

例如，克利桑（Krysan）和助手想要研究种族和阶层对于社区的偏好。同时测量社区的种族和阶层特征是很难的。因此，他们采用了因子设计（参见示例8.4）。研究中的三个自变量是参与者的种族（两种类别：黑人或白人），社区构成（三种类别：全部是白人、全部是黑人、混合的种族），以及社会阶层（五个阶层）。因变量是社区的吸引力，从1到7评级。他们所使用的就是2×3×5因子设计（作者还向参与者询问了他们对自己种族身份的认同强度）。

在因子设计中，处理对因变量的影响有两种：主效应（main effects）和交互效应（interaction effects）。在单因素或单处理设计中，只会出现主效应。换句话说，在单因素设计中，你只检验处理对因变量的影响。而在因子设计中，自变量类别的特定组合所产生的影响，会超越单个因素产生的影响。它们之所以会产生交互效应，是因为组合内的类别之间会产生交互作用，从而对因变量施加的影响超过了单个变量所能造成的影响。

示例8.4 社区偏好研究中的因子设计

克利桑和他的助手为研究美国黑人和白人的社区偏好制定了一项实验。以往的研究曾经对这个问题有所讨论，但同时考察种族和社会阶层因素是非常困难的，并且也无法判断人们喜爱某个社区是因为它的社会阶层还是种族特征。作者说道，"分析的核心在于两个研究问题：(1)社区偏好是与肤色无关的，还是带有种族意识的？(2)如果偏好带有种族意识，那么它是通过期望与同种族群体住在一起来体现，还是通过避免与其他种族群体住在一起来体现？"（第529页）在2004~2005年间，作者在底特律地区选取了超过700名参与者，在芝加哥大都市区域挑选了接近800名参与者。为厘清社区的阶层和种族效应，作者向参与者展示了一些社区的录像带，这些社区有着不同的社会阶层和种族特征。克利桑等人一共制作了13段录像。这些社区包括5种社会阶层水平和3种种族混合程度。

我们选取了不同的社区，来代表不同的社会阶层水平。我们依赖于这个假设之上：受访者通过诸如住宅和房产的大小、房屋的修缮水平以及其他通过观察获得的线索等特征，来推测其社会阶层。每个社区都依次具有如下三种种族特征之一：(1)所有居民都是白人；(2)所有居民都是黑人；(3)有3户居民是白人，2户居民是黑人。（第537页）

有一个控制录像，里面没有出现居民。在其他录像中，有5名看起来像是居民的人（实际是演员），在做一些日常活动。他们写道：

> 在每个社区的录像中，都有这样一个场景：3位居民聚在院子前的马路上或信箱旁聊天，或者围在一辆汽车旁边修理汽车。居民穿着短袖衬衣，没有佩戴帽子，以便受访者观察推测他们的种族身份。每个社区社会阶层水平的居民也有着相应的年龄、性别、穿衣风格。（第357页）

作为一种操作检验，作者们在真正的研究开始之前，先向一小群其他参与者展示了这些录像，以验证人们是否正如研究者刻意安排的那样看到了社区的阶层和种族构成。在观看完录像之后，作者利用七分李克特量表让参与者对社区进行评级，从非常喜欢到非常不喜欢。他们说道（第539页）："我们的因变量是对这四个社区的喜爱程度评级，因此我们的分析单位是录像。由于每个受访者看到的和用于评级的基准线录像是相同的——没有居民出现的上层劳动阶级社区，我们将参与者对这个社区的评级作为一个控制变量。"作者采用了因子设计，包含三个因变量：研究参与者的种族、社区的社会阶层特征、社区的种族混合情况。作者随机分配参与者去观察有着不同种族构成的同一个社区。他们的主要发现有（第538页）："我们的基本结论是，种族本身塑造了白人和黑人对居住空间的看法，尽管黑人受到的影响较小一些。居住偏好不仅基于社区的社会阶层特征，它也受到社区居民种族的影响。"

交互效应非常有趣，因为它表明了，不仅一个因变量可以产生影响，并且特定的组合也会产生独特的影响，而有些变量只在特定的情况下才会产生影响。

米勒－约翰逊和达迈（Mueller-Johnson and Dhami，参见示例8.5和图8.3）创建了一个类似于法庭审判的场景，并让参与者扮演模拟陪审团。他们向参与者展示不同的罪犯特征组合，并观察这些特征组合对判决的影响。作者在罪犯的年龄、健康状况、犯罪严重程度、是否有前科方面进行改动，创建了一个2×2×2×2的因子设计。研究人员发现了犯罪严重程度、年龄、前科的主效应。那些犯罪程度严重的、年龄较轻的、有着前科的罪犯，会比那些犯罪程度较轻的、年龄较大的、无前科的罪犯，受到的刑期更长。他们还发现了一些交互效应。其中一个是年龄、犯罪程度对于有前科者的交互效应。

示例8.5 模拟陪审团与年龄和犯罪的交互效应

> 米勒－约翰逊和达迈（2010）创建了一个模拟陪审团。他们构建了一个类似于法庭审判的场景，并让参与者组成陪审团。他们向参与者展示不同的罪犯特征组合，并观察这些特征组合如何影响陪审团的判决。判决指的是刑期时长。陪审员是来自一所英国大学的47名学生（36名女性和11名男性）。作者在罪犯的年龄、健康状况、犯罪严重程度以及是否有前科方面进行改动，创建了一个2×2×2×2的因子设计。在过去的实验中，研究人员发现了健康、前科、犯罪严重程度的主效应。无论前科如何，那

些健康状况较差的人被判决的刑期较短,那些年龄较大的人(66～72岁)被判决的刑期也短于年轻人(22～26岁)。年轻、有前科、犯罪程度严重的罪犯被判决的刑期更长。在这项研究中,他们观察的罪犯的是儿童性侵犯。在前科方面的设置是:没有前科,或有一项性侵4岁儿童的前科。在犯罪严重程度方面:一个是曾经有1次隔着衣物触碰一名7岁小女孩的生殖器官,另一个是在一年中触碰7岁小女孩裸露的生殖器官多达10次。参与者一般会在15分钟内做出判决。作者发现年龄、犯罪严重程度以及前科的交互效应十分有趣。对那些有前科的罪犯,如果犯罪程度较轻,年长的罪犯被判决的刑期,要比年轻的罪犯被判决的刑期更长;但如果犯罪程度较重,那么年长的罪犯被判决的刑期,会短于年轻罪犯的刑期。换句话说,如果是有前科和犯罪程度较轻的组合,年老的罪犯会受到较长的刑期。这符合人们对于"老色鬼"的刻板印象。

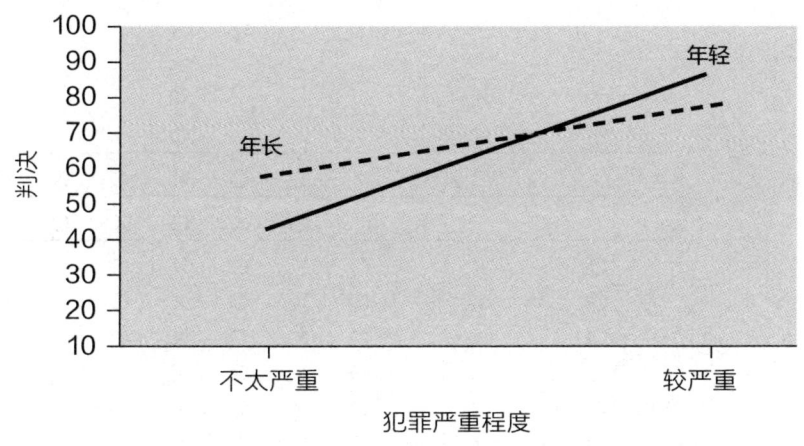

图8.3 模拟陪审团对有一次前科的性侵罪犯的判决

设计的符号表示

因为你可以用多种方式设计实验,因此用**设计符号表示**(design notation)这个速记系统来表示实验设计会很有用。[7]这个符号系统可以用两行排列的五种到六种符号,来表示对实验组成部分的复杂的、长段的描述。当学会设计符号之后,你会发现思考和比较设计变得更加简单。它使用如下符号:O = 对因变量的观察,X = 处理、自变量,R = 随机分配。Os 根据时间顺序从左到右用下标计数。前测是 O_1,后测是 O_2。当自变量有两个或两个以上层次时,也会用下标对 Xs 进行标记,用以区分。符号是按照时间顺序从左至右的。首先是 R,接着是前测,处理,然后是后测。我们将这些符号排列成行,每一行代表一组参与者。例如,一个包括三个小组的实验,就有着一个 R(如果实验采用了随机分配的话),接着还有三行 Os 和 Xs。这几行是紧挨着的,因为每个组的前测、处理、后测几乎同时发生。

表8.2给出了许多标准实验设计的符号表示。

表8.2 实验设计符号小结

设计名称	设计的符号表示
经典实验设计	R →O X O →O O
前实验设计	
单次研究设计	X O
单组前测－后测设计	O X O
静态组比较	X O O
准实验和特殊设计	
两组后测设计	R → X O O
间断时间序列	O O O O X O O O
等效时间序列	O X O X O X O X O
拉丁方阵设计	R → O X_a O X_b O X_c O → O X_b O X_a O X_c O → O X_c O X_b O X_a O → O X_a O X_c O X_b O → O X_b O X_c O X_a O → O X_c O X_a O X_b O
所罗门四组设计	R → O X O → O O → X O → O
因子设计	R → X_1 Z_1 O → X_1 Z_2 O → X_2 Z_1 O → X_2 Z_2 O

注：下标字母代表不同的处理变量。下标数字代表同一处理变量的不同种类，例如性别中的男性与女性。

8.4 内部和外部效度

内部效度的逻辑

内部效度（internal validity）指的是对因变量产生影响的只有自变量，而不是其他变量。除了自变量以外，任何对因变量产生影响的变量，都会威胁内部效度。这些变量就是混淆变量；它们混淆了实验的逻辑——即排除假设中存在的关系以外的所有关系。它们使你无法宣称，处理是使得因变量发生变化的真正因素。它们不是来自你正在研究的原有关系，而是来自偶然的特殊实验安排。例如，在人们来参加关于失眠的情绪影响实验之前，你打扫了房间，但是你用来擦拭桌子和椅子的清洁剂，让许多人感到非常不适、易怒。你的研究结果表明，那些睡眠不足的人更加易怒。然而，这并不是由睡眠缺失引起的，而是由于使用了清洁剂带来的无意的副作用。你需要消除除了处理之外所有可能对因变量产生影响的东西。为此，你需要采用实验设计，对实验环境进行控制。接下来，我们来考察对内部效度造成威胁的主要因素。

对内部效度的威胁

以下是对内部效度带来威胁的12件事。[8]

1. **选择偏差**（selection bias）。当你在一场实验中有不止一个参与者小组时，可能会出现选择偏差的问题。你想要对小组之间进行比较，但它们存在差别，或者无法形成对等的小组。这个问题会出现在无随机分配的研究设计之中。例如，你要设计一项关于侵略性的两组对照实验。如果你未使用随机分配或随机分配没有起效，那么处理组可能碰巧与控制组不同。你的实验参与者是60名各种各样校园活动的活跃参与者。碰巧，你的实验组志愿者都是在足球队、橄榄球队、曲棍球队和摔跤队，而你的控制组志愿者都是音乐家、象棋俱乐部成员、芭蕾舞者、画家。另一个例子是关于人们躲避拥堵交通的能力的实验。如果某一组的参与者都来自交通较不发达的偏远地区，而另一组参与者都来自大城市，那么就有可能产生选择偏差。通常可以通过对比前测分数来发现选择偏差。如果在前测分数上没有组间差别，那么可能就不存在选择偏差。

2. **历史**（history）。它指的是，在实验中，发生了一件与处理无关的事情，而这件事情对因变量产生了影响。历史影响更有可能存在于历时较久的实验中。例如，研究人员要评估人们对宠物狗的感受，在这项为期两周的实验研究进行到一半时，附近狗舍发生了一场火灾，导致许多幼犬死伤，新闻报道了这些受伤的动物，当地许多居民为这场意外哭泣。

3. **成熟**（maturation）。它指的是在实验中，参与者自身的生理、心理或情绪的变化过程，而非实验处理，对因变量产生了影响。成熟效应常见于历时较久的实验中。例如，在一项为期一天的关于推理能力的实验研究中，参与者渐渐感到疲惫、困倦，因此，得到的分数较低。另一个例子是关于一年级与六年级儿童游戏风格的实验。儿童的游戏风格会受到他们身体、情感和成熟度变化的影响，这些影响源自他们的成长，而不是或不单是处理的效果。实验设计中的前测和控制组可以帮助我们察觉是否存在成熟效应或历史效应，因为随着时间流逝，实验组和控制组会表现出相似的变化。

4. **测验**（testing）。有时，进行前测会影响实验。测验效应（testing effect）会对内部效度产生威胁，因为对因变量产生影响的不仅仅是处理。所罗门四组设计有助于人们检验是否存在测验效应。例如，你要进行前测，以了解多少参与者懂得地质学和地理学。为此，你需要播放一些关于地质学和地理学的录像，这些录像就是对内部效度的威胁。如果参与者记得前测问题，那么这将会影响到他们学到的内容（也即，集中注意观看录像）或回答后测问题的方式，这时，就会存在测验效应。当存在测验效应时，你无法证明对因变量产生影响的只有处理。除了处理，关于前测的记忆也影响了因变量。

5. **工具**（instrumentation）。这种威胁与稳定性可靠性有关。这是指在实验过程中，测量工具或对因变量的测量方法发生了变化。例如，在一项关于减重的实验中，体重秤的弹簧在实验过程中变弱，导致后测读数偏低。另一个例子是，以播放录像作为实验处理，而当你准备向一组参与者展示录像时，设备突然发生故障。

6. **实验参与者的亡失**（experimental mortality）。实验参与者的亡失或损耗，指的是一些参与者无法继续参与整个实验。亡失，字面上是死亡的意思，但它并不一定代表参与者逝世。如果在实验进程中间有许多参与者离开，你就无法知道如果他们没有离开，实验结果是否会有所不同。例如，你的减重实验一开始有60名参与者。但在项目结束时，只剩下40个人，每个人减去了5磅，并且没有副作用。那些离开的20个人可能与留下的40个人不一样，这会导致结果发生变化。或许减重项目对那些离开的人也有效，他们每个人减掉了25磅之后就退出了这个项目。或者这个项目让他们感觉不舒服，使他们不得不放弃；又或者，他们感觉没有效果，所以退出项目。为了检测是否存在这个威胁，你需要注意并报告实验每个阶段的参与者数量。

7. **统计回归**（statistical regression）。统计回归难以直观地理解，它是一个关于极值的问题，或者是一种随机误差的趋势，使小组结果接近平均值。它可以通过两种方式产生影响。

一种情况是，当参与者有着不寻常的因变量时。由于参与者的因变量不同寻常，因此他们不会向某一个方向做出进一步的反应。例如，你想了解播放暴力游戏录像是否会使人们更具侵略性。你的参与者是一群来自森严戒备的监狱中的罪犯。你对他们进行前测，然后向他们播放60个小时极其暴力的游戏录像，再对他们进行后测。让你惊讶的是，他们的侵略性并没有发生变化。这有可能是因为这些罪犯本来就是极其具有侵略性的。他们太具有侵略性了，以至于你的处理都无法让他们变得更具侵略性。而由于随机因素，说不定有些人在观看了暴力游戏录像之后，甚至有可能在后测中表现出更少的侵略性。[9]

第二种情况与测量工具的问题有关。如果你对某个变量的测量，会导致大部分人得到非常高的分数（上限）或非常低的分数（下限），那么由于随机因素，前测和后测之间可能会存在变化。例如，你让80名参与者参加了一个简单的数学测试，其中77人全部答对。接着，你向他们施加了一项旨在提高数学分数的处理。由于大部分人已经全部答对了，因此随机误差可能会减少平均分数。因为这77名全部答对的参与者，只可能向一个方向变化——即向下变化——答错题目。只有3名参与者有提高的空间。结果，由于随机因素，这组参与者的平均后测分数反而降低了。你需要对分数范围有所监控，从而来检测是否存在统计回归的威胁。

8. 处理的扩散或污染（diffusion of treatment or contamination）。处理的扩散指的是不同小组的参与者会交流沟通，了解其他小组的处理。你可以通过将小组隔离开，或者让他们承诺不会向其他参与者透露任何消息，来避免这个威胁。例如，有80名参与者参与了一项长达一天的实验，实验是关于记单词的方法。你教会处理组一些简单的方法，并让控制组使用任何他们愿意使用的方法。在休息时，实验组的参与者向控制组的参与者讲述了这些新方法。在休息结束后，控制组的参与者也开始使用这些新方法。你可以通过在实验之后对参与者进行的访谈中，询问是否存在扩散效应，来减少这种威胁。

9. 补偿性行为（compensatory behavior）。在实验中，向一组参与者提供了一些有价值的东西，而没有向另一组参与者提供这些东西，这种差别被大家所知，这就是补偿性行为。这种组间的不平等，可能会使控制组想要减少差异，也可能会带来实验组与控制组之间的竞争，或者控制组的怨恨或意志消沉。除了处理之外，这种行为也会对因变量产生影响。例如，为了提高学习能力，一所学校的学生接受了更长的午休作为实验处理。一旦这种不平等为人所知，那些在控制组的、没有较长午休时间的学生，将会付出更多的努力来学习，从而弥补这种不平等。或者，他们也可能会因为这种不公待遇而意志消沉，在学习上花费的心思更少了。除非获取了其他外部信息，否则我们很难知道这种威胁是否存在（参见关于处理的扩散的讨论）。

10. 实验者期望（experimenter expectancy）。当实验者间接地表达出期望的结果时，实验者的行为可能也会对内部效度产生威胁。[10]当对研究假设深信不疑时，即便是最诚实的实验者也可能会在无意中传达出期望的结果。例如，你要研究人们对于残障人士的反应。你深信在对待残障人士时，女性要比男性更加敏感。通过眼神的接触、语气、停顿、点头以及其他非言语的沟通，你会无意识地鼓励女性参与者报告对残障人士的正面感受。而对于男性参与者，你的非言语行为可能相反。

双盲实验（double-blind experiment）可以控制实验者期望。在双盲实验中，唯一能够与参与者直接接触的人，并不知晓研究假设或实验处理的细节。它之所以叫双盲实验，是因为参与者和与参与者接触的人都不了解实验的细节（参见图8.4）。例如，你想要了解一款新药是否有效。你使用三种药丸颜色：绿色、黄色、粉色——将新药装进黄色药丸中，将旧药装进粉色药丸中，然后在绿色药丸中装入安慰剂（例如，没有任何作用的糖丸）。而将药丸分发给参与者并记录效果的实验助手，并不知道新药在哪个颜色的药丸之中。他们只是将药丸发下去并记录每个颜色的药丸带来的结果。只有你知道哪个颜色的药丸里面有什么，但你与实验参与者没有任何接触。在医学研究中，双盲实验设计几乎是强制性的，因为人们普遍认为其中存在实验者期望效应。

11. 需求特征（demand characteristics）。与反应（本章稍后讨论）相关的另一大内部效度威胁是需求特征。它指的是当参与者找到关于研究假设或实验目的的蛛丝马迹时，会改变自己的行为，使之符合他们认为的研究要求（也即，产生支持研究假设的行为）。参与者这样做通常是为了取悦研究者。这就是为什么要使用善意的谎言或编造一个掩人耳目的故事。

12. 安慰剂效应（placebo effect）。内部效度的最后一大威胁是安慰剂效应。安慰剂是无意义的或无效的处理，就像医学研究中的"糖丸"一样。安慰剂效应是指，当你给参与者安慰剂，他们却表现得像真正受到了实验处理一样。例如，你创建了一个关于重烟瘾者戒烟方式的实验。你向一些参与者发放了一种抗尼古丁药物，以减少他们对尼古丁的依赖。你向另一些参与者发放了安慰剂（空的药丸）。如果那些收到安慰剂的参与者也停止吸烟了，那么，仅仅是参与实验并服下一些他们认为可以帮助戒烟的东西，就可以产生效果。只是对安慰剂的信任就对因变量产生了影响（关于内部效度的威胁，可参见表8.3中的总结）。

前测、先导测试以及实验后的说明（experimental debriefing），都可以帮助你验证测量的效度、实验条件以及实验的现实性（本章稍后讨论实验的现实性）。这些行为有助于确保实验的变量和条件按计划运行，并排除对内部效度的潜在威胁。例如，你让一名实验助手表现出残疾人的样子，并且让一些初步的实验参与者观察这名助手。作为检查，你询问这些参与者是否认为这名助手是真的有残疾，还是只是在表演。在关于社区偏好的研究中（参见示例8.4），研究人员在将关于的社区录像用于实验之前，先向一小群人播放了这些录

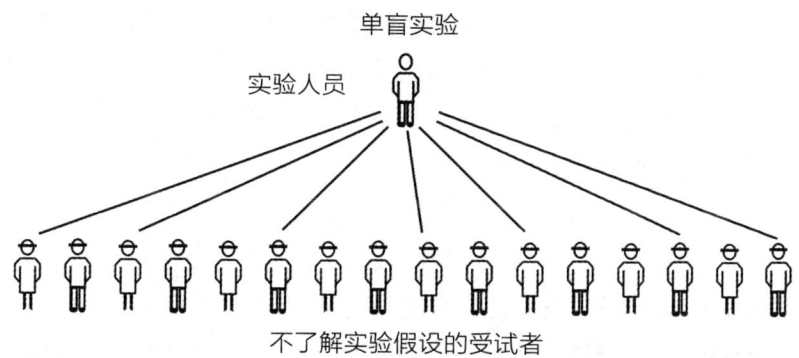

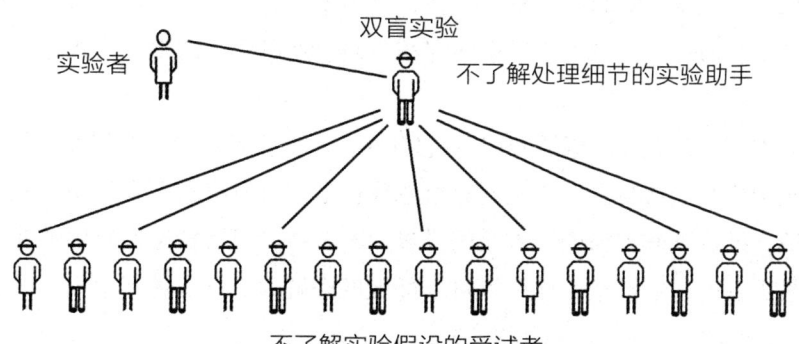

图8.4 双盲实验：对单盲或普通实验、双盲实验的图释说明

表8.3 内部效度和外部效度议题

内部效度	外部效度
选择偏差	总体普及
历时效应	自然类推
测试效应	理论概括
成熟效应	世俗现实性
工具	实验现实性
实验参与者的亡失	霍桑效应
统计回归效应	
处理的扩散	
补偿性行为	
实验者期望	
需求特征	
安慰剂效应	

像。这使研究人员得以验证，人们是否会向研究者安排的那样识别出社区的种族构成和社会阶层。如果在实验中，你需要向参与者提供一些书面或口头说明，那么可以对少数几个初步参与者进行前测。这样，你可以了解给出的说明是否清晰，参与者是否明白了实验者的意图。

对整个实验流程进行"演习"或先导测试是十分有用的。在先导测试的过程中以及结束后，你可以查找潜在的缺陷、小失误或误解。你可以询问，实验场景的所有部分是否都进展顺利，它们是否对参与者产生了预期的影响。你还可以检查参与者是否关注并接受了你编造的"掩人耳目的故事"。

在先导测试或真正的实验后的说明中

（不同于主要是解释谎言或欺骗的实验后的伦理说明），你对参与者就实验细节进行访谈。你可以询问他们认为发生了什么，是否感觉参与到了实验之中，是否认真对待试验场景，并且可以询问是否存在困惑、焦虑、不适。你也可以在这样的访谈中，检查是否存在补偿性行为、需求特征或处理的扩散。

外部效度

即便内部效度的威胁得以被排除，还是有可能会存在外部效度的问题。**外部效度**（external validity）指的是概括推广实验结果的能力。如果一项实验缺乏外部效度，那么研究发现可能只在某个特定实验中为真，而在其他场景中并不一定为真。为了推动基础研究中一般性理论知识的进步，也为了使得研究结果与应用研究中的现实问题相关，实验的外部效度至关重要。

外部效度涉及多种形式的概括推广。[11]它针对关于概括推广的三个问题：是否可以将研究结果从实验中的特定参与者，普及到整个总体？是否可以将在高度控制和人为实验环境中发生的事情，推广到非人为的、真实的世界中？是否可以将特定实验中的实证证据，归纳为关于变量关系的一般模型？你可以将外部效度理解为以下三种偶尔重合的概括推广形式：总体的、自然的、理论的（参见图8.5）。

总体普及（population generalization）。这种形式的外部效度考察的是，是否能够将一项研究从特定人群身上了解的东西，准确地推广到全世界或总体人口身上。为此，你需要指定推广的总体。例如，你对一所高校一门课程上的100名本科生进行实验。那么你可以将这些研究发现普及到哪些人身上？能否普及到这一年这所高校所有课程上的全体本科生吗？还是普及到10年内同一个国家里的所有高校学生？又或是普及到全体人类？为了提高对总体进行普及的能力，你应该抽取随机样本，并对随机抽取的参与者进行实验。

自然类推（naturalistic generalization）。这是当绝大多数人们听到"外部效度"之后首先想到的类型。它考察的是，是否能够将在人为创造的、可控的实验室环境中发现的东西，类推到现实生活中的自然环境中。自然类推包含两个议题：世俗现实性和反应。

世俗现实性（mundane realism）问的是，实验是否与真实世界相似？例如，你的实验是关于让参与者记住由四个字母组成的毫无意义的音节。如果你让他们记忆的是现实生活中的真实信息，而不是为了实验目的创造出来的无意义音节，那么你的研究就会有更强的世俗现实性。[12]

反应（reactivity）指的是人们由于意识到自己身处研究之中而做出的反应所带来的影响。当研究参与者意识到自己正在被研究时，可能会在实验中做出与现实生活中不同的反应。霍桑效应（Hawthorne effect）就是反应的一种特定类型。[13]这个名称来自20世纪二三十年代，埃尔顿·梅奥（Elton Mayo）在伊利诺伊州霍桑市西屋电气公司的车间里进行了一系

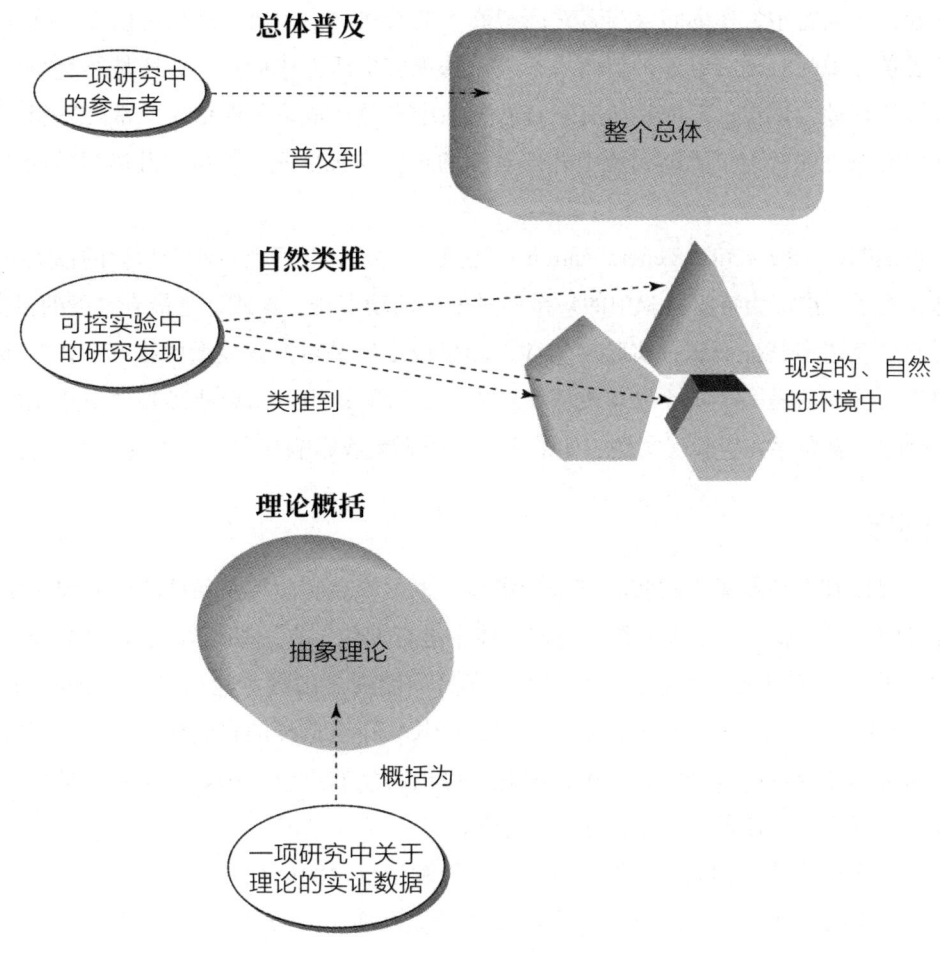

图8.5 外部效度的三种概括类型

列实验。研究者改变了工作条件的诸多方面（例如照明、休息时长），并测量生产力。他们发现在每一次改变之后，生产力都有所提高，无论改变的内容是什么。出现这种奇怪的结果是因为，工人们并非对实验处理有所反应，而是对作为实验的一部分、被人观察且受到了额外的注意而做出的反应。之后的研究虽然质疑是否存在这种效应，但霍桑效应一直被用于指代研究人员的关注所带来的影响。

反应的问题在于，是否能够将人们在一个意识到自己正在被研究的环境中发生的行为，推广到自然环境中。反应更有可能出现于高度控制的实验中，在这种实验中，参与者知道实验人员创造条件，并对他们的行为或反应进行观察。

假如你在高校的教室或实验室里进行实验，而参与者知道他们正在参与一项研究。你让参与者完成一些人为创造的任务（例如拼一副拼图），或利用欺骗制造虚假的地位（例如，告诉参与者，某位实验助手有着天才一样的智商）。在完成这些任务之后，让参与者填写问卷，在问卷中，你询问参与者对高智商人的看法。你的研究结果可以类推到哪种日常生活场景之中呢？是有着各种智商水平人们的现实生活工作场景中；还是所有类型的工作任务及各种社会地位；抑或是所有在日常生活中自然形成，并保留在日常的思想、行为或谈话中的态度呢？为了提高实验中外部效度的自然类推形式，你可以开展田野研究（稍后讨论）。

理论概括（theoretical generalization）。它考察的是，是否能将希望检验的抽象理论中的概念和关系，推广为特定实验中的一系列量度和活动安排。这或许是最有难度的概括形式，因为它涉及诸多其他概念：实验现实性、测量效度以及对混淆变量的控制（高内部效度）。实验现实性指的是一个实验处理或环境对人们的影响；当人们牵涉实验之中并充分被实验所影响时，就会存在实验现实性。如果人们未受影响或影响甚微，实验现实性就会较弱。

田野实验

你可以在有控制条件的实验室进行实验，也可以在实验控制条件较弱的现实生活或田野环境中开展实验。控制程度在一个连续体中进行变化。在一端是高度可控的实验室实验。它发生于一个专门化的环境或实验室中。在另一端则是田野实验（field experiment）。它发生在"田野"（field）——例如地铁、酒屋或公共人行道这样的自然环境中。田野实验的参与者通常不知道自己身处实验之中，因此会做出自然的反应。例如，研究人员让实验助手在地铁中假装犯心脏病，以观察路人的反应。[14]

一些田野实验，例如特兰斯关于种族身份和学校税的研究和克利桑等人关于社区偏好的研究（参见示例8.2和示例8.4），会向参与者提供现实的选择。另一些则是"自然实验"，其中类似于实验的情况不是由研究者完全控制的，例如阿尔伯塔省的酒类销售私有化（参见示例8.3）。有一种类似的田野中的自然实验是，当你可以对关键变量进行随机分配时，例如在大学室友种族混合的案例中（参见示例8.6）。

实验者控制的程度与内部效度和外部效度都有关。实验室实验往往有较高的内部效度，但是外部效度较低。它们有更加严密的逻辑和更强的控制，但可推广性较弱。田野实验往往有着较高的外部效度，但是内部效度较低。它们可推广性较强，但控制程度较弱。准实验设计相对而言更加常见。例如，在关于大学室友的实验中，室友关系是现实情况，并且持续数月。它相比将人们置于实验室环境并询问他们会怎样做的研究，具有更高的外部效度。

8.5 实际问题

每种研究方法都有从经验中学到的实用策略，也即"套路技巧"。这些策略可以解释为什么经验丰富的研究者可以开展成功的研究，而新研究人员常常面临着许多困难。接下来我们来讨论这些策略技巧。

示例8.6 关于大学室友的田野实验

接触假说认为，与外群体成员长时间的亲密接触可以减少偏见。舒克和法齐奥（Shook and Fazio，2008）想要"评估跨种族友谊的本质，检验种族群体之间接触的影响"（第719页）。然而，当我们使用自填式态度测量方法来测量偏见时，即便人们可能怀有偏见态度，也通常会对偏见反应有所克制，从而显得不那么心存偏见。一种间接测量隐藏的或"自动的"种族偏见的方法是，计算人们看到不同种族人的视觉图像与某些形容词匹配时的反应时间。反应速度可以间接测量种族偏见，因为当人们试图隐藏真实态度时，反应会变慢。为了创建一个长期的田野实验，作者充分利用了大学寝室的随机分配制度，并且由于寝室房间短缺，学生无法交换寝室。他们研究了136名白人大学新生和126名非裔大学新生。由于随机分配，有些人有着同种族的室友，另一些人则有着不同种族的室友。室友的种族是这个研究中的自变量。在学期前两周，研究人员让这些学生参加了一次会议；在学期最后两周，学生们又参加了一次会议。研究人员向学生询问了一些问题，包括对室友的满意度、与室友的活动、社交关系等。学生们还完成了一份关于种族态度和种族团体之间焦虑感的问卷。此外，作者还创建了一系列任务，让学生对电脑屏幕前的许多图像给出反应。在完成多个此类任务，以创造掩人耳目的故事之后，最终的任务是让学生对与形容词匹配的面部图像做出反应；其中一半面部图像是非裔美国人，另一半则是白人。这是对种族偏见的间接测量。因此，作者对种族态度和跨种族社会交往进行了多重前测和后测。以往关于室友的研究结果显示，与同种族室友相比，那些不同种族的室友社会交往较少、室友满意度较低。在学期结束后，同种族室友的满意度轻微下降，不同种族室友的满意度却轻微上升。对不同种族的室友来说，在经过三个月之后，种族群体之间的焦虑感有所下降，而社会交往有所增加。无论是直接测量还是间接测量，同种族室友的种族偏见都没有发生变化。而在前测与后测之间，不同种族室友的偏见水平存在显著的下降，这也符合接触假说的预测。

计划与先导测试

所有的社会研究都需要计划。在计划阶段，你可以思考其他可能的解释以及对内部效度的潜在威胁，你可以建立一个组织完善、条理清晰的数据记录系统，你也可以对任何会用到的设备（例如计算机、录像机、录音机等）进行先导测试。在完成先导测试之后，你可以与参与者进行访谈，以了解实验有哪些方面需要改进。

对参与者的指示

在绝大部分实验中，参与者会收到一些指示，以便为实验做好准备。在对指示进行措辞时必须十分谨慎，并且要遵循准备好的脚本，确保所有的参与者听到的是同样的内容。这样做可以保证信度。当使用欺骗时，在指示中创造一个写实的掩人耳目的故事时也非常重要。

实验后的访谈

在实验结束时，你要对参与者进行访谈，原因有三：首先，如果你使用了欺骗，你必须依照伦理向研究参与者做出解释（也即，解释实验的真实目的，并回答参与者的疑问）；其次，你可以了解参与者的想法，以及参与者对实验情形的理解如何影响他们的行为；最后，你可以向参与者解释，不将实验的本质透露给其他潜在参与者是很重要的。

8.6 实验结果：进行比较

在所有研究中，比较都至关重要。通过仔细检查实验研究的结果，你可以了解对内部效度的潜在威胁以及实验处理对因变量的影响。在本章所讨论的每项研究中，研究人员都对定量数据进行分析，以检查自变量的影响，思考内部效度的潜在威胁。

图8.6比较了五项关于减重的经典实验设计的结果。在这个例子中，克里恩瘦身诊所实验组的30名参与者平均减少了50磅，而控制组的30名参与者的体重并没有减轻。在该实验中，只有1名参与者退出实验。苏珊科学减肥计划也有着同样引人瞩目的结果，但她的实验组中，有11名参与者退出实验。这意味着可能存在实验参与者亡失的问题。在卡尔的低卡路里实验中，实验组参与者减轻了11磅，而控制组参与者减轻了2磅，但控制组和实验组在实验开始前的平均体重相差31磅。这意味着可能存在选择偏差的问题。娜塔莉营养中心没有参与者亡失或选择偏差的问题，但实验组和控制组的参与者体重都没有减轻。看起来实验处理没有效果。波林的减磅项目也避免了选择偏差和参与者亡失的问题。在她的项目中，实验组参与者减轻了32磅，但控制组参与者也减轻了32磅。这意味着可能存在成熟效

应、历时效应或处理的扩散效应。因此，克里恩瘦身诊所的实验处理看起来最有效果。

8.7 关于实验的伦理

在绝大多数实验中，伦理问题都是重要的议题，因为实验通常是会造成干扰的（即打扰人们的日常活动）。实验处理可能会将人们置于人为的社会环境中，让人们参与活动，或者对他们的感受、行为进行操控。在这个过程中，你聆听他们说了什么，观察他们做了什么，并记录下他们的反应。

	克里恩瘦身诊所			娜塔莉营养中心	
	前测	后测		前测	后测
实验组	190（30）	140（29）	实验组	190（30）	188（29）
控制组	189（30）	189（30）	控制组	192（29）	189（28）
	苏珊科学减肥计划			波林的减磅项目	
	前测	后测		前测	后测
实验组	190（30）	141（19）	实验组	190（30）	158（30）
控制组	189（30）	189（28）	控制组	191（29）	159（28）
	卡尔的低卡路里实验			用于比较的符号	
	前测	后测		前测	后测
实验组	160（30）	140（29）	实验组	A（A）	C（C）
控制组	191（29）	189（29）	控制组	B（B）	D（D）

对比

	A-B	C-D	A-C	B-D	(A) - (C)	(B) - (D)
克里恩瘦身诊所	1	49	-50	0	-1	0
苏珊科学减肥计划	1	48	-49	0	-11	0
卡尔的低卡路里实验	31	37	-8	-2	-1	0
娜塔莉营养中心	2	1	-2	-3	-1	-1
波林的减磅项目	1	1	-32	-32	0	-1

图 8.6 实验结果的比较、经典实验设计，以及减重实验

A-B　　两个小组开始时的体重是否相同？如果不相同，那么可能会存在选择偏差。

C-D　　两个小组结束时的体重是否相同？如果不同，那么实验处理可能是无效的，或者可能有较强的历史效应、成熟效应或实验处理的扩散效应。

A-C　　实验组是否发生了变化？如果没有，那么实验处理可能是无效的。

（A）-（C）和（B）-（D）　　实验组或控制组的人数是否发生了变化？如果有许多人退出，那么可能存在实验参与者亡失，这将会威胁到内部效度。

解释

克里恩瘦身诊所：没有证据显示存在对内部效度的威胁，实验处理显示有效。

苏珊科学减肥计划：可能存在实验参与者亡失的威胁。

卡尔的低卡路里实验：可能存在选择偏差。

娜塔莉营养中心：没有证据显示存在对内部效度的威胁实验处理显示无效。

波林的减磅项目：可能存在历史效应、成熟效应或实验处理的扩散效应。

注：这里的体重指的是平均体重磅数。括号内的数字表示的是每个小组的参与人数。对实验组和控制组的分配是随机的。

图8.6　实验结果的比较、经典实验设计，以及减重实验（续）

伦理要求限制了可允许的干扰的数量与类型。你绝不可以将研究参与者置于危险的处境之中。当你将他们置于可能引起尴尬或焦虑的处境中时，要采取预防措施。持续监测和控制实验事件，是保证研究安全且合乎伦理的关键。[15]

有时，在实验中会使用欺骗的手段，暂时误导参与者。只有当没有其他任何方法可以达到特定研究目的时，这种欺骗才是可接受的。即便是极具价值的研究目的，你也只能在一定的限制条件下使用有限度的欺骗手段。欺骗手段的数量和类型，不能超过为达到特定研究目的的最低要求。此外，你必须尽快向研究参与者做出解释，告知他们被暂时地欺骗了，并向他们解释真实的情况。

结　论

在本章中，你学习了实验研究。在绝大部分实验设计中，你会使用随机分配来创建两个（或多个）可视为等同的小组，以便进行比较。实验研究为因果关系提供了精准而明确的证据。它紧密地遵循着社会科学实证法的原则，得到可被用于统计分析的定量结果。

本章还介绍了如何组合实验的不同部分，从而得到不同的实验设计。除了经典实验设计之外，你还了解了前实验设计、准实验设计、设计的符号表示。

你了解了对内部效度的威胁是存在除了实验处理之外的其他可能解释。你也学习了外部效度，以及田野实验如何将外部效度的自然可推广性进行最大化。

实验研究的真正优势在于它的可控制性，以及在建立因果性证据时的逻辑严谨性。一般而言，实验往往易于重复、成本较低、用时较短。然而实验研究也存在局限性。首先，在某些情况下，由于无法实现控制和实验操作，因此实验方法无法用于回答某些问题。另一个局限性在于，一项实验通常只能测试一个或少数几个假设。这使知识碎片化，并使得综合各种研究结果以整合知识变得十分必要。由于许多实验的参与者都是由高校学生组成的非随机抽取的小样本，因此实验研究的外部效度也是一个潜在的问题。[16]

你也知道了对结果进行仔细检查和比较，可以让你发现研究设计的潜在问题。最后，你还了解了实验研究中实践和伦理的问题。

在下一章中，你会学习其他研究方法。非实验研究方法的逻辑与实验方法不同。实验人员仅仅关注少数几个假设，探索一或两个自变量对一个因变量的影响，并通常只对一小群参与者进行研究。相反，在其他研究方法中，我们通常一次检验多个假设，对多个自变量和因变量进行测量，并且有着大量的随机抽取的研究参与者。

注 释

1. Cook and Campbell（1979：9-36）认为利用实验研究证明因果性需要采用更加严格的实证主义方法。他们建议使用"批判实在论（critical realism）"的方法，这个方法与第四章中的批判法有相同之处。

2. 关于实验的历史，可以参见 Danziger（1988）、Gillespie（1988）、Hornstein（1988）、O'Donnell（1985）、Scheibe（1998）和 Webster and Sell（2007：6-9）的讨论。

3. 参见 Hornstein（1988：11）。

4. 参见 Willer and Walker（2007a, 2007b）。

5. 对不同比较的综述，可参见 Field and Hole（2003）。

6. Cook and Campbell（1979：7-9）与 Spector（1981：15-16）讨论过实验中的控制。

7. 关于研究设计中的符号表示，可参见 Cook and Campbell（1979：96-96）、Dooley（1984：132-137）、Spector（1981：27-28）。

8. 关于内部效度的更多讨论，可参见 Cook and Campbell（1979：51-68）、Kercher（1992）、Spector（1981：24-27）、Smith and Glass（1987）、Suls and Rosnow（1988）。

9. 这个例子借用自 Mitchell and Jolley（1988：97）。

10. 对实验者期望的讨论，可参见 Aronson and Carlsmith（1968：66-70）、Dooley（1984：151-153），以及 Mitchell and Jolley（1988：327-329）。

11. 对于外部效度的讨论，可参见 Aronson and Carlsmith（1968：22-25）、Cook and Campbell（1979：70-80）、Lucas（2003）、Zelditch（2007）。

12. 对外部效度的讨论，可见于 Lucas（2003）、Mook（1983）、Willer and Walker（2007b）、Vissersi et al.（2001）。

13. 对霍桑效应的描述，可参见 Franke and Kaul（1978）、Lang（1992）、Roethlisberger and Dickenson（1939）。也可参见 Cook and Campbell（1979：123-125）、Dooley（1984：155-156）。Gillespie（1988,1991）讨论了实验的政治环境，以及政治环境如何塑造实验。

14. 参见 Piliavin et al.（1969）。

15. Hegtvedt（2007）最近总结了实验中的伦理问题。

16. 参见 Graham（1992）。

第九章
非反应研究与二手分析

9.1 非反应测量
  无干扰观察
9.2 内容分析
  什么是内容分析？
  内容分析适合的话题
  测量与编码
  编码、效度和信度
  如何开展内容分析研究
  推论
9.3 现有统计数据 / 文献与二手分析
  适合的话题
  社会指标
  寻找数据
  局限性
9.4 推论与理论验证的问题
  从非反应数据中推论
  伦理问题

9.1 非反应测量

实验与调查都是反应研究，也即，研究对象知道自己在被研究。在本章中，你将会学习四种非反应研究方法，也即，研究对象并不知道他们是研究的一部分。

第一种研究方法是**无干扰观察**（unobtrusive observation），它并非是一种独特的研究方法，而是泛指人们创造的许多非反应测量的集合。接着，我们将会讨论内容分析。内容分析是建立在定量研究设计基础之上的一种成熟的研究方法。最后两种研究方法是**已有统计资料和二手分析**，它们利用的是在政府文件或以往研究中已经存在的数据信息的集合。通过这些方法，你可以利用已有数据，以新方法来回答新问题。尽管在最初收集这些数据资料时，它们可能是反应性的，但你可以利用这些已有数据，避免反应效应，解决新问题。

无干扰观察

非反应的、无干扰观察始于对一些事物的关注，这些事物指向某个你感兴趣的变量。通过无干扰测量（也即，那些无干扰的或不会造成打扰的测量），你可以寻找人们在公众场合"自然地"或无意中留下的证据，用以研究人们的社会行为、思想或行动。作为观察研究人员，你通过这些证据来推断人们的行为、思想或行动。这种推断是非反应的，也就是说，研究人员不会打扰被研究者，也不会让他们知晓。不引人注意的观察既可以是对发生在公共场合的驾驶行为或行人行为进行密切观察和记录，也可以是对细节的观察，例如一条街上不同语言的指示牌的数量。例如，你打算根据一个城市25个街区中每个街区里中文、韩文以及拉丁语系店铺标识的数量，在地图中标记出华裔、韩裔和拉丁裔商业区。除了店铺标识之外，你还可以利用电话号码簿中的店铺名称作为数据来源（参见示例9.1）。

研究人员在利用无干扰观察间接测量社会行为方面不断创新。除了都是非反应之外，许多可行的无干扰观察测量方法之间鲜有相同之处，因此，我们可以通过示例来更好地了解这些方法。有些方法是损蚀测量（erosion measures），你通过对表面现象进行选择性地观察来进行测量；另一些则是堆积测量（accretion measures），它是对某些事物留下的沉淀进行测量。[1]

研究人员研究了不同历史时期的家庭画像，以观察家庭内部的性别关系是如何反映在座位模式上的。都市人类学家曾对垃圾桶的内容物进行分析，试图通过被丢弃的东西来了解人们的生活方式（例如，酒瓶表明酒类消费量）。根据对垃圾的检验，人们往往会少报40%~60%的酒精消费量（Rathje and Murphy, 1992: 71）。研究人员（Raento, Oulasvirta and Eagle, 2009）表示，智能手机可以提供人们日常社会行为的数据信息，例如位置、娱乐方式、交流与信息搜索、时间安排。

研究人员还在人们送修车辆时，通过检查汽车的广播电台来了解人们的电台收听习惯。

他们还记录博物馆不同部分地板上的破损瓷砖，以此来衡量人们对不同展品的兴趣。他们通过研究高中男女卫生间涂鸦的差异，来了解涂鸦主题中的性别差异。还有一些研究者通过查阅高中年鉴，比较那些后来出现心理问题的学生与没有心理问题的学生参与学校活动的情况（参见扩展9.1）。

使用无干扰观察数据需要遵循定量测量方法的逻辑。首先，对构想进行概念化。接着，将构想与非反应的实证证据结合起来，形成量度。该变量的操作化定义指的是对观察结果系统性记录。由于量度是对构想的间接表达，因此你需要排除研究构想之外的其他原因。例如，要测量商店中的客流量，你需要测量地板上的污垢和磨损情况。要将此作为无干扰测量，就必须首先阐明客流量的意义（例如，该地板是通向另一个商店的通道吗？这是否是视觉展示的最佳位置？）。接着，你需要系统地测量地板上的污垢和磨损情况，将其与其他位置进行对比，并定期记录结果（例如每月记录一次）。最后，排除可能导致这一观察结果的其他原因（例如，地板砖质量较差，因此磨损速度更快；或者该区域临近出口，因此污垢较多）。

示例9.1 利用无干扰数据记录美国南部的衰落

学者们研究了过去半个世纪以来，美国一些独特区域的衰落和文化的同质化（包括食物、风俗、宗教、口音）。其中一些学者主要关注了美国南部及其对邦联的区域分离的集体认同。库珀和诺茨（Cooper and Knotts, 2010）重复了一项1976年的关于南部区域认同的研究。1976年的研究查阅了美国100个城市的电话簿中的企业名称，并以此计算两个分数。其中"S分数"是用名称中带有"南方"字眼的企业数量，比上名称中带有"美国"字眼的企业数量。如果名称中带有"南方"（Southern）字眼和"美国"（American）字眼的企业数量一样多（例如"南方牙科协会""美国医疗诊所"），那么分数为1.0。另一个分数为"D分数"，计算的是名称中带有"南部"（Dixie）字眼的企业，与名称中带有"美国"字眼的企业比例（例如"南部礼品鲜花店""十足美国炸鸡"）。库珀和诺茨通过从在线"白页"企业电话簿中获取数据，按照1976年的研究方式计算了同样的100个城市的D分数和S分数。他们将1976年的D分数和S分数地图分布进行对比，并比较了1990年和1999年的两项相似研究。他们还检验了其他变量：城市中的黑人比例以及人口密度。总的来说，他们发现存在跨越时间的强大的地理一致性。然而，他们注意到"南部"这个词语的减少，尤其是在黑人数量较多的地方和城市区域。这些数据是无干扰的。研究人员创造性地运用了已公开的、可获取的数据资料，来测量企业所有者或顾客的符号表达或地区认同。这些数据是非反应的。企业所有者并不知道企业名称被用于研究。

9.2 内容分析

什么是内容分析？

内容分析（content analysis）是一种收集和分析文本内容的研究方法。内容包含文字、图片、符号、观点、主题、声音、颜色或任何可以向人们传达意义或信息的事物。文本（text）指的是人类交流中的任何文字、视觉或听觉媒介。文本包括书籍、报纸、杂志文章、广告、演讲、官方文件、电影和录像带、商业广告、网页、手机短信、音乐歌词、图片、衣物、艺术作品。

> **扩展 9.1 非反应测量示例**
>
> **实物追踪**
>
> **损蚀**：磨损代表使用次数较多。
>
> 例子：研究者对日间照料中心同时购买的一些儿童玩具进行检查，磨损严重的玩具表明儿童对它更感兴趣。
>
> **堆积**：实物证据的积累表明人们的行为。
>
> 例子：研究者对男生寝室和女生寝室的垃圾箱或回收箱中的饮料铝罐品牌进行研究。这可以说明男性与女性在饮料品牌和种类上的偏好。
>
> **文档**
>
> **持续记录**：定期出版的公开记录可以揭示许多信息。
>
> 例子：研究者对婚姻记录中的新娘与新郎的年龄进行研究。区域差异说明在某些地区，男性更倾向与比自己年纪小的女性结婚。
>
> **其他记录**：不定期的或私人记录可以揭示许多信息。
>
> 例子：研究者了解了在学院学生人数稳定的10年中，院长办公室购买纸张的数量。纸张购买数量较大幅度的增加，意味着官僚文件的增加。
>
> **观察**
>
> **外观**：人们看起来如何，可能说明某些社会因素。
>
> 例子：研究者对学生进行观察，以了解在校队赢取或输掉比赛之后，学生是否更有可能穿戴具有学校颜色或符号元素的衣物。
>
> **对行为进行计数**：统计做某件事情的人数，可以提供有用信息。
>
> 例子：研究者统计了在看到"停止"标志后，男性和女性完全停止或缓慢驶过的人数。这表明了驾驶行为上的性别差异。

持续时间：人们做某件事情的时间长度，可能说明了他们的关注点。

例子：研究者测量了男性和女性在一副裸体男性画像和一幅裸体女性画像前停留的时间。这可以说明男性和女性对于同性或异性裸体画像的尴尬或兴趣。

在内容分析中，要客观、系统地计算和记录过程，以产生对文本内容的定量记录。[2] 虽然也存在定性或解释性的文本分析，但本章重点在于关于文本内容的量化数据。

内容分析中的数据资料是非反应的。因为作者或创作者有意或无意地将文字内容、信息或符号放入文本之中，以便与读者或接收者进行交流。他们并不知道，日后会有人利用和分析这些内容，以作研究之用。例如，我作为本书的作者，写下这些文字，绘制这些图表，是为了与学生交流研究方法内容。在我写此书以及在你阅读此书时，都不知道也不打算对它进行内容分析。

通过内容分析，我们既可以发现交流媒介中显而易见的内容，也可以揭露隐藏的内容（也即信息、含义等）。这种方法可以使你以一种不同于阅读书籍或观看电视节目的方式来探索和发现内容。

利用内容分析，你可以比较许多文本，并使用图表、统计数据和表格分析内容。它有助于揭示文本中难以看见的方面。例如，你可能在看电视广告时发现，在奢侈品广告（例如豪车、皮草、珠宝、香水等）中很少出现有色人种。通过内容分析，你可以用客观的、定量的方式证明，由非系统性观察所得的模糊感觉是否为真。内容分析法可以产生有关文本内容的可复验的精确数据。

在内容分析中，我们采用定量研究的基本步骤：随机抽样、精确测量、对抽象构想的操作化定义。通过编码过程，你将代表抽象变量的内容转化成为数字。在获取内容分析数据之后，你就可以用同样的方法对数据进行统计分析，就像实验研究者或调查研究者分析定量数据那样。

内容分析适合的话题

研究人员利用内容分析调查许多议题：流行歌曲的主题、赞美诗中的宗教象征、报纸报道的话题趋势、报纸社论的意识形态论调、教科书或剧情片中对性别角色的刻板印象。内容分析研究会考察不同种族的人在电视上出现的频率、对开放式调查问题的回答、战时敌人的宣传、通俗杂志封面中的符号表达。例如，库布林（Kubrin, 2005）研究了1992年至2002年间流行的403首说唱歌曲，然后评注了城市中心区域年轻黑人文化主题的出现与变化。

从内容分析中得出的推论，会受限于文化交流本身。通过内容分析，你无法确定一段断言的真实性，也无法对文学的审美品质进行评价。此方法可以让你记录并揭示文本内容的规律，但却无法告诉你内容的意义。你需要直接考察内容的实质，并应用理论以阐释它的含义和相关性（参见示例9.2中的"坏苹果理论"）。

内容分析方法对三种类型的研究问题十分有用。首先，它适合回答涉及大量文本的研究问题。借助抽样和多个编码人员，你可以对大量文本的内容（例如，5个城市20年的报纸文章）进行测量。其次，当你必须研究某个"距离较远的"话题时，可以采用内容分析。例如，你可以利用内容分析来研究50年前的历史文献、已逝之人的作品或敌对国家的电台。最后，内容分析可以揭示文本中难以通过随机观察发现的"隐藏"信息或默认信息。即便是文本的创造者或文本的读者，也可能无法知晓文本的全部主题、偏见或特征。例如，儿童绘本的作者可能无意识地用传统刻板印象中的性别角色来描绘书里的儿童，而内容分析研究可以揭示高度的性别刻板印象。[3]

测量与编码

在内容分析中，仔细的测量至关重要，因为你是在将分散、朦胧的符号交流，转化为准确、客观的定性数据。为此，你必须仔细地设计和记录编码过程，以便复制研究。**编码系统**（coding system）是一系列关于如何系统地观察和记录文本内容的说明或规则。你可以根据所研究的特定媒介类型（例如电视剧、小说、杂志广告里的图片等）对编码系统进行调整。

示例9.2 坏苹果与公司丑闻的媒体报道

本内迪克松（Bendiktsson，2010）利用内容分析，考察了2002年震惊美国的5起会计丑闻，以研究大众媒体如何向公众报道公司丑闻。根据"坏苹果理论"，新闻记者可以帮助公众了解更广泛的议题，但往往带有偏见。他们关注具体个人的特别行动，而不是去揭示大型组织的模式化行为，因此，他们将人们的批评从有权有钱的企业中的系统性腐败上转移开。这些大众媒体没有揭示大型组织的严重非法行为，而是强调少数独立个体或者"坏苹果"的行为。此外，本内迪克松还研究了刊登这些新闻报道的媒体平台、其所有权、编辑原则以及所在地点。他的数据来自发行量最大的51家报纸在1999年1月1日至2006年1月1日期间的文章。他利用3个数据库，找到了1,938篇关于会计丑闻的新闻报道文章（每篇文章都超过100字，且不包括社论）。他发现，尽管报纸的所有权（本地或大型连锁）会对报道产生影响，但它们还是更多地报道本地公司，而对距离较远的公司报道较少。报纸的政治立场——基于报纸社论版面为政治候选人或政党背书的情况判定——显著地影响着它对公司腐败的报道。那些支持保守派候选人或共和党的报纸，较少将公司腐败描绘成系统的、严重的事件，而更有可能强调经营管理者中少见的"坏苹果"。因此，对"坏苹果"的强调，与其说是媒体的普遍偏见，不如说是那些支持保守党派、持有亲近企业的政治立场的媒体的偏见。

分析单位（units of analysis）。在内容分析中，分析单位有着巨大的差异。它可以是一个单词、一个词组、一个主题、一个情节、一篇报纸文章、一个角色等。除了分析单位之外，你还可以在内容分析中使用其他单位，这些单位与分析单位或相同或不同：记录单位、语境单位、计数单位。它们之间略有差别，并且十分容易被混淆，却有着不同的作用。在简单的研究项目中，这三个单位是相同的。

你测量的是什么（What do you measure）？在内容分析中，你采用结构式观察（structured observation）——根据书面规则进行的系统、仔细观察。这些规则解释了如何对观察进行分类。正如其他测量一样，分类的类别应为互斥的、穷尽的。书面规则有利于对研究进行重复，可以提高研究的信度。尽管在一开始时，你采用的可能是初步的编码规则，但你可以通过开展先导研究，改善编码。编码系统需要识别文本内容的四个特征：频率、方向、强度、篇幅。

频率（frequency）。频率指的是计算某件事情是否发生；以及如若发生，那么多久发生一次。例如，在指定的一周中，电视节目上出现了多少老人？老人在所有人中所占的比例，或者，有老人出现的节目占据了多少百分比？

方向（direction）。方向指的是内容中的信息沿着某个连续体发展的方向（例如积极或消极、支持或反对）。例如，你设计了一个列表，上面列出了一个老年人角色的表演方式。有些是积极的（例如友好的、智慧的、体贴的），另一些则是消极的（例如肮脏的、无趣的、自私的）。

强度（intensity）。强度指的是信息在某个方向中的强度或力度。例如，健忘的特征可能较弱（例如，离家时忘记带钥匙，需要一些时间才能想起多年未见之人的名字），也可能较强（例如，不记得自己的名字，无法认出自己的子女）。

篇幅（space）。你可以记录文本信息的规模、或所占的篇幅长度或卷数。书面文本的篇幅可以通过计算字数、句子数量、段落数量或页面篇幅（例如平方英寸）来测量。对于视频或音频，你可以通过计算时长来测量篇幅。例如，某个电视角色可能只出现了几秒，也可能在长达两小时的节目中持续出现。

编码、效度和信度

显性编码（manifest coding）。采用显性编码，需要仔细地对文本中易于识别的、可见的、表面的内容进行计数。例如，你计算书面文本中某个词组或单词（例如红色）出现的次数，或者计算图片或视频场景中的某个特定行为（例如亲吻）出现的次数。编码系统列出文本中的词语或行为。你可以利用计算机程序在文本中搜索单词或词组，并让计算机进行计数。你需要了解计算机程序，完整地列出相关的单词或词组，并将文本以计算机能够读取的格式输入。

显性编码信度较高，因为词组或单词要么出现，要么没有出现。然而，显性编码无法将单词或词组的内涵考虑在内。同一个词语在不同语境下可能有许多含义。单词含义的多样性限制了显性编码的测量效度。[4]

例如，我阅读了一本红色封面（red cover）的书，它实际上是障眼法（red herring）。可惜的是，出版社陷入财政赤字（in red ink）的危机之中，因为当这本书走红（red hot）时，编辑未能处理好那些烦琐的程序（red tape）。这本书讲述的故事是，有一辆红色消防车（red fire truck）只有在树叶变成红色（turn red）时，才会在红灯（red lights）前停下来。它还提到一群赤色分子（Reds）扛着红旗（red flags）到一所红色的小校舍（red schoolhouse）。他们遭到一群热血（red-blooded）的乡下人（rednecks）的反对，这群人吃牛羊肉（red meat），崇尚红（red）白蓝三种颜色。领头的人是一个有着红鼻子（red-nosed）的斗牛士，他身着红色披肩（red cape）与赤狐（red foxes）大战，而非公牛。这本书还提到了红唇小红帽（Red-lipped little Red Riding Hood）。她在红灯区（red-light district）吃了许多红辣椒（red peppers）后，眼睛都变红了（red eyes），脸也变红了（red-faced）。她被她那愤怒的红头发（redhead）母亲打红了（red mark）屁股。

隐性编码（latent coding）。利用隐性编码（又叫语义分析），我们可以查看文本内容深处潜在的、含蓄的意义。例如，你阅读整段内容，判定是否含有情欲主题或浪漫基调。你的编码系统有着全面规则，可以指导你对文本进行解读，判定是否存在某个特定主题或基调。

隐性编码的信度往往低于显性编码。它取决于编码人员对语言和社会含义的了解。[5]培训、练习以及书面规则可以改善信度，却仍然难以始终如一地识别主题、基调等。然而，隐性编码的效度高于显性编码，因为人们会根据语境含蓄地交流意义，而不总是使用明确的词语。通常可以利用隐性编码识别文本中系统的文化主题（参见示例9.3）。

如果利用显性编码与隐性编码得到的结果一致，那么该结果会被增强；如果存在不一致，那么则需要重新检验操作化定义和理论性定义。

示例9.3 对饮食失调与肥胖症的道德含义进行内容分析

厌食症与超重/肥胖症属于与体重和饮食相关的医学范畴，但它们也有着不同的文化与道德内涵。在某种文化表达中，超重与个人懒惰和愚蠢有关，苗条则体现道德美德。为了观察大众媒体是如何呈现这两个议题，以及如何影响人们对此的理解，萨吉和格鲁伊斯（Saguy and Gruys，2010）调查了《纽约时报》和《新闻周刊》于1995年至2005年间刊登的文章。他们查找了所有在标题或首段部分中出现"厌食症、厌食症患者、暴食症、暴食症患者"，或者"肥胖的、肥胖症、超重"的新闻文章或观点评论。他们找到了1,496篇文章。萨吉和格鲁伊斯根据三个标准将这个范围缩小。首先，他们排除了每三篇《纽约时报》关于肥胖/超重的文章列表中的前两篇，因为文章数量过多。接着，他们排除了字数少于300字的文章。最后，他们排除了跑题的文章。在最后的样本中，《纽约时报》剩下了174篇关于肥胖症的文章，以及64篇关于饮食失调的文章；《新闻周刊》剩下了88篇关于肥胖症的文章，以及6篇关于饮食失调的文章。萨吉和格鲁伊斯这样描述他们的编码过程："文章层面的编码工作已完成，在我们的所有文章样本中，有超过200个变量。在最初的'练习'编码环节，三名研究人员对同样的文章进行编码，并讨论差异以达成一致。两名编码人员对10%的文章进行编码，以测试编码人员之间的可信度，结果显示可信度较高。信度系数（一致的编码占全部编码总数的比例）超过了95%。"（第237页）他们发现，关于厌食症的文章大多会提到遗传因素和社会制约，将注意力从个人责任上引开。文章通常将饮食失调描述为一种疾病或心理问题。文章很少认为个人应该对治愈饮食失调负责，而是提到了医学干预。相反，关于超重或肥胖症的文章则强调个人选择和错误的决定。他们强调需要对个人行为进行调整，而不是医学干预。在媒体报道中，厌食症患者被刻画为可怕疾病的受害者，这种疾病是超出个人或家长控制的；而肥胖症则是由于个人的坏习惯或父母的忽视。"不同于对饮食失调的报道，即便文章提到了超重的多个原因，但对个体的责备仍然占据了主导地位……此外，除了将责任堆积到个人身上之外，新闻报道还利用并复制对胖人的刻板印象，认为他们贪婪、懒惰、无知，认为肥胖儿童的父母是疏忽的、不负责任的。"（第244页）因此，媒体塑造了公众对这两种饮食问题截然不同的看法。此外，与中产阶级白人年轻女性相关的问题会将她们视为受害者，而与低收入少数群体相关的问题则会被视为是个体做出的错误抉择。

编码人员的交互信度（intercoder reliability）。内容分析通常涉及对大量信息的编码。一项研究可能需要对几本书籍、上百个小时的电视节目或上千篇报纸文章进行观察。除了亲自对信息进行编码之外，你还可以雇佣助手帮助你进行编码。你需要教会编码人员使用编码系统，培训他们填写记录表。编码人员应该了解变量，遵循编码系统，并且在感到不清楚时及时询问。在开始编码时，每次做出关于如何处理新的编码情形的决定时，你都应该记录下来，以便保持一致。

如果有多个编码人员，那么你必须时常检验编码人员之间的一致性。你可以让编码人员对同一段文本进行独立编码，然后检查编码人员之间的一致性。你可以利用一个统计系数来测量编码人员的交互信度，这个系数可以告诉你编码人员之间的一致性水平。在对内容分析结果进行报告时，也需要报告交互信度系数。有许多交互信度的量度，取值范围在0到1之间，其中1.0表示编码人员之间完全一致。一般而言，交互信度系数需要达到0.80或以上；但在探索性研究中，0.70的交互信度系数也是可以接受的。当编码过程持续时间较长时（例如，超过三个月），你还需要让每个编码人员对曾经编码过的文本样本再次编码，以检查信度。你需要检查编码是否保持稳定或产生了变化。例如，4月时曾对一个时长6小时的电视剧集进行编码，那么在7月时，你需要让编码人员在不参考原始编码决定的情况下，对这一电视剧集再次进行编码。若两次编码存在较大差异，那么就需要再次进行培训，并对文本进行二次编码。

视觉材料的内容分析（content analysis with visual material）。利用内容分析研究视觉"文本"，例如照片、图画、雕塑、建筑、衣物、录像和电影，是比较困难的。这些"文本"通过意象、符号、隐喻来间接地传达信息或情绪内容。除此之外，视觉图像通常包含多个意义层面上的混合信息。

要对视觉文本进行内容分析，你必须"阅读"视觉文本的含义。这意味着需要解读那些依附于象征意象的符号和含义。这种"阅读"并不是机械的（这里的"机械"指，意象X总是意味着G），它主要取决于文化语境，因为意象的含义总是在文化范畴之内的。例如，红灯并不总是意味着"停止"，只有在那些官方规定它代表这种含义的文化中，红灯才意味着"停止"。人们构建了依附于象征意象的文化意义，这种意义会随着时间的推移而改变。有些意义变得更加清晰，对象征和意象的依附性也更加稳固。

大多数人对主流文化的核心符号有共同的理解，但有些人可能会有不同的理解。例如，有些人会将一面国旗"阅读"为一种爱国主义精神、对民族的责任、对传统的自豪。而对于另一些人来说，同样的旗子可能会引起恐慌，他们会将其视作政府的压迫、权力的滥用、军事侵略。在对图像进行内容分析时，你需要明白，身处于不同社会情境之下或有着不同的信仰和经历的人，会对符号象征产生迥异的解读（参见示例9.4）。

社会政治群体可能会发明或构建带有特定含义的全新的符号象征（例如，粉色三角形代表同性恋骄傲）。他们可能会为了控制现有的主要符号的意义而斗争。例如，有些人想要将圣诞树赋予基督教含义；有些人则希望它代表对传统和家庭观念的庆祝，而不带任何特定的宗教含义；有些人将它的起源视为反基督教的异教象征；还有些人出于商业目的，希望它代表节日假期。由于图像的象征内容是复杂的、多层面的，因此在内容分析中必须将对图像的定性判断与定量数据结合起来。

如何开展内容分析研究

问题的提出。正如大多数社会研究一样，内容分析研究也始于一个研究问题。当问题涉及的变量是文本所呈现的信息或符号时，内容分析就是恰当的研究方法。例如，我想了解电视新闻如何报道气候变化或全球变暖的问题。我感兴趣的概念是"报道"，它包含了报道的数量、报道的突出程度、报道是否支持某个立场。我可以调查人们对新闻报道的看法，但更好的办法是直接使用内容分析方法来调查新闻节目。

示例9.4 对视觉材料的内容分析

> 查维斯（Chavez，2001）对涉及美国移民问题的主要美国杂志的封面进行了内容分析。他查看了10本杂志从20世纪70年代中期至90年代中期的封面，并根据封面传达的信息将其分为三种主要类别：赞成的、危言耸听的、中立平衡的。除了对信息的分类和识别信息的趋势，他还注意到了照片中人物的混合（也即，种族、性别、年龄、穿着）以及一些主要符的重复使用（例如自由女神像或美国国旗）是如何传达信息的。查维斯认为，杂志封面是文化意义被创造的地方。杂志封面上的视觉图像有着多重含义。读者在阅读杂志封面并根据自己的文化知识解读图像时，会构建具体的含义。将这些封面放在一起来看，它们表达了一种世界观，传达了一个国家及其人民的信息。例如，一本杂志的封面原本展示的是强大且富有同情心的自由女神像（传达的信息：欢迎移民），之后可能会变为强烈的亚洲面容（传达的信息：亚裔移民扭曲了民族文化，改变了民族的种族构成），或者呈现一幅巨大的停止标志（传达的信息：移民请走开）。查维斯观察到"杂志图像既参考了当代'美国人'的身份认同，同时也是身份认同建构过程的一部分"（第44页）。

分析单位。 你需要决定分析单位（也即，分配编码的文本量）。例如，对电视新闻节目进行分析，这个节目每天的每个报道就是分析单位。

抽样。 在内容分析中可以采用随机抽样。首先，定义总体和抽样元素。例如，总体可以是在某一时间段内，某个特定类型的文档中的所有单词、所有句子、所有段落或所有文章。同样，它也可以包括某一时间段内，某个特定类型的电视节目中的每段对话、每个场景、每个情节、每个剧集。例如，我想了解新闻节目如何描绘气候变化的议题。我的分析单位是晚间新闻节目的一则报道。我的总体包括1992年至2012年间晚间新闻节目的所有"报道"。我先确定覆盖哪些广播电视台（4个全国广播电视台），什么算作新闻报道（在全国范围内播放的晚间新闻），以及准确地定义我所说的"报道"指的是什么。例如，特别深入调查是否算作报道？不带评论的视觉图片是否算作报道？报道是否有最小规模（1分钟）？其次，我对4个广播电视台的新闻节目进行调查，发现晚间新闻节目每天平均播放8则报道，并且新闻节目每年播放52周，每周播放5天。在20年的时间框架中，我的总体包含超过166,400则报道（在20年中，每年播放52周，每周播放5天，每天有4个台，每个台平均播放8则报道）。我的抽样框就是一个包含所有报道的列表。接下来，我要确定样本容量和研究设计。在考虑了我的预算和时间之后，我决定将样本容量限制在1,664则报道。因此，我的抽样比是1%。我必须选择一种抽样设计。我避免采用系统抽样，因为新闻节目会根据日期循环出现。由于每个广播电视台都很重要，并且我希望能够覆盖全部20年，因此我选择分层抽样。我根据电视台（4个）和年数（20年）分层，每一年从每个台中抽取204则报道。我还决定对每一年根据月份进行抽样，也就是说，在这20年间，我从每个电视台每个月的报道中随机选取17则报道（204 / 12 = 17）作为样本。

最后，我利用随机数表选取17个数字，从每个电视台每个月的报道中得到17则报道样本。我还制作了一个抽样框工作表来记录我的抽样过程。它对每则报道进行编号，并记录了日期和电视台。如果这则报道与气候变化无关，我会标出；如果与气候变化有关，我会在编码表上对其进行编码（稍后讨论）。

变量与构造编码分类（variables and constructing coding categories）。在我的例子中，我感兴趣的概念是气候变化和全球变暖。我必须在操作层面上对"气候变化"进行明确定义，并用书面规则的方式表达出来。例如，关于1997年《京都协议书》的报道是否可以被算入在内，关于某个政客否认气候变化的科学证据的报道是否可以被算入在内，关于冰山融化的报道是否可以被算入在内？

因为我对任何关于气候变化的新闻都感兴趣，因此我的量度会表明，这则报道是提出了威胁或警告，还是认为气候变化不会带来任何问题。我既可以使用隐性编码，也可以使用显性编码。在使用显性编码时，我需要创建一个关于形容词和词组的列表。如果被抽样的报道中包含某个形容词，那么就可以确定方向。例如，"微弱的""良性的""骗局""可控的"等词语都是积极的，而"危险的""灾难""破坏性的""科学共识"等词语都是消极的。在使用隐性编码时，我需要制定规则来指导判断。例如，我将关于"企业反对控制燃煤发电厂排放"·"海平面上升"等报道视为消极的，而将关于"零排放汽车的发展和采购""消费者看到他们乘坐的飞机所产生的碳排放量"等报道视为积极的。

除了关于编码决策的书面规则之外，还需要创建一份记录表（recording sheet）或编码表，用来记录信息（参见表9.1）。每个单位都需要有单独的记录表。记录表不一定是纸张，也可以是档案卡、计算机记录或文件中的几行字。当记录单位有大量信息需要记录时，你也可以使用多张记录表。在规划研究项目时，你需要计算工作量。例如，在我的先导测试中，我发现查看、评估并编码一则3~4分钟的新闻报道，平均需要花费15分钟。抽样或寻找新闻报道的时间未被算入在内。按照这种速率，我需要花费420个小时。这意味着我需要连续工作10周，每周工作42个小时。我需要考虑雇用助手作为编码人员。参见表9.1中关于1,664则气候变化报道的编码表。

每张编码表都留有空间，以记录单位的识别号码以及每个变量的信息。我还将关于研究项目的识别信息也写在了编码表上，以免我将它与其他表格混淆。最后，如果我雇佣多个编码人员，编码表还需要标明编码人员，以便检查信度；如有必要，还可以为不准确的编码人员提供重新对数据进行编码的机会。在完成所有记录表并检查了准确性之后，我就可以开始进行数据分析了。

表9.1 关于新闻报道气候变化的编码表

空白示例

纽曼教授，社会学系，新闻报道气候变化研究项目编码人员：_____

报道编码# _____ 电视台：_____ 日期：_____ 时长：_____

讨论的气候变化方面

_____ 全球气温升高 _____ 冰盖或冰山融化 _____ 北极熊或野生动物死亡

_____ 洪水 _____ 荒漠扩张 _____ 粮食农作物/森林死亡 _____ 海平面上升 _____ 暴风雨

_____ 水资源短缺 _____ 温室气体 _____ 碳排放量 _____ 工业排放源

引用权威

_____ 科学机构 _____ 个体科学家 _____ 政府机构 _____ 国际机构

_____ 非科学家 _____ 企业或公司 _____ 企业/贸易协会 _____ 不明来源

新闻报道视觉展示（对每一项进行检查）

_____ 图表 _____ 冰盖或冰山融化 _____ 北极熊或野生动物 _____ 洪水 _____ 荒漠

_____ 科学家 _____ 政治家 _____ 暴风雨 _____ 武装冲突

方向

_____ 气候变化确实存在 _____ 气候变化并非事实 _____ 混杂或含糊不清的证据

严重性

_____ 迫切的当前问题 _____ 未来的或温和的问题 _____ 微小的问题或不值得担忧

示例：对一则报道完成编码填写的记录表

纽曼教授，社会学系，新闻报道气候变化研究项目编码人员：<u>苏珊·J.</u>

报道编码# <u>223</u> 电视台：<u>福克斯电视台</u> 日期：<u>2/22/2001</u> 时长：<u>2.3分钟</u>

讨论的气候变化方面

_____ 全球气温升高 _____ 冰盖或冰山融化 _____ 北极熊或野生动物死亡

_____ 洪水 _____ 荒漠扩张 _____ 粮食农作物/森林死亡 × 海平面上升 _____ 暴风雨

_____ 水资源短缺 _____ 温室气体 _____ 碳排放量 _____ 工业排放源

引用权威

_____ 科学机构 _____ 个别科学家 _____ 政府机构 _____ 国际机构
 × 非科学家 _____ 企业或公司 _____ 企业/贸易协会 _____ 不明来源

新闻报道视觉展示（对每一项进行检查）

_____ 图表 _____ 冰盖或冰山融化 _____ 北极熊或野生动物 × 洪水 _____ 荒漠
_____ 科学家 × 政治家 _____ 暴风雨 _____ 武装冲突

方向

_____ 气候变化确实存在 _____ 气候变化并非事实 × 混杂或含糊不清的证据

严重性

_____ 迫切的当前问题 × 未来的或温和的问题 _____ 微小的问题或不值得担忧

推 论

是否能够从数据中合理地进行推论，是内容分析的关键性议题。通常，你可能会说，你在文中所观察到的内容对人们的行为产生了影响。但在内容分析中是不可以这样做的。内容分析仅仅是对文本进行描述，它无法解释文本创造者的意图或文本中的信息对接收者的影响。例如，内容分析显示，儿童书籍包含性别刻板印象。这并不一定意味着书籍作者是性别歧视者，也不能说明这本书影响了儿童的观点或行为。要形成此类推论，需要开展独立的研究项目，以研究儿童的认知是如何通过他们所阅读的书籍培养的。

9.3 现有统计数据/文献与二手分析

适合的话题

许多政府机构、非营利组织、医院、图书馆、企业，都收集了大量关于社会的信息资料，并将它们用于研究。有的信息是统计档案（书籍、报告等）形式的数字资料。另一些信息则是图书馆或电子记录中的出版物合集。无论是哪一种情况，你都可以带着研究问题和研究变量，在数据资料库中搜索数据，并利用新的方法来将这些数据集合起来，用于解决研究问题。

我们很难对适用于现有统计数据研究的话题进行规定，因为适合的话题范围广泛，种类良多。任何话题，只要信息已被收集并被公布，都可以使用这种研究方法。事实上，现有统计数据研究不能完全符合定量研究中常用的演绎的线性模型，因为他人早已对数据进行了收集。你需要做的是找到这些数据，并创造性地思考如何将现有数据整理成为研究问题中的变量。

在实验中，你可以控制实验情形和自变量。在调查研究中，你可以向人们询问问题，并了解人们自我报告的态度或行为。在内容分析中，你调查文化交流中信息的内容。而现有统计资料研究与它们有所不同，它所使用的信息资料是由大型科层组织按照惯例收集的。它们收集数据是为了政策决策或作为一种公共服务。它们收集数据的原因并不一定与特定的社会研究问题直接相关。因此，当你使用关于社会、经济和政治状况的变量来检验假设时，或是数据资料按照惯例已被收集时，现有统计资料研究就是一种合适的研究方法。这些资料包括对组织的描述（办公地点数量，年支出，员工、学生或病人的数量）或对组织中的人的描述（年龄或性别分布、工作年限、受教育程度）。通常，组织会在长时间内一直收集这类信息。例如，你想了解在20年里，在150个城市中，失业率与犯罪率是否相关。你可以在政府劳动部门和执法部门的报告中找到此类现有统计资料记录。你也可以将从网络中、人口普查中、新闻资料中获取的数据结合起来（参见示例9.5）。

社会指标

20世纪60年代，一些社会科学家由于不满于决策者所能获得的信息，发起了"社会指标运动"，推动了社会福利指标的发展。他们希望将关于社会福利的信息与广泛使用的经济发展指标（例如，国民生产总值）结合起来，从而为政府和其他决策官员提供信息。他们希望对社会生活质量的系统测量，可以更好地为公共政策决策提供信息。[6]

如今，我们有许多关于社会指标的书籍、文章和报告，甚至有一本叫作《社会指标研究》(*Social Indicators Research*)的期刊，这些资料致力于创造和评价社会指标。美国人口统计局出版了一份叫作《社会指标》(Social Indicators)的报告，联合国也有许多测量社会福利的量度。

示例9.5 利用非反应的现有数据研究沃尔玛的扩张

以员工规模衡量，沃尔玛是世界上最大的零售商，也是最大的企业，它有140万员工和7,800家门店。它最大的敌人不是它的商业对手，而是那些抵制它在自己家乡开设新店的活动者。英格拉姆等人（Ingram, Yue and Rao, 2010）对一个理论进行了检验，这个理论认为沃尔玛采用了一种低成本的"对抗议进行测试"的方法。抗议对沃尔玛意味着获得监管部门批准的成本很高，以及消费者对沃尔玛的态度不积极。当出现高成本的信号时，沃尔玛很有可能退出该地区并尝试在其他地方开设新店。他们发现，在开设新店（通常要花费1,000万美元）之前，沃尔玛会起草一份规划文件，例如会预测的噪音和交通拥堵（成本约为5,000美元），并向地方政府支付一笔费用（2,000

到10,000美元）。英格拉姆等人通过非反应的现有数据资料构建了一个数据库。他们找到了1998年至2005年间沃尔玛所有计划开设的新店，并利用"地区"作为分析单位。在2000年，美国人口普查确定了25,375个地区（城镇、乡村、未建制普查区域）。关于开设新店的数据来自沃尔玛的公司网站。英格拉姆等人还从"扩张克星"（Sprawl Busters）及类似的活动组织网站中获取了一些数据。他们还在媒体（律商联讯和美国新闻数据库）中搜寻关于开设新店的提议和抗议。此外，他们利用了人口普查数据及每个地区的门店信息。他们找到了在1,201个地区里的1,599份新店开设计划；其中，563份计划遭受到抗议，1,040份计划得以实现。这段时间内的抗议成功率为64%。他们发现，沃尔玛的策略是将抗议保持在当地区域，并尽可能不让严重的限制性法规影响到他地。当沃尔玛在抗议之后进入某个社区时，它会对社区事业做出高额捐赠，作者称之为"购买善意"。英格拉姆等人的结论是，社区抗议塑造了这个全球最大的企业的地理位置分布和行为。

社会指标是政策中用来衡量社会福利的指标。有许多具体的指标对福利进行了操作化。社会指标包括以下方面：人口、家庭结构、虐待与伤害、住房、社会保障与福利、健康与营养、公共安全、教育与培训、就业、收入、文化休闲、社会流动、公共参与。

在美国，联邦调查局的统一犯罪指数（Uniform Crime Index）就是一项社会指标。它表示的是美国社会的犯罪数量。社会指标可以测量社会生活的负面内容，例如婴儿死亡率（婴儿出生第一年中的死亡率）或酗酒；也可以测量社会生活的正面内容，例如工作满意度或有卫生设备的住房所占的百分比。社会指标通常包含隐含的价值判断（例如，哪种犯罪比较严重，或者什么是好的生活品质；参见表9.2）。

寻找数据

寻找现有统计数据（locating existing statistics）。政府、国际组织或私人机构都会收集数据，成为现有统计数据资料。由于现有资料数量庞大、种类众多，当你计划开展现有统计数据研究时，最好与专业信息人员讨论你的研究兴趣，比如能给你指点有用信息方向的图书馆员。美国人口普查局就是一个主要的数据来源，但它并不是唯一的数据来源（参见扩展9.2）。

扩展9.2 美国人口普查

几乎每个国家都会开展人口普查，或者会定期计算人口总数。例如，澳大利亚从1881年开始进行人口普查，加拿大从1871年开始，美国从1790年开始。大多数国家每5~10年开展一次人口普查。除了计算人数之外，人口普查工作人员还会收集关于居住条件、民族、宗教信仰、教育等方面的信息。

人口普查是高质量的现有统计数据的一个主要来源，但它也具有一定的争议性。在加拿大，对同性伴侣同居人数的统计尝试，引起了公众关于政府是否应该记录社会变迁的争论。在英国2001年的人口普查中，穆斯林少数族裔对宗教问题表示欢迎，因为他们觉得在此之前被官方忽视了。在美国，对种族和民族的测量一直是人们争论的焦点，因此在2000年的人口普查中，人们可以将自己归为多个不同的种族中。

美国2000年的人口普查还引发了一场严重的公众争议，因为普查遗漏了数千人，他们中的多数来自新移民和少数族裔集中的低收入地区。在许多高收入地区，由于人们拥有多套房屋，因此也出现了重复计数的问题。政客们也争论不休，试图通过使用科学抽样方法和调整人口普查结果来消除统计错误。事实证明，政客们关心的不是提高人口普查的科学准确性，而是保留有利于自己政治前途或选民阵营的传统人口普查方法，因为政府利用人口普查数据来划分选区，并将公共资金分配给各个地区。

许多现有统计数据是"免费的"，公众可以从图书馆中获取，但是花费在寻找具体数据资料上的时间和精力却是大量的。你可能会在图书馆或网络上花费数个小时。当你找到数据资料之后，你必须在计算机文件、卡片、图表或记录表中记录下来，以便日后分析。有些数据资料是以计算机文件的格式储存的。例如，研究人员可以使用密歇根大学的社会科学数据档案馆（稍后讨论），而不是记录书籍中的投票数据。

可用的数据来源众多，这里所能讨论的不过是九牛一毛。关于美国的最有价值的统计资料来源是《美国统计摘要》（*Statistical Abstract of the United States*），这本书自1878年起每年出版（除了少数几次例外）。读者可以在全国各地的公立图书馆和网上找到它。它是对美国政府机构发布的各种官方报告和统计图表的汇编。它所提供的统计资料来源于上百本更加详细的政府报告。或许你还想要对更具体的政府文件进行调查。（政府文件中提供的细节令人难以置信，例如，你可以知道1980年在新墨西哥州的图克姆卡里市有两名年龄超过75岁的非裔美国女性。）

《美国统计摘要》包括超过200家政府和私人机构发布的逾1,400张图表和统计数据列表。只有在浏览了全部表格之后你才能知晓它包含的所有内容。它还有上下两卷的电子版本，总结了横跨数年的相似信息，它的名称是：《美国统计历时：从殖民时代到1970年》（*Historical Statistics of the U.S.: Colonial Times to 1970*）。

大多数国家会出版相似的统计年鉴。澳大利亚统计局（Australia's Bureau of Statistics）出版《澳大利亚年鉴》（*Yearbook Australia*），加拿大统计局（Statistics Canada）出版《加拿大年鉴》（*Canada Yearbook*），新西兰统计局（New Zealand's Department of Statistics）出版《新西兰政府年鉴》（*New Zealand Official Yearbook*），英国中央统计局（Central Statistics

表9.2 美国社会健康指数

社会健康指数由十六项社会指标构成

婴儿死亡率	失业	与酒精相关的交通致死率
儿童贫困	平均工资	食品券覆盖率
儿童虐待	医疗保险覆盖率	经济适用房
青少年自杀率	老龄化：老年人贫困	收入不平等
青少年毒品滥用	老年人自杀率	
高中毕业率	杀人案件	

2008年美国各州社会健康情况

排名	社会健康指数得分	排名	社会健康指数得分
1. 明尼苏达州	75.0	26. 密苏里州	51.4
2. 艾奥瓦州	71.1	27. 密歇根州	48.9
3. 新罕布什尔州	67.2	28. 俄勒冈州	47.8
4. 内布拉斯加州	67.0	29. 罗得岛州	46.8
5. 夏威夷州	63.1	30. 科罗拉多州	44.6
6. 佛蒙特州	62.7	31. 纽约州	43.9
7. 康涅狄格州	61.2	32. 佐治亚州	43.7
8. 北达科他州	61.1	33. 阿拉斯加州	43.6
9. 犹他州	60.6	34. 内华达州	42.6
10. 新泽西州	59.9	35. 加利福尼亚州	41.7
11. 爱达荷州	59.7	36. 西弗吉尼亚州	40.8
12. 弗吉尼亚州	59.7	37. 俄克拉何马州	40.1
13. 宾夕法尼亚州	58.6	38. 蒙大拿州	39.4
14. 缅因州	57.4	39. 亚拉巴马州	38.8
15. 印第安纳州	55.9	40. 南卡罗来纳州	38.0
16. 堪萨斯州	55.9	41. 得克萨斯州	37.8
17. 特拉华州	55.7	42. 路易斯安那州	37.5
18. 伊利诺伊州	55.2	43. 阿肯色州	36.4
19. 威斯康星州	55.2	44. 肯塔基州	36.2
20. 马里兰州	54.9	45. 田纳西州	35.5
21. 南达科他州	54.4	46. 佛罗里达州	34.3
22. 俄亥俄州	53.8	47. 北卡罗来纳州	33.4
23. 怀俄明州	53.4	48. 亚利桑那州	32.8
24. 马萨诸塞州	53.1	49. 密西西比州	31.0
25. 华盛顿州	52.2	50. 新墨西哥州	26.8

来源：来自 http://iisp.vassar.edu/socialhealth08.html，瓦瑟学院社会政策创新中心。本文经许可转载。

Office)出版《年度统计摘要》(Annual Abstract of Statistics)。[7]许多国家还会出版关于历史统计资料的书籍。

寻找政府统计资料本身也是一门技术。有些出版物的存在只是为了辅助研究。例如，《美国统计索引：完全指导手册》(American Statistics Index: A Comprehensive Guide)和《美国政府统计出版物索引和统计资料来源：关于美国和国际工业企业、社会教育、金融和其他话题的数据资料的主题目录》(Index to the Statistical Publications of the U.S. Government and Statistics Sources: A Subject Guide to Data on Industrial Business, Social education, Financial and Other Topics for the U.S and Internationally)是两本非常有用的参考书籍。[8]联合国和其他国际组织，例如世界银行，也有着他们自己出版的有关不同国家的统计资料（例如识字率、农业劳动力比例、出生率等），例如《人口年鉴》(Demographic Yearbook)、《联合国教科文组织统计年鉴》(UNESCO Statistical Yearbook)、《联合国统计年鉴》(United Nations Statistical Yearbook)。

除了官方统计资料之外，还有数十种其他出版物。其中许多是出于商业目的而出版的，只有花费高昂的金钱才能获得。这些统计资料包括消费者支出、高收入社区的位置、经济趋势等。[9]

还有许多出版物罗列了企业或企业高管的特征。你可以在大型图书馆中找到它们。以下是三本此类出版物：

《邓白氏主要产业企业名录》(Dun and Bradstreet Principal Industrial Businesses)收录了135个国家中的大约51,000家企业，提供了关于销量、员工数量、管理人员、产品的信息。

《谁拥有谁》(Who Owns Whom)依照国家或地区（例如北美、英国、爱尔兰、澳大利亚）单独成卷。它罗列了母公司、子公司、联营公司的相关信息。

《标准普尔公司、董事和主管名录》(Standard and Poor's Register of Corporations, Directors and Executives)罗列出了37,000家美国和加拿大的企业。它提供了关于公司、产品、管理人员、产业、销售额的信息。

许多名人传记也会提供与之相关的背景信息。当你想要了解某个名人当时所处的社会背景、职业生涯或其他特征时，传记资料便可派上用场。这些传记是由一些公司编辑的，他们会向依据某些标准而被认定为"重要"的人发出问卷。这些出版物虽然是信息的公开来源，但它们取决于被选中的个人的配合和提供资料的准确性。

政治有着自己特有的出版物。这些出版物有两种基本类型。一种是有关当代政治家的传记资料；另一种提供了与选举、立法等有关的信息。以下是三个美国政治信息出版物的例子。

《美国政治年鉴》(Almanac of American Politics)是一本半年刊，它包括了美国政府官员的照片和个人简介。它也向国会议员和行政部门的领导人提供有关委员会的任命、投票记录和类似的信息。

《美国选举：当代美国选举统计手册》(*America Votes: A Handbook of Contemporary American Election Statistics*)按照县域划分，提供了关于大多数州内公职与联邦公职的具体投票信息。其中，主要选举的资料详细到县级水平。

《美国政治重大统计数据》(*Vital Statistics on American Politics*)提供了关于政治行为的大量信息，包括每一位国会候选人的竞选开支、他们的初选和最终选票、各种政治组织的意识形态评分、各州选民登记条例的摘要。

二手调查数据(secondary survey data)。二手分析是对已有统计数据进行分析的一种特殊形式。在二手分析中，你对其他研究人员先前收集的调查数据进行再次分析。这种方法与大多数研究方法不同（例如，实验研究、调查研究、内容分析）。在后者中，你需要花费大量的精力收集数据，之后才可以进行统计分析。与之相比，二手分析成本较低；它使得研究者可以进行跨群组、跨民族或跨时间的比较；它便于对研究进行复验；它允许其他研究人员探索初始研究人员未曾想到的议题。我们还可以将现有统计数据，与已进行的调查或二手调查数据相结合（参见示例9.6）。

大规模的数据收集工作会花费高昂的成本，并且十分困难。一项采用严谨的调查方法进行的大型全国性调查，可能需要十几个人花费两年的时间和上百万美元才能完成。幸运的是，有一些过去调查的数据库可供研究人员使用。

美国密歇根大学政治与社会研究校际联合数据库(The Inter-university Consortium for Political and Social Research, ICPSR)是世界上主要的社会科学数据库。这个数据库储存了超过17,000项调查研究和相关数据资料，研究人员只需支付较低的成本便可使用这些数据。在美国和其他国家也有其他存储了大量调查数据的研究中心。[10]

许多大规模全国调查都是定期进行的，例如美国大选调查(National Election Survey, NES)。从这些调查中获取的数据可以被用来进行二手分析，也可将其与其他数据结合起来，以解答新的研究问题（参见示例9.7）。

最为广泛使用的有关美国的数据来源，或许是美国综合社会调查(General Social Survey, GSS)。自1972年开始，芝加哥大学国家舆论调查中心(The National Opinion Research Center at the University of Chicago)每两年便会设计、组织并开展一次这项调查。近期，这项调查还覆盖了其他国家。美国综合社会调查以较低的成本进行公开，以供研究人员进行二手分析（参见扩展9.3）。

局限性

尽管对二手数据和现有统计资料的分析研究得到了一定的发展和普及，在使用中它们仍然具有局限性。这些数据并不会因为是由政府机构或大型研究组织收集的便完全可靠。

二手数据或现有统计数据不会完全适用于你的研究问题，这是一个严重的威胁。

示例9.6 结合现有数据和调查数据来研究种族失衡的监禁

波西瓦尔（Percival, 2010）将现有数据与二手调查数据结合起来，调查了社区政治意识形态氛围是否改变了入狱者的种族构成。他特别关注了在政治上高度保守的社区中的少数族裔，是否比那些来自不那么保守社区的人更容易被监禁。以往研究将意识形态上的保守主义与监禁率联系起来：即使在相同的犯罪率下，保守的州监禁率通常也高于自由主义的州。以往研究还发现，保守派倾向于将街头犯罪和其他社会弊病归咎于种族（黑人）下层阶级，并通过制定惩罚性犯罪政策来迎合保守派白人对少数族裔的敌视观念。波西瓦尔通过三个来源收集了加利福尼亚州58个县中56个县的已有数据（分析单位是县）：(1)人口统计局关于族裔构成的数据；(2)加州管教和感化部（California Department of Corrections and Rehabilitation）关于犯罪的数据分析单位（Data Analysis Unit, DAU）；(3)加州实地民意调查（California Field Poll, 1990~1999）先前按照县级收集的包含意识形态量度的调查数据。他既考虑了每个县的总体犯罪率，也考虑了每个族裔群体的犯罪参与情况。通过统计分析，珀西瓦尔发现，"少数族裔监禁率对由政治意识形态和种族、民族多样性所塑造的当地环境，有着高度的响应。那些在意识形态上更为保守、族裔多样性更加丰富的县，更倾向于监禁黑人和拉丁裔人"（第1079页）。简言之，在政治上高度保守的多元化地区被逮捕的少数族裔，比起那些在保守程度较低或种族构成单一的地区因同样罪行而被逮捕的少数族裔，被送进监狱的可能性更大。

示例9.7 关于富有与幸福的二手数据分析

收入与幸福之间存在正相关，许多研究都已证明了这个发现。然而，伊斯特林悖论（Easterlin paradox）使这层关系变得复杂。尽管富人在任何时候都比中等收入者或穷人更幸福，但随着整个社会变得更加富有，所有人的收入都在增加，幸福却并没有增加。这说明收入水平本身并不会带来幸福，相反，真正增加幸福感的事情是与他人相比的收入水平。富人因有着更高的收入而享受着更高的消费，但他们也因比他人更加富有而享受着更高的地位。随着社会收入的增加，每个人的绝对消费水平都上升了，但相对地位对幸福感的影响还在继续。地位是与他人相关的。他人可以是邻居、远亲、同辈或整个社会中的人。法尔博和施罗德（Firebaugh and Schroeder, 2009）猜想，由于社区设施良好，在高收入社区生活会增加幸福感；然而，他们想知道，假如一个人不如他的邻居那样富有，那么，与富有邻居相比的相对低位是否会削减幸福感。作者利用美国大选调查数据开展了一项二手分析。他们将个人受访者的调查数据与居住街区的人口普查数据以及街区所在县的数据进行了匹配。他们得到了三个层面的收入信息：家户层面、街区层面、县级层面。他们在美国433个县849个街区（人口普查区）中抽取了1,266个人。关于幸福感的调查问题是："总的来说，您对您当前的生活是否满意？您认为是完全满意，比较满意，还是不太满意？"作者发现居住在高收入社区的人更加幸福，即使他们的邻居更加富有。然而，如果所有社区都处于一个高收入的县，幸福感就没有那么高了。法尔博和施罗德总结道（第825页）："当居住在低收入地区的高收入社区中时，美国人的幸福感往往是最高的。"高收入社区的良好设施以及成为富裕社区的一员所带来的身份地位，提升了人们的幸福感。如果该社区的平均收入比附近社区高，那么这种幸福感效应最大。因为相对于其他社区来说，成为高收入社区的一分子会使得幸福感得到额外的提升。

在开始分析之前，你需要考虑数据的单位（例如人或组织的类型），数据收集的时间和地点，采用的抽样方法，以及数据包含的具体议题或话题。例如，一名研究人员想要调查美国拉丁美洲人与盎格鲁撒克逊人之间的民族矛盾，他打算采用的二手数据只包含了太平洋西北部和新英格兰各州，那么他就需要重新考虑问题，或者采用其他数据。

第二个威胁是对本质话题缺乏足够的理解。由于数据易于获得，因此，任何一个对话题知之甚少的人都可能对这个话题做出错误的假设或对数据结果做出错误的解读。在使用任何数据之前，你需要对这个话题有充分的了解。例如，你使用的是德国高中毕业率的数据，但你却不了解德国中学教育体系独特的学术和职业分轨制课程。这就会导致你在解读数据时犯下严重的错误。

第三个威胁是引用大量的数据来给人以科学严谨的印象。这可能会导致的错置具体性的谬误（fallacy of misplaced concreteness）。它指的是，有人通过引用过于详细的统计数据和"超负荷"的细节来给人们留下研究精确的错误印象。例如，已有数据报告中显示澳大利亚人口有19,169,083人，但一般表示为略超1,900万人。有人也许会利用2000年的综合社会调查，用二手分析计算出离婚率为15.65495%，但我们通常会说15.7%的受访者离异。[11]

扩展9.3 综合社会调查

美国综合社会调查（General Social Survey，GSS）是社会研究人员用于二手分析的一组最著名的调查数据。综合社会调查的任务是"向社会科学研究界提供即时的、高质量的、科学的相关数据"（Davis and Smith，1992：1）。它有许多计算机可读取的格式，并且可以以较低的成本被广泛地获取。数据集和编码本都没有版权。使用者无须获得允许便可复制或传播它们。你可以在逾2,000篇研究文章和书籍中读到利用综合社会调查数据得到的结果。

美国国家舆论调查中心（National Opinion Research Center，NORC）自1972年起几乎每年都会开展综合社会调查。一次典型的年度调查包含了由大约1,500名美国成年居民组成的随机样本。研究小组挑选需要被纳入的问题，研究者个人也可以推荐调查问题。他们每年都会重复一些问题和话题，包括一些以4~6年为周期的问题，并在特定年份增加其他话题。例如，在1998年，增加的特定话题是"工作经历"和"宗教"；而在2000年，增加的特定话题是"群际关系"和"多元文化主义"。

访谈人员通过面对面访谈收集数据。国家舆论调查中心的工作人员仔细筛选访谈人员，并对他们进行社会科学方法论与调查访谈的培训。每年约有120~140名访谈人员参与调查，其中90%是女性，大部分为中年人。国家舆论调查中心招募能够使用两种语言的访谈人员和少数族裔访谈人员。访谈人员与受访者种族相同。访谈通常持续90分钟，包含大约500个问题。回应率为71%~79%。无回应的主要原因是拒绝参与调查。

国际社会调查项目（International Social Survey Program）在其他国家也开展类似的调查。从德国的全国大调查（German ALLBUS）和英国的社会态度调查（British Social Attitudes Survey）开始，已有33个国家参与了调查。该项目的目标是定期开展大规模的全国综合调查，在这些调查中，合作国家会提出一些相同的问题。

分析单位与变量属性（units of analysis and variable attributes）。利用已有统计数据进行研究的一个常见问题是寻找合适的分析单位。许多组织公布的统计数据是汇总数据，而不是个人数据。例如，政府文件中的表格提供了关于州的信息（例如失业率、犯罪率等），但研究问题的分析单位却是个人（例如，失业者是否更有可能进行财产犯罪）。此时便很有可能会犯下区群谬误的错误。但对于二手调查分析来说，这并不是一个严重的问题，因为你可以从数据档案中获得每个受访者的原始信息。

现有资料或调查题目中变量属性的分类也是一个问题。如果初始研究人员在收集数据时进行了高度细化的分类，那么就不存在问题。但如果收集原始数据时分类较为宽泛，或者分类不符合研究需要，那么这将会成为一个问题。例如，如果你研究的是有着亚洲血统的人，现有统计资料中的族裔分类却是"白人""黑人""其他族裔"，那么你就会遇到麻烦。"其他族裔"的种类既包括了亚裔，也包括了其他族裔的人。有时，在收集信息时分类较为精细，而只有在公布数据时分类才较为宽泛。因此，还需要花费更多的精力，以确定该机构是否收集了更加精细的数据，或者这些数据是否公开可得？

效度。当你的理论定义与收集数据信息的政府机构或组织的理论定义不匹配时，就会出现效度问题。官方政策和规程规定了官方统计数据的定义。例如，你将"工伤"定义为，工作时发生的轻微割伤、擦伤和扭伤；而政府报告中的官方定义，只包括需要就医的伤害。许多在你的定义中属于工伤的情况，并不会出现在官方数据中。另一个例子是，你对"失业人员"的定义是：他想要工作，并且如果有工作，他就会去做；或者他现在只能做兼职工作，但正在寻找全职工作；或者他尝试了很长时间却没有成功，现在已经放弃了找工作。而在政府的官方定义中，只将那些积极寻找（全职或兼职）工作的人被定义为失业人员。官方统计数据排除了那些停止寻找工作的人、那些出于必要不得不做兼职工作的人、由于在找工作上失去信心而没有找工作的人或那些不愿为了工作而搬到几百英里以外的人。无论是"工伤"还是"失业人员"，你的定义都与官方统计数据定义不同。

当研究人员利用官方统计数据作为感兴趣的概念的替代品或代理时，就会出现另一种效度问题。由于无法收集关于某个问题的原始数据，你出于必要只能这样做。例如，你想了解多少人被抢劫过。你采用警察关于抢劫案逮捕的统计数据作为代理。但这个测量并不是完全有效的。许多抢劫案没有上报警方，而许多上报警方的案件也并没有对罪犯进行逮捕。

由于研究人员无法控制数据资料被收集的方式，因此会出现第三种效度问题。负责收集所有信息数据的都是真实的人，即便在官方政府报告中也是如此。你依赖他们来准确地收集、组织、报告和发布数据。数据收集时的系统性错误（例如，人口普查人员避开贫困社区并编造信息，或者人们在驾驶执照上填写虚假年龄）、组织和报告数据时的错误（例如，警察局在填写犯罪报告时的马虎大意，导致数据遗失）、发布数据时的错误（例如表格中的印刷错误），都会降低测量的效度。

在美国关于长期失业人数的统计数据中，就有一个这样的例子。一名大学研究人员重新检查了政府机构收集数据的方法，发现了一个错误。长期失业人数的数据来自一项对50,000人进行的调查，但政府机构对较高的调查无回应率没有进行调整。政府报告宣传，自1993年至1996年间，长期失业人数降低了7%；但当对调查回应率进行调整之后，长期失业人数实际上并没有发生变化。[12]

信度。信度问题也会给现有统计数据研究带来困扰。当官方定义或信息收集方法随着时间发生变化时，就会出现信度问题。官方对于工伤、残疾、失业等概念的定义时常发生变化。即便你知晓了这类变化，也很难获得长期一致的测量。例如，在20世纪80年代早期，政府改变了计算美国失业率的方式。在此之前，失业率是由"失业人数"除以"平民劳动力总人数"计算得到的。新的计算方法则是由"失业人数"除以"平民劳动力与军队人数的总和"计算得到的。同样，当警察局对犯罪记录进行计算时，会发现上报的犯罪案件数量明显增加，这并不是因为犯罪案件增加了，而是因为记录方式得到了改善。

在官方政府统计数据中，信度问题的严重性匪夷所思。例如，警察更有可能拦截那些衣着褴褛的人，而不是衣着光鲜的人，因此，在逮捕统计数据中有着更多衣着褴褛的低收入者。例如，在采用了性别中立的测量步骤后，美国劳动统计局（Bureau of Labor Statistics）发现女性失业率增加了0.6个百分点。在20世纪90年代中期之前，访谈人员只向女性询问她们"是做家务还是做其他事"。那些回答"做家务"的女性被分类为"家庭主妇"，而不是"失业人员"，即便她曾经寻找过工作。而当调查向女性询问的题目与男性相同时——"您是在工作还是其他？"——更多的女性回答她们没有在工作，而是做"其他"事，例如找工作。这表明，在政府创建统计资料时，方法论细节十分重要。

你可以使用官方统计数据进行国际比较，但各国政府收集数据的方式不同，数据收集的质量也不同。例如，在1994年，美国官方公布的失业率为7%，日本为2.9%，法国为12%。如果各国以同样的方式定义和收集数据，包括失去信心的劳动者和非自愿的兼职劳动者的比例，那么美国的失业率则是为9.3%，日本为9.6%，法国为13.7%。为了评估政府官方统计数据的质量，《经济学人》杂志（The Economist）邀请了一个由20名优秀统计学家组成的团队，对13个国家的统计数据进行评估，评估的依据是免于政治干扰的程度、信度、统计方法、涵盖的主题。排名前五位的国家依次是加拿大、澳大利亚、荷兰、法国和瑞典。美国与英国、德国并列第六。美国在收集数据上的人均花费高于除澳大利亚外的所有国家，并且公布数据的速度最快。由于美国去中心化程度较高，雇用的统计人员数量最少，并且收集的数据范围因政治原因被减少，因此影响了统计数据的质量。[13]

缺失数据（missing data）。困扰现有统计研究的一个常见问题是缺失数据。有时，数据是收集后被遗失了。而更多的时候，数据从未被收集。收集官方信息的决定是在政府机构内部做出的。而在调查中询问问题、并在之后向公众公开数据的决定，则是由研究人员做出的。在这两种情况下，那些做出收集数据决定的人，可能不会收集其他研究者为了解决研究问题而需要的数据。政府机构会出于政治的、预算上的或其他原因开始或停止收集信息。例如，在公众对警察的种族定性（racial profiling）抱怨多年之后，国家执法机构变更了计算机，为所有警车配备了计算机，并改变了执法程序，让警察记录所有被拦截的人的种族。几年后，新政党上台。新当选的政治家在意识形态上对种族定性这一概念怀有敌意，因此他们废除了让警察记录数据的程序。如果你想研究这个州是否存在种族定性，你就做不了了。

9.4 推论与理论验证的问题

从非反应数据中推论

研究人员基于非反应数据，对因果关系进行推论、对理论进行验证的能力是有限的。

我们很难利用无干扰测量来建立时间顺序或排除其他可能的解释。在内容分析中，你无法从内容推论它对阅读文本的人的影响，而只能使用调查研究的相关性逻辑来展示变量之间的关联。不同于调查研究，你无法直接地向受访者询问问题、测量变量，而只能依赖于文本中已有的信息。

伦理问题

由于被研究的人并没有直接参与到研究中，因此对于大多数非反应研究来说，伦理问题并不是重点。在非反应研究中，主要的伦理问题是采用他人收集的信息时的隐私性和保密性。另一个伦理问题在于，官方统计数据通常是社会和政治产物。信息的收集以及所采用的分类方式，会受到隐含的理论和价值假设的影响。正如上文提到的关于种族定性的例子，政府官员决定定期收集的数据。关于收集哪些数据的决定，可能会受政治或意识形态冲突的影响。通过收集特定数据或将某种量度度定为官方量度，所造成的公共政策后果，与采用其他同样有效的数据或量度造成的公共政策后果是不同的。

利用官方收集数据所作的决定会对公共政策产生影响。例如，对许多社会状况信息（例如，在公立精神病院死亡的病人数量）的收集，是由20世纪30年代大萧条时期的政治活动所激发的。在此之前，这些状况还不足以引起公众的强烈关注。同样，从1953年开始，有关美国各个年龄段非白人学生入学比例的数据信息才被公开；从20世纪70年代开始，有关具体种族的入学比例数据才被公开。而早些时候，这类数据在公共政策议题中并不突出。

官方统计数据的收集激发了人们对某个问题的关注，而公众对问题的关注又激发了官方收集新的统计数据。例如，当执法机构开始记录酒精是否与交通事故有关以及汽车事故数量的数据时，酒后驾驶就成了一个更严重的问题。通过收集或不去收集某些数据，政府机构可以向公众强调或隐藏某些社会状况。

社会－政治价值观也会影响有关收集哪些现有统计数据的决定。大多数官方统计数据是为自上而下的官僚或行政规划目的而设计的。这些数据可能不符合你的研究问题，特别是当研究问题可能会对官僚主义决策者的方向或价值选择产生怀疑时。例如，政府机构会测量钢铁产量、铺设的高速公路英里数、一个家庭的平均人数。这些信息对那些制造钢铁产品、制造轮胎或计划销售食品或消费品的公司来说是有用的。政府官员可能决定不去收集与另一些社会状况相关的信息，比如饮用水质量、通勤时间、与工作相关的压力或需要照料的儿童数量。在许多国家，国民生产总值（gross national product，GNP）被视为衡量社会进步的重要指标之一，但国民生产总值忽略了社会生活的非经济方面（例如与孩子玩耍的时间）和工作类型（例如没有报酬的家务劳动）。现有的信息数据反映了政治争论的结果，也反映了那些决定收集哪些统计数据的官员的价值观。[14]

结 论

在本章中，你学习了几种非反应研究方法。这些方法可以测量或观察社会生活的各个方面，而不会对那些被研究的人产生影响。通过这些方法，你可以获得客观的数值资料，可以通过对其进行统计分析来回答研究问题。你可以将这些方法与其他类型的定量或定性社会研究相结合来探讨许多研究问题。和任何形式的定量数据一样，你需要关注测量方面的问题。从以往的调查或政府资料中获取信息并非难事，但它所测量的未必是你感兴趣的概念。

研究问题的局限性和数据的有效性，是非反应研究中的两个潜在问题。现有数据资料的可获得性限制了你能解决的问题。如果没有组织收集与你的研究兴趣相关的信息，那么你将无法解决特定的问题。同样，非反应研究中的变量通常效度较低，因为它们测量的并非研究人员真正感兴趣的概念。虽然现有统计数据和二手数据分析都是低成本的研究方法，但是缺乏对数据收集过程的控制和充分了解，也可能会导致潜在的错误。对此，我们需要特别提高警惕。

在下一章中，我们将会从设计研究项目和收集数据，进而转向分析数据。分析数据的方法适用于前几章中所学到的定量数据。至此，你已了解如何将从一个话题发展为一份研究计划和测量，继而收集数据。接下来，你将会学习如何查看和理解数据中关于假设和研究问题的信息。

注 释

1. 参见 Webb，Campbell，Schwartz and Grove（1981：7-11）。

2. 关于内容分析的定义，可参见 Holsti（1968：597）、Krippendorff（1980：21-24）、Markoff, Shapiro and Weitman（1974：5-6）、Stone and Weber（1992），以及 Weber（1983，1984，1985：81，note 1）。

3. Weitzman，Eifler，Hokada and Ross（1972）是此类研究中的一个经典。

4. Stone and Weber（1992）以及 Weber（1984，1985）对用计算机处理内容分析的方法进行了概述。

5. 关于信度的讨论，可参见 Andren（1981：58-66）。对内容分析中的编码分类的讨论，可参见 Holsti（1969：94-126）。

6. 关于社会指标的讨论课参见 Carley（1981）。也可参见 Bauer（1966）、Duncan（1984：233-235）、Juster and Land（1981）、Land（1992），以及 Rossi and Gilmartin（1980）。

7. 也有许多非英文年鉴出版物；例如，德意志联邦共和国的《统计年鉴》(*Statistiches Jahrbuch*)、法国的《法国统计年鉴》(*Annuaire Statistique de la France*)、澳大利亚的《澳大利亚年鉴》(*Year Book Australia*)，以及丹麦的《统计十年概览》(*Statistisk Tiårsoversigt*)。日本出版了英文版年鉴《日本统计手册》(*Statistical*

Handbook of Japan）。

8. 也有许多政府出版物手册，例如《英国政府出版物手册》（*Guide to British Government Publications*）、《澳大利亚官方出版物》（*Australian Official Publications*）、《爱尔兰官方出版物》（*Irish Official Publications*）。此类出版物可见于绝大多数国家。

9. 关于商业咨询的信息列表可参见 Churchill（1983：140-167）与 Stewart（1984）。

10. 美国其他主要的调查数据档案包括：芝加哥大学的国家舆论调查中心、加州大学伯克利分校的调查研究中心、辛辛那提大学的行为科学实验室、威斯康星大学麦迪逊分校的数据与程序图书馆馆服务中心、康涅狄格斯托斯大学的罗普中心（Roper Center）、北卡罗来纳大学教堂山分校的社会科学研究所。也可参见 Kiecolt and Nathan（1985）与 Parcel（1992）。

11. 对这些议题的讨论，可参见 Dale et al.（1988：27-31）、Maier（1991），以及 Parcel（1992）。Horn（1993：138）的例子很好地讨论了错置具体性的谬误。

12. 参见 Stevenson（1996）。

13. 参见 *The Economist*，"The Good Statistics Guide"（September 11, 1993），"The Overlooked Housekeeper"（February 5, 1994）和 "Fewer Damned Lies?"（March 30, 1996）。

14. 参见 Block and Burns（1986）、Carr-Hill（1984）、Hindess（1973）、Horn（1993）、Maier（1991），以及 Van den Berg and Van der Veer（1985）。

第十章
定量数据分析

10.1 处理数据
  数据编码
  录入数据
  清理数据

10.2 单变量数据结果
  频数分布
  集中趋势的测量
  变异的测量

10.3 双变量数据结果
  双变量关系
  查看关系：散点图
  双变量表
  相关性测量值

10.4 两个以上变量
  统计控制
  百分比表的细化模型
  多元回归分析

10.5 推论统计
  推论统计的目的
  统计显著性
  显著性水平
  第一类错误与第二类错误

当阅读一篇基于定量数据的研究报告或文章时，你会看到图表和填满数字的表格。不要被它们吓到。这些图表和表格是为了以一种简明扼要的方式，向读者展示数据和收集到的证据。当在收集定量数据时，你也需要使用类似的方法来帮助自己查看数据所包含的信息。通过对数据进行统筹和处理，它们可以揭示出难以被发现的有趣细节。在本章中，你将会学习统筹与分析定量数据的基本原理。定量数据分析或统计学是一个宏大复杂的知识领域。本章只涉及理解社会研究所需的最基本的统计学概念与数据处理方法。

利用前面章节的方法所收集到的数据，都是以数字的形式呈现的。这些数字代表了变量的值，测量了被研究对象、受访者或其他个案的特征。这些数字最初是以未处理的原始数据形式记录在问卷、便签本、记录表或纸张之上的。你需要将这些数字重新整理成为计算机适用的格式，并创建图表、表格，进行统计学检验，以便对数据特征进行概述，并对数据进行理论解读。

10.1 处理数据

数据编码

当你准备对研究中收集的数据进行分析，以检验假设、回答研究问题时，你必须首先将它们重新整理成为一种不同的格式。在上一章中，你已接触过数据编码的概念。在这里，数据编码意味着，将未经处理的数字形式的数据系统地改编成适用于计算机软件的格式。在将信息数据从一种格式转化为另一种格式时，你必须采用一致的规则。

如果你是以特定方式收集数据的，例如使用条理清晰的编码表，那么编码将会是一项简单的文书工作。然而，如果数据条理不清或原始数据不是以数字形式呈现的，那么编码工作就会变得复杂。你必须制定规则，用于为变量属性赋值。变量的每种类别和遗失信息都需要一个编码。例如，你需要研究性别，那么将男性赋予编码1，将女性赋予编码2。

编码的所有规则和步骤，都应记录于一份叫作**编码簿**（codebook）的文件中。除了描述编码规则和步骤之外，编码簿还包含了计算机软件可用数据格式中变量的数据位置信息。创建条理清晰、说明详细的编码簿并对其备份，是十分重要的。如果你未能记录编码步骤或将编码簿放错了位置，那么你将会失去数据的关键信息，并且需要对数据重新进行编码，这项额外工作需要花费好几个小时甚至数天。

你应该在收集数据之前就考虑到编码步骤和编码簿。例如，你打算开展一项调查。在收集数据之前，你应该对问卷进行预编码。预编码是将编码类别（例如，男性为1，女性为2）记录在问卷上。[1]有些调查研究者还会将地址以计算机格式记录在问卷中。如果你不对问卷进行预编码，那么在收集数据之后，你的第一步就是创建编码簿。你需要赋予每个受访者一个身份号码，以便追踪。每个受访者的信息都是一条数据记录。接着，你需要将每份调查问卷中的信息转化为计算机软件可以读取的格式。

录入数据

大部分用于统计分析的计算机程序，都需要网格形式的数据。在网格中，一行代表了一条数据记录（也即，一位受访者或个案）。一列或几列则代表了具体的变量。你可以通过行和列的位置（例如，第8行第5列）来确定原始数据的来源（例如，第8位受访者关于婚姻状况的问卷回答）。例如，你将三位受访者的调查回答编码为计算机适用的格式，如图10.1所示。人们很难读懂这些数据，如果没有编码簿，它将毫无意义。它将三位受访者对50个调查问题的回答，浓缩于三行数据之中。许多研究项目的未处理数据与之相似，但它们通常有上千行、上百列。例如，一项对250名学生进行的15分钟的电话访谈，可能会产生一组250行乘以240列的网格数据。

在图10.1的编码簿中，前两个数字是身份号码。因此，示例数据来自第一名（01）、第二名（02）、第三名（03）受访者的回答。注意，数字0占据了一个数字位置，以减少1与01的混淆。个位的数字出现在第2列，而十位的数字出现在第1列。编码簿显示，第5列是"性别"变量。受访者1与受访者2都是男性，而受访者3则是女性。第4列告诉我们，夏对受访者1与受访者2进行了访谈，而索菲亚对受访者3进行了访谈。

有四种方式可以将未经处理的定量数据录入计算机程序中：

1. **编码表**。收集信息，然后将其从原始资料转化为网格形式（编码表）。接着，将编码表上的数据一行一行地输入到计算机中。

2. **直接录入**（direct-entry method），包括计算机辅助电话访谈。在信息收集时，坐于计算机键盘前，在聆听或观察的同时，将信息输入计算机；或让受访者/被试自行输入。需要对计算机提前编程以便接收信息。

3. **光学扫描**（optical scan）。首先收集信息，然后通过"涂卡"的方式，将信息录入至光学扫描表格上（或让受访者自行录入）。接着利用光学扫描仪或读取器将信息录入至计算机中。

4. **条形码**（bar code）。收集信息，然后将其转化为不同宽度、代表特定数值的长方条形，接着利用条形码读取器将信息录入至计算机中。

清理数据

准确性在数据编码中极其重要。数据编码或录入中的失误，会威胁测量的效度，导致产生误导性的结果。你可能有着完美的样本和完美的测量方法，在收集数据时也没有犯错，但是如果在编码或将数据录入至计算机的过程中出现错误，你的整个研究就会变得毫无意义。

在对数据进行格外仔细的编码之后，你还需要验证编码的准确性，或者"清理"数据。你可以对10%~15%的随机数据样本进行二次编码。如果没有出现编码错误，你可以继续下一步；如果发现错误，则必须在进行下一步之前重新检查所有编码。

当数据已被全部录入计算机之后，有两种方式可以检查你的编码。**可能编码清理**（possible code cleaning），又叫可能性检查（wild code checking），是检查所有变量的分类，查看是否存在不可能的编码。例如，受访者的性别被编码为1=男性，2=女性。如果在"性别"这一栏变量中发现了4，就说明存在编码错误。第二种方法叫作**相倚性清理**（contingency cleaning），又叫一致性检查（consistency checking），它是对两个变量进行交叉分类，并查找是否存在逻辑上不可能的组合。例如，你将"教育"与"职业"进行交叉分类，发现一名受访者没有通过八年级课程，但职业记录为医生；或者你发现一名80岁的老妇人将一名10岁儿童列为她的直系亲生子女，那么你最好重新检查是否存在编码错误。

节选自调查问卷

受访者编号_____   访谈人员姓名_____

记录受访者性别：___男性 ___女性

1. 第一个问题与美国总统有关。您对以下说法的观点是，强烈同意，同意，反对，强烈反对，还是没有意见：

（美国总统表现很好。）

___强烈同意 ___同意 ___反对 ___强烈反对 ___没有意见

2. 您的年龄有多大？___

节选自编码数据

列

0000000001111111111222222222233333333334444……（以10为单位）
123456789012345678901234567890123456789012……（以1为单位）
01 212736302 182738274 10239 18.82 3947461……
02 213334821 124988154 21242 18.21 3984123……
03 420123982 113727263 12345 17.36 1487645……
……

前3个个案，从第1列到第42列的原始数据。

图10.1 三个个案的编码数据与编码簿

节选自编码簿

列	变量名称	描述
1-2	编号	受访者的身份编号
3	空白	
4	访谈人员	收集信息的访谈人员： 1= 苏珊 2= 夏 3= 娟 4= 索菲亚 5= 克拉伦斯
5	性别	访谈人员报告的受访者性别 1= 男性，2= 女性
6	总统的表现	美国总统表现很好。 1= 强烈同意 2= 同意 3= 反对 4= 强烈反对 5= 没有意见 空白 = 缺失信息

图10.1 三个个案的编码数据与编码簿（续）

当数据已经被输入计算机之后，你只能通过几种特定方式修改它们。你不能采用比收集原始数据时更加精细的分类类别。但你可以将信息合并或聚合成为更加宽泛或精细度较低的分类类别。例如，你可以将有着上千项数值的定比收入数据，聚合为五项定序类别数据。同样，你可以将包含七项指标的信息，合并创建为一项新的变量或指数得分。

10.2 单变量数据结果

频数分布

"统计"（statistics）这个词语有着至少两重含义：对已收集数据的记录（例如，关于城市中居住人口的数字），或者应用数学中用于处理、描述和概括数字特征的一个分支。在社会研究中，你会使用到统计的这两种类型。这里，我们主要关注第二种类型——在研究中对数据进行处理、描述并概括数字特征的一种方法。作为一种应用数学，统计有多种类型。一个简单的、基本的划分是描述统计和推论统计。我们首先来看描述统计。

描述统计值（descriptive statistics）描述的是数值数据，可以按照涉及变量的数量分为：

单变量（univariate）、双变量（bivariate）、多元变量（multivariate）。它们分别指的是有一个、两个、三个或以上变量。单变量统计值描述的是一个变量。对单变量的数值数据进行统计描述的最简单方法是描述它的频数分布（frequency distribution）。你可以将频数分布用于定类数据、定序数据、定距数据、定比数据（回顾第五章中关于测量层次的知识），并且有许多不同的表现形式。

思考这个例子。你有着400名受访者的调查数据。你可以采用原始计数或百分比频数分布的方式（参见图10.2），对受访者的性别信息进行概括。你也可以利用图表的形式来展示这些信息，例如柱状图、条形图和饼图。条形图可以用于离散变量。它们可以是垂直方向的，也可以是水平方向的，并且在条柱之间相隔一定空间。虽然这里的术语并不十分精确，但柱状图通常是指用于定距或定比数据的竖直条形图表。

对于定距或定比数据，你通常可以将其聚合为更加易于展示的类别（或者你也可以使用集中趋势测量，稍后会提到）。被聚合的类别应该是互斥的。你可以在频数多边图（frequency polygon）中绘制定距和定比数据。你将个案的数量或频数画在纵坐标上，并将变量的值或得分画在横坐标上。连接各点，你将会得到一个多边图。

集中趋势的测量

通常，你需要对数据资料进行简化和浓缩。你可能希望将某个变量的成百上千个个案的数值浓缩为一个数字，尤其是在对定距或定比数据（例如教育水平、年龄、收入）进行测量时。此时，你可以使用集中趋势量度，或叫作频数分布中心量度：均值、中位数、众数。它们通常被称为平均数（这是一种较不精准、较不明确的叫法，指的是同样的内容）。对集中趋势的每项量度都有着特定适用的测量层次（参见扩展10.1）。

众数（mode）最易使用。在定类、定序、定距、定比数据中都可以使用它。它是最常用的数字。例如，6、5、7、10、9、5、3、5这列数字的众数是5。一个频数分布上可能有不止一个众数。例如，5、6、1、2、5、7、4、7这列数字的众数是5和7。如果列表增加，在频数分布中容易就可以找到众数——只需寻找出现次数最多的数字。至少会有一个个案的得分等于众数，除非每个个案得分都不相同。

中位数（median）提供的信息多于众数。它指的是中间点，即第50个百分位数的值。也就是说，有一半的个案得分高于它，另一半个案得分低于它。你可以在定序、定距以及定比数据中使用中位数（但不能在定类数据中使用）。你可以通过"盯着"数据看来找到众数，但计算中位数却需要更多一点儿的工作。最简单的方法是将得分从大至小排列，并数至中间。如果得分的数量为奇数，那么比较简单。例如，有七个人在等公交，他们的年龄分别是12、17、20、27、30、55、80，那么年龄的中位数是27。注意，中位数不会轻易变化。如果55岁的乘客和80岁的乘客都上了一辆车，而两名31岁的乘客加入了余下的候车

原始数据频数分布		百分比频数分布	
性别	频数	性别	百分比
男性	100	男性	25%
女性	300	女性	75%
总计	400	总计	100%

表示同样信息的条形图

男性

女性

聚合数据的频数分布示例

第一份工作的年收入（美元）	频数
5,000 以下	25
5,000～9,999	50
10,000～15,999	100
16,000～19,999	150
20,000～29,999	50
30,000 以上	25
总计	400

频数多边图示例

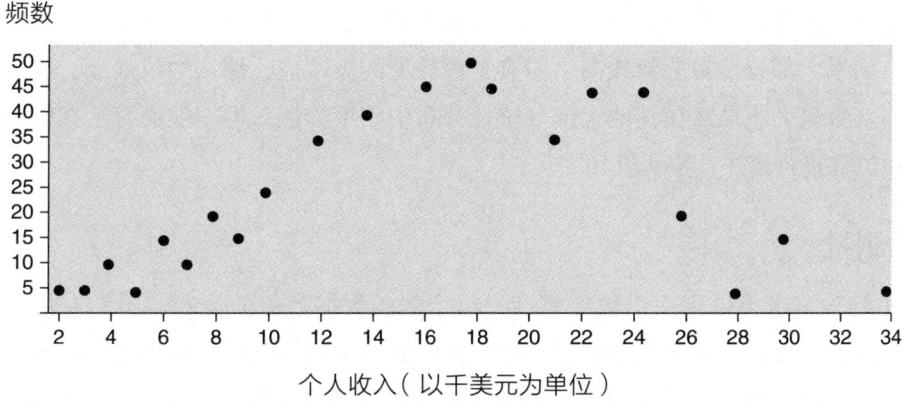

图 10.2　单变量统计值示例

扩展 10.1　集中趋势测量和测量层次

测量层次	集中趋势测量		
	众数	中位数	均值
定类	可以		
定序	可以	可以	
定距	可以	可以	可以
定比	可以	可以	可以

队伍，那么中位数不会发生改变。但如果得分的数量为偶数，就会稍微有点儿复杂。例如，有六名乘客在候车，他们的年龄分别是17、20、26、30、50、70。他们年龄的中位数就位于26到30之间。你可以通过将中间两个得分加起来然后除以2来计算中位数，也即26＋30＝56/2＝28。年龄的中位数为28，尽管乘客中没有人是28岁。注意，在这组六个年龄中没有众数，因为每位乘客年龄都不同。

均值（mean），也叫算术平均数，是最为广泛使用的集中趋势测量值。你只能够在定距或定比数据中使用均值。[2] 计算均值的方式是将所有得分加总，然后除以得分数量。例如，在上文例子中的年龄均值为17＋20＋26＋30＋55＋70＝213，213/6＝35.5。上文中没有人是35.5岁，均值也不等于中位数。

均值极易受到极端值（很大的值或很小的值）变化的影响。例如，50岁和70岁的乘客离开，被两名31岁的乘客所取代。年龄分布则变成了：17、20、26、30、31、31。中位数没有发生变化，还是28。均值则变成了17＋20＋26＋30＋31＋31＝155，155/6＝25.8。因此，当极端值被去掉之后，均值显著下降。

如果频数分布形成"正态"或钟形曲线，则集中趋势的三个测量值相等。如果是偏态分布（skewed distribution，也即，得分较高或较低的个案数量较多），则三个测量值不等。如果大部分个案分数较低，但有少数较高的极端值，那么均值最大，接下来是中位数，众数最小。如果大部分个案分数较高，但有少数较低的极端值，那么均值最小，接下来是中位数，而众数最大。虽然在其他大部分统计分布中使用均值，但一般而言，在偏态分布中最好用中位数进行描述（参见图10.3）。

变异的测量

集中趋势测量可以用一个数字概括一组个案的数据数值的分布。虽然它可以提供一些信息，但它只能提供分布的中心点。分布的另外一个特征是数据在围绕中心点散布、离散或变异的情况。两个数据分布可以有相同的集中趋势测量值，但它们围绕中心分布的情况却可能有所不同。例如，在一家酒店门前的公交站台上有七名乘客。他们的年龄分别是25、26、27、30、33、34、35，则中位数和均值都是30。在一家冰激凌店门口的公交站台上也有七名乘客，他们年龄的中位数和均值与酒店门前的那群乘客一样，但他们的年龄分别是5、10、20、30、40、50、55。冰激凌店门口这群人的年龄离中心值更远，或者说有着更大的分布变异性。

变异性有着重要的社会含义。例如，在X城，家庭收入的中位数与平均数是每年35,600美元，它的变异性为零。变异性为零意味着，每个家庭的年收入都等于35,600美元。在Y城，家庭年收入的中位数与平均数与X城相等，但95%的家庭年收入为12,000美元，而5%的家庭年收入为300,000美元。在X城，家庭收入完全平等，但在Y城，收入差距十分巨大。不了解这两座城市收入变异性的研究人员将会遗失非常重要的信息。

你可以用三种方式来测量变异性：全距、百分位数、标准差。**全距**（range）最简单，它由最大值和最小值组成。例如，在酒店门前公交站台等待的乘客年龄全距是从25岁到30岁，或者35 – 25 = 10岁。如果35岁的乘客上车离开，并由一名60岁的乘客取而代之，那么全距将会变为 60 – 25 = 35岁。全距有其局限性。例如，以下两组六人群体的全距都是35岁：30、30、30、30、30、65；以及20、45、46、48、50、55。

百分位数（percentiles）可以告诉你在分布的某个特定位置的分数。你已学到的一个百分位数是中位数，也即第50个百分位数。有时人们也会用第25个百分位数和第75个百分位数，或者第10个百分位数和第90个百分位数来描述分布。例如，第25个百分位数表示的是，在一个分布中，有25%的人等于或低于这个得分。百分位数的计算逻辑与中位数相同。如果要在100个人中寻找第25个百分位数，那么可以将这100个人的分数排列出来，从低向高数到第25个数字。如果总数不是100，我只需将分布调整为百分比即可。

标准差（standard deviation）是最为复杂也最广泛使用的离散程度测量，它计算起来较为困难。全距和百分位数都可用于定序、定距以及定比数据，但标准差只可用于定距或定比层次的测量。标准差的计算基于均值，并给出所有得分与均值之间的"平均距离"。当个案数量较多时，人们很少手动计算标准差，因为计算机只需数秒便可计算出来。

标准差的计算过程解释了它的逻辑（参见图10.4）。如果你将每个得分与均值的绝对差异加总起来（也即，用各个分数减去均值），你将会得到零。因为均值与所有得分的距离相等。在标准差中，我们计算的是分数与均值之差的平方，因此与均值相差最大的得分，影响也就最大。将这些数字加总（得到平方和），然后除以个案数量，就可以得到一个平均值。由于我们计算的是差异的平方，因此你需要通过开方来消除平方带来的影响，这样我们就得到了标准差。

标准差的主要作用是进行比较。例如，A班学生家长的受教育年限标准差为3.317年，B班家长的受教育年限标准差为0.812年，C班则为6.239年。标准差告诉你B班家长的受教育水平相近，而C班家长受教育水平相差较大。事实上，在B班，学生家长的受教育年限在均值一年上下变化，因此他们具有很强的同质性。而在C班，学生家长的受教育年限在均值6年上下变化，因此具有很强的异质性。

你可以利用标准差和均值来计算 z 分数（z-scores）。z 分数十分有用，但人们未能充分理解它的用处。利用 z 分数，你可以对两个或多个分布或群体进行比较。z 分数又称标准分数，是用与均值相差几个标准差，来表示频数分布上的点或得分。z 分数是根据它们在分布中的相对位置来计算的，它并不是一个绝对值。

例如，凯蒂是A公司的销售经理，薪资为每年80,000美元，而B公司的销售经理迈克薪资为每年58,000美元。尽管二人的绝对收入存在差距，但这两位销售经理的薪资与同公司其他员工相比的水平却是相同的。在 A 公司，凯蒂的薪资高于 A 公司2/3的员工；在 B 公司，迈克的薪资也高于 B 公司2/3的员工。尽管凯蒂和迈克的薪资相差22,000美元，这看上去是一个很大的数字，但当你将他们与公司内部其他员工相比时，你会发现他们所处的位置相同。

通过均值和标准差，很容易就可以算出z分数（参见示例10.1）。例如，一名雇主对国王学院与皇后学院的学生进行面试。她发现这两所学院非常相似，成绩都是按照满分为4.0的绩点计算。然而，国王学院学生的平均绩点为2.62，标准差为0.50；而皇后学院学生的平均绩点为3.24，标准差为0.40。这名雇主怀疑皇后学院给分宽松。来自于国王学院舒泽特各科平均绩点为3.62，而来自于女王学院的豪尔赫各科平均绩点为3.64。这两名学生所修课程相同。雇主想根据这两所学院的给分情况调整这二人的分数（也即，计算标准分数）。他通过将学生分数减去平均分数，再除以标准差，得到了z分数。例如，舒泽特的z分数是3.62－2.62=1.00/0.50=2，而豪尔赫的z分数是3.64-3.24=0.40/0.40 =1。因此，雇主了解到，舒泽特的分数比她所在的学院均分高出2个标准差，而豪尔赫的分数比他所在的学院高出1个标准差。尽管舒泽特的各科的绝对平均绩点低于豪尔赫，但当与本校其他同学相比时，舒泽特的成绩远高于豪尔赫。

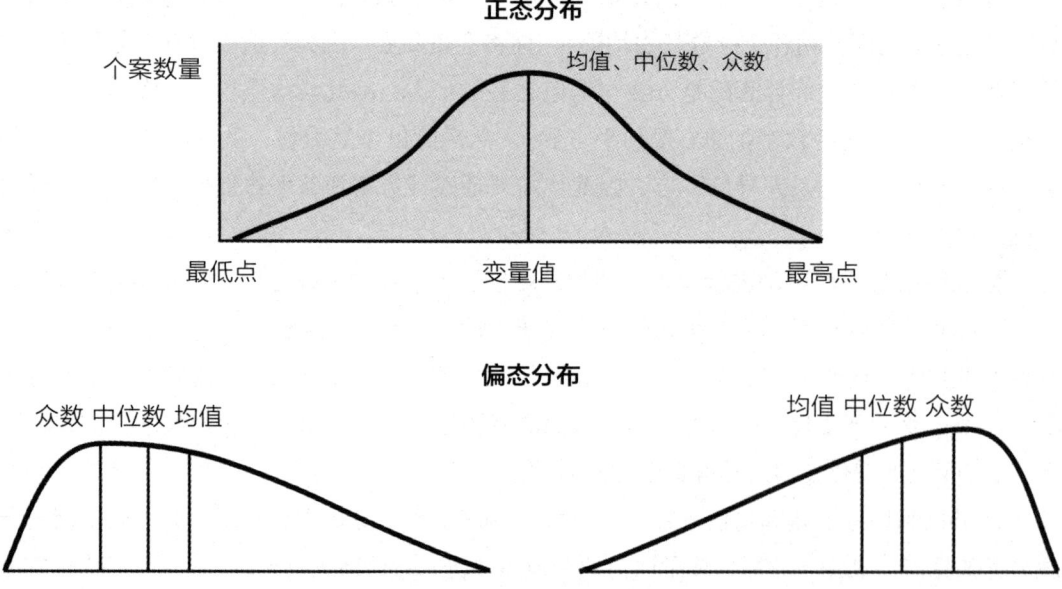

图10.3 集中趋势测量

标准差计算步骤

1. 计算均值。
2. 用各个分数减去均值。
3. 将分数与均值之差平方。
4. 将所有的差的平方加总起来，得到平方和。
5. 用平方和除以个案个数，得到方差。
6. 对方差进行开方，得到标准差。

示例：计算标准差

【8名受访者，变量＝受教育年限】

分数	分数 - 均值	将（分数 - 均值）平方
15	15-12.5 = 2.5	6.25
12	12-12.5 = -0.5	0.25
12	12-12.5 = -0.5	0.25
10	10-12.5 = -2.5	6.25
16	16-12.5 = 3.5	12.25
18	18-12.5 = 5.5	30.25
8	8-12.5 = 4.5	20.25
9	9-12.5 = -3.5	12.25

均值 = 15 + 12 + 12 + 10 + 16 + 18 + 8 + 9 = 100，100/8 = 12.5
平方和 = 6.25 + 0.25 + 0.25 + 6.25 + 12.25 + 30.25 + 20.25 + 12.25 = 88
方差 = 88/8 = 11
标准差 = $\sqrt{11}$ = 3.317 年

以下是用符号表示的标准差计算公式
符号：

X = 个案分数　　Σ = 希腊文，表示总和，加总
$\overline{X}$ = 均值　　　　N = 个案个数

公式为[a]：

$$标准差 = \sqrt{\frac{\Sigma(X-\overline{X})^2}{N}}$$

[a]：根据研究者是利用数据计算总体参数，还是用样本数据估计总体参数，公式略有不同。

图10.4 标准差

10.3 双变量数据结果

双变量关系

单变量统计值只孤立地描述一个变量。**双变量统计值**（bivariate statistics，译者注：也可译为二元统计）则更有价值。它可以使你同时考虑两个变量，并描述这两个变量之间的关系。即便是简单的假设也需要两个变量。双变量统计分析显示了变量之间的关系，也就是说，同时出现的事物。

> **示例 10.1 计算 z 分数**
>
> 个人来说，我不太喜欢 z 分数的计算公式。
>
> Z 分数 =（得分 - 均值）/ 标准差，用符号表示则为：
>
> $$z = \frac{X - \overline{X}}{\delta}$$
>
> 上式中，X 表示分数，$\overline{X}$ 表示均值，δ 表示标准差。
>
> 我通常会借助一个简单的概念图，它可以实现同样的效果，显示出 z 分数的真正作用。假设我有一份学龄儿童的数据，他们的年龄均值为 7 岁，标准差为 2。我如何计算 5 岁的米格尔的 z 分数；或者，如果我知道雅修达的 z 分数为 +2，那么我怎么知道她的年龄？首先，我会绘制一个从 -3 到 +3，以 0 为中点的图。然后我将均值置于零点，因为均值的 z 分数为 0，z 分数测量的是得分与均值的距离。我的图延伸到 3 为止，因为大部分儿童的年龄在三个标准差内。这个图看起来是这样的：
>
>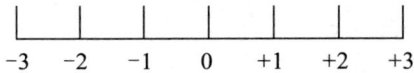
>
> 现在，我在均值上标注年龄，并加上或减去标准差。当均值为 7，标准差为 2 时，高于均值一个标准差则为 7+ 2，也即 9 岁。而当 z 分数为 -2 时，年龄为 3 岁。因为它意味着比年龄比均值 7，低 2 个标准差（也即 4 岁）。我的图如下：
>
> ```
>  1   3   5   7   9   11  13   年龄
>  |———|———|———|———|———|———|
> -3  -2  -1   0  +1  +2  +3
> ```
>
> 我们很容易可以看出，5 岁的米格尔的 z 分数为 -1，而 z 分数为 +2 的雅修达有 11 岁。我既可以通过 z 分数读取年龄，也可以通过年龄读取 z 分数。对于小数来说，例如 z 分数为 -1.5，我只需将其转化便可得到 4 岁。同样的，可以算出 12 岁的 z 分数为 +2.5。

统计关系是建立在协变性与独立性的概念基础之上的。**协变性**（covariation）指的是事物同时发生变化或具有关联。协变（co-vary）意味着一同发生变化。当案例中的一个变量有着特定的值时，另一个变量很有可能也有某个特定的值。例如，收入变量值较高的人，预期寿命变量的值可能也会较高；同样，收入较低的人预期寿命也较低。你可以将它简单记为：收入与预期寿命相关，或者收入与预期寿命存在协变关系。我们还可以说，知道了一个人的收入，就可以推测这个人可能的预期寿命，或者说，预期寿命取决于收入。在日常生活中，我们有时可能会说到"相关"，这里指的就是两个变量存在协变关系。

独立性（independence）是协变性的反义词。它指的是变量之间没有关联或不相关。如果两个变量是独立的，那么当某个变量有着特定值的时候，不会使得另一个变量也有某个特定值。例如，丽塔想了解兄弟姐妹的数量是否与预期寿命相关。如果这两个变量是独立的，那么那些有着多个兄弟姐妹的人，与独生子女的预期寿命是相等的。换句话说，即使丽塔知道了一个人的兄弟姐妹数量，也无法获知这个人的预期寿命。

大多数研究人员会用因果关系或预期的协变性来陈述假设；如果他们采用零假设，那么零假设一般是变量之间相互独立。它被用于正式的假设检验和推论统计中（稍后讨论）。

有三种方法可以帮助你了解两个变量之间是否存在关系：(1)散点图或能绘制出关系的图表；(2)交叉表或百分比表；以及(3)一个用于表示关联性或协变程度的统计值（例如，相关系数）。

查看关系：散点图

什么是散点图（scattergram）？散点图是一个图表，你在上面画出每个个案或观察结果，每个轴代表一个变量的值。你可以将其用于定距或定比层次的测量，却很少能够将其用于定序层次的变量；当有任何一个变量为定类数据时，更不能使用散点图。对于哪个变量用横坐标，哪个变量用纵坐标，并没有明确的规定，但通常来说自变量（用字母 x 代表）用横坐标，而因变量（用字母 y 表示）用纵坐标。不论是横坐标还是纵坐标，最小值都在左边或下方，而最大值都应该在右边或上方。

如何构建散点图？首先从两个变量的全距开始，为每个变量画一个轴，并将每个变量的值标在轴上（用网格纸更为方便）。接着，对每个轴进行标记，并在图表上方标注图表标题。

现在可以绘制数据了。找到每个个案的每个变量值，并在图相应的位置标记出来。例如，你在制作关于受教育年限与子女数量的散点图。先查看第一个个案的受教育年限（例如12年）和子女数量（例如3个）。接着，你在图表中找到并标注出受教育年限变量为12且子女数量为3的交汇点。然后，你对每个个案重复刚才的流程。图10.5展示的是33名女性的数据。它表明，女性的受教育年限与她所生育的子女数量之间存在负相关关系。

从散点图中可以了解到什么？ 散点图展示出了双变量关系的三个方面：形式、方向、精确性。

形式（form）。双变量关系有三种形式：独立的、线性的以及曲线的。独立关系或没有关系是最易理解的。它看起来像是毫无规则的随机散点，或平行于横轴或纵轴的直线。线性关系意味着在错综复杂的个案中，可以看出一条从一个角落到另一个角落的直线。曲线关系指的是，在错综复杂的个案中心会形成一条U形曲线，正面朝上或朝下，或者呈现S形。

方向（direction）。线性关系可能是正向方向，也可能是负向方向。正向关系的散点图看起来像一条从左下方到右上方的对角线。X的值越高，Y的值也就越高，反之亦然。收入与预期寿命的例子就呈现了一种正向线性关系。

负向线性关系看起来像一条从左上方到右下方的对角线。它意味着一个变量的值越高，另一个变量的值越低。例如，那些受教育水平越高的人，被逮捕的可能性越低。我们观察根据一群男性的受教育年限（x轴）与被逮捕次数（y轴）数据绘制的散点图，可以看出：被逮捕次数较多的大部分个案（或男性）都处于右下方，这是因为他们完成的教育年限较少；几乎没有被逮捕过的大部分个案都在左上方，因为他们中的大多数人受教育年限较高。这条虚构的线可能或平或陡。更高级的统计学可以提供精确的斜率测量值。

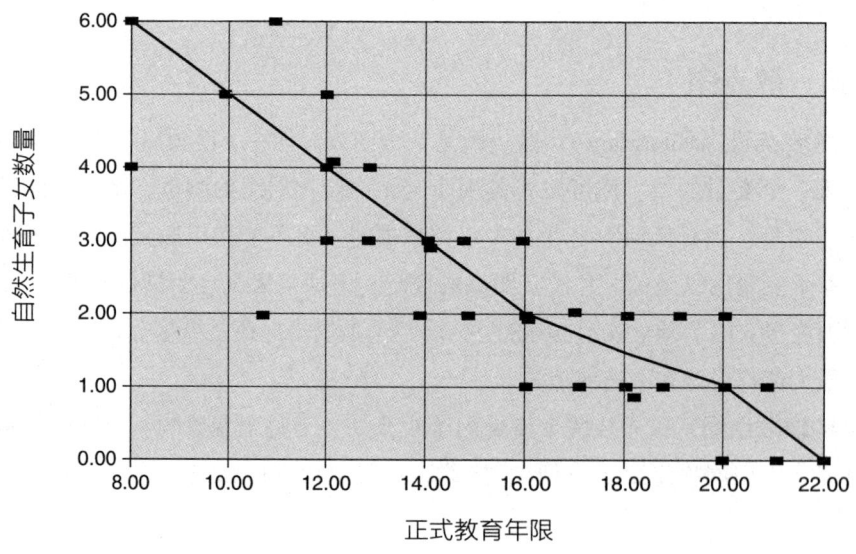

图10.5 散点图示例：33名女性的受教育年限与自然生育子女数量

精确性（precision）。双变量关系因其精确性不同而有所差异。精确性是散点图中点的散布程度。当这些点紧密贴近概括关系的直线时，精确性就很高；而当这些点广泛分布在这条线的两侧时，精确性就很低。你可以"目测出"一种高度精确的关系，也可以利用高级统计学中类似于单变量标准差的方式，来测量关系的精确性。

双变量表

什么是双变量表？ 双变量列联表展示的内容与散点图一致，却是用一种更加简明扼要的方式呈现的。在双变量列联表中，你可以使用任何测量层次的数据，但若定距数据或定比数据有许多值时，必须将其聚合为若干组。这个表格以**交叉表**（cross-tabulation）为基础，也就是说，表格中的个案是同时按照两个变量进行组织的。

你可以通过对两个或多个变量交叉制表，来创建列联表（contingency table）。它之所以是列联的，是因为一个变量的每个类别都可以与另一个变量的每个类别进行组合。当将个案按照变量的不同类别进行分类时，可以看出个案在一个变量中的某个类别，是如何"取决于"它在另一个变量的类别的。

图10.6是原始计数表，也叫频数表。它的每一格包含了对个案的计数。这个表易于制作，但却难以解读。这是因为行或列的总数可能不同。

要查看双变量关系，需要将原始计数表转换为百分比表。百分比表可以让你比较百分比，这些百分比是根据行或列的总数不同而调整或标准化的。你可以通过三种方式计算百分比：按行、按列、按总数。在研究中仅使用前两种来说明关系。

原始计数表（a）		年龄段（b）			
态度（b）	30岁以下	30~45岁	46~60岁	61岁及以上	总计（c）
赞成	20	10	4	3	37
没有观点	3 (d)	10	10	2	25
反对	3	5	21	10	39
总计（c）	26	25	35	15	101
遗失个案（f）= 8		↑ (e)			

表格组成部分

（a）给每个表格一个标题，命名变量，并提供背景信息。
（b）标示行变量和列变量的名称，标注每个变量类别。
（c）每行与每列的总计。这些叫作**边缘总和**（marginals），等于该变量的单变量频数分布。
（d）每个数字或位置与每个变量类别的交点相对应，叫作**表格单元格**（cell of a table）。
（e）变量类别下的数字和总体叫作**表格主体**（body of a table）。
（f）如有缺失信息（受访者拒绝回答、结束访谈、回答"不知道"等），在表格附近列出信息缺失个案的个数，说明原始个案数量。

图10.6 年龄段与对改变饮酒年龄的态度，原始数据表

是按行计算百分比更好，还是按列计算百分比更好呢？这两种都是适合的。我们首先来看创建百分比表的机制。要计算列百分比，需要计算表中的每个单元格占其所在列总合的百分比。这包括总和列和与边缘列。例如，第一列总和为26（有26位受访者年龄在30岁以下），这一列第一个单元格为20（30岁以下的受访者中有20个人表示赞成）。这里的百分比就是20/26=0.769，或者76.9%。或者，在边缘列中的第一个数字应该是37/101=0.366=36.6%（参见表10.1）。除了因四舍五入的原因之外，百分比总和应等于100%。

计算行百分比遵循的是同样的步骤。要计算行百分比，你需要计算每个单元格占该行总和的百分比。例如，还是第一列第一行的单元格20，它的行百分比为20/37=0.541=54.1%。对同一个单元格计算行百分比和列百分比得到的数值不同，除非边缘总和相同。

行百分比与列百分比可以让你回答不同的问题。利用行百分比，你可以回答，在持有某种观点的人群中，每个年龄段的人数占比多少？例如，在持有赞同观点的人中，有54.1%的人年龄低于30岁。列百分比回答的问题是，在每个年龄段，百分之多少的人持有某种观点？例如，在年龄低于30岁的人中，有76.9%的人表示赞成。从行百分比中，你了解到持有赞成观点的人中，只有略高于1/2的人是30岁以下的；而从列百分比中，你了解到，在30岁以下的人群中，超过3/4都赞成该观点。一种计算方式告诉你有多少人持有特定观点，而另一种计算方式告诉你特定年龄段有多少人。

表10.1 年龄段与对改变饮酒年龄的态度，百分比表

列百分比表

态度	年龄段				
	30岁以下	30~45岁	46~60岁	61岁及以上	总计
赞成	76.9%	40%	11.4%	20%	36.6%
没有观点	11.5	40	28.6	13.3	24.8
反对	11.5	20	60	66.7	38.6
总计	99.9	100	100	100	100
(N)	(26)*	(25)*	(35)*	(15)*	(101)*

遗失个案=8

行百分比表

态度	年龄段				总计	(N)
	30岁以下	30~45岁	46~60岁	61岁及以上		
赞成	54.1%	27%	10.8%	8.1%	100%	(37)*
没有观点	12	40	40	8	100	(25)*
反对	7.7	12.8	53.8	25.6	99.9	(39)*
总计	25.7	24.8	34.7	14.9	100.1	(101)*
遗失个案=8						

* 对于百分比表，提供个案数量或 N，以表明百分比的计算依据，百分比总和接近100%。这有助于百分比表与原始计数表的相互转换。

你的假设通常会表明你希望考察的是行百分比还是列百分比。在尚未掌握快速阅读表格并解读其含义的技能之前，你可能需要同时计算两种百分比，并练习解读或理解每种百分比的含义。例如，我的假设是"一个人的年龄会影响他或她的态度"。对于这个假设，列百分比更加有用。然而，如果我的兴趣是描述"持有不同观点的人的年龄构成"，那么就更适合用行百分比。

遗憾的是，是按行还是按列记录计算百分比，对此并无"行业标准"。大部分研究人员将自变量放入列中，并计算列百分比；但也有许多研究人员将自变量放入行中，并计算行百分比。

阅读百分比表。当你理解如何创建百分比表之后，阅读百分比表并理解它的含义就变得容易多了。要阅读表格，首先查看表格标题、变量标签以及任何背景信息。接着，查看百分比计算的方向——按行计算，还是按列计算。注意，表10.1中两个百分比表有着同一个标题。这是因为它们使用了同样的变量。若能够在标题中看出数据百分比的计算方式，那么将会有助于你理解表格，但通常来说，标题所能提供的信息有限。有时，研究人员展示的是缩略图表，会略去100%的总和值或边缘总和，这可能会带来困扰。在呈现表格时，最好包含表格的所有部分，并标示明确的标签。

研究人员可以阅读百分比表以做比较。比较的方向与计算百分比的方向相反。有一条经验是：如果表格是上下计算百分比的（也即按列计算），则进行跨行比较；如果表格是横向计算百分比的（也即按行计算），则进行跨列比较。

例如，在表10.1按行计算百分比的表格中，对列或年龄进行比较。大部分持赞成观点的人都在最年轻的年龄段，随着年龄增长，持赞成观点的人数比例下降。大部分没有观点的人都在中间年龄段，而大部分持反对观点的人都在最年长的年龄段，尤其是处于40~60岁年龄段的人最多。在阅读表10.1按列计算百分比的表格时，要进行跨行比较。例如，绝大多数最年轻的人群持赞成观点。只有在这一群体中，大部分人持赞成观点。与其他两组较为年长的群体相比，年轻人中只有 11.5% 的人持反对意见。

从百分比表中看出关系是需要加以练习的。如果表格中的变量没有关系，那么在行或列之间的单元格百分比看起来接近相等。当存在线性关系时，对角线上的单元格百分比较大。当存在曲线关系时，百分比最大的单元格也会显示出某种规律。例如，百分比最大的单元格出现在右上方、中间底部以及左上方。当表格为中等大小（9~16 个单元格）且其中大多数单元格都包含一些个案（建议至少有 5 个个案）时，最容易看到关系，而且关系强烈且精确。

你可以利用阅读散点图的原则来帮助你理解百分比表中的关系。你可以设想，将散点图划分为 12 等份。每个部分中的个案对应于百分比表单元格中的个案数量，将这些个案叠加到散点图中。由此可见，表格是散点图的浓缩形式。散点图中的二元关系线与百分比表中的对角线单元格对应。因此，查看是否存在强烈关系的一种简单方法是圈出每行（行百分比表）或每列（列百分比表）中最大的百分比，并查看它们是否出现在一条直线上。

圈出最大单元格的办法适用于所有图表，但有一点需要特别留意。百分比表中的分类类别必须是定序或定距的，并且它们的顺序必须与散点图一致。散点图中最低的变量类别必须从左下角开始。如果表格中变量类别顺序与散点图中的顺序不同，那么这条办法便不适用。

例如，在表 10.2A 中，看起来存在正向关系；而在表 10.2B 中，看起来存在负向关系。这两个表格所使用的数据相同，并且都是按行计算百分比的。事实上，两个变量是负相关的。仔细观察可知，表 10.2B 中的年龄分类顺序与散点图顺序一致。当心存疑虑时，回想一下正向关系与负向关系的基本差别。正向关系意味着随着一个变量增加，另一个变量也会增加。而负向关系意味着，随着一个变量增加，另一个变量会减小。

表 10.2A 年龄与受教育年限

年龄	受教育年限				总计
	0~11	12	12~14	16+	
30 岁以下	5%	25	30	40	100
30~45 岁	15	25	40	20	100
46~60 岁	35	45	12	8	100
61 岁及以上	45	35	15	5	100

表 10.2B 年龄与受教育年限

年龄	受教育年限				总计
	0~11	12	12~14	16+	
61 岁及以上	45%	35	15	5	100
46~60 岁	35	45	12	8	100
30~45 岁	15	25	40	20	100
30 岁以下	5	25	30	40	100

没有百分比的双变量表（bivariate tables without percentages）。你可以将信息浓缩至另

一种双变量表中，这种表使用集中趋势测量值（通常是均值）而非百分比。它常见于其中一个变量为定类或定序而另一个变量为定距或定比的情况。你只需在定类或定序变量的每个分类类别中，将定距或定比变量的均值（或其他相似测量值）写出即可。制作此表，你需要将所有个案按照定类或定序变量的类别进行分类，然后算出每个类别的均值。表10.3展示了每个类别中人群的平均年龄。它表明，持反对观点的人的平均年龄远高于那些持赞成观点或没有观点的人。

相关性测量值

相关性测量值（measure of association）是一个表达关系强度和方向的数字。它将双变量关系的相关信息压缩成为一个数字。相关性测量值种类较多，要根据测量层次决定使用哪一种。

大部分相关性测度使用希腊字母。常见的有 λ、γ、τ、χ^2（卡方）、ρ。本章关注如何解读这些测度，而不是如何对其进行计算。想要充分理解每个测量值，你需要修读关于统计学的课程。

许多相关性测量值背后的原则是，"成比例地降低误差"。如果两个变量之间的相关性或关系较强，那么在根据第一个变量的值来预测第二个变量的值时，误差相对较少。换句话说，误差降低的比例较大。如果两个变量不相关，那么你对另一个变量的值的预测几乎无异于靠运气。在这种情况下，当我们对第二个变量的值进行预测时，知道第一个变量的值并不会帮助我们降低预测误差。如果收入水平和听古典音乐会强烈相关，那么知道一个人的收入，可以有助于对他听古典音乐会的预测。如果这两个变量不相关，那么知道收入水平，也不会使我们的预测比瞎猜好到哪去；或者说，知道了一个人的收入水平，也不能降低你在预测这个人听古典音乐方面的误差。

表10.3 对改变饮酒年龄的态度于受访者年龄均值

饮酒年龄态度	年龄均值	（N）
赞成	26.2	（37）
没有观点	44.5	（25）
反对	61.9	（39）

缺失信息的个案数量 =8。

在所有的相关性测量值中，数字越大，相关性越强。扩展10.2描述了五个常见的双变量相关性测量值。需要注意的是，大部分测量值的范围为-1到+1，负数代表负向关系，正数代表正向关系。测度为1.0意味着误差降低100%，也即完美预测。

扩展10.2 五种相关性测度

λ 用于定类层次的数据。它基于众数降低误差，范围在0（独立）到1.0（完美预测或最强的可能关系）之间。

γ 用于定序层次的数据。它基于对变量类别的比较，并检验个案在每个类别中是否有同样的排序。γ 的范围在 -1.0 到 +1.0 之间，0代表不相关。

τ 也用于定序层次的数据。它的测量方法与 γ 不同，并且关注了使用 γ 测量可能带来的问题。事实上，有多个统计值都被命名为 τ（这是一个较受欢迎的希腊字母），这里用的是肯德尔系数（Kendall's tau）。肯德尔系数范围在 -1.0 到 +1.0 之间，0代表不相关。

ρ 也叫作皮尔逊积矩相关系数（Pearson's product moment correlation coefficient，以著名统计学家卡尔·皮尔逊命名，基于一种乘积矩统计方法）。它是在测量相关性时最常用的统计值，当统计人员提到相关性测度时，如未加特别说明，一般都是指它。它只可用于定距或定比层次的数据测量。ρ 使用均值和标准差进行测量，用来表示在个案与散点图中关系线（或回归线）的距离。ρ 的范围在 -1.0 到 +1.0 之间，0代表不相关。将 ρ 值平方，可得到"R 平方"，它在降低误差方面的有着独特的意义。R 平方告诉我们，一个变量（因变量）在多少百分比程度上，可以由另一个变量（自变量）来解释。ρ 只能用来测量线性关系。它不能用来测量非线性或曲线关系。例如，ρ 为零，既可能表示不存在关系，也可能表示存在曲线关系。

χ^2 有两种用法。它既可以像前几种测度一样，在描述统计中用来测量相关性，也可以用于推论统计。后面我们将会简单介绍推论统计。作为对相关性的测量值，χ^2 可用于定类数据和定序数据。它的上限为正无穷，下限为0，0代表不相关。

相关性测量值小结

测量值	希腊字母符号	数据类型	高度相关	独立
Lambda	λ	定类	1.0	0
Gamma	γ	定序	+1.0，-1.0	0
Tau（肯德尔相关系数）	τ	定序	+1.0，-1.0	0
Rho	ρ	定距、定比	+1.0，-1.0	0
卡方	χ^2	定类、定序	正无穷	0

10.4 两个以上变量

统计控制

如果你能说明两个变量之间的关联或关系，那还不足以说明某个自变量明确地导致某个因变量。除了说明变量之间的关联和时间顺序之外，你必须排除其他可能的解释——这些解释可能会使得假设中的关系为虚假。在实验研究中，你的研究设计使你可以实际控制潜在的其他解释（也即，那些威胁内部效度的解释）。

在非实验研究中，你可以利用统计来控制其他可能的解释。你必须首先使用控制变量（control variables）来测试其他可能的解释，然后使用多变量表和统计值来检验控制变量。对多变量表和统计值的检验，可以帮助你确定二元关系是否是虚假的。它们也可以说明多个自变量对因变量作用的相对大小。

在多元分析中（multivariate analysis，"多元"指超过两个变量），你通过引入第三个（有时是第四个或第五个）变量来控制其他可能的解释。第三个变量代表对因变量的一种其他可能的解释。例如，你的双变量表显示，高个子的青少年比矮个子的青少年更加喜欢运动。但存在于身高与运动态度之间的二元关系可能是虚假的。或许男性青少年比女性青少年更高，而男性也比女性更喜欢运动。为了检验身高与运动兴趣的原始关系是真是假，是否实际上是因为性别，你要对性别进行控制。换句话说，你要利用统计学消除性别对这种关系的影响。然后，你就可以查看身高与运动态度的二元关系是否仍然存在。

你可以通过查看二元关系在控制变量的不同分类类别中是否持续存在，来对第三个变量进行控制。例如，如果在控制了性别之后，身高和运动态度的关系仍然存在。这意味着高个子的男性和女性都比矮个子的男性和女性更喜欢运动。换句话说，控制变量对此没有影响。这时，存在二元关系且为真。

如果当你加入控制变量后，二元关系显著变弱甚至消失，那么原来的二元关系可能是虚假的。它意味着高个子的男性并不比矮个子的男性更喜欢运动，而高个子的女性也不比矮个子的女性更喜欢运动。这说明导致运动态度差异的并非身高，而是第三个变量：性别。

统计控制是许多高级统计方法的核心概念。诸如相关系数一类的相关性测量值只能表明是否存在关系。在解释二元关系时要格外谨慎，因为如果未能充分考虑控制变量，那么这种关系可能是虚假的。

百分比表的细化模型

创建三变量表格（constructing trivariate tables）。想要"控制"变量，或者了解其他可能的解释是否对因果关系起到解释作用，二元关系是否为虚假关系，你必须将其他可能的解释操作化，并作为控制变量。它们之所以叫控制变量，是因为你可以控制其他可能的解释。

你可以将控制变量考虑在内，并且通过三变量表格来查看它们是否对二元关系产生影响。三变量表格与双变量表格稍有不同。在某种程度上，三变量表格是由多个双变量表格组成的。

在三变量表格中，对于控制变量的每一个类别，都有一个关于自变量和因变量的双变量表格。这些新的表格叫作**偏表**（partials）。偏表的数量取决于控制变量的类别数量。偏表看起来与双变量表格相似，但它们所使用的只是所有个案的一个子集。只有在控制变量上有着特定值的个案才会出现在偏表之中。因此，你可以将双变量表格"打散"以获得偏表，也可以将偏表合并起来，还原成原始的双变量表格。

三变量表格有三处局限。首先，当控制变量不止四个时，很难对三变量表格进行解读。其次，控制变量可以是任何测量层次的，但是必须将定距或定比的控制变量聚合为若干类别（也即，将定距或定比层次的控制变量，转化为定序层次的变量），而聚合的方式会影响人们对控制变量作用的解读。最后，个案总数也是一个限制因素。个案要被划分到各个偏表之中。偏表中的单元格总数等于，二元关系中单元格的总数，乘以控制变量的类别数量。例如，一个控制变量有3个分类类别，而一个二元表格有12个单元格，那么偏表就有3×12=36个单元格。根据建议，每个单元格平均需要5个个案，这样的话研究人员最少需要5×36=180个个案。

对于三个变量来说，使用三个双变量表格在逻辑上也是可行的。在这个例子中，这三种组合为（1）性别与运动态度，（2）年龄段与运动态度，以及（3）性别与年龄段。你根据原始二元关系创建偏表。自变量是"年龄段"，因变量是"态度"。"性别"是控制变量。因此，这个三变量表格包含了两个偏表，每个偏表展示了在给定性别下，年龄与运动态度的关系。

研究假设说明了初步的二元关系，并可能暗示出哪些变量提供了其他可能的解释（也即控制变量）。因此，控制变量的选择是基于原始假设的，而这个假设可能来源于一个理论。

细化范式（elaboration paradigm）是一种用于阅读三变量百分比表的体系。[3] 它描述的是引进控制变量后出现的模式。在这个体系中有五种模式，可以将偏表与原始二元表进行比较，或者描述在加入控制变量后，原始二元关系是如何变化的（参见扩展10.3）。这里给出的模式示例较为明显（参见表10.4）。当差异不那么明显时，需要使用高级统计知识。

多元回归分析

多元回归（multiple regression）是一种统计学方法，对它的计算超出了本书讲解的层次。适当的统计软件可以快速地对其进行计算，但也需要掌握统计学的背景知识，以防止在计算和解释时出错。多元回归适用于定距或定比层次的数据。我在本书中讨论多元回归的原因有二：第一，它可以同时控制许多其他可能的解释或变量（在使用百分比表时，我们很难同时采用一个以上的控制变量）；第二，多元回归广泛应用于社会科学之中，在阅读研究报告或文章时，你很有可能会遇到多元回归。

多元回归结果可以告诉读者两件事情。首先，结果中包含一个叫作 R 平方（R^2）的统计值。这是一个概括性测量值，可以告诉我们一组变量同时在多大程度上可以"解释"因变量。"解释"指的是，在根据自变量的信息对因变量进行预测时所降低的误差。一个具有多个自变量的良好模型可以解释因变量很大比例的变化。例如，R^2 为 0.50 意味着，知道了自变量和控制变量，可以将因变量预测的准确性提高 50%；或者说在不知道这些变量时，预测会产生一半的误差。

扩展10.3 细化范式中的五种模式

1. 复制模式（replication pattern）是指，偏表复制或重现了在没有考虑控制变量时存在于双变量表中的关系。这意味着控制变量没有产生影响。

2. 详述模式（specification pattern）是指，一个偏表复制了原始二元关系，但其他偏表并未复制关系。例如，你在车祸与大学年级之间发现了强烈（负向）的二元关系。在控制了性别之后，你发现这种关系只在男性中存在（也即，车祸与年级的强烈负向关系只部分存在于男性之中，而不存在于女性之中）。它之所以叫详述模式，是因为研究人员可以详细说明在控制变量的哪个类别中，初始关系仍然存在。

注意：在解读模式和解释模式中，存在于二元表格中的关系会在偏表中消失。原始关系在偏表中会变为统计上的独立性。你不能仅通过观察表格来对解读模式和解释模式进行区分。它们的差别取决于变量间的因果逻辑，或者控制变量在因果顺序中的位置。控制变量既可以处于原始自变量和因变量之间（也即，控制变量充当着中介变量的角色），也可以发生在原始自变量之前。

3. 解读模式（interpretation pattern）描述的是，控制变量在原始自变量和因变量之间进行干预的情况。例如，你对家庭宗教教育和堕胎态度之间的关系进行研究。政治意识形态是控制变量。你认为家庭宗教教育影响了当前的政治观念和堕胎态度。你的理论是，从逻辑上讲，政治意识形态先于对特定问题的态度，比如堕胎。因此，家庭宗教教育导致了某种政治意识形态，而这种意识形态进而影响了堕胎的态度。此时，控制变量是中介变量，它有助于你解读完整关系的含义。

4. 解释模式（explanation pattern）看起来与解读模式相同，但实际上，在解释模式中，控制变量出现在初始二元关系中的自变量之前。例如，原始关系是与家庭宗教教育与堕胎态度有关，但现在加入了性别作为控制变量。性别出现在家庭宗教教育之前，因为性别通常在出生时就固定不变了。解释模式改变了研究人员对结果的解释，它意味着初始的二元关系是虚假关系。

5. 抑制变量模式（suppressor variable pattern）指的是，在双变量表格中显示出独立性，在一个或两个偏表中却存在关系。例如，在双变量表格中，家庭宗教教育与堕胎态度是独立的。而当你加入"国家地区"作为控制变量时，在偏表中，家庭宗教教育却与堕胎态度相关。此时，控制变量是一种抑制变量，因为它抑制了真实的关系。真实的关系存在于偏表之中。换句话说，在这个国家的某些地区，家庭宗教教育与堕胎态度相关，在另一些地区则不相关；在你没有考虑地区时，这种相关关系是被隐藏或"抑制"的。

其次，回归结果测量了每个自变量对因变量影响的方向和大小。它准确地测量了影响的大小，并给出了具体的数值。例如，通过控制其他所有变量，你可以看到这五个自变量或控制变量是如何同时对因变量产生影响的。这对于检验那些认为多个自变量导致了一个因变量的理论格外有用。在多元回归中，自变量对因变量的影响是由一个标准回归系数来测量的，它用希腊字母 β 来表示。它与相关系数相似。事实上，两个变量的 β 系数就等于相关系数 r。你可以利用 β 回归系数来确定控制变量是否产生影响。例如，X 与 Y 之间的二元相关系数为 0.75。接着，你利用统计学检验四个控制变量。如果 β 还是 0.75，那么就意味着四个控制变量没有产生影响。然而，如果 X 与 Y 之间的 β 减小（例如，减小至 0.20），那么就意味着控制变量对因变量存在影响。多元回归最有趣的一点在于，它可以告诉你多个自变量和中介变量对于因变量影响的相对大小。设想一个回归分析例子，以年龄、收入、教育、地区作为自变量，以一项政治意识形态指数得分作为因变量。多元回归结果表明，收入和宗教活动参与的影响较大，教育和地区的影响微弱，而年龄则不产生影响。在得知一个人在所有自变量上的得分后，对一个人政治意识形态的预测，准确率可达 38%（参见表 10.5）。这个例子说明，高收入、频繁参与宗教活动、居住在南方，与保守主义政治观念正向相关，而更高的受教育程度则与自由主义政治观念相关。收入对政治观念的影响，是居住在南方所产生的影响的两倍有余。我们已经对描述统计有所讨论（参见扩展 10.4），接下来，我们讨论另一种统计类型：推论统计。

表10.4 细化范式小结

模式名称	将偏表与原始二元表进行比较时看到的模式
复制模式	偏表与二元表中存在同样的关系。
详述模式	只在一个偏表之中发现存在二元关系。
解读模式	在偏表中，二元关系显著变弱或消失（控制变量是中介变量）。
解释模式	在偏表中，二元关系显著变弱或消失（控制变量发生于自变量之前）。
抑制变量模式	不存在二元关系，相关关系只存在于偏表之中。

细化范式模式示例

复制模式

二元表			偏表					
				控制＝低		控制＝高		
	低	高		低	高		低	高
低	85%	15%	低	84%	16%		86%	14%
高	15%	85%	高	16%	84%		14%	86%

解读或解释模式

二元表			偏表					
				控制＝低		控制＝高		
	低	高		低	高		低	高
低	85%	15%	低	45%	55%		55%	45%
高	15%	85%	高	55%	45%		45%	55%

详述模式

二元表			偏表					
				控制＝低		控制＝高		
	低	高		低	高		低	高
低	85%	85%	低	95%	5%		50%	50%
高	15%	15%	高	5%	95%		50%	50%

抑制变量模式

二元表			偏表					
				控制＝低		控制＝高		
	低	高		低	高		低	高
低	54%	46%	低	84%	16%		14%	86%
高	46%	54%	高	16%	84%		86%	14%

表10.5 多元回归结果的案例

因变量为政治意识形态指数（得分高意味着高度自由主义）

自变量	标准回归系数	
地区＝南方	-0.19	
年龄	0.01	
收入	-0.44	$R^2 = 0.38$
受教育年限	0.23	
宗教活动参与	-0.39	

10.5 推论统计

推论统计的目的

通常，你需要做的不仅仅是描述，你还需要对假设进行验证，以了解从样本得到的结果在总体中是否成立，并判定结果中的差异（例如，两组均值之间的差异）是否足够大，以证明相关关系确实存在。推论统计是使用数学概率论的方法来正式地对假设进行检验。借助推论统计，我们可以将样本结果推论到总体之中，并对描述统计结果进行检验，看其是由随机因素造成的，还是由真实存在的相关关系导致的。这一部分会介绍推论统计的基本概念，但不会对推论统计的具体细节做深入讨论。推论统计比描述统计更为复杂，认真的学生需要完成相关的统计学课程后，才能真正理解推论统计。推论统计建立在概率抽样的原则之上，在概率抽样中，你利用随机过程从全部总体中选取个案。推论统计学是一种精确的方法，用来描述当你根据样本结果对总体做出推论时有多确信。如果你听过或读到过"统计显著性"或"在0.05的水平上显著"，那么你早已遇到过推论统计。你可以用推论统计进行许多统计检验（例如t检验和F检验）。统计显著性也是用来正式检验研究假设的，它可以准确地告诉你是接受还是拒绝零假设。[4]

统计显著性

统计显著性（statistical significance）意味着结果不太可能是由于偶然因素导致的。它表示的是，发现样本中的相关关系实际并不存在于总体之中的概率。由于概率样本涉及随机过程，因此，总是有可能出现样本结果与总体参数不同的情况。你需要估算有多大可能性，样本结果由真实总体参数导致的，或是由随机抽样中的偶然因素导致的。统计显著性利用

扩展10.4 主要描述统计类型小结

方法类型	统计方法	目的
单变量	频数分布、集中趋势测量、标准差、z分数	对一个变量进行描述
双变量	相关系数、百分比表、卡方	对两个变量之间的相关性或关系进行描述
多元分析	细化范式、多元回归	描述多个变量之间的关系，或者查看多个自变量对一个因变量的影响

概率论和特定统计检验，告诉你抽样中的随机误差是否可能产生某种结果（例如，某种相关关系、均值不同或某个回归系数）。统计显著性只能告诉你某件事是否可能，它无法绝对确定地证明任何事。它所表达的是某种特定结果的概率较高或较低。统计显著性与实际显著性、本质显著性或理论显著性不同。结果可能在统计上显著，但在理论上毫无意义。例如，两个变量可能因为巧合具有统计显著的关联，但它们之间却不存在任何逻辑联系（例如，指甲长度与法语口语水平）。

显著性水平

为了方便，我们通常将统计显著性表达为显著性水平（例如，一个检验在某个特定水平上显著），而非给出具体的概率。统计学显著性水平（level of statistical significance，通常为0.05、0.01、0.001）是用来讨论结果由偶然因素导致的可能性——也即，在样本中出现的相关关系在总体中不成立的可能性。如果你说结果在0.05的水平上显著，那么它意味着：

- 在100次抽样中，由于偶然因素造成这种结果的次数只有5次。
- 样本结果有95%的概率不是由随机因素导致的，而是准确反映了总体。
- 仅仅由于偶然因素而产生这种结果的概率为0.05（5%）。
- 我们可以95%确信，该结果是由总体中真实存在的相关关系导致的，而非因为偶然因素。

以上是从不同方面说明同一件事。它听起来与我们在第六章中讨论的抽样分布和中心极限定理相似。这并非偶然，二者都基于概率论，并且将样本数据与总体联系起来。概率论使我们可以预测在随机过程中，经过长时间、多次事件后，会发生什么。换句话说，它允许我们准确地预测长时间内多次出现的结果，而不是具体的情形。由于我们有一个样本，并且我们希望根据这个样本推断总体，因此概率论可以帮助我们估计样本代表总体的概率。除非有总体数据，否则我们无法确切地知道总体参数，但概率论可以让我们表达确信程度——样本显示的与总体实际发生的不同，这种情况发生的可能性是多少。例如，样本显示高校男生和女生学习时长不同。这种结果，是由于样本特殊而实际上在总体中并无差异，还是反映了总体中性别之间的真是差异？

第一类错误与第二类错误

统计显著性的逻辑建立在对偶然因素是否产生某种结果的陈述之上。你或许想问，为什么要采用0.05呢？它意味着由于随机性导致该结果的可能性为5%。为什么不采用更加确切的标准——例如，偶然随机的概率为0.001呢？这会使得是由于随机性导致产生该结果的可能性更小，而因为总体中真实存在的相关关系导致该结果的可能性更大。

这个问题有两个答案。简单的答案是，0.05是科学界通俗接受的经验准则。在解释社会世界时，对结果有95%确信是一个可接受的标准。

第二个答案涉及对于两种错误的妥协。**第一类错误**（type Ⅰ error）指的是，你认为存在相关关系，但实际上并不存在。它意味着你错误地拒绝了零假设。**第二类错误**（type Ⅱ error）指的是，你认为不存在相关关系，但实际上存在。它意味着你错误地接受了零假设（参见扩展10.5）。当然，这两种错误都要避免。你希望当你说数据中存在相关关系时，关系真实存在；而当你说数据中不存在关系时，事实上也确实不存在相关关系。但是你面临着一个两难状况：当犯一种错误的可能性降低时，犯另一种错误的可能性就会增加。

扩展10.5 第一类错误与第二类错误

	现实生活中的真实情况	
研究人员认为	不相关	存在因果关系
不相关	没有错误	第二类错误
存在因果关系	第一类错误	没有错误

第一类错误和第二类错误的概念刚开始看起来或许有些难懂，但这种逻辑两难的境地也常出现在其他场合。例如，法官可能会错判一个被告有罪，而他实际上是无罪的；或者，法官可能错判一个人无罪，而他实际上是有罪的。法官不想犯任何一种错误。法官既不希望让有罪者逍遥于法网之外，也不希望让无辜者深陷于囹圄之中。法官必须根据有限的信息做出判决，并平衡这两种错误。同样，医生也必须决定是否给病人开一份新的处方。医生可能会错误地认为药物是有效的，没有副作用，而事实上，它有严重的副作用，比如导致失明；或者，医生可能会因为害怕严重的副作用而推迟了有效的药物治疗，而实际上药物并没有副作用。医生不想犯任何一个错误。若犯第一个错误，医生将会对病人造成极大的伤害，甚至可能面临诉讼；而若犯第二个错误，医生则无法帮助病人康复。同样，医生

必须做出判断，平衡这两种错误。

我们可以将统计显著性的概念与这两种错误联系起来。如果你极其小心谨慎，那么可以设置很高的显著性水平。例如，你可能会采用0.0001的显著性水平。除非由偶然因素导致结果的可能性只有1/10,000，你才确信结果反映了总体中的真实关系。标准如此之高，意味着你更有可能会错误地认为样本中的结果是由偶然因素造成的，但实际上并不是。你可能会在存在真实因果关系时，错误地接受零假设（犯下第二类错误）。

相反，如果你是一个敢于冒险之人，你会设置很低的显著性水平，例如0.10。你的结果说明，存在关系的可能性为1/10。你很有可能会错误地认为存在因果关系，但实际上这种结果是由随机因素（例如，随机抽样误差）造成的。你可能会错误地拒绝零假设（犯下第一类错误）。总而言之，0.05的显著性水平是对第一类错误与第二类错误折中妥协的结果。

推论统计中的统计学方法非常精准，它是建立在抽样误差、样本容量、中心极限定理之间的关系之上的。推论统计的力量在于，它可以让你在一个非常具体的确信程度上，说明某个样本结果在总体中为真。例如，你进行统计检验，发现某个相关关系在0.05的水平上具有统计显著性。这样，你就可以说样本结果可能不是由偶然因素造成的。事实上，这种真实关系存在于社会世界之中的可能性高达95%。

推论统计检验有一定的限制条件。数据必须来自随机样本，检验只考虑了抽样上的误差，而并未考虑非抽样误差（例如，较差的抽样框或设计欠佳的测量）。不要以为此类检验可以提供简单的最终答案。许多计算机程序可以迅速地进行推论统计与描述统计的计算（参见扩展10.6）。

结 论

在本章中，你学习了如何整理数据以备分析，以及分析数据的方法（将数据整理成图表或表格，或者用统计测量值来概括数据）。你可以利用统计分析来检验假设、回答研究问题。本章解释了如何首先对数据进行编码、然后利用单变量或双变量统计值来分析数据。双变量关系有可能是虚假的，因此你需要考虑控制变量，并使用多元分析的方法。你还学习了一些推论统计的基本知识。

刚入门的研究人员有时觉得自己的结果应该支持某个假设，但拒绝一个假设也并没有什么不对的地方。科学研究的目标是创造能够真正反映社会世界的知识，而不是捍卫自己的想法或假设。假设是有根据的理论猜测，但基于有限的知识。因此，你需要对假设进行检验。证明假设错误的研究也可能是高质量的，而支持假设成立的研究也可能是低质量的。好的研究取决于好的研究方法，而不是取决于是否支持了某个具体假设。

好的研究意味着能够防范可能的错误或障碍，不让它们阻碍研究者基于数据对社会作出推论。在研究过程中的许多地方都可能会产生错误，而这些错误会对结果产生影响：研究设计、测量、数据收集、编码、计算统计值和创建表格、结果解释，都有可能产生错误。即便你在设计、测量、收集、编码、计算时都没有产生错误，另一个研究步骤也可能会产生错误。那就是解读表格、图表、统计值，并说明它们都有什么含义。赋予事实、图表、表格或统计值以意义的唯一方法，就是利用逻辑与理论。

扩展10.6 计算机统计程序

几乎每个需要计算很多统计数据的社会研究人员都是利用计算机程序进行的，他们通常使用基本的电子表格程序，如Excel。遗憾的是，电子表格程序是为会计和簿记功能而设计的。它们虽然包含数据统计的功能，但使用起来不够得当且功能常受限制。有许多为计算一般统计值而设计的计算机程序。对于刚入门的新手来说，程序产品随着计算机技术的发展，更新迭代速度之快，实在令人感到混乱。近些年来，统计软件变得好用一些了。社会科学中最受欢迎的程序包括Minitab、Microcase、SPSS（Statistical Package for the Social Science）。还有一些诸如SAS（Statistical Analysis System）、StratSoft开发的STATISTICA、Strata。许多软件最开始是为研究目的而开发的简单、低成本的程序。

在社会研究中最为广泛使用的是SPSS。它的优势在于社会研究人员对它的使用已经超过三十余年，它包含了许多处理定量数据的方法，涵盖了绝大部分统计测量值。它的劣势在于，由于选项较多，统计值较为复杂，因此学起来比较费时；并且，SPSS软件较为昂贵，除非用户可以获取较为便宜的"精简版"，否则购买软件成本较高。由于计算机技术使得人们使用统计程序变得更加容易，因此，会用但并不理解统计值或统计程序的危险就会增加。人们很容易会违反统计过程所需的基本假设，不正确地使用统计数据，并产生毫无意义但看起来非常高端、复杂的结果。

数据、表格或计算机导出的信息是无法回答研究问题的。而事实本身也并不能开口说话。作为一个研究者，你必须回到你的理论中（也即，概念、概念之间的关系、假设、理论定义），并赋予结果以意义。不要拘泥于你开始时的想法，要有发挥创造力的空间。你可以通过尝试找出结果的真正含义来产生新的想法。在设计和开展研究时一定要小心，这样你才能把结果理解为是对社会世界的反映，而不用担心它们是否是由错误导致的，或是研究过程中人为因素造成的虚假事实。

在我们结束定量研究之前，还有最后一个问题。记者、政治家和其他人，越来越多地使用统计结果来表明观点或支持论点。但这并没有给公共辩论带来更高的准确性或更多的信息。相反，它在更多的时候加剧了混乱。因此，知道统计能做什么与不能做什么便显得尤为重要。那些认为统计学可以帮你证明任何事情的陈词滥调是假的，然而，有些人确实会滥用统计数据。由于愚昧或有意识的欺骗，一些人利用统计数据来支持自己偏爱的观点或操纵他人。保护自己不被统计数据误导的最好方法，不是忽视它们或者躲避数字，而是理解研究过程和统计数据，思考你所听到的，并提出问题。

接下来我们会讨论定性研究。定性研究的逻辑和目的不同于前几章的定量实证研究方法。它较少关注数字、假设和因果关系，而更多关注词汇、规范、价值观和意义。

注 释

1. 注意，性别编码为 1=男性，2=女性，或者 0=男性，1=女性，也可任意颠倒数字。用数字代替字母（例如 M 和 F）的唯一原因是，许多计算机程序在全数字情况下使用最佳。有时将数据编码为 0 会造成混乱，因此数字 1 通常是最小值。
2. 还有一些其他的统计值可以用来测量定序数据的均值和其他特殊情况，这超出了本书的讨论范围。
3. 有关细化范式及其历史的讨论，参见 Babbie（1998：393-401）和 Rosenberg（1968）。
4. 在正式的假设检验中，研究人员对零假设进行检验。他们通常想要拒绝零假设，因为拒绝零假设可以间接地支持备择假设，而备择假设才是研究人员从理论中推导出的推测性解释。

第十一章
田野研究与焦点小组研究

11.1 介绍田野研究
　　民族志和民族学方法论
　　田野研究的逻辑

11.2 开展田野调查研究
　　第一步：准备进入田野
　　第二步：选择地点并获许进入
　　第三步：应用策略
　　第四步：在田野中维持关系
　　第五步：收集与记录资料
　　第六步：离开田野地点

11.3 田野研究访谈
　　田野访谈的问题类型
　　资料的质量

11.4 田野研究中的伦理困境

11.5 焦点小组研究

本章与后面两章将会从定量研究转向定性研究。本章将会介绍田野研究，人们也将其称为民族志或参与观察研究。这是一种定性研究方法，在这种研究中，作为研究者，你直接观察或参与到当下的、当地文化中的小规模社会场景之中。除此之外，我们还会介绍与讨论焦点小组研究。

11.1 介绍田野研究

许多学生对**田野研究**（field research，译者注：也可译为实地研究）很感兴趣。它涉及与外来群体的接触。在田野研究中，没有冷冰冰的数学或复杂的统计数据，也没有抽象的演绎假设。相反，你可以在真实情景中直接与"真实的人"面对面交流。与许多类型的社会研究不同，在田野研究中，你可以与你研究的对象进行交谈并直接观察他们。通过几个月甚至几年的观察和互动，你可以直接了解他们。你可以了解他们的生活历史、兴趣爱好、习惯、希望、恐惧、梦想。结识新朋友，发展新友谊，发现新的社会世界，这些十分有趣。但它也会耗费大量时间，让你心力交瘁，有时甚至会带来人身危险。

当研究问题涉及认知、理解或描述相互影响的人群时，田野研究就是适合的研究方法。它最适用于诸如此类的问题：在社会世界中，人们通常如何做 Y 这件事？或者，关于 X 的社会是什么样的？当其他研究方法（例如调查、实验）不适用时，例如研究街头帮派时，你可以采用田野研究方法。你研究的是在"实地"地点或场景中的人。作为田野研究入门者，你需要从一个相对较小的群体（30人或以下）开始，这个群体定期在相对固定的场景（例如街角、教堂、酒吧、美容院、棒球场等）中互动。

为了统一使用术语，我们将在田野场景中被研究的人统一叫作**成员**（members）。成员是田野场景中的局内人或本地人，他们同属一个团体、亚文化或社会场景，而这个团体、文化或社会场景，正是作为"局外人"的田野研究人员希望渗透或了解的。

田野研究人员已经探索了各种各样的社会背景、亚文化、社会生活的各个方面（参见图11.1）。[1] 我的学生已在以下地方成功地开展了短期、小规模的田野研究：美容院、日托中心、面包店、宾果游戏店、保龄球馆、教堂、咖啡店、洗衣房、警察派出所、养老院、文身店、健身房。

民族志和民族学方法论

民族志和民族学方法论是田野研究的两个特别延伸，它们建立在社会建构主义的观点之上，并重新定义了开展田野研究的方式。

民族志源于文化人类学。[2] 它最常见于人类学和社会学研究中，但也可以用于传播学、犯罪学、经济学、教育学、地理学、历史学、语言学、市场营销学、医学、护理学、社会工作研究中。ethno 指的是人类或民族，graphy 则指书写或描述。因此，**民族志**（ethnography）表示对人类的描述。民族志有助于让我们更好地理解某一群人的生活方式。民族志学者是局外人（也即，他们不属于其所研究的社区或文化，是非内部人士）。然而，民族志学者的目标是向局内人学习，获得本土观点，深入了解文化或社区。民族志不是一种单一的方法，而是一系列研究人类活动的方法和技术的集合。

民族学假定人们会不断做出推论。做出推论意味着，要从我们在某个情境中明确地看到或说出的内容，推出它隐含的、内在的意义。民族学还假定，在特定的社会背景下，人们会通过许多行为（例如，讲话或行动）来展示他们的文化（也即，人们思考、考虑或相信的事物）。行为的展示本身并没有意义，人们必须做出推论或学会"解读"含义。

民族志研究的核心在于将你所明确地听到或观察到的内容，转化为某个情境对内部人士的真实含义。民族志是困难的，因为要想从中剥离出真实含义，需要研究者对当前情境背景和更广泛的社会文化背景有着详细的了解。另一个困难之处在于，同一事件或情境对于不同的内部人士或许有着不同的含义。

例如，一名大学生受邀参加一场啤酒聚会。这名学生会做出如下推论：这是一个非正式聚会，一同参加的还有其他同龄学生，聚会中有啤酒。要想做出以上推论，这名学生需要具备一定的关于当地高校文化的知识。文化知识可以包括符号象征、歌曲、谚语、事实、行为方式、价值观、习俗和实物（例如电话和报纸等）。我们通过看电视、听父母说话、观察他人等来学习文化。

小规模场景	城市民族社区	工厂劳动者	裸体海滩
飞机上的乘客	工薪阶层社区	赌徒	神秘组织
酒吧或酒馆		医学生	妓女
遭到虐待的女性的庇护所	**儿童活动**	脱衣舞女郎	街头帮派、飞车党
摄影俱乐部	儿童游乐园	警察	无家可归人、街头流浪汉
洗衣房	少年棒球联盟	餐厅厨师	
社会运动组织	校园里的孩子	社会工作者	**医学场景或事件**
社会福利办公室	初中女生团体	出租车司机	死亡
电视台			急诊室
候车室	**职业**	**异常和犯罪行为**	重症监护室
	空乘人员	在身体或生殖器官上穿刺、烙印	怀孕与流产
社区场景	艺术家	邪教	阿尔茨海默病照料者支持团体
退休人员社区	鸡尾酒服务生	贩毒与吸毒	
小镇	捕狗人员	嬉皮士	
	上门推销员		

图 11.1　田野研究场所／主题示例

文化知识既包括外显知识（explicit knowledge，也即我们直接了解或讨论的知识），也包括内隐知识（tacit knowledge，也即我们很少承认但却知晓的知识）。例如，外显知识包括容易识别的信息，如大学生、酒精消费模式和社交事件（例如啤酒聚会）。绝大多数高校学生可以根据传闻或过去参与经验，描述出啤酒聚会上会发生什么。内隐知识则包括不言而喻的文化规范：啤酒聚会上的饮料数量和种类、参与的人群（例如，年幼的儿童和年老的祖父母辈人群不得参与）、恰当行为与不恰当行为之间的界限（例如，与性相关的闲聊或接触）。另一个关于内隐知识的例子是，与人交谈时站立的适当距离。人们通常没有意识到自己在使用这一规范。而当这一规范被违反时，他们会感到不安或不适，但很难找出不适的根源。

民族志研究者描述的是成员们在田野场景中所使用的外显知识与内隐知识。他们详细地描述对场景中成员的观察以及成员之间的互动。接着，他们对这些描述进行仔细分析。研究人员基于自己对当地文化的详细了解，对描述的不同方面进行拆解与重组，并从发散的角度进行研究。

民族学方法论（ethnomethodology）则是20世纪60年代发展起来的一种独特方法。它是研究人们日常常识知识和人际交往的一种方法。有些人认为它本身是一个独特的研究领域，但另一些人认为它是社会学的一个分支。它是田野研究的一种激进或极端的形式，融合了互动理论、现象学与哲学、社会建构主义取向和具体的方法论技术。

民族学方法论学者通过观察日常常识的产生，与在真实情景中持续的社会互动中对日常常识的使用，来对其进行研究。他们对微观场景（例如，简短对话的录音或社交行为的录像）进行专门化的、高度具体的分析。与其他领域的研究相比，他们更关注方法。他们认为关于社会世界的知识，很大程度上取决于用于特定的研究方法。

民族学方法论假定社会意义是脆弱的和流动的，而不是固定的、稳定的或稳固的。人们在持续的互动中不断创造和重新创造社会意义。民族学方法论学者使用谈话分析的研究方法。他们对每段对话的音频记录或文字记录进行研究，包括停顿和谈话的语境。其目的是揭示人们彼此之间理解或误解、传达或误传信息的显性和隐性方式。

民族学方法论学者认为，人们通过运用许多内隐的社会文化规则来"完成"对常识的理解，学者还将社会交往视为现实建构的一个持续过程。人们利用自己的文化知识和社会环境中的线索，来对变化过程中的日常事件做出解释。民族学方法论的目标是研究人们在日常生活中如何运用隐性规则来理解社会生活（例如，知道某人是否在开玩笑，决定如何回答问题），以及如何构建共同的社会现实。

通过对日常微观层面的社会交往进行深度细致的研究——以分钟计、一遍又一遍的研究——民族学方法论学者试图识别人们用来构建社会现实和常识理解的非正式规则。他们研究人们如何应用现有规则以及创建新的规则。例如，他们认为标准化的测试或调查访谈是一种揭示个人习得隐含线索并应用常识理解的能力的社会互动，而不是对于确定的事实信息的客观测量。

田野研究的逻辑

田野研究难以定义。它不仅是一系列确定的方法，更是一种开展社会研究的取向。[3]田野调查是建立在自然主义的原则之上的。**自然主义**（naturalism）也可见于对其他现象（例如，海洋、动物、植物等）的研究，涉及对真实情境中发生的普通事件的观察，而不是人为的、虚构的或研究人员创建的场景。这意味着你需要在田野中或办公室、实验室、教室之外开展研究。没有了这些场景的安全性和可预测性，田野研究就变得更加不确定和具有风险。

在田野研究中，你在真实的社会环境中审视社会意义，并试图理解多种视角。为了做到这一点，你需要切身感受成员的主观意义和社会现实，并成为他们的一部分。但你也需要成为一个旁观者。开展田野研究需要研究人员转换视角，同时从多个角度观察一个场景。这是复杂且困难的，需要研究人员拥有复杂的认知和情感能力。在田野调查中，你需要使用多种方法来获取信息，你必须足够机智、有天赋、有独创性，并能够在田野中进行快速的思考（参见扩展11.1）。

虽然大部分田野研究是由一位研究者独自开展的，但小规模的研究团队也较为有效。在大多数田野研究中，研究者直接参与到自己研究的社会之中。这使得研究者的个人特征（如外貌、特殊习惯、行为举止、情绪状况）与研究任务产生关联。直接参与到实地场景之中也会对情绪产生影响。田野调查可能是有趣和令人兴奋的，但它也可能扰乱你的个人生活，威胁你的人身安全或扰乱你的情绪状况。与其他类型的社会研究相比，它会重塑你的友谊、家庭生活、自我认同和个人价值观。

扩展11.1 田野研究人员做些什么？

一名田野研究人员会做以下事情：

1. 观察发生在真实情景中的普通事件和日常活动、任何不寻常的事件。
2. 直接与被研究者接触，亲身体验田野场景中的日常社会生活过程。
3. 获取内部人士视角的同时，保持局外人的分析视角和距离。
4. 根据情境需要，灵活采用多种方法和社会技能。
5. 提供形式广泛的信息资料，包括可以提供翔实描述的书面记录、图表、地图、图片。
6. 结合社会背景，既要整体地（看作一个整体，而不是片段）理解事件，又要单独地看待事件。

7. 理解并与田野场景中的成员产生共情，而不只是记录"冷冰冰"的客观事实。

8. 既要注意到文化的外显方面（认识到的、意识到的、说出来的），也要注意到文化的内隐方面（较少认识到的、隐含的、没有明说的）。

9. 对持续的社会过程进行观察，而不干扰、扰乱或强加外部观点。

10. 应对高强度的个人压力、不确定性、伦理困境、模棱两可。

11.2 开展田野调查研究

与前几章的定量研究方法相比，田野调查的标准化或结构化程度更低。这就要求研究人员在进入田野之前安排有序、准备充分。这也意味着开展研究的步骤不是严格预先确定的，而只是作为一个大致的指南或路线图（参见扩展11.2）。

第一步：准备进入田野

在准备开展田野研究时，你需要具有灵活性，安排有序，演练技能并建立背景知识，分散注意力，具有自我意识。

具有灵活性（be flexible）。灵活性是田野研究的关键优势。它可以让你随着研究发展，改变方向，遵循新的线索。优秀的田野调查人员能够迅速识别并抓住机遇，"见机行事"，迅速进行调整以适应变化的社会情境。在田野调查中，你无须从一系列确定的方法开始，也无须从检验假设开始。相反，你挑选并采用那些能够为你提供有价值的信息的研究方法。在一开始，你应该预料到会几乎无法控制资料，也几乎没有方向。当你适应环境之后，你可以开始聚焦问题，掌控资料。

安排有序（get organized）。人类和个人因素在任何研究中都会起到一定作用，但它们是田野研究的核心。田野研究通常始于偶然事件或个人兴趣。田野研究人员通常始于个人经验，例如做某份工作、有某个爱好、是某支运动队伍的成员或某个宗教的虔诚信仰者、遭遇了家庭变故，或是一位病人或一位活动家。你的生平和个人经历在启动田野调查研究中扮演着重要角色。

演练技能并建立背景知识（rehearse skills and build background）。开展田野研究，你需要具备的技能包括：仔细查找和聆听、优秀的短期记忆、定期写作。在进入田野之前，你需要练习观察社会情境的顺序细节，并将它们记录下来。通过不断练习，对细节和短期记忆的关注也会随之提高，变得更加娴熟。同样，每天写日记或个人随笔有助于练习田野笔记的写作。与其他所有社会研究一样，你需要阅读学术文献来了解概念、潜在的误区、资料收集方法、解决冲突的方法。此外，你可能会发现，阅读相关的日记、小说、新闻报道和自传有助于你熟悉环境，并在情绪上做好应对田野情境的准备。

扩展 11.2 开展田野研究的步骤

1. 准备进入田野：具有灵活性，安排有序，演练技能并建立背景知识，分散注意力，具有自我意识。
2. 选择地点并获许进入：选择一个地点，与守门人打交道，进入与获取权限，承担一个社会角色，决定参与水平，建立融洽的关系。
3. 应用策略：协商，使研究正常化，决定公开程度，抽样并聚焦，采取陌生的态度，应对压力。
4. 在田野中维持关系：调整与适应，利用个人魅力并培养信任，施以小恩小惠，避免冲突，表现出兴趣，做一个可接受的无能之人。
5. 收集与记录资料：吸收与体验，观察与聆听，记录资料。
6. 离开田野地点。

分散注意力（defocus attention）。田野研究始于一个大致的话题或兴趣，而不是具体的假设。不要拘泥于最初的错误想法；相反，你需要保持开放的心态，找寻新想法、新概念。找到田野场景中"正确的问题"通常需要时间。当你第一次进入田野时，试着消除对它的先入之见，并分散注意力。分散注意力是集中注意力的反义词。要想集中注意力，你需要限制你所观察到的东西，限制注意力，并把你的意识范围缩小至一个特定的议题或问题以及与之直接相关的事情。而分散注意力，你需要放开对观察事物的限制，解除对注意力的限制，放松意识的界限。你要走出你习惯的、舒适的社会生活圈子，在田野中尽可能多地体验，但是不违背作为一名研究人员的首要献身使命。

具有自我意识（become self-aware）。田野研究的另一项准备工作是自我认知。你需要了解自己，反思个人经历。这样的"内在探索"或自我审视并非易事，却对田野研究十分有益。在田野研究中，会有焦虑、自我怀疑、沮丧和不确定性。尤其是在刚开始时，你会感觉自己收集了错误的资料，饱受情形波动、孤立无援、困惑无助之苦。你可能会产生双重边缘感，你既是田野场景的局外人，又远离了朋友、家人和其他研究者。[4]

田野研究需要大量时间。一项研究可能需要成百上千个小时的直接观察，并且需要长年累月地日常访问田野场景并与之互动。研究人员的情绪性格、个人经历和文化经历与田野研究高度相关。这表明，你需要意识到你的个人价值观、信念与内心冲突（参见示例11.1）。你要知道"你是谁"。田野工作会对你的自我身份认同与观点产生巨大的影响。田野经历改变了许多研究人员。他们接受了新的价值观、兴趣和道德信念，或者改变了他们的宗教或政治意识形态。[5]

示例11.1 一个乡村和西部酒吧中的田野调查

埃利亚索（Eliasoph，1998）对加利福尼亚州一个社区中的几个群体进行了田野研究，以了解美国人如何避免政治表达。其中一个群体是社交俱乐部。埃利亚索将她自己描述为一名"城市中的、活跃于美国东西两岸的、戴眼镜的犹太人，有着共产主义者、无神论者、自由主义者、读书人、理论家和辩论家等一大串名号的博士生"（第270页）。社交俱乐部的世界对她来说很陌生。这个名叫"水牛"（Buffalos）的社交俱乐部处于一个以乡村和西方音乐为中心的酒吧之中，这个酒吧叫作"银城俱乐部"（Silverado club）。她这样描述：

> 银城俱乐部建在一个巨大的、车辙斑驳的停车场上，这里曾经是湿地，现在是一个货车停车场，距离苦镇（Amargo）的核战舰驻地只有1.5英里。一道道咸水香蒲生长在宽阔平坦的商场和加油站间。巨大的四驱汽车挤满了停车场，使我的小本田车看起来像一个玩具……在无窗的银城俱乐部里，一进门时那使人目眩的黑暗，很快让位于舞台后钉着的巨大邦联旗、标准的霓虹灯啤酒标志和啤酒镜子，男人们戴着牛仔帽、身着牛仔衬衫和牛仔裤，女人们有着一头卷发、身着层叠蕾丝或牛仔、腰带上绣着名字。（1998：92）

埃利亚索自我介绍为一名学生。在她两年的研究中，她忍受了满是烟雾的房间和昂贵的啤酒、瓶装水；她参加了一场婚礼和许多舞蹈课程；她参与了无数次的谈话，听到了许多侮辱性的性别歧视和种族主义的笑话。她聆听俱乐部中人们的谈话，询问问题，进行观察，并在卫生间中做笔记。当她与俱乐部成员共处若干小时之后回到家中，面对的是一群对她所研究的世界知之甚少的大学生。对他们来说，诙谐的谈话十分重要，并且要避免无聊。而俱乐部成员使用的非语言交流比语言交流更多，即便感到无聊，或者坐着什么都不做，也都是可以接受的。这项研究迫使埃利亚索重新审视自己曾经认为理所当然的观点和品位。

第二步：选择地点并获许进入

开展田野研究无须遵循固定的步骤；尽管如此，在研究早期阶段会出现一些常见的问题。这包括：选择一个地点并获得进入该地点的权限，进入田野，熟悉门道，并与田野成员建立融洽的关系。

大部分田野研究都考察了一个特定的场景。在研究的早期阶段，你需要选取一个地点，与守门人打交道，进入并获取权限，承担一个社会角色，决定参与水平，并与成员建立融洽的关系。

选择一个地点（select a site）。你会听到田野研究是在一个场景或"田野地点"中进行的，但这是一个具有误导性的术语。田野地点指的是事件或活动发生的环境。它是一个社会意义上的领域，有着灵活的、可移动的无形边界。你希望研究的个案、活动或群组可能跨越多个有形的地点。例如，一支高校足球队可以在操场上、在更衣室、在宿舍、在训练营或在当地的聚会场所进行互动。这个球队的田野地点则包含了全部五个地点。选择田野地点是非常重要的决定，在选择过程中，你需要记笔记。

你的研究问题应该在选择地点时提供帮助。在选择田野研究地点时牢记三个因素：资料的丰富性、对地点的陌生程度、合适程度。[6]有些地点能够提供更加丰富的资料。随着时间的推移，呈现社会关系、各种活动和各种事件的地点，会提供更丰富、更有趣的资料。对于刚入门的研究人员来说，研究一个陌生的场景会更加容易。尽管你可能想要待在熟悉、舒适的地方，但在新的"地点"，你能够更容易从研究人员的视角看到文化事件和社会关系。田野研究新手很容易会被一个全新的社会场景吓到。当找到了可能的田野地点之后，你还需要考虑一些现实问题，例如你的时间和技能、田野地点中的人们之间的严重冲突、你的个人特质和感受、进入地点各个部分的权限。

你的先赋特征（年龄、种族、性别、身高）会限制你进入某些地点。例如，一名非裔美国研究人员不能指望研究三K党或新纳粹，尽管一些研究人员成功地跨越了先赋界限。此外，"局内人"（了解当地或有着某种先赋特征的人）和"局外人"组成的研究小组，可以一起合作进行研究。[7]

获得进入实际地点的权限可能会是一个问题。田野地点可以视为位于一个连续体上。它的一端是公开的公共区域（例如公共餐厅和机场候机厅等），另一端则是封闭的私密场景（例如企业内部办公室、私人俱乐部、私人家中的活动等）。你可能在某个场景中不被欢迎，或者在获取进入权限时面临着法律或政治障碍。机构（例如公立学校、医院、监狱）的规章或规则也会限制进入地点的权限。

与守门人打交道（deal with gatekeepers）。大多数田野地点有守门人。他们是拥有正式或非正式的权力，来决定谁能够进入某个地点。[8]守门人可能是街角的暴徒、医院的管理人员或企业的所有者。非正式的公共区域（例如人行道、公共候车室等）很少有守门人，但正式的组织有权威机构，你必须从它们那里得到明确的许可。守门人是这个田野地点中的成员所服从的人，无论他是否有着正式的头衔。你可能需要花费一些时间才能发现谁是守门人（参见示例11.2）。你可以与守门人进行协商并就访问进行磋商。

无论是在伦理上还是在政治上，拜访守门人都是一种精明的做法。守门人可能不理解概念距离或伦理平衡的需要。你需要设置不可协商的底线，以保护科研诚信。如果守门人起初施加了很多限制，那么你通常可以过段时间重新协商。随着信任的增加，守门人可能会忘记他们最初的要求。许多守门人并不关心研究发现,除非这些研究发现可能会为批评他们的人提供证据。

示例11.2 守门人与进入权限

  文卡特斯(Venkatesh,2008)在研究芝加哥公租房计划区中的贩毒帮派"黑暗之王"时,在获取进入权限的问题上遇到了困难。他详细描述了自己获取进入权限的细节,并且幸运地偶遇了这位富有同情心的帮派领导人J.T.,他既是帮派活动的重要守门人,也是公租房计划区的守门人。作为一名来自加利福尼亚郊区、出生于中产阶级、有着南亚血统的研究生,文卡特斯带着一堆调查问卷天真地进入了这个地区。他并没有为破旧的高层住宅区中的极端贫困、危险和日常生活的现实做好准备。在他进入一幢大楼后不久,一群凶狠的年轻人在黑暗、肮脏、有尿味的楼梯井里和他搭讪。他们误以为他是墨西哥裔美国人(也是敌对帮派拉丁王者的成员),似乎准备伤害他,直到J.T.到来。文卡特斯(2008:17-19)这样写道:

  J.T.看了这位年轻人一眼,然后转向我。"你不是芝加哥人",他说,"你真的不该在这个项目中乱走。这样会受到伤害的。"J.T.开始向我问问题……整个晚上,我都坐在冰冷的台阶上,努力避开那些突出来的金属碎片。我也想睡觉,但是我的神经太紧张了。

  第二天中午,文卡特斯提着六罐啤酒回来了。

  "来点儿啤酒?"我说,并扔给他一罐。"你说如果想知道他们的生活是什么样的,我应该和他们一起出去玩。"J.T.没有作答。有些人难以置信地大笑了出来。"我告诉过你,他疯了!"其中一个人说,"这个黑鬼想要和我们一起出去玩!我仍然认为他是拉丁王者的成员。"终于,J.T.开口说:"好吧,这位兄弟想出去玩。"他淡定地说道,"就让他出去玩。"(第23页)

  在获许进入地点的过程中,文卡特斯犯了很多错误,他遇到了严重的人身危险,他克服了不确定性和恐惧;但同时,他有着非常好的运气,尤其是在守门人身上。

  每当你进入田野地点的新层次或新区域时,你都需要再次与守门人打交道。此外,守门人可以影响研究的方向。在有些地点,守门人的批准会变成一种"污名",阻碍成员的合作。例如,如果囚犯知道监狱长批准研究人员进入,他们可能不会合作。

  进入与获取权限(enter and gain access)。进入与田野地点并获取权限需要一定的常识判断和社交技能。大部分田野地点有着不同的层次或区域,进入每个层次或区域可能都会遇到麻烦。获取权限进入更像是剥去一层洋葱皮,而不是打开一扇门。另外,协商和承诺进入可能不会一直保持稳定。你应该有后备计划,否则日后可能不得不重新谈判。由于你的具体研究焦点可能在研究过程的后期才会出现，或者可能会发生变化，因此，尽量不要被守门人严格死板的细节所束缚。

承担一个社会角色（assume a social role）。在日常生活中，你扮演着许多社会角色——女儿或儿子、学生、顾客、体育运动粉丝——并且维持着与他人的社会关系。其中一些角色是由你自己选择的，另一些则是被给予的。我们几乎无法选择而只能接受作为儿子或女儿的角色。有些角色是正式的（例如银行柜员、警察局长等），另一些则是非正式的（调情的人、退休顾问、好朋友等）。每一天你都会转变角色，扮演多种角色，并且以一种特定的方式承担某种角色。

你会承担两种角色：社会角色（例如顾客、病人、雇员）和研究人员角色（下一章将会讨论）。在田野地点与成员互动时，你可能需要就成员分配给你的既有社会角色进行协商。他人分配给你的角色以及你的表现，会影响你在田野中建立信任与合作的机会和成功概率。有些角色能给你提供更高的权限。有着更好的角色，你就可以观察所有成员并与所有成员互动，可以随意走动，并且可以平衡研究人员与成员的需求。有时，你可以为自己增加新的角色，或者对已有角色进行修改。

你的先赋特征与外貌可能会限制你所能够承担的角色。你可以改变外貌的某些方面，例如穿着与发型，但却无法改变你的先赋特征，例如年龄、种族、性别、吸引力。然而，这些因素可能会影响你获许进入的能力，或是限制你所能扮演的角色。例如，格尼（Gurney，1985）在报告中写道，在男性主导的环境中，女性需要额外的谈判和"争论"。尽管如此，她的性别身份提供了深刻见解，创造了一些在男性研究者身上不存在的情况。

几乎任何角色身份都会限制你进入田野地点中某些部分。例如，酒馆的调酒师的角色限制了对顾客亲密行为的了解，也限制了他们参与其他地方的顾客聚会。在选择角色（或分配角色）时要小心，但也要明白，所有角色都涉及妥协折中。

大多数的社会场景都存在派系、非正式的团体、等级制度和竞争。角色可以帮助你被小圈子接纳或排斥。凭借角色，别人可能会将你视为权威人士或下属。你需要意识到，通过扮演一个角色，可能会产生帮助或限制研究的盟友和敌人。

一些场景有着危险和高风险的特征（例如警察工作、暴力犯罪帮派）。你需要意识到风险，以便更安全地评估风险，然后决定你愿意做些什么。一些观察者认为，田野研究人员也必须分担环境的风险和危险，这样才能更好地了解环境及其成员。除了身体上的伤害，你还可能会由于田野中的某些行为而面临法律或财务风险。在一些环境中进行研究（例如严重的精神疾病、创伤中心、战区）可能会造成情绪上的不适，降低内心幸福感。

决定参与水平（adopt a level of involvement）。研究人员的角色可视为在一个连续体上，并且根据在田野中与成员互动的程度而有所不同。它的一端是超然的外部观察者，而另一端则是亲密相关的内部参与者。你的参与水平会根据与成员的协商、田野环境的具体特性、你的个人舒适水平、你在田野地点中的社会角色而有所不同。随着时间变化，你可能会从局外人变为局内人。每个参与水平都有其优势和劣势。

若你的角色是处于连续体一端的局外人，那么你就可以减少接纳认同的时间，减少过于融洽的问题，通过超然的位置来使得一些成员敞开心扉，并且可以将自我认同与田野隔离开来。一些田野研究人员抵制外部观察者的角色，他们认为只有在田野环境中参与成员活动，才能获得对成员的理解。

而当角色是处于连续体另一端的局内人时，促进共情，有助于成员分享生活经历。这些角色将帮助你充分体验内部成员私密的社会世界。然而，与成员之间距离过近或过度参与，都会带来风险。读者可能会对你的研究发现产生质疑，收集资料会变得更加困难，成员对自我的影响可能是巨大的；并且，你可能会缺乏进行严格数据资料分析所需的社会距离。

建立融洽的关系（build rapport）。一进入田野，你就应该尽快与成员建立融洽的关系。在某种层面上，它意味着与成员相处，这需要时间、韧性以及开放的心态。为此，你需要建立友好的关系，使用同一种语言，学会与成员一同欢笑与流泪。它有助于理解成员，并超越理解，达到共情——也就是说，从他人的角度看待事件。

建立融洽的关系并非易事。社会并不是总处于和谐之中，人们也并非总是热情友好、信任他人。田野地点可能有恐惧、紧张、冲突。成员可能是不令人愉快的、不值得信赖的或不诚实的；他们可能会做出让你感到恼怒或厌恶的事情。你应该为这一系列的事件和关系做好准备。但你可能会发现，渗透进某个场景或者与成员十分亲近是不可能的。需要其他方法才能进入那些缺乏合作、共情、协同的场景。并且，你要从表面上接受你所听到或看到的东西，但不要轻信。[9]

第三步：应用策略

当你进入田野地点后，你需要尽快应用以下策略：协商、使研究正常化、决定公开程度、抽样并聚焦、采用陌生的态度，以及应对压力。

协商（negotiate）。在田野工作过程中，你需要协商并形成新的社会关系。[10] 你需要与成员协商，直到建立一段稳定的关系。这是你获得访问权、建立信任、获得信息、容忍抵抗或敌意的过程的一部分。在田野中，你可能会反复协商并解释你的工作。那些边缘化的人、参与非法或违禁活动的人、精英人群，往往需要更加认真的开放准入谈判。例如，为了获得异常亚文化的访问权，田野研究人员利用过私人关系，拜访社会福利或执法部门，发布广告寻找志愿者，提供服务（例如咨询）以换取访问权，或者去异常人群出没的地点并加入他们。

使研究正常化（normalize research）。作为田野研究人员，不仅仅是你在观察田野中的成员，成员也在观察着你。田野研究并不是研究人员独自一人的活动，田野场景中的每个人都共同创造了研究结果。在公开的田野研究中，许多成员一开始会对有研究者在场感到不舒服。他们中很少有人了解田野研究，甚至可能无法区分社会学家、心理学家、咨询师和社会工作者。他们会将你视为外部批评家、危险间谍、救世主或无所不知的专家。

对你来说，使得社会研究正常化十分重要——也即，帮助成员重新定义社会研究，将他们心中的社会研究从未知、具有威胁性的事物，转化为正常、可接受的事物。为此，你可能需要展示你的简历，对田野研究稍做解释，表现得不具威胁性，或者包容场景中不严重的异常行为（例如，较轻程度的违背官方规则行为）。你可以用成员能够听懂的术语解释研究。有时，成员会因被写入书中而感到兴奋，这也是非常有用的策略。

决定公开程度（decide on disclosure）。在所有社会研究中，你都需要决定向参与者透露多少关于你自己与研究的信息。在田野研究中，披露你的个人生活、爱好、兴趣、背景，有助于建立信任和亲密关系。在这个过程中，你可能会失去隐私，并只能将关注重点放到田野中的事件上。公开程度可视作一个连续体。它的一端是隐蔽研究，成员并不知晓正在进行研究。另一端的情况则是，每个人都知道研究的所有具体细节。公开的程度和时机取决于你的判断和场景中的具体情况。当一段时间后，你感到更加舒服、安全时，就可以公开信息。

除非有充分的理由不这样做，否则你应该向守门人和其他人公开你的研究。你可以透露自己是一名研究员，但你可以摆出一副顺从、无害的模样，对不具威胁性的问题表现出兴趣。

人们会明确或含蓄地向他人呈现自己。我们通过我们的外表、言语以及行为，呈现着我们是什么样的人，或是想成为什么样的人。自我呈现传递的是象征信息。它可能是："我是一名严肃、努力的学生""我是一个温暖、富有爱心的人""我是一名超酷的运动健将"，或者"我是个叛逆的派对狂"。一个人可能有许多自我，会根据情境不同而呈现出不同的自我。

在田野研究中，你需要高度关注自我呈现。例如，你在田野中应该如何穿着？最好的指导就是，既尊重你自己，也尊重田野中的成员。要展示出一种极具欺骗性的外表，或以一种与平常截然不同的方式展现自己，都是很困难的。不要穿得太过分，以免冒犯他人或引人注目；但也不一定需要模仿研究对象的穿着。研究街头流浪汉的教授不必穿得像街头流浪汉，非正式的着装和行为就足够了。同样，在对企业高管或高级官员进行研究时，通常需要更正式的着装和更专业的举止。

抽样并聚焦（focus and sample）。当你进入田野后，你会得到一个大致的画面，然后你才可以逐渐聚焦到一些具体的问题上（参见图11.2）。只有在亲自体验田野之后才可以决定具体的研究问题。起初，所有事物看起来都是相关的；之后，你再选择性地将注意点聚焦到具体的问题和主题上。

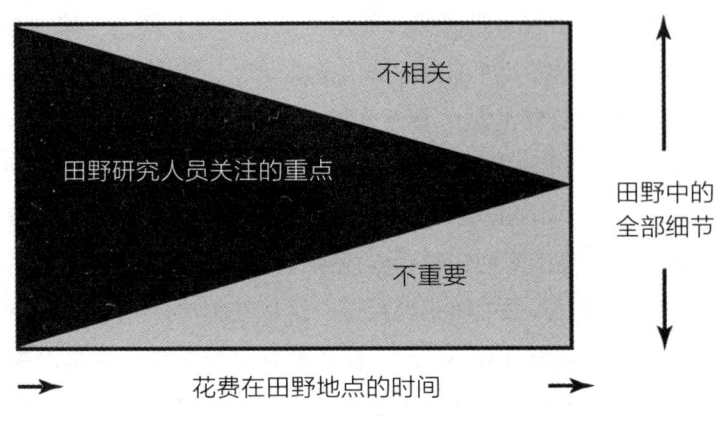

图11.2 在田野研究中聚焦

田野研究的抽样与调查研究中的抽样不同，尽管两者偶尔都会使用滚雪球抽样方法（在第六章中讨论过）。你可能还需要对时间、情境、事件类型、位置、人的类型或感兴趣的环境进行抽样。对时间进行抽样，即在一周中的不同日子、不同时间对一个环境进行观察。在抽样时，最好有所重叠（例如，被抽样时间段为早上7点到早上9点、早上8点到早上10点、早上9点到早上11点，等等）。在对位置进行抽样时，即通过坐在或站在不同的位置，来选取能够更好地理解整个田野地点的位置。例如，学校教师之间的对等行为通常发生在教师休息室，但也发生在当地的酒吧或咖啡馆，或在一个临时用于教师会议的教室里。在对人进行抽样时，你要把注意力放到不同类别的人身上，或者与不同类别的人进行互动（老前辈和新人、老人和年轻人、男性和女性、领导者和追随者）。当你确定了田野地点中人的类型之后，你需要与不同类型的人交流互动，并了解他们。

你还可以对事件或活动进行抽样。例如，你可能想对三种类型的事件进行抽样：日常活动、特殊事件、意料之外的事件。日常事件（例如商店开门）每天都会发生。你不能因为它们是日常事件而认为它们不重要并忽视它们。特殊事件（例如公司年度聚会）是已宣布并计划好的。它们集中了成员的注意力，揭示了社会生活中的某些平时看不见的方面。意料之外的事件是，当你在场时偶然发生的事件（例如，由于经理生病无法监管员工，因此在某一天中，该商店员工无人监管）。尽量关注所有类型的事件，并思考它们的意义。

采取陌生的态度（assume the attitude of strangeness）。你很难辨认离你很近的事物。你所栖息的日常世界包含了成千上万的细节。如果每时每刻都关注所有事情，那么你会饱受严重的信息过量之苦。你需要自然而然做到的就是忽略你周围的大部分事物，投入习惯性的思考中，注意那些与众不同的或新的东西。遗憾的是，这意味着你不再看见你所熟悉的事物，而是把你自己的生活方式当作自然的或正常的。这种对熟悉事物的"视而不见"，会使得在熟悉场景中进行田野研究格外困难。

通过研究不同的文化与亚文化，对于什么是重要的事物以及如何完成任务，你会遇到完全不同的假设和观点。文化碰撞或小型文化冲击可以成为强大的分析工具。借此，你可以更轻易地意识到一些难以见到的假设或文化元素。

陌生的态度（attitude of strangeness），是文化碰撞的一种说法，研究人员利用它来获得上述优势。这种态度帮助你注意到普通细节，并用陌生人的眼睛来看待事物。它还可以帮助你克服观察普通细节的无聊感。此外，它还能够揭示田野环境中连成员都尚未意识到的方面。

陌生态度如何揭示你认为理所当然的习俗中的假设，可以参见这个简单的例子：当别人赠予你礼物时，你会如何回应？你会说"谢谢"并赞扬这个礼物吗？你会说礼物是没有必要的吗？这并不是"自然的事情"，而是一种文化习俗。陌生的态度可以让这些隐性的文化变得可见——例如，赠予你礼物之人希望听到"谢谢你"和"礼物很棒"，否则可能会感到不舒服甚至会生气。试想一下，当你收到礼物却什么都不说，或者评论"就这些吗"，对方会有什么反应？

在田野研究中，你既需要采取陌生的态度，也需要采取局内人的观点。陌生人将行为或事件视为独特的或特殊的社会过程，而局内人则将相同的事件或行为认为是无争议的、自然的。你需要同时拥有两种视角以及在这两种视角中来回切换的能力。陌生的态度还可以鼓励你重新思考你自己身处的社会世界。沉浸在不同的环境中可以打破陈旧的思维与行为习惯。当你遇到不熟悉的事物时，无论是不同的文化，还是通过陌生人的眼睛看到的熟悉的文化，你可能会发现反思和内省变得更加容易和强烈。

应对压力（cope with stress）。田野工作可能非常有益、令人兴奋、充实有意义，但它也可能是非常困难的。刚入门的田野研究人员经常会面临尴尬局面，经历让人不适的事件，并因田野中快速流动的细节而感到压力巨大。例如，在受人尊敬的田野研究人员罗莎莉（Rosalie Wax, 1971）关于美国在"二战"期间为日裔美国人重新安置营地的研究中，她写道，她忍受着华氏120度的高温、肮脏破旧的生活条件、痢疾和蚊子的折磨。她觉得自己孤立无援，常常哭泣，由于强迫性进食，她的体重增加了30磅。在田野研究开展几个月后，她认为自己是个彻底的失败者；成员不信任她，她还与营地管理者发生了冲突。

在任何社会环境中保持边缘地位都是有压力的。在田野研究中，你经常是无法完全参与其中的局外人，尤其是当你研究的环境充满了强烈的情感时（例如政治运动、宗教皈依等）。田野工作的孤独和孤立，可能会与建立融洽关系、培养同理心的愿望相结合。这可能会导致过度参与。你可能会本土化（go native），放弃专业研究人员的角色，完全成为一名成员；或者，你可能会因为在成员放松警惕时了解他们的私密细节而感到内疚，因此产生过度认同感。

在所有田野研究中，某种程度的情绪压力都是不可避免的。你要做的不是压制情绪反应，而是对你的情绪反应保持敏感。在田野中有助于处理情绪的方法有：写个人日记、情绪随笔或其他能够记录内心感受的书面记录，或者向田野之外能够与你产生共情的人倾诉。

第四步：在田野中维持关系

有许多在田野地点中维持关系的策略，包括调整与适应，利用个人魅力并培养信任，施予小恩小惠，避免冲突，表现出兴趣，成为一个可接受的无能之人。

调整与适应（adjust and adapt）。随着时间的推移，你可以在田野地点中发展和调整社会关系。那些起初看起来冷酷的成员，之后可能会变得热情。或者，起初表现出友好的成员，之后可能会表现出恐惧和怀疑。你的处境很微妙。在研究早期，当你还没有完全认识到田野的所有情况时，你应该避免急于建立亲密的关系。这是因为你尚未充分了解田野地点和成员，而情况可能会发生变化。但另一方面，如果你在早期建立了亲密关系，那么你可能会在田野中发展出重要的盟友，他们可以在你出现时保护你，并帮助你获取进入权限。

作为田野研究人员，你需要持续留心你的行为或外表对成员产生的影响。例如，一名在外貌上极具魅力的研究人员在与异性成员互动时，可能会遇到迷恋、调情或嫉妒。他需要在田野关系中培养这种意识，并学会管理它们。

除了发展社会关系之外，你还必须能够突然停止社会关系。你可能需要断绝与一个成员的联系，以建立与他人的联系或探索田野的其他方面。在任何一种友好关系结束时，社交冷淡带来的情感痛苦会对你以及你在田野研究中结交的成员产生影响，因此你必须学会平衡社交敏感度和你的研究目标。

利用个人魅力并培养信任（use charm and nurture trust）。在田野地点中与成员建立融洽的关系需要社会技能和个人魅力。信任、友好的感觉以及被别人喜爱的能力，可以促进沟通交流，而沟通交流可以帮助你更好地理解他人的内在感受。没有什么神奇的方法可以帮助你做到这些。对他人表达真实的关系和兴趣、诚实，分享你的感受，这些就是有效的。然而，这些也并非万无一失。它取决于具体的场景和成员。你的举止应该始终无威胁性。尽可能地热情友好，这可以带来很多机遇。

有许多因素会影响信任和融洽关系——你呈现自我的方式、你在田野中的角色、其他能够促进或限制你培养信任的事件。得到信任并非一日之功，这是一个持续的过程。随着时间推移，你通过许多社交细节来建立信任（例如，分享个人经历、讲故事、手势、暗示、面部表情）。社会信任可以不断被重新创造，并且需要定期的"关怀与感受"。失去信任要比你一开始建立信任容易得多。

建立信任十分重要，但它并不能够确保成员会向你透露所有信息。它可能仅限于特定领域。例如，你可能在财务状况方面与某人建立了信任，但却没有在亲密的浪漫行为方面建立信任，反之亦然。你可能需要在每个调查领域重新建立信任。

你可能希望与田野地点中的所有人建立信任和融洽的关系，但是却发现有些成员无法打开内心或与你合作。有些成员可能会表现出不合作的态度、敌意或明显不愿意参与。不要期望得到每个人的合作。有时，你所能期望的最好结果就是一段不冷不热的关系，这种关系只有在长时间的坚持之后才会发展起来。

融洽的关系可以帮助你理解成员，而理解是更加深入与进行分析的前提条件。当你利用一个新的社会含义体系来克服最初的慌乱时，这种融洽的关系就会缓慢地得以发展。当理解了成员的观点，你的下一步就是了解如何从成员的角度思考与行动。这就是共情，也就是站在别人的角度。共情并不一定意味着同情、同意或赞许；它意味着能够像他人一样看待和感受事物。融洽的关系有助于建立理解和亲密的共情，同情反过来能够促进更加融洽的关系。

施以小恩小惠（perform small favors）。在田野中会产生交换关系，在这种情况下，人们会交换小的信物或恩惠，包括敬意和尊重。你可以通过在一些小事上提供帮助，主动伸出"援手"、跑个腿或"做一些好事"而不期待任何回报，来获得别人的认可。你可以通过帮些小忙，但不要索取回报来增加成员的负担。邓奈尔（Duneier, 1999）在他关于非正式街边摊贩的研究中，采用了帮个小忙的方式。当摊贩有事需要短暂外出时，例如去洗手间，他会帮忙看摊子。

当你与成员们分享更多的经验、并且反复见面时，成员会回想起你的帮助；作为报答，成员会允许你更多地接触他们。他们可能会觉得"欠"你的，因此会表现出善意。

避免冲突（avoid conflicts）。在田野中可能会爆发争吵、冲突或意见不合，或者你所研究的群体站在相反的立场上。在这种情况下，选择立场会让你倍感压力。你可能会被某一方"测试"，以了解你是否值得信任。在这种场合，如有可能，你要尽量保持中立，在两个对立面的中间小心翼翼地行走。一旦你与一方结盟，你与另一方的联系就会被切断。此外，选择与一方结盟后，你就只能从一方视角看待问题了。

表现出兴趣（appear interested）。在田野中，你应该保持着一副很感兴趣的样子。这意味着，即便你真的不感兴趣，但你通过陈述和行为，在表面上对田野活动表现兴趣并参与其中（例如，面部表情、喝咖啡、组织聚会等）。当成员发现你表现出厌倦或分心，田野关系可能会被削弱。当你对田野地点中的活动表现出不感兴趣时，你是在传达一个信息，也即，成员们都是无趣无聊之人，你不想待在这里。这样你就无法建立信任、亲密关系、牢固的社会联系。暂时的参与是一种用于日常生活的常见小骗术，它是礼貌的社会规范的一部分。

当然，选择性忽视（例如不要盯着人看，或者装作没有注意到）也是礼貌的一部分。如果有人犯了社交错误（例如偶然使用了错误的词语、放屁等），礼貌的做法也是忽略它。选择性忽视也适用于田野研究。如果你很警觉，你就可能会不经意地偷听到别人的谈话，或者观察一些不应该被公众知道或看到的事件。

做一个可接受的无能之人（be the acceptable incompetent）。作为研究人员，到田野中是为了学习，而不是为了当一名专家。根据环境，有时你需要当一名友好但有些幼稚的局外人，即一名可接受的无能之人。在田野场景中，你需要将自我呈现为一个想要了解田野中的社会生活，但只在某一方面有所胜任（有技能或有知识）的人。这是一种策略，有助于使成员接纳你，认为你是不具威胁性的。他们会将你视为一个需要接受指导或指教的人。

起初，你可能会对具体的田野地点或当地文化所知甚少，成员们可能会觉得你有点傻，容易上当受骗。由于你对场景并不熟悉，因此可能会成为笑柄。不要让自尊心阻挡了你的研究；相反，应当借助这种社会认知来帮助你加强对田野地点和成员的了解。即便当你对田野地点有着丰富的知识了，也可以不将它们都显示出来。这有助于你学习成员的知识。在田野地点中，成员才是专家，你应该尊重他们的专业知识。如果你对他们所谈论的事物更加了解，也要保持静默。记住，你来到田野里，主要是为了聆听与了解成员，而不是指导、纠正或告诫他们。当然，也不要表现得太过无知，否则他们会不把你当回事。

第五步：收集与记录资料

这一部分主要了解如何收集高质量的田野资料。田野资料是你经历、记住，并记录在田野笔记中的事物。

吸收与体验（absorb and experience）。作为研究人员，你本身就是田野资料的测量工具。正如洛夫兰德等人（Lofland et al., 2006：3）的观察："在将自己置于他人的生活中，并与他人一起生活和感受生活时，研究人员便成了研究开展的主要工具或媒介。"这句话有两层含义。首先，它施压于你，要求你对田野中发生的事情保持警觉与敏感。你必须严格遵守记录资料的规则。其次，它会对个人造成影响。在田野中进行研究，涉及你的社会关系与个人感受。你的主观见解与感受是"体验性资料"。田野研究资料并非只是存在于人之所言或所为中。研究人员在田野地点中的个人主观体验也属于研究资料。这些体验本身很有价值，有助于解读事件。

在其他研究中，需要做到完全中立、客观，并消除所有的个人反应，才能得到好的数据资料；而在田野调查中，你的感受也是资料的一部分。田野研究会强化人们对个人感受的知觉。例如，在去往裸体主义者社区进行研究之前，你或许并不知道自己对裸体主义的个人感受；或者，你从未考虑过你对个人所有物的感受，直到你去往一个田野地点进行研究，那里的人经常向你"借"东西。你的惊讶、愤怒或质疑，都可能会提供反思与见解。

观察与聆听（watch and listen）。你在田野中做的大多数事情是密切关注、观察、认真聆听。你要利用全部感官,对你所见、所闻、所嗅、所品、所触多加留意。尽量吸收所有来源的信息,仔细查看实际环境,以便充分捕捉田野地点的氛围。在观察时询问自己:地板、墙面、天花板是什么颜色?房间有多大?门窗在哪儿?家具是如何布置的,状况如何(例如,崭新的还是陈旧的,脏乱的还是整洁的)?有什么样的灯光照明?是否有标志、图画或植物?有什么声音或气味?

为什么需要费心留意这些细枝末节呢?想一想,你可能已经注意到了,商店和饭店通常使用灯光、颜色、背景音乐来营造一种特定的氛围。或许你知道,二手车销售人员会在汽车内部喷洒香水,使其闻起来更像新车。或许你还注意到了,商场里的面包店会故意散发出新鲜饼干的味道。许多房地产经纪人会建议客户使用刚粉刷的油漆和清洗过的地毯,以便出售房屋。许多微妙的、无意识的信号结合起来就会影响人类的情绪和行为。如果你未能注意并记录田野地点的这些细节,那么就无法抓住对田野地点中所发生的事件产生影响的所有因素。

在田野中进行观察可能是单调乏味的工作。你需要耐心,以及关注日常生活细节的能力。堆积如山的日常琐事有助于理解一个场景。大多数人往往忽略了源源不断的细节,但要成为一名优秀的田野研究人员,你应该留意它们并从中学习。

除了注意实际环境之外,还要观察人们及他们的行为,注意每个人可观察的外在特征:年龄、性别、种族、身材。这是因为人们之间的互动,通常会因对方的年龄是18岁、40岁还是70岁,是男性还是女性,是白人还是有色人种,是矮小瘦弱还是高大魁梧,而有所不同。当你注意这些特征时,也要将自己考虑在内。例如,陌生的态度可以提高对一个群体种族构成的敏感度。如果一个人仅仅因为自己是白人,而忽略了多种族社会中存在的一个纯白人群体的种族构成,那么他就会遗漏该公共场景中潜在的重要方面。

你在田野中留意到的所有事情并非都很重要,但是你需要记录所有细节,因为它们可能会揭示出重要的事情。你可能直到后来才知道什么是重要的,但将所有内容都记录下来,总比忽略潜在的重要细节要好。例如,"这位身材高挑、肌肉发达的19岁男性男子穿着破旧的T恤和脏兮兮的牛仔裤,冲进了灯火通明的房间。与此同时,这位60多岁、皮肤白皙、穿着职业装的矮个子黑人女性却悠闲地坐在一把破旧的椅子上",所透露的信息远多于,"一个人进来,另一个人坐着"。

你需要记录一个人外貌的方方面面,例如整洁程度、穿着、发型。因为这些细节传达着一些信息,而它们可能会影响社会交往。人们花费大量的时间和金钱挑衣服、做头发、化妆、刮胡子、熨烫衣服、喷除臭剂或香水。这是他们自我呈现的一部分。即便是那些不化妆、不刮胡子或不使用除臭剂的人,也会通过他们的外貌来呈现自我,传达信息。没有人是穿得或看起来"正常",如果你在笔记中这样写,那么就说明你对社交信号不够敏感。

除了外表,行为也很重要。你需要注意人们坐在哪儿或站在哪儿、他们行走的速度以及那些非语言交流。人们通过非语言交流来表达社会信息、情感和态度。非语言交流包括手势、面部表情、站姿或坐姿（僵硬地站着，无精打采地坐着，等等）。人们通过在群体中的位置和眼神交流来展现人际关系。你可以通过观察谁与谁站得更近、谁看起来更放松、谁进行了眼神交流，来读取人与人之间的社会交流。

你还需要注意事件发生的背景：有谁在场？谁刚到或刚离开这个场景？房间是否闷热？这些细节可以帮助你赋予事件以一定的社会意义，并理解事件为何发生。如果你未能注意到这些细节，你就会失去它们和对事件的充分理解。

在田野研究中，机缘巧合和偶然遇见也可能会十分重要。很多时候，直到后来你才知道你所观察的事物之间的相关性。这有两层含义。首先，敏锐的观察和优秀的记录在任何时候都很重要，即便看起来"什么事都没有发生"。其次，"等待的时间"和定期回顾田野笔记是很重要的。在田野研究中，你会花费大量时间等待。刚入门的田野研究人员会因为他们看上去"浪费"了大量时间而感到沮丧。它可能指的是等待其他人或等待事件的发生。刚入门的研究人员需要知道的是，"等待的时间"也是田野研究中至关重要的方面，它可能非常有价值。

你需要了解场景的节奏，学会如何按照别人的时间表行事，以及学会观察在这个时间流中，事件是如何发生的。"等待的时间"并不一定是浪费时间。它可以用来反思、观察细节、培养社会关系、建立融洽关系以及熟悉田野场景。"等待的时间"也显示出你的献身与认真。也许你迫不及待地想要进入田野，进行研究，完成研究，开始你的"真实生活"。一个好的田野研究人员应该学会将自己的个人欲望与需求，放在田野地点的生活需求之后。

在田野中，你需要仔细聆听短语、口音、不正确的语法。聆听人们说些什么、如何说，以及他们没有明确表达出来的言下之意。例如，人们经常使用这些短语："你知道的""当然""等等"。你需要了解这些短语背后的意义。你可以努力聆听所有事情，但如果多个对话同时发生，或者你是在窃听，聆听就很难做到。好在重要的事件和主题通常会反复出现。

随着时间发展，彼此交流的人们通常会形成一套局内人共享的象征和术语体系。他们会创造新的词汇或赋予普通词汇新的意义。新的词汇或新的含义来自具体的共享事件、假设或关系。了解和使用这门语言可以表明你属于一个独特的亚文化。

在田野中，你应该了解一个前提，也即，一些词汇与象征对于你和你所研究的人群有着不同的含义。尽量去适应新的词汇和语法，而不要以自己熟悉的方式使用它们。它们会成为重要的思考来源，也是一种田野资料的形式。

记录资料（record the data）。在田野研究中信息过量是很常见的。开展田野研究与记录田野资料会大量消耗一个人的能力，无论他在这方面有多么熟练。大部分田野研究资料是以田野笔记的形式呈现的。完整的田野笔记可能包含地图、图解、照片、访谈、磁带录音、录像带、备忘录、来自田野的物品、在田野中草草记下的笔记、离开田野后写的详细笔记。

你可能会填满许多本笔记，或者在计算机中记录许多资料。花在记笔记上的时间，等于甚至超过花在田野的时间，也是很正常的。有的研究人员仅仅进行了3个小时的观察，就会留下40页单倍行距的笔记。通过练习，在田野中的每个小时，你可能都会写下好几页的笔记。

记录田野笔记可能是无聊单调的工作，它需要坚持不懈和自我约束。优秀的田野笔记包含从记忆中提取的大量描述性细节。如有可能，须在当天的思考和兴奋开始消失之前记录笔记，并且不要向别人复述事件。将新鲜的记忆直接倾倒于笔记之中，往往会引起情感释放，并刺激合理的反思。在漫长而又劳累的一天里，写作可能像是令人不快的苦差事。在一开始，你可以为田野中的每个小时，安排半个小时的笔记时间。

保持笔记干净整洁且合理有序。它们包含了重要的信息，之后你会不断反复阅读。一旦写好，这些笔记就属于隐私。你应该认真对待它们，并做好保密工作。田野中的人有权保持匿名。因此，大多数研究人员在田野笔记中会使用化名（假名）。田野笔记可能会引起敌对方、敲诈者、或执法者的兴趣。因此，一些研究人员甚至用代码编写田野笔记。

研究人员的思想状态、注意力水平、田野中的状况，都会影响笔记的记录。在记录笔记之前，对田野的观察可以先从相对较短的1~3个小时开始。

田野笔记的类型（types of field notes）。田野研究人员用许多方式记录笔记。[11] 此处（以及扩展11.3）只作建议。完整的田野笔记有许多类型。在这里我只介绍六种：速记、直接观察、推论、分析、个人日记和访谈笔记。对其中四种主要类型的举例，可参见图11.3。你通常需要把一段观察的所有的笔记放在一起，并通过不同的页面来区分不同类型的笔记。一些研究人员将推论笔记与直接观察笔记结合起来，但通过诸如括号或彩色墨水之类的可视策略来区分它们。笔记的数量根据类型不同而有所区别。例如，在田野中观察6个小时，可能会产生1页速记、40页直接观察、5页研究人员推论，以及2页方法论、理论和个人笔记。

扩展11.3 记录田野笔记的建议

1. 在每段田野观察完成之后尽快记录笔记，并且在完成观察记录之前不要与他人交谈。
2. 每一次访问田野，都用新的一页记录，并且标注日期和时间。
3. 利用速记作为暂时记忆辅助，记录关键词或术语，或者首先或最后说的事情。
4. 保留较宽的页边距，以便随时添加笔记。如果之后回想起一些事情，回到原处添加笔记。
5. 做好将笔记输入电脑的准备，并将不同层次的笔记单独整理，以便日后阅读、分析。

6. 按照事件发生的顺序记录，并记录持续时长（例如，等待了15分钟，骑行了1个小时）。
7. 尽量使笔记具体、完整、易于理解。
8. 经常复述，使用引号。尽量准确地回忆词语并采用双引号，复述时采用单引号。
9. 记录下当时显得不那么重要的小对话或日常活动，它们日后可能会变得重要。
10. "跟着感觉走"，并快速书写，不要担心拼写错误或"疯狂的想法"。假设其他人不会看到笔记，但要记得使用化名。
11. 绝对不要用录音带替代田野笔记。
12. 包含场景的图释或地图，画出你自己的移动轨迹以及观察期间其他人的移动轨迹。
13. 在笔记中包含你自己的言语与行为，并单独记录你的情绪感受和个人想法。
14. 避免使用评价性总结词语。不要用"这个池子看起来很恶心"，而用"水槽锈迹斑斑，看上去好像很久没有清洗过了。食物碎屑和脏盘子看起来好像已经堆在里面好几天了。"
15. 时常重新阅读笔记，若产生新的想法，将它记录下来。
16. 制作一个或多个备份副本，把它们锁起来，并储存在不同的地方以防火灾。

速记笔记（jotted notes）。在田野里做笔记几乎是不可能的。即使是一名出名的观察人员在公共场合进行观察时，他疯狂地记笔记也会显得很奇怪。更重要的是，当低头写字时，你无法看到或听到正在发生的事情。你对写笔记的关注减少了对观察的关注，而观察才是笔记的归属。特定的场景会决定你是否可以在田野中记录笔记。你可能可以记笔记，并且成员期望你记笔记，或者你可能得偷偷摸摸地记笔记（例如去盥洗室）。

你在田野中记录的唯一笔记就是速记笔记。它们是简短的记忆触发笔记，例如词语、短语或图画。你不引人注目地记录笔记，可能是随手写在方便的物件上（例如纸巾、火柴盒）。之后，你再将它们整合到直接观察笔记中。速记笔记不是直接观察笔记的替代品。

直接观察笔记（direct observation notes）。田野资料的主要来源是直接观察笔记。在离开田野后，你需要将它们立即记下来。你可以在之后进行补充。按时间顺序整理笔记，并在每个条目上写上日期、时间和位置。这些笔记是对你的所见所闻的具体的、详细的描述。它们是对特定单词、短语或行为的尽可能精确的记录。

你的记忆会随着练习而提高，你会发现很快就可以记住准确的短语。你应该用双引号，将这些一字不差的短语与复述区分开来。你还需要记录对话附属品（非语言交流、奉承话、语气、语速、音量、手势）。记录实际说出来的内容，不要清理对话；包含不合语法

直接观察	推论	分析	个人日记
10月4日，周日。凯伊咖啡馆，下午3点。一名40多岁的超重的白人彪形大汉走进来。他穿着破旧的棕色套装。他一个人，坐在2号隔间。凯伊走过来，问道："想来点儿什么？"这个男人说："咖啡，先要杯黑咖啡。"她走开了，他点了一支烟并开始阅读菜单。下午3:15，凯伊打开了收音机。	凯伊今天看起来很友善、精力充沛。她变得很郑重、注意力也提高了。我认为她感到紧张，于是打开了收音机。	自从入室抢劫之后，女性害怕独自一人进来的男性。	外面在下雨。我与凯伊相处得很愉快，但是今天有些疲乏了。

图11.3 田野笔记类型

的话、俚语以及错误的遣词造句（例如，记录"呃，我回家了，莎"，而不是"我要回家了，莎丽"）。

你的笔记应该包含明确具体的细节，而不是小结概述。例如，不要写"我们讨论了运动"，而要写"安东尼和萨姆、杰森吵架了。他说芝加哥小熊队下周会赢，因为他们换了一个新的游击手，查佩塔。他还说芝加哥小熊队比纽约大都会队更好，他认为纽约大都会队的内场手不如他们。他提到了上周的比赛，芝加哥小熊队以8比3战胜波士顿红袜队"。当你记录一场相遇或对话时，要包含背景细节——谁在场、发生了什么、在哪儿发生、具体的发生时间以及在什么情况下发生的。刚入门的研究人员可能会说，他们没有记笔记是因为"没有发生重要的事情"。而经验丰富的研究人员知道，即使"什么事都没有发生"，你还是可以记录许多东西。例如，成员们甚至会在琐碎的对话中表达感受、讲述经历。

推论笔记（inference notes）。在田野中，你需要仔细聆听人们说了什么，以便切身感受或换位思考。这包括三个阶段：（1）聆听，但不运用分析类别；（2）将你此刻所听到的，与在其他时间或其他人处听到的进行对比；以及（3）解读并对含义做出推论。在日常交流中，你同时完成这三个阶段，并直接得出自己的结论。而在田野研究中，你需要观察和聆听，而不是一开始就进行推论或强加解读。在直接观察田野笔记中，也不要加入推论。

记录观察而非推论，并不意味着停止推论。相反，你在一个单独的部分中记录推论。分开记录有一定的好处。尽管你可能讨论的是社会关系、情绪或人类行为的意义，但你并未直接观察到这些关系、情绪、意义。你是通过所看到的具体的实际行动或听到的语句来做出推论。你运用背景文化知识、背景线索、对先前发生事情的了解，来对人际关系、情绪、意义做出推论。例如，你无法看见愤怒。你是通过观察具体的行为（脸色通红、声音提高、手势幅度大、污言秽语、紧握的手）来做出推论（"这个人愤怒了"）。

我们总是根据所见所闻而不断地推断社会意义，但我们并不是总能做出正确推论。例如，5岁的侄女来看我，陪我去商店买风筝。店员笑着问她和她的"爸爸"（看着我），那天是否要放风筝。店员观察到了我们的互动，然后推断出我们是父亲/女儿，而不是叔叔/侄女的关系。她所看到和听到的是一个成年男性和一个未成年女性的互动，但她对这种社会关系的推断是错误的。

你需要将推论含义与直接观察分开，因为行动的含义并非总是不证自明的。人们可能会试图欺骗他人。例如，一对没有关系的男女在汽车旅馆登记为史密斯夫妇。而更多的时候，社会行为是模棱两可的，或者可能有多重含义。例如，我看到一位白人男性和一位白人女性，两人都快30岁了，他们从车里出来，一起走进一家饭店。他们坐在一张桌子旁，点了一顿饭，带着严肃的表情，低声交谈，有时身体前倾，彼此倾听。当他们起身准备离开的时候，这个男人短暂地拥抱了那个女人，那个女人表情悲伤，似乎要哭了。然后他们一起离开。我所见证的，是一对情侣分手，是两个密友在讨论第三个人，是两个遭遇配偶出轨的人在商讨怎么办，还是父亲刚刚离世的一对兄妹？如果你不将推论含义与直接观察区分开来，那么你就可能无法为直接观察赋予其他可能含义。

分析备忘录（analytic memos）。在田野中，你会做出许多关于如何推进的决定。你可能会计划开展一些行动（例如，进行一项访谈，观察某个特别的活动，等等），而其他行动可能会自然而然地发生，几乎是"凭空出现"。你需要编写方法论方面的笔记，记录你的计划、策略、伦理上的和程序上的决定，以及对策略进行自我批评。

在田野研究中，理论出现于收集资料与回顾田野笔记的过程中。理论笔记是你试图给田野事件赋予意义的流水账。你在笔记中"自言自语"。在笔记中，你可能会表明观点之间存在新的联系，创建一些假设，提出一些猜想，形成一些新的概念。分析备忘录包含了你的方法论笔记与理论笔记。它们是你想法的集合，是转向理论，也是对决定的记录。当置身于田野中时，你可以用它们来阐述和扩展你的想法。你也可以通过对分析备忘录进行重新阅读和反思，来修改它们或者把它们发展成更复杂的理论。

正如上文所讨论的，你的个人感受和情绪反应也是田野研究资料的重要部分。它们会给你在田野中的所见所闻涂上颜色。你需要单独设置一个类似于个人日记的部分，记录你的个人生活事件和感受（"我今天非常紧张。我在想是否是因为我昨天与××的争吵。""在这个阴郁的阴天，我有些头痛。"）。

个人日记是处理压力的一种方法；它们也是关于个人反映的资料来源。在之后阅读笔记时，可以利用个人日记来评估直接观察笔记或推论笔记。例如，心情特别好时的观察，与心情郁闷或感冒时的观察可能会略有不同。

访谈笔记（interview notes）。如果你在田野中开展访谈（稍后讨论），需要将访谈笔记与其他笔记分开。除了记录问题和回答，你还需要记录诸如日期、访谈地点、受访者特征、访谈内容等其他信息。这有助于重新阅读和理解笔记。

地图、图表以及人工制品（maps, diagrams and artifacts）。许多田野研究人员会制作田野地点地图，或者绘制田野地点特征的图表或图画。这样做有两个目的：它有助于整理田野中的事件，帮助你将田野地点的信息传递给他人。例如，你看到一个有15把凳子的餐厅柜台。你可以画15个圈来简化记录（例如，"洋介进来坐在12号凳子上；菲比已经坐在10号凳子上了"）。

有三种类型的地图可能会比较有用：空间地图、社交地图、时间地图。第一种地图帮助你确定空间中的资料；而后两种则是对资料的初步分析。空间地图根据实际位置对人员、设备等进行定位，以显示活动发生的地点（参见图11.4A）。社交地图显示的是人群数量或多样性，以及他们之间的权力分配、影响力、友谊、劳动分工等（参见图11.4B）。时间地图显示的是人、事物、服务和交流随着时间的兴盛与衰落（参见图11.4C）。

除了利用地图之外，你还可以收集人工制品。它们是来自于田野地点的物件，可以提供实际证据（例如一本小册子、一份菜单、一个咖啡杯、一件T恤、一份节目或参加者名单、一顶派对帽）和特定地点的可视化提醒。你可以利用它们来触发记忆、说明主题或象征某些活动或事件。

机器记录的资料（machine-recorded data）。照片、录音带、录像带是田野研究中的重要补充。但它们决不能取代田野笔记，也不能取代你亲自前往田野地点。你可以在所有田野地点中使用它们，但只有当你建立了一些融洽关系后才可以使用它们。录音带和录像带所提供的资料逼近真实发生的事件。它们是一种可供回顾的永久记录，可以帮助你回忆事件，观察什么没有发生或没有反应，这些都是易于忽略的细节。然而，录音设备会带来干扰，使得田野中的人们更加意识到自己正被监视。它们还会带来其他相关问题（例如，需要确保电池有电）。另外，听录音或观看录像带非常耗费时间。例如，你需要花费超过100个小时，才能听完50个小时的录音。录音转写文本价格昂贵，而且并非总是准确的；它们无法传达微妙的语境含义或含糊说辞。

第六步：离开田野地点

研究人员通常会在一个田野地点中待上数周或数年。无论是哪种情况，田野工作都会在某个时间点结束，你需要离开。有些研究人员表示，当理论构建停止或结束时，田野工作会自然而然地结束；而另一些研究人员则认为，田野工作可以一直持续下去而无尽头，研究人员必须下定决心切断关系。

你需要计划一个分离与离开田野的步骤。取决于你的参与程度与在田野中的时间，这一步可能是破坏性的，或者会给你和其他人带来情绪上的痛苦。你可能会经历亲密友谊破裂的情感痛苦，或者在离开之前或之后感到内疚。你可能会发现要摆脱个人和情感的纠缠是很困难的。如果你对田野的投入是强烈而持久的，而且田野地点与你的本土文化非常不同，那么你可能需要很长一段时间来适应，然后才会对原来的生活感到"熟悉自在"。

当你决定离开时，要选择一种离开方式。你可以快速离开（某一天不再返回田野地点），也可以缓慢地抽身，在几周时间内逐渐减少参与。你需要决定如何向成员说明以及提前告知多少。通常来说，提前一段时间通知成员。你需要完成你所做出的所有交易或承诺，做个干净的了断。有时，一些仪式感也有助于标志关系的结束，例如告别聚会或与每个人握手。一些女性主义研究者提倡在退出后与成员维持友谊。

当你离开的时候，一些成员可能会因亲密社会关系即将结束而觉得受到伤害或被拒绝。他们可能会试图把你拉回田野，让你进一步成为他们的一员，或者他们可能会变得愤怒和怨恨。他们可能会变得冷漠和疏远，因为他们觉得你是一个局外人。

A 空间地图

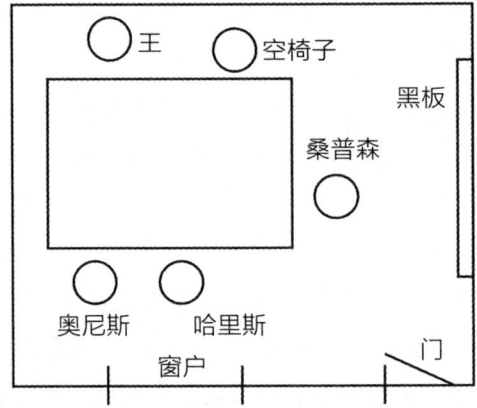

B 社交地图

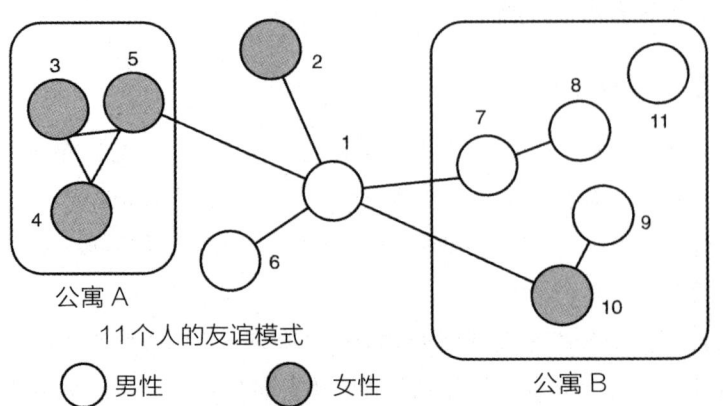

C 时间地图

巴泽酒吧一周中的每一天

	周一	周二	周三	周四	周五	周六
10:00 开门	老酒鬼	老酒鬼	老酒鬼	老酒鬼	旷工或早退	准备去钓鱼
5:00	看足球的人	邻居和桥牌玩家	垒球队（全是男性的夜晚）	年轻人	嘈杂的音乐，混杂的人群	孤独的人，没有约会
1:00 关门						

图 11.4 田野研究中使用的地图类型

11.3 田野研究访谈

在田野中对成员进行访谈，采用的是非结构化的、无方向性的、深入的访谈，这在很多方面不同于正式的调查研究访谈（参见表 11.1）。田野研究访谈有许多名称：非结构化访谈、深度访谈、民族志访谈、开放式访谈、非正式访谈、长时间访谈。通常这些访谈会针对一个或多个人，发生在田野中，并且是非正式、无方向性的（也即，成员可以将访谈带到任何方向上）。

田野访谈是你与成员共同的产物。成员是这个过程的积极参与者，他们互相分享经历。你可以分享你的背景来建立信任，并鼓励信息提供者敞开心扉，但不要强迫他们回答或使用引导性的问题。你需要鼓励和引导一个相互发现的过程。

在田野访谈中，成员通过正常说话、思考和组织现实的方式来表达自己。他们可能会说一些趣闻逸事、曲折的故事，聊起八卦，跑题或讲笑话。你需要保留每一件事的自然形态——轶事、故事、八卦、跑题、笑话。不要将它们重新包装成标准形式。聚焦于成员的观点和经历。为了贴近成员的经历，可以问一些具体的例子或情况——例如，"在你 6 月决定辞职之前发生了什么？"而不是，"为什么辞职？"你需要引出较长的详细的回答，而不是简短的调查研究类型的回答。

与一次性的调查研究访谈不同，田野访谈是在一段时间内进行的。访谈可以持续几天甚至几个月，你也可以将它与"日常谈话"交织在一起。访谈要从建立融洽的关系开始。在你建立起亲密关系之前，避免探究内心的感受或敏感问题。即使建立了亲密关系，成员也有可能会感到担忧。在多次碰面之后，你可能可以探索敏感问题。在之后的访谈中，你可以用一种不带偏见的语气重述过去的回答以求证实——例如，"上次我们聊过，你说当他们降低你的工资之后，你开始从店里拿东西。是吗？"

表11.1 调查访谈与田野研究访谈

典型调查访谈	典型田野访谈
1. 有明确的开端与结尾。	1. 开端与结尾并不明确。访谈可以随时暂停,并在之后继续。
2. 所有受访者被问到的问题及问题顺序都是一样的。	2. 问题及问题的顺序因人而异,依情况而定。
3. 访谈人员看起来一直是中立的。	3. 访谈人员表现出对回答的兴趣,并鼓励成员详细说明。
4. 访谈人员问问题,受访者回答问题。	4. 访谈像是友好的交流谈话,只不过访谈人员的问题更多一些。
5. 每次访谈几乎只有一名受访者。	5. 可以对一小组人进行访谈,可以有他人在场。
6. 访谈的语气和关注点是专业的、有条不紊的。	6. 穿插着笑话、题外话、跑题、趣闻逸事,这些都会被记录下来。
7. 常用封闭式问题,很少进行深入探索。	7. 常用开放式问题,经常进行深入探索。
8. 只有访谈人员控制访谈的节奏和方向。	8. 访谈人员与成员共同控制通话的节奏和方向。
9. 假定访谈发生的社会背景对访谈没有影响,因此会忽视它。	9. 要注意到访谈发生的社会背景,社会背景在解读回答含义时有着重要作用。
10. 访谈人员试图按照标准塑造沟通框架模式。	10. 访谈人员自我调整以适应成员的规范和语言用法。

来源:根据 Briggs(1986)、Denzin(1989)、Douglas(1985)、Mishler(1986)、Spradley(1979a)。

田野访谈与友好的对话相似,但略有不同。田野访谈有着明确的目的——你想要了解这些人和环境。在访谈中,你会包含一些解释或要求,这与友好的对话不同。例如,你可能会说,"我想问问你关于……",或者"你能帮我看一下我写得对不对吗?"一段典型的对话往往是平衡的,每个参与者的提问和回答都差不多。而在田野访谈中,你会比典型的访谈问更多的问题,表现出更多的无知和更强烈的兴趣。在田野访谈中,还经常会要求成员详细说明或解释。

田野访谈中的**信息提供者**(informant)是你与之建立关系并向你提供有关田野信息的成员。[12] 什么样的人是一名优秀的信息提供者呢?理想的信息提供者有以下四个特征:

  1. 熟悉当地文化并能够见证重要事件的人是优秀的信息提供者。他生活在当地文化中,体现出当地文化,在未加思考的情况下参与到场景中的日常活动。

  2. 信息提供者当前在田野中。那些对田野有过反思的前成员可能会提供有价值的见解,但随着离开田野的时间越长,他们重建回忆的可能性就越大。

3. 信息提供者可以与你共处一段时间。访谈需要花费很长时间，有些成员不适用大量访谈。

4. 不善于分析的个人是更好的信息提供者。不善于分析的信息提供者熟悉或使用当地民间理论或实用的常识。他们与善于分析的成员相反，后者会利用媒体或学校教授的类别来预先分析场景。

你可能会访谈多种类型的信息提供者。能够提供重要观点的不同类型的信息提供者包括：新手和老前辈、处于事件中心和活动边缘的人、最近地位变化的人（例如，通过晋升）和那些地位未变的人、那些失意或需要帮助的人和那些快乐或有保障的人、领导和下属。在与不同类型的信息提供者进行访谈时，可能会得到各种各样的信息。

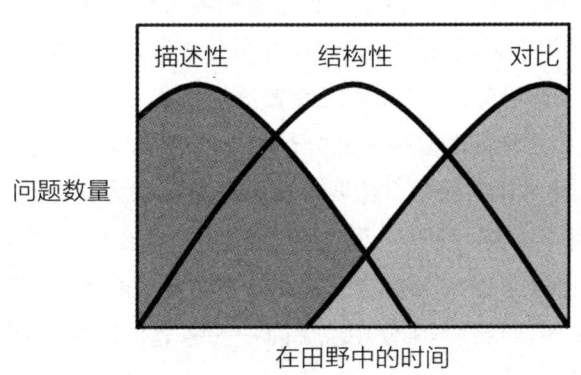

图11.5 田野研究访谈中的问题类型

田野访谈的问题类型

田野访谈有三种问题类型：描述性问题、结构性问题、对比问题。[13] 你可以同时询问不同类型的问题，但在不同阶段，有些类型的问题会被问得更加频繁（参见图11.5）。在访谈早期，会问一些描述性问题。之后逐步增加结构性问题，直到进行到访谈中期你开始分析时，结构性问题会成为主要的问题类型。中期之后开始询问对比问题，并逐渐增加，到访谈的最后阶段时，对比问题比其他两种类型的问题都多。

描述性问题有助于探索场景，了解成员。描述性问题可以是有关时间和空间的——例如，"洗手间在哪儿？""送货车什么时候到？""星期一晚上发生了什么事？"它们也可以是有关人与活动的："坐在窗边的人是谁？""你叔叔长什么样子？""入会仪式上发生了什么？"它们可以是有关物体的："你什么时候会用马刀锯？""当你修理紧急漏水时，你会携带什么工具？"那些询问例子或经历的问题都是描述性问题——"你能给我举个很棒的约会的例子吗？""你在邮局当职员时发生了什么事？"描述性的问题可能会问假设性的情况："如果一个学生在考试时翻开书，你会怎么处理？"另一种类型的描述性问题是询问成员在田野中使用的术语："你怎么称呼县副治安官？"（回答是"县骑警"。）

当你在田野中待了一段时间，并开始分析资料时，你可以问更多的结构性问题。结构性问题是当你将具体的田野事件、状况和对话整理到不同的类别之后，用来验证你制定的分类类别的问题。例如，你通过对高速公路上汽车服务站餐厅的观察，揭示出餐厅员工会私下将经常光顾餐厅的人分类。在初步分析中，你创建了一个概念上的分类类别，也即"顾客类型"。你可能开始识别不同的顾客类型。当与成员交谈时，你开始利用结构性问题来验证你所识别的客户类型。

你的结构性问题可以是，询问类别中是否除了已经确定的元素之外还包含其他元素。例如，你可以问："除了常客、技工、维修工、长途运输客之外，还有什么其他类型的顾客吗？"另一种结构性问题是用来确认信息的："你刚才服务的那名顾客是属于技工吗？""你是否会将……这样的顾客叫作技工？""维修工晚餐是否会吃三道菜？"

对比问题建立在经由结构性问题验证过的分析之上。这类问题主要关注类别中元素之间的异同或不同的类别。在对比问题中，你要求成员核实你认为存在的相同点与不同点："这里似乎有很多不同类型的顾客。我听你说过有些顾客是'常客'，有些人则叫'维修工'。一个常客与维修工有什么相似之处？"或者"长途运输客与技工的区别，是否是技工不给小费？"或者"有两种类型的顾客会停下来使用洗手间——家庭出行的人和独自出行的男性。他们是否都属于维修工？"

资料的质量

质量的意义（meaning of quality）。在定量研究中，高质量的数据是可信的、有效度的；它们提供给你关于"客观"事实的精准的、一致的测量。在定性田野研究中，资料的质量与之不同，因为定性研究没有假设所有成员都经历的是同一个客观事实，而是假设成员受社会环境的影响而主观地解读事件和行为，所以它们的解读往往是不同的。成员对事实的认识受到社会交往和解读的影响。因此，高质量的田野研究资料能够抓住这种变动的过程，并提供对成员观点的理解。

在田野研究中，你寻求的是"丰富的资料"（rich data）。这意味着资料是多样的、具体的。要想获得丰富的资料，你必须在持续较长的时间内系统地收集许多类型的资料。这些资料有着不同的大小与形状（例如记忆、田野笔记、照片、谈话、人工制品）。定性资料不会消除主观看法；这些资料有意包含主观反应和经历。高质量的田野研究资料是详细的描述，它基于你在成员所处的社会世界中的沉浸与真实经历。

田野研究中对于高质量资料的不同概念，体现了对信度与效度的一般概念的不同应用。

田野研究中的信度（reliability in field research）。田野资料的信度包含内部和外部一致性。内部一致性（internal consistency）关心的问题是：根据对一个人或事件的了解，这些数据是否可信。它指的是应当尽可能消除人类常见的欺骗形式。它问的是，这些片段如何很好地组合成这个人或事件的连贯画面？例如，一位成员的行动（例如，苏珊表现出不太信任她的上司、并且有些害怕的样子）在不同时间和不同情境下是否一致？外部一致性（external consistency）是将资料置于具体的社会环境之中。这意味着对所有的观察结果进行相互验证和交叉检查，并整合不同的资料来源。你问的是，这些资料是否都符合这个具体环境？同一句话，在不同的场景或环境中有着不同的含义。例如，当人们询问"你是否会跳舞？"时，成员可能会在一个充满优秀舞者的公共场合说自己不会跳舞，但是在一个只有很少舞者和不同音乐的半私人场合下说自己会跳舞。环境会塑造回答。对于外部一致性，人们关心的是，别人是否能够证实你的观察？是否有许多不同种类的证据能够证实它？

信度意味着一致性。在田野研究中，它既包括你一直观察到发生的事情或听到的话语，也包括你预期但却未做或未说的事情。此类疏忽或无效资料也可能十分重要，但难以探测。例如，你观察收银员乔安妮下班。你注意到，每次乔安妮下班时都没有数收银机抽屉里的钱，而是锁好后就离开了。你注意到了这个疏忽，因为所有其他的收银员总是在换班时数好钱再锁上抽屉离开。

在田野研究中，你依赖于成员告诉你的内容。这使得成员的可信度和陈述也成了研究信度的一部分。想要了解成员的可信度，你必须自问：这位成员是否有理由撒谎？他是否能够知道那些？这个人有什么样的价值观，这种价值观可能会对他的说法产生什么样的影响？他这样说是否只是为了取悦我？是否有什么事情会限制他的自发行为？当你评估可信度时，需要将主观性与背景考虑在内。个人主观认知会影响他的陈述或行为。陈述和行为也会受到个人观点和过去经历的影响。你可能会发现陈述本身就是有意义的，而不必对每一份陈述进行评估以了解它是否为真。即便是不准确的陈述和行为也可以解释一些信息。

田野研究中的效度（validity in field research）。田野研究中的效度指的是，你的分析和资料应当是对田野中的社会世界的准确展示。在田野研究中，是否能够重复并不是检验效度的主要标准，因为几乎不可能复制特定环境下的特定事件。田野地点的基本特征可能会随着时间发生变化：事件和环境背景会发生变化，成员会发生变化，田野研究人员也会发生变化，等等。

研究的易变性与其主观性特征并不意味着效度是不存在的。相反，它将效度的本质从定量研究中转移到定性研究中来。有四种效度类型或评价研究准确性的方式：生态效度、自然历史、成员验证以及足以胜任内部人员的表现。[14]

生态效度（ecological validity）是你所描述的社会世界与成员所处的世界之间的匹配程度。它问的是，所描述的真实情境是否相对来说不受研究人员在场或研究程序的影响？如果当研究人员不在时，事件也有可能发生，那么这项研究就具有生态效度。

自然历史（natural history）是对你如何开展研究的详细描述。它是对你的行为、假设和程序的完整、公正的公开，以供他人评估。如果外部人员可以看到并接受田野地点与你的行为，那么这项研究在自然历史方面就是具有效度的。

成员验证（member validation）指的是将田野研究结果带回给成员，由他们判断是否充分。如果许多成员认可并认为你的描述反映了他们的私人社会世界，那么这项研究就具有"成员效度"。成员验证有其局限性，因为一个场景中自相矛盾的观点会与你的观察结果产生分歧；以及当结果不利于他们的群体时，成员可能会反对。此外，当描述不符合他们的观点或目的时，成员也可能不认可这种描述。

足以胜任内部人员的表现（competent insider performance）指的是一名非成员能够有效地与成员交往互动或被当作成员的能力。这包括讲述和理解内部笑话的能力。一份有效的研究能够提供足够多的田野社会生活气息和细节，使得外部人员也可以像内部成员一样行事。它的局限性在于无法得知所有情境中的社会规则。并且，如果成员出于礼貌，并未指出社交错误，那么外部人员可能也会轻易过关。

11.4 田野研究中的伦理困境

在田野研究中，研究人员直接、亲自参与他人的社会生活会带来伦理困境。当你独自处于田野之中，无暇仔细思考伦理问题时，就会出现伦理困境。即使在你进入田野之前对一般伦理问题有所了解，也会出现意料之外的情况。我们主要讨论田野研究中的五个伦理问题：隐蔽研究、保密性、卷入非法行为、有权势者、发表田野报告。[15]

隐蔽研究（covert research）。在田野研究中最受争议的伦理问题是，选择隐蔽的田野研究还是公开的田野研究。你是否应该开展隐蔽或秘密的研究，担任一个虚假的角色、姓名、身份，并自始至终欺骗成员？研究界中有人支持隐蔽研究，认为它对于进入田野并充分理解某个特定生活领域来说是必要的。另一些人则完全反对隐蔽研究，认为它损害了社会研究人员与社会之间的根本信任。虽然它的道德状态值得怀疑，但你只能以某种程度的保密或欺骗的方式来研究特定的田野地点或活动。隐蔽研究并不比公开研究更加容易，因为保持伪装是很困难的，并且还要一直担心被识破。一般原则是，在能够采用公开研究时，绝不采用隐蔽研究。

保密性（confidentiality）。你可以秘密地了解一些私人信息，但你有着强大的道德义务来保证这些资料的保密性。对于从田野中他人那里秘密了解到的信息，你应当保密，并在田野笔记中使用假名。你不能在研究报告中直接引用一个人的名字。有一种策略是找到传达同样信息的公开文件来源，并使用这些文件（例如旧备忘录、报纸文章等）作为信息的来源。当你与成员建立了亲密的私人友谊关系时，就会出现更严重的道德伦理问题。成员可能是基于深厚的信任，才会将隐私秘密只透露给你。尽管它增加了你对成员和田野地点的理解，你也不能背弃保密性，在研究报告明确地提到这个秘密。

卷入非法行为（involvement with illegal behavior）。如果你的田野研究对象是那些参与非法行为、不道德行为或违背伦理的人，你可能会听到或间接卷入非法活动中。不仅执法人员对知晓有罪（guilty knowledge）感兴趣，其他田野成员也感兴趣。[16] 你面临着两难境地，既要与成员建立信任和融洽关系，又不能太过投入以至于违反你的基本个人道德标准。对这个问题选择开诚布公，与行为异常的成员进行协商，不失为一种解决策略。

有权势者（the powerful）。许多田野研究都是针对边缘弱势群体（如街头流浪汉、穷人、儿童、官僚机构中的底层工作人员）进行的，精英和高级官员们对此提出了批评，认为这些研究偏向弱势群体。公众通常认为那些拥有官方权威或在组织中处于高位的人是值得信任的，他们有权定义事件。这就在精英或官员定义的官方权威的事件版本，与将自己浸入弱势群体世界的田野研究人员提供的事件版本之间，形成了紧张关系。田野研究人员通常对那些人们鲜少听闻的社会生活方面有着深入了解。如果田野研究人员揭示或者表明了一个较少听闻的观点，或者因为这个观点不同于官方版本，他们就会被指控带有偏见。当研究人员对于坚持科学证据和记录田野真实生活的使命，与官方或公众持有的对事件或情境的观点相冲突时，就会产生伦理问题。

发表田野报告（publishing field reports）。在田野研究中，你深入地了解人或事件，因此我们需要讨论隐私权。研究人员无法做到在透露成员秘密时，能够始终不侵犯其隐私权或损害其名誉。然而，如果你在一份研究报告中没有将你所了解的东西公之于世，那么它就会被隐藏起来。如果把细节隐藏起来，你就无法完整而准确地描述人物和事件。其他人也会因研究报告遗漏了重要的细节而质疑它。

有些研究人员建议让成员查看报告，以验证报告的准确性，并取得成员对发表报告的准许。然而，审查或自我审查可能带来问题。一种妥协办法是，只有当事实对支撑主要研究论点、进行精准全面描述而言必不可少时，研究人员才能揭露那些有损成员形象的事实。

11.5 焦点小组研究

焦点小组（focus group）研究是一种对小组讨论场景进行非正式研究的定性研究方法。[17] 在焦点小组研究中，你邀请6~12名参与人员与1名主持人员讨论一些议题。大部分焦点小组讨论会持续大约90分钟。主持人员经过培训，以做到无引导性，并促进所有小组成员自由坦率的讨论（也即，不让某一个小组成员主导讨论）。小组成员应该具有同质性，但不要包含密友或亲戚。一项研究一般有4~6个小组。焦点小组讨论的主题可以包括公众态度（例如种族关系、职场平等、无家可归的流浪者）、个人行为（例如应对绝症、性取向感受）、一项新产品（例如早餐麦片）、政治候选人（参见扩展11.4）。

扩展11.4 焦点小组的优势与局限

优势
- 自然情境下人们可以自由地表达自己的观点和想法。
- 鼓励被边缘化的社会群体成员公开表达观点。
- 人们往往会感觉到被赋予权力，尤其是在以行动为导向的研究项目中。
- 为调查研究人员提供了解人们如何讨论调查话题的机会。
- 有利于解读定量调查结果。
- 参与者可能会相互询问，并向彼此解释自己的回答。

局限
- 存在"两极化效应"（小组讨论之后，态度变得更加极端）。
- 每场焦点小组只能讨论一个或少数几个主题。
- 主持人员可能会在不知不觉中限制组员的公开、自由表达。
- 与个人访谈相比，焦点小组参与者提出的观点更少。
- 焦点小组研究很少报告关于研究设计或步骤的全部细节。
- 研究人员无法调和产生于个体与焦点小组环境之间的回答差异。

在焦点小组场景中，你需要提供明确的指示，并仔细地选择参与者。尽管参与者应当具有适度的同质性，但这并不总能保证参与者愿意公开、坦诚地分享自己的观点和信念。人们在焦点小组中透露的信息会受到环境的影响。环境不仅包括其他参与者，还包括更宽泛意义上的社会环境（例如主要的新闻事件和社会趋势）、制度环境（例如焦点小组所在的地点与赞助者）、地位环境（例如有着不同社会地位的人）。你应该将焦点小组按照社会地位分割开来。例如，不要将主管与员工混合在一起，而是将他们分别安排在不同的小组。同样，将老师与学生安排在同一个焦点小组也是不明智的。这是因为，当社会地位更高或更低的人在场时，人们通常会有不同的反应。

个案11.3 关于残疾身份的焦点小组研究

布朗等人（Brown et al., 2009）利用焦点小组探讨了残障人士如何形成对残疾的理解以及对自我的认知。他们在3座城市（亚特兰大、纽瓦克、新奥尔良）组织了9场焦点小组讨论。研究人员通过公共电台、中介机构（例如当地就业提供机构以及政府机构）、残障宣传组织，招募了58名参与者。所有参与者都在工作中或在寻找工作。每个小组由4~10人组成，还有2名协调者。每个焦点小组持续时长约为90分钟。研究人员对讨论进行了录音，并将录音稿转写为文字并进行分析。他们采用编码以及分析备忘录来对小组讨论资料进行分析。在讨论中提出的问题类型包括：你们州的就业服务是什么样的？你是如何了解就业服务的？是否有人使用过多种就业服务？许多参与者会强调他们因公共交通不够、辅助技术欠缺、歧视，而在找工作时遇到困难。一对夫妻提到了污名化的负面影响。作者总结道，参与者在寻找工作时遇到的事件塑造了他们对于残障的理解。作者认为，残障的多重含义和残疾人的多种自我认知，都是在工作或寻找工作时的环境中形成的。

结 论

在本章中，你学习了田野研究和田野研究步骤。田野研究人员在资料收集阶段就开始分析资料并建立理论。

你现在可以理解这句话的含义了：在田野研究中，研究人员直接参与到他们所研究的人或事中，并将自己沉浸于真实情境之中。开展田野研究通常会给研究者的情绪、个人生活、自我感知带来很大的影响。开展田野研究并非易事，但它能让我们了解那些社会中难以研究的部分。

优秀的田野研究需要许多技能的结合。除了强大的自我感知之外，最优秀的田野研究人员还拥有惊人的聆听与理解细节的能力、巨大的耐心、敏感与对他人的同理心、高超的社交技能、随机应变的才能、对于人际交往或事件之间微妙关系的理解能力、超强的书面表达能力。

当你研究一小群人在当下的互动时，田野研究是最有力的。它对于理解微观层面或较小群体中的当面互动十分有用。但当涉及宏观层面的社会过程或社会结构时，田野研究就没那么有效了。而对于发生在遥远过去的事件或跨越几十年的过程来说，田野研究几乎毫无用处。接下来的章节所讨论的历史比较研究更适合探究此类问题。

注 释

1. 关于这些场景或主题的研究，可参见Neuman（2000, 2003）。关于儿童或学校的研究，可参见Corsaro（1994）、Corsaro and Molinari（2000）、Eder（1995）、Eder and Kinney（1995）、Kelle（2000），以及Merten（1999）。关于无名人士的研究，参见Lankenau（1999）；关于女性脱衣舞者的研究，参见Wood（2000）。

2. Agar（1986）、Franke（1983）、Hammersley and Atkinson（1983）、Sanday（1983），以及Spradley（1979a：3-12，1979b：3-16）讨论了民族志。

3. 关于田野研究和自然主义的一般讨论，可参见Adler and Adler（1993）、George（1970）。关于不同类型的田野研究，可参见Clammer（1984）、Gonor（1977）、Holstein and Gubrium（1994）、Morse（1994）、Schwandt（1994），以及Strauss and Corbin（1994）。

4. 关于被边缘化的感受，可参见Lofland（1976：13-23）以及Shaffir, Stebbins and Turowetz（1980：18-20）。

5. 参见Adler and Adler（1987：67-78）。

6. 参见Hammersley and Atkinson（1983：42-45）以及Lofland et al.（2006：17-32）。

7. 案例和讨论可参见Neuman（2011：429）。

8. 关于守门人和进入权限的更多讨论，可参见Beck（1970：11-29）、Bogdan and Taylor（1975：30-32），以及Wax（1971：367）。

9. 关于研究人员是否应该总是耐心、有礼貌、考虑周全，可参见Douglas（1976）、Emerson（1981：367-368），以及Johnson（1975：124-129）的讨论。

10. 田野中的协商可参见Gans（1982）、Johnson（1975：58-99，76-77），以及Schatzman and Strauss（1973：22-23）。

11. 关于记录和整理田野资料的更多方法，参见Bogdan and Taylor（1975：60-73）、Hammersey and Atkinson（1983：144-173），以及Kirk and Miller（1986：49-59）。

12. 关于田野研究中的信息提供者，可参见Dean et al.（1969）、Kemp and Ellen（1984）、Schatzman and Strauss（1979a：46-54）、Spradley（1979a：46-54），以及Whyte（1982）。

13. 问题类型改编自Spradley（1979a.1979b）。

14. 更多关于田野研究中的效度，可参见Brig（1986：24）、Bogdan and Taylor（1975）、Douglas（1976）、Emerson（1981：361-363），以及Sanjek（1990）。

15. 参见Lofland and Lofland（1995：26，63，75，168-177）、Miles and Huberman（1994：288-297），以及Punch（1986）。

16. Fetterman（1989）对知晓有罪进行了讨论。

17. 关于焦点小组的讨论，可参见Bischoping and Dykema（1999）、Churchill（1983：179-184）、Krueger（1988）、Labaw（1980：54-58），以及Morgan（1996）。

第十二章
历史比较研究

12.1 历史比较研究适用的研究问题
12.2 历史比较研究的逻辑
历史比较研究的逻辑与定量研究
历史比较研究的逻辑与诠释性研究
独特的历史比较方法
12.3 历史比较研究的步骤
研究对象概念化
寻找证据
评估证据质量
整理证据
整合证据
撰写报告
12.4 历史背景中的资料和证据
历史证据的类型
二手史料研究
一手史料研究
12.5 比较研究
比较研究类型
比较的单位
跨文化研究中的数据资料
12.6 历史比较研究中的等值
等值的重要性
等值的类型
12.7 伦理

19世纪社会科学的奠基人，如埃米尔·涂尔干、卡尔·马克思以及马克斯·韦伯，都用历史和比较的方法来理解工业主义兴起所带来的巨大变革。通过这种研究方法，他们得出了许多见解和概念，至今仍深刻地影响着人们的思想。历史比较研究方法并未消失于19世纪。到了21世纪，社会研究人员仍利用这种方法来对广泛的话题进行研究。尽管许多研究关注的是某一个国家的当前状况，但社会研究人员也会使用历史及比较研究来解释和理解20世纪末和21世纪初的重大社会变化。亚当斯等人（Adams et al., 2005）将此称之为历史比较研究继20世纪七八十年代第二波复兴之后的"第三次浪潮"。[1]

历史比较（Historical-Comparative，H-C）社会研究是一系列研究方法的集合。它的一些研究方法融合了传统历史研究。另一些则是定量研究方法的延伸。本章关注的是历史比较研究的独特形式，它主要关注历史时代及跨文化差异。

有些同学一开始觉得历史比较研究是困难或无趣的。通常来说，这是因为大部分历史比较研究都假设读者已经掌握了许多国家及其相关的历史知识。如果你对本民族之外的历史和社会一无所知，那么历史比较研究可能看起来并不重要。然而，如果你想知道世界上正在发生什么，想了解社会事件及变化（例如一场恐怖袭击、一个即将开战的国家、种族主义的根源、大规模移民、基于宗教仇恨的暴力、城市衰败），那么历史比较研究就是非常重要的。历史比较研究有助于在不同事件中建立联系，从而了解更加全面的情况。通过历史比较研究得到的认识有助于预见趋势和事件，也有助于做出合理的日常判断，让你在当今世界成为一个积极的、有意识的公民。

12.1 历史比较研究适用的研究问题

当你想要解决"大问题"时，历史比较研究是一种强有力的方法。一个重大的社会变革（例如女性获得基本权利并且更加平等、离婚率翻倍、一个国家中的无家可归人口数量增加）是如何发生的，或者为什么会发生？大部分社会共有的基本特征是什么？为什么在这个社会有着这样的社会安排，而其他地方的社会安排却与此不同？全球化发展是否会加剧社会不平等，降低下一代大部分人的生活标准？

历史比较研究还适用于检验多个因素如何共同导致了某个特定结果（例如内战、移民增加、人口迁徙）。当你需要进行比较整个社会以了解所有国家的共性以及独特性，历史比较研究也是合适的研究方法。

尽管历史比较研究的真正优势在于解答解释性理论的"大问题"，但你也可以利用历史比较研究来解答一些应用研究问题。例如，当考虑老年人健康护理的新方法时，可以通过考察其他国家的成功经验，来获得更深层次的理解和创造性的新方法。当制定城市规划以应对特大洪水时，回顾50年前重大洪灾时人们的做法是非常具有启发性的。

大部分历史比较研究是解释性的。它可以让你解释事件或具体个案，显示出理论如何很好地解释不同文化或历史背景下的社会过程与概念。你也可以用历史比较的方法来重新解读或对旧解释提出质疑。通过询问不同的问题、找到新的证据，或以不同的方式收集证据，历史比较研究有助于质疑旧的解释或推动新的解释。

形成概念和建构理论是历史比较研究的优势。通过观察历史事件或不同的文化背景，历史比较研究有助于产生新的概念，拓宽现有的概念。历史比较研究有助于避免大部分社会研究中存在的问题：所使用的概念仅限于单一历史时期或单一文化。历史比较研究有助于跨越时间或文化进行比较，也可以帮助你将概念立足于不同文化和历史背景下人们的生活经历中。[2]

通过阅读大量历史比较研究，你可以扩展关于过去或其他文化的知识。这也有助于更好地理解古典理论家。若无广泛多样的历史和文化知识，许多学生很难理解一般的社会理论。例如，你或许阅读过卡尔·马克思的《共产党宣言》。马克思于19世纪写下的《共产党宣言》，讨论的是人类历史中的长期趋势和宏观理论。在他的著作中，马克思提到了欧洲封建社会的状况，而这个时期比他写作时的19世纪中期，要早约300～500年。在欧洲封建社会，农奴和农民面临着贫困和严重剥削的状况。封建社会是以等级制度为基础的社会，在这种社会中，人们生来就处于某种社会地位，没有真正的上升机会。等级决定了什么是合适的穿着、婚姻伴侣及行为。劳役偿债制度迫使农奴或农民将他们所生产东西，向地主和贵族上交一半甚至更多。后者生来就享有特权。唯一的教会也拥有着广阔的土地。紧密的家族纽带把贵族、地主阶级和教会联系在一起。大多数农奴和农民日夜劳作，没有土地，住在小茅舍里，时常面临着粮食短缺。而拥有土地的贵族们则举行着奢华的宴会，住在豪华的宫殿或宅邸中，玩各种各样的游戏。马克思的理论是在试图理解这些状况的基础上发展起来的。

生活在现代的读者可能会问，如果剥削如此恶劣，那么农奴为什么不逃离拥有土地的贵族的统治，或者拒绝交出他们所生产的东西呢？回答这个问题，需要对那个历史时代的日常生活有所了解。农奴或农民的地位与奴隶相差无几，如果拒绝交出生产出来的东西，他们可能会受到严厉的惩罚、酷刑或死刑。逃跑的农民或农奴几乎无法在欧洲森林中以根茎、浆果、狩猎为生。没有人会帮助一个逃离的农奴难民，因为传统社会并不接纳陌生人，而是惧怕他们。别的地主更不会雇用逃跑的农奴。那时没有小镇或村庄，也没有现代工资经济中的就业机会。逃亡的旅途大多是靠双脚走在未铺砌的小道或狭隘肮脏的单行道上。在普通邮件服务、电话或其他通信工具出现之前，未受过任何教育的农奴对别处的生活知之甚少。了解欧洲封建社会的生活有助于理解《共产党宣言》中思想的起源。而缺乏这些知识，读者便难以理解许多观点。

没有充分的背景知识就难以理解理论，此类情况并非只出现在马克思或其他19世纪的社会理论家的著作之中。理解或评估大多数宏观解释都需要拥有关于人类文化与历史的广泛知识。

12.2 历史比较研究的逻辑

尽管你可能会以历史学家的身份研究过去，或者用标准的社会科学方法对不同国家进行比较，有一个关键问题——是否存在一种独特的历史比较方法，其逻辑植根于解释性或批判性的科学假设？

历史比较研究的逻辑与定量研究

定量研究与历史比较研究（quantitative versus historical-comparative research）。一些实证主义研究人员会开展关于历史或比较问题的研究。严格的实证主义研究人员拒绝认为存在独特的历史比较研究方法。你可能还记得，实证主义者会测量变量，验证假设，分析定量数据，并对研究进行重复，以发现跨越时间和社会的普遍规律。他们认为定量社会研究与历史比较研究之间没有本质差异。相反，那些采取诠释法或批判法的研究人员则认为历史比较研究不同于实证主义方法。许多实证主义导向的社会研究人员批评定性的历史比较研究，理由是它使用的个案较少，并且侧重于特定的情况。他们认为定性的历史比较研究是不充分的，因为它很少能够产生基于概率的、通用的因果概括，而实证主义者认为这种因果概括才能够说明什么是"真正的"（实证的）科学。

历史比较研究的逻辑与诠释性研究

定性历史比较研究的独特性在于它通常涉及个案研究和定性资料。研究人员对少数个案进行深入调查，以阐明它们的社会含义与背景。即便是只在一个国家中进行的个案研究也会产生重要的信息。个案研究可以详细阐述历史过程，并具体说明过去特定社会关系的历史细节（参见示例12.1）。

示例12.1　三 K 党中的女性

凯瑟琳·布利（Kathleen Blee, 1991）在《三 K 党中的女性》（*Women of the Klan*）中写道，在她的研究之前，没有人研究过这个美国最大的种族主义右翼运动中的女性，她们约有50万人。她认为这可能是因为人们假设女性不关心政治，是消极被动的。她对60多年前的秘密社团中这一群不被人知的成员们进行了6年的研究，显示出历史社会学研究中所需的独创性。

布利关注印第安纳州，20世纪20年代是三K党（Ku Klux Klan）的鼎盛时期，当时32%的白人新教女性都是三K党成员。除了对已发表的关于三K党的研究进行回顾之外，她的文献调查还包括报纸、小册子以及未发表的研究报告。她在至少6所高校、政府或历史图书馆中找寻一手和二手资料。书中的历史照片、简报和地图可以让读者对这个主题有一个大致的了解。

寻找信息是非常困难的。布利无权获得名单。她通过拼凑几份幸存的三K党的名单、查找报纸的讣告来寻找三K党中的女性，她还仔细地检查公众通告或反三K党的文件以确定三K党妇女的姓名，并采访三K党的幸存妇女。

要想在三K党活跃期之后的60年后寻找幸存者，布利必须坚持不懈，并具备独创性。她向印第安纳州的当地报纸、教堂布告、广告传单、历史社团、公共图书馆寄送了有关她的研究的公告。她获得了3份书面回忆、3份未录音访谈、15份录音访谈。她的大多数信息提供者都在80岁以上。她们认为三K党是她们人生中的重要部分。布利通过新闻报纸和其他资料证据，对她们的一部分记忆进行了查证。

三K党的成员身份仍然存在争议。在访谈中，布利没有透露她对于三K党的观点。尽管她遭到了试探，布利还是保持中立，并没有谴责三K党。她说道："我在印第安纳州的个人背景（我从小学到大学一直住在这里）以及白色的皮肤，使我的信息提供者假定——缺乏相反的口头证据——我与她们有着同样的世界观。"（第6页）她不认为三K党女性是残忍、无知、充满愤怒的。当被问及这些妇女为什么加入三K党时，布利得到了意想不到的回答。大多数人对这个问题感到困惑。对她们来说，这无须解释，加入三K党只是一种"长大的方式"，只是为了"聚在一起，享受生活"。

极端的诠释性社会研究人员批判定性历史比较研究。他们认为社会研究的唯一目的是获取对被研究者的移情式理解。他们认为研究应该是严格的具体化的描述，拒绝寻找一般因果规律、系统概念或出现在许多历史比较研究中的抽象理论模型。

定性历史比较研究与田野研究之间有许多共同点。它们都关注文化，试图通过被研究者的视角理解事件，重构被研究者的生活，并对特定的个体或群体进行研究。

独特的历史比较方法

独特的历史比较方法可以避免实证主义的泛滥和极端的诠释主义取向。它将对特定历史或文化背景的敏感性与理论概括相结合。历史比较研究的逻辑和目标更接近于田野研究，而非实证研究。下面的讨论描述了历史比较研究和田野研究之间的相似之处，以及历史比较研究的六个独特特征（参见表12.1）。

表12.1 比较研究方法小结:定性与定量的区别

主题	田野研究与历史比较研究	定量研究
研究者视角	被纳入成为研究过程并不可少的一部分	从研究过程中移除出去
理解数据的方式	沉浸于许多细节之中,从而获得理解	准确地将变量操作化
理论与数据资料	扎根理论,数据资料与概念之间存在对话	演绎理论与实证数据
研究发现的呈现	解译意义体系	检验假设
行动/结构	人们构建意义,但存在于社会结构之内	社会力量塑造人们的行为
规则/概括	基于背景的有限概括	发现普遍的、不受背景限制的规则

历史比较研究方法的独特特征

主题	历史比较研究人员采用的方法
证据	根据破碎的、不完整的证据重新构建
曲解	避免因为自己对社会或历史背景之外的知识而造成曲解
人的角色	将环境中有意识的人包含在内,并将他们的动机作为因果因素
原因	原因视情况而定,并且认为原因是深入表面之下的,是由不同元素结合而成的
微观/宏观	对全体个案进行比较,并将微观与宏观层次或层面的社会现实联系起来
跨情境	在同一情境中探索具体细节,在不同情境中进行抽象比较

历史比较研究与田野研究之间的六大相似点。 第一,历史比较研究与田野研究都强调研究人员的诠释,并且将诠释者-研究者所在的时空与世界观代入研究之中。不同于定量研究,无论是历史比较研究还是田野研究,目标都不是找到一组消解了历史时期和文化的明确的客观事实。

历史比较研究和田野研究都假定,研究人员不可能避免他所处的历史上文化和位置造成的影响。除此之外,这个观点是开展研究时不可避免的一个方面。这两种研究都承认研究人员是生活在当今时代的人类文化之中的,因此这些因素会影响着研究人员与历史证据或比较证据之间的关系。

例如,你会在研究中代入你的文化假设和背景。这会影响着你如何看待和理解关于人或事件的定性资料。不管你的文化是意大利文化、印尼文化还是冰岛文化,你对人或事件的看法可能会因你的核心文化假设、价值观和世界观而有所不同。同样，你对人或事件的看法也会根据你是生活在2012年、1912年还是1812年而有所不同。

这两种研究都假定进行研究的人无法逃离他所处的文化或时代所带来的影响。你所处的历史时期和文化地理位置无疑会影响你在进行研究时的感受、看法和理解。但仅仅因为你的观点会受到所处的历史和文化的影响，并不足以说明你所认为的或看到的一切都是严重扭曲的或无效的。相反，它说明你应该明确认识并反思自己所处的历史时期和文化情况，这是研究并不可少的一部分。

第二，无论是历史比较研究还是田野研究，你都会对丰富多样的资料进行检验。在这两种研究中，你的目标都是将自己沉浸于大量的资料之中，以获得对事件和人的移情式理解；你都需要抓住人们的主观感受，同时认识到人们的日常活动往往有着深层的社会意义。

在开展田野研究或历史比较研究时，你需要从各种各样的事件、行动、符号以及语言中，询问、挑选并关注社会生活的特定方面。随着资料的整理和注意力的集中，你会使用一系列不断演变的理论。例如，你对体现群体文化的仪式和象征符号（例如游行、服饰、物品的摆放等）进行研究，并利用它们来研究群体成员的动机、原因、辩解。

第三，在田野研究与历史比较研究中，你都会使用扎根理论。理论出现于数据收集的过程中，而不是从具体的假设开始进行检验。在这两种研究中，新理论的建立不少于对已有理论的检验。

第四，在田野研究与历史比较研究中，研究者的意义体系通常不同于被研究对象。尽管如此，你的目标是渗透并理解他们的观点。当你考察并掌握了被研究对象的生活、语言、视角，你的目标就是将这些内容"翻译"给研究报告的读者。

第五，在田野研究与历史比较研究中，研究者需要关注过程和顺序。社会活动的时间和过程是人们建构社会现实的基础。这涉及田野研究与历史比较研究如何对长久存在于能动性（agency）与结构之间的紧张关系保持敏感。其中，能动性是主动的方面，是指某些行为能够改变社会现实；而结构则指塑造并限制了社会生活的不变规则和规律。在这两种研究中，你会认识到，社会现实既是人们创造的，也是对人类选择的限制。[3]

第六，历史与跨文化知识都是不完全的、暂时的，它们基于有选择的事实和受限制的问题。田野研究与历史比较研究都不会为了揭示普遍不变的规律，而对命题进行演绎或对假设进行检验。同样，对研究进行重复也是不现实的。这是因为每个开展研究之人都会带来独特的视角，并汇集独特的证据体系。

历史比较研究的独特特征。尽管与田野研究之间有着许多相似之处，但历史比较研究也有独有的特征。对过去的研究与对不同文化的研究也有着相似之处。

首先，在历史比较研究中，你通常依赖有限的、间接的证据。通常来说，田野研究中的直接观察或参与，不可能出现在历史比较研究中。这意味着你必须依据你所掌握的证据，对发生在过去或其他文化中的事件进行重新构建。重建的过程意味着你可能不能确保所有证据的准确性。历史证据取决于过去资料的留存，这些资料通常是以文件的形式留存下来的（例如信件和新闻报纸）。这使得你的研究受限于那些尚未被毁坏的、留下了痕迹或记录的证据。想要研究一种不同的文化，通常需要花费十年甚至更久的时间才能获得对其真正的、深入的了解。如果你仅根据几个月或一年的经历来开展研究，那么对文化了解的深度将会十分有限。

在历史比较研究中，你总是在解读证据。面对同样的证据，不同的人或许会解读出不同的含义。这说明你必须对证据进行反思。你不可能通过匆匆一瞥就理解这些证据。相反，你需要将自己完全浸入证据之中，理解证据所处背景的细节。例如，想要对过去或遥远国家的家庭进行研究，你需要了解家庭的社会背景（例如工作性质、沟通方式、交通技术等）。这可能需要你研究地图，了解现行的法律。你还需要了解医疗照护条件和常见的社会实践。例如，"家庭成员拜访"的含义可能会受到其他条件的影响，例如道路泥泞、无法提前知会，以及在农场工作的人们需要持续照看动物。

对过去或另一种文化的重建很容易被扭曲。与所研究的对象相比，你可能更了解发生于研究时段之前、研究地点之外、历史时期之后的事件。与那些生活在过去或孤立的社会场景中的人相比，这种意识能够让你有着更强的连贯性。你需要防止将自己这种更加全面的意识，带到对被研究者日常经历的重建中去。

在历史比较研究中，你需要认识到，人们有能力学习，做出决定，并根据他们所学来改变事件的进程。这意味着当你研究人时，你需要"知其所知，亦知其所不知"。例如，一座城市中的居民意识到，过去每年夏天饮用附近河流的水之后便会生病。由于他们知道了这件事，于是改变了未来的行为，以避免过去的错误。他们在夏天更换了水源。这种有意识的行动改变了事件的进程（也即，生病人数减少）。当然，人们并不一定会学习或根据所学改变行为。或许他们不具备关于污染或污染物的科学知识，因此继续生病。即便他们确实更换了水源，也有可能会失败。无论如何，人们的学习能力将不确定性引入历史比较解释中。

当开展历史比较研究时，你需要了解人们是否认为不同的行为路线是合理的。研究对象将什么视为实现目标的可能方式，而什么是不可能方式，这将会塑造他们的世界观及对事物的理解。你需要询问他们是否知晓某些特定事件。例如，如果一支军队知道敌人的进攻即将到来，于是他们决定在半夜过河，那么此时"过河"行为的意义就不同于在军队不知道敌人正在逼近的情况下的意义。

在开展历史比较研究时，要将微观层次（小规模的、面对面的互动）与宏观层次（大规模的社会结构）整合起来。你需要尽量描述两个层面的社会现实，并将它们彼此相连。例如，你通过阅读日记或信件来调查个体的生平细节，以了解个体：他们吃的食物、他们的娱乐活动、他们的穿着、他们的疾病、他们和朋友的关系等。接着，你将微观层次的观察与宏观层次的过程联系起来，例如移民增长、生产机械化、无产阶级化、更加有效的劳动力市场等。

在开展历史比较研究时，你需要在特定环境细节之间来回切换，以进行综合比较。你仔细地检查特定环境，留意相似之处与不同之处，然后进行概括。在进行比较研究时，你需要对不同地理文化的单位（例如城市区域、民族、社会等）进行比较。[4]在进行历史研究时，你需要调查同一文化中过去的情境（如纪、世、期、代等）以了解其顺序，并进行跨时间比较。当然，你也可以将两者结合起来，研究不同历史环境中的不同文化环境。但是，每段时期或每个社会都有它独特的因果过程、意义体系、社会关系，因此我们可能没有单位间的等值元素。这就带来了一种独特的紧张关系，这种紧张关系存在于环境中的具体细节与用于连接不同环境的抽象概念之间。例如，马奥尼（Mahoney）在他关于南美的研究中，不仅考察了15个国家在150年间的经济发展与贸易，还研究了这15个国家精英阶层的生活、理解、经历（参见示例12.2）。

示例12.2 历史比较研究

詹姆士·马奥尼（2003）在拉丁美洲、特别是曾经是西班牙殖民帝国大陆领土的15个国家发现了一个难题。他发现，自1900年至2000年，这些国家的发达程度相对排名未曾发生变化：也即，在1900年时最欠发达的国家（玻利维亚）在2000年仍然是最欠发达的。这种稳定性与20世纪该区域的巨大变化和发展形成了鲜明的对比。回顾17世纪西班牙帝国的鼎盛时期，马奥尼指出，当时最富裕、最中心的殖民地成了后来最贫穷的国家。而在19世纪晚期，许多边缘、落后、贫穷的殖民地则成了最发达、最富有的国家。为了解决这个难题，马奥尼采用了两种定性资料分析方法：路径依赖（path dependency）和定性比较分析（qualitative comparative analysis，QCA）（在第十三章中将会讨论这两种方法）。他的资料包括地图、国家经济与人口数据、200多篇用英文或西班牙文发表的对特定国家进行的历史研究。他总结道，那些最中心、最繁荣的西班牙殖民地，位于自然资源丰富（用于开采和运往欧洲）和土著居民数量庞大（被当作强迫劳动力）的地方。这些国家出现了有权势的地方精英。他们创建了严格的族裔等级制度，以便将经济政治权力集中到自己手中，并将社会中的许多部门排除在外。这种分层制度一直延续到19世纪，当时出现了新的政治事件、贸易模式和经济条件。在18世纪至19世纪中期，那些对新思想持开放态度的自由派精英们并没有成功。相比之下，在17世纪至18世纪时，那些处于痛苦的南美帝国边缘的殖民地受到严格分层制度的阻碍较少。在这些国家中，拥有创新能力和适应能力的新精英崛起。因此，他们的处境发生了"大逆转"。在这个历史"转折点"之后，19世纪末，一些国家在社会经济发展方面取得了重大进展。这些国家建立了推动自身前进的政治经济体系和制度；也就是说，它们"锁定"了一个特定的方向或路径，这给它们带来了越来越多的回报。

许多概念是特定文化所特有的。这些概念只在特定的文化中出现，并且只在特定的文化中讲得通。还有一些概念则是跨文化的，它们在大多数文化中都存在，并且在某种程度上适用于所有文化。例如，"荣誉谋杀"（honor killing）只存在于一些特定文化之中。它是一种强烈的文化准则或规范，当一个人或其家庭，给另一个人或其家庭或所在社区带来巨大耻辱时，在荣誉谋杀的文化中，杀掉这个人或其家庭成员是正当的。这种耻辱可能是某种文化特有的，比如侮辱你或你的祖先，对你撒弥天大谎，从你身上偷取一些有价值的东西，或者不顾你的长辈禁止，与你或你的家庭成员发生性关系。

同样，有些概念也是历史特有的，或者只适用于某些特定的历史时期。例如，骑士对领主的"宣誓效忠"（sworn loyalty）只存在于封建时期。而我们如今广泛接受的概念"私有财产"（private property）在过去则不存在。人们期望婚姻建立在男女之间的浪漫爱情基础之上，这也是特定的文化和历史时期所特有的。而另一些概念则能够跨越时间或历史（例如经济不平等）。

在比较分析中采用跨文化概念，类似于在历史研究中采用跨越历史时期的概念。[5] 在比较研究中，你可能会将文化背景中的具体细节转化为一般理论语言，以便分析事件，并与他人交流。在历史研究中也是如此，你在对历史细节有所了解之后，运用那些能够超越特定历史时期的一般理论概念来分析事件，并与他人交流。

12.3 历史比较研究的步骤

在这一部分，我们开始介绍开展历史比较研究的步骤。在开展研究时，并不一定需要严格遵守步骤顺序。除了少数例外，历史比较研究经常使用各种各样的方法，其中许多是高度复杂的或专业的方法。

研究对象概念化

用历史比较研究方法开展研究，首先你需要做两件事情：(1) 获取对这个历史时期或文化背景的基础知识，(2) 对你将要研究的内容仔细地进行概念化。

这两项任务相互强化，互为补充。你可以始于一些一般性问题、松散的模型或一系列可以运用于背景或问题的初步概念。然而，你的概念是暂时性的。这是因为在研究进行的过程中，随着对特定历史时期或文化的深入了解，你需要不断提炼概念。

所有概念都带有隐含的假设，它将你的观察"包装"整理到某个类别之中，并会引导研究人员寻找证据。你需要了解暂时性概念中的假设以及它们的引导性影响。这是因为这些假设、"包装"、引导，会限制你寻找的内容或思考的证据。例如，你想要研究过去某个历史时期或不同国家的高中毕业率。或许你想解释为什么随着时间的推移，或在不同国家，高中毕业的人越来越少。你需要审视自己对高中和毕业的假设。不要天真地假设在你的时代或文化中高中学历是"正常的"或普遍的，相反，你需要考察这些概念可能意味着什么。也许在过去，大多数青少年通过当学徒或在农场工作来学习，而高中仅限于计划成为教师、医生或律师的少数人。也许高中教的是古代语言（希腊语、拉丁语或儒家经典），而不是你现在所学的科目。也许高中教育持续两年，在这两年中学生需要全年住校，并在学校吃饭、睡觉。

如果你对历史时期、比较文化背景或比较研究资料不够熟悉，那么第一件事就是获取基础知识。你可以参加一门或多门关于某个历史时期或文化背景的大学课程（例如18世纪的美国南部或德国文明）。阅读教材是一种有益的开端，但除了基础课程之外，你还需要进行**定向阅读**（orientation reading）。你需要阅读若干综合、严肃的书籍著作，以了解某个特定时期或文化的具体知识。最好请该领域或文化的专家推荐五六本书作为入门读物。这将有助于你大致了解背景。接着便可以开始汇集、整理概念，细分主要话题，列出接下来需要询问的问题。

对于一些跨文化研究，你还需要了解其他语言。如果无法用这门语言很好地阅读原始资料，那么至少需要能够理解这门语言与当地文化是如何共同运作的。你需要理解语言所包含的该文化特有的概念。

在一些类型的比较研究中，你可能会对不同国家的定量数据资料进行分析。在此之前，你需要花费一定的时间和精力，来了解这些不同国家的数据如何被收集以及测量的是什么。例如，你想要研究10个国家的高中毕业率。在进行研究之前，你需要了解在不同国家"高中"意味着什么：高中需要读几年？接受高中教育是法律义务还是自愿行为？这个国家的高中是只有一种类型还是有多种类型？对于不同的性别、种族、宗教，是否有单独的学校，还是每个人都上同样的高中？这个国家是否只有公立高中或私立高中，还是二者皆有？接受高中教育是免费的还是花费巨大？高中是否面向所有人开放，还是必须通过入学考试才能就读？毕业率是基于那些上高中并完成学业的人，还是全国某个年龄段的人在一定时间内完成高中学业的比率？如果不了解在这10个国家中高中毕业率的含义，那么就很有可能在比较分析数据时犯下严重错误。

和大多数严格的社会研究一样，历史比较研究始于假设、概念和理论框架。概念和证据共同作用以激发研究。例如，摩根和普拉萨德（Morgan and Prasad, 2009）对法国与美国为何采用不同的税收体系进行了考察。为了开展这项研究，他们需要了解这两个国家的历史、政府结构、文化环境、各种形式的税收（例如消费税、所得税、财产税等）。此外，他们还需了解不同的政治信念和组织团体是如何支持或反对不同类型的税收，以及这些行为如何影响了特定税收的实施与收集（参见示例12.3）。

寻找证据

当你掌握了基础知识与初步概念之后，你需要在大量的著作中寻找和收集证据。在开始时，你需要缩小研究范围，因为进行历史比较研究需要花费大量的时间。在历史研究中，你可以使用许多图书馆索引、目录以及其他能够列出馆藏书目的参考工具。在比较研究中，你需要关注特定国家或文化单位以及其中的具体证据。在历史比较研究中，你通常需要花费数月来寻找各种各样的图书馆中的资料，前往专门的研究型图书馆，阅读数十种书籍和文章。正如上文提到的，比较研究通常涉及学习一种或多种外语，而这需要一年甚至更久的高强度学习。

示例12.3　两个国家为何有着不同的税收方式

摩根和普拉萨德（Morgan and Prasad，2009）对法国与美国为何采用不同的税收体系进行了考察。有两种主要类型的税收：消费税与所得税。消费税通常是累退税（低收入群体缴纳更多的税），但能够推动经济增长，避免所得税引发的政治抗议。采用消费税的政府往往是更强大的福利国家（也即，向低收入和中等收入家庭提供更多的公共服务和社会项目）。相反，所得税会减缓经济增长，引发政治抗议，限制政府服务的数量与规模。为了解释一个国家为什么依靠其中一种税收，作者对法国和美国政府的税收体系发展进行了比较。在发达国家中，美国对所得税的依赖程度几乎最高，而法国几乎最低。但矛盾的是，美国有着最大的"自由市场"经济、最低程度的政府干预，而且几乎没有左翼政党。相反，法国有着强大的中央政府，政府对经济有着广泛的干预，并且有着经常赢得选举的强大左翼政党。

你可能以为，有着大政府和左翼政党的法国会采用累进税，比如所得税（对高收入群体征收更多的税）。然而，法国的税收主要依赖全国性的销售税。在1920年之前，美国从间接消费税转向了所得税。作者通过研究美国与法国在19世纪末20世纪初的政治、经济以及统治模式，来解释两个国家的不同路径。这些证据表明，反对工业化的抗议运动和一种特殊形式的中央集权，解释了两个国家如今的税收体系及其他特征。他们提出了一个超越这两个案例的理论，并总结道：如果我们不知道第一次世界大战前几十年发生了什么，就无法解释当今社会的主要特征。作者的数据资料包含了关于美国与法国的事件和规律的丰富历史细节。他们用这些证据构建了严谨的理论论证，同时提出了和拒绝了其他各种不同的可能解释。他们的参考书目罗列了将近100本（篇）用英文或法文书写的书籍和文章。

当你阅读文献并记录大量细节笔记时，你需要完成以下任务：

- 创建参考书目列表（在卡片或计算机上），并完整记录引用来源。
- 笔记既不要太简略，也不要太冗长（也即，不要只有几句话，也不要长达数页）。
- 在笔记卡片或资料中留下空白处，以便日后添加分析主题。
- 采用统一格式记录笔记（例如卡片、纸、计算机文件等）。
- 创建一个分析主题或待证假设（working hypotheses）的文件。

在开展研究时，你会对最初的概念和问题进行调整，或者根据你在证据中的发现而将注意力集中到某个方面。在收集证据时，需要对证据的质量进行评估。

评估证据质量

在收集历史比较研究证据时，你需要思考两个问题：这些证据与呈现的研究问题和不断演变的概念有多相关？证据有多准确、有力？

随着研究重点的转移，之前不相关的证据可能变得相关，反之亦然。此外，有些证据可能会激发新的调查途径或需要寻找更多的确认证据。当检查证据时，你需要在证据中寻找：（1）隐含的概念框架，（2）特定的细节，以及（3）实证概括。你需要对证据的其他可能解释进行评估，寻找沉默的证据，或者寻找证据未能解答事件、主题、或问题的案例。例如，当你对一个19世纪80年代的男性商人团体进行调查时，你找到了关于他们的证据和文件，但却找不到关于他们的妻子、家人或随从的任何证据。

整理证据

在收集证据、寻找新的资料来源时，你就应该开始整理资料。疯狂地记录笔记并随意堆积笔记，显然是不明智的做法。你可以通过记录较低层次的概括或主题来开始初步分析。接着，你开始整理证据，利用深刻的理论见解来激发整理资料的新方法、新问题。

随着资料和理论的相互作用，你可以超越对证据的表面检验，从而发展新的理论。它发生在当你用理论批判地评估证据的时候。例如，你阅读了大量关于抗议运动的证据。通过初步分析，你在整理证据时发现了一个主题：那些在抗议活动中比较活跃的人会定期交谈、互动。当他们就抗议而交谈、交流时，他们会发展出新的、共同的文化理解。这种共同的文化理解有助于把人们团结起来。不久之后，他们便会基于彼此的信任、熟悉、共同的经验，以一些与抗议本身无关的方式彼此互动（例如娱乐活动、购物等）。他们仍然坚持抗议运动的价值观，反对当前的状况，但他们创造了一个独特的文化领域和支持与互动的体系。你可以研究文化和运动的理论，然后形成一个新的概念：反抗运动的亚文化。然后，你可以使用这个概念来重新检查证据。

整合证据

随着证据的积累，下一步就是整合证据。当收集了大部分证据之后，你需要提炼概念，创建新的概念，并朝着一般性的解释模型迈进。证据中的具体事件，可以帮助你澄清概念并赋予新概念以意义。你可以跨时间或单位寻找规律，找出异同点。你可以将不同的事件按照顺序整理好，并将它们按照类别或主题分类。这有助于建立更加全面的理解。最终，你需要建立一个合理的解释，并将概念和证据纳入这个连贯的整体之中。要想这样做，你需要回顾证据，反复阅读笔记，将笔记按照整理计划分类。在研究过程中，你一直在寻找关联或联系。你需要用不同的方式和不同的视角来检验证据。下一章我们将会深入讨论定性资料分析。

在整合证据时，你会将具体证据与概念、潜在关系的抽象模型或因果机制联系起来。你可能会使用隐喻。例如，巨大的失望导致了革命，它就像"情绪过山车式地跌落"。在这里，它指的是事情看起来正在好转，但在预期迅速上升之后，突然出现了失望情绪。

撰写报告

将证据、论证、结论集中到一篇报告之中，这是所有研究的重要步骤。但与定量研究不同，对证据的精心加工和解读，是决定历史比较研究成败的关键。你必须将大量的证据提炼成明确的阐述，并记录详细的例子和附注。你将证据和论据组合在一起，呈现出一幅连贯的、令人信服的画面，或向读者"讲述一个故事"。

12.4 历史背景中的资料和证据

历史证据的类型

在历史研究中，需要澄清一些术语。历史（history）可以指过去的事情（例如法国人从越南撤军是历史），也可以指研究过去的学术领域（例如历史系）。史料编纂（historiography）是历史学家用来进行历史研究或收集和分析历史证据的方法。历史社会学（historical sociology）是历史比较社会研究的一部分。

历史研究采用四种类型的证据或资料：一手史料、二手史料、持续记录、回忆。[6]传统的历史学家主要依赖一手史料。在历史比较研究中，研究人员通常使用二手史料或将多种资料类型混合起来。

一手史料（primary sources）。生活在过去的人的信件、日记、报纸、电影、小说、文章、衣物、照片等，留存至今便成为一手史料。你可以在档案馆（储藏文件资料的地方）、私人收藏、家庭衣橱、博物馆中找到一手史料（参见扩展12.1）。如今的文件和物件（我们的信件、电视节目、视频录像、衣物、汽车）也将会在未来成为历史学家的一手史料。典型的一手史料例子是，历史学家在阁楼上发现的一捆发黄的信件，而这些信件是由一位在外参战的丈夫写给他的妻子的。专业的历史学家专门研究寻找、验证和检查一手史料的方法。

已发表和未发表的书面文件是一手史料中最重要的类型。你可以找到以原始形式存在的书面文件，也可以看到保存于微缩胶片或胶卷中的书面文件。它们往往是过去人们话语、思想和感情的唯一留存下来的记录。在研究有文字记载和许多人受过教育的社会和历史时期时，书面文件十分有用。对书面史料的常见批评是，它们大多是由官方组织中的精英或权威写成的。这意味着我们很容易忽视那些未曾受过教育的、贫困的、被边缘化的人的观点，或者正式社会制度之外的事件。例如，美国曾禁止奴隶写作或阅读。这说明从奴隶视角出发的关于奴隶日常经历的书面一手史料是少见且难以找到的。

你或许听说过哈丽特·雅各布斯（Harriet Jacobs）的《女奴生平》（*Life of a Slave Girl*）。雅各布斯女士于1813年出生于北卡罗来纳州的一个奴隶家庭，她的生活非常艰难。后来她逃离并躲藏了起来，然后逃往纽约，成了一名自由的女性和著名的废奴主义者。雅各布斯女士从1853年开始写这本书。由于无法出版，她于1861年自行出版了这本书。直到20世纪80年代中期，学者们才寻找此书的作者。如今，雅各布斯女士广受赞誉，因其提供了一幅关于美国女奴生活的具有说服力的一手描述。学者们发现了900项与她的生活、家庭和写作有关的一手史料。[7]

在电子通信、计算机及视频录像技术传播之前，写于纸上的文字（例如信件、书面账簿、报纸）是主要的沟通媒介。事实上，转向电子通信（例如手机短信和对话、网页、电视和广播电台）可能使得未来历史学家的工作变得更加困难，因为电子通信可能无法留下能够永远保存的实际记录。

二手史料（secondary sources）。一手史料有现实性和真实性。然而，由于时间的实际限制，许多一手史料研究被限制于有限的时间框架和地点之内。为了了解更为广泛的情况，许多历史比较研究人员会采用二手史料。二手史料是由多年来致力于寻找、收集和研究一手史料的专业的历史学家编写的。要进行历史比较研究，你可能需要阅读十多本（篇）书和文章。历史比较研究学者会对许多史料进行研究。例如，示例12.2中描述的马奥尼所著文章的参考文献，就包含了大约250份英文与西班牙文的史料。它们几乎都是二手史料。

扩展12.1 利用档案资料

档案是一手史料的主要来源。档案是私人收藏、博物馆、图书馆或正式档案中积累的文件材料（证件、照片、信件等）。

查找与获得使用权限

查找馆藏中是否存有与某个话题、组织或个人相关的资料，可能是一件漫长而令人沮丧的任务。你可能需要写许多信件，打许多电话，并且需要很多人的引荐。如果关于某个人或话题的资料确实存在，它也可能散落在许多不同的地方。要想获得使用权限，可能取决于家庭成员对私人收藏品的善意，或者去往遥远的图书馆，检查许多尘封的信件。此外，时间也是有限的（例如，档案馆每周只有四天开门，开门时间为早上10点至下午5点，但研究者需要对材料进行40个小时的查验）。

分类与整理

档案材料可能是未被分类的，或是以各种各样的方式整理的。材料的整理标准可能与研究者的研究兴趣无关。例如，信件和证件可能是按时间顺序排列的，但研究人员只对30多年来写给4位同事的信感兴趣，而不是日常账单、家庭信件等。

技术与控制

档案材料可能是以原始形式存在的，可能是被复制在微缩胶卷上，或者也有可能是以电子形式存在的。研究人员也许只被允许做笔记，而不被允许对材料进行复制，或者他们可能只能看到整个材料的一部分。研究人员不得不在一个特定的房间里阅读满是灰尘的文件，每天只能用铅笔做几个小时的笔记，这将是令人沮丧的。

追踪与追溯

档案研究中最困难的任务之一就是通过资料追踪常见事件或人物。即使所有的材料都在一个地点，相同的事件或关系可能以多种形式出现在多个位置。研究人员需要从成堆的文件中寻找证据。

苦差事、运气和意外发现

档案研究通常是艰苦而缓慢的。在难以辨认的文件上花费大量的时间非常乏味。此外，研究人员还会经常发现收藏中的漏洞、论文的空缺或被损坏的文件。然而，仔细阅读和检查以前没有接触过的材料，可以产生惊人的新关联或新想法。研究人员可能会发现意想不到的证据，从而开启新的研究方向（参见 Elder et al., 1993 和 Hill, 1993）。

持续记录（running records）。持续记录是由组织维护的档案或现有统计文件组成的。持续记录的一个例子是乡村教堂的档案，里面包括1910年到现在的每一段婚姻和每一起死亡的记录；另一个例子是记录了30年间所有入院、治疗、出院信息的医院记录。

回忆（recollections）。回忆是个人基于记忆对过去生活或经历的写作或文字。它们可以是回忆录、自传或访谈的形式。由于记忆是不完美的，因此，不同于一手史料，回忆可能会被扭曲。例如，当布利对一位80多岁的女性进行访谈，向她询问关于60年前在印第安纳州三K党的经历时，布利知道，这位女性对事件的记忆是不完美的（示例12.1）。布利的研究包含了口述历史（oral history）。在这种类型的回忆中，你会对人们进行关于他们过去生活或事件的长时间、非结构化的采访。这对那些不属于精英群体或不识字的人来说尤为重要。口述历史方法始于20世纪30年代，现在有专业协会和学术期刊，如口述历史协会（Oral History Association）和《口述历史评论》（*Oral History Review*），专门研究这种重要的方法。[8]

二手史料研究

用处及局限。大部分历史比较研究人员采用二手史料，但二手史料有其局限性，因此需要谨慎地使用。[9] 二手史料的局限包括历史记录不准确以及缺乏你感兴趣的研究领域。你不能用严谨的实证主义模型来检验假设，因为事后（发生在事实之后的）解释不能满足实证主义的证伪标准。尽管如此，他人进行的历史研究对于发展一般解释和记录事件的发生及演变趋势，都是非常重要的。

潜在的问题。二手史料浩如烟海，有着错综复杂的细节和解释，这就要求你把大量的描述性研究转化成易懂的、浓缩的描述。你的描述需要符合证据的复杂性和丰富性。通常，你必须整合对特定时代、地点、历史人物的不同的详细研究。

历史学家不会呈现无理论的客观"事实"。他们含蓄地建构原始数据，将信息分类，使证据符合概念。历史学家的概念来自新闻、历史人物的语言、意识形态、哲学、当今的日常语言和社会科学。你可能会发现，它们是模棱两可的，在应用上不一致，既不互斥也不穷尽。例如，历史学家可能将19世纪城镇中的一群人描述为"上层阶级"，但他却从未定义过这个词，也没有将其与任何社会阶级理论联系起来。历史学家的隐含理论限制了证据。你可以利用二手史料寻找证据以支持一些解释，这些解释可以不同于历史学家在编著二手史料时采用的隐含解释。

要开展研究，历史学家需要从所有可能的证据中选取特定的信息。然而，你很难知道历史学家是如何选取的。因此，你必须依赖历史学家的判断，而他们的判断可能带有偏差。[10] 例如，历史学家阅读了10,000页报纸、信件、日记。他利用概括和摘引提供了一个解释，将这些原始资料归结为一本100页的书籍。你并不知道历史学家是否遗漏了与你的研究相关的原始证据。

典型的历史学家研究实践也会带来个人偏见。传统历史学家严重依赖于一手史料和幸存文物，加之他们的非理论取向，通常使得他们将注意力集中在特定人群的特定行动上。

这种特殊主义的微观视角，会将他们的关注点偏离广泛的整合的主题或社会研究感兴趣的规律。这种对于特定个体的关注也是一种理论导向类型。[11]

传统的历史学家将证据整理成叙事历史（narrative history）。这也可能会使定义不明的概念和证据选择的问题变得更加复杂。在历史叙事中，作者将材料按照时间顺序整理成一个连贯的"故事"。故事的各个部分，通过故事主线及在事件中的顺序位置连接起来。这些部分一同构建了一个完整统一的故事。

紧要关头（conjuncture）和偶然事件（contingency）是历史叙事中常用的概念。紧要关头指的是，几件事情在恰当的时间和地点同时出现，影响了后来发生的事件。例如，A、B、C都存在，这就是会出现D的原因。历史学家将紧要关头的概念置入叙事历史之中，使得历史比较研究人员很难利用历史学家的著作作为二手史料来了解原始情况。偶然事件指的是，历史事件或通向未来事件的路径，有赖于（也即取决于）某种其他条件或情况的存在。例如，如果X与Z都发生了，那么Y就有可能发生；如果X与Z没有都发生，那么就可能出现不是Y结果。偶然事件在较早发生的事件和较晚发生的事件之间，建立了逻辑上的相互依赖关系。简单来说，如果事情发生了变化，我们无法确切地知道之后会发生什么。

历史叙事将时间顺序或事件发生的次序，作为其主要的整理组织工具，但这并不意味着其中存在理论或历史的因果性。因此，叙事符合建立因果关系的三个标准之二：时间顺序和关联。此外，叙事写作经常包含丰富多彩的轶事和细节，而这往往会模糊因果过程。历史学家会在叙事中加入事件，以丰富背景或环境，激发读者的兴趣，但这些事件对结果可能没有因果意义。

历史学家还会呈现一些具有延迟因果影响的事件。有些事件的影响可能会被暂时"搁置"，直到未来某个不确定的时间点才会产生因果影响。例如，我们获知了一对夫妻正在离婚，但离婚可能会影响到十年后某一方的职业发展方向。

历史叙事很少会明确地表明事件的结合或相互影响是如何运作的，或者在一个结合中不同因素的相对影响。例如，历史学家会讨论三种情况（例如严重的洪水、一家雇员众多的公司倒闭、大量移民的涌入），认为它们导致了某个事件（例如镇上一所当地大学的倒闭，受过良好教育的人们大批出走）。然而，很少有读者知道这三种情况中哪一种最重要，或者这三种情况是否都必须发生才能产生这样的结果。或许只有其中一种或两种情况，也有可能导致同样的结果。[12]在二手史料的叙事组织中，你必须通读微弱的概念、未知的选取标准、不明确的因果逻辑。在叙事之中可能存在理论，但它是隐而不露的。

此外，历史学家往往遵循特定的历史学"流派"。不同的史学流派（例如外交学派、人口学派、生态学派、心理学派、马克思主义学派、知识分子学派等）在寻找证据和提出问题时有着自己的规则。每个学派都侧重特定类型的解释因素。作为历史比较研究人员，你需要了解所用的二手史料的流派及其影响,以便对资料进行调整。

最后,历史学家是在特定的时代研究并撰写二手史料的。在不同的时代,历史学家可以接触到不同的材料,并且往往会观察和强调不同的因素。当代历史学家检验一手史料的方式,可能不同于20世纪20年代的历史学家。

一手史料研究

在依赖二手史料进行历史比较研究时,历史学家的因素是研究人员主要担忧的问题。在利用一手史料进行研究时,最重要的问题在于,过去所写或使用的所有东西中,只有一小部分留存到现在。并且,那些存留下来的部分是过去资料的非随机样本。

第二个问题在于,当你阅读一手史料时,你是在试图通过生活在过去的人的视角和假设来理解过去。这意味着你必须排除或抑制后续事件和现代价值观的影响。例如,你阅读一份来自19世纪20年代奴隶主的一手史料,你要将农业奴隶制度注定灭亡的知识"隐藏起来"。同样,对奴隶制进行道德说教,或者指责作者未能看到它的罪恶,都会让你无法"进入"奴隶主的世界观,从他的角度看待问题。在历史比较研究中,当你阅读一手史料时,需要抑制道德判断,成为一个暂时的道德相对主义者,这样你才能更好地理解一手史料作者的立场。

第三个问题在于寻找原始材料可能会耗时较久。你必须搜索专业索引,前往档案馆或专业图书馆。一手史料可能位于一个满是灰尘的、偏僻的房间,里面都是成堆的纸箱,纸箱里装着大量褪色的文件。这些材料可能是不完整的、未被整理的,并且处于不同的腐败程度。当你找到这些资料或其他一手史料时,需要通过外部和内部的考证来进行评估(参见图12.1)。

外部考证(external criticism)指的是评估一手史料本身的真实性,以确保它不是赝品或伪造品。外部考证涉及的问题是:这份文件是在它所声称的时间点上创建的吗?是出现在它应该出现的地方吗?是由它所声称的作者创建的吗?你可能会问,一开始为什么会创建这份文件,它是怎么留存下来的?

当一手史料通过测试被证明是真实的,你就需要利用**内部考证**(internal criticism)来检验它的内容。要进行内部考证,你需要评估以下几个问题:史料作者是否直接见证了他所记录的内容,这是否是二手信息?这份史料是一位作者还是多位作者?你既需要检查记录内容的字面含义,也需要检查它的微妙的内涵或意图。你需要留意一手史料所提到的其他事件、资料来源、人物,并了解它们是否可被证实。你需要审视史料隐含的假设或呈现的价值观。你可能需要注意史料产生的相对条件(例如,产生于战时或极权主义政体之下)对史料内容的影响。你还需要考虑史料陈述的语境,以了解它的完整含义。一般来说,你需要将一手史料与二手史料结合起来,以建立完整的解释(参见示例12.4)。

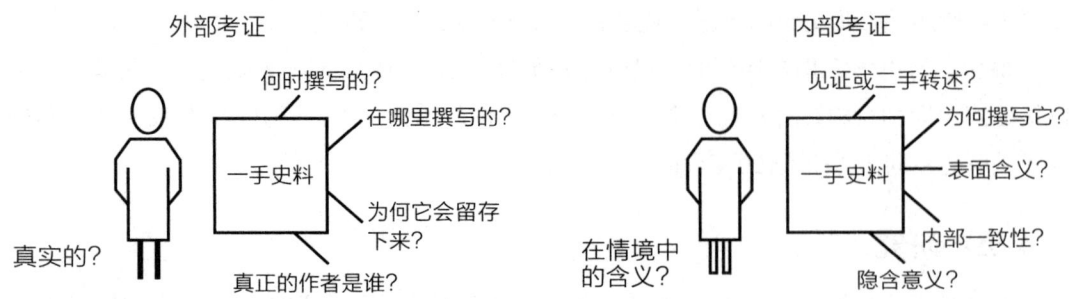

图12.1 内部与外部考证

示例12.4　国际移民与史料的使用

在20世纪早期对秘鲁、芝加哥和夏威夷的中国移民网络的历史比较研究中，麦基翁（McKeown，2001）利用了一手史料、二手史料和持续记录。他考察了近一个世纪以来发生在三个国家的事件——从重大国际事件、国家法律到个人家庭传记。关于重要国内或国际事件，他主要依赖二手史料。尽管他的研究主要是定性历史研究，但他同样利用持续记录史料，检验了定量数据并提供了图表和统计表格。他的证据还包括地理地图和照片，引用了100年前的电报、官方的政府文件、原始的报纸报道，他还选取了三种语言的部分个人信件。通过比较在漫长的历史时期和不同的社会文化背景下的中国移民，他可以追溯跨国社区和社会身份的形成与运作。他发现那些能够连接中国农村、跨越多个国家边界的网络，有助于维持一个充满活力、相互作用的社区。这个网络是由社会关系维系的，社会关系可以是来自于同一村庄、宗族、家庭、商业交易，或是有着共享的语言与习俗维系。麦基翁的一个主要论据是，研究人员的视角如果仅立足于一个国家，那么在研究跨国社会社区或多元混合文化时便会受限。跨国社区在当地发生的具体互动塑造了其诸多特征。

12.5　比较研究

比较研究类型

与其说比较研究是一种单独的研究方法，不如说它是社会研究的一个视角或取向。与其他社会研究一样，比较研究有其优势与局限性。

比较研究的优势。 比较研究往往能够放大其他形式的社会研究的方法论问题。[13] 比较的视角可以将研究设计中的缺陷暴露出来，有助于提高研究质量。尽管所有社会研究都涉及比较，但比较研究的核心关注点在于识别异同。

在某种程度上，我们在所有社会研究中都进行了归纳。比较研究的一个主要优势在于，它能够识别社会生活的哪些方面是跨单位的（例如文化），哪些方面是仅限于一个单位之内的。讽刺的是，实证主义原则强调发现适用于所有人和所有社会的一般规律或社会行为模式；然而大多数实证主义导向的研究只涉及一个社会、文化或群体，很少是比较研究。

比较研究有助于发展在多种文化背景下通用的广泛或普遍的概念，它可以揭示文化偏见。如果不跨文化或跨背景地使用一个概念，就很难觉察到隐藏的偏见、假设、价值观。一种文化中的事件和行为的范围，小于全部人类行为的范围。这说明只考察一种文化的社会研究所考虑的社会活动范围有限。当你在更广泛的文化和社会背景下进行研究时，隐含的偏见、假设、价值观便会显露出来。

举个例子，希平与阿卜杜勒两位研究人员对婴儿断奶年龄和情绪问题的发生之间的关系进行了研究。希平只考察了美国数据，数据显示婴儿的断奶年龄在5~15个月之间，随着断奶年龄的提高，婴儿的情绪问题会稳步增加。她的结论是断奶年龄晚会导致情绪问题。阿卜杜勒考察了10个社会的数据，发现断奶年龄在5~36个月之间。他发现，在18个月以前，婴儿情绪问题发生率随着断奶年龄的提高而增加；然后会达到顶峰并下降到一个较低的水平。阿卜杜勒的结论更加准确：断奶年龄在6~18个月时可能会出现情绪上的问题，早于6个月或晚于18个月都会降低情绪问题发生的概率。希平对关系的推断是错误的，因为她使用的美国婴儿断奶年龄范围较小。

比较研究的另一个优势在于，它能够提出新问题，激发建立理论。例如，拉蒙特（Lamont, 2000）比较了法国与美国的蓝领劳动者与底层白领劳动者。她从巴黎和纽约郊区白人和黑人的电话号码簿中随机抽取样本，并对受访者进行了两个小时的访谈。她研究了他们用来为种族差异进行辩护的理由和论证形式。

拉蒙特发现在法国与美国，种族主义者和反种族主义者的争论有很大的不同。这些差异揭示了人们如何使用与社会主流文化主题密切相关的论据和理由。例如，在美国，种族差异长久以来被解释为生物学上的劣势。尽管这种解释已然式微，但它仍然存在于美国的种族主义和反种族主义争论中。这样的论证并不存在于法国。在美国，市场有着近乎神圣的地位。美国的种族主义者和反种族主义者经常利用市场和个人经济上的成功作为论据。在法国，市场并没有被视为一种公平高效的机制或资源配置方式。因此，法国的种族主义和反种族主义的争论中没有涉及市场因素。相反，法国人认为文化因素是非常重要的，并视为所有人的基本人权。

与美国相比，法国更多地使用文化论据、平等主义以及全人类的普遍性来讨论种族差异。事实上，在美国的辩护中却几乎没有提到在本质上人人平等的观点。拉蒙特发现的这种差异可以让我们明白，那些嵌入在广泛社会和文化中的特定信仰和价值观，如何影响着人们对于社会问题和关系的基本理解。这些发现说明了人们在种族关系上采取不同立场的原因与方式，激发了新的问题与理论。

比较研究的局限性。 与非比较研究相比，带有比较视角的研究通常更加困难、成本更高、耗时更久。能够收集到的数据资料类型以及与等值性相关的问题（稍后讨论）也是比较研究常见的局限。

比较研究常见的另一个缺陷在于个案的数量。例如，你很难在比较研究中将国家作为随机抽样的分析单位。世界上全部约有200个国家，你无法拥有足够多的信息提供者。某些国家的数据难以获得，而缺乏数据的国家并不是随机的（它们往往是贫穷的国家、非民主国家，等等）。此外还有一个问题，既然国与国之间的差别如此之大，那么在抽样时是否能够把它们当作等值的抽样单位。有些国家人口超过10亿，而有些国家只有10万人。虽然一些跨国定量研究包括150多个国家，但它通常仅限于对几个变量进行比较。例如，索法桑与英格拉姆（Thorfason and Ingram，2010）拥有187个国家在185年间的数据，但仅限于4~5个变量。

可用于比较研究的个案数量表明了你能够采用的研究策略。如果个案数量较少，那么可以对每个个案进行深入研究，获取更广泛的信息。这种策略鼓励研究人员将每个个案视为是独特的，但它会对概括推广有所限制。如果个案数量较多，那么可以采用定量方法，但定量研究的一个基本原则是个案数量要多于变量数量。如果要对5个国家的20个变量进行考察，那么便不能通过定量方法来检验理论或判定关系，因为变量或特征的数量多于个案的数量（更多讨论请参见十三章）。

第三个局限性在于，比较研究通常可以让你应用或解释某个理论，但却无法对理论进行严密的检验。严密的理论研究常出现在定量研究中，几乎不可能出现在比较研究中。你可以在比较研究中以个案为例来阐明理论框架，以此说明理论框架的有效性与可信性，但却不能像在定量研究中那样检验理论。尽管如此，用比较性的个案来说明理论框架，仍然能够提供宝贵的信息和深刻见解（参见示例12.5）。

示例12.5 性别平等的比较研究

维特尔纳和法隆（Viterna and Fallon，2008）提出了一个问题：当一个国家为了民主而进行重大政治变革时，女性的处境是否会改善？他们通过比较4个国家向民主的过渡及其对妇女地位的影响，说明了在国家发生变革时性别平等变化的理论。他们的理论框架包含4个因素：(1)向民主过渡的内容（它的完整程度如何？男性与女性对变革是否同样重要？），(2)女性社会流动的遗留问题，(3)政党角色，以及(4)国际影响。他们认为这4个因素共同塑造了女性社会流动的机遇。4个个案国家分别是南非、阿根廷、加纳、萨尔瓦多。他们之所以选择这4个国家，是因为这些个案展示了在提高性别平等方面的成功经历和失败经历，并且在以上4个理论因素方面各不相同。为了寻找个案，维特尔纳和法隆根据10年间女性议会成员所占的比例对各国进行了排名。大部分非洲和拉丁美洲国家都显示出女性地位的进步。然而，加纳在非洲40个国家中的排名从第17位跌到了第30位。萨尔瓦多在拉丁美洲21个国家中的排名从第9位跌到了第16位。相反，南非和阿根廷是新兴的民主国家，它们在鼓励女性从政方面位列前茅。接着，维特尔纳和法隆对这10年来每个国家的4个理论因素进行了详细的分析。他们发现，当大多数人乐于接受民主过渡时，性别平等发展最快。当民主转型完全取代了旧政权，并包含了接纳女性目标的信念时，也有助于推动性别平等。当女性运动在转型前是独特的女权主义运动，而不是作为以男性为主导的政治运动的一部分时，性别平等会更加成功。占据优势的政党所持有的具体意识形态对推动性别平等的影响，不及该政党实力以及它是否包含女性产生的影响大。那些能够充分吸纳女性的强大政党能够推动性别平等。当这些国家的女性进入国际社会（例如国际或地区组织）之后，它们便会主动向转型后的政府进行施压以促进性别平等。然而，如果国际组织为妇女事业提供资金，那么它们在推动性别平等方面起到的作用，就不如无党派的当地或国内女性组织所起到的作用大。总之，作者比较了4个国家的因素，以说明这些因素对于推动性别平等方面的重要性。

比较的单位

文化与民族。大部分比较研究采用国家或民族作为分析单位。民族国家（nation-state）是当今人们思考全球人类差异问题时的主要分析单位。尽管在这个时代，民族国家是主导的国际单位，但它既不是必然的，也不算永恒的；事实上，它只存在了大约300年。

民族国家意味着一个政府对居住于该领土的人们拥有主权（也即军事控制与政治权威）。主权还包括经济关系（例如货币、贸易等）、交通路线、领土界限之内的通信系统。居住在领土之内的人们有着共同的语言与习俗。大部分民族国家还有着通用的教育体系、法律体系、政治符号（例如旗帜、国歌等）。政府宣称代表它所控制的领土内所有人民的利益。

尽管一开始你将民族国家看作分析单位，并且大部分数据资料是以此为单位收集的，但你有时可能会对文化更感兴趣。民族国家通常被当作文化的替代品。文化是人们基于共同的社会关系、信仰和技术工艺而形成的共同身份。在语言、习俗、传统、规范上，文化差异通常与民族国家的差异一致。事实上，拥有共同的文化是导致不同民族国家形成的主要因素。我们很难将文化定义为一个可观察的单位，但与民族国家相比，文化与实质问题和议题更加相关。

民族国家边界并不一定与文化边界重合。在一些情况下，一种文化可以传播到若干民族国家之中；而在另一些情况下，一个国家可能拥有不止一种文化。近几个世纪以来，文化的边界变得模糊。随着战争、入侵、征战，领土被分为殖民地或民族国家，它们摧毁、重新安排或散布着独特而充满活力的人类文化。在18世纪和19世纪，欧洲帝国任意划定边界，使得殖民地内有着多种文化的融合，这些殖民地后来成为独立的国家。同样，国家界内的移民或少数民族并不总是能够被国家的主流文化同化。在同一个国家，某些地区的人可能拥有与主流民族文化不同的独特文化，这可以从他们的民族背景、语言、习俗、宗教和认同等方面得到证明（例如，加拿大魁北克省）。一个国家拥有多种文化可能会导致地区冲突，因为民族和文化认同是民族主义的基础。

总而言之，文化与民族国家之间的区别说明，民族国家并不总是开展比较研究的最佳分析单位。你应该问自己，对于你的研究问题，什么才是相关的比较单位——是国家、文化、小规模的地区，还是亚文化？例如研究问题是：收入水平是否与离婚率相关（也即，收入水平越高，离婚率越低）？若一群有着不同文化、语言、宗教信仰的人居住在一个国家的某个地区之内。在他们之中，收入与离婚率无关；而在这个国家的其他地方盛行着不同的文化，收入与离婚率有关。如果你用民族国家作为比较单位，那么可能会得到模棱两可的结果，解释能力较弱。你会发现比民族国家更小的单位是更合适的，而不应该假定每个民族国家内部都有着共同的文化。

高尔顿问题（Galton's problem）。弗朗西斯·高尔顿爵士（Sir Francis Galton, 1822~1911）在对单位进行比较时发现了一个经典问题。在对单位或其特征进行比较时，研究者希望单位是各具特点的，与其他单位不同。你不希望单位之间彼此模糊或重叠。如果比较单位不是不同的，而是属于更大的单位的子单位，那么你就会发现虚假关系。例如，你对美国50个州、澳大利亚6个州、加拿大10个省和法国96个省进行研究，共计162个单位。你发现，在以美元为货币的英语地区中间，或者在以欧元为货币的法语地区中间存在强关联。显然这种关联是由于比较单位（例如州、省）是一个更大的单位的一部分，这个更大的单位就是国家。你之所以观察到了关联，是因为你的比较单位是更大单位的一部分，而不是因为在使用语言与货币形式之间存在真实关系。社会地理学家也会遇到这个问题，因为许多社会和文化特征会散布在不同的地理空间中。

高尔顿问题是比较研究中的一个重要议题，因为文化很少有着明确的、固定的边界。通常很难说文化在哪儿终结，从哪儿开始。我们也不能说一种文化是完全独立的，是不同于另一种文化的。因为随着时间的推移，一种文化的特征可能已经扩散到另一种文化。如果不同单位的两个变量之间存在关系是因为它们有着共同的起源，并且它们并不是真正意义上不同的单位时，就会出现高尔顿问题（参见图12.2）。

高尔顿问题起源于跨文化比较，但在历史比较研究中也存在这样的问题。你可能会问，在不同的历史时期，比较单位是否真的相似或不同？例如，1872年的古巴与2012年的古巴是否是同一个国家？西班牙殖民主义结束的140年以来，美国影响力的提升、独立、独裁和共产主义革命，是否从根本上改变了这个单位？

跨文化研究中的数据资料

比较田野研究（comparative field research）。在比较研究中，你可以在不同于自己的文化中进行田野研究和参与观察。人类学家会为了进行这类研究而接受专业训练。人类学研究和田野研究之间思想和方法上的交互说明，在本文化中进行田野研究与在其他文化中进行田野研究之间，只是程度上的差别。在其他文化中进行田野研究通常更加困难，也会对研究人员有着更高的要求。

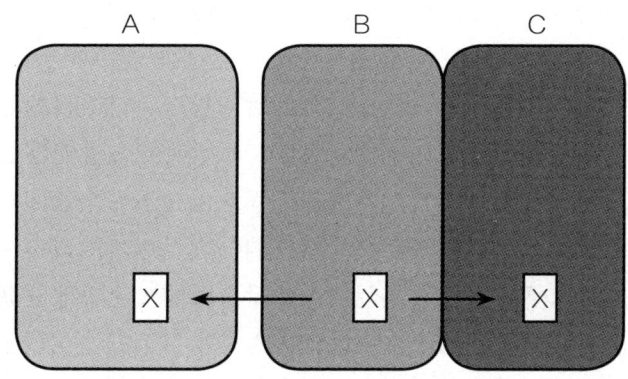

当研究者在不同的场景或社会（用A、B、C代表）中发现了同样的关系（用X代表），并且做出了错误的结论，认为在这三个不同的地方都存在这样的社会关系时，就会出现高尔顿问题。研究者可能认为他或她在三个独立的个案中都发现了这种关系。但是出现这种关系的真实原因可能是，这三个场景有着共同的起源。这是一个严重的问题，因为研究者在不同的场景或分析单位（如社会）中发现了一种社会关系（如婚姻模式），会认为这种关系独立存在于不同的单位之中，而这意味着这种关系普遍存在于人类社会。研究者可能未能意识到，实际上这是因为不同单位的人们有着共同的社会关系。

图12.2 高尔顿问题

定性资料的现有来源（existing sources of qualitative data）。你可以在比较研究中使用二手资料。例如，你可能会对巴西、加拿大、日本的教育体系进行比较研究。你可以阅读由巴西、加拿大、日本或其他地区的研究人员对这三个国家的教育体系进行的研究。

人类历史上约有5,000种不同的文化，社会研究人员对其中约1,000种文化进行了研究。一个很有价值的关于不同文化的民族志资料来源是人类关系区域档案（Human Relations Area Files，HRAF）以及相关的民族志地图集（Ethnographic Atlas）。[14] 人类关系区域档案是一个田野研究报告的集合，它汇集了关于各种文化的民族志研究的信息，其中大多数是原始的或小的部落群体。人类关系区域档案根据文化的社会特征或社会实践（例如婴儿喂养、自杀、分娩等）整理了近300种文化的广泛信息。人类关系区域档案将来自于不同研究的信息按照特征整合在一起。这样你就可以很容易地比较不同文化中的同一个特征。例如，你对遗产感兴趣。你可能会了解到，在159种不同文化的遗产研究中，有119种是父系的（父亲传给儿子），27种是母系的（母亲传给女儿），还有13种是混合的。

你可以利用人类关系区域档案来研究不同文化特征之间的关系。例如，你想知道对女性的性侵犯或强奸，是否与父权制度（也即，由男性掌握权力或权威）有关。你可以检查人类关系区域档案中的数据资料，查看性侵犯的发生是否与文化中较强的父权制度相关。

然而，人类关系区域档案也有其局限性。第一，它的质量取决于原始研究报告的质量。原始研究报告的质量会因原始研究人员在田野的时间长短、对语言的熟悉程度、先前的经验、报告的详细和明确程度，而有所不同。第二，原始研究人员能够观察到的行为或实践的范围是有限的，对所有行为或实践的调查深入程度也并不完全相同。第三，由于原始研究报告的局限性，人类关系区域档案对文化特征的分类是粗略的或不完善的。第四，在这些文化与外界接触之前，西方研究人员只能在数量有限的文化中建立联系并开展研究。研究人员所研究的文化并不是所有人类文化的代表性样本。第五，在利用人类关系区域档案对文化进行研究时，也有可能遇到高尔顿问题（见上文）。

跨国调查研究。在第七章中介绍了调查研究。在这一部分，我们考察的是将调查方法运用于跨国研究时产生的问题。在原则上，进行跨文化研究可能遇到的问题，与在单一文化中进行调查研究的问题相同；然而，在跨文化调查中，这些问题更加严重。

在不同的文化中开展调查研究，需要研究者对其规范、实践、习俗有着深入的了解。如果没有这种深入的了解，研究者就很容易会在程序和解读上犯下严重的错误。了解另一门语言还不够。你必须对这两种文化都有着全面的了解，还需要掌握扎实的调查方法知识。当计划在另一个不同的文化中开展调查时，你需要预先充分了解关于这个文化。与其他文化中的当地人合作，也是研究中必不可少的一部分。

在进行跨文化研究时，你需要基于实质（例如理论、研究问题）和实际理由，决定将哪些文化或国家纳入研究之中。你需要对调查研究的每个步骤（问题措辞、数据收集、抽样、访谈等）进行调整，以适应调查所在地的文化。其中一个重要的议题是，不同文化中的人们如何体验现代调查方法。在有些文化中，调查和访问比较常见；而在另一些文化中，调查研究可能是类似于警察审问一般的异常和恐怖。

文化环境也影响着调查的抽样。你必须考虑是否可以获取准确的抽样框、邮件或电话服务的质量、前往偏远山村的交通状况。你需要知晓许多因素，例如人们迁移的频率、居住的住宅类别、同居的人数、电话的覆盖率、一般情况下的拒绝率。你需要根据文化来对抽样单位进行调整，并且思考在这种文化中人们如何定义基本单位，例如家庭。基于当地文化背景，你可能需要使用特殊的样本或特殊的抽样方式（如滚雪球抽样）。

在为身处不同文化环境的人编写调查问卷时，那些在编写优秀问卷题目时会遇到的问题（见第七章）会被放大。你需要对题目的措辞、问卷的长度、问卷介绍、包含的主题非常敏感。你必须对当地的规范有所了解，知道在调查中能够或不能涉及哪些问题。例如，涉及政治议题、饮酒、宗教或与性相关的事情的开放式问题，可能是被忌讳的。除了此类文化问题之外，翻译和语言等值通常也会带来严重的问题（参见本章稍后关于等值性的讨论）。你也可以进行回译（稍后讨论）或雇用掌握双语的研究人员，但在不同的语言或文化中询问完全相同的问题几乎是不可能的。

跨文化情境下的访谈是复杂的。对访谈人员的选择和培训，取决于该文化中的教育、规范、礼仪。访谈情境中可能会存在一些问题，例如关于隐私的特殊文化规范、获取信任的方式、关于保密性的想法、方言差异。例如，在有些文化中，访谈人员必须花费一天的时间进行非正式的谈话，并与受访者共进一餐，才能建立足够的密切关系以进行简短的调查访谈。在另一些文化中，你必须首先获得当地村落权威或宗教领袖的许可，然后才能对村民进行访谈。

定量数据的现有来源。我们可以获取不同国家的定量数据。我们可以找到大量的定量数据和现有统计资料，这些数据包含了许多变量且来源广泛（例如新闻报道、官方政府统计资料、联合国报告）。

现有的跨文化统计数据十分宝贵，但它也有着诸多局限性，其中包含了与其他类型的现有统计资料所共有的局限性。对于不同国家，变量的理论定义与数据收集的信度可能存在巨大差异。一个常见的局限性是信息缺失。有些政府提供的官方数据中包含刻意的错误信息，这也会是一个问题。另一个局限性在于数据收集的单位。例如，在35年的时间中，会出现一些新国家，也会有一些国家改变名称或边界。

主要的数据档案存有计算机可读形式的数据资料，你可以利用这些现有的国际统计数据开展二手分析研究。尽管这些数据存在上述的局限性，但却仍然能够产生有价值的深刻见解。例如，萨顿（Sutton，2004）利用现有统计数据开展了一项定量研究，探究了15个国家在1960年至1990年间失业与监禁的关系（参见示例12.6）。

12.6 历史比较研究中的等值

等值的重要性

等值（equivalence）是所有研究中的关键议题。它事关研究人员是否能够在不同的背景下进行比较。如果你身处特定的历史时期和文化，这是否会妨碍你正确地理解生活在不同历史时期或有着迥异的文化背景的人？当你试图跨时间或文化进行比较时，能否采用相同的概念或方法？如果不具备等值性，你将无法采用相同的概念或量度。历史比较研究中的一般等值问题是，在对两个或以上单位（不同的文化或历史时期）进行比较时，必须有足够的共同点来进行比较。

示例12.6　15个国家的监禁率

许多以国家为分析单位的跨国研究都依赖于现有的统计数据。例如，萨顿（Sutton, 2004）对1960年至1990年间的15个国家进行了一项定量统计研究。长期以来，许多研究人员认为，犯罪率的变化与监禁率的变化并不密切相关。萨顿对鲁舍和基希海默尔（Rusche and Kirchheimer）的论点进行了检验，该论点认为，失业率导致了监禁率的上升，因为监禁是政府试图控制人口中过剩的失业工人阶级男性的方式，这些人被认为可能是难以控制的。基本上，当有许多工人失业时，监狱就人满为患；而当经济繁荣时，监狱就空空如也。萨顿的数据来源于15个国家的政府统计年鉴、世界卫生组织和国际劳工组织等国际组织发表的出版物，以及几个国家的识别了一些诸如工会模式和政党结构等特征的以往社会科学研究。萨顿发现对原始论点的支持证据十分有限，但他发现其他一些因素对监禁率有着强烈的影响。他认为失业对监禁的影响可能是虚假关系（参见本书第二章、第四章、第十章对虚假关系的讨论）。萨顿发现国家政治和劳动力市场结构的特定特征，可能是造成特定失业模式和不同监禁政策的原因。简言之，当低收入群体和工人在政治上处于弱势，而富人和企业主处于优势时，失业率和监禁率都会上升。

等值的类型

等值问题在两个方面产生影响。首先是研究等值，或者说是在研究中对不同单位进行比较的能力。第二个是研究发现的沟通等值，或者说是将研究所得知识与他人沟通的能力。

当人们在一个非常不同的时代或文化中开展研究时，很容易对事件、观念、实践进行错误的解读。即使获得了准确的解读，你仍需要在不同的时代或文化中对事件概念化、测量并研究，以便进行跨时间或地点的比较。为了做比较，你需要在不同单位中找到一定程度的相似性或共同特征。这是历史比较研究等值的中心议题。

我们可以将历史比较研究的等值分为四种子类别：词汇等值、语境等值、概念等值、测量等值。

词汇等值（lexicon equivalence）。词汇等值是最简单的等值类型，它指的是将词语和词组正确地翻译为另一种不同的语言，或者在另一种语言中找到与该单词含义相同的单词。例如，在许多文化和语言中有不同的称谓和代词。对亲密的人（如好朋友和家人）和下级（如年龄或地位较低的人），你会使用非正式的称谓。身处不熟悉的地方、公众场合，以及对于社会地位较高的人，你会使用正式称谓。尽管在英语中没有直接等同的语言形式，但在英语文化中，同样存在亲密的、非正式的关系与正式的、公众的关系。在其他语言中，变化"你今天好吗"这句话中的代词和动词的形式，可能表示社会地位的改变或两个人之间的关系。而在英语文化中，你可能需要通过其他方式来表达地位或关系的变化，有时这种方式也可以是非语言的。在一些年龄代表重要地位的社会（例如日本），有许多英语中不存在的基于地位的词语。另一个例子是，在一些语言中，你不能直接说"我的兄弟"而不指明是哥哥还是弟弟。在这种文化中，没有对应"兄弟"（brother）的词，却存在与"弟弟"或"哥哥"对应的词语。在英语和其他语言中，"一般意义上的兄弟"和"哥哥""弟弟"同时存在，但是表达方式有所区别。

在比较研究中，研究人员会利用回译（back translation）来实现词汇等值。回译指的是，研究人员将一段话或一个问题从一种语言翻译为另一种语言；接着，再让另一位工作人员将第二种语言的问题或语句翻译回第一种语言。然后就可以通过比较第一种语言的两个版本，来考察其准确性。例如，你将一段英文翻译为韩文，然后你再让另一位工作人员将韩文翻译回英文。你可以比较第一个和第二个英文版本，如果这两个版本之间存在差异，那么你需要调整措辞。你需要多次重复回译的过程，直到两个英文版本一致为止。

例如，在一项对美国与日本高校学生进行的国际议题知识的比较研究中，研究人员首先用英文编写问卷。接着，这些问卷由日本学生和教员翻译为日文。根据翻译人员的意见，研究者们对英文问卷进行了调整。但当他们进行回译时，仍然发现了高达30处严重误读的翻译错误。[15]

有时，存在于某一种语言中的观点或文化，也许并不存在于另一种语言中。这意味着在翻译时可能需要给出复杂的解释，或者无法轻易地在不同文化和语言中使用特定概念（参见稍后对概念等值的讨论）。

词汇等值不仅限于不同文化的不同语言中，在同一种语言的历史研究中，词汇等值也是重要的问题。在同一种语言中，同一个单词的意思也可能会随着时间而改变。相距时间越久远，同一个表述越有可能有着不同含义或内涵。例如，如今"weed"这个词语指的是

"杂草"或"大麻";但在莎士比亚时代,这个词语指的是"衣物"。在20世纪50年代到80年代,美国人给俚语"you suck"或"it sucks"赋予了淫秽的性内涵;而在21世纪早期,人们在公共场合广泛使用这些俚语来表示不满或蔑视。

此外,人们说话的方式可能会改变它的含义。有时,语境、语气或面部表情上的差异会把一个短语从礼貌的请求,变成具有侮辱性的、命令的或讽刺的语言。同一个词语、短语或问题的含义可能会因表达方式的不同而存在差异,这个问题在跨时期、跨文化或跨语言研究中更加突出。

语境等值(contextual equivalence)。语境等值的问题与词汇等值密切相关。它指的是在不同的社会或历史背景下正确地使用术语。你需要在不同语境中实现等值——也即,含义相同——以便进行比较。例如,在拥有不同主流宗教的文化中,宗教领袖(例如神父、牧师、拉比)的角色、培训、权威也不同。在一些情境中,神父是一位富有的、受尊敬的男性全职专业人士。他受到人们的尊敬,是一名受过良好教育的社区领袖,也掌握着政治权力。而在另一些文化中,神父只是在宗教集会上地位暂时高于他人的人。这个人的权威来自他与精神世界或神的沟通,但在社区生活中没有任何权力或地位。与其他语境中的神父相比,他们可能有着较低的受教育水平和收入。社区里的大多数人可能认为神父是一个愚蠢但无害的人。如果你想了解"神父",却未能意识到它在不同语境中的含义差别,那么你就可能会在解读时犯下严重错误。

语境问题同样出现在不同的历史时期中。例如,如今"上大学"的含义与以往不同。在过去的历史语境中,只有最富有的1%的人才会上大学,大部分大学的学生人数少于500人,所有大学都是只有男性的私立机构,入学不需要高中文凭,大学课程包括古典语言和道德修养。120年前的"上大学"与如今不同,历史语境改变了"上大学"的含义。

概念等值(conceptual equivalence)。概念等值指的是在不同的文化或历史时期使用同一概念的能力。你与其他研究人员生活在一个特定的文化和历史时期。你与他人所了解的和在研究中使用的概念,往往来自特定文化和时代的经历和知识。当前的生活条件对这些概念产生影响,在与有着巨大差异的文化或时代进行比较时,这些概念可能并不恰当甚至并不存在。

概念等值的问题带来了一个更大的问题,也即,在不同时代或文化之间是否存在不相容的概念?有些社会研究人员认为,我们无法在本质上不同的文化场景或历史场景中,创造能够准确、有效地代表社会生活的概念。他们认为,在研究不同的时代或文化时,我们必须了解和使用不同的概念,这些概念应该适用于那个时代或文化。另一些社会研究人员则认为,我们应该只采用能够适用于任何时期和文化的普遍概念(universal concepts)。还有一些社会研究人员认为,有些概念可能是普遍的,但是大部分概念只限于一个或几个时代与文化之中,因此我们必须对其做出调整。例如,社会阶级存在于许多社会中;但是,阶级体系（也即，收入、财富、工作、教育、地位、生产资料的关系）、阶级的数量、身处某个阶级的隐含意义、阶级的分类或边界，都会随着社会的不同而有所变化。这使得对社会阶级的跨文化或跨时代研究变得十分困难。

有时，相同的概念，或者非常相似的概念，会存在于跨文化社会之中，但它们有着不同的形式或强度。例如，在许多文化中存在两种自我意识：一种是外部的公开自我意识，另一种是内部的、个体的、私密的自我意识。在一些非西方社会中，外在、公开的自我呈现，与个体的、私密的自我呈现之间存在着明显的差别。一个人向外界展露的自我可能是受到文化限制的，并与真实的内在感受分离。一些语言也会在语言学方面对此做出标记。在公开的、非家庭或非私人场合呈现自我的概念也存在于西方文化中，但这个概念通常较弱，社会影响较小。在大部分西方文化中，内在的个体自我被认为是更加真实、重要的，因此鼓励人们遵循内在自我。而在一些非西方文化中，外部的、"公开的自我"则占据主导，内在的个体的自我需要被隐藏起来。在这种文化中，与外在的公开自我保持一致是理想状态，并且重要性远高于个体自我表达。私人自我与公开自我之间存在差异，这个概念存在于不同的文化之中，但强度和具体惯例却有所差别。

有时，某个概念在另一种文化中并不存在直接等值的对应概念。例如，在西方文化中没有直接与日本的"家"（ie）相对应的概念。它在西方文化中一般被译为"家庭体系"。外部研究者创造了"家庭体系"这个概念，用外人能够理解的方式来解释日本人的行为。日本的"家"包含了延续了几代人、并向未来延续的家族世系。它的意思更接近欧洲封建贵族中的"王室"世系，而不是现代的家户或大家庭。它包括向前追溯多代的先辈，也包括不具备继承权的男性后代（或养子）的后代；它包括了宗教身份和财产持有的方面（因为土地或生意可以传递给下一代）；它还包括对先辈及其所做出的承诺的责任感；它还可以嵌入其他"家"的层级关系网络之中，并展示其在社区内的社会位置或地位。在西方文化中，没有能够与日本"家"相匹配的概念。

概念等值同样适用于对不同历史时期进行的研究。例如，在不使用金钱的农耕社会历史时期，收入和财富的含义与如今不同。在一个自己种植食物、自己制作家具和衣服、进行物物交换、很少使用金钱的社会中，收入和财富有不同的含义。在这种时代，用银行里的钱或挣得的美元收入来衡量财富是没有意义的。相反，计算猪的头数、地的英亩数、鞋子的数量、仆人的数量、马车的数量等财富，也许更合适。而观察一个人是否有能力定期为自己和家人获得足够的食物、住所和衣服，可能是一个更好的收入水平指标。

测量等值（measurement equivalence）。测量等值指的是在不同的场景中测量同样的概念。当你在不同的历史或文化环境中找到或提出了一个合适的概念，那么你将如何测量这个概念呢？你是否必须使用不同的测量方式来测量或捕捉同样的概念呢？或许你可以在一种文化中使用调查的方式来测量教育水平，但在另一种文化中，调查却不一定是合适的方法。

要想测量一个概念，你可能需要在不同语境中检查不同种类的证据或多种来源的部分证据。当证据以零碎的形式存在时，你可能需要全面检查间接证据以便测量概念。当你用差异巨大的方法测量同一概念（例如教育水平、收入）时，便很难对其进行比较。你能将一个场景中通过美元衡量的"中等收入"家庭，与另一个场景中通过一年宰杀山羊的数量和支付嫁妆的能力衡量的"中等收入"家庭进行比较吗？

与其他形式的等值一样，测量等值的问题也没有简单的解决方法。第一步就是对测量等值问题保持敏感，并知晓可能的错误解读。只有这样，你才能在具体的研究项目中探索如何能够最好地解决等值问题。

12.7 伦 理

在历史比较研究中面临的伦理问题，与在非反应研究方法中面临的伦理问题十分相似。采用一手史料有时会引起特殊的伦理问题。首先，人们很难对基于一手史料的研究进行复验。这就给研究者带来了诚信负担，在选取相关证据及对一手史料进行外部或内部考证时，研究者需要公开挑选标准，而不能有所隐瞒。

其次，对隐私的保护可能会妨碍对证据的收集。一个人的后代可能想要销毁或隐藏私人文件或丑闻行为的证据。通常，重要的政治人物（如总统）会希望隐藏那些使其为难的官方文件。

在比较研究中，你必须对跨文化交互中的文化和政治议题保持敏感。你需要了解在这种文化中什么被认为是无礼的。敏感意味着尊重该文化中的传统、风俗、隐私的含义。例如，在某种文化中，当一名男性在女性受访者的丈夫不在场的情况下对她进行访谈，可能会被人们所忌讳。一些地方习俗或法律可能禁止女性研究人员进入重要的宗教或政治场所。

一般而言，当拜访另一种文化时，你需要与该国政府建立良好的关系。不要只从这个国家带走数据资料，却不提供一些东西（如研究结果）作为报答。你祖国的军事或政治利益，或者你自己的价值观，可能会与该国官方政策存在冲突。所在国的官员或当地人可能会怀疑你是间谍，或者你可能会受到来自祖国的压力，要求你收集一些隐秘信息。

有时，研究者的出现或研究发现会带来外交问题。例如，一名外国研究人员对一个国家的健康护理实践进行研究。他公开宣布，该国政府的官方政策是忽视对严重疾病的治疗。这将会引起国际争论。或许你会赞成某外国政府所反对的一项事业。除非你十分谨慎，否则政府官员可能会禁止你入境，威胁逮捕你，或者要求你离开这个国家。如果你打算在外国开展研究，那么就需要了解此类问题以及开展研究的潜在后果。

结 论

在本章中，你学习了对历史资料和比较资料进行研究的基本原则。历史比较研究适合回答有关宏观变化的大问题，也适用于理解不同时期的社会过程或不同社会的普遍现象。你可以用许多方法开展历史比较研究，但定性历史比较研究方法在许多方面都与田野研究相似。

历史比较研究更多是一种社会研究取向，而不仅仅是一种专门的研究方法。你或许可以使用一些专门的方法，例如对一手史料进行外部考证，但最重要的是你如何理解问题，探索数据资料，并最终提出解释。

历史比较研究比非历史或非比较研究更难开展。在其他类型的社会研究中，你会遇到相似的困难，但其程度却不及历史比较研究。例如，在所有社会研究中都会遇到等值问题。但在历史比较研究中，等值问题却并非一个次要问题。相反，它对你开展研究的方式有着重要的影响，并且决定了你是否能够回答研究问题。

在下一章中，你将会学习如何对田野研究与历史比较研究进行分析。

注 释

1. 重要的历史比较研究可参见Mahoney（1999，2004）。
2. 更多讨论可参见Calhoun（1996）、McDaniel（1978）、Przeworski and Teune（1970），以及Stinchcombe（1978）。
3. 更多讨论可参见Sewell（1987）。
4. 可参见Naroll（1968）和Whiting（1968）。
5. 关于超越历史的概念，可参见Bendix（1963）、Przeworski and Teune（1970），以及Smelser（1976）的讨论。
6. 参见Lowenthal（1985：187）。
7. 参见Jacobs（1987）。Yellin（2008）提供了许多一手史料文件。关于雅各布斯女士的更多信息，可参见http://www.harrietjacobs.org/books.html（下载于2011年4月2日）。
8. Ritchie（2003）的书是一本不错的入门读物。可见于http://www.oralhistory.org/publications/。
9. Bendix（1978：16）在历史学家的判断与社会学家的选择之间进行了区分。
10. Bonnell（1980：161）、Finley（1977：132）和Goldthorpe（1977：189-190）对历史学家如何使用概念进行了讨论。在本文中，这些选择可见于Abrams（1982：194）与Ben-Yehuda（1983）的讨论。
11. 关于历史学家如何看待他们的方法，可参见Barzun and Graff（1970）、Braudel（1980）、Cantor and Schneider（1967）、Novick（1988），或者Shafer（1980）。
12. 参见Abbott（1992）、Gallie（1963）、Gotham and Staples（1996）、Griffin（1993）、McLennan

（1981：76-87）、Runciman（1980），以及Stone（1987：74-96）。

13. 关于比较研究的优点与弊端，参见Anderson（1973）、Holt and Turner（1970）、Kohn（1987）、Mahoney（2004）、Ragin（1987）、Smelser（1976）、Vallier（1971a，1971b）、Walton（1973），以及 Whiting（1968）。

14. 更多关于人类关系区域档案和民族志地图集，可参见Murdock（1967，1971）和Whiting（1968）。

15. 参见Cogan，Torney-Purta and Anderson（1988：285）。

第十三章
定性数据分析

13.1 数据分析方法对比
  相似点
  不同点
  解释与定性数据

13.2 编码与概念的形成
  概念化
  对定性数据进行编码
  分析备忘录写作

13.3 定性数据的分析策略
  叙事
  理想类型
  逐次逼近
  举例说明法

13.4 其他方法
  网络分析
  时间分配分析
  流程图和时间顺序
  范畴分析
  多次分类步骤
  图表

13.5 定性数据软件

定性数据资料以照片、书面词组、短语、符号的形式，描述或象征着社会生活中的人、行动、事件。分析定性数据资料很少需要使用准确的统计分析，但定性数据的分析也并非基于模糊的印象。与定量数据的统计分析一样，定性数据分析也是系统性的、逻辑严谨的，只不过二者的方式不同。直到近20年，研究者才开始详尽地描述分析定性数据资料的方法。他们使用许多不同的方法。近期，定性数据分析的方法变得更加明确，并且许多方法广受认可。

本章由四部分组成。首先，我们将定性数据分析与定量数据分析进行比较；接着，我们着眼于定性数据分析过程中的编码与概念 / 理论的构建；在第三部分，我们回顾几种主要的定性分析方法策略，并考察如何将分析与理论联系起来；最后，我们对其他研究定性数据规律的方法进行讨论。

13.1 数据分析方法对比

相似点

第一，在所有数据分析中，你都需要认真检查实证资料以得出一个结论。推断是指通过判断，运用推理，以及根据证据得出结论。无论是在定量还是定性研究中，你都需要从数据的大量社会生活实证细节中找到规律或概括。你通过推理、简化数据中的复杂问题，以及从数据中提取信息来得出结论。数据分析有利于研究人员利用实证证据，支撑关于社会的一般陈述。

第二，无论是定性分析还是定量分析，方法或过程都是公开的。你需要让他人知道你是如何系统地收集数据的。在这两种分析中，你都需要收集大量数据资料，对这些数据进行描述，并将收集和分析的方法记录下来。尽管在不同研究中，方法的标准化程度和可见程度会有所不同，但在所有类型的研究中，你都需要透露你做了些什么。

第三，在所有的数据分析中，你都会使用比较的方法。你将所收集证据的特征进行内部比较，或者与相关的外部证据进行比较。当你在证据中找到多种过程、原因、属性或机制时，你需要寻找其中的规律——相似点与不同点，相似的方面与不同的方面。

第四，无论是在定性研究还是在定量研究中，你都需要力求避免错误、虚假的结论、具有误导性的推论。当你在整理各种各样的解释、讨论和描述，并评估他人的优点时，你需要时刻警惕可能的谬误或假象，找寻更可信、更有效、更真实或更有价值的东西。

不同点

定性数据分析与定量分析有四处不同。

第一，在定量研究中，你在一系列专业化的、标准化的数据分析方法中进行选择。定量分析是在应用数学的基础上发展起来的，是一套高度成熟的方法。在不同的基于数值数据的研究中，假设检验和统计方法鲜有差别。相比之下，定性数据分析标准化程度较低。在定性研究中，数据类型和研究方法的巨大差异，使得数据分析方法也具有一定程度的多样性。

第二，在定量研究中，只有当你收集了全部数据并将这些数据浓缩为单一形式，也即数值的形式之后，你才开始进行数据分析，通过巧妙地对数字进行处理，揭示规律或联系。而在进行定性研究时，在研究项目的早期，当你还在收集资料时，便可以开始寻找规律或联系。你可以使用早期的数据资料分析结果，来指导后续的资料收集。因此，定性研究的数据分析更像是一个延伸至各个阶段的研究维度，而不是一个特别的最终研究步骤。

第三，在两种分析方法中，数据资料与社会理论的关系有所区别。在定量研究中，研究者始于关于社会世界的假设，接着处理代表社会特征的数值数据，以检验假设。定性研究则与之相反，在定性研究中，你将实证证据与抽象概念融合在一起，建立新的概念和理论。不同于对假设进行检验，你需要利用证据来说明理论、概括或阐释是可信的。

第四，两种方法在抽象程度或与社会生活细节的距离上存在差别。在所有类型的数据分析中，你都对信息进行处理，以识别规律、进行归纳。在定量研究中，关于社会生活特征的信息是以通用的数字抽象形式呈现的。接着，你根据统计规律对这些数字进行处理。得到的统计结果有助于揭示社会生活的规律。定性数据资料则是相对不精确的、分散的、不太抽象的、基于语境的，它更接近社会生活的具体细节。此外，定性数据分析不依赖于一套庞大的、标准化的数学统计程序。由于定性数据信息并非以通用的抽象形式呈现的，且并不存在能够通过处理多种形式的信息来揭示规律的标准程序，因此定性数据分析的处理信息以揭示规律的过程，更接近实证证据的原始细节。

解释与定性数据

定性解释有多种形式，你无须从以下严格具体规范的分类中二选一：描述具体细节与验证普遍规律。相反，你所建立的解释或归纳，是与具体资料和语境关系密切的，却不只是对数据的简单总结描述。通常，你可能会采用低层次的、抽象程度更低的理论，这些理论以具体细节为基础。你可以提出能够描述社会生活真实画面与深刻见解的新概念或新理论，来推动理论解释的发展。定性解释往往有着丰富的细节，易受环境影响，并且能够展现社会生活的复杂过程或顺序。在定性研究中可能会提出因果性解释，但并非所有解释都是因果性的。它的目标是提出一种能够将具体细节整理成为一副连贯的画面、模型或一系列相互联结的概念的理论。

不同于对假设的真伪进行检验，你要根据证据判断你的定性解释是可能性极低的，还是似乎可信的。你可以构建一个个案，提供支持证据以证明某个解释的可信性，并排除那些与证据不符的其他解释。通过说明某个解释与证据之间存在矛盾，你可以排除这个解释。这个过程非常微妙。数据可能会支持不止一个解释；然而，数据不可能符合所有解释。除了排除不太可信的解释之外，你还需要验证事件的顺序或过程的步骤。这个时间顺序便是寻找关联与支持因果论证的基础。

13.2 编码与概念的形成

定性分析所使用的概念通常是非变量的，或者只是简单的定类层次的变量。你利用一系列想法、概念、主题进行分析。当你进行归纳时，可以使用这些分析工具。

概念化

在定量研究中，你应当在收集和分析数据之前，对变量进行概念化与提炼。而在定性研究中，基于数据资料，概念的形成和细化是一个连续不断的过程。因此，概念的形成是定性数据分析中不可或缺的一部分，它始于数据收集的过程之中。不同于单独的收集预处理数据这一步骤，概念化是对收集的数据进行整理、理解的一种方法。

在定性研究中，你将具体数据资料根据主题、概念、或相似的特征，整理成为更加抽象的类别。你提出新的概念及概念化定义，并且创建一些主题来整理信息量巨大的数据的具体细节。最后，你根据顺序将主题与概念连接起来，作为相反组（X与Y相反）或相似组。之后，你可以将这些主题与概念交织进理论陈述中。

当你重复检查或询问关于数据（例如田野笔记、历史记录、二手史料等）的重要问题时，你是在形成新概念或对其进行概念化。这些问题可能来自用词深奥的已有理论。例如，这是否是阶级冲突的案例？在这个情境中，是否存在冲突角色？这是否是一个社会运动？问题还可以来自对逻辑关联的询问。例如，事件的顺序是怎样的？事件在这里发生的方式与在其他地方有何不同？这些个案是相同的还是不同的，是普遍的还是特殊的？你既可以在收集数据的过程中，也可以在对定量数据进行编码（本章稍后讨论编码）的过程中进行概念化（也即，反思，提炼，并且谨慎地定义概念）。

在定性数据分析中，你将概念和证据看作是相互依赖的。这尤其适用于个案研究分析。这些个案并不脱离数据预先给定的实证单位或理论类别：它们是由数据和理论定义的。在分析情境时，你可以在整理数据和应用想法的同时创建并规定个案。创建个案可以将数据和理论结合在一起。决定将什么视为一个个案，可以缓解具体观察与观察中产生的想法之间的张力。

对定性数据进行编码

在定量研究中，只有当你收集了全部数据之后才会进入数据编码阶段。你对以数字形式呈现的变量测量值进行编码，使其成为机器可读的格式，以便数据分析之用。在定性研究中，对数据进行编码有着不同的含义。你根据概念分类（也即，概念与主题）对原始数据进行编码。定性数据编码是数据分析的一个重要组成部分，而不像定量研究那样，是为了进行统计分析而做的简单的文书工作。编码需要对数据和研究问题进行更高层次的思考。它使你向理论概括更近了一步。

在定性研究中，你在编码的过程中同时进行两项活动：机械性的数据简化与分析性的数据分类。对数据进行编码需要将大量原始数据减少到便于处理的规模。除了使大量数据更易于处理外，编码还是一种为数据赋予顺序的方法。此外，编码可以让你重新获取数据的相关部分。对大量定性数据进行编码并非易事。尽管它会带来令人激动的时刻，也会带给你许多灵感，但对定性数据进行编码，或者进行"文件工作"，通常是单调乏味的。

定性数据编码的三种形式是开放式编码、轴心编码、选择性编码。接下来，我们对每一种编码方式进行讨论。

开放式编码（open coding）。首先，你对已收集的数据进行开放式编码。当回顾数据时，你会识别概念和主题，并为它们赋予初步编码或标签。这是你第一次试图将大量原始数据浓缩为分析类别。要进行编码，你需要仔细地检查田野笔记、史料来源或其他数据，以寻找关键词语、关键事件或共同的主题。如果你的数据是若干页书面笔记，那么你可以在页面边缘编写一个初步的代码或标签，并使用颜色鲜艳的墨水突出显示相关文本。如果你的数据是电子格式的文件，你也可以用相似的办法。在这个过程中，你需要对后续分析中可能出现的创建新主题、改变原始编码等事件保持开放的心态。大致的理论框架有助于灵活地进行编码。

在开放式编码的过程中，你将深埋于数据中之中的概念和主题呈现到表面上。这些概念与主题的抽象程度较低。它们来自最初的研究问题、文献中的概念、研究情境中的人们所使用的术语、沉浸于数据时产生的新想法。

以勒马斯特斯（LeMasters，1975）关于工人阶级酒馆的田野研究为例，我们可以学习如何进行开放式编码。他发现许多对话中都会出现婚姻话题。如果对田野笔记进行回顾，他会用"婚姻"这个主题对田野笔记进行开放式编码。下文是可以以"婚姻"为主题进行开放式编码的一个田野笔记示例。

由于我开会到很晚，周四我去酒吧时系了领带。山姆立刻注意到了，他说："该死的，博士。我曾经也系过领带——在我结婚时——看看我现在，都发生了什么！上帝保佑，下一次我系领带大概是在殡仪馆了。"我点了杯啤酒，接着问他："你为什么结婚？"他回答："那你到底要干什么？你不可能一辈子与女孩子同居但不结婚——当我还是单身时我经常这样。"他笑了一下，并眨了眨眼。他停下来要了第二杯啤酒，点了一支烟，然后说道："一个男人或早或晚都会想要有自己的家，要几个小孩。而为了拥有这些，你不得不结婚。没有其他办法——你只能这样做。"我说："海伦（他的妻子）看起来是个好人。"他回复："哦，见鬼，她不是一个坏孩子，但她是一个该死的女人，她们让我很心烦。她们气死我了。如果你去参加一个派对，正当你玩得开心时，妻子会说，'我们回家吧。'"（来源：勒马斯特斯的研究，1975：36-37）

你还可以对历史研究中的定性数据进行编码。例如，你研究的是劳工骑士团（Knights of Labor），这是一项19世纪美国的经济和政治改革运动。在二手史料中，你阅读了关于骑士团运动在一个特定城镇的地方分支的活动。当阅读并做笔记的时候，你会注意到禁酒党（Prohibition Party）在地方选举中很重要，当地骑士团分支的成员讨论了禁酒的问题。最初你没有想到禁酒，你的主要兴趣是骑士团运动的内部结构、意识形态及骑士团运动的发展。禁酒是一个新的和出人意料的想法。你可以开始用"禁酒"这个标签来对笔记进行编码，并把它作为一个可能的新主题。

另一个编码的例子来自定性比较研究。假如你对墨西哥、日本、西班牙三个国家高校学生的家庭进行研究。在每个国家，你都会与那些远离家乡、在外求学的学生的父母、亲戚、邻居聊天。在笔记中，你发现了关于性别角色、职业选择、父母的经济牺牲、家庭向上层社会流动的渴望等主题。最初，你的研究兴趣是父母与这些大学生的关系。而在笔记中，你还发现了兄弟姐妹的竞争和父母的讨论不仅包括高校学生，还包括他们的兄弟姐妹。你决定在编码过程中增加一个新主题，也即兄弟姐妹间的家庭动态变化以及父母与所有子女的关系。

在对定性数据进行编码时，你可以做出选择。你可以对每一行进行编码，也可以对整个段落或整页笔记进行编码。你会发现有些原始数据在编码时并不重要。这些数据是被筛选掉的或剩下的，无须使用。编码时的详细程度，取决于研究问题、数据的"丰富程度"、研究目的。

开放式编码既可以用在原始数据上，也可以用于数据收集时编写的分析备忘录之中。在思考编码的过程中，你可以继续编写分析备忘录（稍后讨论分析备忘录的写作）。

轴心编码（axial coding，译者注：也可译为主轴编码）。这种类型的编码是对数据的"第二次处理"。在开放式编码中，你关注的是原始定性数据（例如田野笔记、历史资料、图片、开放式访谈抄录文本）。你为概念、主题、关系等赋予编码，以便回顾数据。在开放式编码中，你的首要关注点在于数据，而对连接主题或阐述概念关注较少。与之相反，在轴心编码中，你的主要关注点是从开放式编码过程中得到的一系列编码和初步的、初始的概念或主题。在第二步中，你关注的是初始概念和主题，而非原始数据。尽管如此，你仍然可以继续回顾数据，增加新的概念和主题。因此，当进行轴心编码时，你也可以继续用开放式编码。

在对数据进行第二次处理时，可能会出现新的编码、主题或概念，你需要将它们添加进来。在回顾数据时，你需要详细说明并识别主题或概念之间的联系。当回顾原始编码时，你的首要关注点在于按照概念与主题对这些编码进行整理。此时，你会确定一些关键分析轴心或中心原则，围绕着这些分析轴心，你可以将概念或主题连接或组织起来。这就是"轴心编码"名称的来源。

在轴心编码中，你需要不断思考原因与结果、条件与相互作用、策略与过程。你需要确定概念的分类类别以及概念和主题的聚类类别。你需要问自己，我是否可以将这个概念划分为若干子类别？我是否应该将这三个密切相关的概念合并为一个综合概念？我是应该将这些主题按照时间顺序整理（也即，首先是 A，然后是 B，接下来是 C），还是按照它们的实际位置进行整理？

例如，在一项在酒馆进行的关于工人阶级生活的田野研究中，你将"婚姻"这个综合总体分为了若干有顺序的子部分（例如订婚、婚礼、为人父母）。你把所有涉及婚姻的笔记都标记出来，然后把婚姻与其他主题联系起来，比如性、家务分工、看管子女等。当一个主题在田野笔记的不同地方再次出现时，你可以将它与其他地方进行对比，以观察它们之间的联系，并提出新的主题（例如男性与女性对婚姻态度不同）。

在关于劳工骑士团运动的历史研究中，你可能会寻找与禁酒相关的主题。你开始寻找关于酒吧、喝酒和酗酒的话题。你要重新检查数据，看看在劳工骑士团举办的聚会和野餐上是否有酒。你还要检查与运动相关的政党是如何支持或反对禁酒的。基于这些编码，你可以详细阐述关于禁酒的主题；你也可以增加新的编码，例如饮酒是一种社会娱乐形式，饮酒是移民种族文化的一部分，还有关于饮酒的性别差异。你可以对原始数据进行回顾，添加这些新的编码。

在关于高校学生的比较研究中，你以家庭中的兄弟姐妹为主题。你开始观察高校学生与他的兄弟姐妹之间的关系，父母对孩子的教育和职业的投资是否不同，或者作为独生子女或有多个兄弟姐妹对大学学生的影响有何不同。你按照兄弟姐妹的主题整理这些编码，并添加新的编码。你可以将与这个主题相关的概念联系起来，包括兄弟姐妹之间的竞争、出生顺序、性别等。

轴心编码既能激发对开放式编码过程中的概念与主题之间联系的思考，又能引进新的编码、概念、问题。在编码过程中，你可能会决定放弃一些主题，或者对另一些进行深入探索。此外，在巩固编码、重新评估主题、回顾数据寻找新的证据的过程中，它能够加强证据与概念之间的联系。轴心编码过程有助于为数据中不断增加的相互关联的主题与编码，建立密集的支持网络。这有点像定量研究中的多重指标。实证证据中的多重概念实例有助于加强概念和数据之间的联系。

选择性编码（selective coding）。这是对数据处理的最后一步。在这个阶段，你可能已经确定了研究的主要主题。选择性编码需要利用中心主题与概念来浏览数据。你为主题和概念添加实证基础，并对它们进行详细阐述。你选择性地在数据中寻找能够明确支撑概念或主题的有力实例。你还需要寻找能够对主要概念和主题进行说明与比较的数据。

选择性编码发生在数据收集结束之后，在形成完善的理论和主题之后，此时你正在最终确定概念与主题，并进行全面分析。在这个阶段，你需要对概念和主题进行整理，构建一些主要概括和中心主题。在进行选择性编码的过程中，你可能会根据在数据中找到的多重支持性实例，来调整概括和中心主题。

例如，在酒馆进行的关于工人阶级生活的研究中，你决定将性别关系作为一个主要主题。在选择性编码时，你浏览田野笔记，寻找能够支撑在谈论约会、订婚、婚礼、离婚、婚外恋或夫妻关系方面时存在男女差异的有力实例。接着，你将男性与女性对每个方面的态度与你的另一个主要主题——婚姻——进行对比。

同样，在对劳工骑士团进行的研究中，你将这场运动未能与其他政党形成联盟作为一个主要主题。在选择性编码时，你寻找能够表明骑士团与包括禁酒团体和禁酒党在内的政治团体或政党之间妥协和冲突的代码。你在轴心编码中发现的一系列与禁酒相关的概念和主题，有助于记录禁酒问题是如何促进或抑制联盟的。

在对高校学生的比较研究中，你将兄弟姐妹的关系作为一个中心主题。接着，你可以将它与关于每个国家的兄弟姐妹合作/竞争的文化规范、根据兄弟姐妹的年龄和出生顺序而被禁止的行为、父母对某些孩子的偏爱等概念联系起来。然后，你可以将兄弟姐妹关系的主题与你最初的研究兴趣联系起来，即一个远赴外地求学的大学生如何与他的家庭产生联系。

在选择性编码阶段，当你在重新检查数据并选取支持性证据时，你会对概念和主题进行细化、重新组织、详细说明。例如，在工人阶级酒馆的研究中，你重新检验了"关于婚姻的观点"这一主题，并将相关证据与性别关系和生命周期阶段的主题联系起来。你寻找有关婚姻如何与性别关系和生命周期产生联系的证据。同样，在关于劳工骑士团的研究中，当对关于禁酒主题的证据进行回顾时，你在证据与关联主题之间建立了联系，比如，未能与其他运动结盟，由于成员间的种族和宗教差异而在骑士运动内部产生了越来越多的内部分裂。在对高校学生进行的比较研究中，你寻找关于兄弟姐妹的主题，如何与每个社会的兄弟姐妹交往的主流文化规范、被禁止的行为、父母的偏心相关的证据产生联系。通过这三个阶段的编码工作，大量的原始数据会成为最终整合的分析（参见图13.1）。

第一步：开放式编码

仔细阅读与回顾所有数据笔记，接着创建能够捕捉数据中的观点、过程或主题的编码。

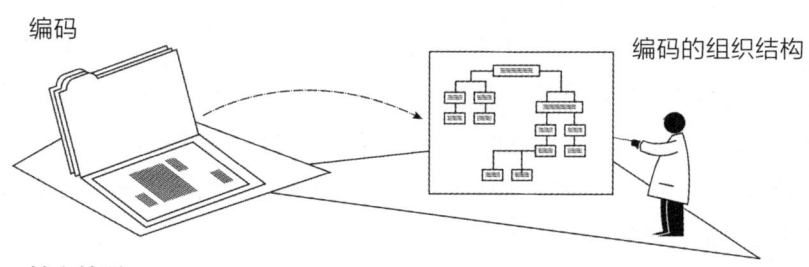

第二步：轴心编码

将所有在开放式编码过程中创建的编码分为不同的层次，组织整理成一个结构，并展示它们之间的关系。

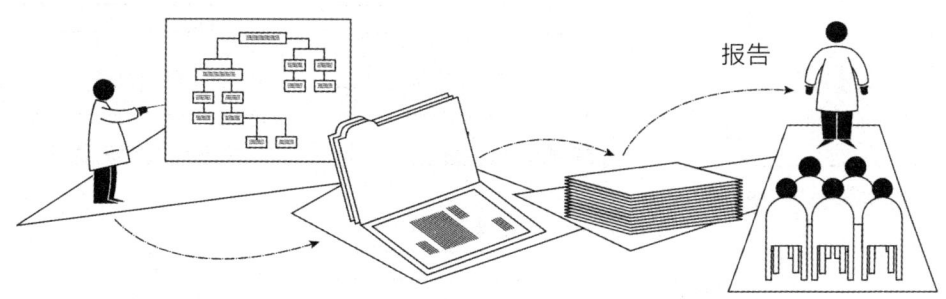

第三步：选择性编码

将轴心编码步骤中得到的组织结构带回原始数据笔记中，再次回顾编码，在数据中选择最佳示例，并将它们写入最终报告。

图13.1 定性数据分析中的编码步骤

分析备忘录写作

在进行定性研究时，你应该是一个自律的、强制性的笔记记录者。你在笔记中记录数据，在笔记中制定研究策略，在笔记中写下新的概念和主题。你必须将笔记整理为文档，并为不同种类的笔记创建不同的文档：地图或图表的文档、方法论问题（例如资料来源位置或伦理问题）的文档、报告大纲草稿的文档、关于特定人物或事件的资料来源的文档等。

分析备忘录（analytic memo）是一种特殊形式的笔记。它是你写给自己的有关编码过程和主题的想法的备忘录。每个被编码的主题或概念都构成了一个单独的备忘录的基础，在这个备忘录中，你需要对概念或主题进行讨论。分析备忘录也是概括和理论分析的开端。

分析备忘录将具体数据或原始证据中的细节，与关于证据的更加抽象的、理论化的思考联系起来（参见图13.2）。它们包含了你对数据与编码进行的思考与反思。在对数据进行处理的每个阶段，你都可以增加备忘录或返回修改。它们是研究报告中数据分析的基础。事实上，你甚至可以将质量较高的分析备忘录，改写成最终研究报告的一部分。

进行分析备忘录写作所需使用的技术非常简单：纸和笔、几本笔记本、电脑文件、笔记复印件。有许多种分析备忘录写作的方式，你要培养自己的风格或方法。你可以制作多份纸质数据笔记复印件，然后将它们裁剪并粘贴到分析备忘录文件中。如果数据文件很大，你可以将分析备忘录与之区分开（例如，用不同颜色的纸或将其放在最前面）。你可以将电子版本的分析备忘录文件，与备忘录所讨论的主题或概念在数据笔记中出现的位置联系起来。这有助于在分析备忘录与数据之间快速切换。

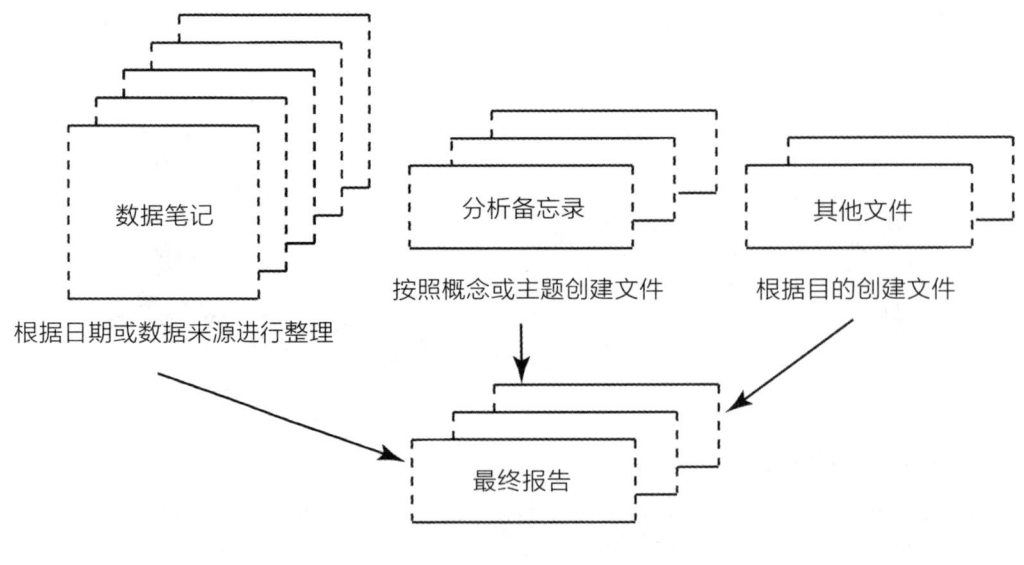

图13.2 分析备忘录与其他文件

当你回顾与修改分析备忘录时，它可能会引发你的反思，使你对备忘录进行详细阐述。你还可以通过与同事讨论想法或带着新概念与主题回到学术文献中，来在备忘录的基础上产生新的想法。你可以在数据收集与编码的过程中，利用分析备忘录来产生潜在的准假设（quasi-hypotheses）。你还可以根据需要添加、修改或删除准假设。

13.3 定性数据的分析策略

许多定性研究人员会采用上文所述的数据收集方法和分析备忘录写作技巧。你可以将这些技巧与更具体的分析策略结合起来。在本节中，你将了解定性数据分析的四种策略：叙事、理想类型、逐次逼近、举例说明法。

定量数据分析通常需要利用统计数值来评估和展示数值信息，使用公式、图表、方程和标准统计检验。定性数据分析则更加多样化、更少标准化。在过去，鲜有定性研究人员会深入解释他们所使用的数据分析方法。近些年来，定性研究人员开始解释并准确地概述他们是如何分析数据的。

通常，数据分析是指寻找数据资料中的规律——反复出现的行为、对象、信念体系和关系。当你确定了数据中的规律，你便可以利用主题、概念、或理论来解释这种规律；在此期间，你应当始终保持对特定文化历史背景的敏感性。在定性研究中，你要从人们记录的数据和对历史事件或社会活动的详细描述中来，到与概念和主题相连的数据中去。这些概念和主题有助于你建立关于理论含义或重要性的广义解释。广义解释包括一系列有条理的、相互关联的概念和主题。

数据分析是一个过程。你从具体数据的特定实例出发，建立与数据规律的联系，与基于数据的概念和主题的联系，还有与整合了概念与主题的概括之间的联系。我们接下来要讨论的四种分析策略，适用于这个过程中的最后两个阶段。它们并非互斥的，你可以将其结合起来使用。

叙 事

在上一章的历史比较研究中，你遇到过叙事。在田野研究中，**叙事**（narrative）也叫作自然历史（natural history）或现实主义故事（realist tale）。叙事更像是某种形式的描述而非抽象的理论。在叙事中，作为研究人员和作者，你很大程度上在分析中是"消失"的，你按照时间顺序呈现具体的细节，仿佛它们是一系列"自然展开"的事件。你的作用是"讲述一个你所见证的或发生的故事"。

一些学者认为，在叙事策略中，研究人员应该不加分析地展示数据；如果在叙事中存在分析，那么这种分析应该是"轻微的"、细微的。在叙事中，你需要将数据聚合成一幅描述性的画面或对所发生事件的描述，但在很大程度上你是在让数据"自己说话"。你几乎不会将数据"重新包装"为概念或主题。你很少会以抽象理论或模型的形式插入叙事中。你的解释更多的是如何结合与安排故事叙述的细节，而不是停留在抽象的概念和理论中。

在叙述中，你对社会现实的揭示要尽量贴近田野场景中成员的真实经历，在特定的时间点呈现的内容也要符合特定历史行动者的世界观和生活经历。尽量不要发表评论，你应当传达对生活复杂性的真实感受，就像特定环境下的特定人群所经历的那样。你几乎不会对读者使用抽象概念和规律。

正如前文所提到的，叙事中的分析主要体现在你是如何为了讲好一个故事、关注特定人物、事件或事实而对数据进行整理。你也许会利用文学修辞——创造性地选取特定的词语，描述场景的情绪氛围，展示研究中人物的"性格发展"，并且以最大限度地突出戏剧性、阴谋或悬念的方式呈现事件。在叙事中，你将特定细节（例如，特定人物的姓名、行动、对特定时间发生的特定事件的描述）聚集起来，这些细节分开来看可能是怪异的，但放在一起便构成了一副完整的画面或解释（参见扩展13.1）。

关于叙事策略在数据分析中的用处，人们争论已久。叙事的正面特征在于：

- 它向读者了提供关于人物、情境、事件或地点的丰富、具体的细节。
- 它说明了某个过程或特定事件的时间顺序。
- 它捕捉了人物和情境的高度复杂性。
- 它传达了对事件之间相互影响的方式的微妙理解。
- 它唤起人们对数据所揭示内容的共情或情感联系。

叙事的负面特征或局限在于：

- 过于复杂、特别或特殊。
- 重复出现矛盾、不一致、关于研究对象的错误信息。
- 不能进行概括或为明确的数据整理提供基本抽象概念。
- 抑制了对与其他研究产生联系的共同概念和一般知识的使用。
- 拒绝研究人员的分析，限制外部人员对其进行详细检查。
- 将激发读者的情感投入，与提供科学解释混为一谈。

扩展13.1 叙事

　　许多定性研究人员，尤其是女性主义研究人员，会使用叙事方法，因为他们认为这是保持原始数据来源（也即，在民族志或特定历史事件中的个人故事或事件）的丰富性与真实性的最好办法。简单来说，叙事就是讲故事。在叙事中，作者将两个或两个以上事件按照时间和因果顺序呈现给读者。有些叙事是复杂的，包含了以下元素：（1）对完整故事的总结性陈述；（2）对具体时间、地点、人物和情况的介绍；（3）在"发生了什么"这个情节中的复杂行动或转折；（4）对叙述含义或重要性的评价或情感评估；（5）在戏剧化的高潮之后发生了什么，或有什么决议来解决令人紧张事件；（6）一个表明叙事即将结束的结尾或信号。

人们在日常生活中经常讲故事。他们通常会将自己的叙事组织建构成某种已知的模式，通常会利用视觉线索、手势或语调来强调戏剧性。这种结构可能包括情节主线、核心隐喻和修辞手法，它们利用熟悉的文化和个人模式，有效地向他人传达意义。

叙事常见于文学、艺术表达、心理治疗、司法调查、社会或政治历史、传记和自传、病例和新闻报道。叙事作为一种整理、分析和呈现定性社会科学数据的方式，与其他学术和文化传播形式有着许多共同的特点，但它不同于实证主义的数据整理和报告模型。实证主义模型强调使用非个人的、抽象的、"中立的"语言和标准化的分析方法。

许多定性研究人员认为采用实证主义模型的研究人员，仅仅是使用了另一种有着特殊惯例的叙述形式。这种惯例鼓励人们使用正式的分析模型和抽象理论，但这些模型和理论并不一定优于讲述故事的叙事。实证主义的数据分析和报告惯例有两种负面效应。第一，它会让研究人员轻易忽略包含社会科学数据的具体实际事件和个人经历；第二，它使研究人员难以用大多数人都熟悉和舒服的方式表达观点和构建社会理论。

理想类型

马克斯·韦伯提出了**理想类型**（ideal type）。它是一种用于帮助人们更加深入地认识、思考、理解社会关系或过程的纯理论模型或抽象思维。理想类型是由你自创的纯理论标准。你可以将它与数据或"现实"进行对比。它主要是一种比较工具，因为现实不会完美符合理想类型。

例如，你在脑海中构想了关于民主政体、连环杀手或高校啤酒派对的理想模型。这些都是抽象的事物，只存在于你的思维中。你可以将它们的特征列出来，但它们无法用于描述现实生活中的任何特定民主政体、连环杀手或啤酒派对。尽管理想类型不符合任何真正的民主政体、连环杀手、啤酒派对，但当你对具体"真实"的个案进行研究时它十分有用，因为你可以了解个案与理想类型之间的距离。

你可以将理想类型策略与举例说明法（稍后介绍）结合使用，它也可以与约翰·斯图尔特·密尔（John Stuart Mill）提出的求同法（method of agreement）一同使用。在求同法中，你寻找不同个案中相似的地方。你可以在不同的个案中寻找导致某个共同结果的共同原因。我们以劳工骑士团抗争运动研究为例，你注意到，其他抗争运动也失败了（也即，共同的结果），并且有着相似的原因（例如，由于根深蒂固的先入为主的价值观和身份，导致抗争运动内部成员之间的分裂日益加重，或者无法与相关运动建立联盟以达到同等规模或实力）。求同法意味着要对多个个案进行比较。

你也可以将若干个案与理想类型进行比较。你可能提出了一个关于某个社会过程（例如，新的抗争运动是怎样快速发展，传播，直至瓦解）的理想类型，并将具体个案（例如，美国和加拿大历史上的五次不同的抗争运动）与之进行对比。通过将理想类型与若干具体个案进行对比，你能更好地了解那些获得一致支持的理想类型区域。它也有助于强调个案中的共同特征。

你可以通过两种方式利用理想类型：对比语境以及类比。

对比语境（contrast contexts）。你可以利用理想类型强调语境与文化的含义，从而解读数据。当你比较理想类型与每个个案的具体细节时，你可以识别哪些是特定语境所特有的，而哪些是在不同语境下普遍的、与理想类型一致的。通过利用对比语境法，你可以了解识别文化或历史语境下一般抽象模型的特殊表现。

或许你已提出了关于一项抗争运动及其发生、扩张、瓦解过程的理想类型。你在历史长河和不同国家中识别了15次这样的抗争运动。你对这些发生在不同国家的、相隔一个世纪的、有着不同原因的抗争运动进行研究。接着你证明理想类型的核心特征在不同文化历史语境下保持不变。用这种方法，语境（例如，19世纪80年代的美国、20世纪初期的加拿大、20世纪30年代的墨西哥、20世纪50年代的法国、20世纪70年代的日本）和理想类型都构成了分析的一部分。你在将语境与理想类型进行对比时，与其说是为了发现一种普遍的"社会法则"，不如说是为了突出理想类型如何在看似不同的具体独特的语境中帮助整理大量具体细节。

类比（analogies）。第二种利用理想类型的方法是将它作为一个类比。类比是一种指两个对象、过程、或事件彼此相似的表述。你可能会利用类比来交流观点，促进逻辑比较。类比传递的信息指向的是已知或熟悉的经历。这是一种强调相似之处的简便方法，有助于理解错综复杂的具体细节。

在类比中，你找到一些熟悉或已知的事物，并将它们与新事物或你试图解释的事物进行比较。例如，在描述当X说完话后，房间是如何安静下来的，你可以这样说："一股冷风似的寒意"吹过整个房间。这并不是在说房间温度骤降或人们感到微风吹过，而是简明扼要地表达了情绪气氛的某种快速变化。这种类比能够起到暂时压缩信息的作用，并且将注意力集中在特定细节上，撇开其他无关细节。

你可以在类比中利用理想类型来描述一种深埋于许多具体细节之中的关系，使得对不同个案或场景中的社会过程进行比较变得更加容易。例如，在Y社会，性别关系是这样的，女性"被视为财产，被像奴隶一样对待"。这并不是说男性与女性之间的法律和社会关系，与奴隶主和奴隶之间的关系完全一样；而是说，"奴隶－奴隶主"关系的理想类型与Y社会的性别关系之间有着重要的相似之处。如果人们了解理想类型，那么在类比中使用理想类型就是一种促进理解的简便方法（比如，Y社会中的性别关系）。

类比是一种启发性工具（也即，帮助人们学习与理解的工具）。它们代表的是复杂未知事物的理想化抽象模型。当你需要讨论大量复杂信息中的规律、深层结构、或基础机制时，类比的方法极具价值。理想类型无法提供对一个解释的最终检验，但它们却能通过引导细节概念重构，使其成为有助于理解的形式。

逐次逼近

逐次逼近（successive approximation）是一个重复迭代的过程，或者说是在向最终分析前进的过程中不断循环的步骤。在数次迭代反复之后，模糊的概念和数据中的大量具体细节，将会变成紧凑的分析和一些主要的概括。

在逐次逼近中，你循环重复将数据和概念连接起来的过程。你可能始于一个研究问题、假设框架、若干不精确的概念。当你收集和调查数据时，你会对证据提出疑问。你试图理解概念与证据之间的匹配程度。你会检查概念是否很好地揭示了数据的重要特征，以及数据与概念的匹配程度。你还可以从证据中提取创建新概念。随着时间的推移，你会调整概念使其更好地匹配证据，并收集额外的证据以处理早期未解决的问题。接着，你不断重复这个过程。在每一个阶段，你都重新连接概念与数据。于是，具体数据与抽象概念逐渐形成。"逐次"这个词指的是，重复过程；而"逼近"这个词指的是，调整概念以接近数据资料的完整细节。通过不断重复调整抽象概念和收集具体数据的过程，概念与数据之间的联系变得更加清晰。这样一来，抽象概念便能够建立在或根植于具体证据之上。尽管每次对数据的处理都是临时的或不完整的，但你的分析会逐渐变成抽象的一般化概括。通过这个缓慢的连续逐次过程，你可以得到符合数据复杂性和偶然性的抽象概括。

例如，在历史比较研究中，你认为你所研究的100年历史并非是均匀或线性的；相反，它是由若干不连续的阶段组成的。简言之，你认为事件过程有着不同的阶段，并将100年的历史划分为不同的时期，而不是将其视为恒定的、均匀的过程。你将连续的时间分成离散的单位或时期，并对各个时期进行理论定义。理论有助于确定什么是重要的，在某个时期内什么是普遍的以及不同时期之间有什么区别。然而，你只有在仔细研究了所有数据资料之后，才能确定时期的数量或大小以及如何划分这些时期。

在逐次逼近方法中，一开始，你可能会有一个关于4个时期及其划分方式（冲突剧烈的一年打破了多年的政治平静）的大致想法。当你对数据资料进行研究之后，你将划分时期的数量调整为5个。你还调整了时期的长度与划分的节点。接着，你收集额外数据，并利用第二组历史时期重新检查所有数据。你可能会回到理论中，重新思考政治平静和强烈冲突意味着什么，以及如何识别它们。在对数据进行重新研究之后，你再次调整你的时期。多次循环之后，最终你在100年里确定了5个不同长度的时期。

举例说明法

在**举例说明法**（illustrative method）中，你用实证证据来举例说明一个理论。这是一种将早先存在的理论运用于具体历史情境或社会场景中的方法。你需要基于理论重新组织整理数据。早先存在的理论给你提供了空匣（empty boxes）。"空匣"指的是，没有实证内容的概念类别。你需要寻找实证证据以填充这些空匣。将证据放入匣内可以帮助你支持或拒绝一个理论。如果你发现了能够支持某个"匣子"的有力证据，那么它可以帮助你确认这个理论。如果在寻找证据之后，你发现能够装入概念"匣子"的证据很少，那么你可能会推断认为这个理论缺乏证据支持。能够得到证据支持的理论是解释社会的重要工具。这个理论的形式可以是一般模型、类比或一系列步骤顺序。

有两种使用举例说明法的方法。在第一种方法中，你表明理论模型阐释或澄清了一个具体的或单一的情况。你用大量复杂、详细的证据"填充"概念匣。通过将数据置入现有的概念匣中，数据会变得更加容易理解。在第二种方法中，你通过将多个个案（也即，单位或历史时期）并置来说明一个模型，以表明该理论有助于澄清多个个案的信息。在并行说明方法中，你首先利用"空匣"描绘出一个理论框架。你可以从理论中得到一些预期的类别。接着，你需要寻找个案来说明框架如何很好地跨个案组织数据。这在上一章中有所涉及，维特尔纳和法隆关于民主化与性别平等的研究（参见上一章示例12.5以及扩展13.2对不同类型的小结）。

> **扩展13.2 四种定性数据分析策略小结**
>
> 1. 叙述。详细地讲述一个关于社会生活特定方面的故事。
> 2. 理想类型。将定性数据与社会生活的纯理论模型相比较。
> 3. 逐次逼近。反复在数据和理论之间来回匹配，直到它们之间的差距缩小或消失。
> 4. 举例说明。用定性数据填充理论"空匣"。

13.4 其他方法

除了以上四种方法之外，还有一些其他的定性数据分析方法。这里我们简单地讨论几种，以说明方法的多样性。

网络分析

社会研究人员早在诸如脸书（Facebook）之类的社交网络软件流行之前，就对社交网络进行研究。他们利用网络理论，通过滚雪球抽样法收集关于社交网络的数据信息。在一些研究中，"绘制"出一群人、组织、事件、地点之间的关系网络是十分有用的。社会关系网络图和其他相似的绘图方法，可以帮助你理解和展示复杂的人际关系。它们也可以用于分析网络内部的影响、沟通以及权力的关系。

例如，在一家航空公司里，飞行员哈里命令空中乘务人员苏和山姆互相咨询和帮助。山姆从地勤人员的桑德拉那里得到补给。桑德拉与在值机柜台工作的玛丽有关系往来。研究网络可以帮助你看到和理解复杂的社会关系结构。

时间分配分析

时间是重要的资源。你可以研究个人或组织是如何花费或投资时间的。这可以揭示有关行为、权力、优先级的隐含规则。你可以通过记录人们参与不同活动（例如家务、通勤、上网、与家人共度）的时长来了解社会生活。对个人、团体或组织如何分配他们所掌控的宝贵资源（如时间、空间、金钱、声望）的分析，可以揭示出他们真正的优先级。例如，有人说她不喜欢做家务，不喜欢看电视，喜欢和她的孩子们待在一起。你对她的时间分配进行考察，发现她一周用4个小时与孩子聊天，用20个小时看电视，用22个小时做家务。通常，人们不了解或不明确承认他们花费时间参与的某项活动的重要性。例如，你注意到许多人在见到高级政府官员之前都需要等待。他们可能很难预约到政府官员，不得不等上几个星期才能见面，而且政府官员只拨出10分钟见面时间。还有一些人在没有预约的情况下就去见了那位官员，直接走进去，并且可以占用这位官员一个小时的时间。官员的时间是一种宝贵的资源，对官员的时间分配进行分析，既显示了官员的权力，也说明了官员认为谁重要。你可以通过分析会面时间、等待时间以及人们对于等待的感受，来了解社会关系。

时间还可以揭示文化的许多方面。你可能会记录，人们认为公司里的某一个庆祝活动并不重要。但你发现每个人都出席了这场活动，并在这项活动上花费了2个小时。在繁忙的一周中，集体分配2个小时用于庆祝活动，这标志着它在公司文化中潜在或隐含的重要性。

流程图和时间顺序

除了用在某项活动上的时间数量之外，你还可以分析事件或决策的顺序。事件顺序或流程有助于说明因果关系。除了事件何时发生之外，你可以通过创建决策树或流程图来概述决策的顺序，或者理解事件或决策如何与其他事件或决策产生关联。决策树是对事件或决策发生的时间及其与其他事件或决策之间关系的可视化映射。例如，你可以概述一件简单的活动，比如做蛋糕（参见图13.3）。步骤、决策或事件的映射，适用于许多场景和活动。

范畴分析

认知人类学家研究人们如何理解和整理实物、事件和经验。他们指出，人们对现实的理解基于认知范畴，并使用认知范畴来为事件、物质生活和观念排序。他们试图发现并记录人们所使用的认知类别、行为规则和思维系统。

认知人类学家开发了**范畴分析**（domain analysis）的方法来分析有关文化的数据资料。[1] 它将文化范畴视为文化背景的基本单位。范畴指的是将单位代入背景时的成体系的想法或概念。你通过覆盖术语、包含术语、语义关系，来对文化范畴进行分析。覆盖术语（cover term）指的是范畴的名称，包含术语（included term）指的是范畴的子类别或组成部分，语义关系（semantic relationship）指的是范畴内所有包含术语之间的逻辑联系。

例如，范畴可能是法庭审判之类的司法背景中的一位证人。该范畴的覆盖术语是"证人"。三个包含术语或子类别是辩护证人、品德证人、专家证人。语义关系是"属于……的一种"。因此，专家证人、品德证人、辩护证人都是属于"证人"这个广义范畴中的一种证人。示例13.1列出了其他语义关系。

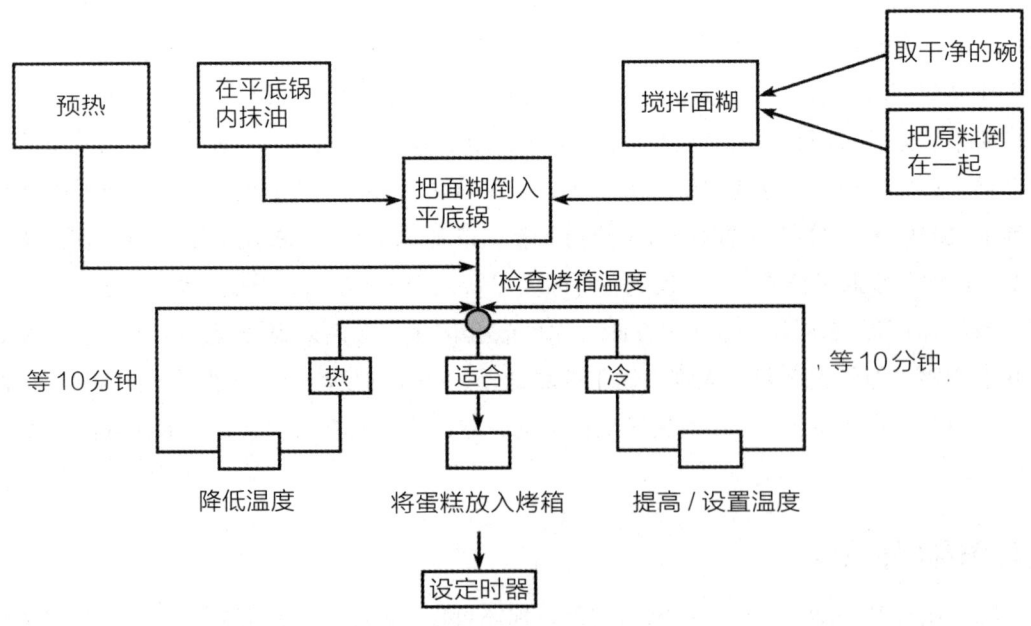

图13.3 制作蛋糕的部分流程图

有三种类别的范畴，它们分别是：通俗范畴、混合范畴、分析范畴。

通俗范畴（folk domains）基于人们在社会场景中使用的真实词汇或短语（也即，民间术语和民间概念）。你需要对语言与用法密切关注，以记录词汇和短语。通过研究民间术语或历史角色的语言之间的关系，你可以识别文化含义中的规律模式。

混合范畴（mixed domains）包含民间术语和概念，还包含你自己的观点。例如，你可能会看到跑者有着不同的名称（例如长跑跑者、跑道跑者等），但还有一些跑者没有对应的术语，因此你为他们赋予术语（例如不常跑的人、新手、业余爱好者等）。

分析范畴（analytic domain）是围绕你、研究者或社会理论所提供的概念来组织的。当场景中的含义是微妙的、隐含的或未被参与者识别时，分析范畴就十分有用。民间术语或许是真实的，但它们的定义通常模糊或自相矛盾。你可以从自己的观察和人为操作中推断出有意义的类别和模式，然后提出并为它们赋予概念术语。

从数据笔记中构建范畴，首先需要阅读笔记，寻找范畴（比如，人际交往的社会文化单元）。接着，识别出覆盖术语。例如，司法场景中的证人可以是一个覆盖术语。然后通过寻找共同的语义关系（例如，属于某个地方的一种，属于某种人，属于某种感受，等等）来识别包含术语。当你找到许多覆盖术语后，利用语义关系将从数据中得到的信息组织整理起来。为每一个范畴关系准备一张工作表格。工作表格应当包括覆盖术语、一系列包含术语、语义关系（参见示例13.2中的工作表示例）。

你可以从笔记中找到许多示例。你继续分析，直到确定所有相关范畴。接着，通过比较不同之处与相似之处来整理组织这些范畴。最终，你将范畴重新组织为不同的类型或分类，并对范畴进行再次检查，以创建涵盖其他术语作为包含术语的新的、更广泛的范畴（参见扩展13.3中对范畴分析步骤的小结）。

示例13.1 文化范畴的关系类型

语义关系	使用示例
是……的一种类型	公交车是机动交通工具的一种类型【交通工具类型】
是……的一部分	轮胎是汽车的一部分【汽车部分】
是……的一种方式	作弊是在学校拿高分的一种方式【学生拿高分的方式】
是用来……	火车是用来运输物品的【用来运输物品】
是……的一个原因	高失业率是社会动荡的一个原因【社会动荡的原因】
是……的一个阶段	进攻是作战的一个阶段【作战的阶段】
是……的一种结果/是……的原因	煤炭电厂是酸雨的一个原因【酸雨的原因】
是……的一个地方	城市广场是暴徒聚集的一个地方【暴徒聚集的地方】
是……的一个特征	穿戴铆钉、染头发是朋克的一个特征【朋克的特征】

多次分类步骤

多次分类（multiple sorting）是一种与范畴分析相似的方法。它尤其适用于田野研究或口述史研究中。我们都有用来组织我们生活中的对象、人和活动的思维地图。多重排序可以帮助你发现思维地图，了解人们如何对他们的经历进行分类，如何将事物划分进"相似"和"不同"的体系。

你可以用多次分类来收集、证实或分析数据资料。首先，向你的研究对象提供一份词汇表、照片、地点、人名等，让他们将这些内容整理为若干类别。他们可以使用自己发明的分类类别。在完成排序后，你询问他们所使用的分类标准。例如，你到了一位女性家中，让她对厨房里可移动的非食品物件进行分类——调料、厨房用具、碗碟等。当她完成分类后，你记录她的分类，并询问她所依据的标准（例如，我用这些来准备假期餐食，这是我用来烘焙甜点的，这些是用来吃快餐的，等等）。接着，你将这些物件顺序打乱，并让她用一种不同的方式再次进行分类。分类的目的是揭示人们的思维地图或内在的组织计划。或许在第二次分类中，这位女性根据物品的价值进行分类，或者根据是否是别人送给她的进行分类，或者根据对物件的感情关联（例如，这是我小孩小时候用到的，这口锅是我用来做我丈夫生前最喜欢的饭的）进行分类。因此，你可以借助多次分类来了解人们如何组织或理解他们的世界。

示例13.2 范畴分析工作表示例

1. 语义关系：严格包含
2. 形式：X（是一种）Y
3. 示例：橡树是一种树

包含术语	语义关系	覆盖术语
自助洗衣店、酒店大堂		
引擎盒、果园		
廉价旅馆、桥下	是一种 →	失败
货运车厢、小路		
公共厕所、蒸汽炉篦		

包含术语	语义关系	覆盖术语
模范囚犯、骑警		
杂工、留着长头发的人		
头号囚犯、监狱	是一种 →	监狱犯人
枪手、杀手		
除草的人、犯人的理发师		

图 表

利用图表或表格的形式对数据进行视觉展示有三个好处：它们能够帮助你整理观点，系统地检验和研究数据资料中的关系，并且将你的结果传达给读者。图表有许多类型，包括流程图（本章前文对此有所介绍）、空间或顺序地图（见第十一章）、分类学（见第三章）、社会关系网络图（见第六章）。你还可以绘制出社会关系、组织图，以及通过创建活动或事件的网格图来说明定性数据中的关系（参见图13.4）。

扩展 13.3 范畴分析步骤小结

在许多类型的定性数据分析中，范畴分析形成了六个步骤：
1. 阅读并重复阅读充满细节的数据笔记。
2. 在头脑中将细节重新打包成几十个成体系的想法。
3. 根据笔记，依据主观意义或整理想法提出新的想法。
4. 根据逻辑相似性，寻找想法与分组之间的关系。
5. 通过比较不想法的异同，将它们整理成更大的分组。
6. 重新整理这些分组，并将这些分组与更大的综合主题联系到一起。

13.5 定性数据软件

现代电子计算机被发明之后不久，定量社会研究人员就开始用计算机生成表格和图表，并在分析数值数据时计算统计值。然而，我们直到最近10年到15年才用到分析定性数据的计算机软件。

可以从文字处理程序中理解计算机处理定性数据的逻辑。把笔记输入文字处理程序中后，你可以快速搜索词汇和短语。如果在笔记中找到词组，可以对数据笔记进行编码。文字处理还有利于修改并移动编码和田野笔记的部分内容。

人们正在开发用于定性数据的新计算机程序，已有的程序也在不断的升级。它们有着详细的、用于特定程序的用户手册，需要认真学习。本文只介绍了目前定性数据分析的主要方法，而不会对具体的软件程序进行介绍。由于有众多分析定性数据的方法和数据类型，所以不同的软件程序有着不同的运行原则，可以让你检验不同形式的定性数据。有20余种定性数据分析程序，例如 Atlas.ti、Ethnograph、HyperRESEARCH、Kwalitan、MaxQDA、Nvivo、QCA，它们看起来有些令人困惑，需要花费很长时间去学习如何使用这些程序。许多程序是用于分析文本数据的。另一些则可用于视频或音频数据，还有一些可以用于图像数据。

定性数据分析中的文本检索功能可以搜索文本档案。它与文字处理软件中的搜索功能类似。专业化的文本检索程序更快,并且能够查找相近的匹配项、不重要的拼写错误、发音相似的单词和同义词。例如,如果你寻找关键词"小船",检索程序可能还会告诉你以下关键词是否出现:船舶、战舰、护卫舰、划艇、纵帆船、轮船、游艇、汽船、远洋班轮、拖船、独木舟、小艇、快艇、航空母舰、救生筏、平底船、大帆船、方舟、巡洋舰、驱逐舰、旗舰和潜艇。此外,有些程序可以让你利用逻辑连词(和、或、无)结合词组或短语,这叫布尔搜索(Boolean searches,也可叫作逻辑搜索)。例如,你可以在一长串的笔记中搜索在连续四句话之内同时出现"大学生""酗酒"和"吸烟"的文本段落,也可以找到不存在"兄弟会"这个词语的文本段落。布尔搜索利用逻辑连词,寻找"大学生"与另外两种行为的交叉点,或者寻找没有"兄弟会"这个词语的文本段落。

大部分定性软件可以显示出文本的关键词或关键短语。这些程序可以让你编写单独的备忘录或在文本中添加注释。有些程序可以计算寻找到的关键词数量,并给出它们的位置。大多数程序会根据你感兴趣的术语为文本创建特定的索引。

人物	读大学前工作过	读大学时做兼职	现在怀孕	有过车
约翰	是	是	不适用	否
玛丽	是	不知道	否	是
马丁	否	是	不适用	是
吉	是	否	是	是

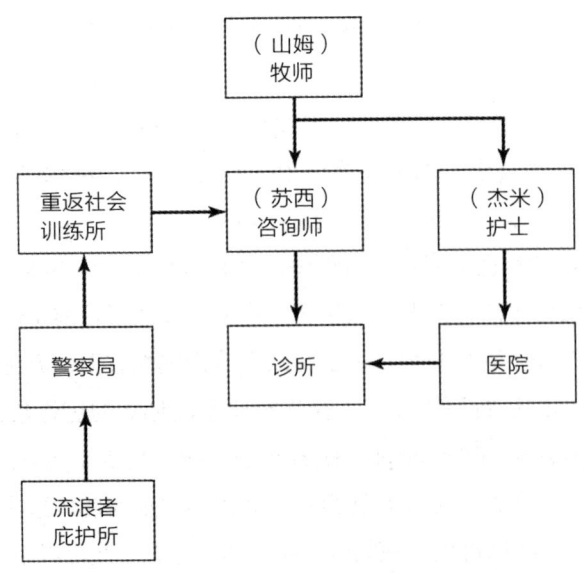

图13.4 定性分析中图表的用法示例

文本库管理器类似于文本检索程序。它们的关键区别在于对搜索结果信息的组织与分类的能力不同。它们允许你根据一个关键的想法对笔记进行分类，或者添加事实信息。例如，当数据是关于访谈的详细笔记时，你可以加注日期、访谈时长、受访者性别、访谈发生的地点等信息。接着，你可以利用关键词组合和额外信息，对访谈笔记或其中一部分笔记进行分类整理。

此外，一些程序有超文本链接功能。超文本链接可以让你将术语与其他信息连接起来。当你用鼠标点击这个术语时，会打开一个新窗口（窗口会显示相关信息）。你可以识别编码、关键词、或话题，并将这些内容连接起来。例如，在田野研究中，你希望对苏珊和"头发"这个话题（包括理发、发型、染发、帽子或头发覆盖物）进行研究。你可以利用超文本链接将所有出现了苏珊名字的地方，与关于头发的讨论连接起来。通过点击苏珊的名字，一段文字会迅速跳转到另一段，使你可以看到所有苏珊和"头发"这个话题一起出现的地方。

编码检索程序允许你将编码附加到文本的行、段、节中。这些程序可能会允许你对同样的数据添加多个不同的编码。除了附加编码之外，这些程序还可以帮助你组织编码。例如，有些程序可以帮助你制作大纲，或者绘制编码或编码与相关数据之间的关联树状图（例如，树干、树枝、树杈）。这些程序可以按照你的编码和你所规定的编码之间的关系，重新对定性数据进行整理。与大多数适用于对文本、照片、音频或视频格式数据进行编码或检索的程序不同，定性比较分析是基于布尔代数的。它适用于个案比较，尤其是关于宏观层次现象的数据。你将一些个案的大量细节输入到程序中，它就会帮你检验这些个案不同方面之间的逻辑联系。

结 论

在本章中，你学习了分析定性数据资料的基础知识。从许多方面来看，定性数据比数字形式的数据更加难以分析。数字是统一的，并且有着数学特性。你可以利用成熟的、标准的统计程序和广泛可用的统计软件来对定量数据进行分析。定性数据更加多变，形式多样（例如，照片、地图、文本、录音稿、音频或视频记录、实际物品），使得分析定性数据极具挑战性。在进行数据分析时，需要具有创造性，当你不断回顾大量定性数据资料时（也即，阅读文本，查看照片、地图、视频，聆听音频），也需要付出巨大努力。大部分定性数据是文本笔记的形式。你必须反复阅读这些笔记并不断思考，并运用独创性、逻辑性和良好的判断力进行比较。

在大部分定性数据分析形式中，你需要赋予数据以编码，并编写分析备忘录。这些工作需要花费大量时间和精力。你必须仔细回顾并认真思考数据。本章还讨论了分析定性数据的不同策略。它们只是定性数据分析众多方法中的一部分。

随着本章的结束，本书关于研究设计、数据收集、数据分析的部分也告一段落。在你将研究结果传达给其他人之前，社会研究并未结束。这涉及如何准备报告一个研究项目，我们将会在下一章讨论这部分内容。

注 释

1. 参见 Spradley（1979a，1979b）。

第十四章
撰写研究报告

14.1 研究报告
  为什么要撰写报告？
  写作过程
  写作步骤
  定量研究报告
  定性研究报告
  研究计划

在前几章中，你学习了如何设计研究、收集数据、分析数据。然而，直到你将研究结果与他人共享，研究项目才算告一段落。研究过程的最后一步至关重要，你需要向公众传达你的研究结果与研究方法。它通常是以书面报告的形式。在第一章中，你知道了科学界非常重视研究者公开自己的研究结果与方法。在本章中，你会学习如何撰写研究报告。

14.1 研究报告

为什么要撰写报告？

当你完成了一项研究，或是完成了大型研究项目的一个重要阶段时，你就需要通过研究报告将研究结果传达给他人。你可以通过阅读大量报告和参加学术写作课程，来学习如何撰写研究报告。

研究报告（research report）是一种将研究方法与研究发现传达给他人的书面材料（或是基于书面材料的口头展示）。研究报告不仅仅只是对研究发现的小结，它也是对整个研究过程的记录。你不能等到研究结束之后再去思考研究报告；你必须提前考虑研究报告，并在开展研究的过程中仔细记录。研究报告包含开展研究的原因、对研究步骤的描述、数据展示，以及对数据如何与研究问题或话题产生关联的讨论。

研究报告是传播知识的重要途径。它告诉别人，作为研究者，你做了什么，发现了什么。研究报告对于维系科学界非常重要。它可以满足课程作业或工作任务的要求，满足研究赞助组织的要求，就一个问题的特定方面来说服专业小组，或向公众提供关于研究发现的信息。除了某些特定的应用性的、以行动为导向的研究之外，向公众提供信息一般不是传播科学研究结果的首要目的。

写作过程

你的读者（your audience）。职业作家会说：永远都要知道你在为谁写作。这是因为只有当你为读者量体裁衣时，沟通才是最有效的。根据你的读者是老师还是学生，是专业的社会科学家还是实践人员，或者是普通公众，你在准备研究报告时会有所不同。但无论读者是谁，你的写作都应该是清晰、准确、有条理的。

老师会因不同的原因布置一份报告，他们可能会对报告的写作方式提出要求。通常来说，老师希望看到的是清晰的、有逻辑的、适当的文档。他们希望从报告中看到你牢固地掌握了实质性和方法论概念。为此，你应该适当、明确地使用专有名词，而不要过分或错误使用它们。

在为学生写作时，你需要对专有名词下定义，并清晰地标注报告的各个部分。你的讨论应当是清楚的、有逻辑的、循序渐进的，并且有翔实的具体示例。此外，你还可以利用简单明了的语言来解释你如何以及为何开展研究的各个步骤。有一个办法是，在报告开始时，先抛出研究问题，然后将报告构建成对研究问题的回答。

学者们不需要你对专有名词下定义，也不需要你来解释为什么使用了某个标准流程（例如随机抽样）。他们感兴趣的是，这项研究如何与抽象理论或文献中的已有发现相关。他们需要看到的是对研究设计的具体、扼要的描述。他们格外关注你是如何测量变量和收集数据的。学者们喜欢紧凑、密集的书写风格，但又有着全面的数据分析和结果讨论部分。

实践人员更喜欢关于如何开展研究的短小总结。他们需要通过几张简单的图表了解研究结果。他们想要了解研究结果隐含的其他行动路径概要，以及追寻每种路径可能带来的实际后果。你必须时常提醒实践人员不要从一项研究的结果中进行过度概括。最好将研究设计的具体细节和完整结果放在附录中。

当写作对象是公众时，使用简单的语言，提供具体的示例，并关注研究结果对具体问题的实际意义。不要包含研究设计或结果的细节。在为公众写作时，注意不要发表未经证实的言论。向公众提供信息是一种重要的社会服务。它有助于非专业人员在于公共议题相关的问题上做出更好的判断。

风格和语气（style and tone）。研究报告的写作风格比较单一，语气独特。报告的目的是将研究方法与研究发现明确、准确地传达给别人。

风格指的是作者选择的单词类型，以及语句或段落的长度与形式。语气是作者对于内容题材的态度或关系。例如，当给好朋友写信时，可以用非正式的谈话风格（例如口语、俚语、陈词滥调、不完整的句子）和非常个人的语气（例如，"这是我的感受"），但这种风格和语气却不适用于研究报告。研究报告的风格是正式、简明的（用很少的语句表达大量信息）。它的语气表达出与内容题材的距离感；这样做可以显示出你的专业性和严肃性。田野研究人员有时也会使用非正式风格和个人化语气，但这是例外情况。避免使用道德说教的语言或华丽的辞藻。你的目的是提供信息，而不是为某个道德立场进行游说或娱乐大众。

研究报告应该是准确且清晰的。反复检查细节（例如引用参考文献时的页码标注）并充分公开你是如何开展研究的。如果读者在写作中发现了粗心大意的地方，他们可能会对研究本身产生质疑。研究细节可能是复杂的，复杂意味着可能带来困惑。这说明条理清晰的写作十分重要。为了实现清晰明确的写作，你需要反复思考研究问题和设计，明确定义关键术语，使用较短的陈述句，并将结论限制在证据支持的范围内。

整理思路（organizing thoughts）。并不是当你将笔放在纸上（或将手指放在键盘上），就会下笔如有神，尽管有些人会产生这样的错觉。相反，写作是一项辛苦的工作。通常你必须遵循一些步骤顺序，才能最终得到某个结果。撰写研究报告与其他类型的写作没有本质上的不同。尽管它们在步骤和复杂程度上有较大的区别，但当你在写长信、诗歌、使用手册或短篇故事时，你所做的大部分内容与撰写研究报告并无二致。

首先，你需要写一些东西。研究报告中的这些"东西"包含话题、研究问题、研究设计和测量、数据收集方法、结果和含义。由于要包含的部分较多，因此，良好的组织结构十分必要。组织整理写作的基本工具是提纲（outline）。提纲有助于确保你在写作中包含全部观点，并且观点之间的关系是清晰的。提纲是由话题（词汇或短语）组成的。大部分人都对大概的基本形式十分熟悉（参见图14.1）。提纲有助于写作，但如果使用不当也会成为阻碍。提纲可以帮助你整理思路。它有助于：

- 将观点按照一定顺序排列（例如，首先说什么，其次说什么，最后说什么）。
- 将相关的观点放在一起（例如，这些观点是相似的，但与另一些观点不同）。
- 将普遍的、较高层次的观点，与较低层次的、具体的观点区分开。

一、主要话题一	最重要的话题之一
A. 主要话题一的子话题	第二等级重要
1. 子话题 A 的子话题	第三等级重要
a. 子话题 1 的子话题	第四等级重要
b. 子话题 1 的子话题	同上
（1）子话题 b 的子话题	第五等级重要
（2）子话题 b 的子话题	同上
（a）子话题（2）的子话题	第六等级重要
（b）子话题（2）的子话题	同上
i . 子话题（b）的子话题	第七等级重要
ii. 子话题（b）的子话题	同上
2. 子话题 A 的子话题	第三等级重要
B. 主要话题一的子话题	第二等级重要
二、主要话题二	最重要的话题之一

图14.1 提纲的形式

有些人认为他们需要在开始写作前有一个完整的提纲，一旦提纲准备好了，就不能偏离它。这种想法一般是错误的。很少有作家会在开始时就有完整的提纲，并且严格遵循提纲中的内容。最初的提纲可能是粗略的，因为除非你把所有的想法都写下来，否则不可能将所有想法按照顺序进行排列，把它们放在一起，或者把一般的和具体的分开。绝大多数作者都会在写作过程中产生新想法，或者逐渐明确自己的想法。

开始时的提纲可能与最终的提纲有很大的不同。写作过程不仅可以揭示或澄清观点，而且可以激发新的观点、观点之间的新联系、不同的顺序、一般观点和具体观点之间的新的关系。此外，在写作过程中，你也可能会受到激发，重新分析或检查学术文献或研究发现。这并不意味着你需要重新来过。相反，你要对新观点保持开放、坦诚的心态。

回到图书馆（back to the library）。在开展研究之前，你应该熟悉学术文献，但在完成数据收集与数据分析之后，你还会回到学术文献中。这样做有三个原因：

1. 在研究项目开始与结束之间存在一定的时间段，在这期间，可能有新的研究已经发表了。

2. 在完成一项研究之后，你会更加了解什么是研究的重点，什么不是；此时阅读文献，你会产生新的问题。

3. 在撰写报告时，你可能会发现文献注释不够完整，或者在引用参考资料时缺少细节。

与研究开始时相比，你在收集数据后再返回图书馆的次数较少，而且更有选择性或更集中。

在撰写最终的研究报告时，你可能会放弃一些你在研究项目中收集的笔记和资料。这并不意味着最初在图书馆进行的工作和文献综述或各种备忘录和笔记是浪费时间和精力。你需要知道，在项目完成前记下的一些笔记（例如，25%的笔记）可能是不相关的。你不需要将不相关的笔记或参考文献包含在研究报告中。如果包含了，它们会分散人们对流畅的观点的关注，降低思路的清晰度。

返回图书馆核实并扩充参考文献，有助于将注意力集中于观点，避免剽窃。**剽窃**（plagiarism）是一种严重的欺骗行为。许多大学会开除有剽窃行为的学生。专家们如果在学术期刊文章中剽窃，将是非常严重的过错。要避免无意识剽窃，你需要认真做笔记，并且标注措辞或观点的准确来源。直接引用或复述观点，都需要标注引用来源。对于直接引用，你还需要标注引用内容的页码。

使用别人的语句而不标注来源，这无论如何都是错误的。**复述**（paraphrase）并非直接使用他人的原句；它是将别人的观点用你自己的话表达出来，你可以将其浓缩成几句话，也可以重新组织语言。大多数研究人员都会经常使用复述。好的复述需要对内容有着透彻的理解。复述并非用同义词替换别人的语句,而是借用别人的观点,取其精华,并给出引用来源。

写作步骤

写作是一个过程。学习写作最好的方法就是写。这需要时间和精力,并会在练习中得到提高。写作并没有唯一正确的方式,但有些方法是与好的写作相关的。写作过程有三个步骤。

第一,预写。通过整理文献阅读笔记,列出想法观点,列出提纲,完成参考文献引用,并且整理数据分析讨论,来做好写作前的准备工作。

第二,撰写。通过自由写作、拟定参考书目和脚注、准备数据展示以及形成介绍和结论,来将你的观点写成初稿。

第三,改写。评估并修改报告,提高连贯性。校对并修改无意识错误,检查引用、语态与用法。

许多人认为开始动笔写很困难。新手写作者通常会直接跳到第二个步骤,导致写作质量较低。**预写**(prewriting)意味着写作始于大量笔记、提纲、列表。你需要思考报告形式及读者人群。用来思考的时间是非常重要的。在开始进行大量创作前的几周内通常会有爆发式的思考时间。

有些人一坐下来写作就会患上一种叫"文思枯竭"(writer's block)的怪病。它指的是作者大脑一片空白、手指僵住、恐慌袭上心头,此时暂时无法进行写作。无论是新手写作者还是专家,都偶尔会有这种体验。如果你遇到这种情况,不要慌,冷静下来,努力克服它。

很多写作者在开始**撰写**(compose)时会自由写作——也即,他们坐下来并写下脑海中快速闪过的所有内容。自由写作可以在思维中快速流动的观点与书写之间建立联系。当你在进行自由写作时,不要停下来重新阅读你所写的内容,你不需要考虑使用最好的词汇,不要担心是否使用了正确的语法、拼写或标点。你只需要将观点尽快写在纸上,并保持这种极具创造性的想法源源不断。你可以之后再清理你所写的内容。

写作与思考紧密相连。二者没有明确的起始点。这意味着如果你打算坐在那里盯着墙壁、电脑、天空或其他什么东西,直到所有的想法在开始写作之前变得完全清晰,那么你可能什么也写不出来。写作本身可以点燃思考的过程。

改写(rewriting)。也许每一百万位作者中才会有一位是极具创造力的天才,他的初稿就具备惊人的准确性和明确性。而对于我们余下的凡夫俗子来说,写作意味着改写再改写,这是非常必要的。例如,据说欧内斯特·海明威为《永别了,武器》改写了39次结尾。即便是专业人士,改写6~10次研究报告也并不罕见。不要感到沮丧。如果你感到有压力,那么改写会减少压力;因为这意味着你可以很快开始写作,并且很快就能写出一份草稿,之后再进行润色。你要做好至少修改3~4遍草稿的准备。草稿有头有尾，是一份完整的报告。它不只是几份粗略的笔记或一个提纲。

改写有助于更加明确、流畅、准确、简洁地表达自我。改写时，将注意力放在明确的沟通上，而不是浮夸或复杂的语言上。改写意味着慢慢阅读你所写的文字，并在必要时读出声，以判断它听起来是否正确。将写作内容与他人分享也是一个好主意。职业作家经常会让他人阅读并批评他们的作品。新的写作者也会很快就认识到，友好的、具有建设性的批评是很有价值的。将你的写作内容与他人分享，一开始可能是困难的。因为它意味着你要将自己的思想以书面形式暴露在他人面前，并且接受批评。然而，批评的目的是阐明写作的内容，而那些提出批评的人实际上在帮助你。

改写有三个步骤：修正、编辑、校对。修正（revising）是添加新观点，增加支持性证据，删除或改变观点，改变语句位置来阐明含义或加强观点之间的过渡和联系。编辑（editing）指的是整理和加强写作中的技术细节，如拼写、语法、用法、动词时态、句子长度和段落组织。校对（proofing）是最后的检查。在最后阶段，你需要润色报告、寻找细微的错误、检查沟通是否清晰流畅。通常它只会涉及一些细微调整或修改。

当你开始改写时，仔细看一遍草稿，然后大刀阔斧地对它进行修改，从而让它变得更好。如果在完成草稿之后过一段时间再改写，效果更好。在草稿中看起来令人满意的短语，在一两周后可能会显得模糊或不相关。每次重写之后，修正的数量都会减少，而你也会越来越接近终稿（参见扩展14.1）。

扩展14.1 改写建议

1. 技术性细节。每次改写时都检查语法、拼写、标点、主谓一致性、动词时态、主谓分离。记住，每次添加新文本时，都可能会产生新的错误。错误不仅会分散读者的注意力，还会削弱读者对你所表达的观点的信任。

2. 用法。在改写时重新检查术语，特别是关键术语，以确定是否使用了准确的词语来表达你想表达的意思。如非必要，不要使用技术术语或长单词。使用能够最好地表达含义的简单词汇。找一本同义词词典并充分利用。同义词词典类似于字典，是一种基本的参考工具，它包含了含义相似的词语，有助于寻找含义准确的词语来表达你的想法。精准的思考和表达，需要使用精准的语言。如果你想表达"均值"（mean），不要说"平均数"（average）；如果你想表达"人"（people），不要说"人类"（mankind）；如果你想表达"警官"（police officer），不要说"警察"（policeman）；如果你想表达"原则"（principle），不要说"首要的"（principal）。

3. 语态。研究报告的作者通常会犯这样的错误：使用被动语态，而非主动语态。被动语态可能看起来更具权威性，但它会使行动者或行为主体模糊不清。例如，以下被动语态的句子:"年级与更加清晰的职业规划之间的相关关系,被数据证明了",如果改成主动语态会更好:"数据证明,年级与更加清晰的职业规划之间存在相关关系"。同样的,另一个被动语态的句子:"受访者对于堕胎的态度被访谈人员记录下来",改成主动语态则更加顺畅:"访谈人员记录了受访者对于堕胎的态度"。此外,还要避免使用不必要的限定语言,例如"看上去"或者"似乎"。

4. 一致性。顺序、步骤、过渡都需要逻辑紧密。每阅读一段报告就自问:本段观点是否一致?是否有主题句?段落之间是否衔接过渡自然?

5. 重复。删除重复的观点、词句、不必要的短语。最好将观点用有说服力的方式呈现一次即可,而不要用模糊不清的方式多次呈现。在改写时,删去枯枝朽木(没用的词语)和赘述(当有一个单词能够准确表达意思时,不要使用多个单词)。直截了当优于冗长啰唆。这句话"总结上述内容,根据数据得出的结论是,X对Y的发生有相当大的积极作用,尽管Y只在很少的情况下发生",可以改成,"综上所述,我们的结论是X对Y有很大的正向影响,但很少发生"。

6. 结构。研究报告应该有着透明公开的组织结构。根据需要移动报告板块以更好地适应组织,并使用标题和副标题。读者应该能够理解报告的逻辑结构。

7. 抽象性。一份优秀的研究报告应该既有抽象概念也有具体实例。没有具体细节的一长串抽象概念是很难读懂的。同样,只有大量具体细节而无周期性概括的报告也无法吸引读者。

8. 隐喻。许多作者通过隐喻来表达观点。像"前沿"(the cutting edge)、"归根结底"(the bottom line)、"深入理解"(penetrating to the heart)这些短语,都是通过借用其他语境中的概念来表达思想。隐喻是一种有效的交流方式,但使用时需要谨慎。一些精心挑选的、一贯使用的、新鲜的隐喻可以迅速有效地传达思想;然而,对隐喻的过多使用——尤其是过度使用,则是一种懒惰的、缺乏想象力的表达方式。

即便你尚未掌握打字的技能,最好也能在完成终稿之前先打印出一版。通常,在一个清晰的打印稿中更容易看出错误和组织结构问题。你可以随意在打印稿中剪切、粘贴、删除或移动短语。

在撰写报告和其他类型的文件时,良好的打字技能和使用文字处理工具的能力十分重要。你会发现花时间学习打字技能和使用文字处理工具,有着很高的回报。文字处理工具不仅使得文字编辑变得更加轻松,它们还能够检查拼写、提供同义词、检查语法。虽然你不能依靠文字处理工具完成所有工作,但它却可以让写作变得更加轻松。文字处理工具的速度之快、便捷性之高,使得很少有人掌握了该技能之后再回去使用手写方式。

最后一点建议:当你几乎完成终稿之后,改写你的引言和题目,以便更加准确地反映你的报告内容。标题应当简短、具有描述性。标题应该能够将主题与主要变量传达给读者。它们可以描述研究类型（例如，关于…的实验），但应该避免使用非必要的词汇或短语（例如，对…进行的一项研究）。

定量研究报告

优秀的写作原则适用于所有报告，但根据研究是定性还是定量的，报告的章节会有所差别。在开始撰写任何报告之前，最好先阅读几篇相似类型的研究作为模板。

定量研究报告的章节大致遵循定量研究的步骤顺序。

摘要（abstract）或**执行纲要**（executive summary）。定性研究报告通常始于一篇简短的摘要或总结。摘要的字数可多可少：它可以只有50个单词，也可以长达1页。大部分学术期刊文章都有摘要，它们被印在文章首页。摘要包含了话题、研究问题、基本发现，以及任何特别的研究设计或数据收集特征。

针对实践人员的应用研究报告有更长的摘要，它叫作执行纲要。执行纲要包含的细节多于文章摘要，它还包括了研究的启示和报告的主要建议。尽管比摘要长，执行纲要一般不超过4~6页。

摘要和执行纲要的作用如下：对那些不是很感兴趣的读者来说，通过阅读摘要和执行纲要，他们可以了解报告内容；对那些寻找特定信息的读者来说，阅读摘要和执行纲要可以帮助他们确定是否需要阅读全文。读者通过阅读摘要和执行纲要来筛选信息，并决定是否阅读整篇报告。它可以让那些有兴趣阅读全文的读者对报告有个简单的了解。这有助于轻松、快速地阅读报告。

介绍问题。报告的第一章需要明确研究问题。它可以在标题为"引言"（Introduction）、"问题界定"（Problem Definition）、"文献综述"（Literature Review）或"背景假设"（Background Assumptions）的章节中出现。尽管副标题有所不同，但内容都包含了主要的研究问题及研究内容的基本原理。在这里，你需要解释研究问题的重要性，并给出背景介绍。你可以通过展示不同的结果如何带来不同的应用或理论结论，来阐述研究的重要性。引入部分通常包含背景文献综述，将你的研究与更广泛的理论问题联系起来。引入部分还可以对关键概念进行定义，也可以提出概念假设。

描述方法。在报告的下一章中，你需要准确地描述你是如何设计研究并收集数据的。这一章节的标题有很多选择。例如，"方法"（Methods）、"研究设计"（Research Design）、"数据"（Data）。也可以将它分为不同的子部分，例如，"测量"（Measures）、"抽样"（Sampling）、"数据处理"（Manipulations）。这一章节对于评估研究的方法论十分重要，它会告诉读者以下问题：

1. 你开展了什么类型的研究（例如实验研究、调查研究）？
2. 你具体是如何收集数据的（例如研究设计、调查类型、数据收集的时间和地点、使用的实验设计）？
3. 你是如何定义并测量变量的？你的测量是否可信、有效？
4. 你的样本是什么？研究涉及多少名参与者或受访者？你是如何挑选他们的？
5. 你如何应对或解决研究设计中出现的任何伦理问题或其他具体问题？

结果与表格。在对数据收集方式、抽样方式、测量方法进行描述之后，你需要展示数据。本章将会展示数据——而非讨论、分析、或解读数据。一些研究人员会将"结果"部分与下一章"讨论"或"研究发现"的部分结合起来。

你可以选择如何展示数据。在对数据进行分析时，你可能为了深刻理解数据，而对若干单变量表、双变量表、多变量表、统计值进行研究。在最后的报告中，你不需要将所有研究过的统计值或表格都放入文中。相反，你要用最少的图表或统计数值来告诉读者完整的信息。在报告中几乎不会展示未经处理的数据本身。数据分析方法会对数据和假设检验（例如频率分布、均值和标准差、相关关系、其他统计值）进行总结。

你需要向读者提供完整的信息，但不要让读者被数据淹没——不要展示过多的细节数据，也不要展示不相关的数据。读者会自己进行解读。如果你有对数据更加具体的概括统计值，也可以将它们放到附录中去。

讨论。在讨论部分，你会对数据进行解读。讨论不是选择性地强调或盲目偏袒的解读；它是对"结果"部分中出现的内容，进行公正地回顾和阐述。将"讨论"部分与"结果"部分分开，可以便于读者对数据进行检验，并允许读者得到和研究者不同的结论。

刚入门的研究人员通常在组织"讨论"部分时遇到困难。最简单的方法就是根据检验假设或研究问题组织讨论内容。讨论数据如何与每个假设或研究问题相关。此外，你还需要讨论预料之外的研究发现、其他可能的解释、研究的局限或缺点。

得出结论。重申你的研究问题，并在结论中总结主要发现。这一章节的目的是对研究报告进行总结，它通常以"总结"为标题。

出现在结论之后的章节只有参考文献和附录。"参考文献"（reference）部分只包含你在报告的正文和注释部分提及的资料来源。如果使用"附录"（appendixes），它通常会包含数据收集方法（例如问卷措辞）或数据分析结果（例如详细的描述性统计数据）相关的额外信息。定量研究报告中的脚注或尾注，可以对正文中的信息进行扩充或阐述。你可以用注释来提供次要信息，澄清正文内容，但它可能会分散读者的注意力，因此需要谨慎使用。

定性研究报告

与定量研究报告相比,定性社会科学研究报告通常更加难写。它的规则更少,结构更松散。但定性研究报告的目的,同样是明确地将研究过程、对所收集数据进行分析的结果告诉读者。

定量报告以逻辑紧凑的方式提出假设,给出证据。相比之下,定性报告往往更长。长达一本书的定性研究报告是很常见的。定性研究报告之所以更长,有以下五个原因:

1. 定性报告中的数据资料难以浓缩。数据是以文字、图片、句子的形式存在的,你需要包含大量引用和实例。

2. 在定性研究中,除了展示事实证据和分析解读之外,你可能还会试图在读者中建立共情和理解的主观感受。对特定情境的详细描述,有助于帮助读者更好地理解人们或场景。你可能会试图将读者带入社会情境的主观世界中去。

3. 在定性研究中,收集数据、创建分析类别、组织整理证据的方式标准化程度较低。你所使用的研究方法可能只适用于你的研究或场景。因此,你必须非常详细地解释做了什么以及为什么这样做。

4. 在定性研究中,探索新场景或构建新理论是常见的研究目标。提出新的概念并检验概念之间的关系,会增加报告的篇幅。理论来源于证据,详细的描述可以说明你是如何构建对数据的解读。

5. 在定性研究中,你可能会使用更加多样的文学写作风格,这会增加篇幅。你可以自由运用文学手段来讲述一个故事。

田野研究。田野研究报告很少遵循固定格式、标准章节或理论概括。你不会将数据与分析分开放入不同的章节。相反,分析或概括与数据紧密交织在一起。数据展示的形式是详细的描述,辅之以具体的示例和引用。

在数据展示和分析之间找到平衡非常重要。你要避免数据与分析之间的过度分离,这被称为**分离错误**(error of segregation)。当你将数据与分析过度分离时,读者很难理解二者之间的联系。[1]

田野研究报告的语气不那么客观和正式,而是更加个人化。你可以用第一人称(也即使用代词"我"),这是因为你直接参与了场景,与被研究者进行互动,并且是一个测量"工具"。你的决定或犹豫不决、反应和个人经历,这些都是"数据",也是田野研究过程的一部分。

与定性研究报告相比,田野研究报告通常面临着更多质疑。这就要求你评估受众对证据的需求,并建立可信度。关键是要给读者提供足够的证据,让他们相信你所叙述的事件,并认为你的解读是可信的。在田野研究中，读者可以接受一定程度的选择性观察。问题的关键是：前往同一田野地点的其他观察人员，是否会获得相似的数据并得出相似的结论。

在田野研究中，你还会在展示证据时遇到数据减少的困境。田野研究数据是大量田野笔记，但你不能直接将所有观察或对话记录分享给读者。例如，在贝克尔、基尔、修斯、施特劳斯（Becker, Geer, Hughes and Strauss, 1961）对医学生进行的研究《穿白大褂的男孩们》（*Boys in White*）中，以单倍行距记录的田野笔记篇幅就长达5,000余页。在研究报告中，田野研究人员通常只会引用5%的田野笔记。尽管如此，余下的95%笔记也并非被浪费了，只是篇幅有限。因此，你必须仔细选取引用，并将其余数据的信息间接地传达给读者。

田野研究报告并无固定结构，但通常文献综述都出现在报告的开头部分。田野报告的组织结构与格式是多样的。洛夫兰（Lofland, 1976）建议遵循以下结构：

1. 引言
   a. 介绍场景的一般情况
   b. 勾勒场景的主要轮廓
   c. 阐明数据材料收集方式
   d. 说明报告的组织结构
2. 场景
   a. 阐述分析类别
   b. 将该场景与其他场景进行比较
   c. 描述该场景随着时间推移产生的变化
3. 策略
4. 总结与启示

在田野研究报告中，证据和分析的组织结构方式也十分不同。例如，你可以利用自然历史的方式组织报告，按照你所发现的事件展开的顺序，或者场景中人物或其他方面的发展周期或生涯的年代顺序组织报告。你还可以利用**变焦镜头**（zoom lens）的方式组织报告，由较为宽泛的话题进入，逐渐聚焦到具体话题。从关于所有文化的普遍陈述开始，到关于特定文化的一般陈述，再到某个特定文化场景的陈述，接着对某个特定文化场景的具体方面进行的具体陈述，最后对特定场景中某一具体方面发生的特定事件的具体陈述。

你可以围绕研究确定的主要主题组织田野报告。你可以选择利用抽象分析主题，或是利用研究参与者所使用的分类类别主题组织报告。后者可以给读者呈现出一副关于场景栩栩如生的画面，并能够显示出你所描写的研究对象的语言、概念、分类类别以及观点信仰。[2]

你需要在报告中讨论你所采用的研究方法，但其位置与形式却是多样的。其中一种方法是将关于场景、获许进入的方法、研究者的角色、成员－研究者关系的描述，与对证据和分析的讨论交织融合在一起。如果作者采用范梅南（Van Maanen，1988：73）所宣称的"告解式"（confessional）写作风格，那么这种交融则更加强烈。

如果你采用年代周期、变焦镜头或基于主题的方法组织报告，那么你可以将数据收集方法部分放在开头或结尾处。在书本长度的报告中，方法论议题通常放在单独的附录中进行讨论。

田野研究报告可能包含录音文本、地图、照片或用来说明分析类别的图表。这些资料可以对讨论起到补充作用，它们一般出现在所补充的讨论内容附近。你可以创造性地利用田野笔记中除了书面文本以外的材料。哈珀（Harper，1982）的书里除了文本还包含许多照片。这些照片为文本中描述的场景提供了视觉清单，并以研究参与者的角度展示了场景的含义。例如，田野研究文章可以是照片、戏剧剧本或纪录片的形式。[3]

研究者直接、亲自地参与到社会环境中，并接触到该场景中的私密细节，这使得伦理关怀更加重要。在写作时，你需要保护研究参与者的隐私，避免因出版报告而对参与者造成伤害。你可以在田野报告中对人物和地点改名换姓。由于个人参与田野研究，许多研究者在撰写研究报告时会加入一小段自传。例如，在威廉·福特·怀特的《街角社会》附录中（*Street Corner Society*，William Foote Whyte，1955），他详细叙述了他的父亲和祖父的职业，他的爱好和兴趣，他所从事的工作，他最后是如何进入研究生院的，以及他的研究如何受到结婚的影响。

历史比较研究。历史比较研究报告没有单独的写作方法。通常情况下，你利用一般分析类别讲述故事或描述细节。历史比较研究报告的写作通常不仅是描述，还会包括概括和抽象概念。

在历史比较研究中，你很少详细地描述研究方法，也很少有单独的章节或附录来描述方法论。书本长度的报告有时会有一章关于参考书目，讨论研究使用的主要资料来源。但更多时候，在撰写报告时会使用大量详细的脚注或尾注，来描述资料来源与证据。例如，一篇20页的定性研究报告或田野研究报告，通常有5～10条注释，而同样篇幅的历史比较研究报告则会有40～60条注释。

历史比较研究报告可以包含照片、地图、图表或统计表，并放在与之相关的证据讨论章节中。图表等材料可以对讨论起到补充作用，或者让读者对你所描述的地点或人物产生身临其境的感觉。当你使用这些材料时，应当将它们与对场景人物原话的引用相结合，以作为若干证据类型的其中一种。历史比较研究报告很少会像定量研究报告那样，通过对数据的总结来对特定的假设进行检验。相反，你会试图建立关于含义或描述性细节的网络。你对证据的组织方式本身就传达了你对证据的解读或概括。

历史比较研究报告有两种基本组织模式：按照话题或按照年代周期。你也可以将二者结合在一起。例如，你可以在话题下按照年代周期整理信息，也可以在年代周期内按照话题组织整理报告。有时你可能也会看到其他组织形式的历史比较研究报告——按照地点、个人或主要事件撰写。如果报告极具比较性，你还可以在每个话题内进行比较。扩展14.2展示了一些历史比较研究人员用来组织证据与分析的方法。

有些历史比较研究者会模仿定量研究报告，并采用定量研究方法。他们并非采取独特的历史比较研究方法，而是对定量研究进行了扩展。他们的研究报告遵循定量研究报告的模式。

在第十三章中，你学习了定性数据分析的叙事策略。采用这种策略的研究人员，通常会在撰写研究报告时使用叙事的写作风格。在这种风格中，你会按照年代周期整理数据，并试图围绕特定的人物或事件"讲述故事"。

研究计划

什么是研究计划（research proposal）？研究计划是一份向专业审稿人呈现的、用于评估的研究项目规划。它可以是为了获得教育学位而向导师提交的研究项目计划（例如，硕士研究生或博士研究生的毕业论文），也可以是为了获得基金支持而向资助机构提交的研究项目计划。它的目的是说服审稿人，让他们相信研究者有能力成功地开展计划中的研究。如果研究计划写得好，那么审稿人就会对你完成研究更有信心。

研究计划类似于研究报告，但它写于研究开始之前。研究计划描述研究问题及其重要性，详细说明你在研究中打算使用的方法，并解释为什么要用这种研究方法。

定量研究计划包含了研究报告的大部分内容：标题、摘要、问题陈述、文献综述、方法论或研究设计、参考文献。它缺少研究报告中的结果、讨论、结论部分。研究计划包含了对数据收集和分析的规划（例如，统计值的类型）。它还通常包括所要采取的步骤规划，以及预估完成每一步所需要的时间。

扩展14.2 撰写历史比较研究报告时需要考虑的几个方面

1. 顺序。历史比较研究人员应当对事件的时间顺序十分敏感，并将一系列事件按照时间顺序排列，以便描述过程。例如，研究一项法律的通过或社会规范的演变的人，可能会将这个过程划分为一系列顺序步骤。

2. 比较。历史比较研究的核心是比较异同点。明确地进行比较，识别相似点与不同点。例如，研究者通过罗列不同场景中家庭的共同特征和不同特征，来比较两个历史时期或两个国家的家庭。

3. 相倚性。研究者经常会发现某个事件、行动、情形，取决于或受制于另一些事件、行动、情形。对事件之间相倚关系的描述十分重要。例如，一位研究当地报纸发展的研究者发现，报纸的发展取决于文化知识的传播。

4.起源与结果。历史比较研究人员会追溯事件、行动、组织或社会关系在过去的起源，或追寻它在未来的后果。例如，一位试图解释奴隶制的终结的研究人员，可能会追溯到奴隶制结束前50年的许多运动、演讲、法条、行动。

5.对不相容的含义具有敏感性。含义会随着时间及文化的变化而发生改变。历史比较研究人员会自问，一个词语或社会类别在过去的含义是否与如今相同，或某一个文化中的词语在另一个文化中是否有直接对应的翻译。例如，在学费极其昂贵的历史时期，18~22岁的人群中只有不到1%的人能够获得大学学位，那个历史时期大学学位的含义便与进入大学相对容易的20世纪末的含义大不相同。

6.有限的概括。过度概况是历史比较研究常见的潜在问题。在历史比较解释中，很少有研究者会追求严谨、不变的定律。他们会对所作的陈述进行限定，并避免作出严格定论。例如，研究人员不会说，在欧洲白人定居的地区，土著文化的破坏是先进技术文化的必然结果；而是可能会列举一些具体因素，来解释这种破坏的特殊社会历史背景。

7.关联。关联的概念被用于所有形式的社会研究。与其他领域的研究一样，历史比较研究人员也寻找在时间和地点上同时出现的因素。例如，一位研究19世纪某座城市犯罪率的研究人员提出了一个问题：多年来大量涌入的移民是否与较高的犯罪率有关，以及被捕者是否往往都是新近移民？

8.部分与整体。将事件置于大背景之下十分重要。历史比较研究的作者会在过程、组织或事件的部分，与其被发现的更大的背景之间勾画联系。例如，一位研究18世纪特定政治仪式的研究者，会描述这种宗教仪式是如何符合18世纪的政治体系的。

9.类比。类比十分有用。过度使用类比或使用不恰当的类比则是有风险的。例如，研究人员调查了X国人们对离婚的感受，并在Y国将之描述为"感觉就像死了一样"。这个类比需要描述清楚在Y国"感觉就像死了一样"是什么样的。

10.合成。历史比较研究人员通常会将若干特定事件和细节合成为一个综合的整体。将许多较小的概括和解释编织成连贯的主题，就形成了合成。例如，一名研究法国大革命的研究人员，将社会结构变化、国际压力、农业混乱、民众信仰的转变以及政府财政问题等具体解释，归纳为一个简洁连贯的解释。研究人员用叙述的形式在引言或结论中总结论点。它是嵌入在描述中的主题。因此，理论概括与证据交织在一起，一同从详细的证据中归纳得出。

定性研究计划较为难写。这是因为研究过程本身结构性较弱，难以预先计划。你可以准备问题陈述、文献综述、参考书目。你可以用两种方式阐述完成该定性研究项目的能力。首先，你的研究计划应该条理清晰，写得很好。它要包含对文献与问题意义的广泛讨论，以及资料来源。这就向审稿人展示了你对于定性研究的熟悉程度以及用于研究该问题的方法的适当性。其次，研究计划应当描述你开展的先导定性研究。这说明了你的动机、对研究方法的熟悉程度，以及完成非结构化研究报告的能力。

基金研究计划（proposals to fund research）。研究拨款的目的是获得完成一项有价值的研究所需的资源。如果你的主要目的是利用基金赚取个人利益或名声，逃避某些活动，或建立一个"帝国"，那么你很可能不会成功。撰写研究计划以获取科研基金支持已经变成了一项产业，叫作基金申请技巧（grantsmanship）。

科学研究基金的渠道多样。高校、私人基金会、政府机构都有为研究人员提供基金的研究项目。你可以利用这些资金来购买设备，支付自己或他人的薪金，购买研究用品，支付收集数据时的差旅费，或者用来出版研究结果。获得研究基金的难度不一，取决于基金来源。有些机构为他们收到的3/4的研究计划提供基金支持，而有些机构支持的研究项目不到5%。

你需要对基金来源机构进行研究，并思考：该机构支持什么类型的研究——应用研究还是基础研究？会支持什么具体的话题？是否偏好某种特定的研究方法？申请截止日期是什么时候？需要什么类型的研究计划（例如篇幅长度、详细程度等）？大部分人收到的拨款数额多大？基金包含或不包含哪些方面的费用（例如设备、人员开销、差旅）？你可以找到许多关于基金来源机构的信息。你可以询问图书管理人员或高校负责研究基金的工作人员，他们是很好的信息来源。例如，有一本年度出版物列出了许多私人基金会《基金会目录：社会科学联邦基金指南》（The Foundation Directory: The Guide to Federal Funding for Social Scientists），这本出版物罗列了美国政府的基金来源。在美国，有许多关于基金来源的简报和全国计算机数据库，用户可以在这些数据库中搜索基金来源。一些机构还会定期发布征求计划书（requests for proposals，RFPs），来征求关于特定议题的研究计划。你需要对这些基金来源机构有所了解，因为向合适的机构寄送研究计划的成功率更高。

你需要在研究计划中展示过去的成就，尤其是如果你打算负责该研究项目的话。负责一项研究项目的人叫作项目负责人（principal investigator，PI）或项目主管。研究计划通常会包含个人简历或学术简历，来自其他研究人员的支持信，以及过去研究记录。如果研究项目的负责人有着丰富的研究经验，而不是新手，那么审稿人在对研究项目进行投资时会感到更加安心。建立研究记录的一个方法是完成一些先导研究和小型研究项目，或者是在作为项目负责人申请基金之前，先给经验丰富的研究人员做助理。

对研究计划进行评估的审稿人，会判定该计划是否符合研究基金来源机构的目标。大部分基金来源机构都有他们资助的项目类型的指导方针。例如，支持基础研究的项目，其目标是促进知识发展。支持应用研究的项目，其目标通常是促进服务供给的发展。页数、纸质材料份数、截止日期等要求可见说明。你需要严格遵循所有说明要求。如果你无法遵循他们的说明要求，那么基金来源机构不会相信你能够完全完成计划中的研究项目。

研究计划应该要工整、看起来专业。说明通常会要求你提供关于时间、服务、人员的详细使用计划。你需要明确说明，并符合项目实情。过高或过低的估计、不必要的附加项、或遗漏必要事物，都会使得审稿人对你的研究计划评价较低。为一项计划中的研究做预算是复杂的，通常需要技术支持。例如，工资率、额外福利等必须花费的项目可能难以计算，最好咨询高校基金工作人员或在撰写研究计划方面经验丰富的人。此外，还需要一些规则的授权或批准（例如机构审查委员会的批准）。研究计划还需要包含你如何发布结果的具体计划（例如出版、在专业人士面前做展示等）以及对项目是否会满足其目标的评估计划。

研究计划是你与基金来源机构之间的一种契约。基金机构通常要求一份最终报告。这份报告包含资金使用的细节、研究发现，以及项目是否符合其目标的评估。如果资金使用不当，或未能完成计划中描述的项目，或未能提交最终报告，那么可能会导致你无法在未来获得资金支持，或者可能面临法律处罚和罚款。严重滥用资金甚至可能导致同一所大学或公司的其他研究人员未来无法获得基金。

研究计划审查过程的耗时，可能从几周到将近一年，这取决于基金来源机构。大多数情况下，审稿人会对大量计划进行排序，只有排序靠前的计划才能够获得基金支持。计划可能需要经历同行审查，此时，审稿人可以从研究计划中的简历里知道计划书作者，但计划书作者却不知道审稿人的身份。有时，研究计划也会由非专业人员或非研究人员进行审查。关于准备计划的指导说明，可以表明计划书的读者会是某个领域的专家，还是受过教育的普通读者。

如果你的研究计划获得了基金支持，那么就可以开心地庆祝了，但别花费太长时间用于庆祝。如果你的研究计划被拒绝了，这也是常见的，别感到沮丧。大部分研究计划在第一次或第二次提交时都会被拒绝。许多基金来源机构都会提供审稿人对研究计划的书面评估。如果机构可以提供，记得向他们索要。有时，在电话中礼貌地与基金来源机构的人交谈，可以让你了解被拒绝的原因。根据审稿人的意见，并重新提交一份研究计划。大多数基金来源机构都接受对研究计划的反复修订与提交。经过修改的研究计划在随后的竞争中可能更具竞争力。

如果你向适合的基金来源机构提交了一份研究计划，并遵循了说明要求，那么审稿人可能会对以下计划有着较高的评估结果：

- 研究计划针对重要问题。它建立在已有知识之上，是能够在实质上促进知识发展的基础研究。它记录了一个重要的社会问题，并为应用研究提供了解决方案。

- 研究计划精确地遵循了说明要求，写得很好，目标明确，易于理解。
- 研究计划完整地描述了研究过程，并有着高标准的研究方法，采用了适用于该研究问题的研究方法。
- 研究计划包含了发布结果与评估研究项目是否满足其目标的详细计划。
- 研究项目规划清晰认真，预算、日程合理。
- 研究人员拥有成功完成该研究项目的必备经验或背景知识。

结 论

清楚地传播研究结果是科学事业的重要部分，也是社会研究的伦理与政治。

在这一章的结尾，我想说，你们作为社会研究的使用者或者新入门的社会研究人员，应当要有自我意识。你们要意识到研究人员在社会中的位置，以及社会研究本身的社会背景。社会研究人员，尤其是社会学家，可以为我们的社会带来独特的视角。

注 释

1. 参见 Lofland and Lofland（1984：146）对分离错误的讨论。
2. 参见 Van Maanen（1988：13）。
3. 参见 Becker et al.（1989）、Dabbs（1982），以及 Jackson（1978）。

术语表

位于术语定义之后括号内的数字，表示该术语第一次出现的章节。

摘要（abstract）摘要在文献综述中有两重含义：它可以是一篇学术期刊文章的简短总结，一般出现在期刊文章的开头，也可以是寻找学术期刊文章的引用工具。（4）

可接受的无能之人（acceptable incompetent）指的是当田野调查人员为了获取更多关于田野的信息，而装作技能较低或知识较少。（11）

堆积测量（accretion measures）对人们活动的残余物或人们留下的东西进行的非反应测量。（9）

行动研究（action research）应用社会研究的一种类型，在行动研究中，研究人员将知识视为权力的一种形式，并且不区分创造知识与将知识应用于政治行动。（1）

备择假设（alternative hypothesis）与零假设一同出现，表述为自变量对因变量存在影响。（4）

分析范畴（analytic domain）在范畴分析中，研究人员根据他对社会场景的理解，利用分类类别或术语而提出的一种范畴。（13）

分析备忘录（analytic memos）定性研究人员在收集数据时，以及在之后建立概念、主题、或初步概括时所作的书面笔记。（11）

匿名（anonymity）研究参与者保持匿名或无名。（3）

表现出兴趣（appearance of interest）田野研究的一种方法，研究者为了在田野地点中维持关系，而假装对所研究群体的活动感兴趣或感到兴奋，即便他们实际上并不感兴趣或感觉非常无聊。（11）

应用社会研究（applied social research）试图解决具体问题或针对具体政策问题的研究，它有着直接的、实际的应用性。（1）

联系（association）两个事件、因素、特征或活动同时出现，也即当其中一个出现时，另一个也很有可能出现。许多统计数值都对关联进行测量。（2）

假设（assumption）社会理论中尚未经过检验的部分，但可以作为对世界进行研究的出发点或基本观点。假设是作出其他理论陈述和建立社会理论的必需品。（2）

陌生的态度（attitude of strangeness）田野研究中的一种方法，指的是研究某个田野地点的研究者主观做出调整，使自己像第一次或局外人那样"观察"场景。（11）

属性（attributes）变量的分类类别或层次。（4）

轴心编码（axial coding）位于开放式编码之后，对定性数据进行的第二步编码处理。研究者组织整理编码，在编码之间建立联系，并发现关键分析类别。（13）

回译（back translation）比较研究中一种用来检验词汇等值的方法。研究者将初始语言中的口头或书面文本翻译成第二种语言，再将翻译文本译回为初始语言，并比较两份初始语言文本。（12）

条形图（bar chart）用矩形的形式来显示一个变量的定量数据，其中较长的矩形表示该变量类别中的个案数量更多。通常用于离散数据，且矩形之间有着小空隙。条形图既可以是横向的，也可以是纵向的。也可叫作柱状图。（10）

基础社会研究（basic social research）旨在推动社会世界根本认识发展的研究。（1）

双变量统计值（bivariate statistics）只涉及两个变量的统计测量值。（10）

责任分析（blame analysis）一种伪装成理论解释的论点，用归咎责任来代替因果解释，并暗示存在意图或疏忽、或对事件或情况的责任。（2）

表格主体（body of a table）列联表的中心部分。它包含除了"总计"和"标签"之外的所有单元格。（10）

博格达斯社会距离量表（bogardus Social Distance Scale）是一种用来测量两个或多个社会群组之间距离的量表，它让一个群组中的成员表达当与其他群组的成员产生各种类型的社会交往或亲密程度时，可接受的程度或感到舒服的时刻。（5）

个案研究（case study）常见于定性研究，研究者对一个或少数几个个案进行深入地、详细地研究。（1）

因果解释（causal explanation）社会理论中关于事件为何发生的因果关系陈述。它与实证世界中的关联相对应。（2）

表格单元格（cell of a table）表格主体的一部分。在列联表中，它表示个案在变量不同类别中的分布，表示为具体数值或百分比。（10）

中心极限定理（central limit theorem）一种数学关系定理，指的是当从总体中抽取许多随机样本并将其绘制出来时会形成一个正态分布，该变量的分布中心就等于它的总体参数。（6）

引用（citation）能够帮助读者快速找到学术期刊文章的详细信息。（4）

经典实验设计（classical experimental design）有着随机分配、一个控制组、一个实验组、对每组进行前测与后测的实验设计。（8）

分类概念（classification concept）有着许多子分类的复杂的、多维度的概念。它们是社会理论的一部分，介于单个简单的概念与完整的理论解释之间。（2）

封闭式问题（closed-ended question）一种调查研究问题，受访者只能从有限的固定选项中选择回答。（7）

整群抽样（cluster sampling）一种多阶段随机抽样类型，通常用于覆盖范围较广的地理位置。先随机抽取聚合单位，再从聚合单位或群集内抽取样本。（6）

编码表（code sheets）带有打印网格的纸，研究人员可以在上面记录信息，以便能方便

地输入计算机。它是直接录入法和使用光学扫描表的一种替代方法。(10)

编码簿(codebook)描述对变量进行编码的过程以及它们在计算机可读形式中位置信息的文件。(10)

编码(coding)将未处理信息或数据,转化为另一种形式的数据信息以便分析的过程。在内容分析中,它决定了如何将文本中的符号象征意义转化为另一种形式,通常为数字(参见"编码系统")。在定量数据分析中,它决定了如何赋予数值;在定性数据分析中,它是阅读原始笔记并赋予编码或概念术语的一系列步骤(参见"轴心编码""开放式编码"以及"选择性编码")。(9)

编码系统(coding system)在内容分析中用于解释,如何系统地将文本中的符号象征内容转化为定量数据的一系列说明。(9)

同期群研究(cohort study)一种纵向研究类型,研究者关注在某一特定时期内有着相似生活经历一类人群。(1)

补偿性行为(compensatory behavior)当控制组的参与者改变他们的行为以弥补没有得到处理时,会对内部效度产生威胁。(8)

足以胜任内部人员的表现(competent insider performance)田野研究人员"通过测试"成为被研究群体中的一员,以说明研究的真实性及可信性。(11)

计算机辅助电话访谈(computer-assisted telephone interviewing, cATI)访谈人员坐于计算机屏幕和键盘前,利用计算机阅读用于电话访谈的问题,并直接在计算机中录入回答的调查访谈。(7)

概念丛(concept cluster)一系列相互关联的概念,它们有着共同的假设,属于同一个社会理论,并彼此提及。(2)

概念性定义(conceptual definition)一种对构想仔细、系统的定义,这种构想被明确地写出来,用于说明某个人的想法。它通常与其他概念或理论陈述相关。(5)

概念等值(conceptual equivalence)在历史比较研究中,关于同一概念在不同文化或历史场景中是否存在或是否代表同样现象的议题。(12)

概念性假设(conceptual hypothesis)研究者用抽象的、概念性的方式表述变量,并用理论化的方式表述变量之间关系的假设。(5)

概念化(conceptualization)为抽象的概念或构想提出清晰的、严谨的、系统地概念性定义的过程。(5)

同时效度(concurrent validity)利用先前存在的、已被接受的测量来对概念指标进行验证的测量效度。(5)

实验助手/同谋(confederate)与实验人员一同工作,假扮成实验参与者,或为了让参与者相信实验中掩人耳目的故事而欺骗参与者的人。(8)

置信区间(confidence interval) 一个数值范围,通常是略高于和略低于一个从样本得到的具体数值,在这个区间范围内,研究者对总体参数的分布位置有一定确定的信心。(6)

保密(confidentiality) 当数据信息包含参与者姓名时,研究者应当保持保密性,或不让公众获取这些信息。(3)

混淆变量(confounding variables) 在实验研究中,不属于被检验的假设、却对感兴趣的变量产生影响的变量或因素,混淆变量通常会威胁内部效度。(8)

内容分析(content analysis) 检验书面文本、音频、视觉或其他传播媒介中符号象征意义的模式的研究。(1)(9)

内容效度(content validity) 一种测量效度,它要求量度可以代表一个构想的概念性定义的所有方面。(5)

语境效应(context effect) 调查研究中受访者听到的话题和总体语调,会对他如何解读接下来的问题含义产生影响。(7)

语境等值(contextual equivalence) 历史比较研究中,不同文化或历史时期中的社会角色、规范、或情况是否等值或具有可比性的议题。(12)

相倚性清理(contingency cleaning) 利用计算机清理数据。研究者寻找在逻辑上不可能出现的类别组合的个案。(10)

相倚问题(contingency question) 一种调查研究问题类别,根据受访者的回答,跳至某一个问题。(7)

列联表(contingency table) 显示两个或多个变量的交叉表。它通常在变量类别下利用跨行或跨列百分比形式来表示二元定量数据。(10)

连续变量(continuous variables) 在一个连续体上测量的变量,在这个连续体上,变量属性可被划分为无数精细的渐变层。(5)

控制组(control group) 在实验研究中,未受到处理的小组。(8)

控制变量(control variable) 说明二元关系是否符合其他可能的解释的"第三个"变量。它可以出现在其他变量之前或之中。(10)

便利抽样(convenience sampling) 一种非随机样本类型,研究者选择他偶然遇见的人作为样本。(6)

协变性(covariation) 两个变量一同变化,知道了其中一个变量的值,就可以知道另一个变量值的相关信息。(10)

说明信(cover sheet) 问卷开头关于访谈或受访者信息的说明。(7)

掩人耳目的故事(cover story) 在实验研究中向参与者讲述一个虚假的故事,以防参与者知晓真实假设并做出相应反应。这是一种实验中欺骗的手段。(8)

覆盖术语(cover term) 范畴分析中可被分析的一个范畴(也即,人们定期互动并培养

出一系列共同理解的文化场景或地点）或"亚文化"的名称。(13)

校标效度（criterion validity）依赖于一些独立、外部验证的测量效度。(5)

交叉设计（crossover design）用于减少不平等产生的实验设计，指的是在实验第一阶段没有获得处理的小组在第二阶段获得处理，反之亦然。(3)

截面研究（cross-sectional research）研究者在一个时间点上进行研究，或者采取一次性快照方法的研究。(1)

交叉表（cross-tabulation）将两个变量的数据放在列联表中，以显示两个变量的类别交集处的个案数量或百分比(10)

曲线关系（curvilinear relationship）两个变量之间的一种关系，例如随着一个变量的值增加，另一个变量的值会呈现出某种变化规律（例如，先增后减）。但它并非线性关系。(10)

数据资料（data）根据已有规则或程序收集的实证证据或信息；数据既可以是定性的，也可以是定量的。(1)

事后说明（debrief）当在实验中使用欺骗手段之后，研究者向实验参与者给出真实解释。(8)

欺骗（deception）实验者关于实验本质向实验参与者撒谎，或通过实验者本人或场景来给参与者制造一种错误的印象。(8)

演绎的方法（deductive approach）一种研究方法或社会理论方法，在这种方法中，始于抽象的想法和原则，然后利用具体实证证据来检验这些想法。(2)

散焦（defocusing）田野研究早期使用的一种方法，研究者移除个人过去的假设和先入之见，对田野地点中的事件保持更加开放的态度。(11)

需求特征（demand characteristics）实验研究中的一种反应，指的是研究参与者根据线索得知实验假设，并相应地改变自己的行为。(8)

因变量（dependent variable）因果解释中由原因变量引起的结果变量。也是在前测与后测中测量的变量，是实验研究中处理的结果。(4)

描述性研究（descriptive research）研究者用文字或数字"画一幅画"，描绘轮廓、概述阶段或对类型进行分类的研究。(1)

描述统计（descriptive statistics）研究者用来描述数据中基本规律的一般简单统计。(10)

设计的符号表示（design notation）用来讨论实验部分并画图解释的符号体系。(8)

反常案例抽样（deviant case sampling）一种非随机样本，尤其适用于定性研究，在这种抽样方法中，研究者有意选取反常的或不一致的个案，以获取对社会过程或场景的更深理解。(6)

处理的扩散（diffusion of treatment）对内部效度的一种威胁，指的是处理从实验组"溢

出",导致控制组的研究参与者因为知晓处理而改变自己的行为。(8)

直接录入法(direct-entry method) 在不使用编码或光学扫描表格的情况下,直接将数据信息录入计算机内的方法。(10)

直接观察笔记(direct observation notes) 田野研究中记录的笔记,试图包含研究者在田野地点所听到或看到的所有具体细节。研究者之后可对该笔记进行多次解读。(11)

离散变量(discrete variables) 变量属性只能通过有限个不同的、独立的类别来测量的变量。(5)

范畴分析(domain analysis) 定性数据分析的一种方法,利用这种方法,研究者可以描述并揭示文化范畴的结构。(13)

双重意义问题(double-barreled question) 调查研究的题目措辞中的问题,指的是两个观点被糅合进一个问题之中,导致无法得知受访者的回答是针对两个观点还是其中一个观点的。(7)

双盲实验(double-blind experiment) 一种实验研究类型,研究参与者以及与研究参与者和实验人员直接接触的人,都不了解关于实验的具体细节。(8)

区群谬误(ecological fallacy) 看上去像是因果解释,但实际上不是。区群谬误的错误是由于混淆了分析单位。研究者持有关于较大规模的单位或聚合体之间相关的实证证据,却以偏概全,做出理论陈述,认为较小的单位或个体之间存在关联。(4)

生态效度(ecological validity) 通过表示研究者对于田野地点的描述符合成员的描述,并且研究者对成员及地点不构成重大干扰,来说明田野研究的真实性及可信性的一种方法。(11)

编辑(editing) 在写作时改写过程的一个步骤。在这个步骤中,写作者清理并加强语言,检查语法、主谓一致、句子长度、段落组织,从而改善与读者的沟通。(14)

细化范式(elaboration paradigm) 当增加控制变量后,将二元列联表与偏表进行比较,并对表格中的证据模式进行描述的一种体系。(10)

实证证据(empirical evidence) 人们根据感官体验 -- 触觉,视觉,听觉,嗅觉以及味觉 -- 得到的观察;既可以是直接的,也可以是间接的。(1)

实证经验概括(empirical generalization) 一种对实证证据中的发现及规律进行总结的准理论陈述。它极少利用抽象概念,而是只对研究者观察到的反复出现的规律进行叙述。(2)

实证假设(empirical hypothesis) 一种假设类型,研究者用具体术语表示变量,并且表述可观察的实证证据的测量指标之间的联系。(5)

空匣(empty boxes) 一种理论解释中的概念分类名称,是定性数据分析中举例说明法的一部分。(13)

等效时间序列设计(equivalent time-series design) 一种实验设计,指的是在一段时间内,

对一个小组进行多次重复的前测、后测、处理。(8)

损蚀测量(erosion measures) 对由于人们的活动带来的表面侵蚀或磨损的非反应测量。(9)

分离错误(error of segregation) 写作者在撰写定性报告时,将具体实证细节于抽象概念分开的错误。(14)

民族志(ethnography) 田野研究的一种方法,强调以内部人员的视角提供对某种不同文化的详细描述,以获取对其的深入理解。(11)

民族学方法论(ethnomethodology) 一种结合了哲学、社会理论以及研究方法的社会研究。(11)

评估研究(evaluation research) 一种试图确定某个项目或政策是否起效,或是否实现了它的目的和目标的应用研究。(1)

执行纲要(executive summary) 为应用型、非专业读者提供的对研究报告发现的总结,一般在报告开头,通常稍长于摘要。(14)

穷尽的属性(exhaustive attributes) 量表或其他测量的回答分类类别,应该提供所有可能选项(也即,回答选项包含了任何可能的回答)。(5)

现有数据研究(existing statistics) 研究人员利用政府档案或官方报告中的数据信息来回答新的研究问题。(1)

实验设计(experimental design) 对实验的各个部分进行安排并将它们整合到一起。(8)

实验组(experimental group) 在实验研究中接受处理的小组。(8)

实验参与者的亡失(experimental mortality) 由于实验参与者无法完整参与整个实验而对内部效度产生威胁。(8)

实验现实性(experimental realism) 一种外部效度,指的是实验具有现实性,使得实验事件对参与者产生真正的影响。(8)

实验研究(experimental research) 是一种研究类型,研究人员对某一组进行干预,而对另一组不加干预,之后对两个小组进行比较。(1)

实验者期望(experimenter expectancy) 由于实验人员间接使得参与者知晓实验假设或实验人员期望的结果,导致参与者做出一定的反应。(8)

解释模式(explanation pattern) 细化范式中的一种模式,指的是二元列联表显示出一种联系,但偏表显示不存在联系,并且控制变量发生于自变量之前。(10)

解释性研究(explanatory research) 关注事件为何发生,或者试图检验和建立社会理论的研究。(1)

探索性研究(exploratory research) 研究者对尚未被研究的领域进行研究,希望提出初步概念并形成更有针对性的研究问题。(1)

外部一致性（external consistency）田野研究中实现数据资料信度的一种方式，研究人员利用多种信息来源对定性数据进行交叉检验和验证。（11）

外部考证（external criticism）在历史研究中，通过准确找到一手史料形成的地点和时间来检验它的真实性（例如，一手史料是否是伪造的）。（12）

外部效度（external validity）将实验研究中的结论概括到与研究条件不同的人群或场景中的能力。（5）（8）

表面效度（face validity）一种测量效度，指的是测量某个概念的指标被他人，尤其是科学界成员，认为是"合理的"。（5）

因子设计（factorial design）一种同时考虑若干自变量影响的实验设计。（8）

错置具体性的谬误（fallacy of misplaced concreteness）在定量研究中使用过多数字来试图给人们留下数据准确或研究者高能力的印象。（9）

田野实验（field experiment）在自然场景中发生的实验研究。（8）

田野研究（field research）一种定性研究类型，研究者在一定时期内，在自然场景中直接对被研究的人群进行观察。通常结合了对人们社会活动的密集观察和参与。（1）

田野地点（field site）研究者开展田野研究时的一个或多个自然地点。（11）

一级诠释（first-order interpretation）定性研究中被研究者的实际感受和想法。（4）

漂浮者（floaters）并未持有观点、却在调查研究中给出回答的受访者。通常他们的回答可能存在前后不一致的情况。（7）

焦点小组（focus group）一种小组访谈类型，研究者向一小组人人提问，小组成员通过公开讨论给出回答。（11）

通俗范畴（folk domain）在范畴分析中，基于社会场景中的成员或特定时期的历史人物的实际言语、观点、表述的范畴。（13）

频数分布（frequency distribution）显示出个案在一个变量各个分类类别中的分布的表格（也即，在每个类别中的个数或比例）。（10）

频数多边图（frequency polygon）连点成图，显示出个案在一个变量各个分类类别中的数量的图表。（10）

全过滤问题（full-filter question）一种调查研究问题，首先询问受访者对某个话题是否持有观点，只有当受访者持有观点时，才会被询问到一些关于该话题的特定问题。（7）

功能理论（functional theory）一种基于生物学类别的社会理论，社会世界或其组成部分被看成是一个系统，社会的组成部分满足这个系统的需求。（2）

漏斗形顺序（funnel sequence）对调查研究问卷的一种排序方式，先问宽泛的一般性的问题，再问具体的问题。（7）

高尔顿问题（Galton's problem）指的是在比较研究中，当发现若干个案或单位之间的变量或特征存在关联，但这种特征实际上来自同一个单位或有着共同的起源。此时，研究者无法将若干单位（例如，国家、文化等）当作是完全独立的。（12）

守门人（gatekeeper）正式或非正式地控制进入（部分）田野地点权限的人。（11）

综合社会调查（General Social Survey，GSS）一项有着1,500名美国成年受访者作为随机样本的调查研究，始于1972年，可供研究者使用和分析。（9）

本地化（go native）当研究者进入田野地点后，由于过分参与当地人的活动而无法保持距离或客观性，变得和研究对象越来越相似。（11）

基金申请技巧（grantsmanship）找到合适的基金来源机构、并为研究基金准备高质量的研究计划的策略和技巧。（14）

扎根理论（grounded theory）一种植根于对特定具体细节的观察的社会理论。（2）

知晓有罪（guilty knowledge）研究者在田野研究中知晓了田野地点中的人们做出了违法、违法伦理、或违背道德的行为，却尚未广泛为人所知。（11）

古特曼量表（Guttman scaling）当完成数据收集之后，研究者用来揭示回答是否存在层级模式的量表，这样一来，给出"较高层次"回答的人往往也会给出"较低层次"的回答。（5）

晕轮效应（halo effect）一种常见于当人们用个人经验代替科学来获取知识时的错误。当一个人从他所认可的高度正面或有声望的事物中进行过度概括，让其强大的声誉或声望影响到其他领域时，就会出现这种情况。（1）

霍桑效应（Hawthorne effect）以一项著名的研究案例命名的一种反应效应，指的是研究参与者对参与实验的反应高于他们对于处理的反应。（8）

隐藏人口（hidden populations）那些从事着秘密的、异常的或隐蔽的活动，难以找到并研究的人群。（6）

历史比较研究（historical-comparative research）对不同文化或时期进行研究，以更好地理解社会世界的研究。（1）

历史效应（history effects）由于不可控的、计划之外的事件在实验中对因变量产生影响而带来的对内部效度的威胁。（8）。

人类关系区域档案（Human Relations Area Files，HRAF）一份收录了许多文化（主要是文字出现之前）的民族志的全面而广泛的集合，研究者可以借助它进行跨文化比较。（12）

假设（hypothesis）至少有一个自变量和一个因变量的因果解释陈述或命题，有待实证检验。（4）

理想类型（ideal type）关于观点、过程或事件的纯理论模型。人们提出理想类型是为了更加清晰而系统地进行思考。它既可以作为定性数据分析方法，也可以用于建立社会理论。（2）

具体个别（idiographic）强调在特定事件和背景下对具体时间进行详细描述的方法。它

很少可以从经验概括变为抽象社会理论或因果律。(2)

举例说明法(illustrative method) 一种定性数据分析方法,研究者借助社会理论或解释的概念,并将其视为有待被实证示例和描述填充的空匣。(13)

包含术语(included term) 在范畴分析中,文化范畴的子类型或组成部分,位于覆盖术语之内,并在彼此之间存在语义关系。(13)

独立性(independence) 两个变量之间不存在统计关系(也即知道一个变量的值不能帮助我们了解另一个变量的值)。两个变量之间不存在关联。(10)

自变量(independent variable) 在因果解释中,造成或产生影响的第一个变量。(4)

指数(index) 对概念或变量的若干独立测量的总和或结合。(5)

归纳的方法(inductive approach) 一种研究方法或社会理论方法,始于具体实证细节,然后向抽象概念和一般原则发展。(2)

推论统计学(inferential statistics) 应用数学或统计学的一个分支,建立在随机样本的基础之上。它可以让研究者对通过样本得到的结果与总体参数相等的信心水平做出准确陈述。(6)

知情同意(informed consent) 当研究参与者对研究过程有所了解之后做出的同意声明,表示他们自愿参与研究。(3)

机构审查委员会(institutional review board,IRB) 由研究者及科学界成员组成的委员会,对研究过程给人类参与者带来的影响进行督导、监管、审查,并在研究计划的初步阶段根据伦理指导对研究过程进行审查。(3)

交互效应(interaction effect) 两个自变量同时产生作用的效果。两个变量一同作用时的效果大于将各自效果简单加合。两个变量一同作用,彼此影响,带来了额外的"助推力"。(8)

内部一致性(internal consistency) 检验田野研究数据资料信度的一种方法,研究者基于对事件或人物的已知信息,核对数据资料是否形成一幅连贯的画面,从而避免常见的欺骗形式,并对数据的可信性进行检验。(11)

内部考证(internal criticism) 历史研究人员确定一手史料的真实性和可信性,以及对已发生事件描述的准确性的方法。(12)

内部效度(internal validity) 实验人员通过实验设计消除处理和因变量之间的关联的其他可能的解释,来强化因果解释的逻辑严密性的能力。(5)(8)

解读模式(interpretation Pattern) 细化范式中的一种模式,在这种模式中,二元列联表显示出存在关系,而偏表显示不存在任何关系,控制变量对因果解释进行干预。(10)

间断时间序列设计(interrupted time-series design) 一种实验设计,在多个时间点上对因变量进行周期性测量,处理过程发生在这些测量过程中,通常只有一次。(8)

定距层次的测量（interval-level measurement）一种测量层次，识别变量属性排序和类别之间的差异，测量类别之间的距离，在这种层次的测量中，零不具备真正含义。（5）

中介变量（intervening variable）在一段因果解释中，介于原因变量和最终结果变量之间的变量。（4）

访谈安排（interview schedule）在采用电话访谈或面对面访谈时，调查研究问卷的名称。（7）

速记笔记（jotted notes）研究人员在进行田野研究时，为了在之后"唤起记忆"，会在田野地点任何方便、不起眼的地方记下一些笔记。（11）

实验室实验（laboratory experiment）发生在人造场景中的实验研究，实验人员对实验有着较强的控制。（8）

隐性编码（latent coding）一种内容分析编码类型，研究者识别主观含义，例如在传播媒介中的一般主题或动机。（9）

拉丁方格设计（Latin square design）一种实验设计，用于检验研究参与者接受处理的顺序是否影响。（8）

分析层次（level of analysis）一种讨论社会理论、因果解释、命题、假设或理论陈述的范围的方法。它所涵盖或应用的现象范围包括社会心理（微观层面）到组织（中观层面），再到大规模的社会结构（宏观层面）。（4）

测量层次（level of measurement）将变量测量包含的信息从定类到定比分为四个一般层次的体系。（5）

统计显著性水平（level of statistical significance）一系列统计数字，研究者用它来表示统计关系是由随机因素引起，而非变量之间存在的真实关系的程度。（10）

词汇等值（lexicon equivalence）在不同的语言或翻译中寻找对等的词或短语来表达相同的意思（参见回译）。（12）

李克特量表（Likert scale）一种调查研究中的量表，人们可以用连续的定序层次类别（例如，同意、不同意）来表达自己的态度或回答。（5）

线性关系（linear relationship）两个变量之间的一种关联关系，在变量属性或层次之间存在正向或负向关系。在将变量绘制在散点图中时，这种关系会呈现出一条直线的模式，而不是曲线或其他模式。（10）

线性研究路径（linear research path）遵循逻辑清晰、循序渐进的线性路径进行研究。它更常见于定量社会研究方法，少见于定性社会研究。（4）

文献回顾（literature review）研究者为开展一项研究或汇集和总结"该领域的现状"，对过去发表的关于研究问题、议题或方法的研究进行系统的研究和整合。（4）

纵向研究（longitudinal research）研究者在多个时间点对人物或其他单位的特征进行考

察的研究。（1）

宏观层面理论（macro-level theory）关于更抽象、更大规模、更广泛的社会现实方面的社会理论和解释，如几十年来全国主要制度（如家庭、教育等）的社会变革。（2）

显性编码（manifest coding）一种内容分析编码类型，研究者首先建立特定词语、词组、符号象征的列表，接着在传播媒介中寻找这些词语、词组、符号象征。（9）

边缘总和（marginals）列联表总和，位于表格主体之外。（10）

矩阵型问题（matrix question）一种研究调查问题类型，一组问题以紧凑的形式一起列出，并且所有问题共用同一组回答类别。（7）

成熟效应（maturation effect）在实验研究中，由于研究参与者出现了成长、厌倦等自然过程而对因变量产生影响，进而对实验的内部效度产生威胁。（8）

均值（mean）一种通过计算算术平均数（也即，所有分数的总和除以总数）来测量变量集中趋势的方法。（10）

测量等值（measurement equivalence）在历史比较研究中，在不同的文化或历史背景下，建立或找到能够准确地代表相同概念或变量的测量。（12）

测量效度（measurement validity）某个概念的实证指标与概念化定义在多大程度上相互符合。（5）

中位数（median）一种通过找到中点来测量变量集中趋势的方法，其中一半个案的分数高于中位数，另一半个案的分数低于中位数。（10）

成员（members）在被研究的田野地点中的内部人员或当地人。（11）

成员验证（member validation）一种通过让被研究者（也即成员）阅读并验证研究者所报告的内容的真实性，来说明田野研究真实性与可信性的方式。（11）

中观层面理论（meso-level theory）一种介于广义和狭义之间的、对中层社会现实进行阐述的社会理论或解释，例如社会组织、社区或社会运动在五年中的发展和运行。（2）

微观层面理论（micro-level theory）关于具体的、小规模的、狭义层面的社会现实的社会理论和解释，例如在两个月内一小群人的面对面互动交往。（2）

混合范畴（mixed domain）在范畴分析中，由研究者制定的包含被研究成员的词语和分类类别的范畴。（13）

众数（mode）一种通过指出出现频率最高的值来测量变量集中趋势的方法。（10）

多重指标（multiple indicators）用实证证据来表示变量的存在或其层次的若干程序或工具。研究者结合若干指标来测量一个变量。（5）

世俗现实性（mundane realism）一种外部效度类型，指的是实验条件看起来像是真的，或与实验场景之外的环境或情况非常相似。（8）

互斥的属性（mutually exclusive）量表或其他测量的回答类别组织原则，即受访者的回

答只能符合一种类别（也即，分类类别不能有重叠部分）。（5）

叙事（narrative）田野研究和历史比较研究中的写作和分析类型，作者试图遵循历史时期的顺序来讲述故事，描述特定人群和事件，并聚焦于丰富的细节。（12）

自然主义（naturalism）一种原则，认为研究者应该对日常社会生活场景中的自然事件进行研究。（11）

负向关系（negative relationship）两个变量之间的一种关系，当其中一个变量值变大，另一个变量值则会变小。（2）

定类层次的测量（nominal-level measurement）最低的测量层次，精准性最低，只在变量的类别分类之间存在差别。（5）

依法为依据的（nomothetic）基于法律的方法，或根据法律系统运行的事物。（2）

非线性研究路径（nonlinear research path）研究遵循环形路径，不断反复某些研究步骤。它更常见于定性社会研究方法，而少见于定量社会研究方法。（4）

非随机样本（nonrandom sample）一种样本类型，对抽样元素的选择并非基于数学随机过程，而是基于其他方法。（6）

非反应的（nonreactive）被研究者并不知晓自己正在被研究。（9）

正态分布（normal distribution）个案分布呈现钟形分布，峰值位于中点，中点两侧的曲线斜坡完全相同。许多自然现象的分布呈现正态分布，它也是许多统计理论的基础。（10）

社会研究正常化（normalize social research）田野研究中研究者用来使被研究群体对研究过程更加舒适、并帮助他们接纳研究者的方法。（11）

零假设（null hypothesis）表述为两个变量之间不存在关系、关联或影响的假设。（4）

单次研究设计（one-shot case-study design）一种只有实验组、后测，而无前测的实验设计。（8）

开放式编码（open coding）对定性数据的第一次编码，研究者将数据资料浓缩为初步分析类别或编码，以便进行分析。（13）

开放式问题（open-ended question）一种调查研究问题类型，受访者可以给出对问题的任何回答。（7）

操作化定义（operational definition）根据对具体活动的测量或指出实证证据来对变量下定义。（5）

操作化（operationalization）从一个概念的概念性定义到研究者能够实际观察的一系列具体的活动或测量（也即，操作化定义）的过程。（5）

口述历史（oral history）一种回忆类型，研究人员就某个人直接经历的事件、信仰或过去的感受进行采访。（12）

顺序效应（order effects）调查研究中受访者首先听到一些问题，再听到另一些问题，先

听到的问题会影响他们对后面问题的作答。（7）

定序层次的测量（ordinal-level measurement）一种测量层次，能够识别变量分类类别之间的差异，并对这些类别进行排序。（5）

定向阅读（orientation reading）在进行历史比较研究初期，阅读若干宽泛但却严肃的书籍著作，以了解关于具体历史时期或文化的背景知识。（12）

以偏概全（overgeneralization）当人们用个人经验代替科学来获取知识时经常犯的错误。它发生在一些证据支持一种信念，但一个人错误地认为它也适用于许多其他情况。（1）

面板研究（panel study）一种强有力的纵向研究类型，研究人员跨多个时间点对相同的人、群组或组织进行观察。（1）

范式（paradigm）一种社会理论和实证研究的通用组织框架。它包含基本假设、有待回答的主要问题、优秀的研究实践和理论模型、找到问题答案的方法。（2）

参数（parameter）通过样本估计的总体特征。（6）

复述（paraphrasing）写作者对他人的观点进行重新叙述或措辞，但给出恰当的原始资料引用信息。（14）

部分开放式问题（partially open question）一种调查研究问题类型，受访者被给出一系列固定的回答从中选择，但此外还给出了"其他"的选项，以便受访者对其他答案进行说明。（7）

偏表（partials）在有三个变量的列联表中，显示在控制变量的每个分类类别之下自变量与因变量关系的表格。（10）

百分位数（percentile）对变量离散程度的测量，表示个案位于或低于某个分数或点的百分比。（10）

饼图（pie chart）对一个变量的数字信息进行展示的图表，它将一个圆分为若干部分，代表个案所占的比例。（10）

安慰剂效应（placebo effect）实验中虚假的或无效的处理。它有时也被称为"糖丸"，被试会将其误认为是真正的处理。（8）

剽窃（plagiarism）一种违背伦理的行为，指的是在写作时使用别人的作品或观点，但却未给出恰当引用。它是对观点的偷窃。（3）（14）

总体（population）研究者从中抽取样本的个案集合，通常以理论术语称述。（6）

正向关系（positive relationship）两个变量之间存在关联，当一个变量的值增加时，另一个变量的值也会增加。（2）

可能编码清理（possible code cleaning）借助计算机，研究者通过寻找那些不可能有个案的回答类别来清理数据。（10）

后测（posttest）在实验研究中，在完成处理后对因变量的测量。（8）

实践（praxis）批判社会科学中的一种观点，认为社会理论和日常实践相互作用或共同工作，相互影响。这种互动可以促进社会变革。（2）

预测（prediction）关于未来可能发生某事的陈述。（2）

预测效度（predictive validity）依赖于未来事件或行为的发生的测量效度，这些行为或事件具有逻辑一致性，可以用来验证概念指标。（5）

前实验设计（preexperimental designs）缺少随机分配或采用捷径的实验设计，说服力远低于经典实验设计。当实验人员无法满足经典实验设计的所有特征时，可以采用前实验设计作为代替，但其内部效度较低。（8）

过早妄下结论（premature closure）用个人经验代替科学来获取知识时经常犯的错误。当一个人觉得他已经有了答案，不再需要倾听、寻求信息或提出问题时，就会出现这种情况。（1）

威望偏差（prestige bias）一种存在于调查研究题目编写时的问题，指的是将高度受尊敬的群体或个人与某个问题回答联系到一起。（7）

前测（pretest）在实验研究中，在施加处理之前对因变量进行测量。（8）

预写（prewriting）写作过程中的早期步骤，指的是写作者不对词语的选择、拼写、语法等多加考虑，而是尽可能地让思绪快速流动，从而将思考过程与写作过程联系起来。（14）

一手史料（primary sources）历史研究中使用的定性或定量数据。它是由生活在过去历史时期的人创造和使用的有关过去社会生活或事件的证据。（12）

项目负责人（principal investigator，PI）对一项受到组织机构赞助或基金支持的研究项目负主要责任的人。（14）

自愿同意原则（principle of voluntary consent）社会研究中的一项伦理原则，即除非人们首先明确地表示同意参与研究，否则不能参与研究。（3）

概率比例规模抽样（probability proportionate to size，PPS）在整群抽样中，当群集中的抽样元素数量不一致时所进行的调整。（6）

探索询问（probe）调查研究中的访谈人员采用的后续问题或行为，以便让受访者对一个不完整或不适合的回答进行澄清或说明。（7）

命题（proposition）社会理论中的基本陈述，认为两个概念或变量相互关联。命题可能为真也可能为假（例如，大多数性侵犯者在成长过程中都遭受过性虐待），可能是条件性的（例如，如果受到外敌威胁，一个国家的人民就会感到更强的社会凝聚力），也可以是因果性的（例如，贫困导致犯罪）。（2）

公共社会学（public sociology）一种试图通过向公众灌输社会理论和研究来丰富公众对道德和政治问题的辩论，并试图在研究人员和公众之间产生对话的社会科学。通常使用行

动研究，主要受众为非专业人士和实践人员，采用批判社会科学方法。（3）

立意抽样（purposive sampling）一种非随机抽样方法，研究者通过多种方法来找到所有可能的个案，这些个案所属的总体人群非常特别，通常难以接触。（6）

定性数据（qualitative data）以文字、图片、声音、视觉图像或物件形式存在的信息。（1）

定量数据（quantitative data）以数字形式出现的信息。（1）

准实验设计（quasi-experimental designs）一种强于前实验设计的实验设计。准实验设计是经典实验设计的变体，可用于特殊情况下或当实验人员对自变量的控制有限时。（8）

准过滤问题（quasi-filter question）一种包含了"没有观点"和"我不知道"回答选项的调查研究问题。（7）

定额抽样（quota sampling）一种非随机样本，研究者首先确定将被选中的个案或人的一般类别，然后再在每个类别中选择预先确定的个案数量。（6）

随机分配（random assignment）在实验研究开始，利用随机过程将研究参与者分为不同的小组，这样一来实验人员可以同等对待各个小组。（8）

随机拨号法（random-digit dialing，RDD）一种利用所有可能的电话号码作为抽样框，随机选择电话访谈受访者的方法。（6）

随机数字表（random-number table）一个不存在任何模式的数字列表，可以用来作为选取个案的随机过程，或满足其他随机化目的。（6）

随机样本（random sample）一种样本类型，研究者利用随机数表或相似的数学随机过程，使得总体中的每个抽样元素被抽中的概率相等。（6）

全距（range）一种通过表明最高值和最低值来测量变量离散程度的方法。（10）

定比层次的测量（ratio-level measurement）最高、最精确的测量层次，变量属性可被排序，属性之间的距离可被测量，并且存在绝对的零。（5）

反应（reactivity）由于研究参与者知道到自己正在参与实验或意识到正在被研究而引起的对外部效度的一般威胁。（8）

回忆（recollections）人们在经过一段时间之后所写的关于他们生活经历的文字或文章。这些作品是基于对过去的记忆，但也可以是通过回顾过去的物品、照片、个人笔记或所有物，有所激发而进行的写作。（12）

记录表（recording sheet）在内容分析中，研究者记录信息的纸张。（9）

简单化（reductionism）由于混淆了分析层次，使得一些并非因果解释的陈述看上去像因果解释。当研究者持有实证证据，表明在个体行为层次和很小规模的分析单位之间存在关联，但去对更大规模的单位进行过度概况，以偏概全。（4）

信度（reliability）变量测量的可靠性或一致性。（5）

可复制性（replication）研究者必须能够在多次试验中重复实验结果，从而增强确定实

验结果为真的信心。（2）

复制模式（replication pattern）细化范式中的一种模式，自变量与因变量在偏表与二元列联表中显示出同样的关联。（10）

征求计划书（request for proposal's，RFP's）基金来源机构的公告，宣传它们愿意提供研究基金并征求研究项目的书面计划。（14）

研究造假（research fraud）一种违背伦理的行为。研究者对数据造假或虚构出他并没有收集到的数据，或者在如何开展研究方面有所隐瞒或撒谎。（3）

反应定势（response set）调查研究中受访者往往会不加思考地对一系列问题中的每个问题回答同意，这会对研究带来一定的影响。（7）

修正（revising）写作过程的一个步骤，属于改写部分，写作者增加观点或证据，删除、重新组织或改变观点以改善文章的清晰度，更好地传达含义。（14）

改写（rewriting）写作过程的一个步骤，写作者对之前的草稿进行检查，以改善观点的传达，提高表达的清晰度。（14）

持续记录（running records）历史研究中的一种特别的已有数据研究类型，在一段时间内，文件、记录、文档的维持记录相对统一。（12）

样本（sample）研究者从更大群体中选取的一小部分个案集合，并通过这些个案推断总体。（6）

抽样分布（sampling distribution）从同一个总体中抽取的随机样本的分布。（6）

抽样元素（sampling element）有待被选取的个案或单位的名称。（6）

抽样误差（sampling error）样本在多大程度上偏离了对总体的代表。（6）

抽样框（sampling frame）列出总体出所有个案的列表，或者最佳相似的列表。（6）

抽样区间（sampling interval）系统抽样中选择个案的抽样比的倒数。（6）

抽样比（sampling ratio）样本中个案的数量除以总体或抽样框中个案的总数，或样本占总体的比例。（6）

量表（scale）一种常用于调查研究的定量数据测量类型，在一个连续体上捕捉变量概念的强度、方向、层次、效能。大部分量表是定序层次的测量。（5）

散点图（scattergram）通过在图上绘制出每个个案的两个变量的值来展示两个变量之间统计关系的图表（10）。

科学界（scientific community）遵循同样的规则，持有同样的态度，维系着科学知识生产过程的一群人。（1）

科学方法（scientific method）利用科学界的观点、方法、规则来创建新知识的过程。（1）

学术不端（scientific misconduct）卷入研究欺骗、剽窃，或其他违背伦理的行为等严重违反科学界所认同的开展和报告研究的行为。（3）

二手资料分析（secondary data analysis）利用过去研究中的数据进行的已有数据研究。（1）

二手史料（secondary sources）历史研究中使用的定性和定量数据。关于事件或背景的信息是由之后的历史学家或其他人记录或书写的，而非由直接参与事件或背景的人记录或书写。（12）

二级诠释（second-order interpretation）定性研究中，研究者认为的被研究对象的感受和想法。（4）

选择偏差（selection bias）实验中的小组在实验开始时并不相同带来的对内部效度的威胁。（8）

选择性编码（selective coding）定性数据编码的最后一步，研究者对先前的编码进行检查，识别和挑选能够支撑他的概念性编码分类类别的说明性数据。（13）

选择性观察（selective observation）基于过去的经验或态度而对特定的人或事件进行观察的趋势。（1）

语义差异法（semantic differential）一种量表，研究者向受访者展示一个话题或物件，或者一系列含义相反的形容词或动词。它是通过让受访者在两个相反的形容词和动词之间标记位置来识别受访者的感受。（5）

语义关系（semantic relationship）在范畴分析中，连接范畴中的包含术语的逻辑关系。（13）

序贯抽样（sequential sampling）一种非随机抽样类型，研究者试图找到尽可能多的个案，直到时间、物资或精力耗尽，或者直到没有新的信息或个案不具备多样性为止。（6）

简单随机抽样（simple random sampling）一种随机抽样类型。研究者利用抽样框和纯随机过程进行选取样本个案，总体中每个抽样元素被选取的概率相等。（6）

偏态分布（skewed distribution）变量类别中的个案分布呈现非正态（也即，并非呈现两边对称的钟形分布），其中一边的个案更多。（10）

滚雪球抽样（skewed distribution）一种非随机抽样类型。研究者从一个个案开始，根据个案的人际关系信息来找到其他个案，然后以此类推，重复这个过程。（6）

社会期望偏差（social desirability bias）调查研究中的一种偏差，受访者倾向于给出"正常的"或可被社会接纳的答案，而非给出真实回答。（7）

社会影响评估研究（social impact assessment study）一种应用社会研究类型。研究者对某个计划在未来实施的干预或改变的可能结果进行评估。（1）

社会研究（social research）研究者将一系列原则、观点、想法，与一套特定的行为、方法、策略结合起来生产知识的过程。（1）

社会关系网络图（sociogram）显示出一组人群或单位之间的社会关系、影响模式、沟

通途径的"地图"或图表。（6）

所罗门四组设计（Solomon four-group design）一种实验设计。研究参与者被随机分配到两个控制组和两个实验组中。只有一个实验组和一个控制组接受前测。但所有四组都接受后测。（8）

特殊群体（special populations）缺乏必要的认知能力来给予真正知情同意的人，或者处于弱势地位，需要妥协自由才能拒绝参与研究的人。（3）

详述模式（specification pattern）细化范式的一种模式，二元列联表显示存在关联。其中一个偏表显示存在关联，但其他偏表显示不存在关联。（10）

虚假关系（spuriousness）看上去像是因果解释的陈述，但实际上不是，因为存在隐藏的、未被测量的或未被观察到的变量。未被观测到的变量在时间顺序上发生较早，并且对因变量和自变量都产生因果影响。（4）

标准差（standard deviation）通过计算得分与均值之间的平均距离来测量变量离散程度的方法。（10）

标准形式问题（standard-format question）调查研究问题的一种形式，回答类别不包括"没有看法"或"我不知道"。（7）

标准化（standardization）通过向不同单位提供相同的比较基础，来对测量进行统计上的调整，以便进行比较。（5）

静态组比较设计（static group comparison design）一种实验设计，有两个小组，没有随机分配，只有后测。（8）

统计值（statistic）对由样本计算出来的总体参数的估值。（6）

《美国统计摘要》（Statistical Abstract of the United states）一份美国政府年度出版物，包含了大量统计表格和信息。（9）

统计显著性（statistical significance）讨论样本所得的研究发现或统计关系是由随机因素引起的，而非在总体中存在真实关系的可能性。（9）

分层抽样（stratified sampling）一种随机抽样类型，研究者首先识别一系列互斥和穷尽的分类类别，然后在每个分类类别中利用随机抽样方法选取个案。（6）

结构式观察（structured observation）一种社会场景中的观察方法，具有较强的结构性，遵循系统的观察和记录规则。（9）

受试者（subjects）实验研究中对研究参与者的称呼。（8）

逐次逼近（successive approximation）一种定性数据分析方法，研究者在实证数据和抽象概念、理论或模型之间重复反复。（13）

抑制变量模式（suppressor variable pattern）细化范式中的一种模式，变量在二元列联表中不存在关系，但在偏表中存在关联。（10）

调查研究（survey research）向许多人系统地询问同样的问题并记录和分析他们的回答的定量社会研究。（1）

系统抽样（systematic sampling）随机抽样的一种类型，研究者利用抽样区间，在抽样框中选取每第 k 个个案（例如，每第 12 个）。（6）

目标总体（target population）从中选取样本个案的较大群体，一般以非常具体的方式进行说明。（6）

测试效应（testing effect）在实验中，前测的测量过程对因变量产生影响，导致对内部效度产生威胁。（8）

文本（text）在文本分析中，传播媒介中符号象征含义的一般名称。（9）

三级诠释（third-order interpretation）在定性研究中，研究者告诉研究报告的读者他所研究的对象有什么感受和想法。（4）

具有威胁性的问题（threatening questions）一种调查研究问题，受访者可能会由于担心损害自我形象或显得令人不悦或异常，而对他们的真实行为或观点进行掩饰或撒谎。（7）

时间序列研究（time-series study）随着时间推移进行的研究，可能在不同的时点对不同的人群或个案进行研究。（1）

处理（treatment）实验研究中自变量的叫法。（8）

第一类错误（type I error）错误地拒绝零假设而犯下的逻辑错误。（10）

第二类错误（type II error）错误地接收零假设而犯下的逻辑错误。（10）

单维度性（unidimensionality）在使用多重指标来测量概念时，所有的指标应该彼此一致，测量同一概念。（5）

分析单位（unit of analysis）研究者在研究中观察、测量以及分析的实证个案或单位。（4）

单变量统计（univariate statistics）只处理一个变量的统计测量。（10）

论域（universe）假设包含单位的广义分类。特定研究结果可以推广到领域中的所有单位。（4）

无干扰测量（unobtrusive measures）非反应测量的另一个名称。它强调的是由于测量是无干扰的，因此被研究者并不知晓自己正在被研究。（9）

效度（validity）一个术语，指的是可以应用于实验设计的逻辑性紧密性、在研究之外概括发现的能力、测量的质量和对研究步骤的正确应用。（5）

变量（variable）一个概念或对其的实证测量，可取多个值。（4）

理解（verstehen）一个德语词汇，可被译为"理解"；特别来说，它表示对他人世界观的共情理解。（2）

举报（whistle-blowing）当看到违背伦理的行为时，在试图进行内部纠正无果后，转而告知外部受众、机构或媒体。（3）

措辞效应（wording effects）在调查研究中，使用特定术语或词语会影响受访者对问题的回答。(7)

变焦镜头（zoom lens）田野研究者在写作时经常使用的组织形式，由大入小，由远切近，由一般情况聚焦到具体细节。(14)

Z 分数（Z-score）通过确定分数距离均值或算术平均值的标准差个数，来表示该分数在所有分数分布中的位置。(10)

出版后记

社会研究可以做什么，不能做什么？这是劳伦斯·纽曼想要在《社会研究入门》全书中告诉读者的。

《社会研究入门》侧重如何去"做"：那些我们从电视上、报纸上、学术期刊中看到的社会研究成果，研究者是如何一步步完成的。纽曼教授对于社会学定性研究与定量研究方法论的介绍并没有偏重，他还细心地提醒读者某些学术概念在两种方法论中有不同含义。全书的编排基本按照完成一项社会研究的步骤顺序：从确定研究题目开始，进行文献回顾，接着是研究设计，然后搜集和分析数据，最后撰写研究报告并与他人分享。读完全书，读者可以领略社会研究的魅力，并尝试开展自己感兴趣的研究。

本书的作者劳伦斯·纽曼是威斯康星大学白水分校的荣休教授，在职业生涯里，他一直活跃在本科教学的第一线。他在序言里谦逊地说："在过去的三十年中，我一直在帮助本科生理解和领会社会研究方法，而这本书则反映了这三十年来学生教会我的东西。"正是由于他丰富的教学经验，加上不断吸取学生的反馈，本书才能被美国各大高校广泛使用。我们真诚地希望此次精要修订版在中国的出版，也能帮助中国的学生和读者走进社会研究的大门。

2020年9月

图书在版编目（CIP）数据

社会研究入门：如何理解我们的日常生活 /（美）劳伦斯·纽曼著；刘佳昕译. —— 北京：九州出版社，2020.11
ISBN 978-7-5108-9573-9

Ⅰ.①社… Ⅱ.①劳… ②刘… Ⅲ.①社会学—研究方法 Ⅳ.①C91-03

中国版本图书馆CIP数据核字(2020)第179413号

Authorized translation from the English language edition, entitled BASICS OF SOCIAL RESEARCH: QUALITATIVE AND QUANTITATIVE APPROACHES, 3rd Edition by NEUMAN, W. LAWRENCE, published by Pearson Education, Inc. Copyright © 2012, 2007, 2004

All rights reserved. No part of this book may be reproduced or transmitted in any means., electronic or mechanical, including photocopying, recording or by any information storage retrieval system, without permission from Pearson Education, Inc.
CHINESE SIMPLIFIED language edition published by POST WAVE PUBLISHING COMSULTING (BEIJING) CO., LTD., Copyright © 2020.

仅限于中华人民共和国境内（不包括中国香港、澳门特别行政区和中国台湾地区）销售发行。本书封面贴有Pearson Education（培生教育出版集团）激光防伪标签。无标签者不得销售。

著作权合同登记号：图字01—2020—5926

社会研究入门：如何理解我们的日常社会生活

作　　者	［美］劳伦斯·纽曼 著　刘佳昕 译
责任编辑	周　春
封面设计	陈威伸
出版发行	九州出版社
地　　址	北京市西城区阜外大街甲35号（100037）
发行电话	（010）68992190/3/5/6
网　　址	www.jiuzhoupress.com
电子信箱	jiuzhou@jiuzhoupress.com
印　　刷	北京天宇万达印刷有限公司
开　　本	190mm×260mm　1/16
印　　张	30
字　　数	618千字
版　　次	2021年3月第1版
印　　次	2021年3月第1次印刷
书　　号	ISBN 978-7-5108-9573-9
定　　价	88.00元

★ 版权所有　　侵权必究 ★